현대 정당의 이해

개혁 이론과 실제

개혁 이론과 실제

현대 정당의 이해

홍득표 지음

들어가기 전에

정당은 민주 정치체제의 존속을 위해서 필수적인 제도로 인식되고 있다. '정당은 민주주의를 창조했고, 정당 없는 민주주의는 생각할 수도 없으며, 정당이 없으면 민주주의가 작동하지 않는다'고 한다. 민주주의는 국민에 의한 지배를 의미하지만, 현실적으로 직접 민주주의를 일상화하기 어려워 대의제를 채택하고 있다. 물론 전자정치의 실현으로 직접 민주정치에 대한 다양한 실험들이 진행되고 있지만 간접민주주의에 대한 대안을 찾기 힘든 것이 현실이다. 정당은 대의민주주의의 실현을 위한 매우 중요한 기제다. 정당은 대의민주주의에서 민주적 거버넌스를 실현할 수 있는 제도로서 필수적인 정치조직이다.

그래서 '권력을 핵탄두에, 정당을 미사일'에 비유한다. '정당정치는 민주주의의 기관차' 또는 '정당은 시민사회와 정부를 연결하는 가교'라고 불리기도 한다. 그래서 민주정치를 정당정치라고 하며, 복수정당제도는 민주정치 체제의 필수적인 존속 요건이 된다. 정당이 없는 대의민주주의는 상상하기 어려워 정치과정에 정당이 차지하는 비중은 대단히 크다. '정당을 알면 정치가 보인다'고 한다.

정당은 오랫동안 정치학자들의 주된 연구 대상이었다. 하지만 정당에 대하여 몇 가지 질문을 던져보아야 할 것이다. 정당이 현대 민주주의에서 얼마나 긴요하고 적절하며 또한 중요한 정치조직인가? 정당이 안정적이고 효율적인 민주 발전을 위해서 본래의 기능을 올바르게 수행하는가? 정당은 시민사회를 정치적으로 제대로 대표하는가? 정당은 시민의 요구와 희망을 정부 정책으로 산출하는 과정에 얼마나 많이 기여하고 있는가? 정당은 시민의 정치참여를 얼마나 효율적으로 촉진하고 지원하는가? 정당은 국가와 시민사회의 연결 기제로서 기능을 제대로 수행하는가? 더 나아가 본질적으로 과연 민주정치는 정당정치라는 등식을 조건 없이 수용해야 하는가? 등등 정당에 대한 회의가 일고 있는 것이 사실이다.

정당이 민주정치 발전에 기여보다 장애 요인이 아닌가 의구심이 든다. 정당은 국민으로부터 신뢰를 얻지 못하고 있다. 정당만큼 국민이 외면하는 정치제도는 없을 것이다. 정당은 국리민복의 증진은 뒷전이고 오로지 정치권력 추구와 기득권 유지를 위하여 당리당략에 몰두하고 있기 때문이다. 정당과 정치인에 대한 국민 불신이 매우 높지 않을 수 없다. 대표적인 민주제도인 정당의 위상이 흔들리고 있는 것이 사실이다. 더구나 정당 환경이 급변하고 있다. 정치학자들은 지난 수십 년 동안 정당이 사회적 정박지, 선거에서의 위상, 정책 영향 능력 등을 상실하고 쇠퇴의 길로 가고 있는 것은 아닌가 많은 논란을 벌여 왔다. 많은 경험적 자료는 현대 민주주의 정치체제에서 당원의 감소, 당에 대한 애착심과 충성심의 약화, 사회적 유대의 약화, 특정한 사회집단의 대표성 감소, 정당의 신뢰나 지지 약화, 정책 영향력 감소 등의 현상이 나타나고 있음을 보여주고 있다. 많은 나라에서 '정당의 위기'라는 말이 익숙해졌다. 심지어 의회, 선거, 정부, 정치영역에서 '정당 부재'라는 분석까지 등장하였다. 정당은 매우 이기적이고, 공동선을 추구하기보다는 끊임없이 싸움질만 일삼으며, 일관된 정책 고안 능력이 부족하고, 부패에 연루되기 쉬운 조직이라고 본다.

또한 정당 자체보다는 일반 대중의 정치적 무관심과 가치와 신념의 변화, 탈물질주의의 등장 등 사회의 변화, 언론의 정치인과 정당에 대한 냉소적이고 조작적인 보도 등등 다양한 원인 때문이라는 주장도 있다. 하지만 결국 정당이 변화하는 사회문화적 환경에 능동적으로 대응하지 못하기 때문에 시민의 정치적 요구나 기대를 충족시킬 수 있는 능력이 부족하다고 보는 것이 타당할 것이다. 특히 한국에서 정당에 대한 불신은 매우 높다. 정당을 오직 정치권력 획득을 위한 도구, 정쟁의 수단, 정치적 패권 쟁탈의 기제, 개인의 정치적 야망 실현을 위한 머신으로 활용하기 때문이다.

본 저서는 세계 각국에서 공통으로 나타나고 있는 정당에 대한 불신과 정당정치의 회의론에 관한 관심에서 출발한 것이다. 정당이 민주정치 체제의 존속을 위해서 필수적인 제도라고 인정해야 하는가에 대한 근본적인 의문에서 시작된 것이다. 많은 도전과 위기에 직면해 있는 정당에 관한 연구를 통하여 정당의 퇴행(Decay), 쇠퇴(Decline), 해체(Decomposition) 등 3D를 정당의 재기(Re-emergency), 재활(Revitalization), 부활(Resurgence) 등 3R로 대체해야 하는 상황이다

그동안 한국의 정당개혁에 관하여 학자들은 많은 관심을 기울였으며, 각론 차원에서 헤아릴 수 없이 많은 구체적인 대안을 제시하였다. 수없이 많이 제시된 각론 차원의 대안을 종합할 필요가 있다고 인식하였다. 하지만 단순하게 대안을 종합하는 수준이 아닌 앞으로 한국정당이 지향해야 할 개혁 방향과 정당 모형을 이론적으로 제시하고, 현실성 있는 실질적 실천 방안을 탐색하고자 한다.

제1부에서는 현대의 정당정치를 이해하기 위한 이론 부분으로 정당의 개념 · 기원 · 기능 · 이념 · 조직 · 체제, 정당 유형의 발전단계, 정당 환경의 변화, 현대 정당의 도전요인, 정당개혁이론 등을 살펴보았다.

제2부에서는 한국정당의 바람직한 개혁방안을 제시하기 위해서 먼저 한국정당의 현황과 문제점 등을 살펴보았다. 그리고 정당과 정당 관계, 정당 내부 관계, 정당과 정부 관계, 정당과 시민사회 관계 등으로 구분하여 구체적인 개혁방안을 제시하였다.

정당과 국가 · 사회 · 정부와의 관계에서는 '사회지배형'을, 정당과 정부의 영향력 관계에서는 '자율형'을, 공직 임명과 당정관계에서도 역시 '자율형'을 각각 지지하였다. 가장 핵심적인 정당개혁의 큰 방향을 의회와 정당의 역학관계가 정당 중심에서 의회 중심으로 바뀌는 데 있다는 점을 강조하였다. 정당과 의회의 역학관계 유형인 의회 중심형, 상호대립형, 행정부 중심형, 정당 중심형 중에서 '강한 의회와 연성 정당'을 지향하는 '의회 중심형'을 정당개혁의 핵심으로 꼽았다. 다른 말로 '강력한 정당'(strong party) 대신 '연성 정당'(soft party)을, '정당 의존형 의회'(parliament dependent on party) 대신 '강하고 생산적인 의회'(strong and productive parliament)를 지향하는 것이다. 연성 정당은 정치과정의 탈 정당화를 의미한다. 탈 정당화는 정당의 존재나 역할을 완전하게 무시하거나 또한 정당 부재를 뜻하는 것이 아니라 정당이 정치의 중심에서 벗어나야 한다는 것이다. 정당은 선거 때만 활동하고 정치시장(political market)인 국회가 정치의 본산이 되어야 한다.

한마디로 '정당이 약해져야 국회가 산다'는 입장이다. 국가기관도 아닌 정당이 입법부를 좌지우지하지 말고, 의회 기능 수행을 보조하고 지원하는 기구가 되어야 한다는 것이다. 국민의 대의기관인 의회가 정치의 중심과 주체가 되고 생산적인 의정활동을 통하여 국민의 정치적 요구를 효율적으로 수렴할 수 있도록 정당은 어디까지나 지원역할에 충실해야 한다는 의견이다.

이 책에서는 한국보다 정당정치의 역사가 깊은 영국, 미국, 프랑스, 독일 등의 사례를 비교정당론이라고 할 정도로 많이 소개하고 또한 참고하였다. 외국정당의 선행경험은 한국정당개혁의 시사점 발견에 도움이 될 것이라고 기대하였기 때문이다.

또한 한국정당의 개혁방안을 제시하는 데 이론과 실제를 조화시키려고 노력했다. 하지만 정치 현실과 거리가 먼 내용도 있다는 사실을 인정한다. 당장은 실천 가능성이 좀 낮더라도 언젠가 한국정당이 가야 할 길이라는 인식 때문임을 밝혀둔다. 이 책에서는 국내외 학자들의 이론이나 주장을 그대로 인용한 부분이 많다. 특히 개혁과제별로 특정 학자의 연구 결과를 원문 그대로 인용 · 요약한 부분이 많다는 것을 인정한다.

결론적으로 정당 의존적인 한국 정치가 의회 중심으로 바뀌길 기원한다. 의회가 정치의 중심이 되어 국민의 신뢰를 회복하고 생산적이고 자율적인 국회가 되길 바란다. 하지만 정당을 아무리 바람직스러운 방향으로 혁신해도 정당 엘리트와 당원의 정치의식이 향상되지 않으면 무용지물이 될 것이다. 또한, 정당개혁방안을 실현하는 데는 국민의 판단과 선택이 가장 중요한 변수로 작용한다. 현명한 국민이 정당개혁의 열쇠를 쥔 주체가 될 수밖에 없다는 점을 강조하고자 한다.

이 책은 2005년도 「미래한국재단」에서 자유민주주의 확립을 위한 정치개혁의 범위를 정당, 의회, 선거, 정치자금 등으로 설정하고, 중앙대 윤정석 교수님, 명지대 김도종 교수님, 경희대 김민전 교수님과 공동연구를 수행하여 발간한 「정치개혁의 종합적 추진전략」이 모체가 되었다. 저자는 정당정치 개혁 부분을 맡았다. 단행본 출간은 연구자 개인에게 맡긴다는 재단의 방침에 따라 2006학년도 연구년을 맞이하여 미국 플로리다주립대학교(Florida State University)에 예우 교수(Courtesy Professor)로 가 있으면서 원고지 2,000

매 이상을 보강하여 2007년 『한국정당개혁론: 이론과 실제』란 제목으로 출간하였다.

이 책을 출간한 지 17년이 지났다. 그동안 정당 관련 이론은 크게 발전한 것이 없는데, 책의 내용 일부에 오류를 발견하였다. 인용했던 통계자료도 업데이트하고 외국정당의 사례를 더 많이 소개할 필요성을 느꼈다. 또한, 그동안 학자들이 주장했던 정당개혁방안 중 일부를 공감하여 소개했었는데, 그 사이에 이미 현실정치에 반영된 부분이 있어 더 이상 유효하지 않다는 사실도 발견하였다. 개정판을 출간하면서 책 제목을 변경했다. 그 과정에 귀한 조언을 해주신 김영래 전 동덕여대 총장님께 감사드린다.

전공 학술서적 시장의 불황에도 불구하고 책을 출간해준 한국학술정보(주)와 기획ㆍ편집ㆍ교정 등에 수고를 많이 하신 여러분께도 고마움을 전한다. 독자들의 많은 질책을 기대한다.

2024년 4월

홍 득 표

CONTENTS

제2부 한국정당의 개혁론

제8장 정당 내부 관계의 개혁

제11장   닫는 장

01

제1부

현대
정당정치론

제1장

/

정당의 이해

제1절 머리말

현대 민주주의 국가에서 정당 없는 정치(partyless politics)를 상상한다는 것은 불가능하다. 모든 나라에는 정당이 존재한다. 다만 두 유형의 국가에서만 정당이 없다. 하나는 페르시아만 연안의 매우 작고 전통적인 사회로 외부 세계에서 그들을 독립국으로 인정하기 오래전부터 부족(families)이 지금까지 지배하고 있는 나라다. 다음은 군부의 지지를 받는 군사정부나 권위주의 지도자에 의하여 정당이나 정당 활동이 금지된 경우다. 하지만 정당에 대한 탄압으로 정당 없는 정치가 행해지는 것도 일시적 현상이며, 군사정부의 통제가 느슨해지거나 인기 없는 정책에 대한 불만이 싹트면 정당이 재등장하기 시작한다. 정당정치를 통제하는 것이 어렵다는 것은 중앙당(central parties)이 현대국가를 지배하고 있다는 하나의 표시라고 볼 수 있다.[1]

정당은 민주 정치체제의 존속을 위해서 필수적인 제도라고 인식된다. 정당은 민주주의를 창조했고, 정당 없는 민주주의는 생각할 수도 없으며, 정당이 없으면 민주주의가

---

1   Alan Ware, *Political Parties and Party System* (Oxford: Oxford University Press, 1996), pp. 1~2.

작동하지 않는다. 민주주의는 국민에 의한 지배를 의미하지만, 현실적으로 직접민주주의의 실현이 어렵기 때문에 대의제를 채택하는 것이다. 전자민주주의를 통한 직접민주주의 실현을 위한 다양한 연구와 실험들이 진행 중이지만 현재까지 간접민주주의 이외의 대안이 없다. 정당을 대의민주주의를 실현하기 위한 매우 중요한 기제(mechanism)로 간주하고 있다. 정당은 대의민주주의에서 민주적 거버넌스(democratic governance)를 실현할 수 있는 제도로서 필수적인 정치조직이라고 볼 수 있다.

그래서 '권력을 핵탄두에, 정당을 미사일'에 비유한다. '정당정치는 민주주의의 기관차' 또는 '정당은 시민사회와 정부를 연결하는 가교'라고 부르기도 한다. 그래서 민주정치를 정당정치라고 하며, 복수정당제도를 민주 정치체제의 필수적인 존속 요건으로 간주한다. 정당 없는 대의민주주의는 상상하기 어려울 정도로 정당의 정치적 비중은 대단히 크다. 그래서 '정당을 알면 정치가 보인다'는 말까지 생겨났다.

정당은 오랫동안 정치학자들의 주된 연구의 대상이었다. 현대 정당에 관한 연구의 창시자인 막스 베버(Max Weber)를 비롯하여, 오스트로골스크(M. Ostrogorski), 미헬스(R. Michels), 브라이스(J. Bryce), 메리암(C. E. Merriam), 스캇츠나이더(E. E. Schattschneider), 키(V. O. Key), 사르토리(G. Sartori), 듀베르제(M. Duverger), 라니(A. Ranney), 노이만(S. Neumann), 엘더스펠트(S. J. Eldersvelt)), 소로프(F. J. Sorauf), 라 팔롬바라(J. La Palombara), 위너(M. Weiner), 키르히하이머(Otto Kirchheimer), 엡스타인(L. D. Epstein), 립셋(S. M. Lipset), 로칸(S. Rokkan) 등은 한결같이 정당 없이 현대 민주주의가 실질적으로 작동한다는 것은 생각조차 할 수 없다는 사실을 강조하였다. 사실상 누구도 민주정치에 있어서 정당정치의 필요성이나 본질에 대하여 의구심을 제기하지 않았다. 민주정치=정당정치라는 등식을 의심의 여지없이 전적으로 수용하는 것을 너무나 당연한 것으로 간주했다.

하지만 1990년대 초부터 정당정치에 대한 회의론과 정당 쇠퇴론이 등장하기 시작하였으며 정당정치가 도전에 직면했다. 이는 세계적인 보편적 현상이 되고 있다. 대의민주주의 체제가 거버넌스 위기(governance crisis)에 빠졌다는 지적이 나오고 있다. 의회를 중심으로 대의민주주의에 대한 회의론이 등장하고 있는 배경에는 정당정치에 대한 불신이 중요한 몫을 차지하고 있다. 서구의 안정된 선진민주주의 국가에서조차 정당이 민주적 거버넌스의 기능을 효율적으로 수행하지 못하기 때문에 정당에 대한 불신이 커지고 국민으로부터 외면당하고 있다. 서구 선진민주주의 국가에 관한 경험적인 연구에서 이러한 사실을 확인하기에 이르렀다. 정당이 아무리 민주적 거버넌스를 작동시키는 기제라고 해도 국민으로부터 불신을 당한다면 정당의 존재 의의는 그만큼 퇴색할 수밖에 없을 것이다.

정당의 재개념화와 정당정치의 재검토 등이 시도되고 있다. 정당이 과연 현대 민주주의와 어떤 관련이 있는지, 정당이 진짜 꼭 필요한 제도인지, 정당정치의 본질에 대하여 의구심을 제기하는 분위기가 확산하고 있다. 최근 정당 전문가들의 주된 관심은 정당이 국민의 정치적 요구에 어떻게 반응하는가와 관련된 정당과 국민과의 연결, 정당의 정치 자금 모금의 건전성과 지출의 투명성, 후기산업사회의 등장과 사회 균열 구조의 변화, 정당의 지지기반 및 정당체계의 재정렬, 당원의 감소와 전자민주주의의 전망 등에 관심이 집중되고 있다. 정당의 부활 필요성을 강조하고 있으나 구체적인 대안이 제시되지 않고 있다.

정당이 변하지 않으면 정당의 쇠퇴는 가속될 것이다. 정당이 정치과정의 주변부 존재로 위상이 위축될 것이다. 전자정치의 등장, 사회 균열 구조의 변화, 탈산업사회 이후 국민의 정치의식과 정치문화의 발전, 정당의 기능에 대한 국민 기대 수준의 상승 등등 다양하게 변하는 정당 환경이 정당의 존립에 새로운 도전요인으로 작용하고 있다. 정당에 매우 불리한 여건이 지속해서 조성되고 있다. 정당을 개혁하지 않으면 정당 기능은 약해지고 그 입지는 더욱더 좁아져 설 땅을 잃게 될지 모른다. 정당혁신을 추진하지 않는다면 정당정치의 회의론이 확산하여 정당의 기능을 대체하는 단일쟁점 집단과 정당 무용론과 연계된 직접민주주의에 관한 관심이 더욱 커질 수밖에 없을 것이다.

한국도 정당정치에 대한 불만과 불신이 상당한 수준이라는 것은 굳이 각종 경험적 자료를 제시하지 않더라도 누구나 인정하고 있는 사실이다. 정당이 정치발전의 발목을 잡고 있다는 인식이 지배하고 있다. 정치가 발전하려면 정당, 의회, 선거제도, 정치문화 등이 종합적으로 개혁되어야 한다. 하지만 의회가 민주국가의 두뇌라면 정당은 심장에 해당한다. 사람의 심장이 멈추면 사망하거나 식물인간이 되는 것과 마찬가지로 정당의 발전이 매우 중요하다. 한국 정치의 심장인 정당의 문제점은 헤아릴 수 없이 많다. 의회정치나 선거 정치의 출발은 정당에서 비롯된다는 인식하에 한국정당의 개혁방안을 모색하고자 한다.

정당정치가 정착된 선진 민주국가의 경우 정당개혁에 관한 연구는 많지 않다. 정당정치의 역사가 한국에 비하여 오래되었고 많은 시행착오를 겪으면서 발전하고 제도화되었기 때문이다. 오랫동안 내각책임제를 채택하고 있는 국가에서는 정당이 고유한 기능을 제대로 수행하지 못하면 정치체제의 작동이 불가한 거버넌스의 위기 상황을 수반하기 때문에 민주정치와 정당은 동시에 발전할 수밖에 없었다.

본 저서는 그동안 반복적으로 논의되어 온 그리고 수없이 제시된 바 있는 정당개혁 방안과 방향을 종합하여 한국정당이 나아가야 할 실천적 차원의 대안을 외국의 사례를 비교하면서 이론적 배경을 중심으로 제시하는 것이 궁극적인 목적이다. 정당개혁은 정치발전의 핵심 주제이기 때문이다. 한국에서 정치개혁 문제가 거론될 때마다 정당개혁은 단골 메뉴로 등장하였다. 그동안 정당개혁은 주로 지역주의 정당 타파, 공직 후보 선출과 관련된 당내 민주화, 원내정당화, 선거정당화, 정당의 전문성 향상과 정책 정당화 등에 대한 주제를 중심으로 논의되었다. 많은 개혁방안이 제시된 것이 사실이지만 실천적 대안이라고 하기에는 아쉬움이 많았다. 한국정당의 개혁방안을 이론과 실제를 조화시킨 종합적 대안이 제시된 적이 없다. 따라서 정당개혁에 관한 이론적 배경과 외국의 사례를 비교·분석하여 한국의 미래 정당이 지향해야 할 구체적인 실천 방안을 제시하고자 한다. 내각책임제에서의 정당과 대통령중심제에서는 정당 기능이 분명하게 다르다는 인식을 갖고 과연 민주정치는 정당정치라는 등식을 조건 없이 수용해야 하는가에 대한 원론적인 문제부터 접근하려고 한다. 이를 위해서 정당에 대한 이해, 정당 환경의 변화, 한국정당의 문제점 등을 살펴보고, 정당개혁의 핵심은 의회정치의 활성화에 있다는 전제하에 이론과 실제를 조화시킨 정당개혁방안을 제시하고자 한다.

제2절 정당 연구에 대한 시각

정당에 관한 연구는 정치학자들의 주된 관심사의 하나였다. 하지만 민주정치에 관심을 가진 학자들이 정당 관련 새로운 저서의 출간 가치에 대하여 혼란스러운 입장이다. 크게 세 가지 시각으로 구분된다.[2]

첫째, 정당에 대한 기존의 저술은 이미 충분하고 또한 더 이상 배울 것이 없어 추가적인 출간이 필요 없다는 시각이다. 정치학이 생겨나면서 정당에 관한 연구는 제1의 주제가 되었으며, 1945~1998년 사이 약 11,500건의 저술과 논문 등이 발표되었다. 지난 1세기 동안 정당에 관한 연구가 충분하게 이루어져 황금기(golden age)는 이미 지났다는 입장이다.

둘째, 정당의 쇠퇴는 움직일 수 없는 현상이기 때문에 정당에 대한 보다 경험적인 연구가 필요하다는 시각이다. 정당의 쇠퇴와 더불어 정당에 관한 연구가 소홀해진 것은 사실이지만 연구의 재활성화가 이루어져야 한다는 것이다. 정당의 쇠퇴는 일련의 변화되는 환경적 도전에 성공적으로 대응하지 못한 상황에서 일어나고 있는 어쩔 수 없는 현상이기 때문이다. 민주정치가 제도화되고 정당정치의 역사가 오래된 영국, 미국, 프랑스, 독일, 이탈리아, 캐나다 등에서 정당의 쇠퇴 현상이 두드러지게 나타나고 있다. 정당의 쇠퇴에 관한 연구는 크게 네 가지로 분류할 수 있다.[3]

①정당에 대한 부정이다. 정당의 합당한 역할을 지속해서 부정하고 정당을 좋은 사회를 위협하는 존재로 본다. 정당을 권위주의적 이념과 고지식한 민주적 신념과 관련짓는데서 비롯된 것이다. 정당 자체에 대한 비판적인 시각에서 출발하기 때문에 정당을 부정하는 것이다.

---

2   정당 연구에 대한 세 가지 시각은 다음을 참고하였음. José Ramón Montero and Richard Gunther, "Reviewing and Reassessing Parties", in Richard Gunther, José Ramón Montero, and Juan J. Linz(ed.), *Political Parties: Old Concepts and New Challenges* (Oxford: Oxford University Press, 2002), pp. 1~15.

3   Hans Daalder, "Parties: Denied, Dismissed, or Redundant? : A Critique", in Gunther, Montero and Linz (2002), p. 39.

②정당에 대한 선별적 거부다. 어떤 정당은 좋고 또 어떤 정당은 나쁘다고 취급하는 시각에서 연유한 것이다. 모든 정당이 문제가 있어 정당을 원천적으로 부정하는 것이 아니라 정당의 존재와 역할 등 그 필요성은 인정하지만, 정당의 유형에 따라서 좋은 정당(good party)과 나쁜 정당(bad party)이 각각 존재한다고 본다.

③정당체계에 대한 선별적 거부다. 정당 그 자체를 문제 삼는 것이 아니라 양당제나 다당제 등 정당체계를 선별적으로 좋고 나쁘다는 전제에서 비롯된 시각이다. 나라마다 역사와 전통 그리고 정치문화가 다르고 정당체계마다 각각의 장단점이 있으므로 적실성 있는 정당체계도 다를 수밖에 없다.

④정당 기능을 다른 행위자나 제도가 대신할 수 있다. 정당을 이미 과거사가 된 대중동원이 필요한 시기에 나타난 과도적 현상으로 본다. 정당은 다른 행위자와 같이 점차 민주정치와 관련성이 적어지고 있으며, 정당이 수행했던 주요 기능은 다른 제도가 넘겨받기 때문이라는 것이다. 정당을 대체할 수 있는 행위자와 제도가 출현하여 정당의 기능을 대신 수행하기 때문에 정당의 존재 가치가 점차로 하락하고 있으며, 정당과 민주정치와의 관련성도 적어지고 있다는 시각이다.

어떠한 입장이든 정당이 쇠퇴하고 있는 것은 숨길 수 없는 사실이다. 정당 쇠퇴의 원인은 다른 곳에서 재차 논의하겠지만 우선 몇 가지 시각을 살펴보고자 한다. 먼저 지적할 수 있는 것은 무엇보다 인터넷, 사회관계망 서비스(SNS: Social Network Service), 휴대전화, 유튜브(Youtube), 아고라, 팟캐스트(podcast), 홈페이지, 블로그, 카페, 인터넷 포털, 카카오톡, 트위터, 인스타그램, 페이스북, 틱톡 등 다양한 디지털 네트워크와 다양한 방송매체 등을 통한 정치인과 시민의 직접 접촉이 이루어지거나, 또는 기술혁신 덕분에 비공식적으로 조직된 사회운동이 정당 기능의 대부분을 대신 수행하고 있기 때문이다. 정보통신기술(ICT)의 발달로 시민과 정치 지도자 간 직접 접근이 가능해지고, 특히 인터넷의 확산은 시민들끼리 대량의 수평적 커뮤니케이션 네트워크의 형성을 가져왔다.

정당의 쇠퇴는 시민들이 가지고 있는 개인적인 자원 때문이다. 경제적 박탈을 한 번도 경험하지 않은 높은 교육을 받은 시민들은 후기 물질주의 가치를 중시하면서 많은 정당이 유지하고 있는 전통적인 이념과 충돌하는 경향이 있다. 이는 새로운 사회운동, 단일 쟁점 이익집단, 비 인습적 정치참여에 더 적합한 성향이라고 볼 수 있다. 또한, 많은 정보를 가지고 있는 시민들은 자신들의 정치참여 능력을 키워주고, 정보수집의 독자적인 통로를 확대하며, 정당이나 정치에 대한 자신들의 태도 정향을 발전시킬 수 있게 되었다. 이러한 경향은 정당에 대한 낮은 일체감이나 정치에 대한 불만, 냉소주의, 심지어 소외의식 등으로 나타나 시민과 정당 간의 구조적이고 심리적인 연계를 약하게 만들고 있다.

정당의 쇠퇴는 민주화의 제3의 물결과도 관계가 있다. 새로운 민주주의 발전과정에 정당은 진정한 민주적 거버넌스를 경험하지 못한 상황이기 때문이다. 정당은 민주주의가 정착된 사회에서 공직 후보의 충원, 선거 지지의 동원, 정책 과제의 편성, 정부의 구성 등 기본적인 기능뿐만 아니라 새로운 민주 정부를 구축하고 공고화 기능도 수행해야 하고, 동시에 생명력 있는 조직으로서 제도화를 이룩해야 하는 상황이다. 하지만 정당이 민주적 거버넌스로서 역할을 제대로 수행하지 못하기 때문에 정당에 대한 불신이 높고, 당원은 급감하는 추세에 있으며, 당에 대한 정체성의 약화와 정당 중심의 선거가 후보 개인 중심의 선거로 변하고 있다. 정당의 쇠퇴가 가시적으로 나타나고 있다.

한마디로 많은 도전과 위기에 직면해 있는 정당에 관한 연구를 통하여 정당의 퇴행(Decay), 쇠퇴(Decline), 해체(Decomposition) 등 3D를 정당의 재기(Re-emergency), 재활(Revitalization), 부활(Resurgence) 등 3R로 대체해야 한다는 것이다. 정당이 위기를 맞이한 것은 시민들의 정당에 대한 기대나 요구 수준이 폭발적으로 증가했기 때문이며, 정당은 새로운 정치나 기대 그리고 새로운 사회운동의 도전에도 불구하고 생존해야 하며 가장 중요한 정치기구로서 기능을 수행해야 한다는 것이다.

셋째, 정당 이론을 더 발전시키고 연구를 강화해야 한다는 시각이다. 그동안 학자들의 정당에 관한 연구는 정밀하고 설득력 있는 이론을 발전시키는 데 실패했다고 보며, 이런 입장에서 더 많은 연구를 위한 노력도 실패할 수밖에 없다는 것이다. 그동안 정당에 관한 연구는 정당의 개념, 기능, 유형, 행태 등 서술적 · 이론적 · 분석적인 측면에 치중하였으며, 설득도 부족했고, 일관성도 없었다. 그동안 정당에 대한 접근법은 역사적 · 구조적·행태적·이념적·체계기능에 집중되었다. 정당에 관한 연구는 1960년대 구조기능주의, 합리적 선택이론, 경제시장과 정치시장의 유사성 등의 접근법이 활용되었다. 앞으로 정당에 관한 연구는 가설-검증의 경험적인 비교 연구를 통한 귀납적인 누적 이론구축(cumulative theory-building)이 요구된다.

정당 연구에 관한 세 가지 시각은 각각의 논리적 근거가 있다. 정당정치에 대한 역사와 경험이 누적되면서 정당에 관한 연구도 끊임없이 이루어지고 발전하여 이미 충분한 자료가 축적된 것은 부인할 수 없다. 하지만 정당에 관한 연구는 여기서 중단할 수 없을 것이다. 정보화 사회 등 문명사적인 변화와 더불어 국민의 정치의식도 변하고 정치문화도 발전하고 있다. 정당 환경도 나날이 바뀌고 있다. 정당이 새롭게 변화되는 환경에 효율적으로 적응하지 못하고 쇠퇴하고 있는 상황에서 정당에 관한 연구가 소홀해진다면 대안을 제시하는 데 어려움이 예상되기 때문이다. 그동안 정당에 관하여 많은 연구가 이루어졌다 하더라도 두 번째와 세 번째 시각에서 주장하고 있는 바와 같이 정당에 대한 이론을 더 발전시키고 연구를 강화하며, 3D의 원인분석과 아울러 3R의 대안을 모색하는 것이 현명한 선택일 것이다. 특히 문화 횡단적·국경 초월적·경험적 비교연구를 통하여 정당정치의 활성화와 발전방안을 모색하는 것이 정당에 관심 있는 정치학자들의 책무가 아닌가 한다.

제3절 정당 개념의 이해

정당의 개념을 어떻게 정의할 수 있을 것인가? 정당 개념을 정의하는 것은 코끼리를 설명하는 것과 똑같다. 코끼리를 본 사람은 코끼리의 모습을 알지만 그렇지 않은 사람에게 코끼리가 어떻다고 알려주는 일이 힘든 것과 마찬가지다.[4] 코끼리를 직접 본 사람도 보는 각도에 따라서 다르게 묘사하듯이 정당에 대한 학자들의 정의도 다양하게 이루어

---

4   Ware (1996), p. 2.

지고 있다. 대표적으로 몇몇 학자들의 정당에 대한 개념을 살펴보면 다음과 같다.

버크(Edmund Burke)는 "정당은 참여자들이 모두 동의한 특별한 원칙에 따라서 공동의 노력으로 국가의 이익을 증진하기 위해서 결합한 사람들의 집합체"라고 정의했다.[5] 정당을 우산과 같이 많고 다양한 동반자들이 연합한 광범위한 망라 조직이며, 공통의 정치적 목적을 가진 사람들의 다양한 연합이라고 이해한다. 구체적으로 정당은 정치적 공직을 획득하고 이용하기 위한 엘리트들의 연합이다. 연합은 공통의 이익을 가진 사람들의 편의적 · 일시적 집합이며, 주요 정당은 제도화된 연합이다.[6]

노이만(Sigmund Neumann)은 "정당은 현대 정치의 생명선"이라고 하면서[7] "정부 권력의 통제에 관심을 가진 사람과 다른 집단 또는 다양한 견해를 가진 집단과 국민의 지지 획득을 위해서 경쟁하는 사람들로 구성된 사회의 활동적인 정치매개체의 집합적인 조직"이라고 정의하고 있다.[8]

웨어(Alan Ware)는 정치학자들에 의하여 정의된 다양한 정당의 개념을 살펴보고 몇 가지 주요 특징을 다음과 같이 제시하였다.[9]

첫째, 국가의 권력을 행사할 목적으로 사람들을 결합한 제도이다. 정당은 한 사람 이상이 참여한다. 물론 한 개인이 국가 내에서 자신의 권력을 증진하는 방법으로 결성한 전달 수단일 수 있다. 대부분 상호작용의 장기적 목적은 단독 혹은 다른 당과 연립하여 국가의 통제권을 인수하기 위한 목적으로 결성된 기구다. 하지만 예외적으로 국가 내에서 권력을 행사하기보다는 오히려 국가를 궁극적으로 해체하려는 목적을 가진 정당도

---

5   Louis I. Bredvold and Ralph G. Ross(ed.), *The Philosophy of Edmund Burke* (Ann Arbor: The University of Michigan Press, 1960), p. 134.

6   John H. Aldrich, *Why Parties? The Origin and Transformation of Political Parties in America* (Chicago, The University of Chicago Press, 1995), p. 7, pp. 283~284.

7   Sigmund Neumann(ed.), *Modern Political Parties: Approaches to Comparative Politics* (Chicago: The University of Chicago Press, 1956), p. 1.

8   Sigmund Neumann, "Toward a Comparative Study of Political Parties", in Andrew J. Milnor(ed.), *Comparative Political Parties: Selective Readings* (New York: Thomas Y. Crowell Company, 1969), p. 26.

9   웨어가 주장하고 있는 정당의 몇 가지 특징에 대한 구체적인 내용은 다음을 요약하고 참고한 것임. Ware (1996), pp. 2~6.

있다. 예컨대 19세기 후반 정통 마르크스주의자들은 공산당의 역할은 자본주의 국가의 소멸을 조장하는 것으로 보았다. 인도의 간디는 인도국민회의(Indian National Congress)를 영국으로부터 해방이라는 목적을 달성한 뒤에는 해산되어야 하는 기구로 보았다. 오늘날 퀘벡연합(Bloc Québécois)의 당원들은 캐나다 내에서 정치권력을 행사하기보다는 궁극적으로 캐나다 연방정부에서 분리 독립하는 것을 목적으로 하고 있다.

정부를 붕괴시키는 궁극적 목적을 달성하기 위한 전술로서 연립정부 구성에 참여하여 다른 당과 정치권력을 공유하기보다는 아예 포기하는 정당도 있다. 예를 들면 프랑스 제4공화국의 공산당은 유효투표의 25%를 득표하였으나, 연립정부에 참여하지 않았다. 그 이유는 연립정부에 참여하여 정치권력을 행사하기보다는 노골적인 반정부 정당으로 행동함으로써 정부를 무너뜨리는 보다 효율적인 지렛대로 활용하려는 사례도 있다.

또한, 어떤 정치적 집단은 자칭 정당이라고 하고, 선거에서 경쟁하는 등 정당과 관련된 활동을 하지만 정치를 여흥 삼아 즐기고 비웃는 활동을 목적으로 삼는 사례도 있다. 예컨대 캐나다의 코뿔소(Rhinoceros)나 영국의 날뛰는 광란의 괴물당(Monster Raving Loony Party) 등을 들 수 있다.

둘째, 정당은 그들의 목적을 달성하기 위해서 정당한 수단을 활용한다. 정치학자들은 정당이 테러리스트 집단이나 군사 집단과 달리 정당한 수단을 동원하여 목적을 달성한다는 사실을 지적한다. 대부분의 정당은 이 범주에 속하고 있으나 예외적인 경우가 있다. 시민조직으로 출발한 정당들은 정부와 공공연한 무력 충돌에 개입하였다. 왜냐하면, 정당의 목적을 달성하기 위해서 무력에 의존하기로 방침을 세운 경우 또는 정부가 무력으로 정당을 억압하려고 하기 때문이다. 1930년대와 1940년대 중반 중국공산당과 국민당 정부 간의 상황을 예로 들 수 있을 것이다.

무력으로 정부를 유지하거나 전복시키려는 분명한 목적을 갖고 활동을 시작한 조직들은 필요할 경우 정당으로 인정받아 정치진영을 형성한다. 아일랜드의 공화과 군대와 신페인(Sinn Fein)의 예와 같이 공공관계를 목적으로 정치진영과 군사 진영의 분리를 모색하는 경우가 있다. 1970년대 레바논 내전에 참전했던 시민군은 1975년 이전의 선거 정치에 참여했던 정당의 군사 진영이었다.

셋째, 정당은 선거 경쟁의 기회가 있으면 참여한다. 정치학자들은 자유민주 정부의 정치에 초점을 맞추면서 정당을 공직선거에 경쟁할 후보를 내세운다는 시각에서 이해한다. 하지만 선거에 참여하지 않는다고 정당이 아니라고 할 수 없다. 어떤 정당은 선거에 후보를 내세우는 것을 일관되게 거부한다. 그 이유는 선거에 참여하면 자신들이 거부하는 정부의 정통성을 인정해 주는 꼴이 될 것을 우려하기 때문이며, 또한 정당의 장기목표로서 후보를 내지 않는 것이 유익하다고 판단하기 때문이다. 예를 들면 1931년 재 창당된 아일랜드 공산당은 1941년 해체 전까지 4차례의 선거에 후보를 내지 않았다.

더구나 어떤 상황에서는 정부 정책에 반대하는 항의 표시로 특정 선거를 거부하는 예도 있다. 이는 선거에서 승리한 정당이 누리게 될 정통성을 훼손하기 위한 전략적 구상에서 나온 것이다. 예를 들면 1980년까지 집권당이었던 자메이카의 인민민족당(People's National Party)은 1983년 선거에서 단 한 명의 후보도 출마시키지 않았다.

넷째, 정당은 사회 내의 단일의 협소한 이익 그 이상을 대표하는 제도다. 이는 정당과 이익집단의 경계를 구분하기 어렵게 하는 내용이기도 하다. 1945년 이후 자유민주주의 국가의 정당은 포괄선거전을 채택하여 가능하면 최대한 한 사회 내의 이익을 광범위하게 대변하려고 노력하였다. 모든 정당이 사회의 다양한 이익을 대표하려는 것은 사실이지만 예외도 있다. 독일의 난민당(Refugee Party)은 1953년과 1957년 선거에 참여했으나 난민의 권익만을 위한 매우 협소하게 정의된 이익만을 정치적으로 대표하였다.

다섯째, 정당은 유사한 가치와 태도 그리고 신념을 공유한 사람들의 결사체다. 어떤 사람들은 18세기 버크(Edmund Burke)가 영국 정당의 특징은 같은 생각 또는 조직화 된 의견을 가진 사람들의 집합이라고 주장한 데 주목하였다. 정당에 대한 이런 견해에는 두 가지의 잠재적 문제가 있다.

①상대적으로 아주 작은 정당을 제외하고, 정당원들 간에 심각한 의견 불일치 현상이 발생해도 정당은 그들의 다양한 입장을 포용해야 한다고 사람들은 기대한다. 그런데도 정당이 조직화 된 의견의 집합체라는 사실을 옹호하는 사람들은 경쟁 당과 구분되는 합

의된 영역이 항상 존재한다고 말하면서 반론을 제기한다.

②카리스마가 있는 지도자를 중심으로 창당된 정당은 당이 대표하는 의견의 범위가 너무 광범위하여 조직된 의견이라고 보기 어려운 사례도 있다. 아르헨티나의 페론당(Peronist Party)을 예로 들 수 있는데, 후안 페론(Juan Perón)은 표면적으로 양립할 수 없는 좌우익 요인을 포용하는 연립을 구성했다.

정당의 개념에 관하여 그동안 학자들이 논의한 몇 가지 특징을 살펴보았다. 대부분 예외적 사례가 있는 것이 사실이다. 결국, 정당의 개념을 이해하는 것은 코끼리를 설명하는 것 못지않게 어렵다는 것을 보여주는 것이다.

웨인(Alan Wane)은 "정당을 ①정부의 공직을 차지하기 위해서 노력함으로써 국가에 영향력을 행사하고, ②통상적으로 사회의 복수 이익을 구성하고 있으며 그리고 어느 정도의 이익을 집약하는 제도"라고 정의하고 있다. 제도의 의미는 공식적인 조직과 당의 통치행위(governing conduct)에 필요한 비공식적인 규칙과 절차 등을 포함한다. 웨인은 자신의 정당에 대한 정의가 다음과 같은 몇 가지 점에서 의미가 있다고 보았다.

①정당 활동의 목표로서 국가에 초점을 맞추었다.

②대부분의 정당이 다 그런 것은 아니지만 집권 여당은 영향력 행사를 중요한 수단이라고 인식하고 있다.

③자유민주주의뿐만 아니라 다른 정부 형태에서 운영되는 정당에도 적용할 수 있다.

④어떤 특정한 경우 이익집단과 정당의 구분이 명확하지는 않지만, 양자를 구별할 수 있게 해 준다.

⑤정당이 항상 공유된 원칙이나 의견을 바탕으로 결합하였다는 잠재적 오류의 확신 가능성을 피할 수 있다.

웨어의 정당 개념에 대한 이해도 부분적인 설명은 가능하지만, 정당이 갖는 다양한 특징을 포괄하는 것으로 보기는 어렵다. 정당을 국가권력 획득과 영향력 행사, 그리고 국민의 이익을 집약하는 것으로 지나치게 단순화한 면이 발견된다. 정당의 정치적 목적에 초점을 맞추어 이해하려는 모습이 엿보인다. 정당을 전적으로 정치권력을 획득하기 위한 도구나 수단이라는 시각에서 이해하는 것이다. 국민의 이익을 집약하는 것도 따지고 보면 정치권력을 획득하기 위한 하나의 방법에 지나지 않기 때문에 정당에 관한 권력 추구 중심의 정의라고 볼 수 있다.

정당에 대한 개념을 한마디로 정의하는 것은 어려운 일이다. 부분적인 이해는 가능하지만, 정당의 특징이나 본질을 포괄할 수 있는 개념 정의는 사실상 불가능한 일인지 모른다. 정당을 참여자의 성격, 목적, 정책 결정과 공공성이라는 세 가지 차원에서 이해하고자 한다.

①정당은 유사한 정치이념, 신념, 태도를 공유한 사람들이 참여하여 결성한 국민의 부분적인 정치집단이다.

②단독, 연립 혹은 제휴나 공조를 통하여 정치권력을 획득하고 유지하는 것을 목적으로 하는 정치조직이다. 공직 후보 추천, 공직 충원, 선거운동 지원, 상대 당과 경쟁, 국민 이익의 표출 등은 정치권력 획득과 관련하여 정당이 수행하는 기능이라고 볼 수 있다.

③정치권력을 획득한 뒤에는 정강 정책이나 선거공약을 정치과정에 투입하여 정책으로 산출하며 궁극적으로 국민을 위해서 봉사하는 공공성을 지닌 정치조직이다. 정당의 이익집약과 정책 결정 등은 이와 관련된 기능이라고 볼 수 있다.

제4절 정당의 기원

비교론적 시각에서 보면 조직적이고 합법적인 정당의 출현은 상대적으로 새로운 현상이라는 것을 먼저 인식해야 한다. 흄(David Hume)은 "정당은 인간사에 나타난 매우 특별하고 설명할 수 없는 현상이라고 여전히 말할 수 있을 것"이라고 하였다.[10] 매우 특별하고 설명할 수 없는 현상으로 인식되고 있는 정당의 기원을 살펴보는 것은 정당의 본질을 이해하는 데 도움이 될 수 있을 것이다. 정당이 무엇을 위해서 왜 그리고 어떻게 생성되

---

10   Daalder (2002), p. 39.

었는지 그 배경과 과정을 알면 정당의 기능과 정당의 정치적 의의가 무엇인지 시사점을 발견할 수 있을 것이기 때문이다. 하지만 모든 현상의 기원을 정확하게 추적하기는 쉽지 않은 과업이며, 정당도 마찬가지다. 국가가 어떻게 그리고 왜 생성되었는지 정확한 기원을 알 수 없듯이 정당의 기원을 파악하는 것도 쉬운 일이 아니다. 정당뿐만 아니라 국가를 포함하여 많은 제도의 기원에 관한 대부분의 연구는 정립된 이론이라기보다는 하나의 설로 간주하는 것이 통상적인 현상이다. 정당의 기원도 예외가 아니다.

1. 민주주의와 정당

정당의 기원을 이해하려면 먼저 민주주의와 정당의 관계를 규명하기 위해서 제기된 세 가지 이론을 살펴보는 것이 도움이 될 수 있을 것이다.[11]

첫째, 다수결 이론이다. 민주주의 원리의 하나인 다수에 의한 지배를 합법적으로 구체화할 수 있는 수단이란 시각에서 정당의 필요성을 이해하는 것이다. 유권자들은 특정 정책이나 후보를 지지하기 위해서 선거에 참여한다. 유권자는 정치참여를 통하여 공직자를 선출하고 특정 정책을 채택한다. 유권자가 정치과정에 참여하여 다수의 지지 획득 후보를 당선시키고, 또한 정책을 채택하는 것이 민주적인 정치과정이다. 선거 과정에 다수의 의견을 취합할 수 있는 기제로서 정당을 이해하는 것이다. 만약 정당이 없다면 유권자들의 다수 이익을 어떻게 취합하고, 그들을 선거 과정에 어떻게 동원할 수 있을까 의구심을 갖게 한다.

둘째, 다원주의 이론이다. 민주주의는 다원주의 사회를 의미한다. 다원주의자들은 사회의 다양한 이익을 대표할 수 있는 기제라는 시각에서 정당의 필요성을 이해하는 것이다. 민주주의 사회에서는 다수든 소수든 다양한 견해가 공존한다. 그들을 정치적으로 대표할 수 있는 수단으로서 정당을 이해하는 것이다. 민주주의 사회는 다원주의를 특징으로 하기 때문에 명확하게 정리된 다수의 견해가 있다는 것을 인정하지 않으려는 경향도

---

11   Leon D. Epstein, *Political Parties in Western Democracies* (New York: Frederick A. Praeger, Publishers, 1967), pp. 15~18.

있다. 다원주의자들은 소수의견을 무시하는 다수결 원칙에 대하여 비판적이며, 오히려 소수 이익의 정당성에 더 많은 관심을 보인다. 다원주의자들은 다수결주의자라기보다는 훨씬 더 이완된 정당 모형을 수용한다. 다원주의자들은 다수를 대표하는 정당을 원하지 않는다. 다양한 이익을 표출하고 취합할 수 있는 다당제가 적합하다고 보지만 소수의 이익을 대표할 수 있다면 양당제도 문제가 없다는 견해다. 특히 소수 이익의 대표에 더 많은 관심을 가진다.

셋째, 개인주의 이론이다. 다수 지배 원리와 다원주의를 모두 반대한다. 정당 모형을 이해하는데 현존하는 조직과 관계없이 개인적 차원에서 접근하려는 것이다. 개인 자신을 민주주의 질서를 대표하는 가장 확실한 단위로 보고 있으며, 유권자와 공직자 사이에 어떤 조직이 있다는 것은 잘못되었다는 시각이다. 개인주의 접근법의 뿌리는 루소(J. J. Rousseau)의 견해와 어느 정도 관련이 있다고 볼 수 있으며, 오스트로골스크(M. I. Ostrogorsk)에 의하여 현대 정당과 연관성을 찾게 되었다. 오스트로골스크는 영국과 미국 정당의 조직발전에 대하여 반대하면서 원자화된 개인에 적합한 모형을 제시하였다. 특정한 선거에서 시시각각 유권자 동맹을 형성하지만 어떤 제도적 구조는 아니라는 것이다.[12]

세 가지 입장은 민주주의 정치체제와 정당의 필요성을 이해하려는 접근법이라고 볼 수 있다. 다수결주의는 민주주의의 기본 원리인 다수에 의한 지배를 구체화할 수 있는 기제로서 정당의 필요성과 역할에 대한 이해라고 볼 수 있다. 다원주의 접근법은 다양한 이익이나 가치가 존재하는 민주주의 정치체제에서 이들의 입장을 대표할 수 있는 제도적 구조로서 정당을 이해하는 것이다. 개인주의 접근법은 민주주의의 기본 원리가 개인주의에서 출발하며, 정치적 의사결정이나 참여도 개별적으로 이루어진다는 시각에서 이해하려는 것이다. 어찌 보면 정당과 무관한 접근법이라고 볼 수 있다. 개인주의적 접근법은 개인을 기초로 하는 민주주의의 기본 원리와 부합되지만, 정당보다는 개인의 중요

---

12 Moisei I. Ostrogorski, *Democracy and the Organization of Political Parties*, trans. by Frederick Clarke, Vol. I and II (London: The Macmillan Company, 1902).

성을 강조하기 때문에 정당 기원을 이해하는 데 별 도움이 되지 않을 것 같다. 오히려 다수결 모형이나 다원주의 모형이 정당의 기원과 밀접한 관련이 있다고 보는 것이 타당할 것이다. 민주주의를 구체화하는 정치구조로서 정당의 필요성을 이해하는 처지다.

2. 정치인과 정당결성

정당의 기원을 살펴보기 위해서는 또한 정치인들이 왜 정당을 결성하고 또 변화시키려고 하는가 그 동기를 알아보는 것도 도움이 될 수 있을 것이다. 정치인들은 세 가지 문제를 해결할 수 있는 제도적 도구로서 정당을 인식하고 있다는 것이다.[13]

첫째, 집단행동의 문제가 정당 형성의 동인이 된다는 것이다. 정부 속의 정당(party-in-government)은 정책 선호가 유사한 공직자들로 구성된다. 정당은 가장 비슷한 정책 선호를 공유한 사람들의 연합이라고 볼 수 있기 때문이다. 공유된 선호(shared preferences)는 정당 가입의 중요한 기초가 된다. 여당은 또한 정부의 지도자를 선출하고, 지도자에게 권한과 자원을 제공하며, 의회와 정부를 구성하는 등의 절차와 규정을 가진 제도라고 볼 수 있다. 의회에서 법안을 통과시키기 위해서는 집단행동이 요구된다. 많은 의원이 똑같은 정책 선호를 공유했다면 문제가 없지만 그렇지 않을 때 이를 조율하여 많은 의원의 지지를 결집해야 집단행동을 통하여 법률안을 통과시킬 수 있을 것이다. 의원들이 같은 사안에 대하여 집단적 지지를 거부하고 개별적으로 행동하면 법률안 통과는 사실상 불가능하게 된다. 의회에서 정책을 결정하기 위해서 의원들 간 연합을 형성한 집단행동이 필요하다.

둘째, 사회 선택의 문제가 정당 형성의 동인이 된다. 이는 투표이론과 관련이 있는 접근법이다. 의원들은 자신들의 선호에 따라서 투표하게 된다. 하지만 각기 선호가 다른 의원들이 다양하게 분포되었을 경우 의회에서 특정한 정책을 결정하기 위해서는 선호의 조정이나 다른 대안과의 타협이나 연합이 필요하다. 만약 의원들 간에 입장 차가 발견된

---

13 Aldrich (1995), pp. 28~61.

다면 선호의 조율과정을 거쳐야 하고, 투표 결과 돌아올 이익 등을 따지게 된다. 자신이 최초 선호했던 안건을 포기하고 다른 의원들의 제안을 대안으로 지지했을 경우 그 후 자신의 선호를 관철할 가능성이 어느 정도인지 등도 따지게 된다. 그래서 선택의 규칙에는 자신이 원하는 정책을 지지하는 진정한 투표와 자신의 선호를 관철하기 위한 전략적 판단에서 다른 대안을 마지못해 선택하는 계산된 투표(sophisticated voting)도 있게 마련이다. 의회 내에서 의원들의 선호가 달라 투표 균형(voting equilibrium) 유지가 어렵게 된다. 따라서 다른 선호를 가진 의원들과 연합하든 선호를 조정하든 특정한 결과를 산출하기 위해서는 제도적 차원의 투표 동원을 통하여 투표 균형을 유지해야 하는 것이 정당결성의 동인이 된다는 것이다.

셋째, 정치인의 야망이 정당결성의 동인이 된다는 것이다. 선출직 공직에 취임하려는 정치인들의 야망은 그들이 정치를 하는 핵심이다. 정치적 욕구를 실현하기 위한 조직으로서 정당을 결성하는 것이다. 공직을 추구하거나 공직을 차지하고 있는 정치인들은 주요 정당에 가입하고 있다. 야망이 있는 정치인은 기대되는 이익을 최대한 실현할 수 있는 효용의 극대화를 계산하여 정당을 선택한다. 주요 정당에 가입하는 것은 정치적 야망을 달성하기 위한 필요조건이 된다. 정치적 야망은 공직에 접근할 기회가 유리한 정당에 입당을 결정하는 요인으로 작용한다.

정당은 정치인들의 필요 때문에 만들어진 내생적인 제도라고 보는 것이다. 결국, 정치인들이 정당을 결성하는 동기를 세 가지 시각에서 이해한 것으로 평가할 수 있다. 정치인들은 의회 내에서 자신의 정책 선호를 관철하고 또한 선거나 투표의 승리를 위해서 행동한다는 사실에 초점을 맞춘 것이라고 볼 수 있다. 정당의 결성 동기를 정당은 집단행동을 위한 집합기업, 특정한 문제를 제도적으로 해결하기 위한 결사체, 공공재를 획득하고 집단행동을 통하여 투표 균형을 이루고자 하는 제도적 장치나 평형 제도, 정치적 야망을 실현하기 위한 조직이라는 시각에서 이해하는 것이다.

3. 정당의 기원설

(1)듀베르제의 접근법

듀베르제(Maurice Duverger)는 정당의 기원에 대하여 선거 및 의회 기원론(electoral and parliamentary origin)과 의회 외적 기원론(extra-parliamentary origin) 등 두 가지 견해를 피력하였다.[14]

선거 및 의회 기원론 시각에서 정당의 발전은 보통 선거권과 의회 권한의 확대 등 민주주의 진전과 밀접한 관련이 있다고 주장한다. 의회 내에서 의원들 간에 의회 집단(parliamentary group)을 결성하고 난 다음에 선거위원회가 나타난다. 마지막으로 양자 사이의 항구적인 연결체(permanent connection)가 형성되는데 이것을 정당이라고 본 것이다. 의회 내에서 의원들은 공통의 관심사를 공동으로 실천하기 위해서 집단 형성의 필요성을 느끼게 되어 의회 집단을 만든다. 의회 집단의 형성에는 참여의원들의 정치적 교리가 기본적인 참여 충동(impulse)으로 작용하지만, 의원들 간의 지역적 인접성이 더 중요하게 영향을 미친다. 의회 집단이 이념집단으로 발전하는 것은 그 이후의 문제다.

의회 내에서 기원한 1789년의 프랑스 제헌의회(Constituent Assembly)를 대표적인 정당으로 들고 있다. 1789년 4월 베르사유에 도착하기 시작한 지방대표들은 고독감으로부터 탈피하기 위해서 자연스럽게 같은 지역에서 온 대표들끼리 만나게 되고, 동시에 지역 이익을 옹호하는 방법도 함께 준비한다. 이러한 모임을 처음 시작한 것은 브르타뉴(Breton) 지방대표들로서 카페에 방 하나를 빌려 그들끼리 정기모임을 조직하였다. 모임을 통하여 그들은 지역 현안뿐만 아니라 국가정책의 본질적인 문제에 대하여 어떤 이념을 공유하고 있다는 사실을 인식하게 되었다. 그들은 견해를 같이하는 다른 지역 대표들을 동참시키도록 노력하였으며, 결국 브르타뉴 클럽은 이념집단인 정당으로 발전하였다.

또한, 선거에서 투표권이 확대될수록 의원들이 원하는 방향으로 유권자들을 이끌고,

---

14   Maurice Duverger, *Political Parties: Their Organization and Activity in the Modern State*, trans. by Barbara and Robert North (New York: John Wiley & Sons, Inc., 1966), pp. xxiii~xxxvii.

유권자들에게 후보자를 알릴 수 있는 선거위원회 결성의 필요성이 등장한 것이다. 지역 선거위원회의 출현은 보통 선거권의 확대와 직접 연결되어 있는데, 새로운 유권자들을 정당으로 영입할 필요성이 생긴 것이다. 선거권이 확대되면 새롭게 투표권을 부여받는 유권자들의 지지와 신뢰를 획득하기 위해서 선거위원회가 필요하다. 그들은 후보에 대한 정보가 제한되어 있어 그들이 알고 있던 전통적 엘리트를 지지할 가능성이 더 크다. 1871년 프랑스의 국민의회 선거 당시 선거권이 갑자기 확대되었는데 정당이 하나도 없었다. 그 결과 다수 유권자는 지방의 지주를 지지하는 투표행태를 보였다. 선거위원회의 설치는 새로운 후보에 대한 정보를 제공하여 전통적 엘리트와 경쟁할 기회를 마련할 수 있으며, 유권자들의 선택에 도움을 줄 수 있다. 선거위원회는 처음에는 후보 개인 중심의 친구나 친지 등이 참여하여 선거운동을 지원하는 등의 활동을 하게 되지만 점차로 외연을 확대하게 된다. 정당의 기원은 의회가 먼저 출현하고, 지역적으로 인접한 출신 의원들끼리 상호작용을 통하여 교류를 확대하고, 공동의 관심사 중심으로 결집하면서 이념적 공감대를 넓혀 결국 정당으로 발전하게 되었다고 본 것이다. 또한, 선거권의 확대로 유권자의 지지 획득을 위한 선거운동의 필요성 때문에 선거위원회가 결성되고 이러한 조직이 정당으로 발전했다고 한다.

정당의 의회 외적 기원은 이념단체, 근로자 단체, 언론 등 외부 조직의 개입과 관련이 있다. 의회 외부의 각종 집단과 결사가 정당의 기원과 관련이 있다고 본다. 선거와 의회 내의 정당 기원과 의회 외적 기원에 따라서 분화된 유형을 분명하게 구분하는 것은 쉬운 일이 아니지만 많은 경우 정당은 선거나 의회와 무관하게 밖에서 활동하던 기성 조직에 의하여 결성되었다는 것이다. 예를 들면 노동조합에 의하여 사회당이 창당되었고, 노동조합은 선거와 의회에서 오랫동안 일익을 담당하였다. 대표적으로 영국 노동당을 들 수 있다. 1899년 노동조합 총회는 의회와 선거조직을 만들기 위한 홈스 발의안(Holmes' motion)을 548,000 대 434,000으로 통과시킨 결과 창당된 것이다.[15] 노동조합의 결의로

---

15 하디(Keir Hardie)가 이끄는 독립노동당(ILP)과 파비앙협회(Fabian Society)가 이미 존재하고 있었으며, 두 단체가 홈즈안 (Holmes' motion)을 통과시키는 데 중요한 역할을 했다.

창당된 노동당은 구조적으로 노조에 모든 것을 의존할 수밖에 없을 것이다. 정당을 결성하는데 대기업 및 상업단체, 기업연합, 은행, 경영자 단체 등 외부 조직의 활동을 빼놓을 수 없다. 이들의 활동은 대부분 은밀하게 이루어져 일반화하거나 가설을 설정하는 것은 매우 어렵다. 대표적인 예로 1854년 캐나다의 보수당을 창당하는데 몬트리올(Montreal) 은행, 호화 간선(Grand Trunk)철도, 몬트리올의 대기업 등이 큰 역할을 하였다. 이들 조직은 대부분 우익정당 창당에 영향력을 행사했으나 자본가 집단이 정당 창당에 어느 정도 영향력을 행사했는지, 그 유형이 무엇인지를 분명하게 규명하기 위해서는 치밀한 조사가 요구된다.

또 다른 시각에서 의회 밖의 정당 기원을 집단 형성이론과 관련지어 이해하는 것이다. 현역의원들 중심으로 정치세력을 형성하고 자신들의 재선을 위하여 공동으로 노력하는 과정에 집단형성론에서 주장하는 의회 밖에서 대항 집단이 생겨나고 경쟁 관계를 유지하면서 정당으로 발전했을 가능성이다. 기성정치인이나 정치에 대한 불만을 표시하는 유권자들을 조직하고 대안을 제시하면서 정당을 결성했을 가능성이 있다. 의회 밖 정당의 발전은 정당 내의 노선 갈등으로 분당하거나 탈당하여 새로운 정당을 결성하는 경우와도 부분적으로 관련이 있다. 특정 이념이나 정강 정책에 동조했다가 정당의 이념적 노선이 변질 혹은 수정되면 탈당하여 딴 살림을 차리기 위해서 새로운 정당을 창당하는 경우라고 볼 수 있다. 1958년 프랑스의 통합사회당(United Socialist Party)이나 이탈리아의 프롤레타리아 통일사회당(Italian Socialist Party of Proletarian Unity) 등을 예로 들 수 있을 것이다. 한국에서는 분당 명분을 이념이나 노선을 핑계로 삼지만 실제로는 공천, 당내 위상, 당권, 그리고 대권 도전 등의 이유로 집단 탈당하여 새로운 정당을 창당한 경우가 수없이 많다.

일반적으로 의회 밖에서 창당된 정당은 선거 및 의회 기원설에 의한 정당보다 중앙집권적이며, 창당의 기초가 하부조직에 있는 것이 아니라 상부에 있고, 위원회나 지방조직은 중앙의 주도하에 이루어지기 때문에 행동의 자유가 제한된다. 선거 및 의회에서 기원한 정당은 지역위원회가 먼저 결성되고, 그들의 활동을 조정하기 위해서 중앙조직을 만

든다. 결과적으로 지방조직은 가능한 한 상당한 수준의 자율성을 누리기 위해서 중앙조직의 영향력을 제한한다. 노동당이 공산당보다 더 분권적이다. 또한, 의회 밖에서 창당된 정당은 응집력이 더 강하고 기강이 엄하다. 의회의 개입 없이 창당되었기 때문에 의회의 영향을 받지 않고, 의회 집단에 대한 공개적 불신감을 나타낸다.

(2)라 팔롬바라와 위너의 접근법

라 팔롬바라와 위너(J. La Palombara and M. Weiner)는 정당은 현대 정치체제와 정치 현대화의 창조물이라고 이해하면서 정당의 기원에 대하여 세 가지 시각에서 설명하고 있다.[16]

첫째, 정당의 발전은 의회의 출현과 투표권의 점진적 확대와 관련이 있다는 제도론이다. 제도론은 듀베르제의 의회 내 정당의 기원과 같은 맥락이라고 볼 수 있다. 정당의 최초 기원이 의회 내의 분파로서 시작되었다는 주장이다. 의원들이 최초 개인적인 신분, 지위, 명성, 인기 등의 요인 때문에 공직자로 선출되어 의정활동을 하면서 특정 쟁점에 대하여 개인의 의견을 피력하고 토론하는 과정에 유사한 입장을 가진 동료의원을 발견하게 되고, 친목을 다지면서 자연스럽게 분파가 형성되어 정치세력으로 발전했을 가능성이다. 또한, 투표권의 확대에 따라서 재선되기 위한 선거조직의 필요성과 개별적 선거운동보다는 집단을 형성하여 공동으로 활동하는 것이 득표에 더 유리하고 집단행동의 효과가 나타날 것을 예상하여 정당이 결성되었다고 보는 것이다.

둘째, 전통적인 정치체제가 더 발전된 형태로 진일보하는 과정에 정통성, 국민통합, 참여 등의 위기를 맞아 이를 극복하기 위한 정치조직의 필요성 때문에 정당이 출현했다는 역사-상황론이다. 정치발전 과정에 필연적으로 수반되는 발전의 증후군인 각종 위기, 예컨대 정통성의 위기, 통합의 위기, 참여의 위기 등을 관리·해소하기 위한 상황적 필요성 때문에 정당이란 정치조직이 출현했다고 이해하는 것이다. 기존 정치체제나 지도자의 선출 규정에 대한 도전으로 야기되는 정통성의 위기, 정책 결정 과정에 사회경제적인 계층

---

16 Joseph La Palombara and Myron Weiner, "The Origin and Development of Political Parties", in J. La Palombara and M. Weiner(ed.), *Political Parties and Political Development* (Princeton: Princeton University Press, 1966), pp. 7~21.

의 변화로 새로운 세력의 정치참여가 요구되는 참여의 위기, 국민이나 영토의 통합위기 등의 상황에서 정당 출현의 가능성이 커진다. 위기를 효율적으로 극복하고 관리하기 위한 정치조직의 필요성과 정당 기원을 연계하는 것이다. 신생국이 독립 후 위기를 극복하고 국가를 형성하는 과정에 정당을 결성하는 것이 하나의 예가 될 수 있을 것이다.

셋째, 대규모 사회경제적 변동이 정당 창당과 관련이 있다는 것이다. 새로운 사회집단의 출현, 교통통신의 발달로 지방과 중앙의 손쉬운 연결, 교육 기회의 확대와 도시화로 인한 세속화, 결합능력과 상호신뢰에 바탕을 둔 더욱 근대화된 연합의 형태, 개인이 세상에 영향력을 행사할 수 있다는 것을 믿게 된 세속화 등 근대화 또는 발전과정에 정당이 생겨난다는 것이다. 근대화를 통하여 나타나는 사회경제적 변동은 다원주의 사회를 건설하는 데 기여하고 있다. 정당도 국가발전과정에 일반사회집단과 같이 생겨났다는 시각이다. 사회의 다원주의 세력을 수용해야 하는 불가피한 상황과 정당 창당을 연관시키는 것이다. 다원주의 사회가 등장하면서 정당이 필연적으로 출현했다는 시각이다. 많은 집단이 출현하면서 정치적 목적을 가진 정당도 더불어 결성되었을 것으로 보는 것이다. 정당 기원을 다른 집단의 발전과 연계하여 이해하는 것이다. 그 과정에 정치적·비정치적인 다양한 각종 집단이 정당으로 발전했을 가능성이다. 학생 클럽, 인종 집단, 종교조직, 노조, 무역 조합 등과 같은 비정치적 조직이나 지하운동, 혁명 운동조직 등이 정당으로 발전했다고 본다. 예컨대 종교집단이 정당으로 발전한 기독민주당, 노조가 정당으로 발전한 사회당이나 노동당, 정치집단과 비 정치집단이 통합하여 창단된 멕시코의 제도혁명당(PRI) 등을 들 수 있다.

(3)엡스타인의 접근법

엡스타인(Leon D. Epstein)이 주장하고 있는 정당의 발전환경(developmental circumstances)을 이해하는 것도 정당 기원의 시사점을 발견할 수 있을 것이다.[17] 엡스타인이 발전적 환

---

17   Epstein (1967), 제2장.

경이라는 개념을 사용한 것은 정당의 기원에 환경이 결정적 원인이 되었다기보다는 정당이 환경에 반응했다는 사실을 강조하기 위한 것이라고 한다. 정당 기원은 환경에 영향을 받지만, 환경에 반응하면서 발전했다는 점을 주목하는 것이다. 정당발전과 관련한 환경은 광범위하고 다양하지만 몇 가지만 지적하고자 한다.

①투표권의 확대와 관련이 있다.

듀베르제의 선거와 정당 창당을 연계한 것과 같은 시각이다. 현대 정당이 발전한 것은 국민 전체로 투표권이 확대된 것이 하나의 요인으로 작용하였다. 이론적으로는 투표권이 제한적으로 부여되었던 당시에도 정당의 역할 수행은 있었을 것이다. 국민의 대표를 선출하는데 참정권의 제한은 있었지만, 정치적 결사는 형성되었다고 볼 수 있다. 하지만 정치참여가 소수에게 국한된 상황에서 현대적 의미의 정당이라고 규정할 만한 정치적 결사체나 의회 이외의 조직(extra-parliamentary organization)은 필요치 않았을 것이며, 또한 집단정체성도 약했기 때문에 설사 정치적 결사가 존재했더라도 엄격한 의미에서 현대적 의미의 정당이라고 할 수 없는 상황이었다. 일반 국민에게 투표 참여가 허용되지 않은 상황에서 개인이 당선되기 위해서는 정당과 같은 조직보다는 오히려 개인의 경제적 수단을 활용하는 것이 더 필요했고 효과가 있었을 것이다.

얼마나 많은 유권자가 있어야 현대적 의미의 정당이 필요했던 것인지 평가하기는 쉽지 않은 일이다. 또한, 모든 성년 남성들에게 투표권이 허용되기 전에 제한된 유권자들을 상대로 어떻게 조직적으로 대응했는지를 파악하는 것도 마찬가지다. 투표권이 신분, 재산, 성별 등에 따라서 제한받다가 일반 국민으로 확대되면서 어떻게 정당발전과 연계되었는지 그 근거를 정확하게 찾기는 쉽지 않다. 하지만 대규모의 정당조직이 투표권의 확대와 때를 맞춰 가시화되었다는 미국의 경험에 기초한 것으로 볼 수 있다. 19세기 투표권의 확대가 이루어지면서 미국 정당조직은 전성기를 맞았지만, 유럽의 사정은 좀 달랐다. 대중민주주의가 정착되는 것과 때를 맞춰 정당이 발전했다기보다는 도시화와 산업화가 진행되면서 이루어졌다고 볼 수 있기 때문이다. 인간이 한번 조직을 결성하여 집단행동이나 제도화된 행태를 경험하면 그 효율성을 인정하게 되고, 시간이 지나면서 조직이념이 생성되어 그 조직은 존속하게 되는 것이 일반적 현상이다. 정당도 마찬가지 시각에서 발전했을 것으로 본다. 정당이 정치 환경에 조직적으로 영향력을 행사하면서 오늘날까지 존속하는 계기가 되었을 것이다.

②정치적 대표와 관련이 있다.

18세기 영국에서는 이미 정당 출현의 기본적인 여건 두 가지가 마련되어 있었다. 그중 하나가 어느 사회든 다원주의 세력의 불가피성을 수용해야 하는 상황이다. 다른 하나는 정치적 대표의 중요성이라고 볼 수 있다.[18]

정당 출현을 국민의 대표성과 연관하여 이해하려는 입장이다. 사람들은 공동선에 대하여 솔직히 서로 다른 견해를 갖고 있으며, 자신의 처지를 대표할 수 있는 조직을 만들려는 성향이 있다. 그리고 정치적 대표방식이 특정 사회질서, 지역, 시(市) 등을 대표하는 대의원을 파견하는 대신 개인의 투표 결과가 반영된 정치적 직접 대표를 원했을 것이다. 투표권자가 증가하면서 정치적 대표는 정당성을 획득할 수 있었고, 그 필요성이 증대되었다. 지역에서 처음 시작한 조직은 전국 규모로 확대되어 개인의 대표성과 증가한 투표자의 수 사이의 격차를 해소할 수 있는 수준으로 형성되었다는 것이다.

③사회구조와 관련이 있다.

사회구조는 사회경제적 계급이나 지역, 인종, 민족, 언어, 교육 수준, 삶의 방식 등과 관련이 있다. 사회구조를 사회경제적 계급에 기초한 노동자와 중산층 간의 본질적 분열과 갈등이라는 시각에서 분석하는 것도 사실이다. 사회구조는 정당의 특성을 형성하는 데 작용할 뿐만 아니라 지속해서 영향을 미친다. 유럽정치에서는 미국정치와 달리 계급이 출현하였으며, 그 결과 서구에서 사회주의 또는 공산주의 노동자 계급의 정당이 출현한 것이 예가 될 수 있을 것이다. 특정 계층에 속한 사람들의 계급의식, 계급 정체성, 계급 정향 등을 경제적으로 결집하고 더 나아가 정치 목적으로 조직화하려는 경향이 있다.

계급뿐만 아니라 도시와 농촌 요인도 정당발전과 관련이 있다. 산업화 이전의 농촌 지

18　Daalder (2002), p. 40.

역은 국가 정치공동체에서 매우 중요한 위치를 차지하고 있었으나 산업노동자가 출현할 수 없었을 뿐만 아니라 그들이 주축이 된 정당도 발전하지 못했다. 하지만 농촌 지역은 정치에 영향력을 행사하기 위해서 정당결성의 필요성을 인식하게 되었다. 미국의 정당은 최초 농촌을 배경으로 출현하였다.

인종, 민족, 종교, 언어의 차이도 계급정치를 더욱 복잡하게 만드는 요인으로 작용한다. 이러한 차이는 계급 노선을 거부한다. 종교는 투표행태에 영향을 미치며, 독자적인 정당을 결성하여 노동자 계급의 정당과 경쟁한다. 종교적 정향을 내세운 정당은 종교가 위협을 받을 때까지 생명력을 유지한다. 종족 의식에 바탕을 둔 인종 블록도 지속력이 강하다. 인종, 종교, 언어 등의 차이와 거기에 뿌리를 두고 결합한 정치는 캐나다에서 보여주는 바와 같이 지속성을 유지할 수 있다. 교육도 어느 정도 계급의 상향 이동 요인으로 작용할 뿐만 아니라 계급 간 사회적 간격을 좁히는 데 결정적인 변수가 된다. 또한, 삶의 방식도 계급 간 차이를 줄이는 데 작용하였다. 품질 좋은 상품의 대량생산으로 계급 간 소비패턴의 동질성을 가져왔다. 영국에서는 아직도 계급 전통에 연유한 다른 문화적 가치가 발견되긴 하지만 일반적으로 교육 기회의 평등과 삶의 방식의 유사성은 계급 간 차이를 줄이는 데 이바지하였다. 사회계급, 민족, 인종, 종교, 언어 등의 차이가 정당 이념을 형성하고 정당의 특성을 결정하는 요인으로 작용한다고 보고 있다.

④연방주의와 관련이 있다.

한 나라의 정부 구조는 사회가 분할 현상을 보이는 경우 연방주의가 적합하다. 연방주의는 통합국가와 달리 정당 환경에 영향을 미친다. 연방주의 정부 형태에서 정당은 지방선거에 경쟁하기 위해서 결성된다. 지방선거를 중심으로 창당한 정당은 그 형태를 지속해서 유지하되, 전국적인 선거가 있을 때는 연합한다. 정당의 구조는 연방정부의 조직과 유사한 형태를 띠게 된다.

미국, 캐나다, 호주, 스위스 등의 정당들은 역사적으로 연방주의 정치 환경에 적합한 기능을 수행하기 위해서 창당되었는데 중앙당은 결국 주나 시·군·구의 지역당 연합이라고 볼 수 있다. 스위스는 지방정부가 중앙정부에 버금가는 권한을 행사할 수 있는 연방주의 정치체제에서 지역 정당이 막강한 힘을 갖고 있으며, 정당의 전국화나 중앙당화에 대한 압력을 덜 받았다. 캐나다 정당도 주 단위의 조직이 더 강력하다. 미국 정당도 전국적인 선거와 지방선거를 동시에 치르기 위해서 창당되었지만 결국 주 단위에서 출발했다고 볼 수 있다. 복지나 노동정책 등 정책개발이 연방정부 차원으로 집중되어 지방정부의 권한 약화라는 변화가 일어났지만, 주 단위 정당의 영향력이 워싱턴으로 옮겨 갔다고 볼 수 없다. 지역 정당의 영향력은 주 정부가 연방정부에 행사하는 권한보다 더 막강하다고 볼 수 있다. 영국의 경우는 다르다. 연방정부의 정치체제를 유지하고 있으나 지역적으로 다양하지 않고, 지리적으로 분리된 인구는 사회 연방주의를 형성하는 등 단순하다. 사회적·경제적인 정부의 권한 대부분이 런던에 있어 정당의 기초는 압도적으로 전국적이다. 따라서 지역 정당의 권한은 다른 연방국에 비하여 그리 크지 않으며, 영국 정당의 창당은 지역이 아닌 중앙에서 주도되었다. 연방주의 체제에서 영국이 예외적이긴 하지만 일반적으로 중앙당은 결국 지역 정당의 연합이라고 볼 수 있다.

⑤입법부와 행정부의 권위와 관련이 있다.

헌법상에 명시된 입법부와 행정부의 권위가 정당발전과 연관성을 갖는다. 정당은 현존하는 정부 구조라는 환경에서 발전한다. 정당은 조직이나 선거 채비 등을 정부 구조에 맞춰 발전할 수밖에 없다. 내각책임제에서는 집행권이 국민 다수의 지지를 받은 의회의 다수당에 있지만, 대통령중심제는 행정부와 의회가 직접·분리 선거를 통하여 각각의 권위를 부여받는다. 예를 들어 대통령중심제와 같이 행정부와 입법부가 이원적 구조일 경우 정당은 대선과 총선에서 각각 경쟁하게 된다. 대통령 선거에서 승리하여 집행권을 획득하고 총선에서 승리하여 입법권을 통제해야 한다는 두 가지 목표가 있다. 또한, 내각책임제에서는 연립정부를 구성해야 하는 상황이 발생했을 때 정당 간 협력체제가 구축되어야 한다. 내각책임제라는 제도적 장치는 정당 간 연합을 요구하는 유인책으로 작용한다. 정부의 권위가 의회에 있는 내각책임제인지, 의회와 행정부에 각각 부여된 대통령책임제인지 등 권력 구조의 유형에 따라서 정당의 목표, 조직, 상대 당과 관계 등에 영향을 준다고 본다.

⑥선거제도(election arrangement)와 관련이 있다.

선거제도는 정당의 발전에 직접적인 영향을 미친다. 그중에서도 다양한 의회 선거제도와 연관성이 높다. 의원은 지역선거구를 통하여 지역 대표로서 선출되는 것이 일반적인 방식이다. 그중에서도 소선거구제의 단순 다수제(pluralist voting system)를 많은 국가에서 채택하고 있다. 2명 이상의 강력한 후보가 경쟁할 때 선호투표제나 차선 후보 선택제 등 다양한 방식이 있으며, 절대 다수제를 채택했을 경우 1차 투표 결과 2명의 후보로 압축하여 2차 혹은 결선투표를 실시하기도 한다. 다수의 당선자를 선출하는 중선거구제를 채택했을 경우 의원정수만큼 투표하는 방식, 정당에 대한 블록투표, 비례대표제 등 다양하다.

정당의 발전은 선거제도라는 환경적 변수와 관련이 있는데 단순 다수제의 소선거구제를 채택했을 경우 순수한 양당제가 발전되고, 중선거구제를 선택했을 경우 다당제 정착 가능성이 크다. 또한, 비례대표제를 채택했을 경우 기존 정당은 안정적인 지위를 확보할 수 있을 뿐만 아니라, 새롭게 창당된 정당이나 소수당도 의석을 차지할 가능성이 크기 때문에 군소정당의 난립이 예상된다.

대통령 선거에서 미국과 같이 과반수라는 절대 다수제를 당선요건으로 채택했을 경우 정당 체계에 영향을 미친다. 우선 전국적인 정당이 필요하며, 과반수를 득표하여 대통령에 당선되기 위해서는 다양한 집단과 다양한 이익을 결집해야 한다. 절대 다수제는 제3당 후보의 대선 경쟁력을 약화해 결국 양당제 정렬 결과를 낳게 된다.

또한, 대통령, 상ㆍ하 의원, 주지사, 시ㆍ도의원, 시장ㆍ군수ㆍ구청장, 시ㆍ군ㆍ구의원 등 다양한 유형의 공직 후보를 선택해야 하는 시민은 대단히 번거롭고 혼란스러운 것이 사실이다. 더구나 동시 선거가 치러지거나 모든 공직 후보에 대한 정당공천이 의무화되어 있는 경우 유권자의 투표행태와 정당발전과 관련이 있다. 유권자들은 대통령이나 상ㆍ하 의원 혹은 주지사 후보에 대하여 어느 정도 정보를 갖고 있으나 광역 및 기초 자치단체 의원 후보까지 소상하게 파악하기 어려운 부분이 있을 것이다. 이런 경우 유권자들은 선호하는 특정 정당 본위의 투표행태를 보여 기호만 보고 선택하는 통합투표

(straight-ticket voting) 모습을 보일 가능성이 있다. 국민 불신으로 인기가 낮은 정당의 공직 후보들은 이런 위험성을 우려하여 선거운동 과정에 소속 정당을 될 수 있으면 밝히지 않고 감추려는 모습을 보이기도 한다.

정당의 기원이나 발전에 영향을 미친 몇 가지 환경적 요인을 살펴보았다. 이들이 정당 기원이나 발전에 독립변수나 종속변수 혹은 개재 변수로 작용한 구체적이고 정확한 근거를 밝히는 것은 쉬운 일이 아니지만, 정당이 어떻게 형성되고 발전했는지 환경변수와 관련지어 시사점을 발견하는 데 도움이 될 수 있다고 이해하면 될 것이다.

제5절 정당의 기능

정당이 어떤 기능을 수행하는가? 정당이 수행하는 기능은 창당 목적, 이념, 리더십, 참여자의 사회·경제적 배경, 국민의 요구 및 기대, 정치체제, 정치문화 등에 따라서 다르게 나타날 수 있기 때문에 일반화하기는 어려운 점도 있다. 정당의 기능에 대하여 학자마다 다양한 입장이다.

1. 정당 기능의 다양성

노이만(S. Neumann)은 ①무질서한 공중의지의 조직화 ②시민의 정치적 책임감에 대한 교육 ③여론과 정부의 연결 ④지도자의 선택 등을 제시하였다.[19]

라 팔롬바라(J. La Palombara)는 정치발전 시각에서 ①정치참여 ②정당성 ③국민통합 ④갈등관리 ⑤정치사회화 등의 기능을 제시하였다.[20]

베미(Klaus von Beyme)는 ①목표의 일체화(identification of goals) ②사회이익의 표출 및 집약 ③체제 내 특히 선거에서 일반 대중의 동원과 사회화 ④엘리트 충원과 정부 구성 등

---

19 Neumann (1969), pp. 27~32.

20 Joseph La Palombara and Myron Weiner, "The Impact of Parties on Political Development", in La Palombara and Weiner (1966), pp. 400~427.

으로 분류하였다.[21]

웹(Paul Webb)은 ①거버넌스와 정치 충원 ②이익표출과 집약 ③정치참여 ④정치 커뮤니케이션과 교육 등을 제시하였다.[22]

군터와 다이아몬드(Richard Gunther and Larry Diamond)는 ①공직 후보지명 ②선거 동원 ③쟁점의 구조화(issue structuring) ④사회대표 ⑤이익집약 ⑥정부 구성 및 유지 ⑦사회통합 등을 제시하였다.[23]

아몬드와 파월(G, Almond and B. G. Powell)은 정당의 순기능으로 ①정치사회화 ②정치참여의 촉진 ③정치엘리트 충원 ④정치 커뮤니케이션 ⑤이익표출과 집약 ⑥정책 결정과 집행 ⑦재정기능(adjudication) 등을 제시하였다.[24] 일반적으로 아몬드가 제시한 정당의 기능을 가장 많이 활용하고 있는 것이 사실이다.

정당의 기능 중에서 가장 중요한 것은 이익표출과 집약을 들 수 있을 것이다. 민주주의 국가에서 시민은 다양한 정치적 요구를 정치시장에서 자유스럽게 표출할 수 있다. 표출된 정치적 요구는 이익집약을 통하여 비로소 정책대안으로 구체화 될 수 있다. 이익집약 기능을 수행하는 구조는 정치 지도자, 비정부기구 등 이익집단, 여론, 언론, 정당 등이 있다. 여러 구조 중에서 정당은 국민의 정치적 이익을 집약하는 대표적인 정치조직이라고 볼 수 있다. 대의민주주의는 국민이 모든 정치과정에 직접 참여할 수 없어 정당이 국민을 대신하여 정책 결정 과정에 대안을 제시하는 대표적인 정치집단으로서 기능을 수행한다. 또한, 정당은 대통령, 국회의원, 지방자치 단체장과 지방의원 등 공직 후보를 공천하고 정책을 효율적으로 결정하고 집행하는 역할을 한다.

21 Klaus von Beyme, *Political Parties in Western Democracies*, trans. by Eileen Martin (Aldershot: Gower, 1985), p. 13.

22 Paul Webb, "Introduction: Political Parties in Advanced Industrial Democracies", in Paul Webb, David Farrell and Ian Holliday(ed.), *Political Parties in Advanced Industrial Democracies* (Oxford: Oxford University Press, 2002), pp. 11~13.

23 Richard Gunther and Larry Diamond, "Types and Functions of Parties", in Larry Diamond and Richard Gunther(ed.), *Political Parties and Democracy* (Baltimore: The Johns Hopkins University Press, 2001), pp. 7~8.

24 Gabriel A. Almond and Bingham G. Powell, Jr. *Comparative Politics: System, Process and Policy* (Boston: Little Brown and Company, 1978), pp. 82~86.

2. 정당의 연계 기능

(1) 연계의 의의

정당의 기능을 이해하는데 국가와 시민사회의 연계 관계를 살펴보는 것이 커다란 도움이 될 수 있을 것이다.[25] 정당은 당원이나 당 밖의 인사들에 의하여 시민과 정책결정자 사이를 연계시키는 중개역할을 한다. 국가적 견지에서 정당은 지배자와 피지배자를 실질적으로 연결한다. 연계의 의미는 일련의 고리이며, 고리는 연결이고, 일반적으로 상호작용을 함축하고 있다.[26] 연계는 정당이 시민과 정부를 연결하는 데 어떻게 기여하고 또한 방해하는가에 있다. 연계의 개념은 정당이 시민의 정치적 의지를 정책결정자에게 연결해주는 것을 의미한다.

연계 과정은 특별한 네트워크 관계를 형성해 가는 활동이다. 정당의 목표를 달성하기 위해서 정당의 행위자들이 채택한 전술적 움직임이라고 볼 수 있다.[27] 정당은 국가의 정책결정자와 국민 간 의사소통의 통로로서 핵심적인 역할을 하는 정치조직이다. 정당은 시민의 정치적 요구를 접수하여 산출구조에 전달하는 기능을 수행한다. 정당이 시민의 정치적 요구를 수용하여 정책결정자들에게 전달하는 이유는 국민의 지지 획득과 정통성을 유지하기 위한 필요성 때문이다. 정통성 유지와 유권자들의 지지 획득은 권력 시장에서 현금과 같기 때문이다.[28] 민주적인 정치과정에 정당은 중재자로서 시민과 정책결정자 간의 연결에 실패했을 경우 국민에 대하여 책임을 져야 한다. 연계 기능은 물론 정당의 능력과도 관계가 있지만, 시민의 변화된 정치행태와 선호에 따라서 영향을 받는다.

---

25 정당의 연계 기능에 대하여 다음을 참고할 것. Kay Lawson(ed.), *Political Parties and Linkage: A Comparative Perspectives* (New Haven: Yale University Press, 1980); Andrea Römmele, David M. Farrell, and Piero Ignazi(ed.), *Political Parties and Political Systems: The Concept of Linkage Revisited* (Westport: Praeger, 2005).

26 Kay Lawson, "Political Parties and Linkage", in Lawson (1980), p. 3.

27 Mildred A. Schwartz, "Linkage Processes in Party Network", in Römmele, Farrell, and Ignazi(ed.) (2005), p. 37.

28 Kay Lawson, *The Comparative Study of Political Parties* (New York: St. Martin's Press, 1976), p. 23.

(2) 연계유형

로손(Kay Lawson)은 정당의 시민사회와 정책결정자 간의 연계를 네 가지 유형으로 구분하였다.[29]

①참여 연계(participatory linkage)로 정당은 시민이 정당을 통하여 정부에 참여할 수 있는 중재자 역할을 한다.

②정책 대응 연계(policy-responsive linkage)로 정당은 공직자들이 일선 유권자들의 다양한 견해를 정책 결정 과정에 최대한 반영할 수 있도록 중재 역할을 한다.

③보상 연계(linkage by reward)로 정당은 기본적으로 지지자들이 선택할 수 있는 대상이 됨으로써 실용적인 관계를 유지하는 기본적인 채널 역할을 한다.

④지휘 연계(directive linkage)로 정부는 정당을 국가를 대신하여 국민에 대한 강제적 통제와 조작, 그리고 대중동원 등의 보조기구로 활용한다.

위의 네 가지 연계유형 중 참여와 정책 대응 연계는 정당의 능력과 관련하여 많은 경험적 연구가 진행되었지만, 검증 결과는 매우 다양하게 나타났다. 프랑스 정당은 시민과 참여 연계는 약하고 정책 대응 연계는 강했으나, 최근에는 정당이 유권자로부터 더 독립적이고, 시민사회와 단절되는 경향을 보인다는 주장이 제기되고 있다.[30] 현대의 정당정치는 보상 연계와 관련성이 매우 높다. 당원-정당, 정당-유권자 간의 관계가 변하고 있으며, 또한 카르텔정당의 출현 등으로 정당이 활용할 수 있는 자원이 풍부하여 유권자들의 선호를 충족시킬 수 있는 여건이 마련되어 있기 때문이다. 과거 정당들이 시민들을 동원하는 데 유용했던 집단적 · 상징적 유인(collective and symbolic incentives)의 중요성이 점차 줄어들고, 정당들은 시민들에게 선택적 유인을 제공하는 경향이 있다. 상징이나 이념의 중요성 등이 감소하고 시민이나 당원들에게 개인적 이익, 물질적 보상, 공직 등의 선택적 유인을 제공하는 상황이 된 것이다.[31] 지휘 연계는 민주주의 국가에서 정당이 시

---

29   Lawson (1980), pp. 13~19.

30   Colette Ysmal, "French Political Parties and Linkage", in Römmele, Farrell, and Ignazi(ed.)(2005), pp. 61~82.

31   Piero Ignazi, David M. Farrell, and Andrea Römmele, "The Prevalence of Linkage by Reward in Contemporary

민을 지배하는 도구로 활용한다는 의미를 띠기 때문에 비판의 대상이 되고 있다.

(3) 연계와 환경

정당과 시민사회의 연계 관계는 이익과 여건의 변화에 따라서 유동적이며 불안정한 측면이 강하다. 정당은 시민사회 등 당 외적 환경과 관계를 유지하고 있을 뿐만 아니라 당 내부의 지도자와 당원 등과도 연결되어 있다. 정당은 시민사회의 다중조직(multi-organization) 환경 속에서 기능한다. 따라서 정당은 사회운동, 노조, 시민단체 등 사회조직이나 단체, 시대 상황, 사회변동, 유권자들의 성향, 정치문화 등에 영향을 받기 때문에 나라마다 연계 수준이나 형태도 다양하게 나타난다. 예를 들면 1961년 창당한 캐나다의 신민당은 노동자의 ⅓이 노동조합에 가입한 상태이기 때문에 정치에서 노동자가 차지하는 비중이 매우 높아 그들과 파트너 관계를 형성하였다. 정당이 다른 집단과 연계 관계를 형성하는 목적은 정보 및 자금 지원은 물론 지지 획득을 위한 수단이기 때문이다. 정당이 사회의 특정 계층이나 유사한 이념 성향을 띠는 집단과 연계를 유지하는 것은 전략적인 판단에서 비롯된 것이라고 볼 수 있다. 정당 간의 경쟁이 치열한 상황과 그리고 포괄정당의 경우 사회 모든 계층의 이익을 제대로 대변하고 그들로부터 전폭적인 지지를 얻어야 하므로 특정 집단과 특별한 연계 관계를 형성하고 유지하는 결정을 내리기 어려운 측면이 있다.

정당과 연계 관계를 유지하는 집단의 경우 결국 보상을 받는 등의 각종 혜택을 기대하기 때문이다. 정부 정책에 영향력을 행사하려는 집단은 정당과 연계 관계 유지를 원하는 것이 사실이며, 정당을 무기로 이익을 안정적으로 추구하려는 것이 일반적인 현상이다. 하지만 일단 정당이 특정한 조직과 깊은 연계 관계를 형성하고 나면 다른 집단이나 조직을 새롭게 수용하는 문제는 내부의 이해관계 때문에 쉽지 않다. 특정 조직과 밀접한 연계 관계를 유지하면 상호 이해관계 때문에 다른 집단과 새로운 연계 관계를 형성하기 어

Parties", in Römmele, Farrell, and Ignazi (2005), pp. 17~35.

렵다. 하지만 새로운 연계 대상에 대한 내부 합의가 이루어진다면 문제 될 것은 없다.

정당은 외부 환경뿐만 아니라 내부의 조직, 정당 유형, 역학관계, 리더십, 당 출신 공직자나 의원 등으로부터 영향을 받는다. 정당 내의 연계는 크게 경직된 연계와 이완된 연계로 구분할 수 있다.[32] 경직된 연계는 정당의 모든 구성 요소들이 견고하게 연결되어 있으며, 당의 활동이 고도로 통합적인 매우 오래된 모형이다. 막스 베버(Max Weber)가 주장하고 있는 관료조직과 같은 원형(prototype)조직으로서 매우 효율적인 조직기구, 단합된 모습으로 조직 목표 달성, 중앙집권적 조직, 계층과 권위의 존중, 이념적 일관성 유지, 명백한 강령에 기초한 결속 등을 특징으로 한다. 당내의 끈끈한 네트워크를 강조하며 강력한 결속력과 연대 의식을 유지한다. 특히 불확실성에 직면하거나 당의 위기 그리고 상대 당과 치열한 경쟁이 이루어지는 상황은 당내의 강력한 단결을 촉진하는 요인으로 작용한다.

이완된 연계는 베버리언 모형과 반대되는 유형으로서 조직을 이익의 연합이나 협조체 또는 경쟁체로 보는 것이다. 정당 내부의 모든 구성 요소들이 느슨하게 연결되어 있고, 통합이나 단결이 그리 중요하게 인식되지 않는다. 정당조직에는 느슨한 구석과 활용되지 않는 많은 자원이 발견된다. 다양하고 분절적인 환경에서 강점이 있는 유형이다. 당내의 이완된 연계는 구조적으로 권위의 경쟁적인 중심축이 수직적·수평적 양 측면에 기초한 행렬 형태로 나타난다. 정치적 사건이 다른 지역에서 발생하거나 정당 활동이 다양한 곳에서 전개될 때 행렬 형태가 발견된다. 또한, 네트워크 구조는 조직 단위 간 호혜적이고 평등주의적 결합을 강조한다. 이완된 연계는 백화점과 같은 조직이라고 볼 수 있다. 이는 당원들이 선거운동이나 전당대회 등에 참여가 극히 제한된 정당에서 발견될 수 있는 연계 형태로, 미국이나 캐나다 정당이 이에 해당한다고 볼 수 있다. 정당 내부의 연계유형은 상황 변화에 많은 영향을 받는다.

정당이 대내외적으로 연계 관계를 유지하는 유형이나 수준은 정당의 선택에 달려 있

32　Schwartz (2005), pp. 48~53.

으며, 제도적·역사적 상황, 정당 행위자들의 의견, 정당의 목표, 유권자들의 성향 등등 다양한 요인에 의하여 결정된다. 특히 정당과 시민사회와의 연계는 시대 상황에 많은 영향을 받는다. 오늘날 시민사회와 국가의 중개자로서 정당의 역할이 축소되고 있는 현실이다. 〈그림 1-1〉에서 보여주고 있는 바와 같이 시민의 기대, 요구, 필요를 정치와 연결하는 이익의 중재자로서 역할이 축소되고 있다. 정당이 국가와 시민사회와 연계 관계를 유지하지 않는다는 것은 상상할 수 없는 일이지만 시민의 정치적 요구를 표현하고 전달하는 고전적인 민주적 기능은 많이 약화 된 것이 사실이며 이제는 국가와 시민사회 간의 중립적인 연계 기구로 역할을 하는 수준이다.

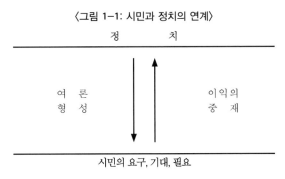

〈그림 1-1: 시민과 정치의 연계〉

출처) Herman Schmiu, "Political Linkage in the European Union" in Römmele, Farrell and Lgnazi(2005), p. 147.

제6절 정당의 이념

1. 정당 이념의 중요성

정당은 유사한 정치적 견해나 태도를 가진 사람들이 모여서 만든 정치결사체라고 볼 수 있다. 생각이나 노선을 같이하는 사람들을 규합하여 하나의 세력을 형성하고 조직하여 정치이념을 구체화하려는 것이 정당이다. 정당마다 국민의 정치적 요구와 취향에 부응하고 국가와 사회 간의 관계를 설정·유지 발전시키는데 입장과 접근방법이 제각각이다. 정책대안을 제시하는 과정에 경쟁하는 상대 정당과 차별화된 노선을 견지하는 것이 일반적인 현상이다. 베미(Klaus von Beyme)는 "장기적인 관점에서 유럽정당을 보았을 때 이념에 기초한 정당만이 자신들의 지지기반을 구축하는 데 성공했다"고 한다.[33] 정당은 정치적 이념을 구체적인 정책으로 구현시키려는 제도라고 볼 수 있다.

다원주의 정당체계에서는 모든 정당의 이념적 스펙트럼의 다양성을 허용하고 있다. 따라서 민주주의 정치체제는 정책 노선이나 국정 현안에 접근하는 정당의 색깔이 제각각 다르다는 것을 전제로 하고 있다. 소연방 붕괴 이후 역사의 종언을 통하여 사회의 이념적 대립이 완화된 것은 사실이다. 하지만 정당의 이념은 각종 정책에 관한 입장과 처리 방법의 차이를 나타내는 것이기 때문에 시대와 상황에 따라서 변할 수 있지만, 이념이 없는 정당을 상정하는 것은 이해하기 곤란하다. 예컨대 정당별로 경제정책을 추진하는 과정에 분배 중시냐 성장 우선이냐, 친재벌이냐 친노동이냐, 자유주의 시장경제 중시냐 국가개입 중시냐, 기회의 평등이냐 결과의 평등이냐, 상대적 평등이냐 절대적 평등이냐, 실용주의냐 이념 중시냐, 기득권 보호냐 사회적 약자 중시냐 등등 정책 노선상의 차이가 나타날 수 있다. 보수와 진보적인 시각에서 경제정책의 기본노선에 관한 입장 차가 발견되는 것이다.

이념에 충실한 정당만이 장기적 관점에서 국민의 지지 및 정당의 존립 기반을 공고히 다지는 데 긍정적으로 작용했다는 유럽정당의 예에서 보듯이 정당 간 색깔 논쟁이 아닌 정책 노선상의 입장 차나 접근법에 대한 시비는 분명하게 활성화되어야 할 것이다. 19세기 후반과 20세기 초 자유민주주의 전환기에 있어서 유럽의 상당수 정당은 이념도 없이 공직의 통제를 통하여 국민의 후원을 획득하는 것이 유일한 존재 이유(raison d'être)였던 경우도 있었다. 다수 유권자의 지지를 얻기 위해서 경쟁하는 과정에 하나의 이념을 표방해야 하지만, 정치의 비 이념적 측면도 많은 정당에 영향을 미쳤다. 하지만 정당정치에서 이념의 중심성(centrality)은 부정할 수 없다.[34] 좌파 정당이든 우파정당이든 정당마다 정책 노선을 분명하게 제시할 필요가 있다.

---

33 Beyme (1985), p. 29.

34 Ware (1996), p. 17.

2. 정당 이념의 접근법

일반적으로 정당의 이념에 관한 접근법은 두 가지로 구분할 수 있다.[35] 하나는 정당을 행위자로 보는 접근법이다. 정당은 선거에서 잠재적 지지자들의 가치나 견해를 정당 이념으로 채택할 수 있는 행위자라는 것이다. 다른 접근법은 정당을 제도로 보는 것이다. 정당은 유권자들의 가치나 견해를 정당 이념으로 선택할 수 있는 능력이 있으나, 정당은 제도로서 자신들 역사의 포로가 된다는 것이다. 정당은 창당 당시 처음 표방했던 이념은 여건이 바뀌어도 변함없이 유지되는 제도이며, 유권자들의 견해에 어떻게 부응할 것인지 정당의 이념을 선택하는 것은 정당의 역사에 영향을 받는다는 것이다.

(1) 행위자 접근법

행위자 접근법은 이념의 공간경쟁(spatial competition)과 관련이 있다. 정책이념은 다차원적 공간(multidimensional spaces) 상에 놓여 있다. 공간개념에 대한 분석은 다운스(Anthony Downs) 견해에서 비롯되었다.[36] 정치 쟁점에 대하여 좌익과 우익, 좌와 우의 중간 입장 등 정치적 스펙트럼이 다양하다. 다운스는 주택가 단일 도로상에 개점한 상점 간 경쟁의 결과를 설명하는 경제이론을 공간경쟁 분석과 연계시켰다. 상점들은 고객을 유치하기 위해서 상호 경쟁한다. 소비자들은 자기가 원하는 상품을 사기 위해서 여러 상점 중에서 한 곳을 선택하여 방문한다. 소비자들은 상점을 방문하는 데 상당한 시간과 비용이 소요된다는 사실을 잘 알기 때문에 가장 가까운 곳의 상점을 선택하게 된다. 상점주인 입장에서는 경쟁 상점들이 위치한 그곳 어디에 자기 가게를 내는 것이 유리한지를 따지는 것이 매우 중요한 문제가 된다. 다운스의 모델은 상점들끼리 경쟁하는 단일 도로상 어느 공간에 하나의 상점을 차리는 것과 유사하게 정당의 정치적 입장도 단일 이념적 스펙트럼(single ideological spectrum)을 제시해야 한다는 것이다. 유권자들은 정당이

---

35 정당 이념의 접근법은 다음을 참고한 것임. Ware (1996), pp. 18~24.

36 Anthony Downs, *An Economic Theory of Democracy* (New York: Harper Collins Publisher, 1957).

내세운 단일 이념적 스펙트럼과 자신의 정치적 입장을 비교하고, 자신과 가장 가깝다고 생각한 정당을 선택하여 투표하게 된다는 것이다. 이것이 바로 정당 경쟁의 공간이론 기초라고 볼 수 있다.

소비자들은 물건값이 싸고 품질이 좋다면 상점이 원거리에 있더라도 방문하는 경우가 많다는 점을 지적하고자 한다. 그리고 유권자들이 특정 정당을 지지하는 데는 정치이념도 중요하게 작용하지만, 개인의 삶의 태도나 가치관 그리고 특정 정당의 선거프로그램이나 매니페스토 등도 하나의 요인이 될 수 있다. 또한, 정당의 다양한 정책이나 선거공약이 이미 설정한 이념적 공간과 무관하게 혼합된 경우도 많다. 정당이 내세우는 정책의 뚜렷한 이념적 성향을 발견하기 곤란하거나, 또는 다른 정책과 이념적 일관성을 유지하지 못하는 사례가 있는 것도 사실이다.

하지만 다운스의 공간개념에 대한 분석은 단일 도로상의 상점이 정렬된 것과 마찬가지로 정당도 이념의 공간 내에서 단일스펙트럼의 정치적 입장을 내세워야 한다는 것으로 이해하고자 한다. 일반적으로 많은 국가에서 발견되는 정당 강령은 좌든 우든 단일 공간적 차원(spatial dimension)의 이념을 반영하고 있다. 포괄적으로 정당의 이념적 스펙트럼을 공산주의, 사회주의, 중도주의, 보수주의 등 네 가지의 공간으로 분류할 수 있을 것이다. 물론 정당의 네 가지 이념적 분류와 달리 국민의 정치적 요구에 반응하기 위해서 대중영합주의, 민족주의, 실용주의 등과 같은 다른 차원의 이념적 공간이 존재하기도 한다.

(2) 제도적 접근법

제도적 접근법도 정당 이념을 좌우 스펙트럼으로 분류하는 것을 부정하지 않는다. 제도적 접근법은 정당을 유권자의 정치적 견해에 반응하는 단순한 제도라기보다는 정당의 행태는 창당 당시 꽤 오래전에 표방했던 당의 가치나 신념 등에 의하여 결정된다는 것이다. 정당의 가치나 신념 등이 얼마나 강력하게 작용하는지는 정당에 따라서 천차만별이지만, 정당의 이념을 공간적 차원에서 이해하기보다는 서로 다른 정당의 역사적 기원부터 살펴봐야 한다는 것이다.

제도적 전통에 충실한 유용한 분석의 틀을 발전시킨 정치학자는 독일의 베미(Klaus von Beyme)라고 할 수 있다. 베미는 유럽의 자유민주주의 체제를 집중적으로 분석한 결과 유사한 당명으로 창당한 9개의 주요 정당 군을 발견하였다.[37] 동일 정당 군은 뉴질랜드와 호주 등에서 발견되지만 미국, 캐나다, 인도, 남미 등에서는 그렇지 않았다. 유럽정치에 나타난 9개 정당의 창당 순서는 다음과 같다.

①자유당과 급진당(Liberal and Radical Parties)

②보수당(Conservative Parties)

③사회당과 사회민주당(Socialist and Social Democratic Parties)

④기독민주당(Christian Democratic Parties)

⑤공산당(Communist Parties)

⑥농민당(Agrarian Parties)

⑦지역당과 종족당(Regional and Ethnic Parties)

⑧극우당(Right-wing Extremist Parties)

⑨환경운동(The Ecology Movement) 등이다.

왜 유럽의 민주주의 체제 내에서 같은 당명으로 이 같은 정당들이 생겨났는가? 한마디로 창당 당시 특별한 유형의 이익을 반영하기 위해서라고 볼 수 있는데, 그러한 이익은 다른 나라에서도 똑같이 발견된다는 것이다. 정당 이념의 제도적 접근법은 정당의 이념을 '좌와 우'라는 이념적 스펙트럼으로 분석하는 것이 아니라 창당 당시의 국가에 존재했던 이익과 결부시켜 이해하려는 것이다. 제도적 접근법은 정당 이념은 창당 당시 유권자들이 제기하는 이익을 옹호하고 또한 반영시키기 위한 필요 때문에 이념적으로 비슷한 정당이 창당된다고 분석하는 것이다. 위의 9개 정당 군의 창당 순서를 보면 새로운 이익이 제기될 때 그 이익을 정책에 반영시키기 위한 정당이 창당되었다고 해석할 수 있을 것이다. 정당 이념을 정당 간 공간적 경쟁과 관련하여 이해하는 행위자 접근법에 비

---

37   이를 가계정신(家系精神: familles spirituelles)이라고 부른다. Beyme (1985), p. 3. 9개 정당 군에 대한 자세한 내용은 다음을 참고할 것. Beyme (1985), pp. 31~136.

하여 제도적 접근법은 정당의 창당 기원과 배경을 통하여 정당의 이념을 이해하려는 입장이다.

정당의 이념과 관련하여 제도적 접근법은 유럽 민주주의 정치체제에서는 어느 정도 적실성이 발견되지만, 예외적인 경우도 많다. 예를 들면 아이슬란드에서 보수이념과 기독 민주 이념을 채택하고 있는 피아나 파일(Fianna Fail)과 화인 게일(Fine Gael)이나 여성 연립당(Women's Alliance Part) 등이 있다. 이념과 관계없이 정치적 후원자와 연결된 그리스의 파속당(PARSOK party)이 있다. 오랫동안 권위주의 정치체제 때문에 지하에서 생성된 나치 독일 이후의 사회민주당(SPD), 스페인과 포르투갈의 사회당과 공산당 등이 있다. 그리고 유권자들의 압력 때문에 당의 이념을 변경한 경우로 1960년대 탈규제 시장 경제를 주장하는 뉴라이트 운동이 태동하면서 보수당이 전통 보수주의 노선을 수정하였다. 창당 당시 유권자의 이익에 부합하기 위해서 정당이 이념을 표방하지 않은 예외적인 경우라고 볼 수 있다.

제7절 정당의 조직

정당은 대표적인 정치조직이다. 조직은 정치권력에 이르는 길이며, 정치적 안정의 초석이고 정치적 자유의 선행조건이다.[38] 정당조직을 구조로 인식하는 제도적 관점과 정당이 수행하는 활동적 측면에서 바라보는 시각이 있다.[39] 정당조직이 필요한 이유는 각종 자원을 효율적으로 동원하고 활용하여 정당이 추구하는 정치권력을 획득하고 정견을 실현하기 위해서다. 하지만 정당조직은 나라마다 정당마다 각기 다른 형태를 유지하고 있다. 정당조직이 왜 그리고 어떻게 다른가는 관심의 대상이 아닐 수 없다. 일반적으로 정당조직 모형을 ①선거 경쟁모형(electoral competition models) ②제도화 모형(institutional

---

38   Samuel P. Huntington, *Political Order in Changing Societies* (New Haven: Yale University Press, 1968), p. 461.

39   J. P. Monroe, *The Political Party Matrix: The Persistence of Organization* (New York: State University of New York Press, 2001), p. 28.

models) ③사회학적 모형(sociological models) 등 세 가지로 분류한다.[40]

1. 선거 경쟁모형

선거 경쟁모형은 듀베르제(M. Duverger)와 엡스타인(L. D. Epstein) 등의 고전적 연구에 잘 나타나 있다.[41] 정당조직은 다른 당과의 경쟁에 영향을 받아 결정된다. 정당의 목적은 공직 후보자를 추천하고 그들이 선거에서 당선되어 결국 입법권과 행정권을 획득하기 위한 정치조직이기 때문에 상대 당과 득표 경쟁은 피할 수 없는 숙명이다. 정당은 선거 경쟁에서 다른 당보다 더 많은 국민의 지지를 받을 수 있는 조직을 만든다는 접근법이라고 볼 수 있다.

엡스타인에 의하면 선거 경쟁에서 미국식 분리 정당(divorce party)과 영국 노동당과 같은 계급정당(class based party)이 있다고 한다.[42] 정당은 광범위한 사회구조(wider social structure)의 한 부분이기 때문에 사회운동이나 사회기구들과 깊은 연계성을 유지해야 하느냐 아니면 그들과는 별도의 정치조직으로 관계를 형성해야 하느냐가 관심의 대상이 될 수 있다. 미국의 정당은 특정 세력이나 기구 또는 계층과의 연계성이 약한 분리 정당의 성격이 강한 데 비하여 영국 노동당은 노동자들을 강력하게 대표하는 계급정당이라는 특징을 지니고 있다. 2000년에 창당한 한국의 민주노동당도 특정 계층과 제휴(affiliation)가 강한 계급정당으로서 특정 시민사회 세력과 견고한 관계를 유지하고 있다. 선거 경쟁에서 특수한 유권자 계층을 지지기반으로 하느냐 아니냐에 따라서 정당의 특성과 조직모형이 달라질 수 있는 것이다.

듀베르제는 정당조직의 유형을 직접 정당(direct party)과 간접정당(indirect party)으로 구분하고 있다.[43] 직접 정당은 단일국가(unitary state)가 시민과 국가공동체 간에 직접 연결

---

40 정당조직 모형에 대하여 다음을 참고하였음. Ware (1996), pp. 94~105.

41 Duverger (1966); Epstein (1967).

42 Epstein (1967); Ware (1987c), p. 11.

43 Duverger (1966), pp. 5~17.

되는 것과 같이 다른 사회집단의 도움 없이 당원들이 정당을 결성하고 단일 조직구조를 유지하는 유형을 의미한다. 대표적으로 프랑스 사회당을 예로 들 수 있다. 사회당은 개인이 입당원서에 서명하고 매월 당비를 내며 정기적으로 지역지부의 회의에 참석한다. 간접정당은 연방국(confederation state)의 시민들이 회원국(member state)이라는 중재자를 통하여 국가와 연결되듯이 사회집단의 조합식으로 구성되는 유형이다. 대표적인 예로 1900년대 영국의 노동당을 들 수 있는데 무역노조, 조합협회(Co-operative Societies), 우정협회(Friendly Societies) 그리고 지식인 집단 등이 공통의 조직을 결성한 경우다. 정당의 지지자나 당원도 없으며, 오직 구성단위의 회원들만이 있을 뿐이다. 직접 정당은 일반적인 정당조직 유형으로서 유사한 이익을 공유한 인사들이 단일한 정치결사체를 결성하여 이익을 안정적으로 추구하는 유형이며, 간접정당은 노동조합이나 협동단체 등과 같이 수개의 조직이 연합하여 결성한 정당이다. 간접정당의 예는 영국의 노동당 이외에 사회당, 가톨릭당, 농민당 등이 있다.

듀베르제는 직접 정당이든 간접정당이든 ①간부회의(caucus) ②지부조직(branch) ③세포조직(cell) ④열성 조직(militia) 등 네 가지 기본요소로 구성되어 있다고 주장하였다.[44]

(1) 간부회의

간부회의는 위원회, 도당(clique), 한패(coterie) 등의 영어식 정치학 용어로 이해할 수 있다. 가장 오래된 정당의 구성요소로서 민주화 이전 또는 민주화 초기 단계 의회의 가장 지배적인 정당조직 유형이다. 간부회의는 적은 수의 인원으로 구성되며, 증원을 억제한다. 간부의 일원이 되는 것은 공식적 지명 혹은 암묵적 선출(tacit co-option) 방식에 의존한다. 간부회의 구조는 당원이 적어 수적으로는 약한 것 같지만 막강한 힘을 행사한다. 간부회의의 힘은 당원의 수에 있는 것이 아니라 간부들의 자질에 달려 있다. 간부회의는 영향력을 기초로 선발된 명사들의 집단이다.

---

44 Duverger (1966), pp. 17~40.

간부회의는 지역선거구 책임자와 연계되어 전국적으로 활동하며, 특히 선거 때 활동의 절정기에 이른다. 선거가 없는 기간에는 간부회의는 소강상태를 유지하지만, 선거에 국한되지 않은 선전이나 여론 환기 등 반영구적인 조직으로 활동한다. 간부회의는 직접적인 간부회의와 간접적인 간부회의 등 두 가지 형태가 있다. 전자는 대표적으로 프랑스의 과격 사회주의(Radical Socialist) 간부회의를 예로 들 수 있는데, 무역업자, 소지주, 공무원, 공증인, 의사, 교사, 변호사 등 개인적 자질과 영향력을 기초로 유명 인사 중심으로 구성되었다. 이들은 특정 계급이나 어떤 집단을 대표하거나 대리인이 아닌 개인적 차원에서 참여한 것이다. 후자의 예로 노동당 간부회의를 들 수 있는데 무역노조 지부, 무역위원회, 사회주의 조직, 협동조합 등에서 각각 선출된 위원들로 구성되었다. 노동당 간부회의는 이러한 조직들을 대표하는 대리인들의 회의체 같은 성격을 지니고 있다.

간부회의는 선거에 영향력을 행사할 수 있는 선거운동 전문가와 구별된다. 선거 때 자발적으로 선전 활동에 참여하여 정당의 간부회의를 지원하는 선거운동원과 다르다. 미국에서 간부회의는 군이나 시 단위에서 구성되며, 지방선거구 책임자의 활동을 조정한다.[45] 모든 국민에게 투표권이 부여된 상황에서도 간부회의는 사라지지 않았다. 간부회의는 선거운동원들에게 영향력을 행사할 수 있는 다양한 방법과 기술을 개발하려고 노력하였다. 미국의 양당은 선거 기제에 불과하다. 전당대회나 예비선거는 주법에 따라 공식적으로 공직 후보를 지명하는 일을 하기 때문이다. 미국에서는 아직도 중앙과 시군구의 간부회의는 후보지명 등에 중요한 기능을 수행하는 등 고전적인 구조를 유지하고 있다. 미국을 제외한 많은 경우 특권적인 간부회의는 선거 동원에 대한 압박 때문에 확대되어 공식적인 전국정당조직으로 발전하게 되었다.

간부회의는 듀베르제가 분류한 대중정당(mass party)과 명사정당(cadre party) 중 후자와 비슷하다고 볼 수 있다. 명사정당은 공직 후보와 접촉을 유지하고, 선거운동을 수행하며, 선거에 대비하기 위해서 저명인사들이 만든 집단이다. 명사정당에서는 영향력 있는 인

---

45 미국에는 약 3,086개의 군(county)과 140,000개의 지방선거구(precinct)가 있다.

사, 선거운동 전문가, 재정후원자 등의 자질이 가장 중요한 요인이다.[46] 명사정당은 선거에서 자신들이 내세운 후보들의 당선을 보장하려는 목적을 가진 정치엘리트들의 집합이다. 명사정당은 종교집단과 달리 사람을 수단적 목적으로 삼기 때문에 이윤을 추구하는 회사와 비슷한 점이 있다. 명사정당이 선거에서 후보를 도와주는 이유는 그들이 당선된 뒤 지원해 준 대가로 당무에 영향력을 행사하기 위한 것이다. 당선자들의 당 간부 진입은 제한되어 있다.

(2) 지부조직

정당의 지부는 전체의 부분에 불과하며, 분리 존재(separate existence)를 생각하기 어렵다. 간부회의란 단어는 자율적 실체(autonomous reality)라는 의미를 내포하고 있으며, 독자적인 생존능력이 있다. 지부를 기초로 창당된 정당은 간부회의에 비하여 더 중앙집권적이다. 지부조직은 다른 지부조직과 상호 연결되어 있다. 간부회의는 중앙당으로부터 개별적인 자율성을 유지하지만, 지부조직은 중앙으로부터 철저한 규제를 받는다. 또한, 정당의 기원도 다르다. 간부회의는 정치엘리트 내부에서 생겨났지만, 지부조직은 정부의 정치권력으로부터 배제된 인사들 중심으로 외부에서 결성된다. 지부조직은 당원을 모집하고 당세를 확장하며 당력을 강화하기 위해서 노력한다. 질보다는 양적인 측면을 더 중시하며, 간부회의와 달리 문호가 개방되어 있다. 간부회의는 영향력을 기초로 선택된 유명 인사들 중심의 결합이지만, 지부조직은 대중성을 지향한다. 예를 들면 프랑스에서 간부회의는 주로 군·구(arrondissement) 단위에서만 활동하지만, 지부조직은 동·면 소재지까지 조직과 활동을 확대한다.

간부회의는 아주 단순한 위계 구조를 유지하고, 리더의 개인적 영향력에 의존한다. 미국에서는 보스의 추종자 중심으로 구성되기도 한다. 반면에 지부조직은 더 완전한 내부 조직을 유지하면서 분명한 위계 구조와 업무 분담이 이루어져 있다. 다수 당원을 관리하

---

46   Duverger (1966), p. 64.

기 위해서 상설위원회가 필요하고, 최소한 회의 소집과 안건 발의를 담당하는 사무총장과 당비 수금을 위한 경리부서가 설치되어 있다.

(3) 세포조직

세포조직은 조직의 기초와 당원의 수 등 두 가지 측면에서 지부조직과 근본적으로 다르다. 지부조직은 전국적인 지역 기반(local basis)이 있지만, 세포조직은 같은 일터에서 근무하는 사람들을 모두 당원으로 결합하는 직장 기반(occupational basis)에 뿌리가 있다. 그리고 당원의 숫자 측면에서 지부조직보다 작은 규모다. 지부조직은 지구당에 수백 혹은 수천 명의 당원을 보유하고 있지만, 세포조직은 100명을 넘지 못한다.

지부조직은 사회주의자가, 세포조직은 공산주의자가 각각 고안한 조직유형이다. 세포조직은 당원을 충원하는데 전체 당원의 숫자보다는 당원의 자질에 더 많은 관심을 가진다는 점이 지부조직과 다르고 간부회의와 비슷하다. 하지만 간부회의와 다른 점은 중앙당에서 누구를 입당시켜야 하는지 원칙을 설정하거나 지역의 정치 환경에 영향을 받지않는다는 점이다. 공산당의 조직 단위는 직장이 중심이기 때문에 매일 만나 회의를 개최할 수 있으며, 사무국장이 매일 매일 개인행동을 통제하고 지시사항을 전달할 수 있다. 프롤레타리아의 동원은 거주 지역 단위보다는 공장을 통하여 정치조직으로 더 쉽게 발전시킬 수 있다고 가정하기 때문이다. 세포조직은 비밀행동을 취하는 데 매우 적합한 조직모형이다.

간부회의는 본질적으로 선거에서 승리하고 당선자에게 압력을 행사하기 위한 선거 및 의회조직(electoral and parliamentary organization)이다. 지부조직은 선거 승리뿐만 아니라 의회에 대하여 지대한 관심을 기울이고, 당원들에게 정치교육도 시행한다. 반면에 세포조직은 그 특성이나 당원 숫자 면에서 선거 경쟁에서 승리하는 데 적합한 유형은 아니다. 오히려 선거에 참여하기보다는 직장에서 활동하기에 적합한 조직이다. 세포조직을 정당에 도입하려면 정당의 개념에 변화가 뒤따라야 할 것이다. 정당의 세포조직은 선전, 선동, 훈련 및 비밀행동 등의 도구로 활용할 수 있다.

(4) 열성 조직

열성 조직은 전쟁 중 파시스트나 극우파들이 선택한 정당조직 유형이다. 열성 조직은 공산당이 통상적인 선거 정치를 고려하여 창당했다기보다 다른 임무를 수행하기 위해서 결성한 조직이다. 열성 조직은 구성과 구조 면에서 군대 사병(private military)과 같은 조직으로 군사적 특성이 있다. 군사훈련, 기강 유지, 제복 착용, 배지 달기, 기수단을 앞세운 행군 등 군인과 똑같다. 열성 조직은 대규모의 피라미드를 형성하기 위한 소규모 조직을 기초단위로 하고 있다.[47]

듀베르제의 정당 유형은 특정 정당이 최초의 조직 형태를 왜 선택했는가에 착안한 주장으로 매우 중요한 의미를 지니고 있다. 하지만 웨어에 의하면 간부정당은 규모가 큰 대중정당과 비교하면 지부조직보다 월등하다고 볼 수 없으며, 결과적으로 선거 경쟁의 압박 때문에 지부조직으로 전환되거나, 또는 지부조직과 혼합형태를 선택하고 있다는 사실이다.[48] 세포조직이나 열성 조직은 일반적인 정당의 조직유형이라기보다는 특정한 정치 목적을 달성하기 위해서 선택한 특수한 형태라고 볼 수 있다. 웨어는 간부정당의 한계를 보완하고 대량의 정치적 자원을 획득하는 데 적합한 지부조직을 옹호하고 있다.

엡스타인도 정당조직을 발전시키는데 선거 경쟁의 역할에 대한 듀베르제의 분석을 인정하면서, 정당은 선거 경쟁에 대응하는 조직에 지나지 않는다고 주장한다. 듀베르제는 미국 정당은 사회당의 부재로 노동자들의 계급의식과 연결되지 않았기 때문에 고전적인 간부회의 조직 형태를 그대로 유지할 수 있었다고 분석한다. 미국 정당의 간부회의 조직은 미국정치의 본질적인 보수주의의 산물이며, 이를 살아남은 조직화석(surviving organizational fossil)이라고 보았다.[49]

엡스타인은 유럽정당의 분석을 바탕으로 미국 정당은 이념이나 조직 면에서 후진적이라는 듀베르제의 견해와 달리 미국 정당의 유용성에 대하여 보다 긍정적으로 평가하였

---

47 Duverger (1966), p. 36.

48 Ware (1996), p. 96.

49 Duverger (1966), pp. 22~23.

다. 미국 정당은 대중 당원(mass membership), 응집력, 쟁점 지향적(issue oriented)인 서유럽 정당들, 특히 영국 정당보다 우수하다고 평가하였다. 왜냐하면, 미국 정당은 정치적 삶의 형태(form of political life)로서 매우 잘 발전되었기 때문이라는 것이다.[50] 미국 정당의 느슨한 조직, 약한 응집력, 그리고 강령이 없는 모습과 민주주의 이론과의 관계는 분명하지 않다고 하면서 미국 정당을 유럽정당보다 덜 근대적이라고 볼 수 없다는 것이다. 미국의 정당조직은 사회, 헌법, 환경변수 등을 반영한 결과라는 사실을 인정하였다.[51] 미국 정당은 결국 유럽정당에 비하여 현대적 의미의 선거운동을 수행하는 데 아주 적합하다. 정당은 여론조사나 텔레비전을 활용한 선거운동이 가능한 시대를 맞이하여 투표 동원을 위한 대규모 당원이 필요 없다는 것이다. 오히려 대중매체를 선거운동에 활용할 수 있는 자금이 더 중요하고, 선거자금 모금도 대중 당원보다는 이익집단이나 개인 후원자를 통하는 것이 훨씬 더 쉽다고 주장한다. 다수의 대중 당원은 정당 지도자가 상대 당을 제압하기 위한 선거전략을 구상하는데 오히려 제한요인으로 작용할 수 있으며, 정당 지도자에게는 열성적인 행동 당원과 느슨한 관계를 유지하여 더 많은 융통성을 가질 필요가 있다는 주장이다. 결과적으로 좌파의 오염에서 벗어난 우파성향의 미국 공화당 모형이 자유민주주의 정치체제가 요구하는 미래의 정당이라고 주장하였다.

듀베르제가 오래전에 주장한 정당조직의 네 가지 유형에 대하여 웨어는 간부정당보다는 대중성이 있는 지부 정당을 선호하는 반면, 엡스타인은 득표 경쟁에서 정당조직의 중요성은 인정하면서도 미디어 정치 시대가 도래하면서 선거에서 정당의 역할이 축소되기 때문에 대중정당보다는 선거정당(electoral party/party in election)이 미래의 정당 유형이 되어야 한다는 주장이다.

---

50   Epstein (1967), p. 7.
51   Epstein (1967), pp. 351~358.

2. 제도화 모형

정당조직은 정당 내부의 다양한 요인 간의 관계에 따라서 결정된다. 정당과 정당 간의 경쟁이 정당조직에 영향을 미치는 것은 부정할 수 없지만, 정당 내부에 존재하는 다양한 요인들이 더 중요하게 작용한다는 사실을 강조한다.

이탈리아 정치사회학자 파네비앙코(Angelo Panebianco)는 듀베르제나 엡스타인과 비교할 때 더욱더 한정적이고 이론적이며 구체적인 정당조직 분석모형을 제시하였다. 서유럽 이외의 국가에서 운영되는 정당, 예컨대 일당 국가나 미국의 정당을 제외한 분석모형을 제시하였다. 미국 정당을 제외한 이유는 미국의 정치·사회제도가 유럽과 다르고, 정당의 출현이나 정당체계가 유럽정당과 비교할 수 없는 다른 요인들이 작용했기 때문이다.[52] 파네비앙코의 분석은 또한 영국의 식민지였던 호주, 캐나다, 뉴질랜드 등을 제외하고 프랑스, 독일, 이탈리아, 영국 등 네 나라로 국한하였기 때문에 상당히 제한적인 모형이라고 볼 수 있다.

파네비앙코는 정당은 다른 조직과 마찬가지로 그 기능을 수행하는데 변화하는 환경(changing environments)과 외부의 변화(external change)에 대응하면서 오랫동안 진화한 움직이는 구조(structure in motion) 또는 일종의 활동사진(motion picture)이라고 하였다. 정당의 외형(physiognomy)과 기능을 설명하는 가장 중요한 요인은 조직의 역사인 과거와 변화하는 외부환경과의 관계라고 강조하면서 정당조직의 분석 틀(analytical tools)로서 ①유전모형(genetic model)과 ②제도화 모형(institutional model)을 제시하였다.[53]

(1) 유전모형

듀베르제는 정당의 기원을 의회 내와 의회 밖이란 관점에서 설명한다. 수많은 정당의 기원에 관한 역사적 연구도 많지만, 옛 정당 간의 차이를 내외부 기원으로 구분하여 규명

---

52 Angelo Panebianco, *Political Parties: Organization and Power*, trans. by Marc Silver (Cambridge: Cambridge University Press, 1988), p. xv.

53 Panebianco (1988), pp. 49~68.

하는 것은 쉽지 않다. 정당 형성 과정은 복잡하기 때문이다. 정당은 때로는 이질적인 정치집단이 합병(amalgamation)하여 형성되기도 한다. 유전모형도 정당의 역사를 통하여 정당 간의 차이점을 발견하려는 것이다. 특히 유전모형은 정당의 조직이 어떻게 기원하였고(origin) 또한 어떻게 견고화(consolidated) 과정을 거쳤는지에 초점을 맞춘 것이다. 창당 발기인들(founders)이 어떤 조직모형을 염두에 두고 정당 형성 과정에 중대한 정치적 · 행정적 결정(crucial political-administrative decision)을 내렸는지와도 관련이 있다.

유전모형은 세 가지 요인과 관련이 있다고 지적한다. 첫째, 정당조직의 발전이나 구성(organization's construction)이 영역침투(territorial penetration)나 영역확산(territorial diffusion) 또는 양자 결합 등과 관련이 있느냐 하는 것이다. 영역침투는 중앙에서 통제 · 고무 · 지시하여 지방(periphery)정당의 조직발전이 이루어지는 경우를 의미한다. 한마디로 중앙에서 지방정당의 조직결성에 영향력을 행사하는 하향식 모형이다. 공산당과 보수당 대부분이 영역침투 방식으로 결성되었다. 영역확산은 지방의 엘리트들이 먼저 정치결사체를 결성하고 동시에 전국 조직으로 확대 · 통합하는 상향식 모형이다. 대부분의 사회당과 고해당(confessional party) 등이 영역확산 방식으로 결성되었다. 혼합모형은 정당의 발전이 최초에 영역확산을 통하여 이루어지고, 전국의 여러 곳에서 지역연합(local association)이 자동으로 나타나며, 후에 그들이 전국적인 중앙조직 형태로 통합된다. 그리고 지역연합이 없는 곳에 중앙조직이 침투하여 조직이 결성되는 경우를 의미한다. 자유당을 통상적인 혼합모형으로 본다.

유전모형의 두 번째 요인은 외부 후원기관(external sponsor institution)의 존재 여부와도 관련이 있다. 정당의 생성과정에 외부 기관의 후원이 있었는지, 또는 정당 리더십의 정당화 과정에 외부 기관의 영향력 행사가 있었는지를 중요하게 따진다. 왜냐하면, 외부의 후원기관이 존재한다면 정당 리더의 정통성의 원천(source of legitimation)이 외부 기관과 연계되어 그 기관의 영향력 행사 가능성이 크기 때문이다. 외부 후원기관은 정당을 그들의 '정치적 무기(political arm)'라고 간주할 수 있기 때문이다. 정당의 리더가 외부의 후원기관에 의하여 정당화된다면 리더십의 원천은 외부 후원기관에 있으며, 정당 리더십에 대한 충성심도 간접적인 형태(indirect loyalties)가 될 수밖에 없다. 후원기관이 존재하지 않는다면 정당 리더십의 권위를 내부적으로 인정받고 직접적인 조직 충성심을 불러올 수 있다. 전자는 모스크바의 코민테른(Comintern)을, 후자는 서구의 공산당을 각각 대표적인 예로 들 수 있을 것이다.

유전모형의 세 번째 요인은 정당 형성(party's formation)에 카리스마적인 정치 지도자의 역할이 관심의 대상이 된다. 창당 과정에 카리스마적인 지도자가 어떤 역할을 행사했는지와 관련하여 이해하려는 것이다. 정당의 지도자와 추종자 관계에서는 언제나 카리스마적 요인(charismatic components)이 존재하게 마련이다. 왜냐하면, 카리스마적인 1인 지도자가 창당을 주도했을 경우 초창기 이념적 목표의 설정과 정치적 상징의 창시자(founder), 고안자(conceiver), 해석자(interpreter)로서 그의 영향력이 크게 작용하기 때문이다. 국민사회당, 이탈리아 파시스트당, 드골 당 등의 목표나 목적 그리고 그 존재는 카리스마적인 지도자와 분리해서 생각할 수 없게 된다.

파네비앙코의 정당 결성분석 모형은 세 가지 요인을 강조한다. 정당 기원이 영역침투와 영역확산 또는 두 요인의 결합으로 이루어지는가, 정당 리더십의 정당성 확보가 내부 또는 외부 요인에 의해서 좌우되는가, 만약 외부의 영향을 받았을 경우 국외(extra-national) 요인도 포함되는가, 카리스마적인 지도자의 정당결성에 있어서 초기의 역할은 무엇인가 등이다.

(2) 제도화 모형

제도화 모형은 정당의 공고화(solidified) 방법과 관련된 것이다. 정당의 창당 단계에서 지도자가 카리스마가 있든 없든 통상적으로 중요한 역할을 한다. 지도자들은 미래 정당의 이념적 목표를 설정하고, 정당조직의 사냥터(hunting ground)인 사회적 기반(social base)을 선택하며, 이러한 이념 목표와 기반에 기초하여 조직을 결성한다. 이 과정에서 물론 가용한 자원과 전국적인 다양한 사회 · 경제 · 정치적인 여건을 고려하게 된다. 창당 시기에 정치적 경영자(political entrepreneurs)인 지도자의 당면과제는 가용자원과 다양한 여건에 부합되는 주요 가치를 선택하고 조직을 결성하는 것이다. 이념은 창당과 집단정체성 결정에 매우 중요한 역할을 한다. 지지자들에게 정당조직은 특정한 정치 목표를 달성하는 데 활용하는 유용한 도구가 된다. 창당 초기에는 정당의 이념적 목표를 설정하는데 지지자들은 배제되고 창당 지도자의 의견이 많이 반영되지만, 조직결성과정에는 지지자들을 고려하지 않을 수 없게 된다. 이 때문에 창당 과정의 조직분석은 합리적 모형을 활용해야 효율적이라고 볼 수 있다.

제도화는 창당 지도자의 이념적 가치와 정당 목표를 조직에 반영하고, 정당의 목표를 제도와 접목하는 과정이다. 조직은 목적 달성의 도구로서 그 자체가 중요한 가치를 지니게 되며, 정당의 목표와 조직을 분리하거나 구분할 수 없게 된다. 많은 지지자에게 조직의 보존과 생존이 주요 목표가 된다. 창당 지도자의 이념적 목표는 조직의 외형 형성에 반영되며, 제도화를 통하여 이러한 목적들이 구체화(articulated) 된다. 모든 정당이 생존하기 위해서는 어느 수준까지 제도화되어야 한다. 정당은 강한 제도화와 약한 제도화 수준을 유지하는 경우가 있다. 제도화 수준을 측정하는 두 가지 기준이 있다.

①제도화 수준은 정당조직이 환경으로부터 어느 정도의 자율성(degree of autonomy)을 확보하느냐에 달려 있다. 정당조직은 환경과 상호작용을 유지한다. 예를 들면 조직이 기능하는 데 필수 불가결한 인적 · 물적 자원을 획득해야 하고, 정당은 소속 당원들뿐만 아니라 외부 지지자들에게도 다양한 유형의 유인책을 제공해야 한다. 정당의 자율성은 조직이 환경과의 교류 과정을 직접 통제할 수 있을 때 높고, 반대로 불가피하게 필요한 자원 일부를 정당이 다른 조직에 의존할 때 낮아진다. 영국의 노동당은 정당 운영 자금, 선거운동 수행, 노동자들의 지지 동원 등을 노조에 의존하여 자율성이 낮다고 볼 수 있다. 정당조직의 제도화는 최소한 환경으로부터 어느 정도의 자율성을 유지하느냐와 관련이 있다. 자율성이 낮은 정당은 환경에 대한 통제력이 약하다. 반면에 자율성이 매우 높은 정당은 환경과의 교류 과정을 직접 관리하고, 지지자들과 관계를 유지하는 조건이나 외부 조직 등을 통제할 수 있다. 자율성이 높은 정당은 제도화 수준이 높다고 볼 수 있으며, 외부 환경에 대하여 광범위한 통제력을 행사하고, 필요하다면 환경을 변화시킬 수

있다. 반대로 제도화 수준이 약한 정당은 자율성이 낮아 환경에 적응하거나 반응하는 게 고작이다.

　②제도화 수준은 내부의 다른 영역 간 상호의존성과 관련된 체계성의 정도(degree of systemness)에 영향을 받는다. 체계성이란 조직 내부의 구조적 응집력(internal structural coherence)을 의미한다. 정당의 조직체계가 대부분의 자율성을 내부의 하위 집단(internal sub-group)에 위임한 상황이라면 체계성 수준이 낮다. 하위 집단이 중앙과 독립적으로 정당의 기능을 수행하고 환경과 교류하는 과정에 필요한 자원을 자율적으로 통제할 때 체계성 수준이 낮다고 볼 수 있다. 반대로 하위 집단 간 고도의 상호의존성을 유지하면서 자원이나 환경과의 교류 과정에 대한 중앙통제가 보장되어 있을 때 체계성 수준이 높다고 본다. 체계성 수준이 높을수록 중앙에서 정당과 환경과의 관계를 더 많이 통제하며, 불확실성의 영역(zone of uncertainty)도 한곳으로 몰리게 된다. 체계성 수준이 낮을수록 불확실성 영역에 대한 통제가 더 분산되어 있다. 파네비앙코는 경험적 시각에서 정당조직의 자율성과 체계성 수준은 상호 관련이 있다고 주장하면서 체계성 수준이 낮을 때 정당조직이 환경변화에 자율적으로 반응하는 것을 어렵게 만든다고 한다.

　파네비앙코는 정당의 자율성과 체계성이란 요인을 기준으로 정당의 제도화 수준을 평가하기 위해서 〈그림 1-2〉를 제시하였다. 제도화 수준이 높은 정당은 다음과 같은 특징이 있다.

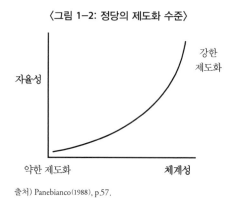

〈그림 1-2: 정당의 제도화 수준〉

출처) Panebianco(1988), p.57.

①발전된 중앙당료 체제(developed central bureaucracy)를 갖추고 있다.

②지방도 중앙과 같은 조직구조의 동질성을 유지한다.

③자금의 수입도 다양한 출처로부터 정기적으로 이루어진다.

④외부 기관을 통제한다.

⑤당헌·당규와 실질적인 권력구조의 일치성이 높다.

⑥당내 지배적인 연합이 형성되어 내부 응집력을 높이고 파벌이 적다.

⑦당내 자율적 불평등체계(inequality system)를 형성하게 된다.

⑧당료로서 안정적 경력관리가 가능하다.

⑨정당 자체의 강력한 하위문화를 형성한다.

⑩정당 내부의 경쟁체계나 정치행태가 정착하여 정당 생활을 오랫동안 지속할 수 있다.

(3) 유전모형과 제도화 모형의 연관성

파네비앙코는 유전모형과 제도화 모형은 〈그림 1-3〉에 나타난 바와 같이 상호 연관성이 있다고 주장한다.

〈그림 1-3: 유전모형과 제도화 모형 관계〉

	영역 침투	영역 확산
제도화	강함	약함
외부에 의한 정당성	1	2
내부에 의한 정당성	3	4

출처) Panebianco(1988), p.64.

①영역침투를 통하여 발전한 정당은 강력한 제도화 수준을 유지하는 경향이 있는데 그 이유는 창당을 주도한 지도자가 초기부터 조직의 형태를 통제할 수 있기 때문이다.

69

②영역확산을 통하여 발전한 정당은 제도화가 약한 경향이 있는데, 그 이유는 창당을 주도한 지도자끼리 정당의 자원을 통제하려고 경쟁하기 때문이다.

③정당 리더십이 외부 후원기관의 영향력에 의하여 정당성을 획득하게 된 경우 약한 제도화 수준을 유지한다. 외부의 후원기관은 정당의 제도화 수준의 약화에 관심을 가진다. 왜냐하면, 정당조직이 강력한 제도화 수준을 유지하면 후원기관에 의한 정당 영향력의 지렛대가 약해지기 때문이다.

④해외기관의 후원을 받는(sponsored by organizations abroad) 정당은 강력한 제도화 수준을 유지하는 경향이 있다. 해외기관은 정당의 높은 제도화 수준을 원한다. 그 이유는 정당이 높은 제도화 수준을 유지하면 국내의 다른 조직으로부터 영향을 덜 받는 데 도움이 될 수 있기 때문이다.

⑤내부적으로 정당성을 획득한 정당은 외부에서 정통성을 획득한 정당보다 간섭이 없어 제도화 수준을 높게 발전시킬 수 있다.

⑥카리스마적 지도자들은 제도화를 달갑지 않게 여기는 경향이 있다. 그 이유는 강력한 제도화 수준은 자신들의 권한에 도전요인으로 작용할 것을 우려하기 때문이다. 하지만 제도화 수준이 높아지면 전형적인 중앙집권적 권위 형태를 유지하는 정당으로 변화시키려고 한다.

내부적으로 리더십이 정당화된 정당과 영역침투와 연관이 있는 정당은 강력한 제도화 수준을 유지하고 있으며, 영국의 보수당을 예로 들 수 있다. 해외조직으로부터 정당성을 획득하는 정당은 영역침투를 허용하며 강력한 제도화 수준을 유지하는데, 대표적으로 공산당을 예로 들 수 있다. 다른 한편 영역확산은 국내 후원조직의 침투를 수용하는데 그 결과 극히 제한적인 제도화 수준을 유지한다. 영국의 노동당과 종교적 색채가 강한 정당 등을 예로 들 수 있다. 마지막으로 독일의 기민당과 프랑스의 사회당을 포함하여 기존 집단과 연합하는 경우 내부적으로 제한이 있지만, 기존 집단은 중앙에 대하여 거부권을 행사할 수 있으며, 이러한 정당의 제도화 수준은 약해질 것이다.

파네비앙코의 정당조직 유형은 정당 내부의 권력 관계가 어떻게 생성되었는지와 관련이 있으며, 오늘날 정당조직을 기본적으로 특정한 조직의 역사적 관점에서 설명하고 있다. 파네비앙코는 정당의 제도적 접근을 주장하면서 동시에 과거를 중시한다.

3. 사회학적 모형

정당조직은 가용한 자원의 유형에 따라서 그 형태가 달라진다. 정당조직은 자원의 공급에 영향을 받는다. 정당의 가용한 자원은 정당조직을 형성하는 제한요인과 기회요인으로 작용한다. 정당조직은 선거운동, 정당의 지도자와 열성적 당원과 접촉 유지, 국민의 지지 획득, 많은 유권자의 입당 유인 등 다양한 형태의 활동을 전개한다. 이러한 활동에는 자금이나 인력 등의 자원이 필요하다. 상대 당과 선거 경쟁에서 승리할 수 있도록 정당조직을 발전시키는 데도 자금이나 인력이 결정적인 요인으로 작용한다. 정당조직의 확대는 물론 조직의 변화에도 가용자원에 영향을 받는다. 더구나 자원을 동원하기 위한 활동에도 비용과 인력이 필요한 것이다.

영국 노동당의 예를 들면 1980년대 후반까지 개인 당원의 모집에 별로 관심을 보이지 않았다. 1950년대~1970년대 후반에 1백만 명의 당원이 30만 명 미만으로 줄어들어 정당의 기초가 무너졌다. 심지어 입당하려는 사람들조차도 어떻게 해야 하는지 모를 정도였다. 28년 동안 11년을 집권하는 등 선거 경쟁이 매우 치열한 상황에서 정당조직의 기초를 새롭게 다지는 데 관심을 기울였다. 듀베르제가 주장한 간접정당 유형과 같은 상황이었다. 대부분의 선거운동 자원은 노동당과 연계된 노조로부터 제공되었으며, 많은 선거구에서 노조원들은 선거 유세(canvassing) 등 정당 활동을 지원하였다. 정당 자체의 가용자원에 전적 의존하는 직접 정당과 달리 노동당은 개인 당원의 축소에 영향을 별로 받지 않았다. 1970년대 정치적인 극단주의자들이 지구당에 진출하는 것이 쉬웠으며, 중앙당 지도자가 그들을 통제하는 데 곤란을 겪는 상황이 되었다. 결과적으로 당원의 감소에 따른 대책 마련에 별 관심을 보이지 않았다. 직접 정당도 자원을 동원하기 위해서 노조나 기업 등의 특정한 이익집단과 연계하였으며, 새로운 후원자의 압력과 요구를 못 이겨 전통적인 후원자들과의 약속을 위반하는 사례도 있었다.

사회학적 접근법은 정당이 동원할 수 있는 잠재적 자원의 유형이 각각 달라서 정당조직에 영향을 미치는 단 하나의 지배적인 이유가 되지 않는다는 것이다. 정당의 조직구조가 정당의 자원유형과 어떤 관련성이 있는지 설명할 수 없다고 한다. 어느 정당이든 하나의 최적 조직유형을 찾기 어렵다는 것이다. 사회학적 접근법은 자유민주주의 정치체제 경험과 관련이 있다.

여기서 관심을 가져야 하는 것은 정당의 자원획득과 정당 내 경쟁과는 어떤 관계가 있느냐 하는 것이다. 최근까지 정치학자들은 정당은 선거에서 많은 표를 얻는 데 필요한 자원획득 경쟁에 나선다고 가정하였다. A당의 자원이 많으면 많을수록 B당이나 C당 등은 선거 경쟁에서 더욱더 많은 어려움을 겪는다는 것이다. 하지만 카츠나 마이어(Richard S. Katz & Peter Mair)는 오늘날 정당의 행태를 이해하는 데 선거 경쟁모형의 적용에 의구심을 제기했다. 자유민주주의 체제에서 새로운 형태인 카르텔정당이 출현했기 때문이라고 주장하였다.[54] 카르텔정당은 필요한 자원을 국가가 보조해주고, 국가와 정당이 공생관계를 유지하는 모형이다. 카르텔정당은 국가와 정당 간 상호침투를 특징으로 한다. 국가와 정당 간 상호침투는 정당에 대한 국가보조금의 지원 증대와 인쇄매체와 달리 정당이 선거운동에 활용하는 전자기기에 대한 국가의 규제강화가 결정적인 요인이라고 강조하였다.

국가의 정당 보조금 지원에 대하여 유럽정당끼리 협력하는 것은 1960년대 기존의 양대 정당만이 오직 집권 세력이 된다는 보장이 없었기 때문이다. 이탈리아의 공산당이나 영국의 자유당도 여당이 될 수 있다는 것이다. 그래서 새로운 정당의 출현을 방해하고, 기존 정당을 유지하는 데 필요한 자원을 통제하기 위해서 그들 간 협력이 이루어지게 된 것이다. 정당의 카르텔화는 정당 간 조직적 경쟁의 조건을 변화시켰다. 국가의 정당 보조금은 일반 당원과 열성 당원에 의한 자원 제공을 대체시켰고, 당원에 뿌리를 둔 개별

---

54   Richard S. Katz and Peter Mair, "Changing Models of Party Organization and Democracy: The Emergency of the Cartel Party", *Party Politics*, Vol. 1, No. 1 (1995), p. 17.

정당을 발전시키려는 의욕을 꺾었다. 정당에 대한 국고보조는 정당 간 경쟁을 약하게 만들었으며, 더 나아가 정당의 최적 조직 형태를 발전시키려는 부담을 덜어주었다.

제8절 정당체계

1. 정당체계의 이해

대의민주주의 사회에서 정당은 시민사회의 다양한 균열 구조로부터 파생되는 사회이익을 수렴해 정책 결정 과정에 전달하는 매개적 기능을 수행한다. 정당의 기능은 개별 정당 차원에서 수행될 수 있으나 정당과 정당, 또는 정당 군과 정당 군과의 관계, 그리고 정당과 환경 관계의 역동성을 보다 총괄적으로 이해할 수 있어야 한다. 복수정당이 존재하는 정치체계에서 각 정당은 하나의 구성 요소로 존재하며, 정당 간에 어떤 형태의 상호작용을 지속해서 전개하는데, 이를 체계라는 추상적 개념으로 이해할 수 있다. 정당체계란 정당 내부, 정당 간, 그리고 정당과 환경 간의 질서 있는 상호의존적 작용을 일컫는다.[55] 정당체계란 단순하게 여러 정당의 집합이라기보다는 한 정치체계 내에서 정당 내부는 물론 정당과 정당, 정당과 사회, 정당과 국가 간에 이루어지는 일련의 상호작용 관계라고 볼 수 있다. 정당은 조직으로서의 정당(party as organization)일 뿐만 아니라 유권자 속의 정당(party-in-the-electorate)과 정부 속의 정당이라는 세 가지 요소가 있다.[56] 이 모든 차원이 정당체계와 관련이 있다고 볼 수 있다.

또한, 정당을 제도로써 공식적인 조직 이상의 다른 요소가 포함되어 있다고 이해했을 때 정당이 영향을 미치는 사회적 · 정치적 삶에 대한 영역과 구분해야 할 것이다. 정당이 다양한 활동을 하기 위해서는 조직이 필요하다. 중앙과 지방에 전국적인 조직을 결성하여 운영하고 있다. 공식적인 조직을 유지하는 궁극적인 목적은 선거에서 승리하여 정

---

55 곽진영, "정당체계", 심지연 편저, 『현대 정당정치의 이해』 (서울: 백산서당, 2003), pp. 149~150.

56 Ware (1996), pp. 6~7.

치권력을 획득하기 위한 것이다. 이런 과정에 정당은 조직 그 자체로서 지위를 유지하는 것뿐만 아니라 다양한 활동을 전개한다. 정당을 이해하기 위해서는 제도로서의 정당뿐만 아니라 정치적으로 영향을 미치는 과정과 활동도 아울러 살펴보아야 할 것이다. 왜냐하면, 정치는 정당에 너무 많은 영향을 받고 있으며, 시민의 정치적 선택과 행태는 물론 정부의 공직자들에게 영향을 미친다. 정당을 단순 조직으로서 인식하는 차원을 넘어 정당 운영 규칙과 절차, 그리고 정당이 정치적 · 사회적으로 미치는 영향을 종합적으로 분석하기 위해서는 정당체계에 대한 이해가 포함되어야 할 것이다.

정당체계란 일종의 제도라고 볼 수 있지만 다른 당과 경쟁하고 협력하는 유형이라고 이해할 수 있을 것이다. 정당체계는 다른 한편 정당의 경쟁과 협력의 구조라고 정의할 수 있다.[57] 자유민주주의 체제에서 정당끼리 경쟁하는 것은 당연한 사실이지만 경쟁 못지않게 공식적 · 비공식적 그리고 암묵적인 협력의 중요성까지도 정당체계를 이해하는 한 부분이라고 볼 수 있다.

2. 정당체계의 영향 요인

정당체계를 결정짓는 데 영향을 미치는 환경적 요인은 다양하다.

①정치체제의 권력 구조가 기본적으로 정당 구도를 결정짓는다. 정당은 정치체제의 하부구조를 형성하고 있으며, 정당체계는 정치체제의 기본골격에 영향을 받는다. 예를 들면 대통령중심제를 채택하고 있는 정치체제에서는 모든 정당은 대통령 정치(presidential politics)를 추구한다. 대통령 선거 결과가 정당체계의 변화에 영향을 준다.

②정당체계는 사회계급, 종교, 이념, 종족과 같은 사회집단의 거울이라고 할 정도로 사회적 요인에 의해 영향을 받는다.

③역사적 · 문화적 요인으로 한 나라의 전통과 정치문화 그리고 전쟁과 위기 등의 경

---

57 Paul Pennings and Jan-Erik Lane, "Introduction", in Paul Pennings and Jan-Erik Lane(ed.), *Comparing Party System Change* (London: Routledge, 1998), p. 5.

험도 정당체계에 영향을 준다.

④기술적 요인(선거제도)에 영향을 받는다. 단순 다수제에서는 양당제가, 다수대표제와 비례대표제에서는 다당제가 이론적으로 적합하다.

⑤사회 갈등의 강도(conflict intensity)에 영향을 받는다. 갈등이 없는 사회에서는 정당의 난립이 어떤 측면에서 불필요하며, 두세 집단이 대등한 세력으로 갈등을 빚는 곳에서는 여러 개의 정당이 출현할 수 있다. 갈등의 강도는 경쟁과도 관련이 있다. 정당 간·정파 간 경쟁의 수준도 정당체계에 영향을 준다.

⑥정치 지도자의 의지가 중요한 변수가 된다. 권위주의 지도자에 의한 정계 개편 추진 등 인위적인 노력이 정당체계에 직접적인 영향을 준다.

⑦민주주의 정치체제에서는 국민의 선호와 선택이 중요하게 작용한다. 선거 결과 국민의 선택에 따라서 정당체계가 좌우된다. 유권자의 선호와 선택이 정당체계를 결정하는 요인으로 작용한다. 많은 요인 중에 민주주의 정치체제에서는 국민의 선택이 가장 중요하다고 볼 수 있다.

위와 다소 중복되는 부분이 있지만, 정당과 정당체계 형성에 영향을 미치는 요인으로 ①사회적 요인 ②제도적 요인 ③경쟁적 요인 등을 지적하기도 한다.[58]

(1) 사회적 요인

사회적 요인은 정치 현상이 사회현상과 밀접한 관련이 있다는 시각에서 출발한다. 산업사회에서 계급, 인종, 종교, 언어 등의 사회 균열 요인 때문에 분열된 사회와 그렇지 않은 사회에 따라서 정치체제가 달라진다는 것이다. 앵글로 아메리칸과 같이 사회 균열이 낮은 안정된 정치문화에서는 양당제가 정렬되고, 프랑스, 독일, 이탈리아 등과 같은 유럽 대륙의 사회 균열이 심하고 불안정한 정치문화에서는 다당제가 출현한다는 것이다. 또한, 집단 형성이론의 하나인 파도 이론도 정당체계에 영향을 미친다는 것이다. 예컨대

---

58   Ware (1996), pp. 8~10, 184~202.

사회민주당과 같은 특정한 정당이 출현하면 사회민주당에 의하여 자신들의 이익을 대표하려는 집단이 생기게 되며, 이들 때문에 자신들의 이익이 도전받을지 모른다는 우려 때문에 방어적 자세를 취하는 또 다른 대항 집단이 생성되는 경우가 발생한다.

사회적 접근법은 사회세력의 변화와 정당과 정당체계의 변화와 관련이 있다고 본다. 극단적으로 정당이나 정당체계는 어느 결정적인 시기의 사회세력에 의한 산물이라고 보지만, 다른 한편 사회적 격변에도 변화가 나타난다는 것이다. 극적인 사회변동이 없으면 정당이나 정당체계에 별로 영향을 미치지 못한다는 것이다.

(2) 제도적 요인

제도적 요인은 제도가 정당과 정당체계 형성에 중요하게 작용한다는 시각에서 출발한다. 정치제도를 사회 갈등을 중재하고 갈등 요인을 발견하여 그 해법을 제시하는 것이라고 이해한다. 가장 대표적으로 선거제도를 들 수 있다. 양당제는 단순 다수제의 결과라고 보기도 한다. 물론 1920년 이전의 덴마크, 1911년 이전의 스웨덴이나 캐나다 등에서 그렇지 않은 경우가 있었지만, 일반적으로 단순 다수제가 양당제를 낳는다고 이해하고 있다. 비례대표제는 다당제를 낳는 것이 일반적인 현상이다.[59] 정치투쟁은 결국 제도적 환경(institutional setting)에 의하여 조정된다. 제도적 환경이란 게임 규칙과 같은 법 등을 예로 들 수 있을 것이다. 만약 정치 규칙을 개정하면 다른 제도와 정치 등에 영향을 미치게 된다. 예를 들면 정치적 후원(political patronage)의 활용에 관한 제한법의 도입은 정당은 물론 정당 간 협력과 경쟁 양상에 영향을 미치게 된다. 제도론자들은 정당이나 정당체계는 정치 규칙의 변화에 민감하게 반응하지만, 초기의 위기를 잘 극복하고 이미 정당으로서 존속하게 된다면 제도 변화에 별로 반응하지 않는 때도 있다.

(3) 경쟁적 요인

---

59   Beyme (1985), p. 265.

경쟁적 접근법은 정당 간의 경쟁을 강조한다. 경쟁적 요인은 자유민주주의 정치체제에 적용할 수 있는 가장 일반적인 접근법이다. 정당은 제도로서 다른 당과의 경쟁 요구에 반응하게 되며, 정당체계는 경쟁과 협력의 상호작용 논리를 반영한 것이라고 볼 수 있다. 정당은 본질적으로 유권자들의 지지를 얻기 위해서 다른 당과 경쟁하는 조직이다. 정당은 결국 경쟁에서 승리하기 위하여 자신의 이익에 부합하는 행동을 할 수밖에 없는 제도라고 보는 것이다. 경쟁적 접근법은 제도적 접근법이 수용할 수 없는 사회적 접근법의 전제와 유사하다. 정당 활동에 간여하고 있는 행위자들의 사회적으로 형성된 신념, 가치, 태도 등이 제도에 영향을 미친다고 보는 한편 제도론자들은 정치행위자들이 정치 세계를 어떻게 이해하고, 정치 세계에 무엇을 원하는지 결정하는 것은 제도의 영향이라고 보고 있다.

경쟁적 접근법에서 합리적 행위자는 경쟁을 고도의 대응 기제라고 이해하지만, 경제적 독점상태(economic oligopoly)에서는 가격 경쟁과 소비자에 대한 반응 현상이 나타나지 않는 경우가 있다. 마찬가지로 특정 정당이 정치과정을 지배하는 일당 독주 현상이 나타나면 정당 간 경쟁은 기대하기 어렵게 된다. 또한, 정당 간 오랫동안 서로 매우 불안정하고 치열했던 경쟁 상태를 극복하고 정치적 휴전이 성사되면 상대 당에 대하여 대응하지 않는 일도 있다. 정치적 휴전이란 상호 이해와 공조를 바탕으로 협조적인 우호 관계가 형성되었을 때 성사될 수 있다. 또한, 정치적 타협을 통하여 연립정부 또는 공동정부를 구성했을 경우 일시적이지만 정치적 휴전상태라고 볼 수 있으며, 외형적 경쟁은 완화될 수 있다.

3. 정당체계 분류

정당체계를 분류하는 기준도 다양하다. 기능주의자들은 정당이 추구하는 목적이나 조직의 견지에서 분류하고 있다. 예를 들면 노이먼(Sigmund Neumann)은 세 가지로 분류한

다.[60]

①특정한 사회집단의 이익을 집약하는 개별대의기구로서의 정당(parties of individual representation)

②당원들에게 각종 형태의 봉사를 제공하고 정당 공동체 속에 당원들을 보호하는 동시에 선거 때 당원들로부터 자금 지원과 자발적인 봉사를 받는 잘 조직된 사회통합기구로서의 정당(parties of social integration)

③정치권력을 획득하고 급진적으로 사회를 변화시키려는 야심적인 목표를 가지고 당원들의 조건 없는 복종과 전폭적인 지지를 받는 완전한 통합기구로서의 정당(parties of total integration) 등으로 분류하였다.

듀베르제, 파네비앙코, 키르히하이머 등은 조직적인 관점에서, 그리고 군터와 다이아몬드는 정당의 규모와 기능의 범위, 목적과 행태 유형, 실용적·이념적 약속 등을 기준으로 ①엘리트 정당(elite parties) ②대중 기반 정당(mass-based parties) ③인종 기반 정당(ethnicity-based parties) ④선거정당 ⑤운동 정당(movement parties) 등으로 분류하였다.[61]

일반적으로 정당체계는 정당 수를 기준으로 분류한다. 듀베르제는 정당체계를 정당 수를 중심으로 일당제, 양당제, 다당제로 분류하였다.[62] 정당 수는 정당체계를 이해하는 기초가 된다. 단일 정당이든 복수정당이든 정당은 사회와 국가를 포함한 다양한 정치 환경과 상호작용을 통하여 기능을 수행하게 된다. 정당체계를 이해하는데 정당 수를 거의 모든 이론에서 기초적인 기준으로 삼는다. 몇 개의 정당이 존재하는가가 정당 간의 경쟁과 경쟁 구도를 변화시키고, 더 나아가 정당체계와 시민사회의 관계, 정당체계와 국가 간의 관계를 변화시키기 때문이다.[63] 일반적으로 정당 수에 따른 정당체계의 분류는 사르토리(Giovanni Sartori)의 입장을 따르고 있는데 정당의 분열(party fragmentation)과 이념

60 Neumann (1969).

61 다섯 가지 유형의 정당체계 목표, 선거전략, 조직구조 및 연계, 사회 기반 등에 대한 자세한 내용은 다음의 〈표-1, 2〉를 참고할 것. Gunther and Diamond (2001), pp. 9~11.

62 Duverger (1966), pp. 206~226.

63 곽진영(2003), p. 178.

적 차이(ideological distance)를 기준으로 〈그림 1-4〉와 같이 분류하였다.[64]

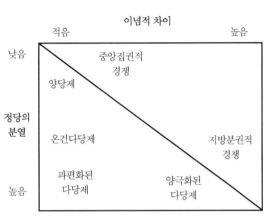

〈그림 1-4: 정당체계의 분류〉

출처) Sartori(1976), p.292.

정당의 분열은 의회에 의석을 차지한 정당과 규모를 기준으로 삼은 것이며, 이념적 차이는 좌와 우의 이념적 스펙트럼에 근거한 것이다. 하지만 정당의 사회침투 등에 대한 변수를 고려하지 않았다. 또한, 정당 간 경쟁이 어떻게 전개되는지에 대한 논의보다는 경쟁 방향에 관심을 두고, 중앙집권적ㆍ지방분권적으로 분류하였다.

사르토리의 양당제, 양극화된 다당제, 온건 다당제, 파편화된 다당제 분류와 달리 웨어는 지배 정당제, 양당제, 3~5당제, 5개 이상 정당제로 구분하기도 한다.[65] 지배 정당제는 한 개의 정당이 주기적인 선거에서 승리하여 정부를 통제하는 경우로 야당은 분열되어 집권당을 효율적으로 견제하지 못하게 된다. 양당제의 특징은 선거에 후보를 내세우거나 당선되는 사례가 두 당으로 압축되는 경우다. 양당 간 공식적ㆍ비공식적 협력 가능성과 동기유발 요인이 매우 낮아 협력보다는 반대당과 특히 선거에서는 치열한 경쟁 현상

---

64   Giovanni Sartori, *Parties and Party Systems: A Framework for Analysis*, Vol. I (Cambridge: Cambridge University Press, 1976), p. 292.

65   정당체계의 논의는 다음을 주로 참고하였음. Ware (1996), p. 158~168.

이 나타난다. 양당제는 선거 결과 영합의 게임이 이루어진다. 3~5당제는 정당의 분열이 온건하게 이루어진 것으로 정당 간의 상호작용이 5개 이상의 정당제보다 쉽게 이루어진 다. 정당 간 연립이나 협력 파트너를 조합하는 데 어려움이 덜하다. 5개 이상 정당제는 선거 결과가 분산된다는 우려 때문에 패배에 대한 불안감이 큰 유형이다. 다양한 사회세 력으로부터 지지의 획득보다는 특정한 사회분파를 지지기반으로 하며 그들의 이익을 대 표하는 경향이 있다. 5개 이상 정당제는 경쟁의 국소화(localizing of competition)와 투표의 분산을 특징으로 한다.[66]

정당체계의 분류는 특정 정당이 총선에서 획득한 일정한 득표율로 따지기도 하며, 의 회 선거에서 당선자를 배출한 정당 수를 기준으로 삼을 때 달라질 수 있지만, 일반적으 로 선거 결과 의회에 진출한 정당의 세력을 기준으로 정당체계의 형성을 이해한다.

정당체계의 행태는 또한 정당별 규모에 따라서 영향을 받는다. 예를 들면 4당 체제에 서 다양한 경우의 수를 상정해 볼 수 있다. 모든 정당이 의석을 25%씩 차지하는 경우, 2 개의 정당이 각각 35%씩 득표하고 나머지 2개 정당이 각각 15%씩 득표하는 경우, 1개 정당이 45%를 득표하고 나머지 3개 정당이 각각 18%씩 득표하는 경우 등등 다양한 시 나리오를 상정해 볼 수 있다. 하지만 의회 내 의석을 배출한 군소정당의 수는 많지만 사 실상 의회 권력이 두 개의 거대정당으로 현저하게 정렬된 경우는 실질적인 양당 체제라 고 볼 수 있다.

선거 결과 규모가 큰 정당이 획득한 지지표가 투표자의 절반 수준에 미치지 못하는 경 우 반당(half party)이라는 개념을 도입하면 다양한 유형의 정당체계를 고려할 수 있을 것 이다. 형식적으로는 3당제이지만 2개의 큰 정당과 나머지 한 정당의 세력이 0.5수준에 불과한 캐나다 같은 2.5당제(또는 2점 반당제), 다당제이면서 2개의 대규모 정당과 여러 개 의 파편화된 정당의 세력을 모두 합쳐도 0.5밖에 되지 않는 이탈리아와 이스라엘의 2.5 당제, 다당제이면서 1개의 대규모 정당과 여러 개의 야당을 합쳐도 큰 정당의 0.5 수준

도 되지 않는 일본을 상정할 수 있다. 벨기에, 덴마크, 프랑스, 아이슬란드, 룩셈부르크, 네덜란드, 스웨덴, 스위스 등과 같이 다당제이면서 정당 간 세력이 다양하게 분포된 사례도 있다.

정당체계는 다양한 요인에 의하여 결정되기 때문에 가변성이 크다. 20세기 중반의 연구는 서구 정당체계가 점차 다양화·복잡화되고 있음을 경험적으로 보여주고 있다. 정당체계의 변화는 정당체계의 내부적 속성, 정당체계와 시민사회의 관계, 정당체계와 국가 간의 관계 변화 등 여러 가지 측면에서 분석됐는데, 이들 연구는 공통으로 정당체계는 시민사회의 변화와 함께 발전해 왔으며, 이러한 환경적 변화에 적절히 대응해 갈 때 정당체계의 존속이 가능하다는 점을 강조하고 있다.

특히 최근의 연구는 정당체계를 구체적인 유형으로 분류하는 작업보다는 정당체계와 시민사회 혹은 정당체계와 국가 간의 관계라는 거시적 관점에서 접근하고 있다. 더욱 폭넓은 체계 차원에서 다양한 방식의 경험적 비교 연구가 시도되고 있다.[67] 정당체계를 이해하는데 단순하게 정당과 정당 간의 상호작용보다는 정당과 시민사회, 정당과 국가 간의 연계 관계 등을 강조하는 경향이 나타나고 있다는 것이다.

4. 정당체계의 장단점

정당체계는 앞서 살펴본 바와 같이 다양한 요인들이 상호 복합적으로 작용하여 결정된다. 정당체계의 유형에 따라서 각각 장단점도 있다.[68]

(1) 양당제

양당제는 두 개의 정당이 자유 선거를 통하여 정권을 획득하기 위해서 경쟁하는 유형으로 정당 간 평화적·수평적인 정권교체가 반복적으로 이루어지는 경우라고 볼 수 있

---

67 곽진영(2003), pp. 178~179.

68 정당체계의 장단점에 대하여 다음을 참고한 것임. 홍득표(2009), pp. 367~370.

다. 대표적으로 영국, 미국, 캐나다, 호주, 뉴질랜드 등을 들 수 있다.

장점은 ①양당제에서는 의회의 과반수를 차지하는 정당이 있어 법률의 제정과 예산의 의결 등 의회를 효율적으로 빠르고 원활하게 운영할 수 있다.

②단독내각을 구성할 수 있어 내각의 통일성, 강력성, 정치의 능률화 등에 유리하다.

③조각이 원활하고 신속히 행해지므로 정치의 공백기가 적다.

④내각의 수명이 길고 안정성을 유지할 수 있으며 정국의 안정에도 도움이 된다.

⑤단일내각에 의한 책임소재가 분명하므로 책임정치가 확립될 수 있다.

⑥총선 공약의 실행을 중시하게 된다.

⑦양대 정당의 정책대결 내용 이해와 차기 정권 담당자 선택이 쉽다.

⑧국가시책에 영속성이 있다. 다당제에 비하여 내각의 수명이 길어 상대적으로 정책의 일관성 유지 가능성이 크다.

단점은 ①원래 당파는 반드시 반대와 중립이 예상되기 때문에 일당제와 양당제는 자연법칙에 저촉된다.

②여론의 자유로운 표명이 실제로 저해되어 정당 선택의 범위가 좁아지게 된다.

③인재풀의 한계로 장관으로서 적임자를 보낼 수 없는 경우도 생긴다.

④양당의 극한대립이 있을 때 중립의 입지가 약해진다.

⑤정당 선택의 폭이 제한되어 있다.

⑥과반수 의석을 차지한 다수당의 횡포가 우려된다.

(2) 다당제

다당제는 세 개 이상의 정당이 정책과 이념대결을 하는 체제라고 볼 수 있다. 단일 정당에 의한 집권 가능성보다는 연립정부의 출현이 예상된다. 리즈파르트(Arend Lijphart)의 1935년 이후 의회민주주의의 옛 유형인 다수결 민주주의(majoritarian democracy)와 협의제 민주주의(consensus democracy)를 구분하기 위한 8개의 변수 중에 효율적인 정당 수가 포함되어 있다. 이 기준에 따라서 1945~1990년까지 몇몇 나라의 정당 수 통계자료에 의하면 이스라엘, 덴마크, 핀란드, 프랑스, 아이슬란드, 스위스, 벨기에, 네덜란드, 이탈리아, 오스트리아 등 협의제 민주주의 국가는 4.1개, 뉴질랜드, 영국, 아일랜드, 스웨덴, 룩셈부르크, 노르웨이, 미국, 캐나다, 독일, 호주, 일본 등 다수결 민주주의 국가는 2.7개로 나타났다.[69] 협의제 민주주의를 채택하고 있는 분열된 사회의 효율적인 정당 수가 다수결 민주주의를 택하고 있는 나라에 비하여 많은 것으로 나타났다. 협의제 민주주의를 운영하는 나라에서는 다수당 출현이 사실상 쉽다는 것을 말해 주는 것이다.

다당제의 장단점은 다음과 같다.

장점은 ①국민의 다원적인 선택이 가능하다. 유권자가 자기의 정견과 가까운 정당을 널리 선택할 수 있다.

②여론의 변화를 의회에 정확하게 반영시킬 수 있다.

③정권교체의 기동성이 발휘된다. 양당제의 경우에는 긴급한 사태에 직면하더라도 다음 총선거 때까지는 내각이 계속 그 자리에 머무는 일이 대부분이지만, 연립정부를 구성한 다당제에서는 의회 해산과 총선실시 등으로 정권교체의 가능성이 커 돌발 사태에 돌파구를 마련할 수 있다는 이점이 있다.

단점은 ①다수당의 출현이 불가능하여 정치가 불안정하게 된다.

②연립내각의 구성으로 강력한 정치력을 발휘할 수가 없다.

③타협을 통한 정책 결정으로 연립정부 구성에 참여한 정당의 순수한 주장은 완화됨으로써 정책 본위보다 인물 본위가 되기 쉽다.

④책임의 소재가 불분명하다.

⑤정당의 파편화가 초래된다.

---

69 Paul Pennings, "The Utility of Party and Institutional Indicators of Change in Consociational Democracy", in Kurt Richard Luther and Kris Deschouwer(ed.), *Party Elites in Divided Societies: Political Parties in Consociational Democracy* (London: Routledge, 1999), p. 23.

제2장

/

정당 유형의 발전단계

제1절 간부정당

정당 유형 발전의[70] 첫 단계는 19세기 말부터 20세기 초까지 제한적인 보통 선거권 부여와 재산이 적은 사람들에게 정치 활동이 허용되지 않았던 시기에 나타난 간부정당(코커스 · 엘리트정당/cadre · caucus · elite party)이다. 국가와 시민사회의 개념은 확실하게 구분되었지만, 실질적으로 양자 간의 관계는 별 의미가 없었던 시기였다. 투표 참여를 위한 정치적 · 사회적 동원이 제한된 상황에서 교양과 재산 요건을 충족시켜 정치적으로 의미 있는 구성 요소(politically relevant elements)가 되었던 사람들과 정부 공직자들과는 가족적 유대 및 이해관계로 밀접하게 결합되어 있었으며, 상호 침투성이 매우 높았다. 이 당시에는 국가 이익은 오직 하나만이 존재했으며, 이를 발굴하여 실행에 옮기는 것은 정부만의 역할이라고 인식하였다. 이러한 상황에서 정부 이외의 공식적이고 고도로 구조화

---

[70] 정당 유형의 발전단계는 다음을 참고한 것임. Peter Mair, *Party System Change: Approaches and Interpretations* (Oxford: Clarendon Press, 1997), pp. 93~119; Richard S. Katz and Peter Mair, "The Ascendancy of the Party in Public Office: Party Organizational Change in Twentieth-Century Democracies", and Steven B. Wolinetz, "Beyond the Catch-All Party: Approaches to the Study of Parties and Party Organization in Contemporary Democracies", in Gunther, Montero, and Linz (2002), pp. 113~165.

된 조직은 필요하지 않았으며, 정당은 공익이나 개인적 이익을 추구하는 사람들의 집합체(group of men)에 불과했다. 왜냐하면, 정부가 존재하기 때문에 시민사회와 국가 간 중재 역할은 사실상 불필요했기 때문이다.

선거는 서로 친분이 있고 교양과 재산을 가진 소수의 동류의식을 갖는 사람들의 일에 지나지 않았다. 유권자들의 정치적 이익의 표출이나 집약도 정치적 중재 기제를 통하여 이루어지는 것이 아니라 같은 세계에 사는 사람들끼리 서로 만나서 행해졌다. 자연스럽게 정부가 이익표출과 집약기능을 수행하는 과정에서 피지배계급에 비하여 지배계급은 안정적으로 이익을 추구할 수 있었다. 더구나 대규모 부르주아 및 프티 부르주아(Petite bourgeoisie) 유권자가 조직되고 의회에 영향력을 공동으로 행사하는 곳에서는 더욱더 그런 현상이 심했다. 〈그림 2-1〉에서 보여주고 있는 바와 같이 간부정당은 국가와 시민사회를 동시에 구성하고 있는 위원회와 같았다.

〈그림 2-1: 간부정당의 국가와 시민사회 관계〉

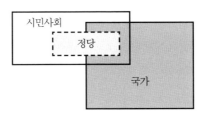

출처) Mair(1997), p.100.

선거권이 제한적으로 부여되어 있고, 시민들이 의원들에게 제기할 수 있는 정치적 이익도 의미가 적은 현실에서 의원이나 공직에 있는 당원은 국민의 대표라기보다는 그들 자신이 정치 지도자이거나 또는 정치 지도자들의 직접 대리인 혹은 명목상 공동체를 대표하는 대리인에 불과하였다. 지역조직은 선거 도전(electoral challenge) 때만 필요했고, 본질적으로 일시적인 조직에 불과했다. 정당조직은 의원들의 사적 네트워크에 지나지 않았다. 일선에는 양질의 소규모 당원만을 유지하고 있었으며, 이들과 공직자들은 당원과 똑같은 그 사람들이 그 사람들이었기 때문에 구분할 수 없었다. 간부정당의 본질은 개인적·독립적으로 각종 자원에 접근할 수 있는 소수의 핵심 요원으로 구성되었다. 일선에 있는 당원과 공직자는 모두 같은 사람들이라고 볼 수 있다. 현대적 의미의 간부정당은 19세기 이래로 네덜란드 정당을 예로 들 수 있다.

제2절 대중정당

산업화와 도시화가 진전되면서 정부에 대하여 국민의 투표권 확대를 요구하는 능력을 갖춘 사람들이 증가하고, 노동자 계급 중심의 조직을 통제하는 것은 부르주아 국가의 자유주의적 합리성과 어긋난다는 비판이 점차 확대되었다. 노동자들이 산업 분야는 물론 정치적으로 행동하고 조직을 결성하는 것을 더 이상 제재할 수 없는 상황으로 바뀌었다. 이러한 과정은 국가와 시민사회의 분리에 이바지하였으며, 국가를 경영하는 공직자와 개인적으로 연결되지 않고 국가에 대하여 우리보다는 그들이라고 인식하는 사람들이 많아졌다.

정당발전의 제2단계에서 조직적인 당원을 가진 공식구조와 정기적인 회의를 개최하는 대중정당(mass party)이 출현한 것이다. 대중정당이란 다양한 계층과 국민 다수의 이익을 대표하고 그들의 지지를 얻으려는 정당을 의미한다. 대중정당은 새롭게 정치활동을 시작한 사람들과 국가에 대하여 자신들의 목소리를 내기 위한 투쟁에서 성공한 시민사회의 일부인 투표권이 없었던 사람들 중심으로 결성된 원외 정당이다. 종전의 간부정당이 소수 당원의 질적 수준에 의존했다면 새로운 대중정당은 지원자의 양에 의존하는 정당이다. 대중정당은 거액 후원자가 없어 다수 당원의 소액 당비로 충당하고, 영향력 있는 명망가가 없어 조직화 된 당원들의 집단행동으로 이를 보완하였다. 그리고 고비용 상업 매체의 활용이 현실적으로 어렵기 때문에 당보 등 당 자체의 독자적 커뮤니케이션 매체를 활용하였다. 대중정당은 유권자들의 동원과 이념적 목표를 실행에 옮기기 위해서 조직이 필요했고, 간부정당의 의회 중심 조직과 달리 지부조직을 기반으로 하는 관료적 위계질서를 발전시켰다. 대중정당은 중앙당이 지부조직을 통제하는 집권적 체제를 유지한다. 대중정당은 정치적 목표 달성을 위한 다양한 보조기구를 설치하여 당원들의 일체감 형성, 동료애의 발양, 문화 활동, 정기간행물 발간 등을 지원한다. 대중정당은 당비를 내는 당원, 조직화 된 당원, 지부조직, 정기회의, 전당대회, 집단행동, 자체 언론매체의 소유 등을 특징으로 하고 있다.

대중정당은 또한 이데올로기 지향성을 갖고 있다. 대중동원을 위한 기제로 기존 질서나 기득권에 대한 비판과 거부를 근간으로 개발된 이데올로기를 통하여 이에 동조하는 대중을 동원하였다. 초기 사회주의 대중정당들은 강경한 계급 노선과 전투적 용어를 동원하면서 대중의 참여를 부추겼다. 대중정당은 이데올로기를 지향하기 때문에 이에 동조하는 일부 집단의 이익만을 대변하는 계급정당의 성격도 지니고 있다. 따라서 이데올로기에 공감하지 않는 사회세력은 만년 정치적 소외자로 남게 되는 결과를 낳기도 하였다.

산업화 · 도시화와 더불어 보통 선거권의 확대는 과두 체제를 민주적으로 바꾸는 데 이바지하였을 뿐만 아니라 대중정당의 출현에도 일조하였다. 유권자 수가 수천에서 수백만으로 증가하면서 간부정당의 비공식적 네트워크를 활용하여 지지자를 동원하고 조직하는 데 한계가 있었다. 유권자 수가 가치 있는 정치자원이 되었으며, 더욱더 정교한 조직이 필요했다. 지지자 개인의 질이 문제가 아니라 지지자 수가 잠재적인 힘의 원천이 된 것이다. 노동자 등 다수의 국민을 대표하고 그들의 지지 획득을 위한 대중조직이 요구된 것이다. 의회 밖의 대규모 정치조직이 필요했다. 선거는 권력의 수탁자가 아닌 국민의 대표를 선택하는 제도로 발전하였으며, 유권자들은 당선자의 통치행위에 동의하는 수단(vehicle)이 아니라 정부가 국민에 대하여 책임지는 방향으로 발전하였다. 선거를 통한 국민에 의한 정부의 통제가 가능해진 것이다. 대중정당은 책임정치의 담보를 가능하게 만드는 기제가 되었다.

대중정당과 국가와 시민사회의 관계는 〈그림 2-2〉에 나타난 바와 같이 국가와 시민사회는 명확하게 구분되며, 정당은 국가와 시민사회를 연결하는 교량 역할을 한다. 대중정당은 공직에 봉사하는 등 국가와 인연을 맺더라도 분명하게 시민사회에 뿌리를 두고 있다.

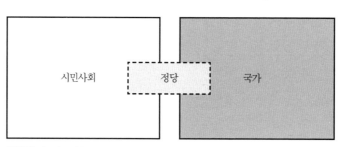

〈그림 2-2: 대중정당의 국가와 시민사회 관계〉

출처) Mair(1997), p.100.

제3절 포괄정당

1. 출현 배경

강경한 계급 노선과 종파적 구조가 매우 심했던 대중통합정당(mass integration party)은 모든 국민을 아우르는 포괄정당(catch-all people's party)으로 발전하였다.[71] 포괄정당은 단일 이념이나 특정한 이익에 국한하지 않고 다양한 정치적 입장과 사회계층을 수용하여 폭넓은 국민의 지지를 얻고 또한 참여를 유도하려는 정당이다.

엘리트정당은 확실히 상류계급이 지배하는 정당이며, 대중정당은 하위문화를 배제한 (excluded subculture) 정당이다. 대중정당이 성공적으로 복지국가를 건설하고 보통 선거권을 확대하자 엘리트정당의 기반인 계급지배와 대중정당의 바탕이었던 하위문화 무시의 의미가 사라졌다. 정당 지도자들은 선거에서 대중의 지지를 동원하고 대중을 상대로 선거 경쟁에 필요한 자원을 획득해야 하는 문제에 직면하게 되었다. 전통적인 정당의 지도자들은 선거 승리를 위해서 다양한 유권자들을 조직하고 동원해야 할 필요성에 공감했다. 그들은 정규 당원제도, 지부조직, 전당대회, 당 기관지 발행 등 대중정당의 유형과 같은 조직을 결성하였으며, 의회 정당과는 독립성을 강조하였다. 대중조직의 대리인으로

---

71 포괄정당에 대한 논의는 다음을 참고한 것임. Otto Kirchheimer, "The Transformation of the Western European Party Systems", in La Palombara and Weiner (1966), pp. 177~200.

서 의회 정당의 역할보다는 의회 정당의 지지자로서 대중조직의 역할을 강조하였다. 동시에 특정 계층에 당원이 될 것을 호소하거나 그들만을 당원으로 충원하는 것이 아니라 계층을 초월한 지지를 받는 것은 쉬운 일은 아니지만, 선거 승리를 위해서는 모든 계층으로부터 지원을 얻기 위한 포괄성이 요구된 것이다.

다양한 이념을 가진 유권자들의 지지 획득을 위해서 이념적인 측면의 변화도 불가피했다. 노동자를 기반으로 하는 사회주의 노선이나 부르주아 중심의 보수적 이념만을 강조하는 이념 정당의 한계를 벗어나야 했다. 종래 간부정당이 태동하면서 형성되었던 특정 집단에 한정된 경계(sectional boundaries)를 초월하여 단일한 국가 이익이 존재한다는 사실을 인정하였다. 이는 선거권이 확대되면서 다양해진 유권자들의 정치이념을 통합하기 위한 계급 간 연대와 이념적 편향을 지양하기 위한 전략인 셈이다. 특정 이념만을 지나치게 강조하기보다는 계층 간의 다양한 이념을 통합하기 위하여 계층을 초월한 범국민적 지지를 얻기 위해서 단일한 국가 이익이 존재한다는 사실을 강조한 것이다. 계급 간 연대도 국가가 국민 전체를 위한 복지와 교육 혜택을 제공하면서 점차로 감소하게 되었다. 모든 계층에게 복지혜택이 돌아가고, 고등교육의 기회도 점차 확대되었으며, 대중매체가 발달하는 등 사회 여건의 변화는 사회적 이동성 증대를 가져와 계층 간 장벽이 낮아진 것이다. 예컨대 복지국가 건설이라는 명제는 계층을 초월한 국가이념으로 모든 국민이 수용할 수 있었으며, 다양한 계층으로부터 지지를 얻는 데 긍정적으로 작용하였다.

선거에서 재선의 기회가 많은 포괄정당에 대한 의회 지도자들의 관심이 증대되면서 대중정당보다는 포괄정당에 대한 선호도가 높아졌다. 의회 지도자들은 유권자들이 원하고 그들에게 혜택이 돌아가는 정책을 결정함으로써 계속해서 재선의 기회를 만들 수 있기 때문에 포괄정당에 끌리게 된 것이다. 더욱이 매스커뮤니케이션 체제의 변화, 특히 정치정보 출처로서 가장 널리 활용되는 텔레비전의 등장은 종래 핵심 지지자 중심으로 이루어지던 의사전달 방식에 일대 변화를 가져와 직접 유권자들을 상대로 지지를 호소할 수 있게 되었다.

2. 국가와 관계

정당과 국가와의 관계도 변했다. 〈그림 2-3〉에서 보여주고 있는 바와 같이 포괄정당은 시민사회를 대행하거나 국가에 침투하는 대리자가 아니라 국가와 시민사회의 중개인 역할을 하는 것이다. 집권당은 기본적으로 야누스와 같은(Janus-like) 존재다. 정당은 시민사회의 요구를 집약하여 국가 관료기구에 전달하는 한편 대중에게 국가정책을 옹호하는 대행자 역할을 하는 양면성을 지니게 된다.

〈그림 2-3: 포괄정당의 국가와 시민사회 관계〉

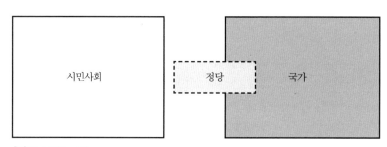

출처) Mair(1997), p.103.

정당이 중재자로서 행동한다는 것은 다원민주주의 개념과 부합된다. 민주주의는 독립적으로 조직된 이익을 수용하고 협상하는 것이다. 정당은 이러한 이익들과 끊임없이 대상을 바꾸는 연립을 형성하며, 한 집단이 다른 집단을 비합리적인 방법으로 착취하지 못하도록 보증자인 동시에 타협의 촉진자 기능을 수행한다. 선거는 폐쇄적 사회집단이나 고정된 이념 간의 경쟁이 아니라 팀을 형성한 리더를 선택하는 것이다. 유권자는 정당 정책보다는 정당을 대표하는 리더를 보고 투표한다는 것이다. 포괄정당은 정당 지도자들의 개인적 이해라는 측면에서 매력적이며 규범적으로도 바람직한 것으로 보았다.

정당은 국가와 시민사회의 중재자로서 두 가지 중요한 의미를 함축하고 있다.

첫째, 정당은 중재자로서 지지자들의 이익과 구분되는 정당 자체의 이익을 가지고 있다. 정당은 봉사에 대한 대가를 받는다. 예를 들면 공직과 같은 개인적 보상, 물질적 보상, 조직으로서 정당에 대한 지원, 정책선호에 대한 경의(deference) 등이 포함된다.

둘째, 정당이 중재자로서 기능을 수행하는 역량(capacities)은 유권자들에게 지지를 호소하고 국가를 조종(manipulate)할 수 있는 능력에 달려 있다. 정당이 고객(clients)의 이익을 위해서 국가를 조종할 수 있다면 정당 자신의 이익을 위해서 국가를 통제한다고 볼 수 있다. 정당은 준정부 기구(quasi-governmental agencies) 또는 공익기관(public utilities)으로서[72] 많은 기업이 자신들의 이익을 보호하기 위해서 국가권력을 이용하는 것과 유사하다고 볼 수 있다.

제4절 카르텔정당

1. 등장 환경

다양한 사회 · 문화 및 정치발전은 정당과 국가 간 밀접한 관계를 형성하는 데 촉진제 역할을 하였다. 또한, 국민의 정치참여나 정당 활동 간여 수준의 축소에도 영향을 미쳤다. 시민들은 그들이 더 적극적으로 역할을 발휘할 수 있는 집단, 관심 영역이 매우 좁아 완전한 합의 도출이 쉬운 집단, 어떤 변화가 기대되는 집단 등에 그들의 노력을 집중하려고 하기 때문이다. 전국 무대나 원거리보다는 자신과 가장 근접한 곳에 더 많이 끌리면 끌릴수록 전통적인 위계질서를 유지하는 정당조직보다는 문화가 개방적인 단일쟁점집단(single issue group)에 더 적극적이다. 유권자의 증가에 따른 당원 수나 정당 활동에 필요한 경비의 빠른 증대 속도를 따라가지 못하는 상황이 되었다. 당과 자꾸 멀어져 가는 당원들의 충성심도 더 이상 기대할 수 없게 되었다. 정당은 그래서 필요한 자원을 다른

---

72 정당을 준정부 기구나 공익기업이라고 표현하는 것은 법률에 정당을 공공성을 띤 정치결사체로서의 성격을 규정하고 있는 것이 일반적인 현상이며, 공직 후보를 공천하고 공직 충원 기능을 수행하는 선거에 참여하기 때문이다. 특히 미국의 경우 공직 후보의 추천을 정당의 사적인 영역에서 예비선거제라는 공적인 영역으로 전환하여 주법(州法)에 명문화한 것은 정당의 행동(party action)은 곧 주의 행동(state action)이라고 해석할 수 있게 되었다. 투표용지에 정당의 이름을 명시하는 것도 하나의 예가 될 수 있다. 하지만 정당은 사적인 정치결사체로서 법률의 규제나 통제 없이 많은 활동을 수행하고 있는 것이 현실이다. 정당을 공익기업이라고 표현한 것은 다음을 참조할 것. Leon D. Epstein, *Political Parties in the American Mold* (Madison: The University of Wisconsin Press, 1986), pp. 155~199.

곳에서 구해야 하는 지경에 이르렀다.

국가의 정책결정권을 행사할 수 있는 주지사나 국회의원들은 정당에 대한 국가의 지원에 관심을 보이기 시작한 것이다. 그들이 할 수 있는 전략은 국가가 정당에 보조금을 지급하는 규정이나 법을 만드는 일이었다. 국가에 의한 정당 보조금 지급은 정당 활동의 환경을 획기적으로 변화시켰다. 정당은 정부지원금으로 눈을 돌렸고 결과적으로 국고 보조금에 의존하게 되었다. 국가보조금 지급 기준은 나라마다 다르다. 선거 결과 의석수 등에 따라서 차등 지급되기 때문에 기존 정당의 존속에는 도움이 되지만 새로운 정당의 창당에는 장애요인으로 작용하게 되었다. 국가가 통제하는 대중매체의 활용도 권력자들은 특혜를 누릴 수 있지만 그렇지 못한 경우 불이익을 감수해야 했다. 결과적으로 국가가 정당에 침투하는 현상이 나타난 것이다. 국가는 정당 자원의 원천(fount)이 되었으며, 정당의 생존을 보장해 줄 뿐만 아니라 새로운 대안세력의 도전과 등장을 감당할 수 있는 능력을 길러 주었다. 국가는 새로운 정당을 배제하고 기존 정당을 부양하는 제도화된 지원구조 역할을 했다. 정당이 결국 준국가기관이 된 셈이다.

선거에서 승리한 여당이나 패한 야당이나 물질적 지위의 차가 현저하게 줄어들었으며, 미디어에 대한 접근 기회도 비슷해졌다. 정당은 국민의 지지를 호소하고 선거에서 승리하는 문제도 중요하지만 다른 당과 권력을 공유하면서 국가에 접근할 수 있는 길을 보장받는 것에 만족하게 되었다. 정당의 운영 방향과 정향은 전반적으로 선거에서 승리하는 것보다 연립정부에 참여하거나 통치에 더 많은 관심을 기울이는 쪽으로 바뀌게 된 것이다. 카르텔정당은 국가와 시민사회의 중재자 역할을 중단하고 대신 국가의 대리인이 된 것이다. 카르텔정당은 국민 편에서 정부와 국민을 매개하지 않고 정부와 협력적 관계를 유지하며 정당 간 연합이나 협력을 통하여 정치적 이익을 추구하고 권력을 공유하며 정치적 지위를 유지 및 강화하려는 정당을 의미한다.

2. 카르텔정당의 특징

카르텔정당 이전의 정당 유형에서는 정권교체가 핵심이다. 선거 결과에 따라서 집권당과 야당이 분명하게 구분된다. 정당은 시민의 지지 철회로 정권을 빼앗길 것이 두려워 시민에 대하여 책임지는 것이 정치인들의 주요한 자극 요인으로 작용하였다. 하지만 카르텔정당 모형에서는 사정이 다르다. 주요 정당이 정권을 잃는 것에 크게 신경을 쓰지 않는다. 유권자들은 선거는 정치 활동을 위한 정당한 통로라는 인식을 하고 있지만, 카르텔정당은 선거민주주의를 지배자가 피지배자를 통제하는 수단으로 인식한다. 선거가 정당 간에 경쟁 수단이라기보다는 제시하는 정강이 정당 간 유사하거나 어떤 경우 합의된 목표를 제시하기 때문에 선거 결과가 정부의 행동을 결정한다는 인식도 줄어들게 된다. 여당과 야당의 구분이 애매모호하고, 유권자들이 만족스럽지 못한 정당에 대하여 선거에서 응징할 수 있는 수위도 낮아진다. 이런 상황에서 선거는 사회변혁보다는 사회 안정을 확보하는 수단이며, 체면을 중시하는 한 부분(dignified part)에 지나지 않게 된다.

민주주의란 시민사회가 국가를 통제하고 제한을 가하는 과정이 아니라 국가가 시민사회에 제공하는 일종의 서비스라고 인식한다. 정치 리더십의 교체가 필요할 때 선거는 그것을 성취하는 평화로운 의식(peaceful ritual)이 된다. 지배자가 국민이 폭넓게 수용할 수 있는 정부를 만들기 위해서는 국민의 피드백이 요구된다. 경쟁적인 선거는 정부 정책이나 업적에 대한 국민의 찬반 의사를 표현하는 피드백 역할을 한다. 그래서 국가는 경쟁적인 선거를 유지한다. 민주적인 경쟁 선거에는 정당이 필요하며, 그래서 국가는 이를 법적으로 보장한다. 결국, 정당의 존립을 보장하는 것은 국가라고 볼 수 있다.

전문직업으로서의 정당정치에 대한 인식은 초기 민주주의 개념에 의하면 바람직스럽지 못한 것으로 간주하는 경향이 다분했다. 하지만 카르텔정당에서는 긍정적으로 수용해야 하는 측면이 있다. 카르텔정당은 직업정치인과 선거에 대한 정향을 근본적으로 바꾸는 계기가 되었다. 가장 중요한 사실은 대다수 정치인은 선거 패배에 대한 부담이 더욱더 줄어들게 되었다는 것이다. 서구에서는 이것저것 따지지 않고 연립정부 구성에 참여하는 모든 정당을 지원하고 국가보조금을 지급한다. 이는 선거 경쟁의 강도를 떨어트리는 결과를 가져왔다. 더구나 장기적으로 안정된 직업을 추구하는 정치인들은 정치적 반대자들을 동료 직업정치인이라고 인식하게 되었다. 왜냐하면, 그들도 자신들과 똑같이 직업의 안정성을 추구하고 있으며, 그들도 자신들과 똑같은 압박에 직면해 있고, 그들과 정치를 오랫동안 함께해야 한다고 생각하기 때문이다. 그래서 안정은 선거 승리보다 중요하고, 정치는 소명이 아니라 직업이 되었다.

  카르텔정당은 정치인들 간의 경쟁을 제한하였고, 정치적 반대자를 압박할 수 없게 되었다. 개인 또는 집단으로서 정당이 국가와 너무 특별하게 긴밀해지면서 시민사회로부터 국가로의 효율적인 의사전달 통로를 차단하였다. 대신 정당은 시민사회의 특정 집단을 대리하여 국가에 요구를 제기하고, 반면에 그렇지 못한 집단은 자신들이 직접 국가나 정당에 대하여 이익을 표출해야 한다는 사실을 알게 되었다. 이익표출은 이익집단의 몫이 되었다. 어떤 대규모 이익집단의 경우 카르텔정당과 비슷한 방법으로 국가와 관계를 개선하였다. 이러한 현상을 국가에 대하여 우호적인 행태(good behavior)를 보이면서 자신들의 특권이나 지위를 보장받는 '신조합주의'(neo-corporatism)라고 부른다. 이런 안정된 이익집단들은 체제에 흡수되었기(co-opted) 때문에 국가에 대하여 요구를 표출할 수 없거나 표출을 꺼리게 된다.

  카르텔정당이 만들어 놓은 자기방어적 기제는 자체의 내부모순을 안고 있다. 카르텔정당은 조직 내부에서 발생할 수 있는 반대를 상당한 범위까지 제한한다. 카르텔에 참가한 정당 간 경쟁 결과를 최소화한다. 카르텔정당은 '선거의 최소한 피드백 기능'조차 상실하게 된다. 주요 이익집단들이 신조합주의라는 자기 보호 우산으로 들어간다면 상황은 더 나빠진다. 정당에 대한 국가의 보조금 지급을 직전 선거 결과를 기준으로 삼거나 투표접근 제한 등 새로운 정당의 체제진입 장벽을 설치하더라도 카르텔정당 외부로부터 출현하는 새로운 정당의 도전은 막기 어렵게 된다. 더욱 중요한 사실은 신당 출현을 배제하려는 시도가 새롭게 정치 일선에 참여하려는 사람들에게 불만 세력의 지지를 동원하는 무기가 되어 역풍(counter-productive)에 직면하게 된다. 이는 결과적으로 간부정당이 대중정당의 출현과 성공의 사회·정치적 여건을 조성한 것과 똑같이 대중정당은 포괄정당의 출현을, 포괄정당은 카르텔정당의 출현을 각각 촉진하였다. 결국, 최근 카르텔정당의 성공 또한 불가피하게 반대정당의 출현 여건을 제공하게 될 것이라는 전망이다.

체제 내 진입을 시도하는 새로운 정당은 광범위하고 다양한 이념적 호소를 통하여 지지 획득을 위하여 노력할 것이다. 경험에 의하면 많은 새로운 정당들에서 발견된 일반적 현상은 '기성정치 틀의 타파'라는 목소리를 한곳으로 집중하게 된다. 하지만 대부분 이러한 요구는 하나의 수사에 지나지 않았으며, 처음에는 중산층의 지지를 겨냥했지만, 네덜란드의 '민주 66'(Democrats 66), 영국의 사회민주당, 아일랜드의 혁신민주당 등의 예에서와같이 결국 그들이 비방하던 기득권 세력에 합류하려는 것으로 판명되었다. 녹색당의 경우 다른 당에 비하여 반대가 심했지만 결국 기득권 세력을 수용하고 흡수하는 것으로 나타났다. 어떤 경우든 기득권 세력과 우호적인 관계를 유지한다는 것이 증명되었다. 결국, 선거에서 승자와 패자의 구분이 불분명하고, 국가자원을 정당끼리 나누어 갖는 등 국가를 통제하기 때문에 카르텔정당이 새로운 도전 세력에게 부지불식간에 반대의 빌미를 제공하고 있는 것이 사실이다. 카르텔정당에 의한 반대 세력의 도전요인 제공은 그들을 정당으로 발전시키고, 반대의 명분과 정당성을 얻게 만들어 새로운 정당의 발전을 부추기는 요인이 될 것이라는 입장이다.

현대는 정당의 위상이 하락하고 있다. 국가에 의한 자원 제공 등으로 정당의 위상이 강화되는 측면도 있지만, 당원의 낮은 충성심, 지지자 감소, 불분명한 정치적 정체성 등으로 전보다 세력이 많이 약해졌다. 서구 민주주의에서 정당 자체를 못마땅하게 생각하는 것 못지않게 카르텔정당에 대한 도전이 불가피하다는 사실이다.

3. 다른 정당 유형과 차별성

카르텔정당을 간부정당, 대중정당, 포괄정당과 구분하기 위해서 각각의 특징을 〈표 2-4〉와 같이 요약하였다.

<표 2-4: 정당 유형의 특징>

특징	간부정당	대중정당	포괄정당	카르텔정당
시기	-19세기	-1880~1960	-1945~	-1970~
사회·경제적 포용 정도	-제한선거	-제한 및 보통선거	-보통선거	-보통선거
정치자원의 분배 수준	-고도로 제한적	-상대적으로 집중	-분산	-상대적으로 확산
정치의 기본 목표	-특권의 분배	-사회개혁	-사회 개선	-직업 정치
정당 경쟁의 토대	-귀속적 지위	-대표 능력	-정책의 효율성	-경영 능력과 효율성
선거 경쟁 유형	-관리·통제	-대중동원	-경쟁적	-억제 및 통제
당무 및 선거운동의 본질	-선거운동에 무관심	-당원의 노동 집약	-당원의 노동 및 자본 집약	-자본집약 -전문적 -중앙집중적
정당 자원의 주요 출처	-개인적 접촉	-당비 및 기여금	-기여금의 다변화	-국가 보조
일반 당원과 지도자 관계	-엘리트=당원	-당원에 의한 통제 (상향식)	-하향식 권위	-당원은 개인 자격 -당원의 무권리·무의미
당원의 특징	-소규모 -엘리트 당원	-대규모 -동질성	-입당 개방 -당원 권리 강조	-상호자율성
정당의 의사전달 통로	-개별 접촉	-정당 자체의 의사 전달 구조	-당 외적인 의사전달 구조의 접근 경쟁	-국가가 규제하는 의사전 달 통로의 접근 특권 획득
국가와 시민사회에서 정당 위상	-불명확한 경계	-시민사회 소속	-국가와 시민사회 간 의 경쟁 중재자	-국가의 일부
대표 유형	-수탁자	-대표	-경영자	-국가기구

출처) Mair (1997), pp. 110~111.

제5절 선거전문가정당

1. 등장 배경

듀베르제의 간부정당과 대중정당, 키르히하이머의 포괄정당, 카츠와 마이어의 카르텔정당에 이어 파네비앙코는 선거전문가정당(electoral-professional party) 모델을 제시하였다.[73] 선거전문가정당은 방대한 조직과 당원 없이 선거운동과 관련된 여론조사 전문가, 선거전략가, 회계사, 변호사 등 다양한 분야의 전문가가 중심이 되어 선거에서 승리를

---

73   선거전문가정당에 대한 소개는 다음 14장을 참고하였음. Panebianco (1988), pp. 262~274.

추구하는 정당을 의미한다. 파네비앙코는 포괄정당과 대중정당의 문제점을 지적하면서 대안으로 선거전문가정당을 제시한 것이다.

1950년대 초에 듀베르제는 대중정당이 민주 정부의 지배적인 조직 형태라고 주장하였다. 그러면서 미국의 선거정당은 유럽대륙의 전통적인 정당과 달리 비정상적인 사례(deviant cases)의 하나로 조직의 후퇴를 가져왔다고 지적하였다. 15년이 지난 뒤 키르히하이머는 포괄정당을 주장하면서 듀베르제의 논문(thesis)을 거부하고(reject) 계급과 종교를 통합하는 대중정당의 조직은 미국 정당과 더욱더 비슷한 선거기관(electoral agency)으로 변형되고 있다고 하였다. 파네비앙코는 키르히하이머가 주장하는 포괄정당의 선거 지향(electoral following)은 사회 전체의 스펙트럼을 대표하기에는 너무 이질적이고, 완전하게 사라진 원래의 지배계급과 연결하는 조직은 아니라고 하였다. 대중정당이 포괄정당으로 변형한 것은 원래 지배계급과 결합이 느슨하고 약해졌기 때문이며, 문호를 다른 사회집단에 단순하게 개방한 데 원인이 있다고 지적하였다. 포괄정당이 사냥터를 바꾼 것은 조직 정체성에 대한 다른 의미이며 사회 대표성을 확대하는 것은 아니라고 하였다. 포괄정당은 이해관계의 충돌이 명확하지 않은 범주에 집중했으며, 항상 정치적 전통과 사회 계층화 체제에 의해 행동이 제한되었다고 하였다.

그리고 파네비앙코는 키르히하이머에 더 중요한 몇 가지 사항(aspects)을 포괄정당은 퇴색시켰다(overshadowed)고 지적하였다.[74]

①정당의 이념적 짐(ideological baggage)을 축소하는 탈이념화 과정(de-ideologization process)과 다양한 영역의 유권자들이 일반적으로 동의하는 경제발전과 사회질서 유지 등 유발성 쟁점(valence issues)의 선전에 치중

②정당이 이익집단의 영향력에 의존하는 수준이 증가하며, 부수(collateral) 조직, 종교조직, 노동조합 등이 약하고 불규칙하게 당과 관계(party ties)를 유지하는 이익집단으로 변신

③당원의 정치적 비중 상실(loss of political weight)과 당원과 간부의 정치적 활동(political

---

74   Panebianco (1988), p. 263.

activism)의 현저한 축소

④정당 지도자의 조직 권한 강화와 조직에 필요한 자금조성과 유권자와 밀접한 관계를 유지하는 데 당원보다는 외부의 이익집단에 더 많이 의존

⑤약하고 더욱더 불연속적인(more discontinuous) 정당과 유권자와의 관계는 강한 사회적 합의(strong social settlements)와 견고하고 통일된 정치적 하위문화(solid and unified political sub-cultures)와 더 이상의 연계가 없다.

파네비앙코는 키르히하이머의 분석은 날로 중요성이 증대하고 있는 조직의 전문화(professionalization)에 대하여 암묵적(implicitly)으로 취급했다고 지적하였다. 그리고 베버(Weber), 미헬스(Michels), 듀베르제 등이 설명한 대중정당은 당원들과 밀접한 관계를 유지하는데 정당의 리더들이 당 기구인 당료(party bureaucracy), 즉 대표관료제(representative bureaucracy)가 결정적인 역할을 한다고 하였다. 대중정당은 당료가 중심이 되어 운영되는 대중관료정당이라고 규정하였다. 한마디로 대중정당은 정당조직에 있어서 중요하게 인정된 전문성을 너무 가볍게 취급하고 있다는 것이다. 선거전문가정당은 대표 관료 대신 소위 전문가와 특별한 지식을 소유한 기술자들이 더욱더 중요한 역할을 한다는 것이다. 선거전문가정당은 무게중심을 당원에서 일반 유권자로 전환하기 때문에 전문가들이 전통적 대중정당의 당료들보다 정당에 더욱더 유익하다고 주장한다. 〈표 2-5〉는 대중관료정당과 선거전문가정당의 차이를 보여주고 있다.

〈표 2-5: 대중관료정당과 선거전문가정당의 차이〉

대중관료정당	선거전문가정당
-당료들이 당의 중심적인 역할 수행(정치 행정 업무)	-전문가들이 중심적인 역할 수행(전문화된 업무)
-당원정당, 강력한 수직적 결합(strong vertical ties), 당 소속 유권자(electorate of belongings)에게 호소	-선거정당, 약한 수직적 결합, 여론 유권자(opinion electorate)에 호소
-당내 지도자의 우월성, 집단적 리더십	-국민대표의 우월성, 개인적 리더십
-당원과 부수 활동을 통한 재정 충당	-이익집단과 공적자금을 통한 재정확충
-이념강조, 조직 내 이념 신봉자들의 핵심 역할 수행	-쟁점과 리더십 강조, 조직 내 전문종사자 및 이익집단 대표의 핵심 역할 수행

출처) Panebianco (1988), p. 264.

다시 요약하면 선거전문가정당은 전문가와 기술자의 핵심적 역할 수행, 선거정당, 약한 수직적 결합의 정당조직, 국민대표(public representatives)의 우월성 강조, 이익집단의 공적자금을 통한 재정확충, 이념보다는 쟁점과 정당의 리더십 역할 강조 등이 대중관료정당과 차이점이라고 볼 수 있다.

2. 환경요인과 특징

선거전문가정당의 출현은 두 가지 환경적 요인의 영향을 받았다.

첫째, 사회연구의 주 대상인 사회계층 구조와 관련된 변화, 산업노동자의 감소와 제3차 서비스 분야의 확장 등과 같은 다양한 고용집단의 변화, 그리고 무엇보다 각 집단의 특수성과 문화적 태도의 변화 등을 들 수 있다. 유권자와 당원의 사회구성에 대한 분석은 위의 요인을 무시하는 경향을 보였다. 과거의 노동자들은 특징 면에서 엄청난 변화를 가져왔다. 예를 들면 과거에는 숙련노동자와 비숙련노동자 간 분열이 있었다면 오늘날에는 정치적·직업적으로 대표되는 산업노동자와 최저생계 수입의 주변부 노동자 간의 분열로 바뀌었다. 이는 정치적 이익구성에 영향을 미치기 때문에 유권자의 정치적 성격(political nature)에 변화를 가져왔다. 계급의 구조적 변화를 고려하지 않고 정당의 중산층 당원 수준을 평가하는 것은 의미가 없다. 교육의 확산과 세속화가 가져온 신앙인들(believers)과 종교기관과 정당 간 관계 변화 등을 고려하지 않고 정당 지지자들의 명목상 수치만을 측정하는 것은 쓸모가 없다. 현대의 사회이론이 복잡한 사회, 후기산업사회, 후기 자본주의사회 등으로 이해하는 사회의 구조적 변화는 정당의 목표 기반과 정치활동의 무대 수정에 영향을 미쳤다. 유권자들은 사회적·문화적으로 더 이질적이며, 정당의 통제를 덜 받는다. 이와 같은 요인들이 정당의 조직변화를 촉진했다.

둘째, 기술의 변화와 대중매체 체계, 특히 1960년 미국 대통령 선거에서 상징적으로 보여준 텔레비전의 영향 때문에 정치 커뮤니케이션 체계의 구조조정(restructuring)은 불가피하게 되었다. 텔레비전이 정치경쟁에서 매우 중요하게 작용함에 따라서 정당조직의 변화에 영향을 미치기 시작하였다. 커뮤니케이션의 기술 변화는 정당조직에 지각변동을 가져왔으며, 과거의 당 관료의 역할은 국민의 동의를 조직하는 데 효용 가치가 떨어졌고, 새로운 전문적 역할의 터전이 마련되었다. 보다 이질적이고 교육 수준이 높은 대중의 취향에 맞게 정치 커뮤니케이션 조건이 변하면서 대중매체는 개인의 선거운동, 후보 중심의 선거운동, 전문가의 준비가 요구되는 고도의 기술적 내용이 포함된 특수한 주제 중심의 쟁점 지향 선거운동 등을 추진하도록 정당조직의 변화를 유도했다. 텔레비전과 이익집단은 당과 유권자 사이를 연결하는 데 전통적인 당의 집단적 관료조직이나 당원보다 중요하게 되었다. 당의 관료와 열성적 당원은 필요하지만 그들의 역할은 약해졌다. 조직의 위력도 변했고 재정적인 측면이나 유권자와의 연결에 있어서 당원과 당 관료의 비중은 줄어들었고, 당내 지도자의 정치적 영향력이 약해진 대신 선거를 통하여 당선된 국민의 대표가 상대적으로 중요해졌다.

사회구조와 정치 커뮤니케이션의 변화는 대중관료정당의 전형적 특징인 강력한 조직적 안정(organizational settlements) 때문에 오랫동안 변하지 않았던 전통적인 하위정치문화를 약하게 만들었다. 정당 소속 유권자가 줄어들고, 대부분의 유럽 국가에서 지지자의 정당 정체성도 약해졌다. 유권자들은 정당으로부터 더 독립적인 입장이 되었으며, 요람에서 무덤까지의 사회통합이 보편적 현상이 되면서 정당 의존도도 약해졌다. 더 혼란스럽고 불안정해진 선거판은 모방과 호혜적인 조정과정을 거쳐 선거전문가정당 모형으로 변하게 하였다.

대중관료정당은 강한 기구를 유지하는 반면 선거전문가정당은 그렇지 않다. 정당 유형의 변화는 정당의 탈 제도화를 가져온다. 유권자들의 자율성과 이익집단의 정치적 역할이 증대됨에 따라 환경으로부터 선거전문가정당의 독립성은 축소되었다. 정당이 국가와 협력적인 관계를 유지하면서 구조적 응집력과 관료기구에 대한 중요성은 줄어든 반면 전문가와 지명된 대표들의 정치적 위상은 증대되었다. 선거판을 안정시키고 환경과 구조적 지속성(structural consistency)으로부터 많은 정당의 자율성을 보장했던 강력한 정치적 하위문화는 사라졌다. 강력한 정당과 강력한 기구라는 대중정당의 역사적 신기원은 막을 내리는 처지가 되었다.

모두의 참여(total participation)에 의한 통합을 지향하는 대중관료정당이 제한적 참여를 특징으로 하는 선거전문가정당으로 변모하면서 몇 가지 변화를 가져왔다.

①정당의 일부 기능을 다른 조직이 대신하게 되었다. 예를 들면 1800년대 후반~1900년대 초반 사회주의 및 특정 교파소속 당(denominational party)이 설계했던 사적 복지체계가 공적 복지체계로 전환되었다. 국가의 새로운 기구가 정당 기능의 일부를 수행하게 되었다.

②정치사회화를 정당조직이 수행하는 대신 대중매체나 증대된 사회 이동성에 의하여 형성된 개인 간 접촉에 의존하게 되었다.

③정당을 보다 전문화했으며, 요람에서 무덤까지 완전한 참여방식을 제한적이고 부분적인 참여로 변형시켰다.

④선거전문가정당의 출현은 문제를 해결하기보다 오히려 부추겼다. 이는 근대화, 교육 기회의 증대, 특정 집단의 생활 수준 향상, 종전에 사회적 · 정치적으로 특권을 누리지 못하던 계급의 분화 등의 결과라고 볼 수 있다. 발전의 증거인 사회체계의 전문화와 분화가 증대되면 과잉 전문화에 수반되는 역기능과 불안정화가 나타나는 것과 마찬가지다.

⑤대중정당 시절에 비하여 정치엘리트에 대한 존경심과 예속이 약해졌다.

⑥선거전문가정당은 집단적 정체성의 공백을 초래하였다.

3. 향후 진로

나라마다 사정은 달라도 선거전문가정당의 진로에 대하여 다음 세 가지로 요약할 수 있을 것이다.

첫째, 선거전문가정당은 당의 조직해체라는 본질적으로 불안정한 제도로 판명될 가능성이다. 정당은 자체의 조직적 정체성을 완전하게 상실하고 독립적인 정치기업으로서 단지 편리한 꼬리표(convenient tag)만 달고 있을 것이다.

둘째, 이념적 반동의 발생 가능성이다. 예를 들면 기존 정당이 전통적으로 내세웠던 기능과 종전의 정체성을 회복하고, 아주 오래전의 극단주의로 복귀하는 등의 시도를 들 수 있을 것이다. 옛날 정당의 재등장과 환경적 도전에 대한 대응은 옛날 조직에 의하여 주도될 수 있다. 집단의 정체성이 안정적으로 재확립되고 정치적-조직적 해법을 활용할 수 있을 것인지는 불투명하다.

셋째, 진정한 정치혁신의 가능성이다. 혁신은 정치체제 내부 또는 이미 지배적인 조직 자체의 선언으로부터 시작될 것 같지 않다. 정치혁신은 외부로부터 올 공산이 크며, 이미 권력을 가지고 있는 조직이나 경쟁에 뛰어드는 정치 지도자, 또는 새로운 조직에 의하여 이루어질 가능성이 있다.

선거전문가정당의 전망에 대하여 세 가지 가능성을 제기하였다. 선거전문가정당은 대중정당과 달리 당원 등 정당의 조직이 약하다. 잘못하면 정당조직의 해체라는 위기에 직면할 가능성도 있다. 하지만 조직으로서의 정당보다는 유권자 마음속의 정당으로서 국민의 지지를 받는다면 문제 될 것이 없을 것이다. 미국의 선거정당도 조직은 강하지 않지만, 후보 중심의 선거운동을 통하여 정당정치를 실현하고 있는 것이 하나의 참고가 될 수 있을 것이다. 앞서 소개한 종전의 정당들이 선거전문가정당의 도전에 반동적 모습을 보인다면 위협요인이 될 가능성은 있다. 마지막으로 선거전문가정당이 새로운 조직과 새로운 정당 지도자에 의하여 정치적 혁신을 추진한다면 얼마든지 생명력을 유지할 수 있을 것이다. 정치혁신의 내용 중 가장 중요한 것은 국가와 시민사회의 연결 기능을 효율적으로 강화하는 것이라고 볼 수 있다.

서구 민주주의 국가에서 신당의 출현은 또 다른 유형의 정당 발달을 촉진하였고, 그 반작용은 또 다른 새로운 정당을 탄생시키는 등 정당발전은 변증법적인 과정을 거쳤다. 이러한 과정은 시민사회의 변화에 기인한 측면도 있지만 국가와 정당 간의 관계 변화에 더 많은 영향을 받았다고 볼 수 있다.

제3장
/
정당 환경의 변화

제1절 정당의 기능과 외부 환경

정당이 작동(work)하는 데는 외부 환경의 영향을 받을 수밖에 없다. 정당은 정치체제를 구성하는 하나의 하위요소인 동시에 사회 속에 존재하는 조직이다. 정당은 본래의 기능을 수행하는 과정에 환경적 제약을 벗어날 수 없다. 로손(Kay Lawson)은 정당의 작동에 영향을 미치는 변수는 다양하다고 하면서 외부 환경이 정당에 미치는 영향에 대하여 ① 정당이 정부 내에서 얼마만큼의 영향력을 행사할 수 있는가와 ②정치체제의 정치 안정 수준을 중심으로 〈그림 3-1〉과 같이 네 가지 모형으로 분류하였다.[75]

㉮형은 정당의 영향력이나 정치 안정이 모두 높은 상황에서는 정당이 안전을 유지한다는 것이다. 유권자들의 전폭적인 지지를 받으면서 안정된 정치체제에서 작동하는 정당은 경쟁자의 도전도 약하고 정강 정책을 착실하게 실행할 수 있어 안전성이 매우 높다는 것이다.

---

75 Kay Lawson, "Conclusion: Toward a Theory of How Political Parties Work", in Kay Lawson(ed.), *How Political Parties Work: Perspectives from Within* (London: Praeger, 1994), p. 297.

〈그림 3-1 정당에 대한 외부환경의 영향〉

정부 내 정당의 영향력

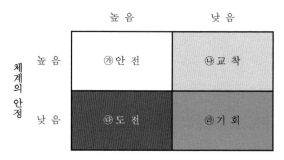

출처) Lawson(1994), p.297.

㉯형은 정당의 정부 내 영향력은 낮고 정치 안정 수준이 높은 정치 환경에서 정당은 교착상태에 놓이게 된다는 것이다. 정치체제는 안정적으로 유지되고 있으나 정부 내 영향력은 미미하여 정당이 자신의 프로그램을 실행하는 데 어려움이 뒤따르고 난관에 봉착한다는 것이다.

㉰형은 정당의 정부 내 영향력은 높으나 정치가 불안한 경우 정당은 물론 정당 지도자에게 도전요인으로 작용한다는 것이다. 정당은 정부 내에서 막강한 힘을 갖고 영향력을 행사할 수 있으나 정치가 안정되지 않은 상황에서 정부의 구조개혁, 민생안정, 정책변동 등 갖가지 도전에 직면하게 된다.

㉱형은 두 가지 변수 모두 낮은 상황에서 정당은 기회를 맞이하게 된다는 것이다. 위기가 곧 기회라는 것이다. 정부 내 영향력을 행사할 수 있는 권한이 없다는 것은 약한 여당이거나 권력이 없는 정당(out-of power parties)을 의미한다. 야당은 정치가 불안하고 국민의 불만이 누적된 상황에서 매니페스토 주도 전략으로 오히려 집권 기회를 맞이할 수 있다는 것이다. 중요한 것은 매니페스토의 내용이 무엇인가에 달려 있으며, 야당이 정치를 안정시키고 매니페스토를 효율적으로 이행할 수 있도록 부동층 유권자(voter volatility)가 어떤 태도를 보이느냐에 달렸다.

외부 환경이 정당 내부에 미치는 영향을 네 가지 유형으로 분류한 것이다. 정당은 정치체제 내에 존재하기 때문에 정치체제의 안정과 정당과 정부의 관계를 통하여 정당 내부의 상황을 이해하는 데 도움이 되는 유형이라고 볼 수 있다. 하지만 정당도 정치체제의 하위체계를 구성하고 있으며, 정당이 정치 안정과 불안에 영향을 미치는 직접적인 당사자 역할을 하는 것이 현실이기 때문에 정당이 정치의 안정 수준에 영향을 받는다는 것은 논란의 여지가 있다.

포군트케(Thomas Poguntke)는 정당 환경은 다음과 같은 몇 가지 도전요인 때문에 이익집약을 통하여 국민에게 반응하는 정당조직의 능력이 약해지고 핵심 정책결정자로서 역할이 축소되고 있다고 한다.[76]

①극도로 증대된 현대 사회의 복잡성

②애매한 계급경계와 동질성 상실

③모순된 선호와 이익 그리고 요구를 제기하는 개인의 교차압력

④전자통신기술의 발달과 정당 엘리트들에 의한 정치 커뮤니케이션의 실질적 통제력 상실

⑤세계화와 유럽화 등으로 정당 정책결정권의 국제 및 초국적 기구로 이동

웨어는 정당이 민주주의의 대리인으로서 그 기능을 제대로 수행할 수 있을지에 대하여 의구심을 나타내면서 정당의 미래에 영향을 미칠 수 있는 요인 몇 가지를 지적하였다.[77]

①사회변동과 정당의 선거 및 조직 기반

②국가의 해체

③인간 환경의 변화

④국가의 당무 개입

⑤선거운동 기술의 발전

---

76   Thomas Poguntke, "Do Parties Respond? Challenges to Political Parties and Their Consequences", in Kay Lawson and Thomas Gunpoint(ed.), *How Political Parties Respond: Interest Aggregation Revisited* (New York: Rout ledge, 2004), pp. 1~3.

77   Allan Ware, *Citizens, Parties and the State* (Princeton: Princeton University Press, 1987), pp. 219~241.

⑥정당 대안 조직인 이익집단의 역할

⑦단일쟁점 집단의 출현

정당의 기능 수행이나 존속 등에 영향을 미치는 다양한 환경적 요인 가운데 전자정치 시대의 개막과 사회 균열 구조의 변화 등 두 가지만 논의하고자 한다.

제2절 전자정치 시대의 개막

1. 네티즌의 등장

정당 환경이 급격하게 변하는 요인 중에 전자정치 시대의 개막을 들 수 있을 것이다. 탈산업사회 이후 등장한 제3의 물결이라 일컫는 정보화 혁명은 물리적 시공(時空)의 시대에서 사이버 세계로 대변혁을 일으키고 있다. 정보통신기술(ICT)의 발달은 사회의 모든 분야를 변화시키고 있으며 정치과정도 예외가 될 수 없다. 정보화 혁명이 가져온 인터넷의 등장은 다양한 형태의 온라인 정치를 가능하게 만들고 있다. 인터넷 정치가 불러온 가장 커다란 변화는 아무래도 간접민주주의를 직접민주주의로 바꾸는 데서 찾을 수 있을 것이다. 소위 버튼식 민주주의(push-button democracy) 시대가 도래하고 있다는 것이다.

시민(citizen)의 개념이 네티즌(netizen)으로 바뀌고 인터넷을 통하여 정치적 요구를 언제 어디서나 자유롭게 제기할 수 있게 되었으며 참여율이 증대되는 현상을 보여주고 있다. '정부를 네티즌에게 돌려주는' 현상이 나타나게 된 것이다. 24시간 정치적 요구의 투입이 가능해지는 개방체제가 일반화되면서 사이버상의 아고라 민주주의가 활성화되기 시작하였다. 인터넷의 등장은 국민의 이익을 취합하는 정치적 매개체로서 정당의 기능과 위상을 약하게 만들었다. 시민과 정책결정자 간의 인터넷을 통한 직접 접촉으로 정당의 고유 역할인 이익집약의 중재 기능이 축소된 것이다. 정치 현안에 대한 네티즌들의 의견은 정당을 우회하여 직접 정책결정자에게 신속하게 전달된다. 네티즌들은 더 신속하고 효과적인 정치참여 방식을 선택하게 된 것이다. 정당을 거치지 않고 국민의 정치적 의사를 직접 정책결정자들에게 전달할 수 있는 환경이 조성된 것이다. 그뿐만 아니라 공직 후보를 선출하는 과정에도 네티즌의 영향력이 날로 커지고 있으며, 선거운동 과정에서도 네티즌과 후보가 직접 소통하기 때문에 정당의 선거운동 기능도 대폭 축소되었다. 전자정치 시대의 개막으로 소위 새로운 정치(new politics)가 등장하여 고전적 의미의 정당 매개 기능이나 교량적 역할 등이 대폭 축소되어 정당의 정치적 위상이 낮아지고 있다.

인터넷 등 새로운 선거 미디어의 탄생과 전자민주주의 등장은 민주적 도시국가를 회복하는 상황이 되었다. 정보통신기술의 눈부신 발달은 정치과정 전반에 충격적인 변화를 가져왔고, 정당의 위상에도 치명적인 영향을 미치고 있다. 직접민주주의 도구가 출현하여 네티즌이 정부 정책에 대하여 정부와 직접 정치토론이 가능해졌으며, 정당의 중재 역할 없이 정책을 결정하는 상황으로 발전하였다.

2. 인터넷과 정치참여

새로운 정보통신기술, 즉 인터넷은 정치참여를 확대하는 데 어떠한 영향을 미칠 것인가에 대하여 대략 세 가지 주장이 제기되고 있다.[78]

(1) 동원이론

인터넷의 이용은 새로운 형태의 정치 활동을 촉진하고 확산시킬 것으로 보는 것이다. 주로 사이버 낙관주의자들은 인터넷은 직통 커뮤니케이션 수단이기 때문에 사이버상에서 정보가 여과 없이 생생하게 전달되는 새로운 아테네 아고라(New Athenian agora)와 같은 온라인 정치 포럼의 장이 될 것이라고 주장한다. 인터넷은 정치참여의 장애요인 극복, 정치참여의 비용 감소, 정치토론의 기회와 정보공유, 전자게시판을 통한 정치적 의견 교환과 대중동원 및 사회자본의 강화, 정부와 국민의 거리 축소 기회 제공 등을 통하여 정치과정 참여를 확대할 수 있다고 본다. 전자통신기술은 더 개방적이고 더 쉽게 정책결

---

78 새로운 정보통신기술이 정치참여를 확대하는 데 어떤 영향을 미칠 것인가에 대한 다양한 견해를 종합한 것은 다음을 참고한 것임. 김용철 · 윤성이, "제17대 총선에서 인터넷의 영향력 분석: 선거관심도와 투표 참여를 중심으로", 「한국정치학회보」 제38권 5호, 한국정치학회(2004), pp. 199~198.

정자들에게 접근할 수 있으며 조작되지 않은 여론을 전달할 수 있기 때문에 정책결정자와 네티즌 간 상호작용을 강화하여 직접민주주의의 발전에 이바지할 수 있다고 본다.

(2) 강화이론(reinforcement theories)

인터넷의 등장은 기존의 정치참여 형태를 고착시킬 것이라는 입장이다. 인터넷에서 획득하는 정보는 기존의 매스미디어가 제공하는 내용과 별다른 차이가 없으며, 인터넷 접근의 불평등 때문에 나타나는 정보격차 및 정보 빈곤 현상과 정보 하위층(information underclass)에게는 오히려 민주적 정치참여의 한계를 가져온다는 것이다. 정보화 사회에는 결국 많은 정보를 갖는 중심부와 그렇지 못한 주변부가 나타나는 것은 필연적인 현상이 아닐 수 없다. 정당정치도 정당의 규모, 정당의 가용한 자원, 의회의 특권, 정치문화, 정당 이념, 정당의 목표, 정당의 의사결정 구조 등에 따라서 정보격차가 영향을 받게 된다. 모든 정당이 같은 양의 고품질 정보를 동시에 수집·분석한다고 볼 수 없다. 인터넷 사용자가 크게 확대되어도 전통적 정치참여 행태에 존재하는 사회경제적 편차는 변함이 없어 시민들의 새로운 정치참여를 촉진하지 못할 것이라는 입장이다.

온라인 생활은 사회관계와 시민사회의 기초가 되는 소통구조를 손상하는 결과를 가져와 유권자들을 고립시키고 소외시켜 참여를 촉진하지 못한다는 것이다. 개인적 차원에서 인터넷을 사용하는 사람들은 사교성과 사회와의 연결 관계 및 사회적 참여의 축소, 소외감 증대 등을 가져와 '군중 속의 새로운 고독자'가 된다는 것이다. 결국, 인터넷은 그동안 축소되었던 시민의 사회참여를 촉진하지 못하고, 기존의 정치참여에 대한 소극적인 자세를 오히려 강화하는 결과를 가져오게 된다.[79] 인터넷은 아테네의 새로운 아고라와 같은 역할이나 사회자본으로서 기능을 제대로 수행하지 못한다는 시각이다.

---

79   Rachel K. Gibson, Warner Lusoli, Andrea Römmele and Stehpen J. Ward, "Introduction: Representative Democracy and the Internet", in Rachel K. Gibson, Andrea Römmele and Stehpen J. Ward(ed.), *Electronic Democracy: Mobilization, Organization and Participation via New ITCs*, (New York: Routledge, 2004), p. 1~16.

(3) 중도적 입장

인터넷의 등장은 강화이론의 적실성이 높아 보이지만 장기적으로 정치적 관심을 부추길 수 있다는 시각에서 동원이론의 효과가 나타날 것이라고 보는 것이다. 각종 경험적 조사에서 인터넷이 정치참여 촉진과 별 관련이 없는 것으로 나타나고 있으나 새로운 정보통신기술의 활용은 특히 젊은 층의 정치사회화 수단으로 기능을 제대로 수행할 것이라고 기대한다. 인터넷은 개인의 정치화에 이바지할 것이라고 보는 시각이다. 또한, 웹사이트는 하루 24시간, 일주일 7일 동안 활용할 수 있어 시간이 오래 걸리고 경비가 드는 전화나 우편 또는 방문보다 효과적이기 때문에 대의민주주의 제도의 최신 마케팅 수단으로 작용할 수 있을 것이다. 대의제가 저렴한 비용으로 누구에게나 개방되고 매력적인 커뮤니케이션 통로로서 역할을 할 것이라고 기대하는 것이다.[80]

지금까지의 실증적 연구 결과는 인터넷과 정치참여 간의 긍정적인 상관관계를 증명하지 못하고 있는 것으로 나타났다. 인터넷 사용자는 빠른 속도로 증가하고 있으나 정치참여를 창출하는 대신 인터넷을 다른 목적으로 활용하고 있는 사람들이 많은 것으로 조사되었다.[81] 한국의 정당이나 시민운동단체가 그들의 성과에 대하여 국민의 신뢰를 형성하고, 국민의 지지를 동원하기 위해서 인터넷을 얼마나 잘 활용하는가를 밝힌 연구에 의하면 한국 사회에서 깜짝 놀랄 정도로 빠르게 확산하는 인터넷은 제도개혁의 기회를 제공한다고 보고 있다. 하지만 인터넷 시대에 한국에서 새로운 모형의 정당정치가 출현할 것이라는 생각을 증명하기에는 증거가 불충분하다.[82] 일반적으로 인터넷이 미치는 정치적 영향에 대하여 부정적이거나 유보하는 태도를 보이는 경험적 연구가 많은 것이 사실이다.

---

80 Gibson, Lusoli, Römmele and Ward (2004), pp. 6~7.

81 김용철 · 윤성이(2004), P. 198.

82 Rod Hague and Seung-Yong Uhm, "Online Groups and Offline Parties", in Rachel Gibson, Paul Nixon, and Stephen Ward(ed.), *Political Parties and the Internet : Net Gain?* (New York: Routledge, 2003), pp. 193~217.

3. 전자정치와 정당의 변화

(1) 정당 중심의 대의민주주의의 위기

"현재는 인터넷 기술의 급속한 진화로 사용자의 상황에 맞게 정보를 검색하고 재가공하여 맞춤형 서비스를 제공하는 웹 3.0시대가 도래하였다. 이처럼 전통적 미디어의 디지털화가 가속화됨에 따라 나타나는 디지털 통합장치(digital convergence)는 기술적·경제적 변화를 넘어서 사회정치적 변화를 수반하는 거대한 패러다임의 전환을 가져오고 있다."[83] 인터넷 시대 전자정치의 등장은 정당도 변할 수밖에 없는 압박의 요인이 되고 있다. 새로운 전자정치 시대를 맞이하여 대의민주주의와 정당 중심의 민주주의의 위기 징후가 곳곳에 나타나고 있다.[84]

①정당에 대한 유권자들의 견고한 애착심 수준이 감소하고 있다.

②특히 젊은 세대들에게서 대의 과정, 전통적 제도와 정당, 의회 등의 조직에 관한 관심과 지식의 부족 현상이 나타나고 있다.

③자유민주주의 국가에서 투표율이 감소하고 있다.

④정당과 정부 기구 및 정치적 대의기관에 대한 신뢰수준이 낮아지고 있다.

⑤대중 참여라는 전통적인 대의제 전달 수단을 통한 집합적 행동이 줄어들고 있다.

또한 "정보 통신의 발달로 시민들의 다양한 정치참여가 증가하였다고 반드시 민주주의가 심화하였다고 낙관할 수만은 없다. 시민들의 정치참여 편의성이 시민들의 합의 도출보다는 상충하는 의견들의 난립으로 오히려 정치적 갈등과 분쟁을 일으킬 수도 있으며, 익명성으로 인하여 정치적으로 무책임한 발언 및 행동이 등장할 수도 있다."[85]

그 결과 투표 불참을 통한 정치인과 정부에 대한 불신과 이탈 현상, 대의정치 기구

---

83 박지영 · 윤종빈, "정보화 시대 대의민주주의 위기 극복을 위한 한국형 정당 모델의 모색", 「미래정치연구」 제9권 제1호(2019), p. 120.

84 Stephen Ward, Rachel Gibson, and Paul Nixon, "Parties and the Internet: An Overview", in Gibson, Nixon and Ward (2003), pp. 1~3.

85 박지영 · 윤종빈(2019), p. 120.

가 더 이상 가동하지 않는다는 불신의 증가, 정치과정이나 정치에 대한 무지, 스포츠, 레저 등에 관한 관심 증가, 파편화 · 개인화로 인한 사회연결의 감소, 자신을 대신한 타인의 의사결정 주저 현상 등이 나타난다. "전자민주주의로 인해 인터넷을 통한 토론이 활성화되고 풀뿌리 민주주의를 발전시킬 수 있다는 장점이 있으나, 전통적인 정당이나 의회의 역할을 축소하는 등 대의민주주의를 위협한다는 비판이 제기되기도 한다. 또한, 정보격차로 인한 정보 불평등의 문제, 이념적 편향성의 극대화, 그리고 개인의 프라이버시 위협 등과 같이 개인정보를 독점하는 문제도 발생할 수 있다"[86] 하지만 인터넷과 새로운 정보통신기술의 발달은 정당과 대의민주주의에 새로운 변화를 가져오고 있다.

(2) 선거운동 방식의 변화

인터넷의 웹사이트는 정당의 정보를 공공에 제공하는 행정 수단, 선거기간 동안 선거 커뮤니케이션의 실질적인 선거운동 도구, 유권자를 동원하고 기부를 장려하는 참여 및 조직 수단 등의 기능을 수행하고 있다.[87] 인터넷의 등장은 선거운동 방식과 정치 스타일의 변화를 가져오고 있다. 1960년대 이래 선거운동 추세는 텔레비전에 의한 지배적 영향, 정치마케팅 기술 확대, 외부 정치컨설턴트의 유입, 선거운동의 중앙통제, 정책이나 쟁점 위주에서 개인 중심의 선거운동, 득표 극대화를 위한 포괄적인 정당과 유권자 관계 등이라고 볼 수 있다. 인터넷 시대를 맞이하여 실효적인 정보 중심의 선거운동, 개인화된 선거운동, 상호작용적 선거운동, 분권화된 선거운동 방식으로 변하고 있다.

선거운동 과정에 인터넷과 텔레비전의 활용은 많은 선거운동원이나 당원의 수요를 축소 시켰다. 대통령 선거의 텔레비전 토론은 선거운동을 정당 대 정당이 아닌 후보 개인 중심으로 변화시켰다. 후보 개인의 능력과 이미지가 소속 정당 못지않게 중요한 요인으로 부상하였다. 사이버공간에서 교환되는 정치정보가 범람하고 정보통신기술의 활용으

---

86 박지영 · 윤종빈(2019), p. 121.
87 인터넷이 정당정치의 변화에 미치는 영향에 대하여 다음을 참고하였음. Ward, Gibson, and Nixon (2003), pp. 9~38.

로 면대면 정치 활동이 축소되면서 정당의 소외 현상이 나타나고 있다. 모든 정당이 사이버 능력을 강화하고 있지만 정당의 사이버 커뮤니티 침투는 한계가 있다.

(3) 정당 간 경쟁체계의 변화

인터넷은 정당 간 경쟁과 정당체계에도 영향을 미치고 있다. 카르텔정당의 등장으로 정당의 성격이 준 국가 기구화되면서 정당 간의 생존과 성공에 대한 경쟁이 약해지고 있다. 국가가 통제하는 미디어의 접근 기회에 대한 특권도 누릴 수 있고, 정당 간 불가침 선거 협약을 맺거나 야당도 일부의 공직을 분배받는 등 정당 간 경쟁이 약해지는 추세에 있었다. 국가가 정당에 대한 제도화된 지원자가 된 상황에서 정당 간 치열한 집권 경쟁은 약해지고 진정한 승자와 패자의 구분이 애매해졌다. 또한, 기존 정당 간 협약 등을 통한 협력 때문에 새로운 정치집단의 출현을 어렵게 만드는 경향이 나타났다. 물론 이는 고착된 현상은 아니고 정당도 시대적 변화에 적응하는 노력을 기울이고 있는 것이 사실이다.

반면에 정보통신기술의 발달은 정당 간 치열한 경쟁을 유발하게 되었다. 큰 정당이나 군소정당 모두 정치 커뮤니케이션 수준의 평등화를 통하여 정당체계가 개방되고 정당 간 경쟁이 증대된 것이다. 일반 대중매체의 접근에 한계가 있던 군소정당도 인터넷을 통하여 손쉽게 정치 커뮤니케이션을 강화할 수 있기 때문에 정당 간 경쟁이 치열해졌다는 것이다. 여기에 대한 반론도 만만치 않다. 인터넷도 기존의 전통적인 미디어와 마찬가지로 많은 경비가 소요된다는 것이다. 큰 정당은 군소정당에 비하여 풍부한 인력이나 장비 그리고 기술적 능력을 보유하고 있으며 이를 인터넷에 활용할 수 있기 때문에 격차가 발생하고 종전과 마찬가지로 정당 간 경쟁에 별 영향을 미치지 못한다는 반론도 있다.

(4) 정당조직의 변화

참여와 당내 민주화와 관련하여 정당조직의 변화에 영향을 미치고 있다. 인터넷은 유권자와 정당 간의 관계 변화는 물론 정당 내부에도 영향을 미치고 있다. 당원과 열성적인 활동가가 감소하는 상황에서 인터넷은 정당의 성격과 인터넷 민주주의 실현에 기여하고 있다. 인터넷 등장 이전의 정당조직에 대하여 몇 가지 특징을 발견하게 된다. 많은 조사 결과 서구의 정당에서 당원이 감소하고 있는 것은 사실이며, 결과적으로 집단적 형태의 참여가 약화하고, 풀뿌리 자원자의 역할에 변화가 일고 있다. 계급 분열이 명백하게 감소하고 계급과 당파성의 이탈 현상이 나타나는 사회구조의 변화는 정당이 사회 내의 특정한 계층이나 분파에 전적으로 의존하는 충원과 동원이 더 이상 불가능하다는 것을 보여주고 있다. 강력한 사회-정당 결속의 약화는 정당이 선거에서 승리하기 위해서 폭넓은 지지 연합을 형성해야 한다는 것을 의미한다. 정당의 강력한 지지기반인 균열 구조가 약해진 상황에서 선거에서 승리하기 위해서는 포괄적 지지 획득이 필요하여 더 다양한 사회 균열 구조와 광범위한 제휴가 형성되어야 한다는 것이다. 이런 상황에서는 정당의 정치자금 모금도 개인 후원자나 국가에 의존할 수밖에 없게 된다.

(5) 정치참여의 변화

인터넷이 등장하면서 합리적 선택이라는 시각에서 보면 개인의 정치참여는 촉진될 것으로 보고 있다. 인터넷에 접속하여 정보를 수집하고 조직이나 정치기구에 가입하는 것이 더 쉬울 뿐만 아니라 경비가 적게 소요되기 때문이다. 인터넷을 통하여 당의 정책이나 조직에 대한 개인의 정치적 견해를 정당 엘리트들에게 신속하게 직접 전달할 수 있는 기회가 확대되면서 참여도 증대될 것으로 본다. 정당은 물론 정당의 엘리트들도 온라인 상에서 제기되는 많은 의견과 정보를 취합하고 정리하여 당원들에게 직접 피드백할 수 있는 기회가 마련되기 때문에 쌍방향 상호작용이 확대되는 결과가 될 수 있다.

"인터넷이라는 매체가 갖는 고유한 속성인 동시성, 정보확산의 신속성, 소통의 쌍방향성, 그리고 분산이라는 특성 때문에 시간적·공간적 제약에서 벗어날 수 있을 뿐만 아니라 권위적이거나 위계적인 제도적 기구 혹은 거대 자본이나 조직의 개입에서 벗어나 개개인이 자유롭게 정치정보를 주고받고 여론을 형성하고 집단행동에 나설 수 있게 된 것이다."[88] 인터넷을 통한 사이버 토론, 정보교환, 당원모집, 정치자금모금 등이 종전보다 쉬워진 것이 사실이다.

하지만 "정당과 같은 기구를 통한 참여가 아닌 인터넷을 통한 정치참여의 활성화는 참여의 확대, 개방성, 민주성, 반응성, 투명성에 대한 낙관적인 예상과 함께 불평등, 정치적 책임성, 대표성에 대한 문제점 등으로 인해 정치발전에 역행하는 결과를 초래할 수도 있음을 결코 간과해서는 안 된다."[89] 또한 당성이나 애착심이 강한 열성적인 당의 활동가들과 면대면 접촉 등의 기회가 적다는 문제도 있다.

(6) 당원의 특성 변화

인터넷 특성상 당원의 원자화와 약화는 가속될 것으로 보인다. 인터넷은 특징상 개인이 사용하는 커뮤니케이션 수단이다. 그 결과 인터넷에 대한 분석은 개인적 참여라는 미시적 수준에서 이루어지고 있다. 특정 쟁점에 대하여 같은 의견을 가진 네티즌이 결집하여 집단으로 사이버 시위나 테러를 가하기도 하지만, 인터넷은 개인적 차원에서 사용된다는 분권화된 속성 때문에 집단적 참여에 한계가 있다. 인터넷의 사용은 개별적 차원에서 이루어지고 있어 참여와 활동의 독자성을 강화하는 측면이 있다. 당원들은 인터넷을 통하여 중앙당이나 지역조직의 간섭이나 지원 없이 특정한 쟁점에 대한 찬반 의견을 언제든지 외부 기관에 전달할 수 있는 자율적 행동이 가능하다. 또한, 당원들은 정당의 공식 입장과 반대되는 도전적인 의견을 취합하고 네트워크를 형성하는 자율적인 웹사이트를 운영할 수 있게 되었다. 인터넷의 등장은 정당의 조직유형이나 운영에 영향을 미치게 된 것이다.

---

88   박지영 · 윤종빈(2019), p. 123.

89   박지영 · 윤종빈(2019), p. 123.

(7) 정보확산 구조의 변화

정보화의 도구적 영향은 정당정치의 정보확산에 이바지한다. 정당은 웹사이트에 엄청나게 많은 정보를 집적해(archive) 놓을 수 있으며, 제3자 개입에 의한 방해를 받지 않고 유권자와 직접 연결할 수 있다. 정치 캠페인에 있어서 이와 같은 유권자와 직접적인 접촉은 경쟁자 간에 '경기장의 평준화'를 이룩하는 데 부분적으로 도움이 될 수 있을 것이다. 왜냐하면, 오프라인의 전통적 정당의 자원이었던 자금, 당원, 참모 등은 기술적 전문가와 가상 세계에서 교환되는 직통 메시지 때문에 사소한 것으로 밀려날 수 있기 때문이다. 전자정치는 결국 정당 간의 경쟁에도 변화를 가져올 수 있다. 문자, 그래픽, 사진, 비디오 및 음향 등을 동시에 조합하는 신기술은 새롭게 젊은 지지자들을 유인할 수 있는 독특한 매력 요인이 될 수 있을 것이다. 반면에 더 정교한 사이트는 특정한 사회 혹은 지역 집단을 목표로 삼고, 그들만을 위한 한정된 공간을 운영할 수 있을 것이다. 전자우편이나 채팅 공간 등 새로운 기술을 활용한 상호작용은 유권자와 정당 간 더 많은 직접 대화의 기회를 허용하는 보다 중요하고 새로운 기능을 수행하게 될 것이다. 참여와 상호작용의 기회가 확대될 수 있다. 더 나아가 온라인 숍과 당원 가입 호소는 정당의 중요한 재정자원 생성과 충당에 도움이 될 것이다. 결국, 다른 웹과 연결 등 다양한 네트워크와 조직적 연계는 정당의 전국적 홍보와 가시성을 높여 줄 것이다.[90]

(8) 사이버 정당화의 가능성과 한계

인터넷 정치의 위력이 강화되면서 사이버 정당화를 지향하지 않을 수 없는 상황이 만들어졌다. 정당의 정보통신기술 채택 속도나 방법에 따라서 정당의 세력이 달라질 수밖에 없는 환경이 조성된 것이다. 정당은 국민과 관계를 유지하고 발전시키던 종래의 아날로그 방식을 디지털로 바꾸게 되었다. 정당의 온라인 활동을 강화해야 하는 시대가 된

---

90 Luke March, "Virtual Parties in a Virtual World: The Use of Internet by Russian Political Parties", in Sara Oates, Diana Owen and Rachel K. Gibson(ed.), *The Internet and Politics: Citizens, Voters and Activists* (New York: Routledge, 2006), pp. 137~138.

것이다. 정당정치에 미치는 정보화의 영향은 일차적으로는 정당의 정치적 의사소통 수단이 디지털화 형태로 나타나고 있다. 모든 정당과 정치인의 홈페이지 구축, SNS 활동, 온라인을 통한 선거운동이나 의정활동, 당원 가입과 관리, 혹은 정치자금의 온라인 모금 등 기존의 일상적인 정치 활동의 수단을 온라인화하여 참여를 높이고 정치적 의사소통을 효율화하는 목표를 추구하게 되었다.[91]

정당은 국민의 지지 획득을 위해서 유권자와 우호적인 상호작용을 지속해서 유지해야 한다. 정당은 끊임없이 국민과 정치적 의사소통 채널을 유지해야 한다. 특히 정치적 영향력이 증대되고 있는 네티즌과의 관계는 정당의 지지도에 직접적인 영향을 미치기 때문에 종래의 아날로그 방식의 의사소통은 효과를 거두기 어렵게 된 것이다. 자연스럽게 사이버 홍보를 전담하는 조직도 강화하고, 정당 지도자의 정보화 교육도 외면할 수 없게 된 것이다. 정당인이 국민과 인터넷을 통한 직접 대화채널을 유지하지 않고 정치적 입지 마련을 기대하는 것이나 원활한 의정활동을 수행하는 것도 쉽지 않게 되었다.

전자정치의 등장으로 기존 정당이 사이버 정당 또는 가상정당으로 대체될 수 있을지 여부는 매우 흥미로운 주제가 아닐 수 없다. 고전적 의미의 조직 형태를 유지하는 정당 대신 주로 사이버상에서만 활동하는 정당의 출현이 가능하겠는가? 현재의 정보화 추세라면 기존 정당의 영향력이나 파괴력을 뛰어넘는 사이버 정당의 성공이 기대되는 측면도 있다. 기존 정당의 이익매개 기능이 축소 내지 약해지는 틈새에서 그리고 기존 정당이 대표하지 못하는 국가의 주요쟁점이나 정치적 이익에 대하여 전문성을 갖춘다면 사이버 정당의 성공적인 활동이 가능한 부분도 있을 것이다. 기존 정당의 불신 때문에 이탈한 네티즌들을 사이버상에서 효과적으로 규합할 수 있다면 성공 가능성도 있다. 시민사회의 좌절된 다양한 정치적 요구나 기대를 사이버상의 광장 민주주의 공간에서 수렴한다면 가능성은 엿보인다고 볼 수 있다. 무엇보다 사이버 정당을 조직하는 데 창당 비용이나 운영비가 기존의 오프라인 정당에 비하여 그리 많이 소요되지 않는다는 것이다.

91　강원택, "정보화, 정당정치와 대의민주주의: 변화 혹은 적응?" 「한국과 국제정치」 제21권 3호, 통권 50호, 경남대 극동문제연구소 (2005, 가을), p. 128.

조직관리비가 거의 필요 없으며, 정당의 정책홍보는 자연스럽게 사이버공간에서 이루어지기 때문에 광고비가 많이 소요되지 않는다. 사이버 정당은 경제적 측면에서 정치세력을 결집할 수 있다는 장점이 있다.

특히 한국의 정당은 서구처럼 대중의 자발적 참여로 시민사회에 뿌리내린 대중정당이 아니라 간부정당 혹은 기껏해야 선거 지향 정당의 형태로 존재해 왔다. 그만큼 정치과정 속에서 시민사회 간의 연계가 강하지 않았던 셈이다. 그러한 약한 연계에 더해 정당정치에 대한 국민의 불신감은 언제나 높았다. 정당에 대한 사회적 신뢰가 이같이 낮은 상황에서 정보화로 인한 새로운 커뮤니케이션 방식의 등장은 기존 정당정치를 더욱 위축시킬 가능성을 높여 주는 것이다.[92] 따라서 사이버 정당은 기존의 오프라인 정당의 대체 조직으로서 직접민주주의를 실현할 수 있다고 낙관하는 것이다.

하지만 아직 전자민주주의가 수단적 도구에 지나지 않는 측면이 강하기 때문에 사이버 정당의 성공 가능성은 매우 낮아 보인다. 기존 정당에서 수렴하지 못한 정치적 이익을 사이버공간에서 집약하여 정책대안으로 제시하고 정부에 압력을 행사할 수 있는 능력을 갖출지 모르지만 직접 정책결정권을 행사하는 정치권력에 도전하는 것은 불가능한 측면이 있다. 정당의 목적은 정치권력을 획득하여 정강 정책을 구체화하는 것인데 사이버 정당이 그런 능력이 있느냐 하는 것이다. 전자정치의 등장은 정치적 의사소통의 효과적인 수단 또는 통로로서 기능을 수행하는 수준이며, 여론을 결집하여 정책결정자에게 압력을 행사하는 것도 이익집단 차원의 활동에 지나지 않아 불가능하다고 보는 것이다. 사이버상의 네트워크만으로 정책결정권에 도전하는 것은 한계가 있을 것이다. 물론 사이버 정당이 온라인과 오프라인을 결합한 혼합정당 모형으로 발전하고 국민의 대표 선출에 직접 후보를 공천하면서 실질적으로 현실정치에 참여한다면 상황은 달라질 수 있을 것이다.

그러나 사이버 정당이 오프라인까지 조직을 확대하여 정치집단으로 발전하는 것은 사

---

92   강원택(2005), pp. 131~132.

이버 정당의 본질과는 상반된 것이며, 정당의 디지털화를 강력하게 추진하는 기존 정당과 차별성을 찾기가 어려울 것이다. 인터넷의 등장과 전자정치의 활성화는 사이버 정당의 성공적인 출현을 기대하기보다는 기존의 오프라인 정당의 조직 및 운영체계를 개혁하여 정당의 정보화를 추동시키는 요인으로 작용할 것으로 보는 것이다. 정보화는 정당개혁의 강력한 도전요인으로 작용하기 때문에 정당의 정보화가 이루어지지 않고는 정보화 시대에 익숙한 유권자들의 지지를 이끌기 매우 어려울 것으로 전망된다. 기존의 오프라인 정당은 정보화라는 급변하는 환경에 적응력을 키우는 방향으로 구조를 조정해야하는 시대적 도전에 직면하게 된 것이다. 네티즌들은 정당 등의 연계 기제를 의식하지 않고 정책결정자들에게 직접 정치적 의사를 표명하고 세력을 결집하려는 움직임을 조금도 멈추지 않을 것이기 때문이다. 네티즌들은 사이버공간을 통하여 특정 쟁점에 대한 국민 여론의 형성에 크게 이바지하고 유권자의 대대적인 동원에 상당한 위력을 발휘할 것으로 보기 때문이다. 정보화의 진전이 정당체계나 기존 정당의 역할을 절대 약화시키지 않을 것이며, 오히려 기존 정당이 내부 조직의 효율성을 높이고 유권자 및 지지자들과의 연계를 강화해 가는 경향이 나타나게 될 것이라는 시각이다.[93]

　한국의 경우는 경험적인 조사 결과를 인용하지 않더라도 어느 나라보다 인터넷 사용자가 급격하게 증가하고 정보화가 빠르게 진행되기 때문에 전자정치의 영향력은 체감할 수 있을 정도로 대단한 것이 사실이다. 인터넷의 등장은 국가와 시민사회를 연결하는 역할을 하던 정당의 입지를 흔들고 있다. 인터넷을 통한 직접적인 정치적 의사소통 채널의 등장은 이익대표체계로서의 정당이나 이익집단의 기능이 축소되고 네티즌이 언제 어디서나 직접 이익을 표출할 수 있는 상황으로 변한 것이다. 사이버공간에서 네티즌들은 다양한 정치적 이익을 정책결정권자에게 직접 표출할 수 있는 기회가 온 것이다. 정당이 수행하던 매개적 기능을 시민이 직접 담당하게 된 것이다. 전자정치의 등장은 분명하게 정당의 위상과 기능이 축소되는 계기가 될 것이라는 사실을 부정할 수 없을 것이다.

93　강원택(2005), p. 134.

제3절 사회 균열 구조의 변화

1. 사회 균열 구조의 이해

정당체계의 변화요인으로 사회 균열 구조(social cleavages structure)를 든다. 사회 균열은 여러 가지 차원에서 규정될 수 있는데 가치 및 신념의 차이, 계급 차이, 문화적 차이, 심지어 신장의 대소에 따른 구분 등도 사회 균열의 축이 될 수 있다. 사회 균열은 대체로 계급적 분열, 문화적 균열, 지역적 또는 공간적 균열로 대별 된다. 정치균열도 어떤 의미에서 사회적 균열의 한 유형이라고 볼 수 있는데 서구 정치과정에 나타난 ①종족, 언어, 종교 등 문화적 차이에서 형성된 균열 ②계급적 분열 ③지리적·영토적 균열 ④정치균열 등 네 가지로 분류한다.[94]

사회 균열은 사회적 특성을 기준으로 구분되는 사회적 분열(social division)을 의미한다. 분파에 소속된 사람들은 집단정체성이라는 의식을 갖게 되고, 균열은 노조나 교회나 특수한 사회조직 등과 같은 조직적인 모습으로 나타나기도 한다. 결국, 정당은 국민의 부분적인 정치단체로서 국민 전체를 포괄하는 역할에 한계가 있어 사회 특정한 세력의 정치적 이익을 대표하는 성향이 있다는 것이다.

정당은 사회 균열 구조에 영향을 받는다. 정당의 존립은 유권자들의 지지가 필수적인 요소다. 유권자의 지지가 없는 정당의 존재 가치는 사라진다. 정당은 특정한 세력이나 계층의 안정적 기반을 필요로 한다. 그 세력이나 안정적 지지기반은 결국 사회 균열 구조와 관련이 있다. 정당은 사회 균열 구조에 따라 정렬(alignment)됨으로써 안정성을 확보하게 된다. 정당체계도 사회 균열 구조에 따라서 정렬된다. 새로운 정당의 출현은 사회 균열에 기초한 유권자의 지지와 관련이 있다. 정당의 발전 초기와 달리 근대 정당들은 특정 세력만을 지지기반으로 정치권력을 획득하고 유지하는 데 한계가 있어 포괄정당의 성격을 띠고 있지만 정당체계는 이념, 계층, 계급, 지역, 종교, 인종, 직업, 세대, 성별 등의

---

94 김만흠, "정치균열, 정당정치 그리고 지역주의", 「한국정치학회보」 제28권 2호, 한국정치학회(1994), pp. 216~222.

사회적 분파와 관련성을 갖는다고 본다. 예를 들면 인도에서는 계층, 종교, 카스트, 지역적 이해에 따라 사회 균열과 정당 지지 간의 연계가 형성되고 있다.[95]

2. 사회 균열 이론

정당체계의 정렬과 변화를 사회 균열과 관련하여 설명한 고전적 이론은 립셋(S. M. Lipset)과 로칸(S. Rokkan)을 들 수 있다.[96] 유럽 정당체계의 정렬과 지속은 사회 균열 구조의 형성 및 변화와 역사적·구조적 연관이 있다는 주장이다. 정당체계는 국가의 통일, 산업화, 민주화 등 세 가지 요인의 상호작용 산물이라고 본다. 국가의 통일과 통합 그리고 산업화 과정의 결과로서 나타난 사회 내부 균열의 본질에 관하여 관심을 나타냈다. 사회 균열이 정치적 자유화와 민주화 과정이 진행되는 동안 정치적으로 편입되었고, 결과적으로 정당체계로서 제도화 내지 고착되었다는 것이다. 사회 균열은 국가건설 초기 단계에서 지역의 개별적 지도자 및 중앙정부의 권위에 대한 반대를 반영하면서 지역적 기반을 두었다는 것이다. 지역적인 동시에 문화적으로 대규모의 사회분열인 국가와 교회 간, 중심권과 주변부 간의 균열 현상이 나타났다.

다음은 산업화 과정에 토지와 산업 간, 노동자와 사용자 간의 기능적인 균열이 나타났다. 정당 출현의 발단(threshold)은 정치참여 장벽을 낮추는 투표권의 확대라는 정치적 자유화 및 민주화 과정과 관련이 있다. 정치운동의 장애요인이 있었으며, 이것이 동시에 정당체계 유형을 결정하는 요인으로 작용하였다. 정치운동이 정당하다고 인정된 정통성의 발단(legitimation threshold), 정치운동 지지자들에게 자유권을 부여한 법인설립의 발단(incorporation threshold), 정치운동이 전략적으로 정치적 대표를 획득하게 된 대표성의 발단(representation threshold), 수적 다수의 지배가 허용되는 다수결의 발단(threshold of

---

95　고경희, "인도의 사회 균열과 정당체계: 포괄정당의 쇠퇴와 대항 정당의 사회 균열 동원 전략", 「한국정치학회보」 제35권 4호, 한국정치학회(2001), p. 332.

96　Seymour Martin Lipset and Stein Rokkan(ed.), *Party Systems and Voter Alignments: Cross-National Perspectives* (New York: The Free Press, 1967).

majority power) 등이 정당과 선거체제의 형성에 영향을 미쳤다는 것이다. 사회 균열은 정당 형성에 결정적으로 작용하였으며, 경쟁적 정치의 초기 단계에서 나타났다. 정당은 동원시장에서 대중동원을 가능하게 한 것이다.

립셋(S. M. Lipset)이 선거의 특징은 '민주적 계급투쟁의 표출'(expression of democratic class struggle)에 있다고 주장한 것은[97] 계급투표나 사회계급을 투표유형 설명의 변수라고 강조한 것이다. 정당은 특정 계급의 지지를 기반으로 정렬된다. 계급 이외에 다양한 정치적 균열 요인을 제기하였다. 균열 차원은 파슨스(Talcott Parsons)가 주장한 A-G-I-L 모형이라는 시각에서 사회체제의 기능적 요구와 필요성과 관련이 있다.[98] 모든 사회체제와 사회는 경제적 적응(economic adaptation: A), 목표 달성(goal-attainment: G), 통합(integration: I), 잠재의 유형 유지(pattern maintenance of latency: L) 등의 문제를 해결해야 한다.[99] 이와 같은 네 가지 기능을 수행하는 제도나 하위체계가 있다. 적응 하위체계=경제, 목표 달성 하위체계=정체(polity), 통합 하위체계=교회, 유형 유지 하위체계=학교, 가정, 동네 단위의 비공식적 관계망 등이 있다. 균열은 모든 하위체제 내에서 존재한다. A형은 노동자와 사용자, G형은 정당 간, I형은 종파 간 균열이 있고, 하위체제 간 협력과 갈등의 균열과 상호교환이 있다.

3. 사회 균열의 제도화

립셋은 민주주의의 조건을 평가하는데 정당 창당과 관련하여 안정적인 균열의 제도화(institutionalization of cleavages)를 강조한다. 민주주의는 국민에 의한 지배를 의미하며, 다수가 정치의 최고 지도자와 공직자를 선출하는 정치체제이며, 유권자들은 국가 지도자

---

97   Seymour Martin Lipset, *Political Man: The Social Bases of Politics* (Garden City, NY: Doubleday, 1960).

98   Talcott Parsons, *The System of Modern Societies* (Englewood Cliffs: Prentice Hall, 1971).

99   A-G-I-L 모형의 설명에 대하여 다음을 참고할 것. Erik Allardt, "Party Systems and Voter Alignments in the Tradition of Political Sociology", in Lauri Karvonen and Stein Kuhnle(ed.), *Party Systems and Voter Alignments Revisited* (New York: Routledge, 2001), pp. 13~26.

들이 추구하는 정책 결정에 영향력을 행사한다. 시민들은 공직 경합자들의 정치적 입장과 자질에 관한 정보를 바탕으로 공직 후보자가 어떤 인물인지 판단할 수 있으며, 또한 그들의 다양한 견해를 듣고 논쟁을 벌이며 의견을 제시할 수 있다. 따라서 공직자들은 시민들과 가까운 거리에 머물면서 시민들에게 반응한다. 신분, 부, 개인적 자질, 지적 능력 등 사회적 배경의 불평등은 영향력의 다양한 수준과 깊은 관련이 있지만 민주정치에서는 본질적으로 국민이 정치적 결과에 영향력을 행사할 수 있다. 민주적 거버넌스를 촉진하는 기제는 부족사회에서도 존재했으며, 스위스의 작은 주나 뉴잉글랜드의 타운 미팅은 모든 사람에게 개방되었고, 노동조합, 전문직 또는 직업협회 등 자발적으로 결성된 지방기구도 리더를 선출하였다. 고대 아테네에서는 추첨으로 지역 의회 의원을 선출하고 모든 남성이 대표가 될 수 있는 기회를 부여하는 독특한 체제를 유지하였다.[100] 대규모 공동체나 조직에서는 선거를 통하여 민주적 대표를 선출하려는 노력이 계속되었다. 미국과 러시아 혁명은 지도자를 간접적으로 선출하는 방법을 택하였으며, 국민의 대표를 선출하는 과정은 다른 사조직에도 영향을 미치게 되었고, 직업정치인과 직업 관료제 출현에 이바지하였다. 정당은 제도화된 경쟁을 가능하게 만들었다. 선거 경쟁은 민주정치의 본질이며, 시민들은 거버넌스에 대하여 다르게 접근하는 경쟁자를 선택할 수 있는 능력과 권리 때문에 정책 결정에 영향력을 행사할 수 있는 것이다. 야당의 출현은 집권 세력의 권한을 제한하였다. 야당에 의한 대안정부는 국민의 지지를 받을 수 있는 쟁점을 제기하고, 정부의 무능과 불법행위의 증거를 들추고, 이념적 변화가 반영된 다른 프로그램을 제시하기도 한다. 대중정치에 있어서 민주주의는 제도화된 정당을 요구한다. 제도화는 야당의 권리 수용, 언론과 집회의 자유, 법의 지배, 주기적인 선거, 정권교체 등 지지적인 문화를 전제로 한다. 집권 세력이 야당에 정권을 인계하는 절차나 과정이 정당제도화의 가장 중요한 요인이 된다.

---

100 사회 균열 구조와 관련하여 다음을 참고하였음. Seymour Martin Lipset, "Cleavages, Parties and Democracy", in Karvonen and Kuhnle (2001), pp. 3~9.

하지만 정당에 최소로 요구되는 것은 사회의 어떤 특정 세력으로부터 무조건적 지지를 확보하는 기반이다. 만일 정당이 추종 세력으로부터 그런 충성을 획득하지 못하면 눈에 보이는 정책착오, 지도자에 의한 불법행위, 대체 리더십의 철회나 붕괴 등으로 사라질 수 있다. 새로운 선거민주주의에서 정당은 제도화된 서구 민주사회의 정당이 경험했던 바와 같이 만일 깊게 뿌리내린 균열의 원천과 연계되어 있지 않으면 본질적으로 불안정하게 될 것이다.

립셋은 가장 기본적인 균열의 원천으로 계급을 들고 있다. 일반적으로 경제적인 저소득층은 좌파 정당을, 고소득층은 우파정당을 지지하는 성향이 있다. 계급투쟁은 일상화된 현상이며, 선거 경쟁은 일종의 민주적 계급투쟁이라고 부르고 있다. 토크빌(Alexis de Tocqueville)은 특권층인 귀족과 재산이 없는 가난한 사람들 간의 본질적 갈등을 주장했고, 마르크스도 계급투쟁의 본질을 강조하면서 상류층의 권력과 문화적 헤게모니는 허위의식을 생산한다고 하였다. 계급이 정치적 균열을 조장하는 결정요인이라는 과거 현재 미래의 강조는 옳지 않지만, 계급은 정당 분화의 인과 기제의 한 부분이라는 주장은 일리가 있다.

유럽의 민족혁명과 산업혁명의 변화과정에 다양한 사회투쟁이 나타났으며, 정당의 분열은 투표행태와 연결되었다. 정치혁명은 중심부인 국가체제와 주변부인 인종, 언어 또는 종교집단과 연계된 하위체제 간 갈등과 지배를 확대하려는 국가와 역사적인 교권을 주장하는 교회 간의 두 가지 갈등을 가져왔다. 경제혁명은 지주 엘리트와 확대되는 부르주아 계급 간 지주-산업 갈등을 유발하였고, 그리고 마르크스가 강조한 자본가와 노동자 간 갈등을 발생시켰다. 사회 균열은 현재까지도 영향을 주고 있으며 민주정치 대부분의 정당체계에 틀을 제공하고 있다. 성인에게 투표권 부여가 확대되면서 계급이 정당 지지와 투표 등 정치 갈등의 가장 중요한 요인으로 작용하고 있다.

4. 후기 물질주의의 등장

(1) 가치 정향의 변화

1960년대 중반부터 깨끗한 환경, 핵에너지 사용, 더 나은 문화, 여성과 소수자의 동등한 지위, 교육의 평등, 국제관계, 더 많은 민주화, 관대한 도덕성 등 가족과 성적 쟁점에 영향을 주는 후기 물질주의 등장은 새로운 정치적 변화를 맞이하게 되었다. 사회분석가들은 새로운 사회·정치균열의 기반으로 작용하고 있는 제3의 혁명인 후기산업사회의 등장은 사회적 결과라고 인식하였다. 경제적으로 다니엘 벨(Daniel Bell)의 관점과 새로운 정치 논란은 잉글하트(Ronald Inglehart)의 연구 성과와 연관성을 갖고 있다.[101] 벨 등은 구조변화에 작용하는 문화의 영향에 관하여 연구하였다. 즉 하이테크, 정보 지식, 공공서비스 산업, 대학과 연구 및 개발센터의 높은 의존도 요구 등과 연계된 과제의 중요성이 증대되고, 공장의 생산 중심적 입지는 사양길이라는 것이다.

잉글하트는 후기 물질주의 가치 정향과 가치변화는 새로운 균열 요인으로 작용한다고 보았다. 새로운 균열 요인의 등장으로 전통적 균열 구조가 약해지는 것은 사실이다. 산업사회의 생산과 관련된 물질 문제에 관심을 가진 자, 삶의 질에 관심을 가진 높은 수준의 교육을 받은 자, 후기산업사회 경제에 고용된 자, 그리고 인종주의, 성, 평화, 생태, 페미니즘, 핵에너지 등 후기 물질주의에 대하여 자유주의적인 사회적 견해를 가진 자 간의 새로운 균열선이 있음을 지적하였다. 이러한 가치들을 정당과 관련된 쟁점이라고 규정하는 것은 어렵지만 녹색당과 신좌파 또는 신정치집단은 전통적인 좌파 정당 내에서 교육 수준이 높은 중산층에게 이러한 가치 성향을 부추기고 있다. 산업사회에서 연유된 쟁점과 균열은 정책 분열과 선거 선택에 더 중요한 요인이 되고 있다. 왜냐하면, 물질 지향의 노동자나 자영업자들은 지식인보다 더 큰 규모의 계층을 형성하고 있기 때문이다.

---

101   Daniel Bell, *The Coming of Post-Industrial Society: A Venture in Social Forecasting* (New York: The Free Press, 1976); Ronald Inglehart, "The Changing Structure of Political Cleavages in Western Society", in Russell J. Dalton and Scott C. Flanagan and PaulA. Beck(ed.), *Electoral Change in Advanced Industrial Democracies, Realignment or Dealignmant*(Princeton, NJ: Princeton University Press, 1984), pp. 25~69.

산업사회가 탈산업사회로 빠르게 바뀌면서 정치, 경제, 사회, 문화 등 전반적인 변화가 뒤따르고 있다. 탈산업사회의 등장, 지식정보화사회의 도래로 사회·경제적 환경의 변화, 국민의 정치정향 변화, 탈 물질주의 가치관 등장 등을 정당 환경에 영향을 미치는 요인으로 꼽을 수 있을 것이다. 풍요로운 사회가 건설되면서 국민의 관심은 먹고 사는 생존 차원의 문제보다는 삶의 질에 대하여 높은 관심을 보이기 시작한 것이다. 사람들의 주된 관심사가 웰빙과 관련된 건강, 레저, 스포츠, 여행, 문화 등으로 바뀌게 되면서 정치에 관한 관심이 상대적으로 줄어든 것이 사실이다. 이런 상황에서 정당에 가입하거나 열성적인 당원으로서 봉사하는 분위기가 점차 사라지는 것이다. 정당의 활동에 관심이 줄어드는 국민을 정치의 장으로 유인하기 위해서 정당의 조직, 활동, 대국민 커뮤니케이션 방식 등에 일대 변화의 전기를 마련하지 않을 수 없는 상황으로 바뀐 것이다.

(2) 정치정향의 변화

탈산업사회 이후 국민의 인지적 정치정향의 변화는 정당의 지지행태에 영향을 주게 되었다. 지식정보화사회의 등장으로 다양한 정치정보를 언제 어디서나 획득할 수 있는 기회가 확대되면서 정치 전반에 대한 인식이 달라진 것이다. 이러한 현상은 기성 정치권이나 정당 불신과 염증으로 발전하여 새로운 정당의 출현을 기대하게 된다. 새로운 정치적 욕구나 기대에 부응할 수 있는 정당에 대한 요구는 정당체계의 변화요인으로 작용하게 되었다. 기성 정당에 대한 지지 철회나 불신으로 새로운 정당이 출현하게 되면 정당의 파편화 현상을 가져올 수 있다.

그뿐만 아니라 정당 내부의 변화와 개혁에도 영향을 미치게 된다. 시민들의 향상된 인지적 정치정향이나 가치관은 정당 운영과 역할에 대한 기대의 상승으로 이어지고 있다. 정당이 정상배들의 패거리 집단으로서 국민을 무시하고 정치인 우선의 권력 지향형 정치를 추구하는 것에 대한 심한 비판과 불신으로 정당 내부의 변화와 개혁을 요구하게 된 것이다. 예를 들면 당내 민주화, 정당개혁, 정당의 전문성 제고, 정치자금의 투명성 등 정당 내부의 변화와 개혁을 촉진하는 요인으로 작용하게 된다. 국민의 요구에 부응하지 못하면 국민의 지지 획득이 어렵기 때문에 정당 내부 개혁의 유인요인으로 작용하게 된다.

유럽이나 북미 호주 등 오래된 민주정당은 강력하고 안정되어 있지만 종전의 권위주의와 식민체제는 붕괴하고 있다. 1970년대부터 민주화의 제3의 물결이 비민주적인 정치체제에 영향을 미치기 시작하여 포르투갈, 스페인, 그리고 라틴아메리카, 아프리카, 동아시아는 물론 공산주의 국가에까지 파급되었다. 정당은 여건이 불리해지더라도 정당을 위해서 일하고 지지하는 무비판적인 충성심을 기반으로 해야 한다. 대표적으로 구 소연방 공산당은 이런 기반을 유지하고 있었으며, 유사한 경우로 멕시코의 제도혁명당(PRI)도 경제적 특권층, 노조, 노동자, 농민연합, 농촌지역이 하나의 선거 블록을 형성하였다. 제도혁명당은 1929년 창당 이래 도시기업인과 전문계층에는 우파적 성향을 그리고 프롤레타리아에게는 좌파적 성향을 호소하는 분리된 지원 기반을 형성하여 오랫동안 안정을 유지하였다. 이와는 달리 구공산주의권 국가들도 조직적이고 제도화된 다당제의 출현으로 정치적 다원주의가 정착되고 계급 이외의 구조적인 균열 요인이 정당과 연계되었다.

라틴아메리카의 경우 구조적 균열 요인이 정당 출현과 연관되어 있었으나 무비판적인 지지기반을 형성하지는 못했다. 라틴아메리카는 1980년대 민주화의 제3의 물결과 달리 안정된 민주주의가 공고화되었다고 볼 수 없는 상황이며, 정당은 위기에 대응하면서 지지기반이 수시로 무너지는 결과를 가져왔다. 인도는 안정된 정당 없이 아주 예외적으로 민주주의를 발전시키고 있는 경우라고 볼 수 있다. 인도의 정치를 안정시키고 있는 것은 카스트, 인종, 종족, 종교, 경제계급, 언어 등 주요 균열 요인의 교차 절단에 있다. 이는 장기적으로 갈등뿐만 아니라 제휴 관계의 기본구조로서 작용하게 되며, 정당 간 제휴가 깨진 이후에도 지속된다. 사법이나 공직 봉사를 포함하는 정치계급 내의 영국 정치 전통의 지속적인 강점은 민주주의 안정에 기여하고 있다. 서구민주주의에서 탈산업화 균열(post-industrial cleavage)은 새로운 정당의 출현과 새로운 지지기반의 정열을 부추겼다. 구 균열선인 계급이나 종교에 기반을 둔 계급투표나 종교투표가 현저하게 줄어들고 있는 것이 사실이지만 아직도 중요한 사회 균열 구조로 작용하고 있는 점은 부인할 수 없을 것이다.

한국의 경우 단일민족으로서 인종 갈등으로부터 자유롭고 종교적 신앙과 정치적 선택과는 상관성이 덜 하지만 지역, 세대, 성별, 계층, 이념 등의 균열은 정당의 지지기반과 밀접한 연관성을 지니고 있다. 동서로 갈라진 지역감정, 세대 간 지지 정당에 대한 편차, 남녀 간 다른 투표행태, 사회 · 경제적 계층구조와 정책 노선의 차이, 보수와 진보, 개혁과 반개혁 등의 이념 정향은 지지 정당 선택에 극명한 차이를 보여준다. 이러한 균열 구조는 국민의 투표행태에 영향을 미쳐 대통령 선거나 총선 결과에서 분명하게 표출된다. 특히 인터넷 정치의 등장과 좌파적 이념 성향이나 개혁지향 정책 노선을 선호하는 젊은 유권자들은 선거 결과에 결정적인 영향을 미치게 되었다. 선거에서 준비되지 않은 돌발 지도자(pop-up leader)의 갑작스러운 등장, 우연적 대통령(accidental president)의 탄생, 총선에서 뜻밖의 선전 등은 세대 간, 이념 간, 계층 간 사회균열구조가 가져온 선거 결과라고 볼 수 있다. 이러한 선거 결과에 따라 정당은 이들의 성향과 선호에 부합되는 정책을 개발하고 정당체계의 정렬과 정당 내부 정비와 정당개혁 방향을 결정하는 중요한 변수로 작용하게 된 것이다.

5. 사회 균열 이론의 한계

사회 균열 이론과 정당 정렬 관계를 부정할 수 없지만, 정치를 조직하는 효력을 잃어간다는 증거가 발견된다.[102] 이런 현상은 특히 신생민주주의 국가에서 확인되고 있다. 동유럽 및 중앙 유럽 국가에서 구 균열은 나치 및 전체주의 정부에 의하여 강제로 제거되고, 새 정부가 출범한 이후 선거에서 승리한 집권자와 패배한 야당 간 지속적인 후기 전체주의 균열이 있었다. 신생민주주의 국가에서 모든 정당은 민주화 과정에 여야 간 정권교체가 이루어지면서 결국 선거 승리에 필요한 실질적인 프로그램에 집중하게 되고, 유

---

102   Kay Lawson, "Five Variations on a Theme: Interest Aggregation by Party Today", in Lawson and Poguntke (2004), p. 253.

권자들의 관심에 따라서 정당이 정렬되는 형태가 나타났다. 모든 정당은 사회 균열을 그다지 중시하지 않고 더 많은 유권자가 원하는 방향으로 이익을 취합하면서 선거 승리를 추구한다는 것이다. 정당이 하나 혹은 다른 균열 구조의 이익을 대표하기보다는 선거에서 승리할 수 있는 확실한 방법에 더 관심을 쏟기 때문에 균열 구조의 영향력이 그만큼 약해졌다는 것이다. 선거전문가정당과 포괄정당은 특정한 사회 균열 구조에 기반을 두기보다는 오직 선거 승리와 집권을 위한 전략 때문이라고 볼 수 있다. 신생민주주의 국가에서 정당체계의 정렬은 사회 균열 구조보다는 선거 승리를 위한 이익집약 전략에 따라서 영향을 받는다는 것이다.

사회 균열 구조와 정당의 정렬과 관련하여 정치세력화하는 사회운동도 관심의 대상이 되고 있다. 사회운동은 특정한 단일쟁점을 중심으로 문제를 제기하고 국민적 관심을 끌면서 정치적 영향력을 확대하고 급기야 정당의 실체로 변신하는 경우가 있어 균열 구조와 관련하여 이해하는 데는 어느 정도 한계가 있다고 볼 수 있다. 쟁점에 이념적 색채가 전연 개입되지 않는다고 단언할 수 없지만, 탈이념의 실용적인 정책과 관련하여 정당에 대한 지지가 정렬되고 그것을 기반으로 정당이 출현하는 것을 사회 균열 이론만으로 설명하기에는 충분하지 못한 부분도 있다.

제4장

/

현대 정당의 도전요인

제1절 정당의 정통성 약화

1. 정당의 사회침투력 약화

정당에 대하여 몇 가지 질문을 던져봐야 할 것이다. 정당이 현대 민주주의에서 얼마나 필요하고 적절하며 또한 중요한 정치조직인가? 정당이 안정적이고 효율적인 민주 발전을 위해서 본래의 기능을 제대로 수행하는가? 정당은 시민사회를 정치적으로 제대로 대표하는가? 정당은 시민의 요구와 희망을 정부 정책으로 산출하는 데 어떻게 기여하는가? 정당은 시민 편에서 정치참여를 촉진하고 또한 지원하는가? 정당은 국가와 사회의 연계 기제(mechanisms of linkage)로서 기능을 제대로 수행하는가? 더 나아가 본질적으로 과연 민주정치는 정당정치라는 등식을 조건 없이 수용해도 되는가 등등 정당에 대한 의구심이 대두되는 것이 사실이다. 왜냐하면, 정당이 민주 정치발전에 기여보다 혹시 장애요인은 아닌가 하는 의구심이 들고 있으며, 국민으로부터 신뢰를 얻지 못하기 때문이다.

민주화의 제3의 물결로 민주주의가 예기치 않은 수준으로 확산하고 있다. 역사상 시민의 자유와 정치적 자유의 수준이 최고조에 달하고 있다. 권위주의 이념이 소멸하고 민주 정부 이외의 어느 것도 정통성을 획득할 수 없게 되었다. 하지만 특정한 민주제도에 대한 불만이 점차 고조되고 있으며, 국민의 악평이 높은 제도는 정당 하나밖에 없다. 정당과 정치인에 대한 국민 불신 수준이 매우 높다.[103]

대표적 민주제도의 하나인 정당의 위상이 흔들리고 있다. 정당 환경이 급변하고 있다. 정치학자들은 지난 수십 년 동안 정당이 사회적 정박지(social anchorage), 선거에서의 위상, 정책 영향 능력 등을 상실하면서 쇠퇴 여부에 논란을 벌여 왔다. 많은 경험적 자료는 현대 민주주의 정치체제에서 당원의 감소, 당에 대한 애착심과 충성심의 약화, 사회적 유대의 약화, 특정한 사회집단의 대표성 감소, 정당의 신뢰나 지지 약화, 정책 영향력 감소 등을 지적하는 다양한 결과를 보여주고 있다. 또한, 정당 자체의 문제가 아니라 일반 대중의 가치와 신념의 변화에 있다고 주장한다. 또한, 언론이 정치인과 정당의 목적을 공직을 차지하고 권력의 영속화 등에 열중한다는 냉소적이고 조작적인 보도 때문이라는 주장도 있다. 하지만 결국 정당이 변화하는 사회·문화적 환경에 능동적으로 적응하지 못하고 시민의 정치적 요구나 기대를 충족시키지 못하는 무능함에 있다고 보는 것이 타당할 것이다. 영국, 이탈리아, 독일, 프랑스, 벨기에, 스웨덴, 덴마크, 노르웨이, 핀란드, 네덜란드, 스페인, 아일랜드, 미국, 캐나다, 호주, 뉴질랜드 등 16개국에 대한 경험적 연구 결과는 정당의 사회침투가 다양한 국면에서 일관된 추세로 쇠퇴하고 있다는 사실을 보여주고 있다.[104]

2. 정통성 약화의 실제

정당의 정통성을 분석하기 위한 16개국에 대한 설문조사 결과를 〈표 4-1〉과 같이 종합하였다. 정당과 유권자 간의 연결, 정당조직의 발전, 정당의 업적 등에 초점을 맞추어

---

103 정당의 사회침투력 약화에 대하여 다음을 참고한 것임. Larry Diamond and Richard Gunther, "Introduction", in Diamond and Gunther (2001a), p. viiii.

104 Webb, Farrell and Holliday (2002).

분석한 것이다.[105] 그 결과 정당의 정통성(party legitimacy)이 약해지고 있다는 지표가 구체적으로 나타나 있다.[106] 정당의 정통성을 측정하기 위해서 순 부동층 유권자를 조사한 결과 유독 스페인 한 곳만 감소하고, 영국, 독일, 미국 등 3개국에서 시계열적으로 일관된 경향은 나타나지 않았으나 증가한 것은 사실이며, 12개국은 완전한 증가 추세를 보였다. 이는 민주화의 전이 과정에 있는 스페인이 초기 민주화나 정당체계 형성단계에서는 부동층 유권자가 늘었으나 정당의 안정적인 경쟁체계가 공고해지면서 부동층 유권자가 감소하는 일반적인 현상과 닮은꼴이다. 정당발전은 정치발전 단계와 관련이 있음을 시사하는 사례라고 볼 수 있다. 조사 대상 국가 중 스페인은 유일하게 민주정치 발전단계에 해당하는 경우다. 유권자의 유동성 지수가 증가했다는 것은 유권자들의 정당에 대한 지지나 투표 성향의 일관성을 상실했다는 것을 의미한다. 정당 경쟁체제의 불안정과 신뢰할 수 있는 정당의 부재로 유권자들의 선택에 혼란이 생겨 특정 정당을 지지하는 일관된 태도가 사라지고 우발적 선택이 증가하고 있는 것이라고 해석할 수 있을 것이다.

정당체계의 파편화 지수인 효율적인 정당 수는 총선에서 의석을 차지한 정당을 의미하는데 스페인 등 3개국을 제외하고 증가하였다. 정당 수가 증가했다는 의미는 정당체계가 제도화 내지 안정되지 못했다는 것을 의미하며, 기존 정당의 정통성이 크게 약화되었음을 보여주는 것이다. 기존 정당에 대한 국민의 불신이 매우 높아 새로운 정치세력의 출현을 기대하기 때문이다. 변화되는 선거환경에 새롭게 창당된 정당은 국민의 전폭적인 지지를 받아 정당체계에 진입할 수 있는 기회를 부여받았기 때문이라고 해석할 수 있을 것이다.

또한 유권자들에게 새로운 균열 구조가 생성되어 신당의 등장을 촉발케 한 결과라고 볼 수도 있다. 유권자들의 투표 선호는 사회 균열 구조의 반영이기 때문에 유권자의 지지를 새롭게 얻은 정당은 존속할 수 있는 것이다. 유권자들의 기존 정당에 대한 지지 이탈

105 16개국의 정당정치에 대한 분석자료의 결론을 참고한 것임. Paul Webb, "Conclusion: Political Parties and Democratic Control in Advanced Industrial Societies", in Webb, Farrell and Holliday (2002), pp. 438~460.

106 Webb (2002c), pp. 438~444.

과 새로운 정당에 대한 투표 재정렬 현상이 나타난 것이다. 다른 한편 계급, 직업, 종교 등 사회 균열 구조의 변화 이외에 후기산업사회 이후 유권자들의 가치변화도 새로운 정당의 지지 결과로 나타난 것이라고 해석할 수 있을 것이다. 풍요한 사회가 건설되고 경제적으로 여유 있는 생활을 누리게 되면서 유권자들은 환경, 삶의 질, 참여 등과 같은 새로운 가치를 중시하게 되고, 이러한 가치변화에 적절한 대안을 제시하는 신당을 지지한 결과라고 볼 수 있는 것이다. 유권자들의 지지를 받는 정당 수가 증가한다는 것은 기성 정당에 대한 불신과 더불어 유권자들의 정치적 욕구가 다양해지고 있음을 반영하는 것이다.

<표 4-1: 정당의 국민 정당성 지표>

국가	부동층 유권자	효율적 정당 수	투표율	정당의 정체성	절대 당원 수	상대적 당원 수	정당 불신	이탈+ 정당 불신
영국	동요	증가	동요	감소	감소	감소	높음	있음
이탈리아	증가	증가	감소	감소	감소	감소	심각	있음
독일	동요	증가	감소	감소	감소	감소	높음	있음
프랑스	증가	증가	감소	감소	감소	감소	높음	있음
벨기에	증가	증가	감소	감소	감소	감소	심각	있음
네덜란드	증가	증가	감소	감소	감소	감소	높음	있음
스웨덴	증가	증가	감소	감소	감소	감소	높음	있음
덴마크	증가	증가	안정	감소	감소	감소	높음	있음
노르웨이	증가	증가	감소	감소	감소	감소	높음	있음
핀란드	증가	동요	감소	N/A	감소	감소	높음	N/A
아일랜드	증가	증가	감소	감소	감소	감소	높음	있음
스페인	감소	감소	동요	N/A	증가	증가	낮음	없음
미국	동요	안정	감소	감소	N/A	감소	높음	있음
캐나다	증가	증가	감소	감소	감소	감소	높음	있음
오스트리아	증가	증가	안정	감소	감소	감소	높음	있음
뉴질랜드	증가	증가	감소	감소	감소	감소	높음	있음

주) 동요는 일정한 경향성이 발견되지 않은 것을 의미함.
출처) Webb (2002c), p. 439.

투표율도 16개국 중 12개 나라에서 감소했다. 투표율의 감소는 다양한 시각에서 평가할 수 있을 것이다. 무엇보다 정당이 대중동원에 실패했다고 볼 수 있다. 정당의 사회침투력이 현저하게 저하되어 대중의 지지 동원에 실패하였기 때문에 유권자가 정치참여를 포기했을 가능성이다. 정치 동원의 실패는 정치적 균열과 정당의 정체성 등과 관련 있으며, 이는 대중정당의 위상이 약해졌음을 의미한다. 또한, 기존 정당이나 정치권에 대한 불신과 실망 그리고 냉소주의가 정치적 무관심을 불러와 투표율이 저하되었을 가능성이다. 투표율은 정당 이념의 다양성에 영향을 받는다. 투표율이 낮아지는 원인을 주요 정당 간 이념적 융합(ideological convergence) 현상으로 설명한다. 주요 정당들의 이념적 차이가 없어지고 특정 이념 중심으로 정렬되는 현상을 보이면 유권자는 정당 간 차별성을 발견하기 어렵기 때문에 투표 참가의 중요성을 크게 인식하지 못한다는 것이다. 정당 간 이념 차이가 별로 없다는 것은 정책대안이 대동소이하다는 것을 의미하기도 한다.

정당의 정통성과 관련하여 당원의 당에 대한 정체성 조사에서도 13개국에서 감소하였다. 당원 수도 스페인을 제외하고 모두 감소하였다. 이는 정당에 대한 정체성의 결여와 충성심과 애착심의 약화를 의미한다. 정당이 유권자들의 마음을 사로잡아 안정적인 지지기반을 유지하는 데 실패한 것으로 볼 수 있으며, 정당 중심 투표행태가 변하고 있다는 증거라고 해석할 수 있다.

마지막으로 반 정당 감정(anti-party sentiment)에 대한 분석은 조사 도구의 일관성에 약간의 차이는 있으나 이탈리아와 벨기에는 통계적으로 심각한 수준의 불신감이 존재하는 것으로 나타나 정당체계의 위기를 맞고 있다고 볼 수 있다. 다른 나라도 마찬가지로 정당에 대한 불만과 냉소가 상당히 높은 것으로 조사되었다. 시민의 정당에 대한 반감이 매우 높다는 사실은 정당의 정통성에 대한 심각한 위협요인이라고 해석할 수 있을 것이다. 대부분 서구의 모든 정당은 국민의 전폭적인 지지를 받지 못한 것으로 조사된 것이다. 정당이 국민의 불신 대상이 되고 있다. 정당의 사회침투력 약화, 정당에 대한 애착심 소멸, 투표 무관심, 정당에 대한 불만 등은 유권자들의 특정 정당에 대한 지지 이탈을 가져오는 요인이 된다고 볼 수 있다.

〈표 4-1〉의 조사 결과는 오래된 자료라 현실성이 떨어지는 것은 사실이다. 하지만 정당에 대한 국민의 정통성 지표가 하루아침에 변하지 않는다는 경험칙에 비추어 볼 때 하

나의 경향성을 파악하는 데 어느 정도 도움이 될 수 있을 것이다. 그리고 뒤에 소개하는 여러나라 정당의 불신현황 등 최근 몇몇 지표와 비교하면 〈표 4-1〉의 조사 결과가 아직도 상당 부분 현실과 부합되고 있음을 알 수 있다.

제2절 정치과정의 주변화

1. 전통적 역할 수행 미흡

정당이 정치과정의 주요 행위자로서 지위를 상실해 가고 있다. 정당이 정치과정에서 전통적인 역할을 효율적으로 수행하지 못하고 주변부 존재로 위상이 추락하고 있다. 그 이유를 세 가지 측면에서 이해하고 있다.[107]

(1) 대중동원의 대행자로서 지위 상실

정당은 역사적으로 새로운 시민집단을 동원하는 특수한 기능을 수행하고 그들을 정치체(political body)로 통합하는 역할을 한다. 보통 선거권의 확대와 관련하여 정당의 대중동원은 주요 기능의 하나로 간주하였다. 정당이 특정 사회 균열 구조를 대표하고 그들로부터 변함없는 지지를 받는다면 투표 동원은 손쉽게 이루어질 수 있다. 하지만 정당의 대중동원 능력이 떨어졌다는 것은 립셋이나 로칸이 주장하고 있는 특정 사회 균열 구조에 의한 특정 정당을 고정적으로 지지한다는 동결가설(freezing proposition)이 성립되지 않는다는 것을 의미한다. 과거의 정당에 대한 정치적 정렬(political alignment)이 약해지고 정당이 더 이상 사회 균열 구조를 대표하거나 그들의 이익을 새 정치에 제대로 반영하지 못하는 상황으로 바뀐 것이다. 정당의 대중동원 기능을 이익집단 등 다른 행위자들이 대행하게 된 것이다.

---

107   Daalder (2002), pp. 51~54.

(2) 시장 세력으로 전락

정당이 역사적인 기능을 포기하고 단순하게 선거에서 득표에만 관심을 갖는 시장 세력(market forces)이 되었다. 정당이 더 이상 특별한 원칙에 기반을 둔 대표체계도 아니고, 자신들의 진정한 이념적 정향도 사라진 채 그 자리를 새로운 냉소적 현실주의가 차지한 가운데 '투표 극대화의 대리인'(vote-maximizing agents)이 되고 말았다. 한마디로 정당은 투표시장에서 유권자들로부터 더 많은 지지를 받기 위해서 이념이나 원칙이 없는 포괄 정당이 되었다는 것이다.

(3) 행동 집단에 의한 정당 기능 대행

신다원주의(neopluralism)와 신조합주의(neocorporatism)의 등장과 더불어 행동 집단(action group)이 출현하여 정당이 수행하던 정치적 대표 기능을 대행하게 되었다. 신다원주의는 다양한 이익집단 간 자유경쟁을 통하여 이익과 가치의 균형을 도모한다는 것이다. 자본주의 시장경제는 자유경쟁과 이익 극대화라는 합리적 선택을 원리로 하고 있다. 민주주의 사회에서 다양한 이익집단이 존재한다. 여러 집단 간 자유경쟁을 통하여 이익의 극대화를 추구한다. 이익집단도 정당과 똑같이 시민과 정부의 연결 기능을 수행한다. 자유민주주의 국가에서 정당과 이익집단은 연결 기능을 수행하기 위해서 정당과 이익집단 간 통합, 정당지배, 협력, 분리, 무 연루(non-involvement), 경쟁, 갈등 등 다양한 관계를 형성·유지한다고 볼 수 있다.[108] 정당과 이익집단 간에는 시민과 정부의 연결 기능을 수

108　자유민주주의 국가에서 정당과 이익집단의 관계유형을 일곱 가지로 분류하고 있다. ①통합모형(integration model): 정당과 이익집단 간에 이념적·조직적 유사성, 공동의 전략, 상호 지원 및 보완 등의 관계, ②정당지배형(dominant party model): 이익집단 권한의 정당 예속, 정당에 의한 이익집단의 영향력 행사나 정부 접근 차단, ③협력/유사이념모형(cooperation/proximate ideology model): 정당과 이익집단 간 강력한 우호 관계 유지, 연결고리로서 이념, 정책 정향, 역사적 배경 등이 작용, ④분리/실용적 간여 모형(separation/pragmatic involvement model): 양자 간 강력한 독립성 유지, 이익집단의 당파적 애착심(partisan attachment) 전무 혹은 특정 정당과 이념적 애착이 존재해도 미약, 정치적 실용주의에 근거하여 관계를 형성하더라도 일시적, ⑤무 연루모형(non-involvement model): 이익집단과 정당 간 직접적 관계없음, ⑥경쟁/시합모형(competition/ rivalry model): 양자 간 대표성 경쟁, 정치적 수혜 경쟁, 자금경쟁, ⑦갈등/대결모형(conflict/confrontation model): 특히 여당과 이익집단 간 이념적 균열, 정책에 대한 견해차, 때로는 가치 내재적인 감정적

행하는 과정에 통합이나 협력관계보다는 분리나 경쟁 그리고 갈등 관계가 일반적으로 발견되는 현상이다.[109]

정부의 정책 결정에 영향력을 행사하기 위해서 결성된 개인이나 조직의 결사체인 이익집단도 정당과 마찬가지로 정치과정에 뛰어난 선수가 된 것이다.[110] 사회운동도 일종의 느슨하게 조직된 이익집단이라고 볼 수 있다. 하지만 사회운동은 전통적인 이익집단과 구별되는 특징이 있다.[111]

①기존의 정치제도권 밖의 사람들이나, 정치제도에 영향력을 행사하는 데 정치적 효능감이 낮다고 느끼는 사람들을 대표한다.

②사회경제적 · 정치적 구조의 요소를 변화시키고, 사회 내의 권력 행사나 권력 배분의 변화에 대한 대중의 요구를 가시화 되도록 한다.

③항의, 농성, 수동적 저항 그리고 때로는 폭력과 같은 비합법적 수단 등 제도화되지 않은 채널을 활용하는 집단적 정치 행동을 동원한다.

④정치권력이 국가가 아닌 시민사회에 있다는 반정부적 · 반기득권적 태도를 밝히면서 사회운동 초기 단계에는 강력한 반정치적 입장이다.

⑤이완되고 때로는 형체가 없는 조직구조를 유지한다.

⑥통상적으로 분명한 리더십이 부족하거나, 간디(Ghandi)나 마틴 루터 킹(Martin Luther King)과 같은 카리스마적 리더를 갖는다.

쟁점(value-laden emotional issue) 등으로 갈등과 대립 발생. Clives S. Thomas, "Toward a Systematic Understanding of Party-Group Relations in Liberal Democracies", in Clives S. Thomas(ed.), *Political Parties & Interest Groups: Shaping Democratic Governance* (Boulder: Lynne Rienner Publishers, Inc., 2001), pp. 281~284.

109 정당과 이익집단과의 관계에 영향을 미치는 변수는 ①사회경제 및 정치발전: 사회경제발전 유형, 정치문화와 정치이념, 사회경제발전 수준, 정치발전 수준, ②현행 헌법, 법 그리고 정치구조: 정부와 정책 결정의 분권화와 집중화, 정당체계의 본질(nature of the party system), 집권당 혹은 집권 정당 연립(the political party or party coalition in power), 선거체제의 유형, 정당의 이익집단 의존범위, 이익집단 체계의 포괄적 특징, 정당과 이익집단에 관한 법 규정, ③이익집단의 발전, 목표, 특징과 리더십: 이익집단의 발전(interest group development), 이익집단의 목표와 이념, 이익집단의 리더십 등이다. 다음을 참조할 것. Thomas (2001), pp. 273~278.

110 Clives S. Thomas, "Studying the Political Party-Interest Group Relationship", in Thomas (2001), p. 6.

111 Thomas (2001a), pp. 9~11.

이와 같은 시각에서 사회운동은 전통적인 이익집단과 구별할 수 있지만 이익집단이나 사회운동은 모두 정당과 똑같이 시민과 정부를 연결하는 중요한 기능을 수행하게 되었다. 대표적인 이익집단 혹은 사회운동단체로서 순수한 비정부기구(NGO)의 등장을 들 수 있다. 21세기는 NGO의 시대라고 한다. 다양한 유형의 NGO가 등장하면서 그들의 정치·사회적 영향력을 급속도로 신장하고 있다. NGO와 같은 정당 대체 조직의 출현은 정당의 기능과 위상을 약하게 만드는 요인으로 작용하게 되었다. 왜냐하면, 이들은 원인제공집단(cause groups)으로서 정당의 고유 기능인 시민과 국가를 연결해주는 교량 역할을 대행하기 때문이다. 정당이 무시하는 쟁점, 정치적으로 민감한 현안, 당파적 이해가 걸린 쟁점, 정당의 전문성 부족 등으로 대안을 제시하기 어려운 국민적 관심사에 대하여 NGO는 누구의 눈치도 살피지 않고 심층적인 연구와 분석으로 객관적인 대안을 제시하는 역할로 정당의 기능을 대신한다고 볼 수 있다. 단일쟁점에 관한 전문성을 바탕으로 구체적이고 현실적인 대안을 제시하는 NGO의 등장은 정당의 쇠퇴나 정당의 정치과정 주변화를 부추기는 요인으로 작용한다고 볼 수 있다. 단일쟁점 집단이 정당의 대체 조직으로 급부상한 것이다.

정당이 의무적으로 수행해야 하는 모든 기능을 단일쟁점 집단이나 대중매체 등과 같은 다른 행위자들과 공유해야 하는 단계까지 발전하였다. 이러한 변화는 수십 년 전 산업화가 이루어진 민주사회에 비하여 교육과 커뮤니케이션 혁명을 가져와 더 윤택하고 여유롭고 사적이며 인식적 유동성이 증가한 선진산업사회의 특성을 반영한 결과라고 볼 수 있다. 결과적으로 시민들은 과거 사회집단의 정체성 때문에 정당과 맺었던 밀접한 관계가 약해지고, 공공문제에 관한 인식적 실마리(cognitive cues)를 정당에 의존하지 않고 다른 데서 찾게 되었다는 것이다.

정당은 국민의 성원과 지지 그리고 경쟁 당을 의식하는 정치적 계산으로 합리적인 정책대안을 제시하는 데 한계가 있지만 NGO는 좀 더 자유롭게 활동할 수 있기 때문이다. 전문화된 이익집단은 정부에 대하여 정치적 요구를 직접 제기할 수 있는 채널을 가동하고 있다. 한마디로 전문화된 단일쟁점 집단은 정부의 정책의제에 대하여 직접 행동전략을 통하여 신속하게 전달할 수 있게 되었다. NGO가 정당보다 시민사회와 가까운 거리에서 공공의 관심사에 더 많은 신경을 쓰고 있으며, 살아있는 쟁점(alive issue)을 언제나 부각하는 능력이 있다.

정당은 주기적인 선거가 없었다면 그 위상이 훨씬 더 빠른 속도로 추락하였을 것이다. 하지만 NGO는 입법 기능이 없어 그들이 관심을 가지고 부각한 쟁점들을 정책으로 구체화하기 위해서는 정당과 협력해야 하는 처지라서 정당을 완전하게 대체하는 데는 무리가 있을 수 있다. 또한, 잠재적인 문제점을 국민의 전폭적인 지지를 이끌어 폭발성 쟁점으로 부상시키고 또한 차고 넘치는 국민의 지지를 얻으려면 시간과 경비가 필요하다. 경비의 자체 조달 능력 한계로 정부로부터 지원받는 상황이 온다면 정부를 견제하고 객관적인 입장에서 순수한 시민운동을 전개하는 데 한계가 있을 수 있다. 그렇지만 NGO는 막강한 사회조직과 후원 세력 그리고 국민 여론에 호소하면서 정당을 압박하고 국가와 시민사회를 연결하는 중재자로서의 위상은 높아지고 있다. 그 대신 정당의 국가와 시민사회의 중재자 역할은 축소되고, NGO 특히 전문화된 단일쟁점 집단이 정치과정에 차지하는 비중이 점점 커지고 있다.

또한 신조합주의는 미래 정당에 대한 위협요인이 되고 있다. 신조합주의를 통하여 이익이 표출되기 때문에 정당의 투입기능이 약해지고 정당은 단순하게 의회의 대표를 선출하는 역할로 제한되기 때문에 정치체제의 주변부로 밀려나고 국가와 시민사회의 연계 역할이 약해진다. 신조합주의자들은 정당의 역할에 주목하지 않으며 정당을 '표피적 현상'(surface phenomena)이라고 취급한다. 신조합주의의 등장으로 국가와 이익집단 간에 호혜적 관계가 급속하게 형성되면서 정당의 입지가 약해졌다. 정당의 중재 없이 국가와 전문화된 이익집단 간 상호 주고받는 거래가 직접 성사되기 때문이다. 정부의 정책 결정 과정에 정당이 수행했던 역할이 제도화된 이익집단과 공직자 간의 직거래로 변하게 되었다. 정책 결정과 집행과정에 정당이 옆으로 비켜섬으로써 전통적인 이익집약과 취합 기능이 약해진 것이다.

2. 민주적 거버넌스 수행 능력 결여

(1) 정당정부에 대한 도전

정당의 민주적 거버넌스를 분석하기 위해서 〈표 4-1〉에 나와 있는 16개국을 대상으로 정당정부(party government)의[112] 대안 모형인 관료의 권한, 조합주의, 그리고 후보자 개인 중심의 정치 등을 조사하였다. 그 결과 대체로 모든 나라에서 정당 운영에 각종 제약 사항이 많았지만, 정당이 국가 거버넌스의 중심에 있는 것으로 나타났다. 대부분 내각책임제를 채택하고 있는 나라이기 때문에 정당의 거버넌스 역할 수행은 너무 당연한 결과라고 볼 수 있다.

관료들의 권한은 현대국가에서는 물론 앞으로도 변함이 없을 것으로 보인다. 전후 이탈리아나 프랑스의 제4공화국과 같이 경직된 정부에서는 관료들의 권한이 매우 막강하였다. 최근의 조사연구는 책임 있는 행정부가 정당조직과 국가 관료기구 간의 공식적인 중재자(arbiters) 역할을 해야 한다는 사실을 시사하고 있다. 전문 관료들은 국가가 당면한 국내외 현안에 대하여 대안을 모색해야 할 필요성을 인식하고 있으며, 정부는 관료들이 이러한 업무를 수행하는데 '제도적인 후견인'(institutional guardian) 노릇을 해야 한다는 압박을 느끼게 된다는 것이다. 의회나 풀뿌리 민주정치 옹호자들이 유권자들의 기대나 요구를 정부가 수용하도록 당파적 명령(partisan mandate)을 내리거나 압력을 가할 때 양자 간에 긴장 상태에 놓이게 된다. 이는 많은 국가의 정책 결정 과정에 정당의 영향력이 매우 크다는 사실을 보여주는 예라고 볼 수 있다. 역설적으로 이런 현상은 행정부에 의한 정당지배가 가장 낮은 영국, 독일, 프랑스 등에서 가장 강력했으며, 이탈리아와 벨기에와 같이 정당지배체제(partitocratic system)를[113] 유지하는 나라에서 오히려 가장 낮았다. 하지

---

112 정당정부(party government)란 의미는 '정당의 정부 유착'(insertion of parties)으로 세 가지 조건이 충족되어야 한다. ①정부의 중요한 모든 결정은 선거에서 국민이 선택한 정당의 노선에 따르고, 국민에 의하여 임명되거나 국민에 대하여 책임 있는 개인에 의하여 결정되어야 한다. ②정책은 단독정부든 연립정부든 여당 내에서 결정되어야 한다. ③장관이나 국무총리 등 정부의 고위인사는 당내에서 선발되어야 하며, 소속 정당을 통하여 국민에 대하여 책임을 져야 한다. Blondel(2002), p. 237.

113 정당지배(partitocracy)란 개념은 벨기에, 오스트리아, 1992년 이전 이탈리아 등에서 국민을 대표하는 정당과 국가

만 어떤 경우에도 정당의 대국민 정책 약속이 흐지부지되지 않는 것으로 나타났다.

조합주의는 네덜란드에서만 유일하게 정당정부에 대하여 도전적인 것으로 조사되었다. 기능적으로 분권화된 네덜란드 정부는 정당이 정책을 결정하기보다 오히려 정책의 집행기능을 수행하도록 요구하였다. 다른 나라에서는 정당이 정부에 대하여 도전하기보다는 정부안에서 역할을 하는 조합주의가 실행되고 있었다. 조합주의가 실천되고 있는 벨기에와 스칸디나비아의 경우 노조와 같은 자율적 행위자는 증가하고 그들에 대한 통제력은 약해지는 상황에서 정당은 양날의 검에 직면하는 신세가 되었다.

후보자 개인 중심의 정치는 확산 추세를 보이고 있으며, 특히 프랑스의 분권형 대통령제나 미국의 대통령중심제의 정치체제에서 두드러지게 나타났다. 정당의 통치기능과 관련하여 대표의 능력에 대한 도전요인이 되고 있다. 프랑스에서 정당이 대통령 후보를 공천하는 것은 큰 의미가 없으며, 정당의 느슨하고 유동적인 조직에 의존해서 정치경력을 관리하는 차원에 머물고 있다.

전반적으로 정당이 국가의 통치과정과 정책결과에 중심적인 역할을 하지 못하고 쇠퇴한다는 결론을 내리기는 어렵다. 정당이 많은 환경적 제약 속에서도 정책 결정 네트워크(policy-making networks)로서 중심적인 구실을 하는 것은 부정할 수 없을 것이다. 유럽의 경우 정당보다는 유럽연합(EU)이 정책 결정 과정에 영향력을 확대하고 있는 사실은 예외로 볼 수 있다. 국내의 정책 결정 과정에 대외적 변수가 중요하게 작용하는 예라고 볼 수 있다.

일반적으로 정당정부가 정책 결정 과정에 강력한 영향력을 행사하고 있는 것은 사실이지만 정당은 점차 자율성을 잃어 가고 있으며, 국내외의 많은 환경적인 제약과 도전에 직면하고 있는 것을 부정할 수 없을 것이다. 정당정부의 황금기가 지나서 정당의 민주적 거버넌스 기능이 약해져 효율적인 역할 수행이 점점 더 어려워지고 있다는 지적이다.

를 통치하는 정부 간 불건전한 공생(unhealthy symbiosis) 관계를 의미하기 위해서 사용된 개념으로 '정당에 의한 국가 침투'(invasion of the state by parties)라고 이해한다. Jean Blondel, "Party Government, Patronage, and Party Decline in Western Europe", in Gunther, Montero, and Linz (2002), p. 235.

(2) 민주적 거버넌스의 실제

1) 영국

최근 정당은 요구되는 민주적 거버넌스 기능을 제대로 수행할 수 있는 능력이 부족하여 정치과정의 주변으로 밀려나고 있다고 한다. 예를 들면 정당이 실업, 인플레이션, 범죄 등에 있어서 많은 역할을 할 수 있느냐는 설문에 1987년에는 27~34%, 1992년에는 36%~41%가 긍정적으로 응답하였다. 정부의 정책 결정 과정에 정당의 영향력 수준이 낮다는 것을 의미한다. 정당에 대한 유권자의 냉소주의(voter cynicism)를 보여주는 것이다.[114] 정당정치가 가장 잘 발달한 영국에서도 정당이 핵심적인 거버넌스 기능을 수행하지 못하고 있다는 의미다. 영국 정당의 경우 이익표출과 취합 기능은 물론 이익의 대표기능도 효율적으로 수행하지 못한다고 한다. 영국 정당의 대표기능이 쇠퇴하는 원인의 하나로 단순 다수제의 선거제도를 들고 있는데, 주요 정당이 전체 투표의 90%를 흡수하고 있어 소수의 의견을 대표할 수 없다는 것이다. 국민의 $\frac{1}{2}$이상이 선거제도의 변경을 바라고 있는 것으로 나타났다. 영국 정당은 또한 정치 커뮤니케이션 기능도 제대로 수행하지 못하여 의제 설정이나 정치정보 제공 그리고 정치교육 등의 역할을 신문이나 방송이 대행하는 상황이라고 한다.[115]

2) 독일

독일 정당의 거버넌스 문제는 연방주의와 관계가 있다.[116] 즉 연방정부 차원의 연립정부와 주 정부의 분리 가능성을 열어놓고 있다. 이러한 분리는 실질적으로 일반적인 현상이다. 예를 들면 연방정부가 기독교민주연합(CDU)과 자유민주당(FDP) 간 연립정부를 구성했을 경우, 주 정부 단위에서 사회민주당과 협력하는 것을 허용하고 있다. 동시

---

114 Paul Webb, "Political Parties in Britain: Secular Decline or Adaptive Resilience?" in Webb, Farrell and Holliday (2002), p. 19. p. 31,

115 Webb (2002b), pp. 31~40.

116 Susan E. Scarrow, "Party Decline in the Party State? The Changing Environment of German Politics", in Webb, Farrell and Holliday (2002), pp. 93~97

에 주 정부 단위에서 기민연합과 사민당이 대연합을 원하더라도 연방정부가 이를 거부할 수 있다. 최근 정당체계의 확대로 정당 간 경쟁노선의 약화 경향을 더욱 부채질했다. 이는 정부 구성의 선택과 불확실성을 증대시켰다. 상대 당과 치열하게 경쟁하던 정당들은 선거 후에는 자신들이 가장 적합한 연정 후보라는 사실을 발견하게 된다. 정당 간 협력은 유권자에게 정당 간 별 차이가 없을 뿐만 아니라 기존 정당은 정치의 현실적 대안이 아니라는 사실을 더욱더 확고하게 인식시킬 우려가 있다.

또한 범 정당 간 협력의 필요성에 대한 압력은 주 정부와 연방 거버넌스의 제도에 영향을 받는다. 주 정부는 모든 법률안에 대하여 조건부 혹은 절대적 거부권을 행사할 수 있는 직접적인 대표성을 주 상원이 유지하고 있다. 따라서 연방정부의 정책 이행 능력은 주 상원의 우호적인 태도 여하에 달려 있다. 주 상원과 하원을 동일 정당이 통제하는 통합정부(unified government)는 문제가 없겠지만,[117] 상·하원을 각각 다른 정당에서 다수를 차지하는 분점정부(divided government)의 경우 연방정부는 정부안을 통과시키기 위해서 야당 지도자와 협상해야 한다. 사민당과 기민연합의 연립시절 국민으로부터 정책 정체(policy gridlock)에 대한 비난을 모면하기 위해서 타협과 협력을 통해서 법률안을 통과시키지 않을 수 없었다. 타협하게 되면 정치적으로 의미 있는 정책의 핵심 쟁점이 사라질 것을 우려한 나머지 분열된 사례도 있다.

독일의 정책 결정에 있어서 정당은 주요한 분열선이기 때문에 상·하원을 동일 연립 정당에서 통제하더라도 연방정부는 주 정부의 발의 내용이 통과될 것이라고 보장할 수 없다. 연방정부와 주 정부 지도자 간의 갈등이 발생하는 것이다. 독일은 지방정부의 자율성이 보장되어 있으면서도 연방정부라는 정치체제가 정당의 거버넌스를 어렵게 만들고 있다는 지적이다. 단독정부 대신 거의 연립정부를 구성하는 상황에서 정당 간 정책노선의 입장 차 때문에 갈등이 발생한다. 또한, 주를 대표하는 상원과 그리고 하원이 통

---

117 통합정부는 의회의 상·하원 다수를 한 정당에서 동시에 장악하거나, 입법권과 행정권을 한 정당에서 지배하는 경우를, 분점정부는 상·하원 또는 의회와 행정부를 각각 다른 정당이 지배하는 여소야대의 경우를 의미한다.

합정부냐 분점정부냐에 따라서 정책 결정의 효율성이 좌우되기 때문에 정당의 거버넌스에 근본적인 문제가 야기되고 있다. 일반적으로 독일에서도 당에 대한 정체성의 약화, 당원 감소, 부동층 유권자의 증가 등으로 정당의 쇠퇴 현상이 나타나고 있는 것은 사실이지만, 정당의 핵심적 역할을 부여한 제도와 전통 때문에 그나마 정당의 약화를 방지하고 있다고 본다.[118]

3) 캐나다

캐나다의 경우 정당은 행동계획(action plan)을 뚜렷하게 제시할 수 없는 '본질적으로 선거 당일 조직'이라고 표현하는 수준으로 정당의 거버넌스에 대하여 비판적이다. 캐나다는 총리 정부 혹은 정당정부라고 할 수 있는데 세 가지 차원의 도전에 직면하고 있다.[119]

①1980년 헌법에 명시된 '자유와 권리장전'(Charter of Rights and Freedoms) 때문이다. 시민들에게 정당에 대항하여 이익집단을 통하여 정치에 참여할 수 있도록 허용하였다. 결과적으로 정당은 더 이상 국가 차원의 어젠다를 독점하거나 규정할 수 없게 되었으며, 선거운동에 개입하는 이익집단과 경쟁해야 하는 상황을 초래하게 되었다. 또한, 법원은 정당의 정책을 취소시킬 수 있고 정책 채택을 정부에 강요할 수 있어 당의 지지자들을 분열시켰다.

②전통적인 정당정부가 의회 헌장의 변경을 공약한 개혁당의 도전에 직면해 있기 때문이다. 대중영합주의에 의한 도전으로 기존 정치인이나 정당은 선거구민의 의지에 복종해야 하는 상황이 된 것이다.

③퀘벡정당(Parti Québécois)과 퀘벡연합에 의하여 조직된 퀘벡 민족주의(Quebec nationalism)가 국가의 존립에 직접적인 도전요인이 되기 때문이다. 이들 조직은 그들이 승리할 때까지 퀘벡 독립을 위한 주민투표를 공약하였는데 이것이 국가의 최고 정치 쟁점으로 부상하였으며, 국민과 대부분의 정당은 소외되었다. 다른 지역도 비교적 무

---

118 Scarrow (2002), pp. 100~102.

119 R. Kenneth Carty, "Canada's Nineteenth-Century Cadre Parties at the Millennium", in Webb, Farrell and Holliday (2002), pp. 365~368.

관심한 편이나 중앙정부는 퀘벡 문제에 사로잡혀 있는 형편이다. 캐나다의 개혁당 출현과 퀘벡연합의 진출은 기존의 정당체계에 지각변동을 몰고 왔으며, 웨스트민스터(Westminster) 형태의 정당정부를 원하고 있지만 현실적으로 그렇지 못하다. 결국, 정당의 민주적 거버넌스가 도전에 직면하게 된 것이다.

3. 체제기능의 약화[120]

(1) 정치 충원 기능

정당의 체제기능을 평가하는 것은 쉬운 일이 아니지만 우선 주요 기능의 하나인 정치 충원을 살펴볼 때 지난 수십 년 동안 많은 나라에서 확대되는 경향을 보인다. 지방정부의 정당 정치화가 심한 나라에서 발견되는 현상이다. 정치 충원은 단순하게 중앙과 지방 정부에 출마할 후보를 발굴하는 데 그치는 것이 아니라 정당은 다양한 예비 공직 후보를 관리하고 있다. 국민을 대표할 후보나 정부 요직에 충원될 예비후보를 관리하는 일은 정당이 아니면 불가능한 일이다. 하지만 많은 나라의 정당들은 정치 충원에 있어서 상당한 도전과 어려움에 직면해 있다.

무엇보다도 정치 충원에 대한 국민의 불신 때문에 평판이 매우 좋지 않다. 시민들은 정당 지배적인 정치 충원 체제를 원하지 않고 있으며 상당히 냉소적이다. 왜냐하면, 이탈리아와 벨기에에서 가장 두드러졌던 정치 충원은 후원 네트워크(patronage network)와 연계된 부패 현상이 대부분 다른 나라에서도 발견되었기 때문이다. 북미의 경우 정당은 정치 충원에 있어서 문지기(goal keeper) 역할에 머물렀으며, 공직 후보 중심 체제로 운영되는 정치를 통제하지 못하였다. 결과적으로 정치인들은 정당을 역으로 이용하는 것 같다. 내각책임제인 캐나다와 대통령중심제인 미국의 경우 특히 심하다. 정당 중심이 아닌 후보 중심의 선거가 확산 현상을 보이고 있기 때문이다. 이는 정치 충원 통로인 정당에 대한 도전이라고 볼 수 있다.

---

120 정당의 체제기능에 대하여 다음을 참고한 것임. Webb (2002c), pp. 444~450.

(2) 의사전달 및 교육 기능

정당의 의사전달 및 시민교육 기능은 1960년대 이래 텔레비전과 같은 대중매체의 확산으로 약해졌다. 정보통신기술의 발달로 이러한 기능은 더욱더 약해지고 있다. 텔레비전 등의 대중매체는 이익집단들이 자신들의 주장을 대중에게 전파하는 매우 중요한 정치 커뮤니케이션 기능을 담당하고 있다. 시민들이 정치정보와 해설을 정당이 아닌 대중매체에 의존하고 있다는 것을 부정할 수 없을 것이다. 유럽의 주요 정당들은 역사가 오래된 당 자체의 언론매체를 계속해서 운영하기보다는 독립적이고 영향력이 큰 언론의 정당에 대한 호의적 보도에 더 많은 관심이 있다. 이는 정당의 의제 설정 능력이 대중매체에 의하여 압박당하고 있으며, 또한 모든 정당은 시민들의 가장 권위 있는 정치정보원으로서 대중매체의 중요성을 인식했다는 것을 의미한다. 다른 한편 정당의 대중적인 지위가 손상되고 있는 방증이기도 하다.

정당정치에 대한 언론의 보도 태도는 정당에 대한 공공의 인식 형성에 많은 영향을 미친다. 미국이나 영국의 예에서 보면 선거운동에 대한 보도는 구체적인 쟁점이나 리더십보다는 선거운동의 행위에 치중하는 경향이 있다. 이러한 보도 태도는 대중이 선호하는 실질적인 쟁점과 정반대로 정치과정을 오도하여 시민들을 혼란스럽게 만들기도 한다. 그리고 언론이 계속해서 사사로운 정당의 선거전략을 노출하는 보도 기술은 정치인과 정치에 대한 국민의 냉소주의를 부추기고 공공의 이미지를 왜곡시킨다. 더구나 네거티브 방식의 정치 커뮤니케이션은 정치엘리트들의 정치행태에 대한 공공의 인식을 부정적으로 각인시키고 선거 불참의 요인이 될 수 있다. 정당은 의제 설정 기능을 상실하고 있으나 정당만 탓할 문제는 아닌 것 같다.

(3) 정치참여 기능

정당의 기능 중에서 가장 문제가 되는 것은 정치참여와 관련된 것이다. 당원 수와 열성적 당원 활동의 감소 및 투표율 저조 현상은 정당의 수행 능력을 분명하게 약하게 만들고 있다. 당원 수의 감소는 공급자 측면에서 사회변동의 결과 시민들이 정당 가입을 꺼리고 있으며, 수요자 측면에서 정당은 당원을 충원하려고 하지 않는다는 조직적 · 전략적 이유 때문이다. 하지만 수요자 측면에 대한 확실한 증거가 부족하여 공급자 측면과 관련이 있다는 것이 타당할 것이다. 정당 지향적 정치참여의 감소는 정당의 사회침투력 약화와 관련이 있다. 그 중심에는 사회집단의 정체성에 기반을 두었던 계급이나 종파의 균열 현상이 약해진 데 있다. 정당은 반사 기구(reflexive institution)로서 당원들에게 공직 후보나 정당지도자 선출권, 정책 결정 과정 참여 등의 유인책을 확대함으로써 당원들의 적극적 활동이 줄어드는 데 대한 대책 마련에 고심하고 있다. 당내 민주화를 통하여 당원들의 정당 내 영향력을 행사할 수 있는 기회는 종전보다 엄청나게 증대하였지만, 참여 수준이 그리 높지 않은 것이 현실이다.

(4) 이익집약 기능

1) 이익집약이론

정당이 당원, 지지자, 유권자, 일반 국민의 정치적 요구를 일관성을 유지하면서 안정적 · 성공적으로 집약하는가? 대답은 '글쎄'이지만 이익집약이 갈수록 힘들어지고 있다. 아몬드(G. A. Almond)의 구조기능주의 이론에 기초하여 최초로 정치학에 소개한 정당의 이익집약 기능은 정당의 주요 역할임이 틀림없다. 이익집약 기능을 수행하기 위해서 정당의 주요 활동가들은 서로 만나 토론하고 심의하면서 국민의 정치적 요구를 최대한 만족시킬 수 있는 프로그램을 만들어야 한다. 이 프로그램을 구체적인 정책으로 전환하여 국민의 평가를 받고 그 결과 정부를 통제할 수 있는 기회를 얻게 되는 것이다. 이익집약과 관련된 이론은 몇 가지가 있다.[121]

①이익집약은 사회 균열 이론과 관련이 있다.

정당은 지지기반을 보다 공고하게 다지기 위해서 우선 특정한 분파에 속한 유권자들

---

121   Lawson (2004), pp. 252~258.

의 이익을 집약한다. 특정한 분파인 종교, 언어, 인종 등의 사회균열구조가 지지기반이 된다. 예전에는 정당은 특정 분파의 이익을 집약하여 그들의 지지를 받는 것이 지배적이 었지만 오늘날에는 균열 요인이 차지하는 비중은 감소하고 있다. 정당들은 특정 분파인 균열 요인에 의존하기보다는 선거에서 승리하기 위해서 더 많은 다른 유권자들의 지지를 얻는 것을 목표로 하기 때문이다.

②이익집약은 시민과 국가의 연계와 관련이 있다.

정당은 참여적 · 대응적 · 후견주의적(clientelistics) · 지시 및 강제(directive / coercive) 기능 등을 통하여 정부와 시민사회를 연결한다. 참여와 대응적 연계가 이익집약과 관련이 있다. 정당은 국민의 정치참여를 매개하는 기능을 수행하고 있으며 당원은 물론 유권자의 이익에 반응한다.

③이익집약은 카르텔정당과도 관련이 있다.

정치체제 내의 주요 정당들은 자신들 모두의 생존을 위해서 결탁(collusion)한다. 결탁은 주요 정당에 유리한 선거법 제정과 공적 자금의 수혜는 물론 힘들고 서로에게 반대되는 이익은 집약하지 않기로 비밀 합의하는 등의 형태를 보인다. 카르텔정당은 권한이 중앙당에 있어 당의 전략과 전술 쟁점에 관한 입장 등을 중앙에서 결정하기 때문에 지방조직은 약하고 중앙과 단절된 상태를 유지한다. 이익집약은 극도로 제한적이다.

④이익집약은 유권자의 만족과 관련이 있다.

오늘날 정당에 대한 불만이 매우 높다. 이는 투표율과 당원 수의 감소에서 알 수 있다. 한마디로 '정당의 생산품'에 대한 시장성이 약하다는 것이다.

결론적으로 정당의 이익집약 기능이 날로 약화하는 상황에서 이익집약의 개념이 아직도 유용한가에 있다. 유권자들은 아직도 균열 요인에 따라서 자신들의 입장을 정렬하는 경향이 있다. 이익집약과 관련하여 참여적 · 대응적 연계 이론도 유효한 측면이 있다. 카르텔정당의 지도자들은 국가에 영향력을 행사할 수 있는 정당 외부 조직이나 언론 등의 이익에 대하여 많은 관심을 기울이고 있다. 또한, 유권자의 정당에 대한 불만이 이익집약의 실패 때문이라는 확실한 근거는 없다. 따라서 이익집약의 개념을 절대적으로 탓할 수 없으나 많은 자료는 정당의 이익집약이 날로 힘들어지고 있다는 사실을 보여주고 있다.

2) 이익집약과 민주주의

정당의 이익집약과 관련한 민주적 성과에 대한 평가는 민주주의에 대한 개념과 해석이 다양해서 규범적이고 이론적일 수밖에 없을 것이다. 웨어(Allan Ware)는 이익집약과 민주주의에 관한 세 가지 주요한 요인을 제시하였다.[122]

①민주적 의사결정과 이익의 최적화(interest optimization)를 들 수 있다.

의사결정이 민주적이라면 어떤 형태든 관련 분야(relevant arena) 내에 있는 사람들을 위한 결과가 산출되어야 한다. 의사결정에 영향을 받는 관련 분야의 당사자들이 의사결정 과정에 반드시 포함되어야 한다는 것이다. 그렇지 않으면 민주적 의사결정이라고 볼 수 없다. 19세기 영국에서는 모든 사람이 투표에 참여할 수 없었기 때문에 민주적이라고 할 수 없었다. 정치체제가 민주적이라면 채택된 규정과 절차가 관련된 분야에서 최대 다수의 국민 이익을 최대한 만족시킬 수 있는 결과를 가져와야 한다는 것이다.[123] 이 개념을 정당의 수행과 관련하여 이해한다면 이익표출과 집약이 이에 해당한다. 하지만 전반적으로 이 분야의 정당 업적에 대하여 긍정적 평가가 나오지 않았다. 자유시장주의자들에 의하면 규범적 측면에서 정당에 대하여 적대적이다. 왜냐하면, 정치기구의 시장과정 개입은 최대한 줄어야 한다고 보기 때문이다. 하지만 정당에 대하여 이 규범적 입장을 적용하는 것은 무리라고 본다. 다원주의자들은 대의민주주의의 정당에 대하여 적대적이지 않다. 왜냐하면, 정당을 대규모 이익집단의 하나로 간주하고 있으며, 정당의 이익표출과 집약기능을 기본적으로 인정하고 있기 때문이다.

유권자들의 정치적 요구는 다양하고 유동적이기 때문에 최적을 유지하기 어렵다. 선거 과정은 투표의 역설과 주기(paradoxes and cycles)가 나타나는 결함이 있기 때문이다. 특히 양당제는 유권자들에게 A당과 B당 중 하나를 선택하도록 단순화시켜 제3의 대안 선

---

122   Ware (1987a), pp. 7~16, 23~27.

123   Ware (1987a), p. 8.

택 여지를 없애고 있다. 정당의 이익집약 기능도 단일의 합의적 공동체나 순수한 양당제에서 결정되지 않는 한 최적화를 유지하기 곤란하다. 대부분 선진산업사회는 단일적·합의적 사회가 아니다. 또한, 양당제에서 유권자들이 두 후보 중에서 선택을 강요당하거나 세 개 이상의 가용한 선택 대안이 있는 경우 이익의 최적화를 이룬다는 것은 쉬운 일이 아니다.

②국민에 의한 통제권 행사(exercise of control)를 들 수 있다.

민주주의는 국민에게 정부나 조직을 통제할 수 있는 기회를 제공해야 한다. 특정한 선호의 분배(distribution of preference)가 이익의 최적화를 가져오지 못하더라도 투표 참여와 다른 방법의 의사결정에 국민과 정책 결정의 내용 간에 적어도 어떤 형태든 연결되어야 한다는 것이다. 정치참여와 시민교육이 제한되고 이익의 최적화를 이루지 못했을지라도 민주주의는 국민에게 공공문제에 대한 통제와 선택의 기회를 행사할 수 있는 기회를 제공하는 데 의미가 있다. 하지만 문제는 국민 생활에 직접적인 영향을 미치는 의사결정에 국민의 참여 규모가 매우 작다는 데 있다. 그래서 의사결정의 분권화와 대의기구가 현대국가의 대안으로 제시되는 것이다. 특정 정부의 집권을 더 이상 원하지 않을 때 지도자를 교체할 수 있는 유권자의 능력(electorate's capacity)을 통하여 정부를 통제한다. 정당은 공직 후보를 충원하고 경쟁적인 선거가 요구하는 과정이 순조롭게 진행될 수 있도록 촉진하는 유용한 제도다. 따라서 당원 수의 감소나 당파성의 이탈을 심각하게 보고 있다.

정당이 시민교육, 정치참여, 이익표출과 집약의 기능을 수행하는 데 많은 어려움에 직면하고 있지만 어느 것도 선거 과정에서 유권자들에게 제공하는 선택의 기회를 막지는 못한다. 또한, 국민에 의한 통제는 정당에 대한 기대를 높이는 요인이 된다. 국민에 의한 통제는 선거 때 제시하는 경쟁적인 공약과 정부가 집행하는 정책과의 연계, 당내 민주화, 집권 후 정강 정책을 집행할 수 있는 국가에 대한 완전한 통제 능력 등 세 가지 특별한 사항을 요구한다.

③시민의 정향(civic orientation)과 관련이 있다.

이익집약과 민주주의의 세 번째 요소는 국민이 정치와 상호작용을 추구하는 어떤 목적과 관련이 있다. 민주주의는 의사결정과정의 참여자들이 그들 자신의 개인적 이익이 아니라 정체(polity)를 구성하는 사람들의 이익을 공유하는 정향이 있을 때 완전하게 존재할 수 있다. 국민이 정치참여 과정에 개인의 특정한 사익을 앞세우기보다는 다수가 공유한 이익을 강조할 때 민주주의의 건전성은 유지되는 것이다. 만일 시민이 동일 공동체의 일원으로서 그들이 가지고 있는 이익을 표출하지 않으면 민주주의는 완벽하게 실현될 수 없다. 참여는 발전적 기능을 수행한다. 의사결정과정에 다른 사람들과 상호작용을 통하여 폭넓게 공유한 이익의 가치를 알고 개인의 특수한 이익증진에 제한이 따른다는 사실을 받아들이는 것이다.

시민의 정당에 대한 태도와 관련하여 두 가지 시각이 있다. 하나는 정당의 정책 결정 참여는 공공의 배려(public regardingness)에 적대적인 가치와 태도를 보인다는 것이다. 다른 하나는 정당은 사회의 쟁점과 목표에 대하여 대중을 교육하고, 정당의 참여는 일반적 이익과 특수한 이익의 조화를 이루게 한다는 것이다. 정당 참여는 다른 조직 참여를 방해하는 것이 아니고, 개인회사나 개인 공동체의 이익을 다른 이익과 동시에 수용한다는 것을 의미한다. 정당이 이런 방향으로 운영된다면 사회침투력이 매우 높은 조직으로 발전할 수 있을 것이다. 민주주의 정치과정 참여에서 시민의 정향 개발을 위한 정치교육은 매우 중요하다. 민주주의와 민주제도를 평가하는 기준으로 정치참여와 정치교육에 매우 높은 비중을 두고 있다. 공공이익으로 나타난 일반의지의 집약은 이 접근법과 관련이 있으나 정당이 이러한 기능을 제대로 수행한다고 보기는 어렵다.

3) 이익집약의 딜레마

오늘날 정당의 이익집약과 관련하여 다섯 가지의 딜레마 유형과 사례를 제시하기도 한다.[124]

①충성스럽지 못한 이익집약(disloyal aggregation) 유형이 있다.

영국의 스미스(John Smith, 1992~1994)와 블레어(Tony Blair, 1997~2007) 총리가 이끌던

---

124   Lawson (2004), pp. 258~263.

노동당은 당원이나 당의 핵심 간부 등의 이념과 맞지 않는 중도 노선으로 방향을 선회하였다. 이는 노동당 핵심 지지기반이나 선거구의 이익에 불충한 모습을 보이면서 다른 한편 스윙유권자(swing voters)의[125] 이익에 강력하게 부합하여 하원 의석수를 늘릴 수 있었다. 단일 계급과 계층 지향적인 극단적인 태도를 버리고 전체 유권자를 의식한 것이다. 이는 이익집약의 약화라기보다는 핵심 당원들의 이익을 외면하는 것이라고 볼 수 있다.

②선택적 이익집약(sanitized aggregation) 유형이 있다.

대표적으로 스페인을 들 수 있다. 모든 유권자를 포용할 수 있는 이익을 집약하는 것이 아니라 선택된 유권자들의 관심사에 집중하는 유형이다. 예를 들면 성, 환경, 연금 등의 쟁점을 부각하여 그 분야에 관심 있는 집단의 이익을 집약하고 그들의 지지 확보를 목표로 하는 것이다.

③희석된 이익집약(diluted aggregation) 유형이다.

덴마크 유권자들은 정당이 필요 없다고 생각하며, 정당도 선거운동이나 정치자금을 위해서 당원을 그다지 필요로 하지 않는다. 1960년대와 비교할 때 2000년 말에는 당원 수는 ½로 줄었지만, 국고보조금은 늘었다. 선거법은 신당 출현과 소규모의 새로운 정당에도 국고보조금을 할당하고 미디어 접근도 상대적으로 공정하다. 비당원들의 정당 활동이나 교육 참가와 인터넷 활용이 증가하고 있다. 하지만 당원 중심의 이익집약을 강력하게 수행하고 있다. 정당의 강점은 지방과 중앙당을 활용할 수 있다는 것이다. 지방조직은 자율적으로 당비를 모금하고 후보를 공천하며 지방 당의 대표들이 당의 정책 내용, 당대표, 당헌 등의 결정에 중요한 역할을 한다. 지방조직이 과거에 비하여 엄청난 영향력을 행사하고 이익집약 기능을 수행하는데 이를 희석된 이익집약이라고 할 수 있다.

④이익의 비 집약(disaggregation) 유형이다.

이탈리아 정상배(political entrepreneurs)들은 권력, 특권, 공직 수입 등을 추구하고, 선거와 조직 운영에 국가자원을 활용한다. 정치인들은 이념적으로 동기가 부여된 정당 활동

---

125   부동층 유권자를 의미하며, 이리저리 오락가락하다 결국 한쪽으로 표를 몰아주는 쏠림 투표현상을 나타낸다.

가들에 의하여 조직된 대중정당 건설에 관심이 없다. 정치인들은 후원자와 거래하는 머신 정치(machine politics), 국영기업으로부터 돈을 받아 사적 매수나 통제 수단으로 활용하는 상납 정당(kickback party), 기여자에게 혜택을 주는 증여자 정당(donors' party), 기업의 이익을 추구하는 회사형 정당(business firm party) 등 네 가지 유형 중 한 가지를 선택하여 유권자들의 지지를 받고자 한다. 이탈리아 정당은 당내 · 외의 균형적인 다원적 이익을 집약하지 않는다. 첫 번째 이익이 제기되면 그다음 이익은 정당이 임의 처리한다. 이탈리아는 이익의 미집약 내지는 단일이익이 지배하는 현상을 보인다.

⑤가상 집약(virtual aggregation) 유형이다.

러시아 정치는 리더나 후보 개인의 질적 수준에 의존하고 있으며, 정당은 조직적인 논의를 통하여 이익을 집약하지 않는다. 공산당만이 과거의 충성심을 얻어낼 수 있으며, 추종자들의 견해와 일치하는 정책프로그램을 제시할 수 있고, 개인의 정치권력 추구 목적을 실행할 수 있다. 러시아 정치는 대표를 통한 지배라고 볼 수 있으며, 정당에 의한 이익집약은 발생하지 않는다. 대신 리더들이 개인적으로 전문가와 상의하는 가상 이익집약 현상이 나타난다.

정당은 다양한 유형의 이익집약 모습을 보인다. 실용주의적 입장에서는 선택적 이익집약은 일반적인 현상으로서 큰 문제가 있다고 볼 수 없다. 만약 정당이 특정 이익에 동의하는 추종자들이 있다는 사실을 발견하고, 그들의 주장에 일리가 있다고 판단하면 그 이익을 집약하는 것은 매우 중요한 민주적 기능이라고 하지 않을 수 없기 때문이다. 다른 유형의 이익집약은 민주주의 국가에서 현실적으로 바람직한 모습은 아니다.

4) 이익집약과 권력구조

정당의 이익집약은 권력구조의 형태에 따라서 다르게 나타나기도 한다. 대통령중심제와 후보 중심의 정치체제를 유지하고 있는 미국에서는 정당보다는 정치인 개인이 이익집약 기능을 수행하는 역할을 담당한다. 의원내각제에서는 정당이 이익집약 기능을 수행하는 것으로 조사되었다. 이익집단이나 사회운동 그리고 언론은 국민의 요구를 집약하여 체계적인 프로그램으로 발전시켜 정부의 행동으로 전환 시킬 수 없다. 이러한 역할은 선출직을 놓고 경쟁하는 정당이나 임명직 관료에 의하여 추진될 수밖에 없는 것이다. 이탈리아에서는 최근 다양한 좌우 연립의 출현으로 정당의 이익집약 능력이 향상되었다. 하지만 정당의 이익집약 기능은 더욱더 복잡해지고 도전적인 일이 되었다. 이는 1960년대 이후 포괄정당은 사회집단의 다양한 이익을 동시에 집약하려는 과업을 설정했기 때문이다. 단순한 특정 계급을 한정적으로 동원하고 지지를 얻으려는 전략을 바꾸었기 때문이다. 더 나아가 이익집약 기능이 복잡해진 이유는 다양한 지지기반으로부터 상충 되는 요구가 제기되고 또한 새로운 쟁점에 대한 균열(new issue cleavages) 현상이 나타나는 사회변동 때문이다. 캐나다와 벨기에처럼 국가의 통일을 위태롭게 할 정도의 사회 균열 현상이 나타나는 곳에서는 더욱 그렇다. 그뿐만 아니라 1960년대 이래 서구의 발전된 산업사회는 사회가 더 이질화되고 있기 때문이다. 특히 성, 인종, 지역주의, 환경문제, 유럽통합 등 새로운 쟁점의 출현은 주요 정당의 이익집약이라는 중요한 과업을 복잡하게 만들었다. 그렇지만 이익집약은 정당의 핵심 기능으로 남아 있다.

(5) 정당의 체제기능

정당이 이익의 최적화와 시민의 정치정향 교육 기능을 수행해야 한다는 강화된 기준에 따른다면 정당조직은 미흡하지만, 민주주의 이론과 관련하여 정당이 완전하게 실패했다고 보기는 어렵다. 〈표 4-1〉의 16개국에 대한 조사연구에서 정당이 최소한 민주적 선택과 통제의 중요한 기제라는 견해에는 일치한다. 그렇다고 모든 것이 정당정치라는 정원(garden)의 장미꽃과 같다고 볼 수는 없다. 정당의 체제기능을 전반적으로 평가할 때 약해지고 있는 것이 사실이다. 정치 충원, 의사전달 및 교육, 정치참여, 이익집약 등에 관하여 16개국에 관한 연구 결과 정당은 현대의 선진산업사회에서 공공문제에 관한 의미있는 수준의 국민 선택과 통제를 보장하는 데 핵심적 위치에 놓여 있지 못하다는 사실을 보여주고 있다. 균열 정치의 소멸과 그 결과 나타난 사회집단의 정체성 약화는 과거의 대중정당과 비교하면 정당이 사회와 팔길이처럼 가까운 관계(arms-length relationship)를 유지해야 한다.

　시민들은 국가의 문제 해결 능력에 큰 기대를 걸고 있으며, 언론의 정치에 대한 선전적·비판적 보도는 유권자들의 강력한 정당 정향 회복을 어렵게 만드는 요인이 된다고 볼 수 있다. 하지만 정당이 안주할 여유가 없다. 정당의 민주적 기능과 대중의 정당성과 관련된 문제를 해결하기 위해서 개혁을 추진해야 한다. 실용적 개혁의 범위는 제한적일지라도 이익의 최적화와 시민들의 이상적인 비전에 부응하기 위한 개혁은 어렵지만 가능할 것이다.

　국민에 의한 통제라는 시각에서 개혁은 얼마든지 가능하다고 본다. 선진산업사회에서는 정당정치에 대한 법적 규제가 영국의 예와 같이 대부분 마련되어 있다. 정당정치에 대한 규제는 정당은 이기적이고 부당한 특권을 누리는 부패집단이라는 대국민 불신이 높은 상황에서 매우 중요하다. 정당의 지도자들은 공리주의자도 아니고 당리당략에 치중하며 개인의 이익을 위하여 당직을 이용한다는 국민의 인식 때문에 정치엘리트에 대한 냉소주의가 지배하고 있는 것이 사실이다. 독일, 프랑스, 스페인, 벨기에, 영국 등에서 나타난 바와 같이 정치 충원이 후원자 중심으로 이루어진다는 비판이 있다. 정당의 기능, 리더십에 대한 불신, 냉소주의 등이 상당한 수준임에도 불구하고 정당은 국민의 선택과 통제 기제로서 매우 중요한 기능을 지속해서 수행할 수밖에 없는 상황이다. 만약 선진민주사회에 정당이 존재하지 않는다면 국민에 의한 민주적 통제와 선택의 대안 기제를 찾아내야 하기 때문이다.

　이익표출과 집약은 정당의 대표적 기능이라고 볼 수 있다. 많은 나라에서 이익집단과 사회운동이나 NGO의 출현으로 정당의 이익표출 기능 수행 능력에 중대한 도전요인이 되는 것은 이미 지적했다. 사회집단과의 정체성 때문에 정당과의 연계가 약해진 시민들은 그들이 관심 있는 특별한 쟁점과 관련된 활동에 참여하고 있다. 반면에 이익집단의 활동이 반드시 정당의 이익표출 능력에 직접적인 도전요인은 아니며 오히려 정당을 지원하고 있다는 주장도 있다. 스칸디나비아와 뉴질랜드에서는 집단이익을 표출하기 위해서 정당과 이익집단이 공동 협력하고 있다. 1970년대 녹색당의 출현 이래 이러한 사실이 분명해졌다. 단일쟁점 집단의 출현은 정당의 정체성과 정당연루의 장애요소가 되기보다는 자극 요인이라는 일부의 시각도 있는 것이다.

4. 정당조직의 세력 약화

정당조직의 세력(party organizational strength)을 분석하는 과정에 1960년대 이전 자료수집에 많은 제약이 있었지만, 정당의 수입과 중앙당 사무직원(central staffing)을 조사하였다. 정당의 수입 면에서 뉴질랜드는 자료가 없었으나 이탈리아는 감소하고 나머지 모두 증가하였다. 중앙당 사무직원도 프랑스와 호주는 자료가 없었으나 이탈리아만 감소하고 나머지 모두 증가하였다. 정당의 수입과 중앙당 사무직원의 증가만으로 정당조직의 세력이 강해졌다고 평가하는 것은 무리가 있다. 문제는 중앙당 사무직원 수는 증가했지만, 당원의 적극적인 활동이 감소하는 경향이 나타나기 때문에 지방의 풀뿌리 조직은 오히려 약해지고 있음을 보여주었다. 영국, 이탈리아, 미국과 뉴질랜드 등에서 이와 같은 현상이 확인되었다.[126]

정당조직의 세력을 측정하기 위해서 정당의 수입을 분석한 이유는 정당이 통제하는 언론과 홍보물은 퇴조하고, 시각 영상 중심의 자본 집약적 · 전문적 정치 커뮤니케이션 선거운동 방법의 출현으로 그 중요성이 증대되었기 때문이다. 정당 수입의 양적 증가가 항상 정당조직 능력의 질적 향상을 가져오는 것이 아니라는 사실이다. 또한, 정당의 수입이 증가한 것은 선거 중심의 전문정당과 카르텔정당의 출현과도 관계가 있어 수입 증가를 정당조직발전과 직접 연계하는 것은 무리가 있다. 수입 증가는 중앙당 사무직원의 양적 팽창에 도움이 되는 측면도 있다. 카르텔정당의 출현은 원내정당으로서 지도자가 당을 지배하는 내부 역학관계의 변화를 가져왔다. 전통적인 대중정당은 인력, 자금, 의사전달 등의 원천으로서 대규모의 열성적 당원의 중요성을 강조하였다. 하지만 정당의 정통성 약화가 정당조직의 쇠퇴와 일치한다고 보기는 어렵다. 정당은 사회집단과의 의사소통과 연계 방법이 변화되는 시대적 상황에 적응하고 생존하기 위해서 정당조직을 끊

---

126   Webb (2002c), pp. 442~444.

임없이 리모델링하고 있기 때문이다.

정당이 사회적 정박지를 상실하고 있는 것은 의문의 여지가 없으나 어떤 형태든 약해지는 정당의 위상을 국가로부터 보상받으려고 한다는 주장이다. 정당은 변화하는 환경적 도전에 대응책을 마련하지 못하고 정당의 조직력(organizational strength) 원천을 국가자원(state resources)에 의존하려고 한다.[127]

제3절 정당에 대한 불신

1. 반 정당 감정

민주화가 정착된 나라나 공고화되지 못했거나, 또는 불안정한 모든 나라에서도 정당은 민주주의 운영에 필수적이다. 하지만 모든 민주 정치체제의 여론은 정당에 대한 불만과 불신이 가득한 것으로 나타났다.[128] 많은 나라에서 정당이 국민의 불신을 받고 있다. 정당정치의 약화와 정당에 대한 불신은 전 세계적인 보편적 현상이 되었다. 수많은 유럽 국가와 미국에서 '정당의 위기'라는 말이 익숙해졌다. 많은 나라에서 정당은 매우 이기적이고, 공동선을 추구하기보다는 끊임없이 싸움만 일삼으며, 일관된 정책 고안 능력이 부족하고, 부패에 연루되기 쉬운 것으로 보고 있다.[129]

정당의 문제점에 대하여 조직, 구조, 기능, 당원, 정부와 대의기구로서의 업적과 시민의 정당에 대한 태도 등을 분석하고 있다. 정당정치가 자리 잡고 정당이 정치과정에서 중요한 기능을 수행하는 나라에서도 정당정치에 대한 불만이 높아 반 정당 감정이 발견된다. 미국은 20세기 초 정당에 대한 불신 때문에 진보적인 개혁시민참여자들에 의하

---

127 Gunpoint (2004), p. 1.

128 Juan J. Linz, "Parties in Contemporary Democracies: Problems and Paradoxes", Gunther, Montero, and Linz (2002), p. 291.

129 Mariano Torcal, Richard Gunther and José Ramón Montero, "Anti-Party Sentiments in Southern Europe", in Gunther, Montero, and Linz (2002), p. 257.

여 지방정부의 선거에 정당의 경쟁을 금지하는 법안을 도입한 적도 있었다. 정당에 대한 불신은 한국에서도 똑같은 현상이 발견된다. 정당 선호도에 대한 대국민의 설문조사에서 매번 지지할 정당이 없다는 응답자가 항상 30% 이상 나오고 있다. 정당에 대한 불신과 지방행정의 정치화를 방지한다는 명분으로 기초자치단체장과 기초의원, 심지어 광역자치단체장이나 광역의원 선거에서도 정당공천을 배제하자는 주장이 지속해서 제기되고 있다. 또한, 독일도 1933년 자칭 '정당 대체론자'라고 불리는 저항운동자들이 함부르크(Hamburg) 주 의회에서 의석을 차지하는 일도 일어났다. 이뿐만 아니라 정치적 결사체로서 정당이란 단어를 사용하지 않는 것도 일종의 반 정당 감정에 대한 반작용이라고 볼 수 있다. 예를 들면 프랑스의 '드골주의자'(Gaullists)나 이탈리아의 '북부연맹'(Northern League) 등을 들 수 있다.[130] 한국에서 당명에 자유민주연합이나 국민회의 등을 사용하게 된 것도 기존 정당에 대한 불신 때문에 국민에게 새로운 이미지를 심어주고자 착안한 것이라고 볼 수 있다.

2. 정당 불신의 실제

(1) 영국

정당정치의 가장 대표적인 성공 사례로 꼽히는 영국에서도 정당정치의 쇠퇴가 나타나고 있다. 제2차 세계대전 이후 수십 년 동안 영국은 서구세계에서 가장 안정적이고 정당 중심의 정치체제를 유지하는 나라로 인정받았다. 영국에서는 정당의 국가와 사회침투가 너무 중요하기 때문에 가장 먼저 그리고 가장 중요하게 정당정치 생활을 염두에 두지 않고 정치적 삶을 생각하는 것은 현실적으로 불가했다. 하지만 1970년대부터 영국 정당정치의 변화에 대한 지속적이고 다차원적인 논의로 오래된 확신(old certainties)은 도전받기 시작했다. 예를 들면 부동층 유권자의 증가, 당파심과 계급 이탈의 확산, 국가의 정치문화를 파편화시킬 위협요인이 되는 스코틀랜드와 웨일스의 민족 균열의 출현, 양당에 의

---

130 정당의 불신에 대하여 다음을 참고하였음. Ware (1996), pp. 1~2.

한 선거 지배의 소멸, 승자독식과 연관된 불공정한 선거체제에 대한 고조되는 비판 등이 정당정치의 도전요인으로 작용하고 있다. 정당에 대한 불신도 상당히 높다. 예를 들면 영국의 선거조사(British Election Surveys)에서 "정당은 오로지 투표에만 관심이 있다"는 질문에 1987년 64.4%, 1992년 65.3%, 1997년 63.6%, 2001년 66.4%가 긍정적으로 응답했으며, "총리는 일단 당선되면 국민과 접촉하지 않는다"는 내용에 2001년 67.7%가 그렇다고 응답하였다. "정당은 자체의 이해보다 국가의 이익을 우선하기 때문에 신뢰할 수 있다"는 응답은 1987년 36.8%, 1992년 33.2%로 나타났다.[131]

2022년 10월 유거브(YouGov)가 실시한 정당의 신뢰수준(trust level)에 관한 설문조사에 의하면 68%가 보수당을 불신한다고 응답하였으며, 신뢰한다는 응답자는 14%에 불과했다고 한다. 노동당 불신은 36%, 신뢰는 26%의 결과가 나왔다고 한다. 노동당이 보수당보다 국민의 신뢰도가 좀 더 높게 나타난 것으로 조사되었다. 전반적으로 영국인은 정당에 대한 불신이 매우 높은 편이며, 특히 집권당이 더욱더 그렇다. 집권당에 대한 불신이 높은 것은 민주적 책임과 관련이 있으며, 정부 운영의 대부분은 국민을 설득하는 일인데, 정책집행 과정에 설득 대신 강요가 문제라고 지적하였다.[132]

(2) 미국

미국의 경우 정당에 대한 평가에서 정당이 유권자의 여론에 신경 쓰느냐는 설문에 1968년 47.6%, 1980년 37.7%, 1996년 37.5%가 긍정적으로 답했으며, 약속을 지킨다는 설문에 1968년 32.3%, 제대로 임무를 수행하느냐는 설문에 1980년 20.9%, 정당에 대하여 따뜻한 감정이 있느냐는 설문에는 1996년 21.6%가 각각 긍정적으로 응답하였다. 미

131　Webb (2002b), pp. 16~19.

132　https://theconversation.com/trust-in-uk-politics-has-taken-a-hit-after-recent-chaos-and-historical-data-suggests-only-a-change-of-government-can-fix-it-195324(검색일: 2023.9.26.).
　　 BBC는 2019년 4월 8일 The Hansard Society의 여론조사 결과 응답자의 43%가 급진적인 생각(radical ideas)을 하는 새로운 정당이 있으면 지지할 것이라고 보도했다. 기성 정당에 대한 불신이 매우 높다는 것을 시사하고 있다.

국정치에서 정당이 필요하다는 응답이 1980년 56.6%, 정당은 체제기능수행을 위해서 필요하다는 응답자가 1996년 55.0%로 나타났다. 재미있는 결과는 1996년 조사한 양당제의 대안으로 후보 중심의 체제가 필요하다는 응답자가 31.2%, 다당제를 발전시켜야 한다는 응답자가 27.7%로 각각 나타났다.[133]

퓨 연구센터(Pew Research Center)의 전화 설문조사에 의하면 민주당에 대한 비호감 (unfavorable)은 1994년 44%에서 2023년 60%로 증가했으며, 호감은 1994년 50%에서 2023년 39%로 하락했다고 한다. 공화당은 1994년 비호감 27%에서 2023년 61%로 2배 이상 증가했으며, 호감은 1994년 66%에서 2023년 38%로 하락했다고 한다. 지난 30년 동안의 조사 결과 중 2023년의 부정적인 평가가 가장 높게 나왔다고 한다. 민주·공화 양당 모두를 부정적으로 평가한 응답자는 28%라고 한다. 특히 50대 이하의 응답자는 양당에 대한 불신이 35%에 달했다.[134] 미국에서 정당에 대한 불신이 상당이 높은 편이며, 양당제의 변화를 희망하는 유권자도 50%가 넘는다는 것을 알 수 있다. 그런데도 정당이 필요하다고 인식하는 국민은 과반이 넘는다.

(3) 프랑스

프랑스도 정당에 대한 불신은 매년 높아지고 있다. 정당의 정치적 대표성의 질적 수준에 대한 설문조사에서 정당에 대한 실망 비율이 매우 높게 나타났다. 예를 들면 1989년 50%에서 1990년 70%, 1994년 70%, 1999년 68%, 2000년 70%로 나타났다. 정치인에 대한 실망은 1989년 54%에서 2000년 74%로 정당 불신보다 높게 나타났다. 프랑스 국민의 ⅔이상이 정당에 대하여 실망하고 있다는 것이다. 다른 나라보다 프랑스는 민주주의의 건강(health of democracy)과 관련하여 정당의 동원과 세력에 대하여 더욱더 혼란스러

---

133 John C. Green, "Still Functional After All These Years: Parties All the United States, 1960~2000", in Webb, Farrell and Holliday (2002), pp. 319~320.

134   Pew Research Center, "The Republican and Democratic Parties", (September 19, 2023).

위하고 있다.[135]

퓨 연구센터의 2020년 11~12월 조사 결과에서 프랑스 정치체제의 '완전 개혁' 21%, '대대적 개혁' 47%, '약간 변화' 25%, '변화 불필요' 6%의 응답이 각각 나왔다.[136] 2022년 대통령 선거 관련 보도에서 나이가 많은 어느 유권자는 평생 한 번도 선거에서 기권한 적이 없지만, 이번에는 백지 표를 던질까 고민한다고 말했다. 한 여성은 정당에 대한 소속감이 부족하여 특정 정당을 자동 지지할 수 없다고 하면서 지겹고 지친 유권자들에게 투표장에 가라고 요구할 수 없다고 하였다. 현재 정당은 더 이상 해법이 아니라고 언급했다.[137] 프랑스에서 정치체제, 특히 정당에 대한 불신이 어느 정도인지 잘 보여주고 있다.

(4) 캐나다

캐나다의 경우 정당에 대한 신뢰와 존경이 어느 정도냐는 설문에 매우 그렇다는 응답자는 1979년 30%, 1984년 22%, 1989년 18%, 1995년 12%, 1999년 11%로 나타났다. 정당의 필요성에는 대부분 공감하지만, 유권자들의 정치와 정치인에 대한 냉소주의가 심할 뿐만 아니라 정당으로부터 소외감을 느끼고 있는 것으로 조사 되었다. 정당에 대한 불신과 반감은 투표율에도 영향을 미치는 것으로 나타났다. 총유권자 대비 총선 투표율은 1960년대 70%에서, 1970~80년대는 60%대로 떨어졌고, 1997년 59%, 2000년 54%, 2004년 45.6%, 2006년 46.4%로 낮아졌다. 투표 등록 유권자 대비 투표 참여율도 1997년 67%, 2000년 61.2%, 2004년 60.9%, 2008년 58.8%로 나타났다. 2008년 총선은 역대 최저 투표율을 기록하였다. 그러다 2011년 61.1%, 2015년 68.3%, 2019년 67%, 2021년 62.6%로 나타나 투표율이 60%대를 회복하였다. 투표율은 정당과 정치인에 대한 신뢰

---

135 Andrew Knapp, "France: Never a Golden Age", in Webb, Farrell and Holliday (2002), p. 116, 146.

136 Pew Research Center, "Many in U.S., Western Europe Say Their Political System Needs Major Reform", (March 31, 2021).

137 Aurelien Breeden and Constant Méheut, "Are Traditional Political Parties Dead in France?" *The New York Times* (Apr. 28, 2022)

와도 관련이 있다고 볼 수 있다.

캐나다에서 정당의 약화 조짐이 날로 더해간다고 한다. 주된 이유는 당원들이 늙었고 특정 정당과 일체감을 형성하고 적극적으로 지지하겠다는 유권자가 점점 줄어들기 때문이라고 한다. 정당의 불신 못지않게 정치인에 대한 신뢰도도 많이 하락하고 있다. 2019년 6월 조사에 의하면 정치인을 불신한다고 응답한 비율이 64%에 이르고, 불신의 주된 이유는 정치인은 공동체를 위해서 봉사하기보다 사익 추구가 주된 동기라고 인식하기 때문이라고 한다.[138]

(5) 유럽

스페인, 포르투갈, 이탈리아, 그리스 등 서유럽 국가를 대상으로 시민의 반 정당 감정을 조사하였다.[139] 반 정당 감정에 대한 태도를 반발적인(reactive) 것과 문화적인(cultural) 것으로 나누었다. 반발적 반 정당 태도는 정당 엘리트와 정당 업적에 대한 시민의 불만족 상태를 의미하며, 문화적 반 정당 태도는 시민의 일종의 정치정향으로 반 정당에 대한 범위와 강도가 상당히 오랫동안 지속된 상태라고 볼 수 있다. 반 정당 태도에 대한 경험적 연구는 다음 요인에 초점을 맞추었다.

①정당 상호 간 비판적이지만 실질적으로 모든 정당이 거의 비슷하다.

②정당은 오직 국민을 분열시킨다.

③정당 없이는 민주주의가 없다.

④정당은 다양한 집단과 사회계급의 이익 옹호를 위해서 필요하다.

⑤정당 덕분에 국민은 정치 생활에 참여할 수 있다

⑥정당은 쓸모가 없다.

조사 결과 반발적 반 정당 태도와 문화적 반 정당 태도는 〈표 4-2〉와 같이 나타났다.

---

138 https://angusreid.org/views-of-politicians/(검색일: 2023.9.27)

139 서유럽 국가 시민의 반 정당 태도에 대한 경험적 연구는 1980년대 중반부터 1990년대 말까지 실시되었으며, 조사 결과는 다음을 참고할 것. Torcal, Gunther and Montero (2002), pp. 257~290.

반발적 반 정당 태도는 그리스를 제외하고 일반적으로 매우 약했다. 하지만 문화적 반 정당 태도는 높게 나타났다. 문화적으로 반 정당 정서의 뿌리가 매우 깊은 것으로 나타났다. 반발적인 반 정당 태도는 투표율에 매우 약한 영향을 미치지만, 문화적 반 정당 태도는 정당에 대한 심리적 애착과 다양한 유형의 인습적 참여에 영향을 행사하는 것으로 해석할 수 있다. 또한, 문화적 반 정당 태도는 비 인습적 정치참여에도 영향을 주는 것으로 나타났다. 이는 시민들이 정치엘리트와 거리를 유지하고 있으며, 정치를 무시하는 등 정치적 무관심과 불만족의 증후군이라고 평가할 수 있다. 하지만 반 정당 태도와 민주주의에 대한 낮은 수준의 지지와는 아무런 상관성이 없는 것으로 나타났다. 다만 반 정당 태도는 민주 정부 그 자체의 안정에는 문제가 없으나 시민과 정치엘리트 간 연계의 질적 수준에 영향을 미치고 있음을 시사하고 있다.

〈표 4–2: 반 정당 감정 현황〉

단위: %

구분	스페인						포르투갈		이탈리아	그리스	
	1985	1988	1991	1995	1996	1997	1985	1993	1985	1985	1998
반발적	6	5	4	4	4	6	5	1	9	2	41
문화적	37	33	44	33	36	35	61	52	44	42	74

출처) Torcal, Gunther and Montero (2002), pp. 267~268.

2019년 유럽 국가들의 제도에 대한 신뢰도를 묻는 설문조사에서 정당에 대한 지지도가 매우 낮게 나타났다. '정당을 신뢰한다'는 응답자는 독일 29%, 이탈리아 19%, 그리스 10%, 스페인 12%, 체코 17%, 헝가리 27%, 폴란드 22%, 네덜란드 42%, 스웨덴 18%로 각각 나타났다.[140] 네덜란드를 제외하고 정당에 대한 신뢰도가 다른 기관에 비해서 월등하게 낮았다. 정당에 대한 신뢰도가 10%대라는 사실은 매우 심각한 결과라고 평가할 수 있을 것이다.

---

140 Statista에서 2019년 6월 7일부터 7월 1일까지 15세 이상 남녀를 대상으로 28개 EU 국가의 주요 기관에 대한 신뢰도를 면대면 방식으로 조사했으며 응답자는 27,464명이었다. Statista Research Department, "Share of the People in Selected European Countries Who Trust Key Institutions in Their Country", (August, 2019).

(6) 라틴아메리카

우루과이, 아르헨티나, 나이지리아, 엘살바도르, 온두라스, 칠레, 멕시코, 볼리비아, 파나마, 컬럼비아, 코스타리카, 페루, 파라과이, 과테말라, 베네수엘라, 브라질, 에콰도르 등 남미의 경험적 분석을 소개하고자 한다.[141] 라틴아메리카에 대한 1997년 조사에서 "정당 없는 민주주의는 있을 수 없다"라는 질문에 평균 62%가 긍정적으로 응답하였다. 최저는 에콰도르 44%, 최고는 코스타리카 81%, 평균 이상 8개국, 평균 이하 9개국으로 각각 나타났다. 반면 정당 신뢰에 관한 질문에 '어느 정도 신뢰한다'와 '매우 신뢰한다'를 합쳐 28%, 정당에 대한 '매우 불신 또는 불신'이 67%로 나타났다. 정당을 신뢰하느냐는 질문에 최하는 에콰도르 16%, 최고는 우루과이 45%로 나타났다. 남미 19개국의 조사 결과 정당은 민주주의에 필요하지만 신뢰할 수 없다는 것을 보여주고 있다. 민주 발전을 위해서 정당은 필요하다고 인정하면서 정당에 대한 불신이 매우 높다는 사실이 입증된 셈이다.

1997년 우루과이, 아르헨티나, 칠레, 에콰도르, 베네수엘라, 멕시코 등에 대한 정당, 대통령, 의회, 군, 텔레비전 등의 신뢰도 조사에서도 '매우 신뢰한다'와 '어느 정도 신뢰한다'에서 정당이 최하위를 차지하는 것으로 나타났다.[142]

정부를 신뢰하느냐는 설문에서 2010년 46%에서 2020년 27%로 떨어졌다. 정당의 신뢰에 대한 설문에서는 2010년 24%에서 2020년 13%로 나타났다.[143] 라틴아메리카 시민들은 정당에 대한 불신이 매우 높다는 것을 보여주는 결과라고 볼 수 있다.

2008~2018년 라틴아메리카의 정당에 대하여 '라틴아메리카의 불신 지수'(Latin American Distrust Index: LADI)를 설계하여 조사한 연구가 있다. 불신 지수가 100을 넘으면 매우 높은 것으로 평가한다. 조사 결과 2008년에는 페루 123.70, 파나마 114.70, 과테말라 114.48, 멕시코/온두라스 108.97, 볼리비아 106.58, 아르헨티나 106.29, 니카라과

141　남미에 대한 경험적 연구는 1997년 조사 결과이며 다음을 참고할 것. Linz (2002), pp. 291~317.

142　Linz (2002), pp. 295~296에서 재인용 하였음.

143　United Nations Development Programme, "The Life of the Parties: The Anger Vote and the Weakening of Political Parties", *Latin America and The Caribbean* (November 7, 2022).

103.41 순으로 높게 나타났다. 2018년에는 엘살바도르 122.72, 니카라과 118.09, 베네수엘라 117.91, 페루 114.91, 과테말라 113.56, 브라질 111.73, 온두라스 107.74, 멕시코 105.74 순으로 높게 나타났다.[144] 라틴아메리카는 당원의 정당성과 정체성 그리고 정당에 대한 신뢰 등이 매우 낮다고 볼 수 있다.

정당에 대한 불신 이외에도 정당 간 정책이나 이념상 별 차이가 발견되지 않고, 정당은 국민을 분열시키며, 사회운동이 정당보다 더 매력적이고, 정당은 부패와 밀접하게 관련이 있다고 인식하는 것으로 나타났다.

3. 정치체제와 정당 불신

정당에 대한 불신이 대통령중심제와 내각책임제 중 어느 권력 구조에서 더 심하게 나타날 수 있는가는 하나의 관심의 대상이 될 수 있다. 내각책임제에서는 행정부와 입법부가 일원적인 긴밀한 관계를 강화하면서 중요한 정책을 함께 결정하지만, 대통령중심제에서는 정부의 구성과 유지에 여당이라도 역할이 제한적일 수밖에 없고, 정부 정책이나 다양한 공공정책을 결정하고 집행하는 것은 대통령의 역할이기 때문에 대통령중심제가 더 높을 것이라고 예상할 수 있다. 분점정부에서 의회는 국민이 선출한 대통령이 추진하는 정책이나 구상을 좌절시킬 수 있으며, 대통령은 의회를 탓하거나 또한 정책의 실패에 대하여 의회 정당의 책임으로 돌릴 수 있다. 의회 정당은 권위주의적인 대통령이나 그의 인기영합주의적 정책에 대하여 견제를 주장할 수 있다.

반면에 대통령을 지지하는 유권자들은 의회 정당에 대한 반감을 갖게 되고, 대통령이나 대통령 후보는 선거운동의 기반을 반 정당 호소에 둘 수 있을 것이다.[145] 대통령중심제의 통합정부에서는 정부와 여당이 국정 운영에 대하여 공동으로 책임을 지기 때문에 이런 현상이 덜할 가능성이 있다. 내각책임제에서도 정부가 국정 운영에 실패할 때 정당

---

144 Saiani P. Parra, et al. "Broken Trust, Confidence Gaps and Distrust in Latin America", *Social Indicators Research* (September 10, 2021)

145 Linz (2002), p. 292.

은 그 책임을 모면하기 어렵다. 따라서 대통령중심제가 정당정치에 대한 불신 현상이 더 심각하다고 일반화하는 것은 어려울 것이다.

4. 정당 불신과 신당

기존 정당에 대한 불신 때문에 신당에 대한 학계의 관심은 높다. 기존 정당에 대한 불신은 신당 창당의 명분과 공간을 제공하게 된다. 예를 들면 독일의 녹색당은 정당에 대한 새로운 관심을 불러오는 데 이바지하였다. 새롭게 창당하는 정당에 관하여 관심을 가지는 배경은 세 가지로 요약할 수 있을 것이다.[146]

①신당은 작은 규모로 출범하지만 기존 정당을 대체하여 정당체계를 바꾸기 때문이다.

②신당이 비록 정부 정책 결정에 중요한 행위자로서 역할을 하지 못하지만 그들의 출현은 선거 경쟁에 분명하게 영향을 미치기 때문이다.

③신당을 창당하려는 집단은 기존의 정당을 위협한다. 특히 신당은 기존의 정당들이 선호하지 않았던 정책을 채택해야 한다는 압력에 직면하게 된다.

정당 질서가 제도화되지 않고 선거 때마다 신당이 나타나는 이유는 기존 정당에 대한 불신이 작용하기 때문이다. 기존 정당에 대한 불만과 불신은 새로운 정당에 대한 국민의 기대를 증폭시키고, 이러한 국민의 정치적 수요에 부응하기 위해서 기존 정당과 차별화된 새로운 정당의 모습을 드러내고 국민의 지지를 호소하게 되는 것이다. 하지만 새롭게 창당된 정당도 머지않아 기존 정당의 행태를 답습할 것이기 때문에 역시 불신의 대상이 되고 만다. 많은 나라에서 신당 창당, 분당, 이합집산 등의 악순환이 거듭되고 있는 현실이다. 정당에 대한 국민 불신은 정당체계의 안정성을 해치는 요인으로 작용하게 된다.

---

146 Simon Hug, *Altering Party System: Strategic Behavior and the Emergency of New Political Parties in Western Democracies* (Ann Arbor: The University of Michigan Press, 2001), p. 1.

제5장

/

현대 정당의 개혁 이론

제1절 정당개혁의 필요성

1. 시민참여 민주주의의 확대

정치개혁은 모든 나라가 당면하고 있는 시대적 과제라고 볼 수 있다. 정치개혁에 대한 압력은 시민은 물론 시대 상황이 요구하고 있다. 정치개혁의 목표는 민주정치를 공고화하여 정치의 질적 향상을 도모하는 데 있다. 정치의 질이 높아지면 국민의 자유, 안전, 복지가 증진될 수 있다. 정치개혁을 위해서는 정치제도와 국민의 정치의식 그리고 시민문화가 동시에 조화로운 발전을 이룩해야 가능하다. 특히 대표적인 정치제도인 정당의 개혁은 필수적인 요인이다. 정당의 발전 없이 민주정치의 공고화나 정치의 질적 향상은 불가능하기 때문이다. 또한, 정당 쇠퇴가 보편화되고 있는 상황에서 정당을 개혁하지 않으면 정당의 존립에 커다란 위협으로 작용할 수 있을 것이기 때문이다.

민주정치는 대의민주주의에서 직접민주주의로 그리고 시민 참여민주주의로 바뀌고 있다.[147] 대의민주주의에서는 정당과 정당 간 또는 정당 외적 경쟁이 증대되었다. 선거가

---

147 Russell J. Dalton, Susan E. Scarrow, and Bruce E. Cain, "New Forms of Democracy? Reform and Transformation

확대되면서 더 많은 공직자를 선거로 선출하게 되었으며 정당 간 선거 경쟁이 격화되었다. 또한, 미디어 접근이나 정치자금 모금 등에 있어서 특정 정당이 배제되거나 반대로 더 많은 혜택을 받는 등의 상황이 발생하여 정당 외적 경쟁이 심해지고, 예비선거제의 도입이나 당원의 투표권 확대 등 당내 경쟁도 강화되었다. 직접민주주의와 관련하여 시민들은 선거, 국민투표, 정책 제안, 정책배심원 등을 통하여 정책을 직접 결정하는 기회가 확대되었다.

시민 참여민주주의와 관련하여 정부 기구나 정부의 정책 행동 등 정책 과정에 관하여 시민들이 직접 참여할 수 있는 기회가 확대되고 있다. 또한, 정책 자문, 공청회, 법률 검토, 직접 투입 등 정책 과정에 직접적인 참여를 통하여 행정 및 사법 과정 개편 등의 기회가 증대되고 있다. 대의민주주의, 직접민주주의, 시민 참여민주주의로 전환되는 단계는 시민의 정책 과정 참여의 범위와 수준 그리고 그 결과에 대한 영향력 확대와 관련이 있다. 대의민주주의가 시민 참여민주주의로 발전하는 과정에서 나타나는 특징은 분권화를 촉진하고, 국민의 대표를 선출하여 정책을 간접적으로 결정하던 위임정치모형이 시민의 직접 참여로 바뀌는 것을 의미한다. 또한, 국가의 간섭주의 규범이 약해진다. 시민 참여민주주의는 시민권의 확대와 관련이 있다. 만약 전통적인 정당체계나 선거 참여 그리고 행정과정에 영향력 행사를 잘못한다면 정책 테스트라는 최후의 무대로 사법부를 활용하게 될 것이다.[148] 시민 참여민주주의에서는 시민의 더 많은 직접 관여가 보장되고 참여 결과가 의미 있는 결실을 가져온다. 한국에서도 정책 과정에 시민의 참여와 영향력의 한계 때문에 정책에 대한 사법적 판단을 의뢰하는 사례가 이미 속출하고 있다. 시민 참여민주주의의 목표는 국가가 소비자인 시민을 만족시키는 데 있다. 정당은 국가와 시민의 가교역할을 하고 있으며, 시민의 정치참여 기제로서 작동한다. 하지만 시민이 정당

---

of Democratic Institutions", in Bruce E. Cain, Russell J. Dalton, and Susan E. Scarrow(ed.), *Democracy Transformed? Expanding Political Opportunities in Advanced Industrial Democracies* (Oxford: Oxford University Press, 2003), p. 16.

148   Russell J. Dalton, Bruce E. Cain, and Susan E. Scarrow, "Democratic Public's and Democratic Institutions", in Cain, Dalton, and Scarrow (2003), pp. 267~269.

을 통하여 행사할 수 있는 영향력에 한계를 느끼면 정당의 입지는 줄어들 수밖에 없다. 따라서 정당은 시민 참여민주주의가 요구하는 방향으로 개혁되어야 할 것이다.

중요한 것은 정당은 국민이 원하는 정치적 요구와 기대를 충분하게 정책으로 반영할 수 있어야 한다. 정당은 국민이 정책 과정에 직접 참여하는 이상의 효과가 나타날 정도의 대응능력을 발휘해야 한다. 국민이 직접 정치과정에 나서지 않더라도 정당이 국민의 정치적 요구가 무엇인지 알아서 반응함으로써 정치에 대한 만족도를 높여야 한다. 그러기 위해서 위임민주주의를 제대로 정착시키는 것이 현실적인 대안이라고 볼 수 있다. 전자정치 시대를 맞이하여 직접민주주의가 구체화 되고 있기는 하지만, 아직도 국민의 대의기관인 의회가 국가의 중요한 정책 대부분을 결정하는 기능을 수행하기 때문에 정당은 의회정치의 활성화를 지원하는 것이 현실적인 방안이라고 볼 수 있다. 결국, 국민의 대표인 의회가 정치의 주체가 되고, 생산적 의정활동을 통하여 국민의 정치적 요구를 효율적으로 수렴할 수 있도록 정당이 지원역할을 해야 할 것이다.

2. 외부 환경의 도전

정당은 끊임없이 외부 환경의 도전에 직면해 있다. 많은 나라 정당들이 환경적 도전에 대응하고 또한 존속하기 위해서 어떤 변화와 개혁을 추진하고 있느냐는 매우 중요한 관심사가 아닐 수 없다. 특히 정당 내부 구조의 개혁, 정당 엘리트의 충원, 당원과의 관계 개선, 유권자와의 새로운 관계 정립 등의 과제를 어떻게 개혁하느냐 하는 것은 정당의 존립에 직접적인 영향을 미치는 요인이라고 볼 수 있다. 21세기 변화되는 사회 여건 등 정당 환경의 도전에 반응하는 데 가장 중요한 것은 유권자의 태도라고 볼 수 있다. 정당의 존립 기반은 선거에서 유권자의 선택에 좌우되기 때문이다. 정당 스스로 더 확실하고 더 많은 국민의 지지 획득을 위해서 내부적으로 변화와 개혁을 추진하기도 하지만 정당의 외적 환경변화가 정당의 쇄신을 유인 또는 강요하기도 한다.

정치개혁의 필요성이 등장할 때마다 가장 먼저 정당개혁이 가장 절박한 현안으로 제기되는 것이 사실이다. 한국 정치에 있어서 정당은 사회의 전반적인 민주화를 견인하는 주체이기보다는 오히려 개혁의 대상이 되고 있다. 바로 이점 때문에 정당개혁은 당면한 핵심적 과제로 등장하는 것이다.[149]

한국에서도 많은 학자는 물론 다양한 기관에서 그동안 정당개혁 방향에 대하여 수없이 많은 논의를 진행하였다. 예를 들면 국회의장은 정치개혁을 위한 다양한 형태의 자문 기구를 구성하여 운영했다. 제14대「국회 제도개선위원회」, 제15대「국회제도운영개혁 위원회」, 제16대「범국민정치개혁협의회」, 제17대「정치개혁협의회」, 제18대「국회운영 제도개선자문위원회」, 제19대「국회 정치쇄신자문위원회」, 「국회개혁자문위원회」, 제20 대「국회의원 특권 내려놓기 추진위원회」, 「국회혁신자문위원회」, 제21대「국회정치개 혁특별위원회」, 「헌법 개정 및 정치제도 개선 자문위원회」등 명칭과 역할이 다양했다.

제17대 국회의 정치개혁협의회는 정당법 개혁 방향을 연구하였는데, ①정책 정당의 구현, ②당내 경선의 공정성 제고 등 정당의 민주성 강화, ③정당 운영의 경량화와 저비 용 정당정치의 기조 유지 등을 제시한 바 있다.

근본적인 정당개혁의 해결책은 정당이 본래의 고유한 기능을 충실하게 수행하면 된 다. 한국의 정당과 정당체계가 국가 · 정치사회 · 시민사회 간의 균형 있고 조화로운 관 계를 유지하기 위해서는 정당의 기능이 올바르게 정립되어야 한다. 이를 위해서는 정당 기능의 정상화, 제도화, 선진화, 그리고 활성화가 급선무라고 볼 수 있다.[150]

제2절 정당의 개혁모형

1. 의회와 정당의 자율성과 영향력

대의기구인 의회 활성화를 목표로 한국정당의 개혁방안을 제시하기 위하여 정당과 의 회의 역학관계를 중심으로 〈그림 5-1〉과 같이 네 가지 유형으로 분류하고자 한다. 의회

---

149   유재일(2003), p. 145.
150   유재일(2003), p. 146.

와 정당 간 영향력이나 자율성이 강하고(strong)(+) 연함(soft)(−)에 따라서 분류한 것이다. 강하다는 의미는 정치과정에 행사하는 영향력이 크다는 것이며, 외부의 간섭이나 통제로부터 완전하게 벗어나 독자적으로 기능을 원활하게 수행하는 것을 말한다. 강한 의회란 다음과 같은 세 가지 조건을 갖춘 것을 의미한다.[151]

①시민사회의 의사를 정확하게 수렴하는 일이다. 대의 기능, 즉 민의 수렴과 관련된 기능이다.

②대통령과 행정부를 비롯한 권력에 대한 견제와 균형의 역할을 하는 일이다. 의회의 독자성과 자율성 확보와 관련된 기능이다.

③의회 본래의 고유한 입법 기능의 충실한 행사이다. 의회의 근본적인 존속 목적의 하나인 법률제정과 관련된 기능이다.

강한 의회란 한마디로 국민을 위한 생산적이고 자율적인 의회를 의미한다. 연성 의회는 강한 의회와 반대로 민의를 수렴하는 대의기구라기보다는 특정 정파나 정치인의 이익 옹호에 치중하는 의회, 법률제정 등 정책 결정 과정에 비생산적인 의회, 독자성과 자율성이 부족하여 대통령 · 행정부 · 정당 · 정당 지도자 등에 의해서 조종되고 통제되는 의회를 의미한다.

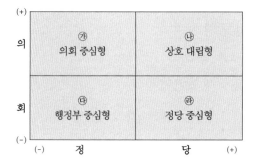

〈그림 5–1: 정당과 의회의 역학관계 유형〉

---

151 백영철, "총론: 한국의 의회정치: 평가 · 과제 · 발전방안", 백영철 외, 『한국의회정치론』 (서울: 건국대 출판부, 1999), pp. 21~23

강력한 정당(strong party)이란 정당의 영향력이 막강하여 정치를 주도하며 행정부는 물론 입법부 운영에 전적으로 개입하는 것을 의미한다. 정당이 정부의 정책 결정은 물론 정부 인사에 영향력을 행사하고, 입법과정을 전적으로 통제한다. 정당정치가 활성화된 내각책임제의 정당정부(party government)에서 발견되는 전형적인 모습이라고 볼 수 있다. 정당이 정치의 중심이기 때문에 행정부나 입법부는 국가의 정책 결정 과정에 주변으로 밀려나는 현상이 나타난다.

반면에 연성 정당(soft party)이란 행정부와는 상호자율성을 유지하면서 정치의 중심이 정당이 아닌 의회에 있는 경우를 의미한다. 정당은 어디까지나 의회정치의 지원역할을 담당하는 제도에 불과하다. 한마디로 정책지향의 건강한 정당(healthy party)을 의미한다.[152] 건강한 정당이란 유권자들, 정치인들, 기타 엘리트들의 개인 혹은 집단적 목표를 달성하는 정책의 의미 있는 단서(meaningful cues)를 제공하는 정당이다. 이는 어떤 개별정당의 독특한 특징을 포함하는 체계적인 힘(systemic strength)을 의미한다. 건강한 정당이란 선거에서 승리하고, 여론의 지지를 받으며, 유권자들이 원하고 유권자들의 삶과 관련된 정책에 대한 정치토론을 효율적으로 조직할 수 있는 능력이 있다. 건강한 정당이란 정당의 구조나 조직, 리더십 그리고 견고한 지지 세력을 확보하여 의회정치에 효율적으로 반영할 수 있는 능력을 행사한다. 유권자들의 정당에 대한 정체성이나 충성심이 강하고 일관성 있는 공공정책의 개발 및 정부의 단합을 촉진하는 능력이 있는 정당이다. 유권자들이 원하는 공공정책을 의회를 통하여 개발 · 결정하고 집행할 수 있는 능력을 갖춘 정당이라고 볼 수 있다. 한마디로 의회가 정치의 중심적인 역할을 효율적으로 수행할 수 있도록 입법 활동을 적극 옹호 · 지원하는 정책지향의 정당을 의미한다.

---

152 콜만은 정당이 정책을 통제할 수 있으면 매우 중요한 연계 기구(vital linkage institutions)로서 기능할 수 있고, 그렇지 못하면 약한 정당이라는 전제하에 미국 정당의 쇠퇴를 정책 중심으로 분석하였다. 강한 정당을 건강한 정당이라고 이해하고 있다. 콜만은 강한 정당을 정책 결정 능력과 관련하여 이해하고 있다. 하지만 〈그림 5-1〉의 정당과 의회와 역학관계 유형에서는 건강한 정당을 연성 정당이라고 보고자 한다. 다음을 참조할 것. John J. Coleman, *Party Decline in America: Policy, Politics, and the Fiscal State* (New Jersey: Princeton University Press, 1996), pp. 14~15.

2. 의회와 정당의 역학관계 모형

(1) 의회 중심형

㉮형은 의회와 정당 간의 역학관계에서 의회가 정당보다 영향력이 큰 유형을 의미한다. 한마디로 의회가 정치의 중심인 원내정당의 성격이 강한 유형이다. 강력한 의회란 행정부나 입법부로부터 완전 자율성을 유지할 뿐만 아니라 정당으로부터도 아무런 간섭과 통제를 받지 않는 유형이다. 의회에 대한 정당의 통제력이 약하기 때문에 정당 최고 지도자가 의회에 영향력을 행사할 수 없고, 당론에 따라 의회의 정책이 결정되는 것도 아니다. 의원총회가 최고의 심의·의결기구 역할을 한다. ㉮형에서는 정당의 리더나 보스가 사실상 무기력하여 불필요한 존재라고 볼 수 있으며, 의회가 원내대표 중심으로 운영되기 때문에 대통령중심제에 가장 적합한 유형이다. 미국의 의회와 정당 관계는 ㉮형과 가장 유사하다고 볼 수 있다. 의회가 행정부와 입법부를 견제하고 균형을 이루는데 가장 이상적인 유형이다. 의원들의 자율성이 상대적으로 높아 당론과 관계없이 의정활동을 펼칠 수 있으며, 정책 결정 과정에 의원들이 정당의 대리인 역할을 하지 않는 유형이라고 볼 수 있다.

(2) 상호대립형

㉯형은 의회와 정당의 영향력이 서로 막강하여 상호 경쟁적·대립 관계가 형성·유지되는 유형이라고 볼 수 있다. 원내 조직과 원외 조직이 경합하는 유형으로서 의회와 정당 간 힘겨루기 현상이 나타난다. 의회는 정당의 간섭과 통제를 받지 않고 입법 기능을 충실하게 수행하면서 사법부와 행정부는 물론 정당이나 여타 정치조직을 견제하는 유형이라고 볼 수 있다. 반면에 정당은 원외의 강력한 지지자를 배경으로 의회에 대하여 압력을 행사하려는 유형이다. 만약 의원들이 당론을 거역하면 해당 행위를 명분으로 징계나 출당을 조치할 수 있는 권한을 갖고 있다. 강한 의회와 강한 정당이 정국 운영의 주도권을 행사하기 위해서 상호 경쟁하고 충돌하기 때문에 정국이 불안하다는 단점이 있다.

대통령중심제보다는 내각책임제에서 나타날 가능성이 있는 유형이라고 볼 수 있다.

(3) 행정부 중심형

㉰형은 의회와 정당 모두 정책 결정 과정에 영향력이 약하기 때문에 정국 운영의 주도권을 상실한 가운데 오히려 행정부의 권한이 막강한 유형이다. 관료적 권위주의 체제에서 발견될 수 있는 유형이라고 볼 수 있다. 의회나 정당은 민주주의의 형식요건에 불과하며, 관료를 중심으로 권위주의적인 행정 수반이 정국을 주도하는 유형이다. 정치가 발전되지 않고 국가개입주의가 일반화되어 있는 사회에서 발견되는 유형으로서 내각책임제와는 잘 맞지 않는다고 볼 수 있다. 국가권력이 행정부의 권위주의적인 대통령에게 집중되어 있어 제왕적 대통령이라는 비판을 받을 수 있는 유형이다.

(4) 정당 중심형

㉱형은 ㉮형과 정반대로 정치의 중심이 정당에 있는 유형이다. 정당이 정국을 주도하기 때문에 의회는 국정 운영에 별다른 영향력을 행사하지 못한다. 원내 세력이 약하고 원외 세력이 강하여 정당정치가 의회정치를 지배하기 때문에 의회는 당론을 추인하는 고무도장에 불과하다. 정당의 리더나 보스의 영향력이 막강하여 입법권 행사에 결정적인 요인으로 작용한다. 의원들의 자율성이 극도로 제약받고 극단적으로 당에 예속되는 현상이 나타날 수 있는 유형으로 내각제에 적합하다. 왜냐하면, 정당이 강력하면 총선에서 승리 가능성이 커서 정치권력을 획득할 수 있으며, 정당 보스가 총리가 되고, 정당 간부가 각료로 임명되어 행정부와 의회의 일원적 관계를 유지할 수 있기 때문이다.

한국정당이 지향해야 할 유형은 의회가 강력하고 정당이 연성인 ㉮의회 중심형이라고 할 수 있다. 대통령중심제에서 가장 이상적인 정당과 의회의 역학관계는 국민의 대의기관인 의회가 정치의 중심이 되고 정당은 이를 전적으로 지원하는 ㉮형이라고 이해하고자 한다.

제3절 정당의 개혁 방향

1. 정당과 정당 간 협력적 · 경쟁 관계

(1) 정당 관계의 이중성

서양 정부의 역사를 통틀어 정당은 내부 분열, 갈등, 반대를 의미했으며, 다른 한편 동원기구로 지역 커뮤니티를 국가나 연방정부 수준으로 통합시키는 데 이바지하였다. 정당은 갈등의 대리인인 동시에 통합의 수단이다.[153] 갈등은 경쟁과 협력은 통합과 각각 관계가 있다. 정당은 기본적으로 정치권력 게임에서 이기는 것이 목표이기 때문에 경쟁은 정당의 본질이라고 볼 수 있다. 또한, 정당은 일반 이익집단과 달리 공적 기구로서 여야를 불문하고 국정 운영에 직간접으로 참여한다. 여야의 권력 게임에 못지않게 중요한 것이 국민과 국가에 대한 책임 때문에 정책 결정 과정에 정당 간 협력적 관계를 유지하지 않을 수 없다. 정당은 때로는 경쟁하고 때로는 협력해야 하는 이중적인 위치에 있다.

정당 간에는 필연적으로 치열한 협력과 경쟁이 나타나는 것이 자연적인 현상이다. 경쟁이 나타나는 근본적인 이유는 영원한 공직(permanent office)은 존재할 수 없기 때문이다.[154] 권불십년(權不十年)이다. 집권하면 일정 기간 이후에는 국민의 재신임에 도전해야 한다. 야당은 차기 선거에서 국민 대다수의 지지를 받으면 집권 기회를 가질 수 있다. 차기 선거 결과에 대하여 어느 정당도 확신을 가질 수 없어 정당 간에는 필연적으로 국민의 지지를 얻어 집권 기회를 만들려고 치열하게 경쟁할 수밖에 없다.

정당의 모든 활동은 국민의 지지 획득에 초점이 맞춰진다. 이는 정당의 사회침투 능력과 범위에 달려 있다. 정당에 대한 평가는 결국 특정 정당이 얼마나 효율적으로 사회에 침투하여 국민의 마음을 움직이고 국민의 지지를 획득하는가를 따지는 데 있다. 정당의

---

153   Lipset and Rokkan (1967), pp. 3~4.

154   David Robertson, *A Theory of Party Competition* (New York: John Wiley & Sons, 1976), p. 3.

사회침투는 매우 중요하다. 왜냐하면, 정당의 모든 활동은 대다수 국민의 생활에 직접 영향을 미칠 뿐만 아니라 정당이 정치과정에 차지하는 비중과 역할이 매우 높기 때문이다. 정당의 사회침투 결과에 따라서 정당에 대한 국민의 지지도가 좌우되고, 정당과 유권자 간의 우호적인 관계 유지에 영향을 미치며, 충성스러운 당원을 확보하는 데 도움이 된다. 따라서 정당끼리 더 효율적으로 사회에 침투하기 위해서 경쟁하고 때로는 국민 여론을 의식해서 협력적인 관계를 유지한다.

　민주주의 정치체제에서 정당의 사회고립은 상상할 수 없다. 단지 전체주의 체제에서만 집권 경쟁을 허락하지 않는다.[155] 민주정치 체제는 복수정당제를 필수조건으로 한다. 여당이 있으면 야당이 있어야 한다. 정당체계의 이원성은 경쟁과 직결되는 문제다. 정당체계의 이원성은 복수정당제와 직접 관련된 문제지만 정당 간 이념과 노선의 차이가 존재한다. 이념과 노선을 달리하는 정당끼리 정치권력을 획득하기 위해서 노력하는 과정에 경쟁은 불가피한 현상이다. 결국, 민심의 지지를 받기 위해서 정당 간 다양한 수단과 방법을 동원하여 경쟁하게 된다.

(2) 협력과 경쟁의 영향 요인

　정당 간 협력과 경쟁 관계에 영향을 미치는 변수는 정당체계의 유형과 관련이 있다. 양당제가 다당제에 비하여 경쟁적이며, 다당제는 치열한 경쟁이 완화되고 협력적 관계의 유지 가능성이 더 크다. 정당 간 권력을 공유하는 내각책임제보다는 일반적으로 승자독식의 대통령중심제에서 정당 간 경쟁은 더 치열하다. 내각책임제에서는 의석수에 비례하여 정치적 영향력을 행사하고 또한 연립정부의 구성 등을 통하여 권력을 공유할 수 있기 때문에 대통령중심제에 비하여 경쟁이 덜 치열하다고 볼 수 있다. 정당 간 경쟁과 협력은 정당 자체를 위한 것이 아니라 국리민복을 위하여 건전한 방향으로 이루어져야 한다. 이전투구식 경쟁을 지양하고 정당 간 협력적 · 경쟁 관계를 유지해야 할 것이다.

155　Beyme (1985), p. 254.

정당 간 경쟁과 협력에 영향을 미치는 것은 복수정당제도와도 관련이 있다. 민주정치를 평가하는 주요 기준의 하나로 복수정당 제도를 꼽고 있다. 한국도 숱한 우여곡절이 있었지만, 정당 다원주의가 정착되었다고 볼 수 있다. 따라서 복수의 정당 간 어떤 관계를 유지하느냐 하는 것이 정당정치의 중요한 요인으로 작용한다. 권위주의 정치체제를 유지할 당시에는 반대 세력을 무력화 내지 약화하기 위해서 공권력에 의한 야당 탄압이 가해져 제한적 다원주의 성격이 강했던 사실을 부정할 수 없을 것이다. 충성스럽지 못한 선명 강성 야당의 존재나 활동을 정부 여당이 수용하지 못하는 사례가 빈번하게 발생하였다. 야당 정치인에 대한 사찰, 미행, 불법 도청은 물론 야당에 대한 정치공작과 야당의 정상적인 활동이나 행사에 비협조적인 태도를 보이는 일이 비일비재하였다. 그런 상황에서 여야관계는 서로 정치적 동반자로 인정하여 파트너십이 발휘하기보다는 타도의 대상이 되고, 적과 동지로 확연하게 구분되는 대립적 관계를 형성해온 것이 사실이다. 정당은 정치권력을 획득하기 위해서 경쟁하는 정치조직이기 때문에 그렇지 않아도 사활을 건 이전투구가 불가피한 상황에서 정부 여당의 야당에 대한 각종 불이익과 제재가 여야관계를 더욱 악화시키는 요인이 되었다. 다른 한편 야당이 여당에 협조하면 여당의 2중대, 어용 야당, 사이비 야당이라고 비난하면서 곱지 못한 국민적 시선이 집중되었던 것도 사실이다. 야당의 대여 투쟁 능력이 부족하면 선명 야당으로서 소금과 같은 기능을 수행하지 못한다는 비난 여론이 형성된다. 소금이 짜야 하듯 야당이 투쟁적이지 못하면 제구실을 못하는 것으로 비판받는다.

(3) 협력적·경쟁 관계 유지방안

한국은 민주화 이행기와 공고화 단계를 거치면서 선거 과정이나 통상적인 정책 결정 과정에 정당 간 자유롭고 정정당당한 경쟁이 이루어지는 상황으로 발전했다. 여야 간 정책 결정 과정에 첨예한 대립은 아직도 완전하게 사라지지 않았지만 반대를 위한 반대나 맹목적 찬성은 많이 줄어들었다. 상대 당보다는 국민 여론을 의식해서 여야 간에 협조할 것은 협조하고 반대할 것은 반대하는 신축적이고 성숙한 모습으로 바뀌고 있다. 하지만 아직도 여야 간 건전한 경쟁, 입장 차에 대한 상호 이해나 관용, 국민 편에서 여야를 초월하여 정책을 결정하는 협력 등에서 부족한 것이 너무 많다.

여야 간 당리당략 차원의 이전투구나 정책 입장에 대한 심각한 차이 때문에 사생결단식으로 투쟁하고 반목하는 가운데 대립과 경쟁이 반복된다. 특히 여야 간 정국의 주도권이나 대권을 놓고 수단과 방법을 가리지 않고 경쟁하고 투쟁하는 모습은 우려할 만한 수준에 이르고 있다. 정당 간 건전한 경쟁, 입장 차에 대한 관용, 그리고 국민을 위하여 당리당략을 초월한 초당적 협력 관계를 확립하는 것이 정당정치 발전에 꼭 필요한 요인이라고 볼 수 있다.

여야관계는 제도적인 접근을 통하여 해결할 수 있는 문제가 아니다. 여야 간의 관계를 규정하는 정당법 제정, 예컨대 가칭 '협력적 여야관계 유지를 위한 특별법'을 별도로 입법화하는 것도 의미가 없다. 정당의 행동 규범이나 윤리강령에 대한 명문적 규정화는 가능할지 모르나 선언적 의미에 그칠 뿐 사생결단식으로 치열하게 경쟁하는 정당 간 비윤리적이고 부도덕한 행위에 대하여 규제를 가하는 것은 현실성이 적기 때문이다. 국회의원이 품위를 손상하는 언행이나 특정인이나 집단 그리고 동료의원에 대한 모독 등의 행위가 있을 때 국회 윤리특별위원회에 제소하여 처벌하는 규정은 있으나 솜방망이 제재로 실효성에 문제가 제기되고 있다. 정당 간 협력적 관계 유지를 위하여 이와 유사한 제도를 입법화하는 것은 현실성이 부족하다. 정당 간에 노선이나 활동 방법에 대한 차이가 존재하고, 정당마다 고유한 문화와 전통 그리고 특성이 있다. 또한, 정당의 기구, 조직, 운영 방법, 당원의 구성, 당원의 성향 등이 다르고 정당의 지도체제와 정당 지도자의 리더십 행태도 차이가 있다. 이런 상황에서 관용과 협력 등을 기대하는 것은 대단히 어려운 과제라고 볼 수 있다.

장기적으로 여야 정치인의 정치의식이 바뀌고 정치문화가 발전되어야 근본적으로 해결될 수 있을 것이다. 여야 간 원만한 관계를 유지하려면 정당에 소속한 정치인의 의식과 정치체제와 정당이 운영되는 환경변수인 정치문화가 동시에 변해야 할 것이다. 예컨대 반대자에 대한 관용이 용납되지 못하는 정치문화, 정치적 반대자는 갈등과 분열을 조장한다고 인식하는 정치문화, 국가의 최고 지도자를 신성시하고 어느 경우에도 불가침 영역이라는 권위주의적인 정치문화 등이 형성되어 있다면 원만한 여야관계를 유지하는 데 걸림돌이 될 것이다. 정치문화가 바뀌는 것이 여야의 협력적·경쟁 관계 유지에 도움이 될 것이다.

그다음 해법으로 제시할 수 있는 것은 여야 간 평화적인 정권교체가 주기적으로 반복되고 누적되어 정치권력 변동이 제도화되면 여야관계는 변하게 될 것이다. 헌팅턴(S. P. Huntington)이 주장하고 있는 바와 같이 여야 간 평화적인 정권교체가 수차례 반복될 때 정치권력 변동의 제도화가 이루어지고, 여야 간 적대적 관계에서 선의의 경쟁 관계로 발전할 수 있을 것이다. 여당과 야당의 지위가 선거를 통해서 주기적으로 바뀌는 것이 제도화되면 여야 간 새로운 관계 정립이 가능할 것이다. 상대 당에 대한 실체나 역할을 인정할 수밖에 없을 것이다. 만년 여당이나 만년 야당 신세를 언제든지 벗어날 수 있다면 권력투쟁 일변도의 경색된 관계도 완화될 수 있을 것이다. 여야가 여러 차례 교대로 집권을 경험하면 여야관계는 국민의 지지를 받으려고 정책대결 위주로 발전하게 될 것이다. 이는 결국 정당의 제도화에 기여하고 원만한 여야관계 유지에 순기능으로 작용하게 될 것이다. 여야 간 평화적 정권교체의 누적과 제도화는 결국 국민의 선택에 따라 좌우되는 문제이므로 정치문화의 변동과 더불어 국민의 정치의식도 향상되어야 할 것이다

2. 정당 내부의 역량 강화

(1) 정당 역량의 다양성

정당 내부 문제의 개혁방안을 한마디로 제시하는 것은 대단히 어려운 문제다. 왜냐하면, 정당 내부에는 다양한 요소와 쟁점들이 상호 관련되어 있기 때문이다. 정당을 연구하는 데 많이 활용하는 구조적 접근법과 행태적 접근법이라는 시각에서 살펴보면 정당 내부 문제가 대단히 복잡하다는 사실을 이해하게 될 것이다.[156]

---

156 두 가지 접근법에 대하여 다음을 참고할 것. 홍득표(2009), pp. 341~343.

구조적 접근법은 정당의 조직과 당원 간의 역할 관계를 연구하는 것이다. 구체적으로 정당의 기구와 편성, 당직자의 역할, 의사결정 구조, 권한의 배분, 당 지도자 및 주요 당직자의 선출과 임명 방법, 중앙당과 지구당의 조직과 임무, 중앙당과 지구당의 권력 관계, 당원과 당 지도자 관계, 정당 성격, 계층구조, 중앙 집중도, 당의 기강 등에 관하여 연구하는 것이다.

행태적 접근법은 정당의 운영은 조직에 의하여 이루어지지만 인간 요인도 정당의 기능을 수행하는 과정에 중요하게 작용한다는 시각에서 정당을 운영하는 데 영향력을 행사하는 당원과 당 지도자의 행동을 연구하는 것이다. 주로 정당 지도자의 리더십, 열성당원의 행동주의, 투표행태, 정당이 획득한 지지표의 내용 등에 관심을 가진다.

정당 내부 문제는 정당의 구조와 정당을 운영하는 당원과 지도자의 행태와 관련이 있음을 알 수 있다. 정당의 구조와 운영은 결국 정당이 추구하는 목표 달성을 위한 조직과 기능 수행과 연관되어 있다. 개별정당은 추구하는 목표가 있고, 그 목표를 성취하기 위한 조직이 있으며, 그 조직을 운영하고 관리하는 데 소요되는 인적·물적 자원의 동원 등과 관련이 있다. 결국, 정치체제 이론에서 주장하고 있는 구조 기능주의적 시각에서 정당 내부 문제를 살펴봐야 한다는 결론에 도달하게 된다. 정당의 구조와 기능 측면에서 가장 중요한 것은 정당의 역량이라고 볼 수 있다. 정당의 역량(capability)은 목표 달성 능력, 투표 동원 능력, 인적·물적 자원의 동원과 활용 능력, 국민의 지지 획득 능력, 국가와 시민사회의 연결 능력, 다른 당과의 경쟁력, 사회침투력, 국민에 대한 대응력, 이익집약과 표출 능력, 정책개발 능력, 당원의 정체성 확립 능력, 당원의 충성심 유도와 단결유지 능력, 당원의 참여 유인 능력 등등 헤아릴 수 없을 만큼 많은 쟁점과 관련되어 있다.

(2) 정당 역량의 확대 요인

1) 당원의 민주적 참여 보장

정당의 역량에 영향을 미치는 요인 중에서 무엇보다도 중요한 것은 당원의 민주적 참여를 보장하고 적극적인 참여를 유인하는 것이다. 사실상 정당의 주인이면서 당을 구성하고 있는 중요한 인적 자원인 당원의 의사결정과정 참여가 정당의 내부 역량을 증진하는 핵심 요인이 될 것이다.

당원의 민주적 참여를 이해하는 접근법으로 교환모형(exchange model)과 발전모형(developmental model)이 있다.[157]

교환모형은 당원과 정당 지도자 간에 서로 주고받는 거래가 당원의 참여에 영향을 미치고 정당 지도자에게도 결과적으로 이익이 돌아간다는 것이다. 정당 지도자가 당원보다 더 많은 권한과 혜택을 누리고 있다는 불균형 관계를 전제로 제시된 접근법이다. 힘이 막강한 정당 지도자가 당원에게 당내 의사결정과정에 적극적으로 참여할 수 있는 동기를 부여할 수 있다. 당원들은 정당이 제공하는 정책 결정이라는 형태의 목적 유인책(purposive incentives), 당원이라는 인식과 사회적 상호작용을 통하여 나타나는 연대 유인책(solidary incentives), 공직 임명이라는 선택적 유인책(selective incentives) 등의 보상이 기대될 때 정당 활동에 참여하고 협력하게 된다.[158] 당원들은 보상이 약할 때 적극적인 참여나 집단협력(collective cooperation)을 꺼리게 되고 당에 대한 정체성과 충성심의 약화 그리고 내분이 생겨 정당은 위기에 직면하게 된다. 반면에 당원들이 보상의 대가로 정당을 지지하고 충성심을 발휘해서 헌신적으로 봉사한다면 정당 지도자에게도 결과적으로 이익이 돌아가 교환 관계가 성립된다는 것이다.

---

[157] 정당의 발전모형으로는 대중정당(mass party), 선거정당(electoral party), 포괄정당(catch-all party), 카르텔정당(cartel party) 등으로 분류한다. 당원의 구성요소에 따라서 엘리트·간부정당(cadre parties), 대중정당(mass parties), 중간정당(intermediate parties) 등으로, 조직 기반에 따라서 내부 정당(interior parties)과 외부 정당(exterior parties)으로, 의사결정권의 소재에 따라서 다층정당(stratarchy), 엘리트·간부정당(cadre parties), 전위정당(vanguard parties), 대중정당(mass parties) 등으로 분류한다. 다음을 참고할 것. 홍득표 (2009), pp. 357~364.

[158] 정치활동의 유인책으로써 ①임금이나 봉급과 같은 금전적인 것, 주변 재개발로 인한 재산 가치의 상승 등 가시적인 물질적 유인(material incentives), ②결합(associating), 사교(socializing), 일치성(congeniality), 집단의 소속감 등 비가시적인 연대 유인(solidary incentives), ③공공 봉사의 비효율성과 부패 제거, 공동체의 미화, 정치나 생활에 대한 정보의 확산 등과 같이 구성원들에게 직접적이고 가시적인 이익을 제공하지 않는 규정의 채택이나 특정한 법의 시행 등 초 개인적 목표(suprapersonal goals)와 관련이 있는 의도적 유인(purposive incentives) 등 세 가지로 분류하고 있다. Peter B. Clark and James Q. Wilson, "Incentive Systems: A Theory for Organizations", *Administrative Science Quarterly*, Vol. 6, No. 2 (1961, Sept), pp. 135~137.

　발전모형은 정당의 발전유형에 따라서 당원의 민주적 참여가 영향을 받는다는 접근법이다. 정당 유형별로 당원의 민주적 참여 보장 여부가 달라진다는 것이다. 정당 내의 의사결정 구조가 하향식 조직의 엘리트·간부정당에서 상향식 조직의 대중정당으로 발전하는 것이 민주적 참여가 보장된 정당이라고 한다. 당원의 구성요소 측면에서는 대중정당을 민주적 참여가 보장된 정당으로 보는데 당원은 당의 실체이기 때문에 그들의 위상이나 역할 그리고 활동이 중요하게 인식된다. 조직 기반에 따른 정당의 분류는 당내의 권력 구조가 분권적이라 당원의 참여가 보장되는 민주정당으로 간주하고 있다. 정당의 의사결정권의 소재에 따른 분류는 당의 정책 내용에 따라서 다르겠지만 당권이 집중적·획일적·단일적인 엘리트·간부정당이나 정책의 결정과 집행에 당원의 참여 수준이 보통인 전위전당보다는 당원의 참여 수준이 가장 높고 자율성이 최대한 보장되는 대중정당이 참여가 가장 많이 보장된 정당이라는 것이다.

　모든 당내관계는 항상 긴장과 갈등이 존재한다. 당원과 당의 지도자 간에 필연적으로 긴장이 조성된다. 엘리트·간부정당보다는 대중정당이나 혼합정당의 내부 긴장도가 높다고 볼 수 있다. 당원들은 정당의 운영이나 관리 그리고 주요 정책 결정 과정에 자신들의 영향력을 확대하려고 하고, 정당의 지도자는 자신의 목소리를 더 많이 반영하려고 줄다리기를 하는 과정에 당원과 정당 지도자 간에 긴장이 조성된다. 하지만 대중정당이나 혼합정당에 비하여 간부 중심의 구조를 유지하는 획일적인 정당에서 긴장도는 떨어진다고 볼 수 있다.

　정당의 조직유형을 통하여 발견할 수 있는 것은 당내 참여 확대의 핵심은 당원과 당 지도자 간의 역학관계에 있음을 알 수 있다. 정당 내 역학관계는 관계적·비대칭적·호혜적이라는 특징이 있다. 권한 배분이 비대칭적인 현상은 어느 조직에서나 발견할 수 있지만 정당은 당원과 지도자 간에 호혜적 교환 관계가 성립되어야 한다. 그러기 위해서는 민주적 참여의 증대를 통한 의사결정과정이 확대 및 보장되어야 한다. 민주적 참여의 확대는 분권화와 자율성 신장과도 관련이 있다. 당내의 역학관계를 분권화·자율화를 통하여 민주적 관계로 변화시키는 것이 중요하다. 민주적 참여 확대는 당원에 기반을 둔 당원 중심의 정당 운영이라고 볼 수 있다. 절대다수를 차지하고 있는 당원의 참여로 정당의 의사가 결정되는 당권 중심의 다원성(plurality of party power center)을 보장하는 것이 중요하다. 정당의 의사결정이 소수의 당 간부에 의하여 독점되는 일원적 중심(monistic center of power)인 중앙집중적인 권위주의 체제에서는 다수 당원의 민주적 참여가 배제된다.

당원의 민주적 참여의 확대를 판단하는 기준 몇 가지를 다음과 같이 제시하였다.[159]

①정당의 지도부는 당원의 신임에 기초하여야 한다. 물론 그 지도부는 일정한 주기를 두고 반복적인 선거를 통해 리더십의 정당화 과정을 밟아야 하며, 당원에 대하여 책임을 져야 한다.

②당권 경쟁자도 지도부에 입성할 수 있는 실질적인 기회 균등이 보장되어야 한다.

③당원에 의한 정당 통제가 이루어져야 한다.

④정당의 리더십에 관한 자유롭고 공개적인 의사 형성의 정당화 과정뿐만 아니라 각급 지도적 위치에 있는 당 기관까지 확대되어야 한다.

2) 정당조직의 안정

정당은 민주정치 생활의 안정과 결속을 유지하는 핵심 부분이라는 데 이론의 여지가 없다. 만일 기존의 정당이 무너지면 정치학자들은 통상적으로 매우 놀랄 것이다.[160] 정당의 역량을 향상하려면 무엇보다 정당조직이 안정을 유지해야 할 것이다. 당 조직이 동요하고 안정성을 상실할 때 일관성 있는 정책대안을 제시하는 것도 불가능하고, 당원의 정체성 확립이나 단결유지에도 도움이 되지 않을 것이기 때문이다. 기존 정당이 안정적이고 합법적인 정치기구로서 오랫동안 존속하면서 국민에게 봉사할 수 있는 역량을 키우는 것은 매우 중요한 일이다. 무엇보다 정당이 상당 기간 정치기구로서 안정을 유지하는 것이 요구된다.

---

159 계희열 · 김선택 · 장영수, 「한국정당의 내부 질서와 민주화 방안에 관한 연구」, 1999~2000년도 한국의회발전연구회 지원 연구논문 (2000), p. 19.

160 Richard Gunther and Jonathan Hopkin, "A Crisis of Institutionalization: The Collapse of the UCD in Spain", in Gunther, Montero, and Linz (2002), p. 191.

헌팅턴(S. P. Huntington)은 정당의 안정성을 평가하는 기준으로 ①적응성(adaptability) ②복잡성(complexity) ③자율성(autonomy) ④응집성(coherence) 등을 제시하였다.[161] 네 가지 요인 중 정당의 내부 관계와 관련된 적응력과 응집력에 대하여 살펴보고자 한다.

①적응력

정당이 안정적으로 생명력을 유지하기 위해서는 변화되는 환경에 효율적으로 적응할 수 있는 능력을 키워야 한다. 적응력은 국민의 정치적 요구는 물론 국가가 당면하고 있는 현안에 대하여 민첩하게 대응할 수 있는 환경 대처 능력을 의미한다. 상황 적응력은 정책개발과 관련이 있다. 정당은 정책대안 제시라는 수단을 통하여 국민과 상호작용을 유지한다. 국민의 전폭적 지지를 얻으려면 국민이 공감하고 시대가 요구하는 합리적인 정책대안을 끊임없이 개발하고 제시해야 한다. 국민의 기대나 요구 수준이 날로 향상되고 시대적인 상황이 급변하는 가운데 경쟁적인 정당이 존재하기 때문에 정당의 정책개발 능력의 향상은 정당제도화의 관건이 된다고 볼 수 있다.

적응력은 국민의 지지 획득과도 관련이 있다. 국민의 지지를 받지 못하는 정당은 안정을 유지하기 곤란하다. 선거에서 패하면 정당의 존립은 위기를 맞게 되고 존속할 명분과 가치를 상실하게 된다. 정당조직은 정치권력 획득이라는 목표를 달성하기 위한 효율적·기술적 수단의 하나인 기구라고 볼 수 있는데, 정치권력이나 의회에서 의석을 획득하지 못하면 존립 위기에 직면하게 된다. 정당이 선거에서 국민의 지지를 받기 위해서는 '사회적 기반의 선택'이 매우 중요하다. 정당의 사회적 기반의 안정성과 공약은 정당 안정화의 근본적인 요인이 된다.[162] 정당이 사회의 어떤 균열 구조를 주된 지지기반으로 겨냥하느냐 하는 것과 그 균열 구조의 이익을 확실하게 표출하고 집약할 수 있다는 확신을 그들에게 심어주어 지지기반을 공고하게 다지는 것이 중요하다. 정당은 단기적으로 선거에서 지지를 얻는 것이 중요하지만 장기적으로 견고한 지지 계층인 핵심적 유권자를

---

161   Huntington (1968), pp. 1~24.

162   Philip Selznick, *Leadership in Administration: A Sociological Interpretation* (Berkeley: University of California Press, 1984), p. 104.

확보하는 것이 정당의 안정화에 중요한 요인으로 작용한다. 핵심적 지지 계층과 더불어 특정한 이익집단을 포함하여 당 외적으로 다양한 유형의 지원조직을 확보하는 것이 정당의 안정에 필수적 요건이 된다.

적응력과 관련하여 신당 창당 모형에 대한 경험적 연구에 의하면 신당을 창당하려는 집단과 기존 정당의 두 행위자가 직면하는 전략적 상호작용의 상황에 주목한다.[163] 신당 창당을 주도하는 잠재력이 있는 사람들은 사회운동가, 일반 시민, 정치적 기업가(political entrepreneur), 또는 심지어 기존 정당에 소속한 일부 인사 등이라고 볼 수 있다. 정치권에서 새로운 요구가 제기되고 무시된 쟁점이 나타날 때 이는 기존 정당이 해결해야 하는 몫이 된다. 제기된 요구나 쟁점에 대하여 기존 정당은 수용 또는 거부를 결정해야 한다. 이를 정당의 적응성이라고 볼 수 있는데 기존 정당에 매우 중요한 능력이다. 새로운 요구, 무시된 쟁점, 갈등 요인 그리고 국민의 희망을 해결하고 통합하는 일은 기존 정당체계에 상당한 도전요인으로 작용한다. 어느 정당은 적응성이 높고 어떤 정당은 적응성이 낮은 것이 현실이다. 기존 정당이 새로운 요구를 정치프로그램으로 통합하는 데 실패했을 경우 선거에서 입는 피해가 얼마나 될지 잘 알지 못한다. 또한, 신당이 창당되었을 때 선거에서 얼마나 손실이 뒤따를지 정확한 정보판단이 어려운 상황에서 불확실성에 직면한다는 것이다. 신당의 출현으로 선거 결과에 얼마나 큰 영향을 미칠지 확실한 정보가 있다면 국민의 요구를 수용하는 결정을 내리게 될 것이다.

기존 정당이 새롭게 제기되는 쟁점이나 요구에 대하여 수용 결정을 내릴 때 신당 창당의 잠재성은 축소되지만, 거부 결정을 내리면 그 가능성은 커진다. 게임이론 시각에서 기존 정당과 신당 창당 간에는 평형상태가 유지된다는 것이다. 기존 정당이 새로운 요구를 수용하면 신당 창당의 잠재성이 없어지기 때문에 게임이 종료되지만 만일 새로운 요구를 기존 정당이 거부하면 잠재적 신당 창당 세력은 그러한 요구를 자신들이 해결하겠

---

163 호주, 캐나다, 프랑스, 독일, 영국, 그리스, 이탈리아, 스페인, 미국 등 22개국에서 세계 제2차대전 이후 치러진 261회의 선거와 후보를 공천한 361개의 신당에 대한 경험적 사례 분석을 통하여 신당 창당의 게임-이론 모형(Game-theoretical model)을 제시하였다. 다음을 참고할 것. Hug (2001), pp. 37~64.

다고 나서는 도전자가 된다는 것이다. 신당 창당은 불확실성과 도전자라는 두 가지 필요조건에 따라서 그 여부가 결정된다. 불확실성이 사라지고 강력한 도전자의 입장을 기존 정당이 전적으로 수용하면 신당 창당의 잠재력은 약해지지만, 불확실성이 지속되는데도 도전을 거부하면 강력한 신당 혹은 약한 신당이 태어나는 평형상태가 유지된다는 것이다. 골자는 정치적 요구나 희망을 제기할 때 기존 정당이 수용하느냐 또는 거부하느냐에 따라서 신당 창당의 공간 마련 여부가 좌우된다는 것이다. 새로운 쟁점이 매우 중요하게 부각 되면 신당 창당의 청신호가 된다고 보는 것이다.

적응력을 키우기 위해서 자발적으로 정당을 해산하거나 다른 당과 통합하기도 한다. 정당의 안정화를 저해하는 요인으로 당원의 충성심 약화와 이탈, 당 내분, 연속적인 선거 패배와 지지기반의 상실, 정책개발 능력 결여 등도 있지만 정당의 자발적 해산이나 통합도 있다. 정당의 해산과 통폐합은 국민의 지지를 얻을 자신이 없거나 더 이상 존재할 가치나 명분이 없기 때문이라고 볼 수 있지만, 정당 내 지도자 간 내분이나 세력다툼, 갈등, 이념대립 등이 원인이 되기도 한다. 또한, 자력으로 집권할 가능성이 희박하다고 판단하여 이념적으로 유사한 정당과 또는 지지기반이 다른 지역당끼리 연합하여 공동정권을 창출하기 위해서 전략적인 제휴 차원에서 합당 내지는 통폐합을 추진하기도 한다. 이런 경우도 정당의 안정성 수준을 약화하는 원인으로 작용한다.

②응집력

정당은 대내외적으로 많은 위협과 경쟁자로부터 끊임없는 도전에 직면하게 된다. 정당이 오랫동안 안정적으로 존속하는 것은 그리 쉬운 일이 아니다. 무엇보다 정당이 일단 생존하고 안정성을 유지하려면 당원의 충성심과 당내 응집력이 요구된다. 응집력은 정당 내부의 단결과 합의를 유지하는 것을 의미한다. 충성스러운 당원이 없으면 정당은 존속할 수 없으며, 분열, 긴장, 과도한 당권경쟁, 이념 갈등, 세력다툼 등의 당내 갈등이나 내분이 있으면 자생력을 키우기 어렵다. 정당은 대부분 내부의 집안싸움 때문에 분열하고 분파가 형성되어 국민의 불신을 받게 된다. 내부 갈등을 효율적으로 관리하거나 해소하는 데 실패하여 내부 합의나 내부 응집을 유지할 수 없는 상황으로 발전하면 정당은 존속에 어려움을 겪게 된다. 정당은 당 조직의 기능 수행에 매우 긴요한 자원을 통제하는 주요 행위자와 집단 사이에 변치 않는 협력 상황(situation of stable cooperation)을 조성할 때 안정을 유지하기 시작한다.[164]

효율적인 정당조직이 되려면 최소한 당내 갈등을 관리하는 절차나 방법 그리고 리더십 등이 확립되어야 할 것이다. 당내 세력 갈등, 노선 갈등, 당권 갈등이 커지면 응집력을 유지할 수 없게 되며, 상대 당과의 경쟁력도 약해지기 때문이다. 의사결정과정에는 다양한 이견이 노출될 수 있지만, 일단 토론과 민주적 절차를 밟아 결정된 사항에 대하여 찬반의 입장을 초월하여 효율적으로 집행하는 성숙한 모습을 보여야 할 것이다. 공론의 장을 열어 이견을 조율 내지 통합하여 당내 결속을 유지해야 한다. 이는 권위주의적이고 일사불란한 정당 내부의 의사결정 구조를 의미하는 것이 아니라 당내 갈등이나 이견을 민주적 의사결정과정과 절차를 통하여 해소하고 합의를 바탕으로 화합하고 일체감을 형성하는 것이 필요하다는 것이다.

3. 정당과 정부의 자율적 관계

(1) 국가 · 사회 · 정부 · 정당 관계유형

민주주의 국가의 중요한 제도인 정부와 정당 간 어떤 관계를 유지 · 발전시키느냐 하는 것은 흥미 있는 주제라고 볼 수 있다. 민주정치는 정당정치라는 말을 재차 강조하지 않더라도 정부와 정당은 불가분의 관계를 유지할 수밖에 없는 것이 정치 현실이기 때문이다.

당정관계의 유형을 이해하기 위해서 우선 국가와 시민사회, 정부와 정당의 경계를 구분 지을 필요가 있다. 4자 간의 개념도를 〈그림 5-2〉와 같이 나타냈다. 이는 지방, 지역, 국가, 초국가, 정부, 정당, 시민사회 간의 상호작용을 의미하는 것이 아니라 정체의 영역 수준(territorial level of the polity)에서 규범적 논의를 위해서 개념을 단순하게 그림으로 표

---

164   Panebianco (1988).

시한 것이다. 정부는 국가에 속하며, 정당은 시민사회에 속한다.[165] 국가와 시민사회는
독립적이라고 볼 수 있다.

〈그림 5-2: 국가, 사회, 정부와 정당의 개념도〉

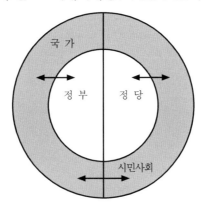

출처) Andeweg(2000a), p.44.

국가, 사회, 정부, 정당의 잠재적 관계를 설명하기 위해서 〈그림 5-3〉과 같이 정당지배
형(party monopoly of society), 국가지배형(state without government), 사회지배형(society without
party), 정부 지배형(government without state) 등 네 가지 유형으로 분류하였다.[166]

정당지배형은 정당정부를 의미하며 정당이 사회를 장악하고, 정부가 국가를 완전하게
통제하는 곳에서 정당 국가로 발전할 잠재력이 있는 유형이다. 대표적인 예로 구 소비에
트 연방과 중국 등을 들 수 있다. 정당정부의 영향력은 정당에서 정부로 향하며, 물론 그
반대의 경우도 있다. 이탈리아와 오스트리아는 정당 국가는 아니지만, 정당이 사회에서
매우 중요한 역할을 하고, 정부가 국가의 많은 영역을 통제하는 곳이다.

극단적 연합주의(extreme consociationalism)는 교회, 노조, 학교, 대중매체, 주택연합 등등

---

165   R. B. Andeweg, "Party Government, State and Society: Mapping Boundaries and Interrelations", in Jean Blondel and
      Maurizio Cotta(ed.), *The Nature of Party Government: A Comparative European Perspective* (New York: Palgrave, 2000), pp.
      44~47.

166   국가, 시민사회, 정부, 정당 간의 관계를 네 가지 유형으로 분류한 것은 다음을 참고하였음. Andeweg (2000a), pp.
      47~50.

이 정당과 밀접하게 연계되어 있어 정당과 사회가 동일시되는 경우로 정부는 국가에서 중요한 역할을 제대로 수행하지 못한다. 근접한 사례는 사회의 극화(pillarisation)가 심한 벨기에를 들 수 있다. 정부는 법적으로 확립된 비율에 따라서 극화된 집단에 자원을 배분하고, 심지어 집 청소까지 맡아주는 경우다. 스웨덴은 정당이 사회의 특권적 대표성을 갖고 있으며, 황실위원회(royal commission)가 정책을 결정하고 독립기구에서 정책을 집행하는 등 정부의 영향력이 감소 되고 강력한 국가가 통제하는 경우다.

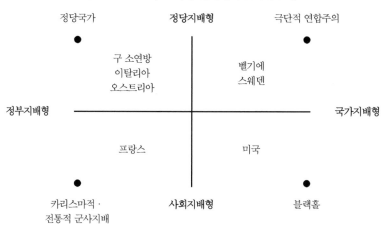

〈그림 5-3: 국가, 사회, 정부, 정당의 잠재적 관계〉

출처) Andeweg(2000a), p.48.

국가에서 정당과 정부의 역할이 무시되는 극단적인 경우는 블랙홀(black hole)이라고 한다. 블랙홀에 근접한 경우는 미국으로서 정당은 실질적 조직(real organization)이 아닌 무늬로서 존재하고, 워싱턴에 중앙당이 없다. 국가와 시민사회는 항상 대립과 갈등 관계에 있으며 민주주의가 공고화된 나라에서는 과잉 성장한 시민사회의 영향력이 국가나 정부보다 우위에 있는 사회지배형이라고 볼 수 있다.

정부 지배형은 강력한 정당 없이 정부가 국가를 지배하는 유형이다. 극단적인 경우는 카리스마적 · 전통적 · 군사 지배 유형으로 어느 정도 유사한 예는 강력한 정부와 정당이 사회와 약하게 융합된 프랑스를 들 수 있다.

(2) 당정관계의 유형

당정관계의 바람직한 유형은 무엇일까? 나라마다 정치체제와 정치문화가 달라 획일적으로 단정하는 것은 쉬운 일은 아닐 것이다. 일반적으로 당정관계를 〈그림 5-4〉와 같이 나타내고 있다. 정부와 정당 간 어떤 영향력 관계가 형성되었는가를 중심으로 ①정부 우위형(supporting parties dependent on government) ②정당 우위형(government dependent on supporting parties) ③상호의존형(interdependent) ④자율형(autonomy) 등 네 가지 유형으로 분류한다.[167]

〈그림 5-4 : 정당과 정부의 영향력 관계〉

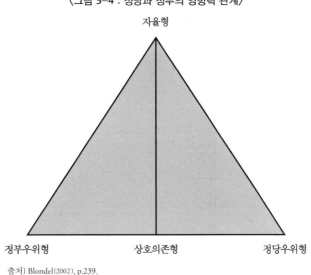

출처) Blondel(2002), p.239.

정부 우위형은 관료형이라 부르기도 하며, 정당정부가 존재하지 않는 가운데 정부가 정당을 크게 의식하지 않고 행동하며 존속하는 유형이다. 유럽에서 나타나는 현상이 아니며 제3세계의 일당 국가나 19세기 독일이나 오스트리아-헝가리의 입헌군주국에서 발견된 유형이다.

정당 우위형은 정당 의존형 또는 정당지도형(party leadership type)이라고 부르기도 하며

---

167 당정관계의 유형이나 현상에 대하여 다음을 참고할 것. Blondel (2002), pp. 233~256.

내각책임제의 정당정부에서 일반화된 현상으로 정부의 주요 정책은 선거에 의하여 선출된 정당 인사들에 의하여 주도된다. 정당이 정부를 인수하거나 정부에 침투하는 유형으로 사회주의 국가에서 발견된다.

상호의존형은 영국, 프랑스 및 멕시코 등에서 발견된다. 상호의존형은 정당의 리더십과 정부의 리더십이 완전하게 융합된 상황에서 나타나는 유형이다.[168]

자율형은 대통령중심제에서 3권분립이 확실한 미국에서 발견되는 유형이다. 정부와 정당은 서로 간섭하지 않고 고유의 기능을 독자적으로 수행한다. 정부의 리더십 행사에 정당의 개입이 없으며, 정당도 특유의 분권적 구조를 유지하면서 자유 투표제를 허용하는 등 정부의 영향을 받지 않는다.

내각책임제의 정치체제에서는 행정부와 입법부가 일원적 관계이고, 정당이 주요 연결고리(key chains in this link)이기 때문에 자율형과는 상관성이 적다. 하지만 내각책임제를 채택하고 있는 벨기에나 네덜란드에서는 정부와 의회가 일정한 거리를 유지하고 있으며, 외교정책 등의 실행에서 상당한 자율성을 유지하는 경우도 있다. 자율형은 민주국가에서 여야를 비교할 때 정치적 반대 세력인 야당이 정부에 의존하거나 정부가 야당에 의지하는 경우가 없어 자율적 관계를 유지하는 것이 일반적인 현상이다. 정당과 정부의 관계에서 정당의 상호자율성은 핵심적인 문제다. 정부와 정당이 각기 다른 목적을 가지고 별개의 조직을 유지하는 이상 모든 활동 영역에서 의존적인 것은 아니다. 정부와 정당은 상호 독립적이고 자유로운 활동 영역이 존재한다. 그런 의미에서 정부와 정당 관계는 제한적인 상호관계이다. 정부와 정당 사이의 의존관계는 어디서나 쉽게 감지되는 현상이다.[169]

(3) 당정 간 실질적인 관계

정부와 정당의 관계를 설정하는 데는 정부와 정부 구성에 참여하는 지지 정당

168　Jean Blondel, "A Framework for the Empirical Analysis of Government-Supporting Party Relationships", Blondel and Cotta (2000), p. 99.

169　김광수, "정부와 정당의 상호관계 연구", 「대한정치학회보」 제7집 1호, 대한정치학회(1999), p. 79.

(supporting party) 또는 정당과 정부의 상호자율성 유지 수준과 정부의 지원정당에 대한 의존도를 고려해야 한다. 또한, 정부와 정당은 정책, 공직 임명, 당직 임명(patronage) 등 세 분야와 관련하여 어떤 관계를 유지하는가를 살펴봐야 할 것이다.

1) 공직 충원

공직 충원은 정당의 기본 기능 중의 하나로 간주한다. 정당은 선거에 나설 공직 후보를 공천하고 당선시키는 것을 목적으로 하는 정치집단이다. 정당의 공직 충원 기능이 다른 이익집단이나 사회운동과 구분되는 기준이 된다. 다른 이익집단이나 시민운동은 공직 충원 기능을 수행하지 못하고 대신 정부의 정책에 영향력을 행사하는 데 만족해야 한다.[170] 당정관계에서 관심을 가지는 공직 임명 문제는 선거직으로 선출하는 의원이 아니라 당직과 정부의 고위직 임명과 관련된 것이다. 정당정부는 분명하게 정부의 공직 임명에 관심이 있다. 물론 정부도 정당의 간부 임명에 관심을 가지는 것은 당연하다. 정부와 정당 중 어느 쪽에 의존하는가, 아니면 호혜적 자율성(reciprocal autonomy)을 유지하는가에 따라서 당정관계가 설정된다. 당정관계를 공직 임명과 관련하여 상호의존과 자율성 수준에 따라서 〈그림 5-5〉와 같이 네 가지 유형으로 분류하였다.

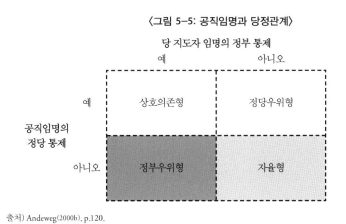

〈그림 5-5: 공직임명과 당정관계〉

출처) Andeweg(2000b), p.120.

---

170   R. B. Andeweg, "Political Recruitment and Party Government", in Blondel and Cotta (2000), p. 119.

이론적으로 공직 임명과 관련하여 당정 간에 의존관계보다는 자율적 관계가 가장 이상적이다. 하지만 정치체제나 상황에 따라서 약간 다를 수 있다. 내각책임제에서는 의회와 정부는 사실상 밀접한 관계이기 때문에 당직과 정부의 공직 임명에 상호 의존상태를 유지해야 한다. 각료의 대부분은 정부를 지지하는 정당이나 집권당 고위인사 중에서 임명되고 정당은 내각을 통제한다. 영국의 경우 각료는 의원 중에서 임명하고 정부의 고위직 인사는 전적으로 정당 지도자의 영향력에 의하여 충원된다.[171] 내각 책임제의 정당정부에서는 공직 임명은 도구적인 것으로 간주한다. 정당이 정부를 구성해야 하고 정당이 추구하는 정책목표를 달성하기 위해서 당대표를 내각의 주요 자리에 임명하고 부처를 통제하는 것은 하나의 수단이 될 수 있다.[172]

정부 고위직에 정당 소속 인사들을 임명하는 것이 정당의 공직 추구(office-seeking) 목표라고 보기보다는 정부를 구성하고 정책목표를 달성하려는 수단적 측면에서 이해하는 것이 바람직할 것이다. 하지만 당 인사가 입각하더라도 정책에 대한 정당의 통제가 자동으로 이루어지는 것은 아니다. 장관으로서 위신과 대중적인 인기 등을 고려하여 정당의 눈치를 살피지 않고 정책을 독자적으로 결정하는 경우가 많다.[173] 지지 정당이 공직 임명에 영향력을 행사하지만, 정책 결정 과정에 밀접한 관계를 유지하거나 일정한 거리를 두는 등 독자적인 행동 여부는 다양한 유형이 있어 일반화하기 곤란한 부분이 있다.

이원집정부제를 채택하고 있는 프랑스는 내각책임제와 다르다. 의원을 겸직하지 않는 각료의 비율이 1958년 37%, 1968년 3%, 1974년 33%, 1986년 31%, 1988년 39%, 1992년 28%, 1993년 3%, 1997년 17%로 나타났다.[174] 대통령중심제와 내각책임제의 요소를 혼합한 정부 형태이기 때문에 이해되는 부분이 있다. 하지만 순수 대통령중심제에서는 상황이 다르다. 여당의 정책목표를 보다 효율적으로 정책에 반영하기 위한 수단으로 당

---

171   Webb (2002b), p. 31.

172   Andeweg (2000b), p. 120.

173   Blondel (2002), p. 240.

174   Knapp (2002), p. 134.

인사를 내각에 임명하는 것은 입법부와 행정부의 균형과 견제라는 권력분립 원칙에 위배 될 뿐만 아니라 입법부와 행정부의 대표성이 달라 당직과 공직 임명에 상호 간섭하지 않는 자율형이 바람직하다고 볼 수 있다.

2) 정책 결정

정책 결정과 관련된 당정관계는 정치체제에 따라서 다르다. 정부와 정당은 각각 다른 권한을 갖고 정책 결정에 참여한다. 정부는 막강한 기술 관료와 조직, 그리고 전문성을 바탕으로 집행권을 행사하며, 정당은 사회의 많은 세력과 연계되어 있고 선거 과정을 통하여 국민의 지지를 배경으로 정책 결정에 영향력을 행사한다. 정책 결정에 대한 정향은 공공정책 분석, 합리적 선택이론, 경험적 국가연구(empirical country studies), 비교현실주의(comparative realism) 등으로 분류하고 있으나 당의 프로그램과 정부의 정책발표에 관한 연구를 통하여 당정관계를 규명해야 할 것이다.

입법부와 행정부가 특수한 관계를 유지하는 내각책임제에서 정책 결정은 상호의존 관계를 유지할 수밖에 없다. 내각책임제하에서 정책 결정은 당정 간 공동으로 이루어진다. 당정 간 정부의 정책 결정은 밀접하게 관련되어 있다. 당정 간에 어느 쪽에서 정책을 최초 제안하고 대안을 어떻게 다듬고 그 결과가 어떻게 나타나는가 하는 것은 내각책임제의 성격, 정책 유형, 참여 수준, 당정 갈등, 당정 리더십, 여당과 야당 관계, 야당의 세력, 연립 혹은 단독정부 등 정부 형태에 따라서 다르게 나타난다. 예를 들면 연립정부의 경우 정부 구성에 참여한 정당 간 정책의 포트폴리오 할당(portfolio allocation) 현상이 나타난다. 또한, 여야관계가 양극화되어 있는 경우 영국이나 프랑스는 여당이 주도하지만 다른 유럽 국가는 당이 정부에 의존하는 경향이 높게 나타났다.[175]

정책 결정과 관련하여 당정관계는 정책 유형에 따라서 자율성과 의존 수준은 달라질 수 있을 것이다. 예를 들면 외교정책의 경우 일반적으로 당은 정부에 의존하는 경향이

---

175 Jean Blondel and Jaakko Nousiainen, "Governments, Supporting Parties and Policy Making", in Blondel and Cotta (2000), p. 163.

크다. 정책 과정에 정당의 영향력을 파악하기 위해서는 정강과 정책을 비교하기보다는 문제의 인지에서 집행단계에 이르는 과정에서 정당 간부가 부정적이든 긍정적이든 정책 내용과 과정에 영향을 미칠 수 있는 능력이 있는가를 구체적으로 따져 보아야 한다. 정당이 정책 과정에 어떤 형태로든 정부에 영향력을 행사하는 것은 분명한 사실이기 때문에 당정관계는 정부에서 집행된 모든 정책에 대해 정당이 어떻게 관여하였는지를 모두 검토한 다음에야 결정될 수 있는 문제이다. 그러나 현실적으로 이것이 불가능하므로 일부 정책을 검토할 수밖에 없고 따라서 이 방법으로 당정관계를 추론하는 것은 매우 조심스럽게 이루어져야 한다.[176] 내각책임제와 달리 대통령중심제에서는 정책 결정 과정에 당정 간 더 자율적인 관계를 유지하는 것이 좋다.

3) 편익 제공

편익은 정치 목적을 위한 특별한 방법으로 공적 자원을 활용하는 것이라고 정의할 수 있다. 하지만 실질적으로 편익을 구분하는 것은 쉬운 일이 아니다. 예를 들면 특별하게 공직에 임명하거나 법률안을 통과시키고 정부 공사에 계약을 체결하는 등의 정책 결정 등이 이에 해당한다고 볼 수 있다.[177] 편익은 공적 자원의 특수 목적 사용에 대하여 엄격하게 규제하고 있는 것이 현실이며, 편익에 대한 사실 정보를 얻는 것뿐만 아니라 편익과 반대급부를 규명하는 것은 대단히 어려운 일이다. 정당의 정책은 일반적으로 선거 매니페스토나 유권자들의 요구에서 연유하지만, 특혜차원에서 결정되는 경우가 있다. 편익은 부패하고 초법적(para-legal)이며 부도덕한 것으로 인식되고 있지만 현실적으로 존재하고 있으며 그 유형도 다양하다. 편익은 정당에 다양한 형태의 도움은 준 인사들에게 그 대가로 명예, 일자리, 계약 등의 공공분야에 대한 특혜 제공을 의미한다. 특혜의 분배자는 정당이나 정부가 될 수 있다. 편익 차원의 당정관계 유형은 〈그림 5-6〉과 같이 나타낼 수 있다.

---

176   김영민, "정부와 정당 관계에 관한 시론적 연구: 개념, 유형 및 결정요인", 「한국 사회와 행정 연구」 제11권 제2호, 서울행정학회(2000. 12), p. 32.

177   Wolfgang C. Müller, "Patronage by National Governments", in Blondel and Cotta (2000), p. 141.

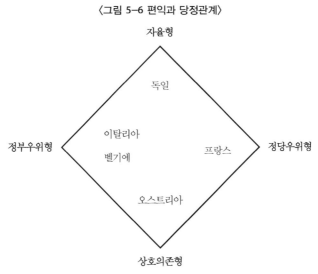

〈그림 5-6 편익과 당정관계〉

출처) Müller(2000), p.159.

편익을 분배할 수 있는 능력은 정부가 전권을 갖는 것이 일반적 현상이다. 편익 분배에 있어 정당이 순수한 자율성(pure autonomy)을 유지한다는 것은 어려운 일이다.[178] 하지만 정당은 정부의 편익 분배를 통제하는 경우가 있어 편익과 관련하여 당정관계를 유형화할 수 있을 것이다. 〈그림 5-6〉의 자율형은 정부나 당이 상호 영향력을 주고받지 않고 독자적으로 편익을 제공하는 것이며, 정당 우위형의 정당정부에서는 정당이 정부에 침투하여 후원 제공을 결정하고 주도한다. 정부 우위형에서는 정부가 당의 간섭없이 편익의 본질, 범위, 분배 등을 통제한다. 상호의존형은 자율형의 반대 현상이라고 볼 수 있다. 편익과 관련하여 당정관계를 이해하는 데 정치자금 모금은 좋은 예가 될 수 있을 것이다. 정당이 편익 제공을 통하여 독자적으로 정치자금을 모금할 수 있는 경우는 정당 우위형에 해당하며, 정부의 편익 제공에 의존하여 정치자금을 모금하는 경우는 정부 우위형이라고 볼 수 있다.

---

178 Maurizio Cotta, "Conclusion: From the Simple World of Party Government to a More Complex View of Party-Government Relationships", in Blondel and Cotta (2000), p. 212.

4) 바람직한 당정관계

공직 임명, 정책, 편익 등과 관련하여 당정관계를 설정하고 유지하는 전략은 상호 혜택을 얻기 위한 데서 출발한다. 세 분야에서 당정이 동시에 서로 의존하거나 자율성을 유지하기 어려운 상황에서는 두 분야에 대한 영향력을 증대시키되 다른 한 분야는 양보하는 등의 전략을 구사할 수 있을 것이다. 예를 들면 공직 임명과 정책 결정에 자율성을 유지하되 편익 제공에는 상호 의존하는 등 다양한 조합이 가능하다. 세 분야 간의 연계는 보강, 보상, 불완전한 관계 등의 전략에 따라서 이루어진다.[179]

정부와 정당 관계는 정부에 대한 정당의 침투와 정당에 대한 정부의 영향력이라는 양 방향에서 접근이 이루어져야 할 것이다. 양 방향적 영향력, 편의의 배분, 정책형성과 집행, 각종 정부 기관과 정당의 구성을 위한 공직 충원 등 다양한 영역에서 전개된다.[180] 정부와 정당의 자율성과 상호의존성이라는 시각에서 관계를 분석해야 할 것이다. 정당 우위형인 정당정부의 경우 다음과 같은 세 가지 조건을 갖춰야 한다.[181]

①정부의 주요 정책은 선거에서 당선된 사람들이나 그들에 의하여 임명된 공직자에 의하여 당의 노선에 따라 결정되어야 한다.

②정책은 단독정부든 연립정부든 집권당에 의하여 결정되어야 한다.

③총리나 장관 등 고위 공직자는 당내 인사 중에서 임명되어야 한다.

국민의 대표성이라는 측면에서는 당정관계에서 정당정부의 경우 정당 우위형이 어느 정도 적실성이 있다. 하지만 내각책임제가 아닌 대통령중심제에서 대통령이 행정권을 국민으로부터 위임받은 상황에서 집권당이 정부의 요직 임명에 영향력을 행사하는 것은 무리가 될 수 있다. 단지 국민의 대의기관으로서 정부의 공직 임명 후보에 대한 청문회 등을 통하여 자질과 정책 철학은 물론 적재적소 인사인지를 따져 행정권을 견제하는 것

---

179 Blondel (2000), pp. 107~114.

180 김광수(1999), p. 92~93.

181 Richard Katz, "Party Government: A Rationalistic Conceptions", in Francis G. Castels and Rudolf Wildenmann(ed.), *The Future of Party Government: Visions and Realities of Party Government*, Vol. 1 (New York: Walter De Gruyter, 1986), p. 43.

은 바람직스러운 일이다. 또한, 정책 결정 과정에 의회가 정치의 중심이 되기 위해서 집권 여당이 지지자들의 정책 선호를 정부 정책에 반영시키려고 영향력을 행사하는 것도 가능하다. 하지만 개별정당이 아닌 입법부 차원에서 접근이 이루어져야 할 것이다. 집권 여당이 정부로부터 자율성을 획득하는 것은 결국 입법부가 행정부의 직접적인 영향권에서 벗어나는 것을 의미한다. 정부와 정당 간의 관계는 상호의존적인 가운데 자율성을 최대한 확보하는 것이 바람직한 유형이라고 볼 수 있다.

(4) 당정관계의 영향 요인

정당과 정부 관계의 형성 및 유지에는 〈표 5-7〉에서 보여주는 바와 같이 다양한 요인에 의하여 영향을 받는다. 무엇보다 정부 형태와 관련이 깊다. 당정관계는 대통령중심제와 내각책임제의 경우 다를 수 있다. 미국과 같은 대통령중심제에서는 행정부와 의회가 상호 균형과 견제를 유지하기 때문에 정당과 정부의 관계도 상당히 자율적이다. 이론적으로 대통령중심제에서 집권한 정부의 성격을 앞서 살펴본 정당정부의 조건 세 가지에 비추어 볼 때 정당정부라고 분류할 수 없을 것이다. 대통령이 소속한 정당은 집권당 혹은 여당이지만 정당정부는 아니다.

내각책임제의 경우 정당이 행정부와 의회의 상호 연계의 핵심 고리(key link) 역할을 한다. 총선에서 다수의석을 차지한 정당이 집권당이 되고, 정부의 정책 결정이나 정부직 임명은 합의에 기초한 연립정부든, 웨스트민스터 모형인 다수결에 의한 단독정부든, 여당 내에서 이루어지기 때문에 여당에 의한 정부 형태를 정당정부라고 할 수 있다. 물론 대통령중심제에서도 공직에 여당 출신을 임명하고 정책을 결정할 때 여당의 영향력이 작용하는 것은 사실이지만 내각책임제와 같이 정당과 행정부가 하나로 유착되었다고 볼 수 없다. 대통령 선거는 정당의 대표가 아닌 행정부 수반을 선출하는 것이다. 설사 정당의 공천을 받고 정당의 지원을 받아 대통령에 당선되더라도 당선 후 '당보다 상위'(above party)에 군림하고 싶어 한다.[182]

<표 5-7: 당정관계 영향 요인>

구분	구체적 요인
정치제도	-정부 형태(대통령중심제/내각책임제), -헌법상의 정당제도, -중앙과 지방 관계
정당체계	-양당제/다당제, -단일 정당정부, -연립정부(다수/소수 정부)
정당의 특징	-정당의 이념, -정당의 내부 구조, -정당의 규율, -사회적 지지기반
정치 지도자의 역할	-정당 지도자, -정부 지도자, -정당과 정부의 지도자 관계
정책 과정	-정책의 유형과 성격(문제인지, 대안 모색, 정책 채택, 집행)

출처) 김영민(2000), p. 27.

　최근에는 정당이 선거비용을 국고에서 지원받고 국가가 영향력을 행사하는 대중매체를 이용하면서 정당은 국가의 지원을 받는 국가의 봉사기구로서 국가와 정당 간 상호우호적 유대관계를 유지하는 카르텔정당의 성격이 지적되고 있어 정당과 정부의 관계가 상호의존적 성향이 강화되고 있다고 볼 수 있다.

　정당은 국가가 정한 정당의 설립·운용·재정 등에 관한 법적·제도적 장치, 정책 결정 과정, 공직 후보 추천 규정, 대중매체 접근 기회 및 제한 등에 따라 정당의 활동 반경이 결정된다. 정당이 국가로부터 어떤 제약을 받지 않고 완전하게 자율성을 유지한다는 것은 이론적으로 불가능하다. 하지만 정당의 창당요건이나 절차는 국가가 규정한 법적·제도적 틀을 벗어날 수 없지만, 합법적으로 정당을 운영하는 과정에 국가로부터 간섭받거나 의존상태를 유지해서는 안 될 것이다.

　정당과 정부의 관계는 단순한 여당과 정당정부 그리고 야당의 경우가 다르게 나타날 수 있다. 특히 여당은 정부의 관료집단에 비하여 전문성이나 정보가 부족한 상황에서 당정 협의를 통하여 결정된 내용을 당의 입장과 다르더라도 입법화에 앞장서기도 한다. 또한, 당내 주요 인사가 입각하여 당정 일체가 형성된 상황에서 정당이 정부로부터 완전 자율성을 유지하기 어렵다. 하지만 당권과 대권 분리, 공직 후보자에 대한 상향식의 개

182　Linz (2002), p. 292.

방적인 국민참여경선제 도입, 주요 당직의 직선제 등으로 대통령이나 정부의 영향력이 현저하게 축소된 것이 현실이기 때문에 정당은 여야 할 것 없이 정부로부터 최대한의 자율성을 유지해야 할 것이다.

4. 정당의 시민사회에 대한 대응력

(1) 선거환경의 변화

정당은 정부와 시민사회의 중재자(intermediator) 역할과 연결 기능을 수행한다. 사회운동이 시민과 정부를 연결하는 역할을 점차로 확대하고 있지만 아직도 정당에 미치지 못하고 있다. 정당은 국민의 다양한 정치이익을 취합하여 정책 대안으로 제시함으로써 시민사회와 정부의 연결 기능을 변함없이 수행하고 있다. 정당이 시민사회와 정부의 연결 기능을 수행하려면 어떤 능력을 갖춰야 하나?

정당은 매우 만족할 만한 여유를 결코 가질 수 없다.[183] 왜냐하면 예측할 수 없는 선거 시장에서 상대 당과 경쟁할 때 불가피하게 직면하는 예측 불가성과 더불어 정권 유지와 공공정책 결정 능력의 불확실성에 끊임없이 대처해야 해야 하며, 당의 일선 조직으로부터 계속 지지를 얻어야 하기 때문이다. 또한, 서양 민주주의 사회에서 정당에 대한 유권자들의 충성심(voters loyalties)이 약해지는 경향이 발견되고 있다. 정당에 대한 유권자들의 충성심 약화는 현대 선거 시장에서 국민의 전폭적인 지지를 얻어야 하는 정당 처지에서는 당면한 가장 강력한 도전요인이 되고 있다. 정당이 선거 시장에서 발생하고 있는 이러한 급진적 변화를 어떻게 인식하고 또한 어떻게 대응책을 마련하는가 하는 문제는 매우 중요한 과제가 아닐 수 없다. 하지만 유권자들의 정당에 대한 충성심이 급격하게 축소되고 있는 상황에서 정당이 어떻게 대응하고 있는지 비교·연구에 많은 관심을 기울이지 않는 것이 현실이다. 주로 정당체계 변화의 본질, 정당조직의 변화, 정당의 기능, 선

---

183 Peter Mair, Wolfgang C. Müller, and Fritz Plasser, "Conclusion: Political Parties in Changing Electoral Markets", in Mair, Müller and Plasser (2004), p. 264.

거전략과 선거운동 등에 관심은 많지만, 정당이 변화하는 선거환경을 어떻게 인식하고 이러한 변화를 극복하기 위해서 어떻게 학습하고 있는지는 소홀하게 취급하고 있다.[184]

정당이 변화하는 선거 시장의 환경에 시의적절한 대응책을 마련할 때 그 정당은 유권자들의 전폭적 지지를 얻을 수 있으며, 국민의 신뢰를 회복하고 국민과 호흡을 함께 하는 정당으로서 위상을 확립할 수 있을 것이다. 무엇보다 중요한 것은 변화하는 선거환경에 대한 정당의 올바른 인식이 선행되어야 유효적절한 대응 방안을 모색할 수 있을 것이다. 인식은 반응을 선도한다.[185] 변화하는 선거환경은 구조적인 요인과 심리적 요인이 상호 복합적으로 작용한 결과라고 볼 수 있다. 선거환경의 변화에는 사회구조의 변화, 사회경제적 여건의 변화, 시민의 정치적 관심사나 요구의 내용과 질의 변화, 시민 정치의식의 변화, 경쟁 당의 변화, 새로운 국가적 쟁점의 부각 등 다양한 요인이 작용했기 때문이라고 볼 수 있다.

선거환경 변화에 작용하는 요인이 무엇이든 간에 국민의 선택과 지지의 대상이 되려면 정당은 무엇보다도 대응력을 갖추어야 할 것이다. 변화되는 환경에 능동적으로 대응하는 것은 유권자들의 선호나 희망과 기대에 부응하는 것을 의미하며, 이는 정당의 존속 문제와 직결된다. 변화하는 유권자들의 요구에 무반응 태도를 보이는 것은 상황에 대한 인식 부족, 변화에 둔감, 대응능력의 결여 등 때문에 비롯된 것이다. 유권자나 선거환경의 변화에 대한 정당의 반응성은 정당의 생존과 직결되는 대단히 중요한 덕목이다. 정당은 국민의 정치적 요구나 이익을 적시에 수렴하여 효율적인 정책대안으로 제시하는 것이 기본 기능의 하나이며, 또한 국민의 지지를 상실하면 정당으로서의 존립 의미가 사라지기 때문이다.

---

184   Peter Mair, Wolfgang Müller and Fritz Plasser, "Introduction: Electoral Challenges and Party Responses", in Mair, Müller and Plasser (2004), pp. 1~2.

185   Mair, Müller and Plasser (2004a), p. 9.

(2) 대응력 향상 전략

변화되는 선거환경에 대응하기 위해서 정당은 다양한 전략을 선택할 수 있을 것이다. 정당 환경의 변화나 다수 유권자의 정치적 기대나 요구에 효율적으로 대응하려면 ①정당구조(party structure) ②정당의 내부 관계(intra-party relations) ③정당 활동에 대한 자금지원(financing party activity) ④정당과 유권자의 연결(party links with electorates) 등의 쟁점과 관련된 변화전략을 선택할 수 있을 것이다.[186] 또한 대응능력을 키울 수 있는 몇 가지 전략을 제시하고자 한다.

①당내의 아마추어 인사를 전문가로 교체하여 조직의 전문성을 높이는 것이다. 선거운동, 대 언론 관계, 조직의 디지털화 등에 전문가를 충원하는 것이다.

②의사결정권을 일선 지지자들에게 위임하는 분권화, 전문적 경험을 요구하는 분야의 집권화, 선거전략의 전국화 등 조직혁신을 꾀하는 것이다.

③새로운 공직 후보 선출방식의 도입 등 정당 내부의 권력 배분에 변화를 추진하는 것이다. 새로운 공직 후보 충원에 정당 내부 인사에 국한하지 말고 참신하고 능력 있는 새로운 인재를 전국에서 영입하는 것이다. 이는 자칫하면 당에서 오랫동안 고락을 함께한 동지들의 반감을 사고 반발과 저항을 유발할 소지가 있지만 정당의 사회에 대한 개방성과 개혁 지향성이라는 측면에서 불가피한 선택이라고 볼 수 있다.

④선거공략층을 다시 설정하여 불확실성에 대응하는 것이다. 전통적 지지층에 대한 지지를 더욱 견고하게 다지는 노력보다는 공략 대상을 새롭게 선정하는 것이다. 기존지지층을 포기하는 것이 아니라 청년, 노년, 결손가정, 소외계층, 약자, 근로 주부, 신도시 중산층 등등 새로운 공략 대상을 추가하는 것이다. 공략 대상의 범위를 좁히거나, 특정

186　웨어는 위의 네 가지를 방안을 제시하고 있으며, 마이어 등은 ①조직적 대응, ②전략적 대응, ③실용적ㆍ이념적ㆍ정책중심의 대응, ④제도적 대응 등을, 포군트케는 ①커뮤니케이션, ②이익집약, ③정책통제 등을 지적하고 있다. 정당이 새롭게 변화되는 환경이나 도전에 대응하기 위한 전략에 대하여 다음을 참고하였음. Alan Ware, "United States: Disappearing Parties?", in Alan Ware(ed.), *Political Parties: Electoral Change and Structural Response* (New York: Basil Blackwell Ltd. 1987), p. 118~136; Mair, Müller, and Plasser (2004a), pp. 11~14; Poguntke (2004), pp. 3~6.

집단을 옹호하거나, 특정 집단의 요구를 집약함으로써 지지기반을 확충하는 등의 방법이 있을 수 있다.

⑤선거에서 경쟁자를 전략적으로 새롭게 지목하는 것이다. 선거에서 어느 정당이 주경쟁 대상인지를 다시 설정하여 집중적으로 공략하는 것이다. 맞춤형 자객 공천도 고려할 수 있다. 그렇게 함으로써 정당 간 경쟁 구도의 변화를 기대할 수 있다. 또한, 반대로 다른 당과 상호불가침협정을 체결하거나, 선거 공조, 선거 제휴, 선거 연립 등의 전략을 선택하여 다른 당을 견제하거나 선거 판도 변화를 모색하는 것이다. 독일의 추가 의석제(additional member system),[187] 프랑스의 연기명 투표제, 아일랜드의 단기 이양제와 같은 투표제에서는 정당 간 제휴나 연합은 선거 결과 의석수에 지대한 영향을 미칠 수 있다. 이는 선거가 끝나고 정당 간 연립정부 구성 등 전략적 선택에도 도움이 된다.

⑥정책 입장(policy position)을 변경하여 새로운 선거환경에 대응하는 것이다. 유권자들의 관심과 동향에 맞춰 정당의 정책 노선 변경을 시도함으로써 판세 역전을 노릴 수 있다. 모든 유권자의 선호를 포용하기 위한 포괄정당의 입장에서 그들을 지지했던 전통적인 특정 핵심 집단을 다시 겨냥하거나, 또는 종래의 정책 입장으로 회귀하여 그들의 지지를 얻는 전략을 선택할 수 있을 것이다. 또한, 일관성 있게 주장하던 정책 입장을 과감하게 포기하고 언론이 부각한 특정한 쟁점으로 관심 방향을 선회하는 것이다. 선거를 앞두고 정책 입장을 갑작스럽게 변경하는 것은 정당의 일관성과 신뢰성에 의구심을 불러올 수 있으며, 새로운 이익집단이나 지지층을 확보하기는커녕 오히려 종래의 지지 세력인 집토끼를 이탈시킬 가능성이 있는 전략이라고 볼 수 있다. 하지만 선거 판세를 역전시키기 위해서 유권자들의 동향이나 언론에서 뜨거운 쟁점으로 부상된 현안에 대한 변화를 과감하게 꾀하는 것도 하나의 전략이 될 수 있을 것이다.

⑦제도적 대응(institutional responses)을 들 수 있다. 선거의 불확실성에 대응하기 위해서

---

187 추가 의석제 및 하레-니이마이어(Hare-Niemeyer) 방식 등 독일 하원 의석의 배분 방식에 대하여 다음을 참고할 것. 정재각, "독일 선거제도의 변화", 박응격 외, 『독일연방정부론』 (서울: 백산자료원, 2001), pp. 259~284.

선거법의 게임 규칙 개정 등을 시도하는 것이다. 선거법의 게임 규칙은 '정치의 가장 구체적인 조종 수단'(the most specific manipulative instrument of politics)을 내포하고 있다. 정치 체제를 구성하고 있는 다른 요소와 비교할 때 선거체제를 특정 목적 달성을 위해서 조정하는 것이 가장 효과적이다. 예를 들면 선거구제의 개편, 비례대표제의 의석 배분 방식의 변화, 정당명부제 도입, 결선투표제 도입, 연기명 투표방식 선택 등등을 당리당략적 차원에서 접근하는 경우가 있다. 선거제도에 따라서 선거 결과 각 당의 의석수에 변화를 가져올 수 있기 때문에 선거철이 다가오면 자당에 유리한 제도를 도입하려고 시도하는 것이 일반적인 현상이다. 하지만 선거제도의 변화는 직접 게임당사자인 경쟁 정당 간 합의가 선행되어야 하는 규칙이기 때문에 당리당략적 차원의 접근에는 한계가 있다.

⑧정당은 지지기반을 다시 확충하기 위해서 대안 커뮤니케이션 수단을 모색하는 것이다. 일선과 의사소통의 통로인 당원 조직이 쇠퇴하는 것을 막기 위해서 당원투표(membership ballots)를 확대하여 일선과 의사소통 능력을 향상하는 것이다. 당원의 감소는 당내 의사결정에 적극적으로 참여하는 활동적인 당원 수가 줄어들고 있다는 것을 의미한다. 그동안 정당 엘리트들에 의하여 주도되었던 당의 정책 결정을 당원에 의한 참여 형태인 당원투표로 전환하는 것은 당내 위계질서의 획기적인 변화를 가져오고, 당원들의 소외의식을 불식시키며, 당원들의 주인의식과 정체성 확립에 이바지할 수 있을 것이다. 당원투표를 확대하는 것은 일선 당원의 의사가 반영될 뿐만 아니라 민심이나 여론을 어느 정도 수렴할 수 있다는 장점이 있다. 이는 결국 당원은 감소하지만, 당원 조직의 역량을 결집하여 당력을 키우는 결과를 가져오게 될 것이다.

⑨정당의 이익취합 기능을 확대하는 것이다. 당원의 감소는 결국 정당의 이익집약 기능의 약화를 가져오게 된다. 이를 극복하기 위해서 정당의 엘리트는 정책토론회, 정책 제안 설명회, 선거 시장에 관한 연구와 조사, 대상 집단이나 포커스 집단(focus group)에 관한 연구 조사 등의 방법을 활용하여 이익집약 능력을 향상하는 것이다. 유권자들의 정치적 요구의 실체와 내용이 무엇인지 정확하게 파악하여 정책대안으로 제시하려고 노력함으로써 변화되는 정당 환경의 도전에 대응할 수 있을 것이다.

(3) 대응성과 책임 정당

1) 책임 정당의 조건

정당의 대응성은 시민사회에 대한 봉사와 책임의 덕목과도 관련이 있다. 변화되는 선거환경이나 유권자의 요구에 적절하게 대응하는 것은 결국 국가와 사회에 대한 정당의 봉사라고 볼 수 있다. 또한, 정당이 대응능력을 키우는 것은 국가와 국민에 대한 책임을 다하기 위한 것이다. 특히 유권자에 대한 정당의 책임 있는 대응은 매우 중요한 문제라고 볼 수 있다.

새로운 모습의 민주정치를 평가하는 기준으로 ①접근성(access) ②투명성(transparency) ③책임성(accountability) 등을 제시한다.[188] 의사결정과정에 집단적·민주적 참여가 보장되는 참여의 접근성, 정책선택과 정책 결정에 대하여 시민들이 충분한 지식과 정보를 제공하는 정치과정의 투명성, 그리고 국민의 선호가 정책 결과로 나타나는 책임성 등이다.

최근에는 정당의 의사결정 구조가 개방되어 당원이나 일반 시민의 참여가 일반화되어 접근성에 대한 문제는 많이 해소되었지만, 아직도 정당의 중요한 정책 결정 과정에 시민의 참여가 무늬만 있고 내실이 없는 측면이 강하다. 국민 여론에 따라서 형식적으로 국민 참여를 보장하지만, 제한적으로 이루어지고 있는 것이 현실이다. 특히 정치신인들의 공직 후보 진입 통로가 완전 자유 경쟁체제로 개방되어 있지 않다. 정당의 정책 결정 과정에 일반 시민의 참여를 확대하고 정치신인들의 진입장벽을 낮추어 각계의 참신한 전문가가 정치권에 입문할 수 있는 통로를 열어주어야 할 것이다. 정보화 시대를 맞이하여 정부의 정책 결정 과정의 투명성이 어느 정도 제고되고 있는 것은 사실이지만 아직도 만족할 만한 수준은 아니다. 특히 정당의 의사결정과정의 투명성은 매우 낮다고 보아야 할 것이다.

책임 정당(responsible party)이란 다음과 같은 네 가지 조건을 갖추어야 한다.[189]

---

188 Dalton, Scarrow and Cain (2003), p. 14.

189 Austin Ranney, *Curing the Mischiefs of Factions: Party Reform in America* (Berkely and Los Angeles: University of California Press, 1975), p. 43.

①선거 때 유권자에게 정책을 공약한다.

②집권하게 되면 선거공약을 이행할 수 있는 의지와 능력을 갖추어야 한다.

③야당이 되면 정부 정책에 대한 대안을 발전시켜야 한다.

④유권자들에게 대체 조치(alternative actions) 간의 적절한 수준의 선택범위를 제공할 수 있도록 정당 간 충분한 차이가 있어야 한다.

예를 들면 한국의 정당은 선거 때 유권자들에게 지나치게 많은 정책을 공약한다. 선거 때만 되면 모든 정당이 국민의 심부름꾼이나 머슴이 되겠다고 자임하면서 지역과 국가의 봉사자가 되겠다고 약속하지만, 선거가 끝나면 공염불이 되는 경우가 비일비재하다. 더구나 득표에 도움이 된다면 지킬 수 없는 공약(空約)도 경쟁적으로 남발하는 것이 정당의 모습이다. 거의 모든 집권 여당은 선거공약의 이행 의지가 있는지 잘 모르겠으나 만족스럽게 달성하는 능력이 부족하다는 것을 많이 목격했다. 야당이 되면 대안을 제시하기보다는 반대를 위한 반대나 선명성 경쟁 때문에 정책 야당으로서의 면모를 보여주지 못하는 것이 사실이다. 정당 간 정책 대안에 대한 차이는 일부 발견되지만, 공직 후보자들의 텔레비전 선거 토론 등을 통하여 정당 간 정책이 비슷해지는 결과를 보여주는 것이 다반사였다. 정당은 국리민복을 위해서 국민에게 봉사할 의무가 있으며, 대국민 책임의식을 고양해야 한다. 정당은 정부 기구는 아니지만, 공익집단이기 때문에 대국민 약속을 지키지 못하여 무책임하다는 지적을 받아서는 곤란하다. 한국정당의 무책임성은 두말할 나위도 없이 매우 심각한 것이 현실이다.

2) 책임성과 매니페스토

정당은 일반 이익집단과 달리 국민에 대한 책임감이 있어야 한다. 책임정치 구현을 위해서 매니페스토 정치를 제안하고 있다. 매니페스토는 미국에서는 정강(Platform), 독일에서는 선거강령(Wahlprogram), 일본에서는 정권 공약을 지칭하는 것으로 영국에서 시작되었다.[190]

---

190 김영래, "매니페스토 운동과 정치문화", 한국NGO학회, 「NGO연구」 제4권 1호(2006.6), pp. 1~22.

1834년 영국의 로버트 필 보수당 당수가 제기한 이후 1997년 영국 노동당 당수 토니 블레어(Tony Blair) 총리가 집권하면서 '노동당과 국민과의 계약'(contract)이란 제하의 10대 비전이 제시되면서 일반화된 개념이다. 일본에서는 2003년 매니페스토 운동이 시작되었다. 한국은 일부 시민단체가 2006년 2월 1일 '531 스마트(SMART) 매니페스토 정책선거 추진본부'를 결성하였고, 3월 여·야당과 협약식을 가진 이후 전국으로 확산하였다.[191]

매니페스토는 정당이나 후보자가 정권을 담당하거나 당선되었을 경우 반드시 입법화 또는 실천하겠다고 약속한 정책 개요를 공식적으로 문서화 하여 선거기간에 국민에게 공표하는 대국민 서약이다. 일반선거 공약과 다른 점은 목표치를 확실하게 내세우며, 또한 실현을 위한 재원 조달 근거와 로드맵을 합리적으로 제시하는 것으로 "선거공약에 기간, 목표, 공정, 재원, 나아가 우선순위라는 구체적 계약을 담는 것"을 의미한다.[192] 공직 후보가 내세운 공약의 예산이나 추진 일정 그리고 성과 등에 대하여 유권자에게 사전 계약을 맺고 임기를 마치면서 그 약속에 대하여 국민적 평가를 받자는 것이다. 특정 정당이 정권을 획득하거나 선거에서 승리하면 선거 당시 대국민 공약사항을 실천에 옮기고 그렇지 못했을 경우 그에 대한 책임을 지겠다는 대국민 약속이나 대국민 선언과 같은 것이다.

내각책임제를 채택하고 있는 영국과 같은 정치체제는 정당에 의한 책임정치가 무엇보다 중요하게 인식되기 때문에 실천이 가능한 제도라고 볼 수 있다. 문제는 대국민 선언 내용을 정당이 지키지 않고 무시했을 때 이를 강제할 수 있는 구체적인 방법을 찾기 어려운 데 있다. 약속을 지키지 않았다고 정권을 내놓게 하는 것은 현실성이 부족하다. 선거 때 내세운 공약에 대하여 중간평가를 실시하여 선거공약 이행률을 공표하는 방안도 고려할 수 있을 것이다. 여야를 초월하여 공신력 있는 기관이나 학자들이 객관적으로 공

---

191   SMART는 구체성(Specific), 측정 가능성(Measurable), 달성 가능성(Achievable), 정책의 타당성(Relevant), 적시성(Timed) 등이 포함된 것을 의미한다.

192   김영래, "지방선거, 매니페스토 선거가 되어야", 다산연구소 (2006.4.17)

약에 대한 중간평가를 실시하여 계량화하는 방법이 있을 것이다. 하지만 그 결과 공약을 잘 지켜 믿을 수 있고 책임감 있는 정부 여당이라는 평가를 받을 수도 있으며, 그 반대의 경우도 있을 것이다.

하지만 몇 점 이하면 대국민 약속을 이행하지 않아 정권을 내놓아야 한다고 제도화하는 것은 불가능하다. 책임정치를 위한 정당의 매니페스토도 신뢰정치가 정착되고 정치 윤리가 자리 잡은 선진사회에서 활용될 수 있는 제도라고 볼 수 있다. 한국 정치 현실에 매니페스토 정치를 도입하는 데는 어려움이 예상되지만, 공직 후보로 출마하는 인사들의 대국민 책임감을 강화한다는 차원에서 시도해 봐야 할 운동이라고 본다. 그리고 그 결과를 공신력 있는 기관이나 단체가 평가하여 차기 선거에서 국민과의 계약을 얼마나 충실하게 이행했는지 유권자들에게 알려 후보 선택에 도움을 줄 수 있도록 한다면 책임 정치 정착에 많은 도움이 될 수 있을 것이다.

정당은 공익단체로서 국민에 대하여 책임을 지는 것이 일반이익집단과 다른 특성이므로 일과성의 대국민 임기응변 약속은 자제해야 할 것이다. 선거 때 눈앞의 표를 의식하여 지키지 못할 공약을 남발하는 것은 결국 정당에 대한 대국민 신뢰도를 떨어뜨리는 요인으로 작용할 것이기 때문이다. 1차 책임은 약속을 지키지 않는 정당에 있지만 2차적으로 그런 정당을 다음 선거에서 재지지하는 국민의 투표행태도 문제가 있다. 무책임한 행태를 보였던 지난 행적을 너무 쉽게 망각하고 그런 정당을 재신임하게 되면 사탕발림 공약 남발, 공약 파기, 국민 무시 및 기만, 대국민 사기 등의 악순환이 거듭될 것이다. 유권자가 정당의 과거 업적에 대한 객관적 평가를 잣대로 회고적 투표(retrospective vote) 행태를 보이는 것도 무책임한 정당을 응징하는 방법의 하나가 될 수 있을 것이다.

정당의 책임성 강화와 관련하여 다음과 같은 의구심이 제기될 수 있을 것이다. 내각책임제를 채택하고 있는 일본에서는 강한 정당과 약한 의회를 강조하여 결국 정당의 대국민 책임성을 강조하고 있다. 하지만 정당후원회 폐지와 개인후원회의 활성화, 원내정당화, 선거정당화 등을 지향했을 경우 정당의 약화를 초래하여 정당의 책임성이 무의미해지는 것이 아니냐고 지적할 수 있을 것이다. 아무리 연성 정당을 강조하더라도 정당이 선거 때 공직 후보자를 공천하고 대국민 선거공약을 제시하는 기능은 변함없을 것이다. 정당에 대한 정책 실패나 국정 운영의 불신은 선거에서 공과를 심판함으로써 정당에 대한 책임을 물을 수 있기 때문에 연성 정당을 지향하는 개혁안이 제시되더라도 정당의 책임성이 사라지는 일은 없을 것이다.

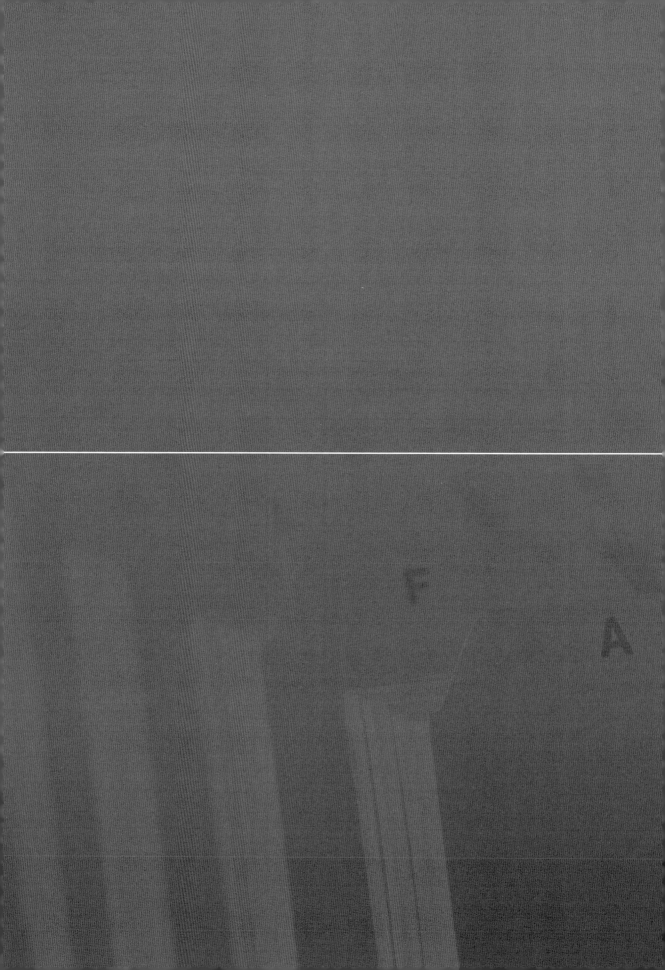

02

제2부

한국정당의
개혁론

제6장

/

한국정당의 현황

제1절 정당정치에 대한 회의론

현대 정당이 당면하고 있는 과제와 도전요인에 대하여 살펴보았다. 여러 나라의 많은 정당은 예외 없이 똑같은 문제에 직면해 있다. 한국도 예외가 아니다. 특히 한국정당은 각종 설문조사에서 지지하는 정당이 없다는 응답자가 30%대를 유지하면서 기존 정당에 대한 불신이 높게 나타나고 있어 정당정치에 대한 실망과 회의가 지배적인 것이 사실이다. 2020년 실시한 어떤 조사에서 한국정당에 불만족이라는 응답자가 88%에 달했다.[193] 한마디로 한국의 모든 정당은 제 기능과 구실을 다 하지 못하고 있다는 데 이의를 제기할 사람은 거의 없을 것이다.

---

[193]　박정석 · 김진주, "한국의 정당, 어디로 가야 하는가?" 명지대학교 미래정책센터 · 한국리서치(2021.4.14.) 2020년 10월 16일~19일 진행한 조사에서 응답자의 88%가 한국정당에 대해 불만족하다고 답했다(만족한다고 6%). 불만족하다는 응답자 중 71%가 한국정당들이 자신들의 이익만을 챙기기 때문이라고 답했다. 뒤이어 12%가 '정당 간 정쟁이 심해서', 11%가 '국민과 소통하지 않아서'를 이유로 들었다. 응답자들이 느끼는 정당이 가지는 '자신들의 이익'은 무엇일까. 정당 지도부나 소속 정치인들이 가지는 이권인지, 아니면 정당이 선거에서 승리하여 정권을 획득하기 위한 목적인지 알 수는 없다. 하지만 중요한 것은 국민이 정당은 자신들의 개인적 이익, 즉 사익 추구집단이라는 인식을 강하게 가지고 있으며, 한국정당들이 부정적으로 평가받는 근거가 되고 있다는 것이다.

민주정치=정당정치라는 등식이 한국 정치에서 회의적인 것이 사실이며, 정치체제의 유형에 따라서 그런 등식의 적용은 달라야 하지 않겠느냐는 의구심을 불러오고 있다. 내각책임제가 성공하기 위한 필수조건의 하나로 정당정치가 활성화되어야 한다는 것은 분명하다. 내각책임제에서는 총선에서 승리한 다수당이 의회를 지배하고 정부를 구성한다. 정당 간부가 의회 지도자가 되고 행정부 각료로 임명된다. 정당이 발전하지 않으면 그리고 정당의 보스가 없으면 내각책임제가 안정적으로 운영되기 어렵다. 하지만 대통령중심제는 입법부와 행정부의 일원적 관계를 유지하는 내각책임제와 달리 입법, 사법, 행정부의 3권이 분리·독립되어 있으며, 각기 수장이 다르다. 정치권력의 정통성을 획득하는 방법도 서로 다른 선거를 통하여 이루어진다. 대통령중심제의 원리는 권력분립과 상호 균형과 견제를 전제로 하고 있다. 대통령중심제에서 정당이 강하면 의회 기능이 약해지고, 의회 기능이 허약하면 행정부를 효율적으로 견제할 수 없게 된다. 따라서 민주정치는 정당정치라는 등식이 내각책임제와는 달리 대통령중심제에서는 적실성이 적다는 사실을 우선 이해하는 데서 출발해야 할 것이다.

한국정당은 선거 과정에 정치권력의 정당성을 부여하는 기능 이외에 오히려 정치적 무관심의 촉진, 국민 분열 유발과 선동, 사회 갈등 조장, 부정적인 시민교육 등 역기능적 측면이 더 크다는 비판이 제기되고 있다. 여야는 정치과정을 주도하면서 정치의 중심적인 역할을 한다고 보기 어렵다. 그래서 한국의 정당들은 국민으로부터 심한 불신을 받고 있으며, 정당정치에 대한 회의론이 등장하게 되는 것이다. 극단적으로 정당 무용론이 제기되기도 한다. 정치개혁 문제만 제기되면 가장 먼저 개혁의 도마 위에 오르는 것이 한국의 정당정치라고 볼 수 있다.

제2절 한국정당의 문제점

정치개혁을 논함에 있어 정당만 떼어낼 수 없다. 정치개혁은 ①정당 ②국회 ③선거제도 ④정치자금 문제 등 네 가지를 동시에 종합적으로 다루어야 하기 때문이다. 어느 주제를 더 중요하게 우선 고려해야 하는가를 따지는 것은 부질없는 논쟁일 수 있다. 네 주제는 상호 밀접하게 연관되어 있어 따로 분리하여 개별적인 개혁방안만을 제시하는 것은 시너지 효과에 문제가 있을 수 있다. 네 주제와 관련하여 정치개혁 방안을 동시 병행적으로 연구하는 것이 원칙이다. 정치개혁과 관련하여 네 가지 쟁점뿐만 아니라 정치문화도 빼놓을 수 없다. 본서에서는 정당개혁에 초점을 맞추고자 한다.

정당개혁 방안을 제시하기 위해서 우선 정당의 문제점을 규명하여야 할 것이다. 한국의 정당정치가 국민으로부터 신뢰를 상실하여 쇠퇴의 길을 자초하고 있으며, 국민으로부터 외면당하여 정당이 위기를 맞고 있다. 설상가상 정당 환경의 변화로 한국 정당정치가 정치과정에서 새로운 도전과 위기에 직면해 있다.[194] 특히 탈산업사회 진입, 탈물질주의 가치관 확산, 정보통신기술의 혁명적 발전 등은 한국 정당정치의 위기를 재촉하는 새로운 요인으로 등장하고 있다.

그동안 한국정당의 문제점을 다양한 시각에서 제기하였다. 한국정당의 위기 요인과 문제점은 ①과두화, 귀족화, 개인화, 사당화 ②고비용 저효율 정당구조 ③강한 지역 의존성과 지역 정당 ④정당 의사결정과정의 관료화, 특권화, 독점화, 비민주성 ⑤이념 정당의 부재와 정당 간 이념적 유사성 ⑥세력 정치, 패거리 정치, 대결 정치, 분열 정치의 원인제공 ⑦정당의 정책 전문성 결여 ⑧정당의 낮은 제도화 수준과 정당 체제의 불안정 ⑨정책정당이 아닌 권력 투쟁형 정당 ⑩정당 내부의 계파, 파벌, 분화, 분열, 갈등 ⑪당원의 정체성 부재 ⑫민주적 대표성 결여 ⑬정부 우위의 당정관계 ⑭정경유착과 부정부패 등 등 헤아릴 수 없을 만큼 많다. 선거철이 가까워지면 국민의 지지를 얻으려고 정당혁신과 변화를 경쟁적으로 내세우면서 야단법석이지만 별다른 성과를 내지 못하고 변죽만 울려 정당에 대한 국민의 불신을 더욱더 부채질하고 있다.

---

194   성병욱, "한국정당 정치의 위기와 변화 방향", 「대한정치학회보」 제23권 제3호, 대한정치학회(2015), pp. 217~238.

제3절 한국정당의 특징

1. 잡동사니 정당

서구 정당의 모습은 최초 간부정당에서 출발하였다. 간부정당은 명사정당 혹은 지도자 중심의 정치 머신 정당이라고 부르기도 한다. 한국정당은 탄생할 때부터 간부정당의 성격을 지니고 있었다. 〈그림 6-1〉에 나타난 바와 같이 한민당의 김성수, 한독당의 김구, 자유당의 이승만 등 카리스마적인 보스중심으로 창당된 정당사를 갖고 있다. 그 후 박정희, 전두환, 김영삼, 김대중을 거치면서 정당은 특정한 정치 지도자 중심의 명사정당으로 확고한 위상을 정립해 왔다. 정당은 당원이 아닌 정당의 핵심 지도자가 주인 노릇을 하였으며, 당의 운명은 특정 정치 지도자의 정치적 명암에 따라서 결정되는 전형적인 지도자 중심의 머신 정당체계를 유지하였다. 당원이 정당의 주요 정책 결정 과정에 참여할 기회가 부분적으로 주어지긴 했으나 사실상 허울에 지나지 않았으며 민주정당이라는 구색과 모양만 갖추는 형식에 머물고 있었다.

명사정당은 2002년 12월 16대 대통령 선거를 앞두고 제왕적 대통령의 폐해를 해소하기 위하여 여야가 경쟁적으로 당권과 대권 분리를 정치개혁안의 하나로 제시하면서 결정적인 변화의 전기를 맞이하게 되었다. 이는 주요 정당의 당헌·당규에 명문화되어 있다. 또한, 집단지도체제의 도입과 공직 후보의 국민경선제를 도입하여 권위적인 정당 지도자에 의한 과두지배체제가 많이 약화하였다. 3김 시대가 끝나고 노무현 정부가 출범하면서 당권과 대권이 분리되었으며 지도자 중심의 머신 정당은 입지가 약해지기 시작했지만, 아직도 대통령의 여당에 대한 정치적 영향력은 상당한 수준임을 부정할 수 없다. 특정 법률안에 대한 대통령의 의중은 여당 의원들이 평소의 소신을 접고 대통령의 뜻에 충실한 모습을 보이고 있기 때문이다. 또한, 제왕적인 야당 대표에 의한 사당화 논란이 끊이지 않고 있다.

당권과 대권이 분리된 상황에서 여당의 경우 당내 구심점을 잃고 표류하는 모습을 보이기도 한다. 이는 특정 정치 지도자 중심의 정당체계가 상당 부분 완화되고 있음을 보

〈그림 6-1: 한국 정당변천사〉

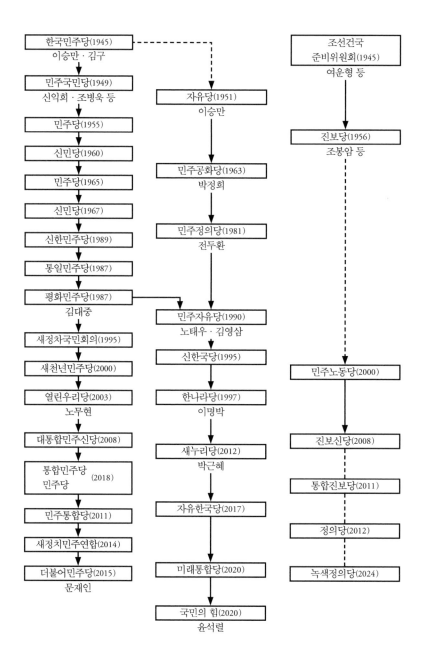

여주는 현상이라고 볼 수 있다. 당권과 대권이 분리된 상황에서 보스중심의 사당성은 많아 사라졌으나 그렇다고 대중정당으로 발전한 것은 아니다. 간부정당과 대중정당의 중간인 대중 전 단계 정당(pre-mass party)의 모습을 보인다. 대중 전 단계 정당은 이것도 저것도 아닌 어중간한 정당 유형으로서 특색 없는 잡동사니 정당(hybrid party)이라고 할 수 있다. 요즘은 퓨전(fusion)이 강조되면서 혼성(hybrid)에 대한 사회적 관심이 높지만, 정당 유형이 잡동사니가 되어 특색이 없는 것은 바람직한 것이 아니다.[195]

2. 하루살이 정당

민주국가에서는 신당 창당, 분당, 통합 등 정치적 결사의 자유가 보장되어 있다. 하지만 역대 대선과 총선 전후 한국 정치에서 목격되었던 반복적인 창당·분당·통합정당사의 경험은 정치발전에 순기능으로 작용하기보다는 역기능적 측면이 더 컸다고 볼 수 있다. 한국정당조직의 유동성은 매우 높다. 〈표 6-2〉에 나타난 바와 같이 민주화 이후 대통령 선거에서 후보를 공천한 정당과 총선에서 당선자를 배출한 정당 현황을 보면 한국 정당의 조직 유동성이 어느 정도인지 충분하게 짐작할 수 있다.

정당의 유동성은 민주화 이행기 정치의 보편적인 특성에서 연유한다.[196]

①민주화 이행기에는 '민주 대 반민주'라는 정치적 대립축을 중심으로 형성되었던 정치세력의 제휴와 대립의 구조가 점진적으로 혹은 급속하게 해체되어 간다.

②정치적 억압 기제의 해체와 민주제도의 확립은 정치 공간을 급속도로 팽창시키고, 정치 동원의 물결을 사회 전체로 파급시키며, 그 결과 정당을 위시한 정치·사회조직의 폭발적인 증가를 초래한다.

③이와 같은 동원화와 조직화에 편승해서 분출되는 수많은 사회적 요구와 갈등 요인 가운데 몇 가지 핵심적인 균열 요인이 성장하여 정치 전선을 단순화시켜 준다. 이처럼

---

195 hybrid parties를 잡동사니 정당이라고 번역한 것은 다음을 참고하였음. 김용호, "정당구조 개혁방안" 박세일·장훈 공편, 『정치개혁의 성공조건: 권력투쟁에서 정책경쟁으로』(서울: 동아시아연구원, 2003), p. 155.

196 김수진 "민주화 이행기 한국 정당정치의 비판적 분석", 「의정연구」 제2권 1호(1996).

단순화되고 고정된 정치 전선에 따라 안정된 사회적 지지기반을 갖춘 정당들이 배열됨
으로써 확립되는 정당체계의 구조화에는 적지 않은 시간이 필요할 수밖에 없다. 정당조
직의 높은 유동성은 사실 민주화 이행기 정치의 보편적인 현상이었다. 제1차 세계대전
을 전후해서 대중민주주의로의 이행을 완료했던 서유럽의 국가들도 1920년대에 주요
정당체계가 동결되기 전까지 상당히 긴 조직적 격변기를 겪어야 했다.[197]

〈표 6-2 : 역대 선거 참여 정당 현황〉

구분	정당
13대 대선(1987)	민주정의당, 통일민주당, 평화민주당, 신민주공화당, 한주의통일한국당
13대 총선(1988)	민주정의당, 통일민주당, 평화민주당, 신민주공화당, 한겨레민주당
14대 총선(1992)	민주자유당, 민주당, 통일국민당, 신정당
14대 대선(1992)	민주자유당, 민주당, 통일국민당, 신정당, 대한정의당
15대 총선(1996)	신한국당, 새정치국민회의, 자유민주연합, 통합민주당
15대 대선(1997)	한나라당, 새정치국민회의, 국민신당, 건설국민승리21, 공화당, 바른정치연합, 통일한국당
16대 총선(2000)	한나라당, 새천년민주당, 자유민주연합, 민주국민당, 희망의 한국신당
16대 대선(2002)	한나라당, 새천년민주당, 하나로국민연합, 민주노동당, 사회당, 호국당
17대 총선(2004)	한나라당, 새천년민주당, 열린우리당, 자유민주연합, 국민통합21, 민주노동당
17대 대선(2007)	대통합민주신당, 한나라당, 민주노동당, 민주당, 창조한국당, 참주인연합, 경제공화당, 새시대참사람연합, 한국사회당
18대 총선(2008)	통합민주당, 한나라당, 자유선진당, 민주노동당, 창조한국당, 친박연대
18대 대선(2012)	새누리당, 민주통합당
19대 총선(2012)	새누리당, 민주통합당, 자유선진당, 통합진보당
20대 총선(2016)	새누리당, 더불어민주당, 국민의당, 정의당
19대 대선(2017)	더불어민주당, 자유한국당, 국민의당, 바른정당, 정의당, 새누리당, 경제애국당, 국민대통합, 늘푸른한국당, 민중연합당, 한국국민당, 홍익당
21대 총선(2020)	더불어민주당, 미래통합당, 정의당, 미래한국당, 더불어시민당, 국민의당, 열린민주당
20대 대선(2022)	국민의힘, 더불어민주당, 정의당, 기본소득당, 국민혁명당, 노동당, 새누리당, 신자유민주연합, 우리공화당, 진보당, 통일한국당, 한류연합당
22대 총선(2024)	더불어민주당, 국민의힘, 국민의미래, 더불어민주연합, 조국혁신당, 개혁신당, 새로운미래, 진보당

정당의 유동성은 제도화(institutionalization)의 문제라고 볼 수 있다. 제도화란 정치조직
이나 절차가 가치와 안정성을 얻는 과정이라고 정의한다.[198] 정당이 가치와 안정성을 얻

---

197   김수진(1996).

198   Huntington (1968), pp. 1~24.

는다는 것은 그 역할과 기능을 효율적으로 수행하여, 국민에게 쓸모 있는 정치집단으로 인식되고 받아들여져 안정과 질서를 유지하는 것을 의미한다. 정당의 제도화 수준을 평가하는 지수의 하나로 앞서 논의한 적응성을 들고 있다. 적응성이란 정당이 변화하는 환경과 도전에 얼마나 잘 견뎌냈는지를 측정하는 것이다. 한마디로 역사가 오래된 정당일수록 변화되는 정치 환경에 적응성이 뛰어나다고 보며 그만큼 정당의 제도화 수준이 높은 것으로 평가한다.

한국정당의 제도화 수준은 어느 정도일까? 2024년 2월 중앙선관위에 등록된 정당은 50개였으며, 창당준비위원회 결성 신고는 11건으로 나타났다. 1964년부터 1999년까지 약 110여 개의 정당이 등록된 바 있다. 미 군정기부터 1999년 12월까지 정당통합 사례가 62건이나 되며 정당의 평균 나이는 2년이 조금 넘는다.[199] 국민의힘은 2020년, 더불어민주당은 2015년 중앙선거관리위원회에 등록했다. 역사가 매우 미천하다고 볼 수 있다. 영국 보수당 190년(1834년 창당), 노동당 120년(1900년 창당), 미국 민주당 200년(1824년 창당), 공화당 170년(1854년 창당), 독일 사민당 160년(1863년 창당), 스페인 사회당 140년(1879년 창당), 스웨덴 사회민주노동당 130년(1889년 창당), 호주 노동당 120년(1901년 창당), 캐나다 자유당 160년(1867년 창당), 일본 자유민주당 70년(1955년 창당) 등의 역사가 있다. 이들과 비교하면 한국정당의 역사는 매우 짧다고 평가하지 않을 수 없다. 한국정당의 제도화 수준이 매우 낮아 포말정당 또는 하루살이 정당이라고 불리는 것이다. 역사가 깊은 정당이 무조건 다 좋다는 것은 아니지만 역사가 길다면 급변하는 시대 환경과 국민의 정치적 요구에 효율적으로 대응해 왔음을 보여주는 것이라고 평가할 수 있을 것이다. 그만큼 가치와 쓸모가 있으니까 오랫동안 국민의 선택 대상으로서 지지받고 더불어 생명력을 유지해왔다고 볼 수 있다. 한국정당은 그동안 가치 있고 쓸모 있는 정당, 국민의 사랑을 받는 정당, 국민의 선택 대상으로 생명을 유지한 것이 아니라, 전적으로 선거 목적으로 급조되었거나 당명 변경 등 외형의 변신을 꾀하여 국민을 현혹하는 측면이

---

199   김현우,『한국정당 통합운동사』(서울: 을유문화사, 2000), p. 63.

있다. 한국정당의 이합집산은 지역 할거주의에 바탕을 둔 특정 정치 지도자의 정략적 판단과 대권 도전 전략에 따라서 추진되었다. 국민의 정치적 요구나 희망과는 동떨어진 가운데 특정 정치엘리트가 지역주의에 기초하거나 지역 간 연대를 통하여 정치권력 획득에 유리한 전략적 판단 또는 특정 정치 지도자의 당내 정치적 입지를 확립하기 위한 개인적 · 정파적 이해관계에 따라서 추진된 측면이 강하다. 정치권력 획득을 위한 편의주의에 따라서 합당, 분당, 해산, 창당 등 정당의 운명이 좌우되는 결과를 가져왔다. 정치이념이나 원칙은 실종되고 오직 정치권력 획득의 기제로서 정당의 합종연횡이 이루어졌다. 대통령 선거나 총선을 앞두면 언제나 기존 정당의 당명 변경, 합당, 분당은 물론 새로운 정당의 창당 등이 끊임없이 반복되고 있어 한국정당이 포말정당이라는 사실을 유감없이 보여주고 있다.

3. 지역 정당

(1) 지역주의 등장 배경

한국의 정치발전을 저해하는 대표적인 요인으로 지적되고 있는 것이 정당의 지역 연고성이다. 정당이 특정 지역을 주요 거점으로 지지기반을 삼는 것이다. 정당의 지지기반이 지역감정에 지나치게 의존되어 있다. 지역주의가 아직도 기승을 부리고 있으며 선거 과정에 위력을 발휘하고 있다.

지역감정에 대한 개념은 다양하게 정의되고 있지만, 일반적으로 지역 연고에 기초하여 특정 지역에 대한 소외와 배타적 차별주의라고 이해되고 있다. 지역 연고성이 지나치게 작용하여 자기 출신 지역이 아닌 타지에 대한 편견, 오해, 적대 감정, 부정적 인식 등의 심리상태라고 볼 수 있다. 한국의 지역 균열은 그동안 정치세력의 구도 및 상황에 따라 약간씩 변화는 있었다. 그 전형은 세 가지로 나눌 수 있을 것이다.[200]

---

[200] 한국 지역 균열의 전형으로 세 가지를 제시하고 있으나, 호남이나 호남 연고 정치세력에 대한 여타 지역의 경계 및 배제가 설령 존재했다고 하더라도 이는 김대중 대통령 당선 이전의 현상으로 볼 수 있을 것이다. 세 가지 전형에 대한 분류는 다음을 참고할 것. 김만흠(1994), pp. 226~229.

①정당과 정치세력의 연고 지역 지지기반 현상

②호남과 호남 연고 정치세력에 대한 여타 지역의 경계 및 배제

③이러한 결과로 한국 정치에서 지역 균열은 영남과 호남의 균열, 비호남과 호남의 균열이 중첩되는 가운데 호남의 고립화 귀결 등으로 나눌 수 있다. 이는 지역 균열을 지나치게 호남 대 비호남으로 이분하는 측면이 있다.

지역주의가 정당의 새로운 균열로 등장하게 된 배경을 남북분단으로 인한 이념적 지평이 비정상적으로 협소한 데다 단일민족과 단일인종에 언어와 문화도 매우 동질적이라 지역 이외에는 정치화될 만한 쟁점이 없다는 시각에서 이해하기도 한다. 영남 출신 대통령이 많아 인사나 분배정책에 있어서 다른 지역, 특히 호남에 대한 차별이 있었다는 불만이 존재했으며, 호남 출신의 후보가 여러 차례 선거에 출마함으로써 지역 쟁점이 정치화되어 왔다는 특징도 있다.[201] 1960년대 이후 형성된 지역주의는 영남 출신 대통령과 호남 출신 후보 간의 대결을 통하여 가시화되기 시작한 측면도 있다. 물론 호남 출신 김대중 대통령을 배출하였음에도 불구하고 지역주의는 아직도 사라지지 않았다. 한국에서 지역주의의 기원에 대한 논란은 3국 시대까지 거슬러 올라가는 등 역사성이 꽤 깊은 것을 부인할 수 없을 것이다.

정당정치가 특정 사회세력에 기반을 둔 정책정당으로 발전한 것이 아니라 특정 지역에 기반을 둔 지역 정당으로 구조화돼 왔다. 이에 따라 각 정당은 다양한 사회세력의 이익을 대변하기 위한 정책을 제시하기보다는 선거 때마다 지역주의를 조장해 유권자들을 동원하는 데 주력해 왔다.[202] 선거에서 승리하기 위한 지지기반을 1차 사회관계인 출신 지역에 의존하는 것이 가장 손쉬운 전략이라는 인식을 가진 정치인들의 득표 행태도 지역주의 등장 배경과 무관하지 않다.

지역주의는 정치엘리트를 충원하는 과정에서도 특정 정치 지도자와 연고가 있는 지역

---

201   조기숙, "정당개혁 이렇게 하자", 「철학과 현실」 제56권, 철학문화연구소 (2003), p. 28.

202   유재일, "정당의 기능", 심지연(2003), p. 143.

인사를 우대하여 다른 지역 출신에 대한 소외의식을 불러오고 지역감정을 유발하는 요인으로 작용하였다고 볼 수 있다. 역대 정부의 특정 지역편중 인사가 지역감정을 고착시킨 측면도 있다. 영남 출신의 김영삼 정부의 지역 연고 중심의 인사정책이나 그 후 당선된 호남 출신의 김대중 대통령 역시 그동안 잘못된 충원구조를 바로잡는다는 명분을 내세워 특정 지역 출신을 우대하는 인사정책을 펴 또 다른 지역의 소외를 불러와 지역감정의 악순환이 이어졌다고 볼 수 있다. 정치 충원에 있어서 다양한 변수가 있겠지만 출신지역을 가장 중요한 기준으로 고려하기 때문에 지역편중 인사가 문제가 된다. 그 결과 정치엘리트 분포에 특정 지역편중 현상이 나타나 소외지역의 불만을 샀고 그것이 지역감정을 지속시키는 요인으로 작용하였다.

지역주의는 개발정책을 수립하는 과정에서도 특정 지역에 대한 특별한 배려와 다른 지역에 대한 의도적 배제 때문에 상대적 박탈감을 조장하여 국민일체감 형성을 저해하는 요인으로 작용한 측면도 있다. 지역에 대한 자원 배분의 차별화는 지역 간 불균형 발전의 원인이 되어 개발 소외지역을 낳고 지역감정을 부추기는 악순환을 거듭하게 되는 것이다. 인도에서는 특정 지역에 대한 소외와 특정 지역의 이익을 보호한다는 차원에서 정부 정책에 대해 큰 불만이 있던 일부 지역에서 지역정치인들이 이 점에 착안하여 그 지역의 특수한 지역적 이익을 내걸고 지역주민들을 정치적으로 동원하려는 목적으로 지역 정당들을 결성하는 현상이 나타났다고 한다. 특수이익을 표방하는 지역 정당으로서, 특정 지역의 특수이익 즉 카스트, 종교, 종족, 언어, 향토주의에 바탕을 둔 지역감정에 호소하여 자기 지역의 문화적 특수성 보전, 낙후된 지역경제의 발전, 주(州)의 자율성 확대 등을 요구하면서 성장했다고 한다. 인도와 같은 정치문화 속에서 여러 정당이 선거 때 유권자들의 많은 지지를 이끌 수 있는 가장 손쉬운 방법의 하나는 유권자들의 지역적 정체감과 편협하고 특수한 지역적 이해를 이용하는 것이라 할 수 있으며, 그 결과 선거 경쟁의 장 속에서 지역 균열이 정치균열로 표출될 수 있었다고 한다.[203]

---

203   고경희(2001), pp. 328~329.

(2) 지역주의의 문제점

1) 국민일체감 형성의 저해

지역주의는 사회 갈등을 유발하고 국민일체감 형성을 저해하는 문제점을 낳고 있다. 한마디로 국민통합을 저해하는 요인으로 작용하고 있다. 자기 출신 지역 이외의 여타 지역에 대한 적대감, 차별성, 견제 심리 등으로 갈등이 유발되고 결국 국민통합이나 국민 일체감 형성에 역기능으로 작용한다.

2) 선거 경쟁의 약화

지역 정당은 비교우위 시각이 아닌 무조건 특정 정당을 지지하는 '묻지 마' 투표행태를 보이기 때문에 민주주의에서 핵심으로 간주하고 있는 선거 경쟁을 약하게 만드는 문제가 있다. 선거 과정에 지역 연고가 있는 정치 지도자가 이끄는 정당을 무조건 지지하는 투표행태가 나타나거나, 심지어 막대기만 꽂아도 당선되는 상황이라면 민주주의의 핵심인 건전한 선거 경쟁의 원리가 무용지물이 되기 때문이다. 특정 지역에서 특정 정당 후보로 공천받으면 곧 당선이라는 등식이 예외 없이 성립된다면 다른 당 후보는 아무리 뛰어난 경쟁력이 있어도 낙선하게 되고 정당 간 건전한 선거 경쟁을 기대할 수 없게 된다.

3) 합리적 의사결정의 저해

정치과정의 합리적 의사결정을 저해하는 가장 심각한 요인으로 작용한다. 한국의 지역주의가 전근대적 행동양식으로 비합리적이라는 지적이다. 근대화된 사회에서는 혈연, 지연, 학연 등 1차 집단의식에 기초한 행동보다는 개인적 합리성에 기초한 행동들이 바람직하다는 것을 전제하고 있다.[204] 지역 연고가 있는 정당의 후보를 이것저것 따지지 않고 무조건적·반사적으로 지지하는 것은 합리적인 의사결정이라고 볼 수 없다. 지역감정에 좌우되는 투표행태나 정치엘리트 충원 그리고 지역 간 불균형적인 자원배분 등의 역기능을 낳아 비정상적이고 비합리적인 사회병리 현상으로 보는 것이 타당할 것이다. 지역주의 망국론을 주장하기도 한다.[205]

---

204 김만흠(1994), pp. 229~230.
205 신복룡, "한국 지역감정의 역사적 배경: 호남 포비아를 중심으로",『한국 정치의 재성찰』(서울: 한국정치학회, 1996).

　　반면에 유권자들이 지역주의 투표를 하게 되는 것은 자신의 지역 출신 정치인을 선택할 때 지역에 대한 예산과 인사 등 자원의 배분에 유리하다고 판단한 유권자들의 합리적 계산 때문이라고 보거나 근본적으로 정치권력 배분을 둘러싸고 나타나는 정치 현상으로서 이익의 극대화를 추구하는 유권자들의 합리적 선택의 결과라고 보기도 한다.[206] 유권자가 지역주의 투표행태를 보이는 것은 철저하게 계산된 선택의 결과로 합리적인 의사결정이라는 시각이다.

　　지역주의 투표를 합리적 선택이라고 설명하기 위해서는 몇 가지 극복되어야 할 과제가 있다.[207] 합리적 선택 이론에서 취하는 방법론으로 개인주의에 따라 지역주의 투표를 논리적으로 설명하기 위해서는 무엇보다 지역주의 투표를 통해 얻을 것으로 기대되는 정치적 재화가 개별 유권자들에게 어떤 효용을 가져올 것인지에 대한 분석이 필요하다. 그리고 그것을 설명하기 위해서는 기대되는 정치적 재화의 성격이 무엇인지에 대한 논의도 역시 필요하다는 것이다. 지역주의를 통해 얻을 것이라고 기대되는 정치적 혜택은 서구 정치에서 정당이 정책공약을 통해 약속한 것과는 성격이 다르다는 것이다. 지역적으로 배타적인 혹은 상대적인 특혜가 그 지역 공동체에 주어지게 되더라도 그러한 혜택이 어떻게 배분될 것인가에 대한 불확실성이 존재하며, 따라서 개별 유권자들마다 수혜의 가능성은 각기 달라질 수밖에 없다는 것이다. 즉 지역주의 투표 결과가 지역적으로 완전한 공공재의 성격을 갖는 것은 아니며 설사 지역적 혜택이 공공재라고 해도 합리적 유권자는 무임승차를 통해 자신의 효율을 극대화하려 한다는 점에서 투표율에 차이가 날 수 있지만, 경험적인 증거에 의해 이를 뒷받침하지 못했다는 것이다.[208]

　　지역주의 투표행태가 나타나는 곳의 투표율은 상대적으로 매우 높았으며, 일방적으로 특정 정당에 쏠리는 투표 결과가 나타났다. 이런 집합적인 투표행태가 그 지역에 거주하

206　이갑윤, 『한국의 선거와 지역주의』(서울: 오름, 1998), p. 169; 조기숙, "지역주의 논쟁: 비판 이론적 시각에 대한 비판", 「한국정치학회보」 제31집 2호, 한국정치학회(1997), p. 227.

207　강원택, "지역주의 투표와 합리적 선택: 비판적 고찰", 「한국정치학회보」 제34집 2호, 한국정치학회 (2000), pp. 51~67.

208　강원택(2000), p. 65.

는 모든 유권자가 개별적으로 동시에 특정 정당을 지지하는 것이 지역의 특수이익이나 공공재 획득에 도움이 될 것이라는 합리적 계산을 통하여 나타난 결과라고 보기 어려운 점이 있다. 지역 정서, 지역감정, 지역의 바람이나 분위기 등이 개인의 합리적 판단을 능가하는 영향력을 발휘한 결과라고 보지 않을 수 없다. 민주주의 국가에서 특정 지역에서 특정 정당이 70~90% 이상 득표하는데, 다른 정당은 단 한 명의 국회의원 당선자도 배출하지 못하는 집단적 · 일방적 투표행태를 개인의 합리적 선택이라고 평가하는 것은 무리가 있다.

지역주의를 유권자들의 합리적 선택으로 이해하려는 주장은 지역주의에 대한 합리화의 위험이 있다. 유권자들이 정치적 선택과정에 이익의 극대화 등을 심각하게 고려한 합리적 판단이 작용하기보다는 지역감정이 우선되기 때문이다. 특정 지역에서 특정 정당이나 후보에 대한 지지도가 70%가 넘는 경우 모든 유권자가 동시에 합리적 선택을 했다고 평가하는 것은 지나친 측면이 있다. 더구나 유권자가 자신의 출신 지역과 연고가 있는 후보나 정당이라고 지지한다는 논리도 모순이다. 왜냐하면, 타당 후보도 그 지역 태생이며 경력이나 인물 등이 뛰어나더라도 지역 연고 정당 소속이 아니라는 이유 하나만으로 지지를 무조건 철회하는 투표행태를 설명하는 데 한계가 있기 때문이다. 더구나 다양성의 가치를 중시하는 민주주의 국가에서 한두 번도 아니고 특정 정당을 70% 이상 지지하는 획일적인 투표행태가 계속해서 반복되는 현상은 합리성보다는 지역감정이 작용한 것이라고 평가할 수밖에 없다.

4) 지역 정당체계의 형성

지역주의는 지역 정당체계 형성을 부추긴다. 지역주의에 기반을 둔 정치 동원은 지역분열에 기초한 정당체계를 낳는다. 특정 정당이 전국적인 지지를 골고루 받는 것이 아니라 지역 연고가 있는 곳에 편중된 지지기반을 가지기 때문에 국민정당이나 대중정당으로서의 면모를 갖추기 어렵게 된다.

〈표 6-3〉에서 보여주는 바와 같이 1987년 6월 민주화 항쟁 이후에 치러진 역대 대통령 선거에서 영호남 후보별 득표율을 보면 지역감정이 작용하여 표의 쏠림현상이 나타

낳다는 것을 알 수 있다. 또한, 〈표 6-4〉의 영호남 주요 정당별 국회의원 당선자 현황에서도 지역주의의 수준이 얼마나 심각한지 가늠할 수 있을 것이다.

〈표 6-3: 대통령 후보별 특정 지역 득표율〉

대선	후보자	부산	대구	울산	경북	경남	광주	전북	전남	충남
13대	노태우	32.10	70.69	-	66.38	41.17	4.81	14.13	8.16	26.22
	김영삼	55.98	24.28	-	28.17	51.26	0.51	1.50	1.15	16.06
	김대중	9.14	2.63	-	2.38	4.50	94.41	83.46	90.28	12.42
	김종필	2.58	2.05		2.58	2.66	0.23	0.75	0.33	45.03
14대	김영삼	73.34	59.59		64.72	72.31	2.12	5.67	4.20	-
	김대중	12.52	7.82	-	9.62	9.23	95.84	89.13	92.15	-
15대	이회창	53.33	72.65	51.35	61.92	55.14	1.71	4.54	3.19	-
	김대중	15.28	12.53	15.41	13.56	11.04	97.28	92.28	94.61	-
16대	이회창	66.74	77.75	52.87	73.46	67.52	3.57	6.19	4.62	-
	노무현	29.85	18.67	35.27	21.65	27.08	95.17	92.58	93.38	-
17대	정동영	13.45	6.00	13.64	6.79	12.35	79.75	81.60	78.65	-
	이명박	57.90	69.37	53.97	72.58	55.02	8.59	9.04	9.22	-
18대	박근혜	59.82	80.14	59.78	80.82	63.12	7.76	13.22	10.00	-
	문재인	39.87	19.53	39.78	18.61	36.33	91.97	86.25	89.28	-
19대	문재인	38.71	21.76	38.14	21.73	36.73	61.14	64.84	59.87	-
	홍준표	31.98	45.36	27.46	48.62	37.24	1.55	3.34	2.45	-
20대	이재명	38.15	21.60	40.79	23.80	37.38	84.82	82.98	86.10	-
	윤석열	58.25	75.14	54.41	72.76	58.24	12.72	14.42	11.44	-

〈표 6-4 : 특정 지역 정당별 국회의원 당선인 수〉

총선	정당	부산	대구	울산	경북	경남	광주	전북	전남
13대	민주정의당	1	8	-	17	12	0	0	0
	통일민주당	14	0	-	2	9	0	0	0
	평화민주당	0	0	-	0	0	5	14	17
	기타	0	0	-	2	1	0	0	1
14대	민주자유당	15	8	-	14	16	0	2	0
	민주당	0	0	-	0	0	6	12	19
	기타	1	3	-	7	7	0	0	0
15대	신한국당	21	2	-	11	17	0	1	17
	새정치국민회의	0	0	-	0	0	6	13	0
	자유민주연합	0	8	-	2	0	0	0	0
	기타	0	3	-	6	6	0	0	0
16대	한나라당	17	11	4	16	16	0	0	0
	새천년민주당	0	0	0	0	0	5	9	11
	기타	0	0	1	0	0	1	1	2
17대	한나라당	17	12	3	14	14	0	0	0
	열린우리당	0	0	0	0	2	7	11	7
	기타	1	0	3	1	1	0	0	6*
18대	통합민주당	1	0	0	0	1	7	9	9
	한나라당	11	8	5	9	13	0	0	0
	기타	6	4**	1	6	3	1	2	3
19대	새누리당	16	12	6	15	14	0	0	0
	민주통합당	2	0	0	0	1	6	9	10
	기타	0	0	0	0	1	2	1	1
20대	새누리당	12	8	3	13	12	0	1	1
	더불어민주당	5	1	0	0	3	0	2	1
	국민의당	0	0	0	0	0	8	7	8
	기타	1	3	3	0	1	0	0	0
21대	더불어민주당	3	0	1	0	3	8	9	10
	미래통합당	15	11	5	13	12	0	0	0
	기타	0	1	0	0	1	0	1	0
22대	더불어민주당	1	0	1	0	3	8	10	10
	국민의힘	17	12	4	13	13	0	0	0
	기타	0	0	1	0	0	0	0	0

* 새천년민주당 5석 포함
** 친박연대 3석 포함

227

민주화 이루 치러진 13대 총선에서 부산 출신인 김영삼이 이끄는 통일민주당이 부산에서 거의 독식하고 경남에서 선전했다. 호남 출신 김대중이 이끄는 평화민주당은 광주와 전·남북에서 모든 의석을 싹쓸이했다. 그 후 치러진 14~22대 총선에서도 영호남의 지역주의는 변하지 않았다. 15대 총선에서는 충남 출신 김종필이 이끄는 자유민주연합이 대전과 충·남북의 총 28개 의석 중 24석을 차지하여 충청도에서도 지역주의 현상이 나타났다. 자유민주연합이 대구에서 전체의석 13석 중 8석을 차지한 것과 경남·북에서 무소속이 선전한 것이 눈에 띄는 현상이다. 17대 총선에서는 호남과 연고가 있는 열린우리당과 새천년민주당이 분열된 가운데 새천년민주당이 전남에서 5석을 획득하였다. 20대 총선에서는 경남 출신 문재인이 이끄는 더불어민주당이 영남에서 9석을 차지한 것도 정치 지도자의 지역 연고와 관련짓지 않을 수 없을 것이다. 또한, 호남과 연고가 없는 안철수가 이끄는 국민의당이 광주에서 싹쓸이하고 전남·북에서 의석을 석권한 것도 지역주의와 전연 무관하다고 볼 수 없다. 왜냐하면, 국민의당은 구민주계와 더불어민주당에서 탈당한 호남의 거물 정치인들과 결합한 것이 크게 작용을 했을 것이라는 분석 때문이다. 국회의원 선거는 소선거구제의 다수대표제이기 때문에 의석수보다는 각 당의 득표율을 기준으로 지역주의를 살펴보는 것이 더 타당할 것으로 보인다. 하지만 영호남에서 특정 정당이 의석을 거의 석권하는 총선 결과는 지역주의 이외에 다른 변수로 설명하기 어려운 것이 사실이다.

역대 대선과 총선 결과를 보면 특히 영남과 호남이 다른 지역과 비교할 때 지역주의가 심하다고 평가하지 않을 수 없다. 특히 호남 출신 김대중 대통령을 배출한 이후에도 지역 연고주의를 벗어나지 못하고 있다. 모든 정당이 지역 정당에서 전국정당을 지향하고 있으나 선거 결과는 여지없이 지역할거 현상이 나타났다.

민주화 이후 한국의 선거에서 가장 중요한 투표 결정요인으로 간주해 온 지역주의는 2000년대 이후 대안적 균열 구조의 부상과 함께 그 영향이 약간 완화 조짐을 보인다는 분석도 있다. 특히 20대 대선에서 영남의 지역주의는 부산·경남 지역을 중심으로 상당히 완화되었다. 최근 치러진 몇 번의 선거에서와 마찬가지로 20대 대선에서도 부산·경남 지역 표심은 대구·경북이나 광주·전라 지역과 대비해 전통적 지역 패권 정당에 대한 투표 쏠림 현상이 상대적으로 강하지 않았다. 호남에서도 보수 후보가 역대 가장 높은 10%가 넘는 지지를 얻었다. 호남 유권자들에게서는 영남에 비해 더 견고한 지역주의 성향이 관찰되지만, 이 또한 과거에 비해 다소 완화된 모습을 보여주고 있다.[209] 호남지역은 영남지역에 비해 지역주의 변화 속도가 더디다고도 할 수 있지만 두 지역에서 지역주의의 향후 변동 가능성을 보여주는 의미 있는 변화라고 평가할 수도 있을 것이다.

두 지역에서 세대에 따른 지역투표 성향의 편차가 드러나기도 하였는데, 이는 향후 후속세대를 중심으로 영호남에서 지역주의의 완화 가능성을 시사한다. 2000년대 중반 이후 한국에서 이념, 세대, 탈물질주의, 자유 지상주의 등장 등 대안적 균열 요인들이 부상하면서 유권자 투표행태에 지역주의의 영향이 줄어들고 있다는 논의들이 나오기 시작하였다. 지역주의를 벗어나는 데 청년 세대의 투표행태에 기대를 걸게 된다. 청년 세대는 지역주의의 균열 구조에 영향을 덜 받고 개인의 삶의 질과 관련된 실용주의 노선에 대한 선호가 높아 정치 지형의 근본적 변화를 이루어내는 변인으로 작용할 것으로 보기 때문이다. 20대 대선의 지역주의 분석에서 대구·경북이나 광주·전라 지역에서도 50대 이상 기성세대와 비교하여 청년 세대를 중심으로 향후 지역주의 변동 가능성이 약하게 관찰되었기 때문이다.[210]

하지만 최근에 나타난 지역주의의 미세한 완화 조짐이 다음 선거까지 계속 이어질지는 더 두고 봐야 할 것이다. 워낙 뿌리가 깊은 고질적인 현상이기 때문이다. 여전히 적지 않은 연구들은 지역주의가 새롭게 부상한 다른 요인들과 함께 한국 유권자들의 정치적 태도 및 행태에 중요한 영향력을 행사하고 있다는 주장을 펼치고 있다. 지역을 중심으로 한 지역주의 변화 조짐을 정당 재편성보다는 기존의 정파적 성향으로부터의 이탈로 보는 관점이 아직은 보다 일반적인 시각이라 할 수 있을 것이다.[211]

---

209   이재묵, "20대 대통령 선거와 지역주의 변화와 지속", 재단법인 동아시아연구원, EAI 워킹페이퍼(2022.5), pp. 1-18.

210   이재묵(2022)

211   이재묵(2022) 재인용.

일종의 재편 선거가 언제쯤 본격적으로 자리 잡기 시작할지 장담할 수 없다. 민주화 이후 한국의 선거 정치과정을 결정지어온 유일 변수인 지역 균열 구조의 영향력의 정도가 이전과는 다른 모습으로 나타나야 한다는 데 이론의 여지가 없다. 그 대신 세대와 이념 그리고 계층이 앞으로 한국의 선거 과정에 상당한 영향력을 행사할 가능성이 커질 것으로 보고 있다.[212] 많은 선거에서 3김이 퇴장한 이후에도 지역별로 특정 정당편향의 투표행태가 사라지지 않고 있다. 영남과 호남의 지역주의적 성향은 전체적으로 보면 이전 선거 결과와 크게 다르지 않다고 볼 수 있으며, 이는 앞으로 상당 기간 지역주의적 균열 구조가 한국의 선거 정치과정에 막강한 영향력을 행사할 것을 말한다.[213] 지역 균열 구조가 약해지는 것이 한국 정치발전을 위해서 정말 바람직한 현상이 아닐 수 없다.

요약하면 지역주의의 미세한 완화 조짐은 보이지만, 본질적으로 변했다고 단정하기 어렵다. 지역주의가 한국 정치를 특징짓는 중요한 변수라는 사실은 변함없을 것이다. 당분간 지역주의가 선거에 작용할 것으로 예상된다. 정치적 쟁점에 관한 입장 차를 중심으로 지지자가 정렬되고 재편성되는 것이 아니라 배타적인 지역주의와 지역감정이 유권자들의 투표행태와 연결되는 문제점이 지속될 것으로 전망된다. 지역주의를 대체할 수 있는 새로운 균열 구조인 이념, 세대, 성별, 계층, 탈물질주의, 자유 지상주의 등이 강력하게 작용하지 않는 한 한국의 지역주의는 선거 과정에 쉽게 사라지지 않을 것으로 보인다.

4. 권력 투쟁형 정당

(1) 이전투구식 정쟁

한국 정치는 오랫동안 국민에게 희망과 꿈을 안겨주지 못했으며 오히려 정치 불안과 국민 불신의 대상이 되어왔다. 정당은 국민을 위한 정치조직이다. 정당은 하나의 정치기업이다. 유권자나 국민을 정치적 고객이나 소비자로 보고 국민에게 봉사하는 정당이 되

---

212 박명호, "17대 총선과 정당정치의 변화: 지역주의 정당체계와 관련하여", 「정치 · 정보연구」 제7권 1호, 한국정치정보학회 (2004), p. 23.

213 박명호(2004), pp. 1~26.

어야 한다. 소비자 중심의 직업주의(consumer-oriented professionalism)를 확립해야 한다. 국민을 정치적 소비자로 인식하고 국민에게 양질의 상품인 정책을 제공하는 직업주의가 정착되어야 한다.

하지만 한국정당은 국민을 의식하기보다는 노골적으로 정치권력 그 자체를 추구하는 데 전력을 기울여 왔다. 한국정당은 권력 투쟁형 정치로 일관해 왔다. 정치의 목적이 국리민복을 위한 비전 경쟁에 있는 것이 아니라 오로지 선거에서의 승리, 권력투쟁에서의 승리가 전부였다.[214] 한국의 주요 정당들은 지금까지 대체로 정치인의 개인적 이익을 관철하기 위한 수단으로 창당되었고 조직적 특성도 그 목적을 달성하기 위한 형태로 만들어졌다. 예를 들면 이승만의 자유당, 박정희의 공화당, 전두환의 민정당을 위시하여 3김이 창당한 정당은 모두 특정 이념이나 자발적 참여보다는 특정 정치인 개인의 집권이나 통치와 같은 정치적 목표를 위해 만들어진 조직이라고 할 수 있다.[215]

한국의 정당은 특정 정치 지도자의 정치활동이나 집권을 위한 도구 내지는 선거 머신으로 창당되었고 또한 그 목적을 달성하기 위해서 전적으로 운영되었다. 그 결과 한국정당은 사당성이 강해 특정 정치 지도자의 정치 운명과 함께 부침하는 모습을 보여 왔다.

여야가 경쟁적으로 권력투쟁의 선봉에서 국회를 정쟁의 도구나 이전투구의 무대로 전락시키고 있다. 여야 간에 국리민복을 위한 건전한 정책대결보다는 세력 싸움, 패거리 싸움, 기 싸움을 일삼아 왔다. 여야 간 대결 구도는 차기 집권을 위한 정치의 주도권 쟁탈과 세 대결이라는 당파적·정략적 이해와 직결되어 있다. 여야 모두가 한결같이 '국민 우선 정치(people first politics)', '국민을 위한 정치', '국민 편에 서는 정치', '민생정치', '생활 정치', '국민이 행복한 정치' 등을 내세우고 있지만, 실질적인 행태는 대부분 개인이나 집단의 정치생명이나 차기 집권과 직접 관련되어 있음을 알 수 있다. 여야 간 건전한 정책대결이 실종되고 오직 이전투구식 정쟁에 몰두하고 세력 싸움만 일삼는 결과는 고스

---

214   장훈, "정치개혁의 조건", 박세일·장훈(2003), p. 21.

215   강원택, "정치개혁의 과제와 전망: 정당, 선거, 정치자금", IT의 사회·문화적 연구: 21세기 한국 중심 흐름 시리즈 04~40, 정보통신정책연구원 (2004b. 2), pp. 61~92.

란히 국민의 희생으로 귀결된다.

여야 간 정치윤리도 없고 오직 경쟁당 헐뜯기에 전력투구하는 모습을 거의 매일 목격하고 있다. 상대 당에 대한 논평을 보면 최소한의 예의나 윤리는 사라지고 막가파식 저속한 비난 일색이다. 국민을 속이고 선동하고 현혹하는 일상화된 막말은 정치의 품격을 떨어뜨리고 정치인에 대한 불신을 조장하며 국민의 반 정치 정서를 심화시키는 요인이 되고 있다. 검증도 되지 않은 가짜 뉴스를 무차별 유포하여 국민을 혼란스럽고 피곤하게 만든다. 괴담과 선동정치의 대표적인 예로 미국산 쇠고기 수입과 광우병, 세월호 참사, 성주 사드 기지 전자파, 후쿠시마 오염 처리수 등을 들 수 있을 것이다. 일단 폭로하고 그것을 극성 팬덤을 동원해서 동시다발적으로 확대 재생산하여 국민 여론을 호도한다. 이는 국민을 상대로 사기행각을 벌이는 것이며, 결국 정부의 발목을 잡아 효율적인 국정운영의 장애요인으로 작용한다. 추후 새빨간 거짓말로 명백하게 판명돼도 사과나 책임을 지는 정치 지도자가 하나도 없다. 국민을 무시하고 조롱하고 속이는 너무 무책임한 행태가 아닐 수 없다.

(2) 대권 지향 정치

정치의 본질을 외면하고 오직 권력 획득에만 혈안이 된 듯한 모습을 보여 한국 정치에는 오직 대선과 대권만이 존재한다는 착각을 불러오게 한다. 국회도 여야당 모두 대선 승리를 위한 정략과 꼼수의 전초 장으로 변질하는 경향이 있다. 여야 모두 주된 관심은 오직 선거 필승에 있다. 정당은 정권을 획득하여 정견을 실현하는 데 그 목적이 있다는 사실을 아무리 인정하려고 해도 한국정당은 지나치게 권력 지향적인 모습에 빠져있다. 선거 승리를 위하여 국민의 지지 획득이 목적이라면 정책으로 승부를 걸어야 하는데 본질을 외면한 채 자당에게 유리한 선거제도의 게임 규칙 변화 등 정략적인 문제에만 관심을 보인다. 선거철만 다가오면 개헌이나 선거제도의 개혁 등이 단골 메뉴로 등장한다. 진정으로 국민의 마음에 감동을 주어 국민의 지지를 얻겠다는 것이 아니라 유리한 게임 절차나 방법을 모색하는 꼼수와 요령정치에만 신경을 쓰고 있다는 비판을 면하기 어렵다. 지역구도 해소를 위한 연정이나 선거구제 개편 등의 제안들이 그럴듯하게 포장되지만 실제로는 역대 선거 결과의 분석자료를 활용하여 제도를 새롭게 바꿨을 때 자기 당이 어느 지역에서 몇 석을 더 얻을 수 있을 것이냐는 시뮬레이션 결과에 더 많은 관심을 보이는 것이 정당정치의 현주소라고 해도 과언이 아니다.

20대 국회에서 '준연동형 비례대표제'를 더불어민주당과 범여권 군소정당이 야합하여 통과시켰다. 「고위공직자범죄수사처법」 처리에 군소정당의 협조를 얻는 대가로 군소정당의 의석 확보가 쉬운 비례대표 선거제도를 제1야당을 배제한 채 일방적으로 강행 처리했다. 그리고 국민의힘과 더불어민주당은 21대 총선에서 앞다투어 위성정당을 급조했고, 군소정당 대신 자신들의 의석수를 늘리는 데 활용했다. 22대 총선을 앞두고 입법권을 장악한 야당의 지도자가 개인적인 정치 야심과 이해득실을 따져 연동형 비례대표제를 일방적으로 결정하기도 하였다. 준연동형 비례대표제의 의석 배분 방식은 정치학 전공자도 헷갈리는 매우 까다롭고 복잡한 제도이다. 국민은 자신이 찍은 표가 의석 배분에 어떻게 반영되는지 모르고 선거에 임해야 하는 상황이었다. 급기야 국민은 준연동형제에 대하여 알 필요가 없다는 막말까지 등장하였다. 여야는 국회의원 선거구 획정도 정당의 이해가 얽히고설켜 합의에 이르지 못하고 법정시한을 넘기는 것이 다반사가 되었다.

여야 모두 선거가 임박하면 그런 행태를 보이는 것은 물론이고 선거가 끝나자마자 또 다음 선거를 의식해서 임기 내내 정략적 꼼수 찾기에 몰두하고 있다. 정당의 목적이 권력 획득이지만 집권은 정강 정책을 구체화하여 국민에게 봉사할 수 있는 수단을 마련하는 것이지 그 자체가 정치의 궁극적인 목적이 될 수 없다. 다음 선거의 승리를 의식한 정당이라면 국민 삶의 질 향상을 위한 다양한 정책으로 국민에게 지지를 호소하고 정정당당하게 승부를 겨루는 것이 당연한 선거전략이어야 하는데도 노골적으로 선거 승리와 정치권력 획득에만 집착하는 것이 오늘날 한국정당의 모습이다.

제7장

/

정당과 정당 관계의 개혁

제1절 온건 3당 체제

1. 정당 간 협력과 경쟁

정당의 경쟁과 협력관계는 정당체계와 밀접한 관련이 있다. 일반적으로 다당제가 양당제에 비하여 정당 간 경쟁이 완화되고 협력적 행태가 발견된다는 시각이다.[216] 사르토리는 양당제를 양극체제 또는 양극화된 다원주의(polarized pluralism)라고 하였다.[217] 정당수가 많으면 많을수록 정책 주도의 영향력을 어느 당이 주도할지 계산하기 더 어려워진다. 다당제에서는 모든 당과 경쟁하는 것이 아니라 가깝게 있는 당과 경쟁하게 된다. 왜냐하면, 잠재적 유권자들이 아예 지지할 가능성이 적은 정당과 경쟁하는 것은 득표에 도움이 되지 않고, 유권자들의 선호 대상과 중복되는 정당을 경쟁상대로 삼아야 하기 때문이다. 다당제는 분열된 사회에 적합한 모형이며, 정당은 특정한 분파의 지지자 혹은 하위문화에 지지기반을 두게 된다. 다당제는 포괄정당과 같이 가용한 모든 수단을 동원하

---

216   Ware (1996), p. 157.

217   Sartori (1976), p. 131.

여 각계각층의 지지를 받으려고 노력하기보다는 특정한 세력을 대표하고 그들을 지지기반으로 삼는다. 또한, 정당의 경쟁상대는 모당(parent party)에서 탈당하여 딴 살림을 차린 분가한 정당(splinter party)이 된다. 모당으로부터 분가한 정당은 다른 노선을 선택하겠지만 핵심 인사는 같은 당 소속의 동료들이었기 때문에 근본적인 차이를 발견하기 어려울 뿐만 아니라 지지기반의 중복과 자원이 한정되어 있기 때문이다. 선거 때 정당 간 협력 상대를 선정하는 것은 국민의 투표행태에 대한 정확한 정보에 따라서 다르게 나타날 수 있을 것이다.

정당의 경쟁은 정치체제와도 관련이 있다. 대통령중심제에서 정당은 득표의 극대화에 목표를 둔다. 대통령중심제에서는 승자독식이기 때문에 전부 아니면 전무식(all-or-nothing) 유형의 경쟁이 이루어진다. 선거운동은 극도로 과열된다. 야당은 차기 선거에서 승리해야 한다는 강한 압박감에 직면하게 된다. 정당에 있어서 대통령직은 매우 중요한 경품이 아닐 수 없기 때문이다. 내각책임제에 비하여 대통령중심제가 정당 간 선거 경쟁이 더욱더 치열하다.[218]

정당의 경쟁은 선거제도의 영향을 받는다. 다원제는 정당 간 경쟁을 심화시키고, 주요 정당의 텃밭을 고정화하는 경향이 있다.[219] 1선거구 1인의 대표를 선출하는 다원제에서 한 표라도 많이 득표한 후보가 당선되기 때문에 정당 간 선거 경쟁은 매우 치열하다. 1선거구에서 복수의 후보를 당선시키는 다수 선거구제의 경우 선거 경쟁이 완화되는 것은 사실이다. 국민의 대표를 선출하는 유형에 따라서 정당 간 경쟁의 강도에 영향을 미친다.

2. 외국의 정당체계

1958~1990년 총선에서 3%의 의석을 차지한 정당 수를 기준으로 분류한 바에 의하면 일본은 지배 정당제, 미국, 영국, 뉴질랜드, 콜롬비아, 코스타리카, 몰타, 베네수엘라(1990

---

218 Ko Maeda and Misa Nishikawa, "Duration of Party Control in Parliamentary and Presidential Governments: A Study of 65 Democracies, 1950 to 1998", *Comparative Political Studies*, Vol. 39, No. 3 (April 2006), pp. 352~374.

219 Beyme (1985), p. 270.

년대 중반 이전) 등은 양당제, 호주, 오스트리아, 캐나다, 프랑스, 독일, 아이슬란드, 아일랜드, 룩셈부르크, 네덜란드, 노르웨이, 스웨덴 등은 3~5당제, 벨기에, 덴마크, 핀란드, 이스라엘, 이탈리아, 스위스 등은 5개 이상 정당제로 분류하였다.[220] 〈표 7-1〉은 2019~2023년 몇몇 국가의 의회 선거에서 1석이라도 당선자를 배출한 정당 수와 의석 분포를 기준으로 정당체계를 분류한 것이다.

〈표 7-1: 국가별 당선자 배출 정당 수와 정당체계〉

국가별	기준일	상원	하원	정당체계
영국	2021.9	-	12	양당
미국	2021-2023	2	2	양당
프랑스	2021.6	8	9	다당
독일	2021	-	8	다당
일본	2019.7	9(참의원)	7(중의원)	일당 우위
스페인	2021.9	8	10	다당
캐나다	2021.9	-	5	양당(2.5당)
호주	2019.5	8	8	양당(2.5당)
스위스	2019-2023	5	12	다당
스웨덴	2021	8(의회)		다당

출처) 다음 자료를 근거로 정리하였음. 중앙선거관리위원회 선거연수원(2021), pp. 79~88.

영국 하원은 2021년 9월 기준 보수당, 노동당, 스코틀랜드 국민당, 자유민주당, 민주연

---

220 베미는 1946/47, 1960, 1970, 1980, 1983년도 2% 이상 득표한 정당 수를 분석하였다. 그 결과 1983년의 오스트리아의 경우 3개, 벨기에 8개, 덴마크 9개, 독일 4개, 핀란드 7개, 프랑스 5개, 영국 5개, 아일랜드 3개, 아이슬란드 5개, 이탈리아 8개, 룩셈부르크 5개, 네덜란드 5개, 노르웨이 7개, 뉴질랜드 3개, 스페인 6개, 스위스 10개, 스웨덴 5개 등으로 각각 나타났다. Beyme (1985), p. 260.

선거 결과를 기준으로 각국의 정당 수를 조사한 연구에 의하면 영국은 1945년 2.52개, 1964년 2.53개, 1983년 3.45개, 2001년 3.25개, 프랑스는 1958년 2.7개, 1978년 3개, 1993년 3.7개, 2002년 3.5개, 독일은 1949년 5개, 1969년 2.5개, 1990년 3.13개, 2002년 3.34개, 벨기에는 1961년 3.1개, 1981년 8.9개, 1991년 9.8개, 2003년 6.5개, 덴마크는 1971년 4.52개, 1973년 7.11개, 1981년 5.76개, 1988년 5.83개, 2001년 4.70개. 아일랜드는 1950년대 3.2개, 1987년 3.5개, 2002년 3.9개 등으로 각각 나타났다. 효과적인 정당 수 및 당원의 정체성, 부동층 유권자 등 정당 관련 조사 자료는 다음을 참조할 것. Peter Mair, Wolfgang C. Müller, and Fritz Plasser, *Political Parties & Electoral Change: Party Responses to Electoral Markets* (London: SAGE Publications, 2004)

합당, 신페인당 등 12개 정당이 의회에 진출하였다. 군소정당이 하원의원을 배출하였으나 영국은 실질적인 양당제를 유지하고 있다.

미국은 117대 의회(2021~2023)에서 민주당과 공화당의 분명한 양당 체제를 유지하고 있다. 미국은 오랫동안 양당제를 경험하고 있음에도 불구하고 3당 체제의 필요성을 주장하는 의견도 있으며, 유권자의 약 $\frac{1}{3}$이 정치적 독립 층(political independents)이라는 조사도 있다. 미국은 단일선거구제와 단순 다수제를 채택하고 있어 양당제가 정착되었다는 지적이 있으나 영국이나 캐나다 호주 등에서도 똑같은 선거제를 채택하고 있지만, 의회에서 제3당을 대표하는 의석을 차지하고 있다.[221]

미국은 대통령선거인단 제도와 단순 다수제뿐만 아니라 양당은 주요 정당 후보에게 유리한 선거법을 시행하고 있다. 주(州) 수준에서도 제3당의 진입장벽이 높다. 예를 들면 펜실베이니아주 상원의원 후보 등록에 주요 정당 후보는 2,000명의 서명이 필요하지만, 군소정당 후보는 29,000명을 요구하고 있다.[222] 제3당 후보들이 몇몇 주에서 의회 및 지방선거에서 일부 역할을 하고 있다.

하지만 대통령 선거에 제3당 후보가 성공하기는 매우 힘들다. 1789년 첫 번째 대통령 선거를 시작해서 2020년까지 총 46회 중 제3당 후보가 8번 출마했다. 1836년 대통령 선거에서는 역대 가장 많은 5명이 출마하였다. 제3당 후보는 1848년 자유토지당 마틴 밴 뷰런 10.2%, 1892년 민중당 제임스 B. 위버 8.5%, 1912년 진보당 시어도어 루스벨트 27.8%, 1924년 진보당 로버트 M. 라폴레트 16.6%, 1948년 주권민주당 스트롬 서먼드 2.5%, 1968년 미국 독립당 조지 C. 월리스 13.5%, 1992년 무소속 로스 페로 18.9%를 각각 득표하였다. 1912년 대선에서 제3당 후보가 2위를 차지하여 양당 구조를 깬 최초의

221 A. James Reichley, *The Life of the Parties: A History of American Political Parties* (New York: Rowman & Littlefield Publishers, Inc., 1992), pp. 2~3.

222 A. James Reichley, "The Future of the American Two-Party System at the Beginning of a New Century", in John C. Green and Rick Farmer(ed.), *The State of the Parties: The Changing Role of Contemporary American Parties* (New York: Rowman & Littlefield Publishers, Inc., 2003), pp. 19~21.
본래 군소정당 후보에게 요구되는 서명인 수는 59,000명이었는 데 법원의 명령으로 29,000명으로 줄었다고 한다.

선거로 기록되었지만, 미국은 양당 체제가 확고하게 자리 잡았다.

프랑스 하원은 2021년 6월 기준 전진하는공화국당(LREM), 공화주의자당(LR), 민주운동연합(RN), 사회당 연합(PS), 함께 행동하는 당, 민주-주권연합 등 9개 정당이 의석을, 상원은 공화주의자당, 사회·환경·공화주의자당, 민주진보주권연합당 등 8개 정당이 당선자를 배출하였다. 다당제를 유지하고 있다.

독일 하원은 2021년 선거 결과 사회민주당, 기독사회당, 기독민주당, 녹색당, 자유민주당, 독일 대안당, 좌파당 등 8개 정당이 당선자를 배출하여 다당제를 유지하고 있다. 일본은 참의원의 경우 2019년 7월 통상선거기준 자유민주당, 입헌민주당, 공평당 등 9개 정당이, 중의원은 2017년 10월 총선 기준 자유민주당 등 7개 정당이 의석을 차지하였다. 그렇지만 일당 우위 체제를 유지하고 있다.

스페인은 상원의 경우 2021년 9월 기준 사회당, 국민당 등 8개 정당이, 하원의 경우 10개 정당이 당선자를 배출하여 다당제를 유지하고 있다. 캐나다의 하원은 2021년 9월 44회 의회 선거기준 자유당, 보수당, 신민주당, 퀘벡연합당, 녹색당 등 5개 정당이 당선자를 배출하였다. 2.5당제라고 볼 수 있다. 호주의 상·하원은 2019년 5월 선거기준 자유당, 노동당, 국민당 등 8개 정당이 각각 당선자를 배출하였다. 2.5당제를 유지하고 있다.[223] 각국의 정당체계는 선거 결과에 나타난 정당 수와 평가 기준에 따라서 다르게 날 수 있다.

3. 바람직한 정당체계

듀베르제가 정당 수를 기준으로 정당체계의 유형을 분류한 바와 같이 한국에서 바람직한 정당체계는 몇 개의 정당이 가장 이상적인가를 제시하고자 한다. 이에 대한 논의는 다양한 견해가 제기될 수 있다. 정당체계 유형별로 각각 장단점이 있으며 시각에 따라서

---

223 주요 국가의 정당 현황은 다음을 참고할 것. 중앙선거관리위원회 선거연수원, 「각국의 정당·선거자금 제도 비교분석」 선거연수원(2021.11), pp. 55~88.

정치 현실을 해석하는 데 차이가 나타날 수 있어 통일된 입장의 정리가 어려운 측면도 있다.

한국은 예측 불가능한 정치 상황, 권위주의적인 정치 지도자의 의지, 정치공작 등에 따라서 정당체계가 정략적 · 인위적으로 형성되었던 경험이 있다. 대통령중심제를 택하고 있는 한국은 미국과 같은 양당제가 이론적으로 적합하다는 주장이 있으나 양당제는 정치적 포괄성이 부족하며, 역사적으로 다당제 경험이 더 많았다.

한국의 이상적인 정당 수는 몇 개일까를 제시하기 위해서 1988년~2004년 국회의원 선거 결과를 분석한 흥미 있는 연구에 주목할 필요가 있다.[224] 1987년 민주화 이후 한국에서 실시된 5회의 총선 결과를 최다 득표자의 득표율을 중심으로 로그 선형 모델을 통한 이론의 검증 결과 세 가지의 특징을 발견하였다.

①소선거구제를 채택하고 있지만, 최다 득표자의 득표율에 따라서 정당 수는 최대 6.56개에서 최소 1.16개까지 광범위하게 분포되고 있다.

②양당제가 나오려면 최다 득표자의 득표율이 최소 50%에서 최대 74% 사이에 머물러야 한다. 수많은 선거구에서 양당제가 실현되지 않는 이유를 알 수 있게 하는 결과이며, 소선거구제에서 한 당이 약 60% 정도의 표를 획득하는 것은 일당 지배정당 체계가 아니면 불가능한 것이다.

③최다 득표자의 비율이 40%에 머물고 있을 때 정당의 수는 3.32개가 된다. 만약 최다 득표자의 비율이 1% 증가하면 득표율은 40.4%가 되고, 정당 수는 1.31%가 감소하여 3.28개가 된다.

1987년 민주화 이후 나타난 국회의원 선거에서 국민의 투표 결과를 분석한 위의 연구에 의하면 한국에서 양당제가 정착되는 것은 불가능해 보인다. 무엇보다 투표 결과 국민이 선택한 정당 수는 1.16~6.56개로 나타나 있으며, 양당제가 실현되기 어려운 결과가

---

224   최정욱, "정당의 수에 관한 새로운 일반이론의 모색: 최대 득표율 이론과 검증", 「한국정치학회보」 제39권 1호, 한국 정치학회(2005), pp. 145~161.

나왔다. 이는 소선거구제에서 후보가 난립하는 양상도 있지만, 유권자의 투표 선택의 폭이 다양한 측면이 있기 때문이다. 13대 총선(1988년)부터 22대 총선(2024년)까지 당선자를 배출한 정당 수는 〈표 6-2〉에서 보여주고 있는 바와 같이 4개 이상이었다.

결국, 국민의 투표 결과를 중심으로 살펴본다면 의미 있는 정당 수는 3개 수준이라고 볼 수 있다. 최다 득표자의 비율이 40%대에 머무는 경우가 많은 것이 사실이기 때문이다. 정당 수가 많아 다양한 국민의 정치적 이익을 더 많이 대변하는 것이 좋을 수도 있지만, 정당이 지나치게 난립하는 분극적 다당제는 국정 운영의 효율성이 떨어지고, 정치적 안정을 유지하기 어렵다는 문제점이 있어 3당 체제가 가장 바람직스럽다고 볼 수 있다.

4. 온건 3당 체제의 정착

(1) 필요성

규범적으로 한국의 정치 현실에서 온건 다당제(moderate multi-party system)가 바람직한 모형이라고 볼 수 있다. 3당 체제가 필요하다고 주장하는 근거는 다음과 같다.

①한국의 이념적 다양성을 어느 정도 수용할 수 있다.

②국회 과반수를 차지하는 다수당 출현을 불가능하게 만들어 다수의 횡포를 사전에 방지할 가능성이 크다.

③여당과 제1야당이 첨예하게 대립했을 때 제3당이 중재자 역할을 할 수 있다.

④민주화 이후 지속해서 출현하는 분점정부를 수차 경험했다. 분점정부는 제도적으로 행정부와 입법부의 균형과 견제를 보장한다.

④수차 3당 체제를 선택했던 국민의 성향이 쉽게 변하지 않을 것이다. 파편화된 다당제를 국민이 지속해서 선택하는 정치 현실을 고려하지 않을 수 없다.

미국의 경우 양당제를 3당 체제로 바꾸어야 하는 이유를 다음과 같이 제시하고 있다.[225] 한국의 온건 3당 체제의 정착과 관련하여 참고할 수 있을 것이다.

225　Theodore J. Lowi, "Toward a More Responsible Three-Party System: Deregulating American Democracy", in Green

①양당이 너무 오랫동안 권력을 차지한 결과 기능이 쇠퇴하여 개혁이 필요하다.

②유권자들의 투표 동원이 양당제보다 더 경쟁적으로 발전하고 그 결과 시민의 정치참여가 높아질 수 있다. 더 많은 정당이 조직적인 선거 경쟁을 벌일 때 투표율이 상승한다.

③선거 경쟁이 치열해지면서 더 많은 선거 쟁점이 나타나고 정책경쟁이 더욱 선명해진다.

④3당 체제는 양당 간 극단적인 대결을 완화할 수 있다.

⑤하원에서 제3당 의원들이 솔직한 중재자가 될 수 있다.

3당 체제도 이념적으로 차별성이 없는 무색무취 정당 간 경쟁이 아니라 보수, 중도, 진보 성향의 3당 체제 확립이 바람직하다는 것이다. 한국 사회는 좌파적 성향의 김대중, 노무현, 문재인 정부가 출현하였으며, 좌파 정치가 완전하게 실패하여 반작용으로 보수로 회귀하지 않는 한 진보세력의 약진은 무시할 수 없을 것이다. 사회의 주류를 형성했던 보수적 성향의 국민 못지않게 진보적 성향의 국민도 많아진 것이 현실이기 때문이다. 그동안 한국 정치를 지배했던 보수세력의 패권을 진보세력과 분점하는 현실이 되었다. 진보세력의 정치적 목소리, 사회적 영향력, 쟁점의 주도력, 선전 선동 능력 등은 보수세력을 압도하는 상황이 되었다. 결과적으로 양 진영 간의 패권 다툼의 이전투구는 날로 격화되고 있다. 보수와 진보 양대 세력의 첨예한 양극체제를 완화하고 극단적인 대립 구도 속에서 균형추 구실을 할 수 있는 중도적 노선의 제3당 존재가 한국 정치안정에 도움이 될 것으로 기대되기 때문이다.

(2) 반론

온건 3당 체제에 대한 반론도 만만치 않다. 대통령중심제에서는 제3당이 여당과 제1야당을 넘나들면서 캐스팅보트를 행사하게 된다. 협의제 민주주의가 정착되지 않은 상황에서 3당 체제는 정국 운영과정에 많은 부작용을 낳을 가능성이 크다고 볼 수 있다.

---

and Farmer (2003), pp. 359~365.

또한, 제3당이 정파적 이익을 앞세워 정치적 야합을 일삼고 극단적 대결 구도의 중재자나 균형적인 추의 역할을 제대로 수행하지 못하면 오히려 합리적 의사결정의 방해요인이 될 수 있을 것이다. 하지만 제3당도 국민의 선택으로 정치적 대표성을 부여받은 것이기 때문에 국민 여론을 무조건 무시할 수 없을 것이다.

3당 체제는 또한 분점정부 출현을 불가피하게 만들고, 협의제 민주주의 경험이 없는 한국에서는 정치 혼란이 야기될 것이라는 우려가 클 수밖에 없다. 분점정부 출현이 꼭 바람직한가에 대한 문제는 논란의 대상이 될 수 있다. 노무현 대통령은 분점정부가 국정의 효율적인 운영에 최대 걸림돌로 인식하고 여소야대를 극복하기 위하여 제1야당에 대연정을 제안하여 정국을 소모적 정쟁의 소용돌이에 빠뜨린 적이 있다. 대통령은 대연정이 실현되면 임기를 단축할 수 있다고 하였다. 연정 제안은 위헌성 시비도 있었지만, 실정(失政)을 호도하기 위한 정략적 발상이고 진정성에 대한 의구심이 제기되기도 하였다.[226]

다당제에서는 분점정부의 출현 가능성이 크고 입법권과 행정권을 각기 다른 정당이 차지하고 있어 여야 간 협치가 이루어지지 않으면 국정운영의 효율성이 떨어질 수밖에 없다. 여야 간 선의의 경쟁, 상호 존중, 동반자 정신, 합의 이행, 약속 준수, 타협 문화 등이 부족한 한국 정치에서는 분점정부의 폐해는 매우 크다. 입법권을 장악한 거대 야당에 의한 입법 폭주와 막강한 권한을 가진 대통령의 거부권 행사가 반복된다면 여야의 극한 대치는 일상이 될 것이다. 대통령의 거부권 행사를 뻔히 알면서도 거대 야당 단독으로 법률안을 일방적으로 강행 통과시키거나, 야당에 의한 입법 강행처리가 예상되는 데도 대야 설득을 게을리한다면 모두 정치력의 부족이 원인이라고 볼 수 있다. 국회가 행정부의 발목을 잡고, 행정부는 국회를 경시하는 갈등과 극한 대립상황에서는 정치가 본래의 기능을 수행할 수 없게 된다. 이럴 때 제3당이 갈등의 중재자로서 균형추 노릇을 한다면

---

226 노 대통령과 독대한 어느 교수에 의하면 노 대통령은 연정 제안으로 한나라당이 분열될 것이라고 기대했으나 그렇지 않았다는 이야기를 직접 하더라는 것이다. 지나가는 말이라고 넘기기에는 너무나 솔직한 대통령의 의중을 표명한 것이라고 볼 수 있으며, 결국 연정은 지역 구도를 타파하기 위한 통합정치 차원의 접근보다는 당파적 이해를 앞세운 정략적 속임수였다고 평가할 수 있을 것이다.

교착상태에 빠진 정국을 수습하고 안정을 되찾는 데 이바지할 수 있을 것이다.

국회가 여야의 당리당략적 정쟁의 장이 아닌 국민 이익을 우선하는 의정활동과 국민의 정치적 요구에 대응하려는 입법 활동을 통하여 선의의 경쟁을 펼친다면 분점정부도 문제 될 것이 없다. 분점정부에서는 입법부나 행정부가 일방적으로 독주하는 데는 한계가 있으므로 상호 균형과 견제를 유지하면서 타협하고 존중한다면 국정의 효율적 운영에 도움이 될 것이다. 3당 체제에서 우려되는 분점정부의 출현은 정치발전의 순기능적인 측면도 많다. 온건 3당 체제 때문에 나타날 수 있는 분점정부를 부정적으로만 평가할 필요는 없다.

(3) 정착 방안

온건 3당 체제를 어떻게 정착시키느냐 하는 것이 문제다. 정당체계의 변화 지표로서 ①선거와 선거 사이의 총부동층 ②이념적 간격(ideological distance) ③유효한 정당 수(effective number of parties)와 분파성 ④선거 결과 득표수와 의석수의 부조화(electoral disproportionality) ⑤균열 구조에 따른 쟁점 규모(number of issue dimensions) 등을 들기도 한다.[227] 그 외에 정당체계의 변화에 국제환경, 경제의 변화, 정당 리더십 변동, 선거법, 사회 불만, 정권 붕괴, 선거의 지각변동 등의 요인도 작용한다고 볼 수 있다.[228]

온건 3당 체제를 정립하기 위해서는 무엇보다도 유권자들의 정당 선택이 중요한 변수가 될 것이다. 기존 정당에 대한 지지가 고정불변이 아니라 선거 때마다 상황에 따라서 지지 정당을 결정하는 부동표가 정당체계의 변화에 영향을 줄 수 있다. 그동안 특정 정당의 고정적인 옹호자였던 유권자들이 지지를 철회하고 부동표로 돌아서는 것이 정당체계를 변화시키는 요인이 될 수 있다. 특정 정당에 대한 심리적 애착심인 정체성이 약해지고 부동층으로 전환된다면 가능한 일이다. 선거 때 유권자들이 어떤 선택을 하느냐에

---

227 Jan-Erik Lane and Svante Ersson, *Politics and Society in Western Europe* (London: Sage, 1994).

228 Pennings and Lane (1998), p. 5.

따라서 정당체계가 결정되는 것이다. 부동층 유권자의 규모와 그들이 어느 정당을 선택하느냐에 따라서 정당체계의 변화를 가져올 수 있다. 결국, 온건 3당 체제를 유지하는 것은 유권자들의 선택에 달린 것이다.

선거 때마다 부동층이 출현하는 것은 사회 균열 구조가 지지 정당 선택의 기초가 되고 그 결과 정당체계가 정렬 또한 동결된다는 로칸과 립셋의 주장과 배치되는 것이다. 정당체계의 변화와 안정에 사회 균열 구조 접근법의 한계가 있다는 시각이다. 사회 균열 구조가 정당체계의 변화와 안정에 전연 관계가 없다는 것이 아니라 선거 당시의 단기적 쟁점이나 후보의 인물 등 현안이 투표행태에 영향을 주는 대안 요인으로 작용한다는 것을 지적하는 것이다. 20세기 후반의 서유럽에 대한 경험적 연구에서 유권자들의 정당에 대한 기존의 지지 관행은 더 이상 고정적이지 않다는 사실을 발견하였다. 순수한 부동층의 증가로 선거 때마다 유지했던 지지표를 더 이상 기대할 수 없게 된 것이다. 유권자의 이탈과 재정렬 등 소위 지각변동 선거가 나타난다는 것이다. 증가하는 부동층 때문에 일어나는 지각변동의 선거 결과는 더 이상 정당체계의 동결을 보장할 수 없다는 것이다.[229] 부동층의 증가로 매번 선거에서 정당에 대한 지지가 고정불변이 아닌 상황이기 때문에 선거 결과에 따라서 정당의 명암은 엇갈린다. 하지만 유권자들에게 의도적으로 3당 체제를 선택하도록 설득하거나 강요할 방법은 없다. 온건 3당 체제가 이론적으로 한국 정치 현실에 적합하다고 주장할 수는 있지만, 유권자의 3당 체제 선택을 유도할 묘안은 없다.

정당체계의 변화에 정책적 이념도 중요한 요인이 된다. 정당은 선거구민과의 약속에 따라서 행동한다. 좌파 정당은 저소득층을, 부르주아 정당은 부유층을 각각 핵심지지 기반으로 삼는다. 정당의 이념 분포에 따라서 정당의 파편화 정도나 양극화 수준이 달라진다. 어느 정당이 집권하느냐에 따라서 정책 성향이 변하는 것은 분명하다. 따라서 정당체계는 사회경제 정책형성의 변화(variations)와 관계가 있다고 볼 수 있다. 특히 정책

---

229 Svante Ersson and Jan-Erik Lane, "Electoral Instability and Party System Change in Western Europe", in Pennings and Lane (1998), pp. 23~39.

의 이념이 정당체계의 변화에 중요한 요인으로 작용한다. 온건 3당 체제가 정착되려면 좌파 혹은 진보, 우파 혹은 보수, 중도 등 정당의 이념적 노선을 분명하게 설정하고 정당 간 명확하고 분명한 정책 성향의 차이가 발견될 때 가능할 것이다. 정당이 지향하는 이념에 기초한 정당 간 차별화된 선거 매니페스토를 제시할 때 온건 3당 체제의 정착 가능성이 있다.[230]

온건 3당 체제를 정착시키는 데 작용하는 또 다른 요인으로 정당의 제도적 환경을 들 수 있다. 선거법이나 정당법의 새로운 정당의 진입장벽도 영향을 준다. 정당설립 요건의 강화로 기존 정당 이외에 신당 창당이 매우 까다로운 조건을 정당법에 명시했을 경우 다당제 출현이 어려워질 수 있다. 주요 정당만이 유권자와의 상호작용을 독점하고 득표를 극대화할 수 있는 제도적 장치가 마련되어 있다면 군소정당의 제도권 진입은 매우 힘들 수 있다.

또한, 소선거구제의 단순 다수제를 채택했을 경우 양당제 정착이 쉬워진다. 특히 비례대표의 배분 방식에 따라서 정당체계의 변화에 결정적인 요인이 될 수 있다. 지역구의 제1당에 비례대표 전체의석의 $\frac{2}{3}$를 무조건 배분할 때 지배 정당체계가 확립될 수 있다. 폐쇄식 정당명부제나 연동형 비례제는 군소정당의 의회 진출 가능성을 높여 준다. 대표적인 예로 민주노동당이 원내에 진출할 수 있었던 계기는 1인 2표제의 도입과 관련이 있다. 지역구 후보에게 1표, 그리고 정당 본위의 비례대표에 1표를 행사하는 제도의 도입으로 득표율에 따라서 원내에 교두보를 확보할 수 있었다. 본질적으로 정당체계 유형을 제도적 · 인위적으로 3개의 정당만이 존립하도록 제한할 수 없다. 국민의 정치적 선택에 따라 결정될 문제다.

---

230   Uwe Wagschal, "Parties, Party Systems and Policy Effects", in Pennings and Lane (1998), pp. 62~78.

제2절 정책경쟁형 정당체계

1. 정당의 경쟁 유형

정당 유형의 새로운 기준으로 ①선거 지향형(vote-seeking), ②정책지향형(policy-seeking), ③공직 지향형(office-seeking) 등 세 가지를 제시하기도 한다.[231] 선거 지향 정당은 선거 승리와 선거에서 득표의 극대화에 최대의 목표를 두는 유형이다. 정책이나 이념 등은 고정된 것이 아니고 국민의 지지를 극대화하기 위해서 수시로 조정되고 변화한다. 포괄정당이나 선거전문가정당과 같이 이질적인 모든 사회집단으로부터 골고루 지지를 얻으려고 노력하며 득표의 극대화를 추구하는 정당이다. 따라서 지도자의 정책 성향이나 선거 여건에 따라서 정당 노선의 변동이 심하고 고정된 정책프로그램을 발견하기 어렵다는 문제가 있다. 미국과 캐나다의 정당, 프랑스의 드골주의 정당, 독일의 기독민주연합 등을 예로 들 수 있다.

정책지향 정당은 정책목표 추구를 무엇보다 강조한다. 민주주의 국가에서 국민이 원하는 정당의 전형이다. 정책지향 유형은 쟁점 중심의 정당이며, 정당이 내세우고 추진하려는 정강 정책의 중요성에 최대의 역점을 둔다. 선거 승리나 공직 획득보다는 정당이 추구하는 정책의 옹호나 취합에 관심을 둔다. 대표적으로 북유럽의 사회민주당, 기독민주당, 녹색당, 좌파자유주의 정당이나 신우파정당 등을 들 수 있다.

공직 지향 정당은 정책목표나 투표 극대화를 희생하더라도 정부의 공직을 획득하는데 주안점을 둔다. 카르텔정당의 특성과 일치하는 유형이다. 공직의 혜택을 누리는 것을 목표로 삼는 유형으로 정당 지도자의 공직 진출이나 정부와 후원자 관계를 형성하는 데 주된 관심이 있다. 단독 혹은 연립이든 정부에 참여하여 정당을 존립시키고, 체제 내의 균형이나 안정을 꾀하는 역할을 하며, 정부 후원의 접근 기회를 찾는 등의 목표를 강조한다.

231　Kaare Ström, "A Behavioral Theory of Competitive Political Parties", *American Journal of Political Science*, Vol. 34, No. 2(1990), pp. 565~598; Wolinetz (2002), pp. 149~159.

정당의 세 가지 분류 기준과 정당 유형과의 관계를 〈그림 7-2〉와 같이 나타낼 수 있을 것이다.

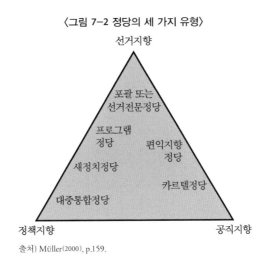

〈그림 7-2 정당의 세 가지 유형〉

출처) Müller(2000), p.159.

사실상 위의 세 가지 분류 기준은 정당이 동시에 추구하는 목표가 될 수 있으며, 상호 분리해서 논의하기 어려운 점이 있다. 정당의 최대 목표는 선거에서 승리하여 정치권력을 획득하고 공직을 차지하며 정당의 정강 정책을 실현하는 목표를 가지고 있기 때문이다. 정당이 추구하는 세 가지 목표 중에서 어느 것을 가장 중시하느냐에 따라서 정당 유형을 분류한 것으로 이해해야 할 것이다. 한국정당이 추구할 모형은 정책지향형이며, 정책 중심의 정당 경쟁체계가 확립되어야 할 것이다.

2. 정당 경쟁의 통합이론

정책경쟁형 정당체계를 유지하기 위해서는 다음의 연구 결과를 참고하는 것이 도움이 될 수 있을 것이다. 정당 경쟁에 영향을 미치는 전략적 요인은 다양하다. 정당의 경쟁이론으로 정책적 고려가 유권자의 선택에 가장 중요하게 작용하는 공간모형(spatialmodel)[232], 정책 쟁점뿐만 아니라 비 정책문제까지 포함하여 판단하는 행태모형, 그리고 합리적 선택이론 등 세 가지를 혼합하여 통합이론을 제기하기도 한다.[233]

통합이론은 이론적·경험적으로 민주주의 국가에서 이루어지고 있는 정당의 선거 경쟁을 설명하기 위한 것이다. 유권자의 지지 추구 정당(voter seeking parties)과 정책 추구 정당(policy-seeking parties)의 다양한 전략적 동기와 요인을 체계적으로 설명하기 위한 것이다. 특히 유권자들이 어느 정당, 어느 정책, 어느 후보를 지지할 것인지 불확실한 상황에서 정당이 선거에 승리하기 위해서 어떤 전략을 선택하고 정당 간 경쟁이 어떻게 이루어지는가를 설명하기 위한 것이다. 정당이 선택하는 전략적 동기는 다양하다. 예를 들면 정당의 열성적 지지자의 규모, 중립적 유권자의 비율, 정당의 정책 약속에 대한 유권자의 신뢰 등이 행태적 측면에서 중요한 요인으로 작용하고 있다. 또한, 정당 수, 선거의 주요 정책 쟁점, 소외감으로 인한 유권자의 기권율 등은 공간모형에서 중요한 요인으로 작용하고 있으나 행태요인과 관련하여 분석했을 경우 전략적 영향력이 다르게 나타났다.

정당의 경쟁은 정당의 정책프로그램, 유권자의 정책선호, 유권자의 선택 사이의 연계를 통하여 이루어지고 있다. 유권자의 선택은 정책선호에 따라서 결정되며, 선거 때 정당이 제시한 정강 정책이 추가적인 요인으로서 간접 영향을 미치는 것으로 나타났다. 영국, 미국, 프랑스, 노르웨이 등에서 정당의 경쟁은 유권자들의 정책선호에 따른 정책대결이라고 볼 수 있다. 정책경쟁이 이루어지지만, 정당의 기존 정책 입장을 갑자기 선회하는 것에 대하여 유권자들은 달가워하지 않는다는 것이다. 유권자들이 어떤 정책을 선호할지 알 수 없어 기존 정책의 획기적 변화를 꾀하는 것은 유권자에게 불확실성 수준을 더 높이는 결과가 된다고 한다. 그 여파로 불확실성의 위험을 줄이기 위해서 유권자들은 갑작스럽게 정책을 변경한 정당을 지지하지 않는다는 것이다. 불확실성의 영향

---

232 21세기 정치학대사전에 의하면 경제학의 공간 입지론을 다운스(Anthony Downs)가 선거 분석에 응용한 모델로, 기업을 정당의 후보자로 간주하고 소비자를 유권자로 생각하여 논의를 전개한다.

233 영국, 미국, 프랑스, 노르웨이에 대한 경험적 분석은 다음을 참고할 것. James F. Adams, Samuel Merrill III, and Bernard Grofman, *A Unified Theory of Party Competition: A Cross-National Analysis Integrating Spatial and Behavioral Factors* (Cambridge: Cambridge University Press, 2005).

(uncertainty effects)에 대한 우려는 정당에 정책 입장의 갑작스러운 변경을 주저하게 만들고, 정당 정책의 지형(configuration of party policy)을 동결하여 결과적으로 정당체계의 안정화에 이바지한다는 것이다. 유권자들의 투표 선택이 정당과 후보의 선거전략과 정책경쟁에 대한 동기를 부여하고 정책 노선 정렬에 도움이 된다는 주장이다. 하지만 정책 본위로 정당이나 후보를 선택하지 않는 유권자, 정치인이나 정당의 정책 약속을 경시하는 유권자, 소외의식을 이유로 기권하는 유권자가 많다고 한다.

다음 요인을 포함하여 정당 간 경쟁을 설명하는 통합모형에 관한 연구가 더 많이 진행되어야 할 것이다.

① 새로운 정당의 전략적 출현 가능성: 양당제에서 새로운 경쟁 정당의 출현으로 기존 정당 지지 유권자에 침투

② 공직 후보 지명과정의 역할: 미국의 예비선거와 같은 잠재적 분극화 결과

③ 열성적인 정당 활동가와 선거운동 기부자의 영향: 정책지향의 열성적 정당 활동가와 선거운동 기부자의 압력에 의한 노선 변경

④ 선거 정보 중심 모형: 정당과 후보에 관한 풍부한 정보를 바탕으로 유권자들의 불확실성 감소

⑤ 정당에 대한 충성심의 지역적 분포 및 선거구 전체의 유권자 이념: 선거구 유권자들의 대다수 성향을 겨냥한 입장 설정

⑥ 선거법의 영향: 다원제, 비례제, 결선투표제 등 당선자 선출방식

⑦ 정책지향의 정치인: 정치인들이 선거 결과에 대한 불확실성 때문에 공직 획득보다는 정책 지향적 접근으로 정책 노선의 분화

3. 정책의 차별화와 투표 경쟁

가장 이상적인 유형은 정책지향의 정당을 건설하여 선거에서 다수 국민의 지지를 얻고 정치권력을 획득하여 정책프로그램을 구체적으로 실현하는 것이다. 정책 중심의 정당으로서 선거에서 정책으로 경쟁하고 정책에 대한 지지를 받아 승리하는 것이 가장 바

람직하다. 공간모형에 의하면 시민들은 정책에 의하여 동기를 부여받는다. 정책의 이념적 스펙트럼은 다차원적인 공간을 갖고 있다. 유권자들은 정책지향투표에서 자신들의 정책선호와 일치하는 공간에 놓여 있는 공약을 내세운 정당이나 후보를 선택하여 기대되는 공익을 극대화하려고 한다. 즉 자신의 이상적인 지표(ideal point)와 가장 가까운 정책을 내세운 정당이나 후보를 선택하는 근접 투표(proximate voting)행태를 보인다는 것이다.[234]

하지만 정당은 확실한 정책선호가 없이 두루뭉술한 입장을 가진 유권자들의 분포가 많다고 판단될 때 그들의 지지를 얻기 위해서 특정 정책에 대한 분명한 색깔을 드러내지 않고 정책 중용(policy moderation) 노선을 선택하는 경우가 있다. 모든 정당이나 후보가 많은 유권자의 선호를 의식하여 선거에서 승리하기 위해서 한쪽 이념으로 치우치지 않는 중도 노선을 선택했을 경우 정당 간 정책 차별성이 크게 구분되지 않는다. 정당 간 정책 차별성이 확실하게 구분되지 않고 평형상태(equilibrium position)를 유지한다면 분명한 정책선호를 갖는 유권자들에게는 선택의 폭이 극히 제한된다. 정책 차별성이 불확실한 양당제에서 유권자들의 선택은 더욱더 어렵게 된다. 하지만 정책선호가 분명하고 정치적 혜택을 추구하는 유권자들이 기권하지 않는 한 자신의 정책선호와 비교적 유사한 공약을 내세운 정당이나 후보를 지지하는 것이 합리적 선택이라고 볼 수 있다. 정당은 국민에게 정책으로 약속하고 정책경쟁을 통하여 국민의 지지를 얻는 정책 중심의 정당으로 발전해야 할 것이다.

문제는 정책경쟁형 대신 권력 지향형 정당체계가 제도화되는 데 있다. 정당은 정치권력을 획득하여 정견을 실현하는 것을 목적으로 하지만 정치권력은 다수의 집합적 이익을 추구하는 수단이 되어야 한다. 한국정당은 전형적으로 선거 지향과 공직 지향을 동시에 추구하는 유형이라고 볼 수 있다. 정책은 유권자들의 지지를 받기 위한 수단이며, 정당의 평상 활동은 모두가 선거 승리와 공직 획득에 맞춰져 있다. 정당이 정치권력을 추

---

234 Aldrich (1995), pp. 178~186.

구하는 것은 당연한 기능의 수행이라고 볼 수 있지만, 정치권력이나 공직이 국가와 국민을 위해서 봉사하는 수단이 아니라 개인적·이기적 목적이나 정치집단의 집합적 목표 그 자체로서 정치권력을 추구하고 활용하는 데 문제가 있다. 특히 한국의 정당은 집단으로 정치권력 추구 자체를 주목적으로 삼아 경쟁하고 대립하는 경향이 있다. 이런 상황에서 여야 간 건전한 정책대결을 기대하기 어렵다. 정당이 돈과 조직을 통한 소모적 경쟁보다는 정책 네트워크, 정책인력의 양과 질, 체계적이면서 현실적인 정책 현장, 정책연구소와 같은 정책 인프라를 중심으로 경쟁해야 할 것이다.[235]

4. 정책경쟁형 정당체계 정착 방안

"1987년 절차적 민주주의가 확보된 이후 한국의 정당과 정당 체제가 지역주의적이었고 이에 따라서 비민주적인 인물 중심의 정당 운영이었다면 정당 및 정당체계 개혁의 목표는 무엇보다도 '정책 정당화'를 지향하는 것이어야 할 것이다. 정책 정당화는 궁극적으로 의회의 기능을 강화하여 정국 운영이 국회를 중심으로 이뤄질 수 있는 환경을 조성하게 될 것이다."[236] 한국정당의 정책 정당화가 이루어져야 정책경쟁형 정당체계를 정착시킬 수 있을 것이다.

정책 정당화에 대한 내부 조건과 외부 조건을 제시하기도 한다. 내부 조건으로 "정당 간에 생산적인 정책경쟁이 이루어지기 위해서 우선 지역 균열에 의존하는 경쟁 구도의 탈출, 정당의 공직 후보자 선출과정의 민주화, 기존 정당조직을 원내 중심의 정당으로 탈바꿈" 등을 제시한다.[237] 외부 조건으로 "정책정당 발전이라는 단일의 목표만을 놓고 볼 때, 한국의 선거제도를 비례대표 강화 방향으로 개혁해야 한다는 것이다. 현행 다수제보다는 비례대표제가 한국정당의 정책 지향성을 높이고, 다당제를 유도하여 상대적으

235 박세일·장훈(2003), p. 36.

236 박명호, "민주화 이후 한국의 정당체계와 개혁과제: 정책 정당화 방안을 중심으로", 「사회과학연구」 제9권 제1호, 동국대 사회과학연구원(2003), p. 43.

237 정진민, "정책정당 실현을 위한 내부 조건", 「한국정당학회보」 제1집 제1호, 한국정당학회(2002.3), pp. 7~24.

로 자유로운 정당 경쟁을 통한 정책대결을 가져오게 해야 한다는 것이다. 비례대표제는 유권자 차원에서는 인물 본위보다는 정당 본위 투표를 유도하고, 정당 차원에서는 지역주의 성향을 완화하여 궁극적으로는 지역보다는 정책에 기반을 둔 정책대결을 가져오는데 이바지한다"는 것이다.[238] 정책 정당화를 위한 몇 가지 방안을 살펴보고자 한다.

(1) 정책 능력 중심의 공천

공직 후보를 공천하는데 정책 능력과 전문성이 가장 핵심적인 기준이 되어야 할 것이다. 예비후보자들의 당내 정책토론회나 외부 전문가들과 합동 정책토론회 등을 거쳐 정책 능력을 검증하고 국민과 시대가 요구하는 정책개발 능력과 참신한 아이디어가 있는지, 제시하는 정책들은 실현 가능성이 있는지, 정책에 대한 철학과 비전은 있는지, 제안을 구체화하기 위한 법적 · 예산상 뒷받침은 충분하게 고려했는지, 인기 위주의 사탕발림 정책대안은 아닌지, 정치 · 경제 · 사회 · 문화 전반의 문제를 장기적으로 해결할 수 있는 대안인지 등을 면밀하게 따져 보고 정책 전문성이 뛰어난 후보를 공천해야 한다. 후보 검증 과정을 공개적으로 실시하여 객관적으로 우수하다는 평가를 받는 전문가를 공천하는 제도가 확립되어야 할 것이다. 정당의 인재를 정책 마인드가 출중한 인물 중심으로 구성한다면 정당의 내부 분위기, 성향, 체질 등이 권력 투쟁형에서 정책개발형, 정책연구형, 정책경쟁형으로 변모될 수 있을 것이다.

모든 정당이 당선 가능성을 공천의 최우선 기준으로 삼고 있는 현실을 전연 모르는 순진한 제안이라고 이의를 제기할 수 있을 것이다. 심지어 비례대표 공천도 직능이나 전문성을 무시하는 상황에서 더더욱 그렇다. 하지만 앞으로 한국정당이 지향해야 할 방향은 정책경쟁형이라고 본다.

---

238 김욱, "정책정당 발전을 위한 외부적 조건: 선거제도를 중심으로", 「한국정당학회보」 제1집 제1호, 한국정당학회 (2002.3), pp. 25~46.

(2) 정책 담당 당직자 위상 격상

정당의 지도체제를 조직, 홍보, 자금 등을 총괄하는 사무총장이나 국회 운영의 책임자인 원내대표보다는 정책을 총괄하는 정책위원회 의장이나 각 당의 싱크 탱크인 정책연구소(원)장의 권한과 서열을 격상시키고 정당조직을 정책위원회 중심으로 개편해야 할 것이다.

(3) 정책개발비 사용 한도의 상향조정

국고보조금의 정책개발비 사용 최저한도를 「정치자금법」 제28조(보조금의 용도 제한 등) ②항에 "경상보조금을 지급받은 정당은 그 경상보조금 총액의 100분의 30 이상은 정책연구소에 사용하여야 한다"고 규정하고 있다.

각 당이 지출하는 정책개발비는 2002년 160억 원, 2003년 122억 원, 2004년 89억 원, 2005년 86억 원, 2021년 172억 원으로 나타났다. 정당의 총지출에서 정책개발비가 차지하는 비율은 2004년 6%, 2005년도 13.9%, 2021년 12.4%로 나타났다. 2021년에는 국고보조금 463억 원의 37%를 정책개발비로 지출하여 정치자금법 규정을 따른 것은 사실이다. 정당의 경상 운영비조차 국민의 혈세로 충당한다는 것은 정당에 대한 국민적 불신이 큰 상황에서 정서상 이해하기 힘들다. 국고보조금의 50% 이상을 정책개발 목적으로 사용할 수 있도록 해야 할 것이다. 그러면 여야는 정책개발에 더 많은 관심을 쏟게 될 것이며, 정책경쟁이나 정책 본위 선거 가능성도 커질 것이다.

(4) 정책 발의자 이름을 딴 법률 명칭

정치 현안을 획기적으로 개선하는 데 이바지할 수 있는 법안이나 역사적으로 높게 평가받을 만한 가치가 있는 법안을 제출하여 입법화에 성공하면 법률의 명칭에 발의자 이름을 붙이는 방안도 고려해야 할 것이다. 제안자의 명예를 존중하고 의원들 간에 훌륭한 법안을 제출하려는 경쟁을 유발할 수 있을 것이기 때문이다. 의원들이 정책연구 분위기

조성에도 어느 정도 이바지할 수 있을 것이다. 예를 들면 「부정청탁 및 금품 등 수수의 금지에 관한 법률」의 명칭을 아예 '김영란법'으로 바꾸자는 것이다. 외국의 경우 법안 발의자의 이름을 법률 명칭에 그대로 사용하는 경우가 많다.

(5) 정책토론회 개최의 의무화

이는 국회의 「정치개혁협의회」가 정책 정당화를 위하여 정책토론회 개최를 의무화하자고 제안했던 것으로 상당히 의미 있는 것으로 평가된다. 선거 없는 기간에 1년 2회 이상의 정책토론회를 의무적으로 개최토록 하고, 정책연구소의 활동 실적을 중앙선관위와 정당의 홈페이지에 공개토록 하자는 것으로 내실 있게 운영된다면 정책 정당화에 어느 정도 도움이 될 것으로 보인다. 이는 국민의 관심사를 정당 간 정책 쟁점화하고 의제로 공론화할 기회를 제공하게 될 것이다.

(6) 유권자의 정책 중심 투표행태

정책경쟁형 정당체계가 자리 잡으려면 무엇보다 가장 중요한 것은 유권자의 투표행태가 지역, 인물, 정당보다는 정책지향으로 바뀌는 것이 요구된다. 유권자의 선택에 따라서 정당의 운명이 좌우되기 때문에 투표행태가 중요한 요인이 된다. "정책의 차별성에 기초한 정당체계가 정착되기 위해서는 유권자의 투표행태가 정당 간 정책경쟁을 기준으로 하였을 때 가능한 것이다. 왜냐하면, 정치적 지지의 극대화를 통한 권력의 획득·유지를 목표로 하는 정당이나 후보자는 유권자의 변화에 부응할 수밖에 없기 때문이다.[239]

유권자들의 정책선호에 근접한 공약을 내세운 후보나 정당을 투표 선택의 기준으로 삼는다면 정당 간 선거 경쟁은 정책 위주로 전환될 수밖에 없을 것이다. 정당이 지킬 수 없는 정책공약을 남발하거나, 정책 중용 노선을 취하거나, 정책 지형을 수시로 바꾸는 등 신뢰할 수 없는 정당을 거부하는 투표행태를 보인다면 점진적으로 정책경쟁형 정당

---

239   박명호(2003), p. 44.

체계를 정착시키는 데 도움이 될 것이다. 정책경쟁형 정당체계 정착의 핵심은 유권자들의 투표행태에 달렸기 때문에 그들의 선택과 역할이 무엇보다 중요하다.

제3절 강제적 당론투표 지양

1. 당론과 의원의 자율성

정당과 정당 관계의 변화를 위해서 강제적 당론투표 지양을 강조하고자 한다. 독립적인 입법기관인 의원들이 국회 표결과정에 당론에 따라서 거수기와 같이 일사불란한 단결투표 행태를 보이는 경우가 많다. 이는 정당과 정당 관계를 세력 대결과 이전투구로 치닫게 하는 하나의 요인으로 작용한다는 시각 때문이다.

당론은 국회의 의안 심의 및 의결과정에 당의 입장을 한 방향으로 정하여 의원 모두가 일사불란하게 따르도록 하는 것이다. 당론 결정 과정에 민주성·개방성·경쟁성 등이 보장되는 예도 있지만 소수의 당 간부나 정당 대표가 독단적으로 결정하기도 한다. 당론을 밀실에서 권위주의적·비민주적 방식으로 결정하지 않고 정당한 절차를 밟았을 때 조직 구성원인 당원이 따라야 하는 것은 하나의 의무라고 볼 수 있다. 특정 정책대안에 대하여 개인의 철학, 소신, 이념, 입장 등이 있어도 민주적이고 정상적인 의견수렴 절차나 토론과정을 거쳐 결정된 당론에 순응해야 하는 것은 조직인의 도리다. 당론 결정 과정에 찬성과 반대의견을 충분하게 개진할 수 있는 기회가 보장되고, 만일 합의에 도달하지 못하여 다수결로 결정했다면 그 결과에 승복해야 하는 것은 민주주의의 기본적인 태도라고 볼 수 있다.

하지만 국회 입법과정에서 여야의 이익이 첨예하게 충돌하는 경우 당리당략적 차원에서 당론 관철을 위한 집단행동을 강요하는 게 문제가 되는 것이다. 여야는 국민을 위해서 국민이 원하는 정책을 결정하려고 경쟁하는 것이 아니라 당리당략적 차원의 쟁점을 갖고 집단 대 집단으로서 국회에서 격돌하는 것이 문제가 된다. 의원 각자는 독립적 입법기관이다. 이들의 양심과 자율성 그리고 자존심을 무시하고 오직 당론에 절대적 복종을 강요하는 것은 비민주적이며 헌법과 국회법의 위반 소지가 있다. 국민의 대표이자 독립적 입법기관인 의원 개개인의 정책적 선호가 당론과 완전하게 배치되어 소신껏 의안 표결에 임한 의원에게 배신자, 이탈자, 해당 행위자 등으로 낙인찍는 것은 문제다. 공천이나 당직 배제 등 제재가 두렵고 또한 당 소속 동료의원들의 눈총을 의식하여 당론을 거역하지 못하고 거수기 역할을 강요당하는 것은 바람직한 모습이 아니다. 국회에서 의원들의 자율성을 보장하기 위해서 「국회법」 제114조의2(자유투표)에서 "의원은 국민의 대표자로서 소속 정당의 의사에 기속되지 아니하고 양심에 따라 투표한다"라고 규정하였지만, 당론에 따라 꼭두각시처럼 표결에 임하는 경우가 아직도 국회의 일반적인 모습이다.

2. 미국 정당의 단결과 당론투표

미국은 의회 내에서 정당의 역할이 약해지고 있다는 주장이 주를 이루고 있는데, 그 이유는 의회가 당론이 아닌 의원의 자율성에 의존하고 있기 때문이다. 미국 상·하원의 당론투표를 이해하려면 정당통합투표(party unity votes)와 상·하원의 대통령 지지 투표(presidential support votes) 현황을 살펴볼 필요가 있다. 〈표 7-3〉을 보면 당론투표율이 상당히 낮은 것을 알 수 있다. 1959~1996년의 상·하원의 당론투표는 최저 42%에서 최고 60%를 유지하고 있다. 당론보다는 정책 내용에 따라서 의원들의 소신에 의한 자유투표가 행해진 결과라고 볼 수 있다.

대통령의 정책에 관한 입장(presidential position on policy)을 지지하는 투표에서는 최저 42%에서 최고 82%까지 분포되어 있다. 당론투표보다는 대통령의 입장을 지지하는 비율이 높게 나타났으며, 일반적으로 공화당보다 민주당이 높은 것을 알 수 있다.[240] 대통

---

240 또 다른 연구 결과는 다음과 같이 나타났다. 상하 양원을 통틀어 1954~1992년 대통령의 정책 입장을 지지한 평균 비율은 1950~60년대는 거의 80~90% 수준을 유지하다가 1970년대 50~60%대로 떨어졌고, 1980년대 후반은 60~70%에서 1990년대는 40~50% 수준으로 낮아졌다. 일반적으로 민주당 출신 대통령의 정책 입장은 양원에서 75~85%의 지지를 받는 것으로 나타났다. Aldrich (1995), pp. 197~199.

령의 정책 제안에 대하여 의회에서 지지하는 것은 정당과 정책 사안별로 다르게 나타날 수 있지만 미국 의회의 경우 여소야대인 분점정부 현상이 많고, 민주당과 공화당의 의석 차가 그리 심하지 않은 상황을 고려해서 평가해야 할 것이다.

〈표 7-3: 상 · 하원의 정당통합투표 및 대통령 지지투표율〉

구 분			1959~1960	1979~1980	1995~1996
당론투표	상원		42	46	67
	하원		53	43	67
대통령 지지 투표	상원	민주당	40	65	82
		공화당	69	46	33
	하원	민주당	42	64	75
		공화당	64	54	30

주) 당론투표란 한 정당이 일치단결해서 내부적으로 상대 당의 입장에 반대하는 표결을 한 것을 의미함.
출처) Green (2002), p. 331.

구체적인 통계자료에 따르면 상하 양원에서 여야 간 연합투표(coalition vote)보다는 소속 정당의 입장에 동조하는 정당투표(party votes)가 높게 나타났다. 1954~1991년 정당투표는 최저 30%대에서 최고 60%까지, 연합투표는 최소 10%에서 최고 30%로 각각 나타났다. 1954~1992년 상하 양원의 소속 정당에 대한 평균 단결점수(average party unity score)는 전반적으로 80%대로 나타났다.[241] 하원의 경우 1984년 이후 소속 정당의 노선에 따라 표결에 임하는 단결점수 평균이 90%에 육박하는 수준까지 상승하였다. 정당의 단결점수와 정당의 영향력 증가를 설명하는 조건적 정당정부 이론(conditional party government theory)을 통하여 미 의회에서 정당의 영향력을 분석하기도 한다.[242]

---

241 Aldrich (1995), pp. 196~198.

242 조건적 정당정부 이론에 대한 조건(정당 구성원의 정책선호의 동질화)과 결과(정당 단결도의 증가)를 분석한 논문은 다음을 참고할 것. 최준영, "조건적 정당정부 이론에 대한 경험적 고찰", 「국제정치논총」 제44집 1호(2004), 한국국제정치학회, pp. 373~390; 1994년 선거에서 구성된 미국의 104대 하원은 공화당이 다수당이 되었으며, 다수결 원칙과 조건적 정당정부 이론을 활용하여 의회의 구조적 · 절차적 변화의 본질을 분석하였다. John H. Aldrich and David W. Rohde, "The Transitions to Republican Rule in the House: Implications for Theories of Congressional Politics", *Political Science Quarterly*, Vol. 112, No. 4 (Winter, 1997~1998), pp. 541~567.

의회가 정당정부를 형성하기 위해서는 두 가지 조건이 충족되어야 한다.[243]

①모든 당원은 지위 고하를 막론하고 공통의 정책 견해를 가지고 있어야 한다.

②실질적으로 분명한 차이가 있는 반대당과의 대결상황에서 정당 지도자의 강력한 중앙집권적인 리더십이 발휘될 수 있어야 한다.

정당 지도부의 권한은 당내 선호의 동질성 또는 정책 합의 수준과 상대 당과 선호의 충돌 또는 정책 불일치(policy disagreement) 수준에 달려 있다는 것이다.[244] 이러한 두 조건이 충족되면 정당 지도자들은 강력한 리더십을 발휘하여 당의 노선에 반대하거나 이탈하려는 의원들을 통제할 수 있으며, 이는 결과적으로 정당의 단결을 가져온다는 것이 핵심 내용이다.

의회 내에서 같은 당 의원들끼리 정책선호에 대한 동질성이 높고, 반대당의 정책이 자기 당 정책과 완전하게 상충 될 때 정당이나 의회 리더의 권위가 확고해지고 결과적으로 소속 의원들의 단결을 유지할 수 있다고 보는 것이다. 따라서 의회에서 정당이 추진하는 정책목표의 추진이나 변경 그리고 의회 리더의 선출 등에 소속당 의원들의 지지를 이끌기 쉽다고 해석할 수 있다. 문제는 정당의 지도자가 의원들에게 영향력을 행사하여 특정 정책에 관한 입장 변경을 강요하는 것은 바람직한 현상이 아니다. 정당의 지도자가 의원 각자의 정책선호와 무관하게 당론으로 의원들의 자율성을 침해하기 때문이다. 의회 내에서 모든 의안에 대하여 자유투표를 허용하더라도 소속 정당 의원들 간의 높은 동질성과 상대 당과의 분명한 정책적 입장 차가 존재한다면 이탈자가 적고 정당의 응집을 도모할 수 있으며, 정당의 입장을 관철하는데 문제가 전연 발생하지 않을 것이다. 정당 지도자의 압력이나 청탁이 없더라도 정책선호의 동질성이 높으면 정당의 단결이 유지된다. 정당의 모든 구성원이 정책선호에 대한 동질성이 매우 낮고 잡동사니처럼 혼재된 상황

---

243 Roger H. Davidson and Walter J. Oleszek, *Congress & Its Members*, 10th ed. (Washington D. C: CQ Press, A Division of Congressional Quarterly Inc., 2006), p. 161.

244 John H. Aldrich and David Rohde, "The Logic of Conditional Party Government: Revisiting the Electoral Connection", in Lawrence C. Dodd and Bruce I. Oppenheimer(ed.), *Congress Reconsidered*, 7th ed. (Washington D. C : CQ Press, 2001), pp. 275~276.

에서 중앙당이나 당 지도부가 당론을 일방적으로 결정하고 당원들에게 무조건 따르라고 하는 것과 동질성이 높아 자연적으로 정당의 입장을 지지하는 것을 수평적으로 비교할 수 없다. 정당은 본래 정책이념, 성향, 입장, 견해, 선호 등이 비슷한 사람들이 모여서 결성한 정치조직이기 때문에 정책의 합의 도출과 정당의 단결을 도모하는 일은 자연스러운 현상이 아닐 수 없다.

조건적 정당정부 이론은 이와 같은 현상을 간과했다는 중추적 유권자 이론(pivotal voter theory)이 있다.[245] 의회의 정책 결정 결과는 의안에 대하여 찬성이나 반대 의사를 분명하게 밝힌 핵심적 투표에 있다는 것이다. 조건적 정당정부 이론에서 주장하는 정당 내부의 정책선호에 대한 동질성이 높아 정당 지도부의 영향력이 증대되고 정당의 단결을 꾀했다면, 당이 바라던 것과 의회에서 의원들끼리 합의하는 것과는 결과적으로 어떤 차이가 있느냐 하는 것이다. 정책선호의 동질성이 높으면 정당 지도부의 영향력이 없어도 정당이 단결을 유지하는 것은 당연하고 자연스러운 현상이기 때문이다.

3. 자유 투표제의 정착

한국정당에서 당론을 중요하게 취급하는 이유는 의원들 간의 정책선호에 대한 동질성이 낮기 때문이다. 정책선호의 동질성이 높으면 입장 충돌이나 정책 불일치 현상이 줄어들기 때문에 굳이 당론으로 의원들의 입장을 속박할 이유가 없다. 또한, 한국의 국회는 여야 간 당리당략의 실현 무대나 세력의 결전장과 같이 바람직스럽지 못한 기능을 수행해 왔기 때문에 당론을 강요한다고 볼 수 있다.

한국의 국회의원들이 단결을 유지하는 것은 조건적 정당정부 이론에서 제기하고 있는 정책선호에 대한 동질성은 낮지만, 정치집단으로서의 정당조직의 위력이 강하기 때문에 당론을 거역하지 못하는 것이라고 볼 수 있다. 또한, 당헌과 당규에 규정된 당론이나 당명을 거역하면 징계 사유가 되고 출당을 각오해야 하는 두려움과 위험성도 작용한다고

245   Keith Krehbiel, *Pivotal Politics: A Theory of U. S. Lawmaking* (Chicago: The University of Chicago Press, 1998).

볼 수 있다. A당과 B당 모두 '당원의 권리 및 의무 조항'에서 당헌·당규를 준수하고 결정된 당론과 당명에 따를 의무를 명시하였다. 당규에서는 정당한 이유 없이 당론이나 당명에 명백히 어긋나는 불복행위에 대하여 당원자격 심사 대상이나 징계 사유가 되도록 규정하였다. A당 당헌에는 의원은 헌법과 양심에 따라 국회에서 투표할 자유를 가진다고 하면서, 의원총회에서 의결한 당론에 대하여 의원이 국회에서 그와는 반대되는 투표를 했을 경우 의원총회는 의결로서 그에 대한 소명을 들을 수 있다고 규정하고 있다.

당론에 반하는 투표는 해당 행위로 간주하여 동료의원들로부터 배신자나 이단자라는 낙인을 찍히게 되고 공천 탈락이나 징계위원회에 회부 등 정당조직의 막강한 집단적 위력이 행사된다. 의원 개개인은 독립된 입법기관이며 국회법에 자율 투표가 보장되어 있음에도 당론을 거역하면 항명이라고 징계하고, 공천배제나 출당 등의 불이익을 주는 사례를 수없이 목격하였다.

21대 국회에서 헌정사상 최초로 야당 대표에 대한 체포동의안이 비밀 무기명투표 결과 가결되자 찬성한 의원들을 향하여 '배신자, 독재부역자, 살생부에 올릴 것, 누가 해당 행위를 했는지 밝혀 보복할 것, 찬성한 의원들을 색출하여 정치생명을 끊어버릴 것, 같은 당 국회의원이 같은 당대표를 팔아먹은 것, 적과 동침, 일제 식민시절 동포 탄압한 친일파'라는 등등 입에 담을 수 없는 말로 비난하였다. 더 나아가 극성 지지층에게 배신자를 색출하라고 부추기고 자극하는 일도 있었다. 민주정당임을 포기한 마치 조폭 집단 같은 행태를 보이기도 하였다. 팬덤 정치의 폐해가 얼마나 큰지 잘 알면서 그들에게 의존하는 모습을 보였다. 특정 지도자를 맹목적 추종하는 극소수의 열성 팬들은 반대편에게 문자 폭탄, 욕설을 의미하는 '18원' 후원금 보내기, 지역구 행사 방해, 집까지 쫓아가는 스토킹 등등 민주정치 질서를 훼손하고 있다.

조건적 정당정부 이론의 첫 번째 조건과는 상충하는 부분이다. 하지만 한국 국회에서 조건적 정당정부 이론의 두 번째 조건의 적실성이 일부분 발견된다. 여야 간 정책에 대한 극한적인 불일치 때문에 국회에서 각 당은 단합된 모습으로 집단 찬성과 집단 반대라는 모습을 보인다. 문제는 각 당이 국회에서 강행 처리하려는 의안은 대부분 당리당략적 차원에서 추진되기 때문에 여야 간 합의가 어렵고 극한적 대립과 갈등 현상을 빚는 것이다.

한국의 국회에서 당론에 무조건 복종해야 한다는 분위기는 17대 국회 때 많이 바뀌었다. 역대 어느 때보다도 초선의원 비율이 63%로 가장 높았고, 의정활동 경험이 전혀 없는 소위 386 출신들이 대통령탄핵 역풍 등으로 우연한 기회에 국회의원에 많이 당선되었기 때문이다. 역대 어느 국회보다도 정책 능력은 낮았지만, 당내 분위기는 급변하였다. 선수(選數) 파괴와 튀는 행태로 위계질서가 무시되고 수평적인 당내 분위기가 조성되었다. 그 후 이러한 분위기는 한국 국회에서 더 이상 유지되지 않았고 당론에 따라 의원을 줄 세우는 망령은 다시 살아나 아직도 기승을 부리고 있다. 당론 강제는 우리 의회를 심각한 위헌·위법 상태로 만들었다. 국회는 국가의 기구다. 정당은 사적 결사체일 뿐이다. 「정당법」 2조는 "정책추진, 공직 후보자 추천, 국민의 정치적 의사 형성이 목적인 국민의 자발적 조직"으로 정당을 규정한다. 자발적 결사체가 국가기구인 국회의원들의 의사를 강제 구속하는 게 바로 위헌·위법적이다. 어느 법률에도 "국회의원이 소속 정당의 명령을 따라야 한다"는 규정은 없다.[246] 강제적 당론투표가 사라지고 국회의 의안 심의와 의결과정에 의원 각자의 자율성이 100% 보장되는 방향으로 바뀌어야 할 것이다. 말로만 의원 각자가 독립된 입법기관이 아니라 명실상부한 자율적 의사결정자로서의 위상을 정립해야 할 것이다. 당론에 반하면 조직인으로서 윤리 문제나 항명 운운하면서 국회의원의 자율성을 송두리째 무시하는 구태가 반복되어서는 안 된다.

정당원은 조직인으로서 조직의 정책 방향에 순응해야 하는 의무가 있지만 정당의 이익이나 당리당략보다는 국가와 국민 편에서 정책이 결정될 수 있도록 당론정치를 지양해야 할 것이다. 여야 간에 첨예한 이해관계가 얽힌 문제가 제기되면 당내에서 공개적인 토론과정을 거치는 것은 필수지만, 당론을 밀실에서 결정하고 일사불란하게 밀어붙이는 일은 사라져야 할 것이다. 당론타파의 근본적인 목적은 국가의 정책 결정을 당리당략적 차원에서 접근하여 당파적 이익을 우선하는 폐해를 줄이기 위한 데 있다. 정략적으로 국

---

246   최훈, "강제 당론투표, 제왕적 당대표 폐지가 정치혁신이다." 「중앙일보」, 2024.1.22.

가의 중요한 정책을 결정하는 불합리성을 줄이고 또한 정당과 정당의 관계도 극단적 세력 대결보다는 합리적 정책대결로 분위기를 전환하는 데 크게 도움이 될 것이란 기대 때문이다. 당론타파는 정당 지도부의 의지도 중요하지만, 의원 각자의 소신과 정책철학 그리고 스스로 국민의 대표로서 자율성을 지키겠다는 결연한 의지와 태도가 중요한 관건이라고 볼 수 있다. 의원의 자율성을 신장시키는 가장 확실한 방안은 당론정치로부터 해방되어 소신에 따른 입법 활동을 보장하는 데 있다. 무엇보다도 의원 각자의 자율성과 독립성을 최대한 인정해 주고, 법적으로 보장된 자유 투표제를 완전하게 정착시켜야 할 것이다.

제8장

/

정당 내부 관계의 개혁

제1절 정책 노선의 차별화

1. 외국정당의 정책 노선

(1) 영국

1970년대 중반 영국 정당의 이념적 특징에 관하여 기술하라고 하면 분명한 중도 노선의 노동당, 실용주의의 보수당, 좌파 성향의 자유당 등 서로 이념적으로 비슷한 세 정당이 있었다고 할 것이다.[247] 영국 정당들이 1970년대까지 이념 격차보다는 어느 정도 정당 간 컨센서스를 유지했던 배경은 정당의 기원과 관련이 있다.

영국 노동당은 1900년 무역노조 운동의 결과 노조 대표위원회(Labour Representation Committee)로 출발하였으며, 이념적으로 마르크스주의에 별다른 영향을 받지 않았다. 생산수단의 국유화를 마르크스주의의 약속이라기보다는 감상적인 것으로 간주하였으며, 1950~1970년대 경제 운용에 있어서 보수당과 같은 케인스 노선을 수용했다. 노동당은 항상 급진적인 사회·경제적 변동보다는 노조의 이익을 옹호하고, 노동자의 삶을 향상

---

247 영국의 정당 이념에 관하여 다음을 참고하였음. Ware (1996), pp. 53~56.

하려는 실용적 노선에 관심이 있었기 때문이다. 보수당도 1945년 선거의 참패로 문제 기업의 국유화나 경제적 요구에 부응하기 위해서 어느 수준에서는 국가의 역할이 필요 하다는 노동당의 입장에 동조했다. 양대 정당 간 주요 정책 노선의 이념적 유사성이 발 견되어 비교적 일치된 입장이었다고 볼 수 있다.

하지만 1983년 상황은 급변했다. 노동당은 좌로, 보수당은 대처 총리의 리더십으로 뉴 라이트 방향으로 노선을 바꾸었고, 자유당은 변함없이 종래의 이념을 유지하게 되었다. 1980년대 말 노동당이 더욱더 중도적 노선의 정책을 채택했지만, 보수당과는 많은 차이 가 났다. 예를 들면 공적 소유, 관용적 사회정책(permissive social policy), 공공 봉사와 세금, 환경보호와 경제 성장, 소연방과의 우호 관계 등 많은 정책에서 입장 차가 발견되었다.

양당 간 어느 정도 일치되었던 정치이념에 변화를 가져오는데 몇 가지 요인이 있었다. 보수당은 1973년 유가 폭등으로 인한 인플레이션과 대량실업, 1973~1974년 광산노조 의 파업 기간 중 선거 패배, 1975년 우파인 대처 총리의 등장, 1979년 대처의 선거 승리 로 정책 노선에 있어 뉴라이트로 전환 등 변화가 있었다.

노동당은 1970년대부터 정당의 권력 구조가 변하기 시작하였다. 노동당의 중도우파 노선에 핵심적 역할을 했던 주요 노조 지도자가 좌파 성향의 지도자로 교체되고, 지역 선거구에서 당원의 급격한 감소 등 때문에 노선의 변화가 나타났다. 1997년 총선에서 압승한 노동당의 토니 블레어 총리는 제3의 길이 "전 세계의 신중도 좌파가 추구하는 진 보 정치를 표현하는 용어"라고 강조했다. 제3의 길은 "20세기의 가장 중요한 중도좌파 이념인 민주사회주의와 자유주의를 다시 통일시켜야 한다"고 주장했다. 제3의 길은 전 통적 사회주의의 가치가 아니라 사회적 자유주의의 가치와 더 긴밀하게 연결되어 있다. 그는 만인의 동등한 가치, 기회의 평등, 공동체와 함께 '개인의 책임'을 강조했다. 제3의 길은 자유와 평등, 책임과 권리, 경제적 효율성과 사회적 형평성 등 좌파와 우파의 이념 적 대립 사이에서 타협점을 찾으려고 했지만, 일관성 있는 정치이념과 경제이론을 제시 하는 데는 실패했다. 제3의 길이 이데올로기를 포기하고 실용주의를 지나치게 강조하는 바람에 보수적 정당과 어떻게 다른지 분명하게 설명할 수 없었다. 제3의 길은 복지국가의 개혁을 주장했지만, 사실상 복지국가는 더욱 시장 지향적 모델을 향해 이동했다고 볼 수 있다. 결과적으로 사회적 불평등은 더욱 심각해지고 사회통합과 사회정의의 가치는 심각한 위협을 받았다.[248] 1979년 선거 패배 이후 좌파로 급선회하였으나 1983년 패배로 다시 정책 노선을 중도 방향으로 바꿨다.

영국 정당의 이념은 주요 정당 간 정책 노선상 커다란 차이를 발견하기 어려웠지만, 유권자들의 지지와 선거 결과, 경제·사회적인 상황의 변화, 그리고 정당 지도자 등의 성향 등에 따라서 정당 간 이념의 차이가 나타난 것이다. 시대 상황에 따라서 정당의 정치이념에 변화가 있었다.

보수당은 자유시장경제, 국가개입 최소화, 개인의 자유 및 책임감 확대 등을 대변하는 대처리즘(Thatcherism)을 중시하며, 진보적 보수주의라는 기치 아래 하나의 국가(one nation)를 형성하여 국민통합을 이루고, 노동계급의 생활 향상, 경제번영, 전통적 가치 등을 추구한다. 노동당은 국유화, 혼합경제, 완전고용, 복지국가, 조합주의의 토대였던 당헌의 강령을 개정하고 '신노동당'을 선언하였다. 민주사회주의를 추구하는데, 이는 진보적 정부를 중심으로 공동체의 행동 조합에 의해 사회적 변화를 이끄는 형태를 의미하며, 사회변화는 단지 하향식 접근으로는 이룩할 수 없다고 믿는다.[249]

(2) 미국

미국은 공화당과 민주당 양당제를 유지하고 있다.[250] 정당의 기원이라는 시각에서 보면 양당 모두 자유주의 정당이다. 다수의 공화당 정치인들과 지지자들은 그들 자신을 보수주의자라고 표현하지만, 공화당은 보수당이 아니다. 하지만 왜 양당 모두 다른 유형의 자유당이라고 할 수 있는가? 가장 설득력 있는 설명은 미국이 파편화된 사회라는 가설이다. 17~8세기 이민자로 이루어진 미국은 모체인 영국 사회를 대표할 수 있을 정도의

248 김윤태, "토니 블레어와 '제3의 길' 정치가 남긴 것들", 「프레시안」, 2004.04.07.
249 중앙선거관리위원회 선거연수원(2021), p. 56.
250 미국의 정당 이념에 대하여 다음을 참고하였음. Ware (1996), pp. 60~62.

인구집단을 형성하지 못하였다. 많은 토지를 소유함으로써 영향력을 행사하는 귀족이 미국 식민사회에 이식되지 못하였다. 식민지 미국에는 귀족이 형성되지 않았기 때문에 자유주의에 반대되는 가치로서 보수주의가 발전할 수 있는 사회적 기초가 허약했다. 그 결과 미국 사회는 자유주의가 지배할 수밖에 없었다. 독립전쟁은 자유주의를 더 견고하게 다지는 계기가 되었는데, 그 이유는 전쟁 중 영국 편에 섰던 사람들은 대부분 캐나다 온타리오(Ontario)로 떠났기 때문이다. 자유주의는 반대파가 없었고, 산업화 과정에 미국의 정치이념으로 자리 잡게 되었다. 캐나다와 달리 사회주의는 미국 전역에서 성공하지 못했다.

하지만 두 자유주의 정당은 정책 정향에 있어서는 달랐다. 미국 정당정치는 독일 정당과 같이 이념적으로 합의적이지도 않고, 주요 정당 간 이념적 차이는 1980년대 영국 정당과 거의 비슷했다. 다른 한편 미국의 두 정당은 이념적 차이가 적은 보수정당이라고 평가받기도 하였다. 미국은 계급 갈등을 겪지 않았기 때문에 계급을 대표하는 정당이 없으며, 건국 초에 모두가 동의한 자유민주주의 이념이 사회를 대표한다고 간주하였다. 또한, 두 정당의 정책에 유사성이 많아 구분하기 어려웠다. 결국, 정당의 영향력 감소는 미국 정당 간 차별성이 적어 유권자들이 자신들의 특수이익을 대변할 정치제도인 정당의 역할에 만족하지 못하기 때문이며, 이익집단에 의존하는 경향을 보이게 되었다. 따라서 미국에서는 다른 민주주의 국가들보다 훨씬 많은 이익집단이 존재하며 이들의 역할이 다른 서구 국가에 비하여 두드러진 현상으로 나타난다는 주장이다.

하지만 정당 간의 정책 차이가 없다기보다는 유권자들이 정치에 대한 지식이 부족하여 정당 간 차이를 제대로 인식하지 못한다고 볼 수도 있다.[251] 미국 정당은 지지하는 정책 유형이 서로 달라 일반인들이 양당의 정치 세계가 서로 닮았다고(Tweedledee and Tweedledum) 생각하는 것은 정확한 것이 아니다. 미국 보수주의가 경제문제와 관용적 사회정책에 있어서 반정부주의(anti-governmentalism)와 관계가 있는지를 어떻게 설명할 수

---

251   이현우(2003), pp. 98~99.

있을 것인가? 미국의 보수주의는 자유주의 가치에 대하여 우호적이지 않다. 그 답은 미국 사회에서 종교가 수행하는 특수한 역할에 있다. 미국은 오늘날 사회 가치의 지배적인 가닥은 비종교적이며, 종교적 가치는 점차 줄어들고 있다고 하나 다른 선진자유민주주의 사회와 비교할 때 고도의 종교적 관습이 있는 것은 사실이다.

하지만 미국 사회는 보수주의자와 자유주의자 간 세력균형을 유지하고 있다. 전당대회 대의원들은 이념적으로 일반 유권자들에 비하여 확고한 입장을 견지하고 있어 그들을 비교하는 것은 의미가 없을지 모른다. 1992~2000년 민주·공화 양당 대의원의 이념적 성향을 분석한 자료에 의하면 민주당은 자유주의적이고 공화당은 보수적이라는 사실이 극명하게 나타났다.[252] 국가와 종교는 공식적으로 분리되어야 한다고 믿지만 다른 한편 공공정책의 기초는 종교적 가치에 두어야 한다고 생각하는 유권자들이 많다. 이러한 유권자들은 공화당의 경제정책은 우익의 자유당과 사회정책은 보수당의 입장을 견지하게 하는 지지기반을 제공하고 있다.

미국의 정당정치는 건국 당시의 정당 기원을 살펴볼 때 자유주의 이념이 주를 이루고 있었다. 또한, 미국은 종교화된 사회로서 보수적 성향의 종교적 가치를 중시하는 유권자가 많았으나 오늘날에는 세속적 가치가 지배하는 사회로 변모하고 있다. 오늘날 종교적 가치가 공공정책의 기초가 되어야 한다고 믿는 유권자들은 아직도 많지만, 경제정책과 사회정책에 있어서 지지하는 이념 성향이 뚜렷하게 다르다는 것을 발견할 수 있다. 공화당과 민주당의 정책 정향도 분명한 차이가 있으나, 보수적인 공화당을 지지하는 유권자와 진보적인 민주당을 지지하는 유권자들의 분포가 거의 균형을 이루고 있어 이념적으

---

252 자신의 이념적 성향에 대하여 민주당-공화당 대의원들의 자유주의 대 보수주의적 태도는 57%:71%(1992년), 50%:81%(1996년), 54%:76%(2002년) 등으로 각각 나타났다. 민주당 대의원이면서 자유주의적 태도를 보인다는 응답자는 2%(1992년), 4%(1996년), 4%(2000년), 그리고 공화당 대의원이면서 자유주의적 태도를 보인다는 응답자는 1%(1992년), 0%(1996년), 1%(2000년) 등으로 각각 나타났다. 또한, 개별정책에 관한 질문에서 이념적으로 분명하게 차별화되는 모습을 보였다. 대의원들의 이념 성향 분포는 상당히 양극화되어 있음을 확인하게 된 것이다. John S. Jackson, Nathan S. Bigelow, and John C. Green, "The State of Party Elites: National Convention Delegates, 1992~2000", in Green and Farmer (2003), pp. 58~76.

로 미국 정치가 안정된 가운데 공화당과 민주당이 번갈아 가면서 정권을 담당하는 것으로 이해할 수 있을 것이다.

민주당은 진보적-좌편향 이념 아래 최저임금 지지, 고소득자에 높은 세율을 강조하는 진보적인 세금 제도, 지역과 사회의 책임 중시, 국방비 축소, 동성결혼 지지, 사형제도 폐지 등을 내걸고 있다. 공화당은 보수적-우 편향 이념 아래 세금 인상 최소화, 자유시장경제에 의해 임금의 자율적 결정, 개인의 자유와 사회정의 강조, 국방비 인상, 동성결혼반대, 사형제 유지 등을 지지한다. 양 당간에 정책 노선상의 차이가 발견된다.[253]

(3) 프랑스

전통적으로 프랑스 정치는 이념적 수사(ideological rhetoric)가 강한 것을 특징으로 하며, 유럽에서 발견된 정당 군과 유사한 정당체계를 유지하고 있다.[254] 예를 들면 공산당(PCF), 민족전선(National Front), 그리고 사회당, 보수당, 드골주의(RPR), 생태운동, 자유당(UDF), 기독민주당(MRP) 등의 정당이 있었다. 선거 정치의 이념적 기초는 많은 정당의 기원과 관련이 있다. 프랑스 사회당은 영국이나 독일과 달리 노조와 강력한 연대를 유지하지 않고 있다. 영국 노동당은 무역노조 운동으로부터 파생된 것이며, 19세기 후반 독일 사민당도 대규모 노조 운동의 성장과 깊은 연관이 있다.

하지만 21세기 프랑스에서는 노동조합주의는 선거에 참여하거나 의회에 노조 대표를 진출시켜 산업에 영향력을 행사한다는 생각을 거부하고 신디칼리즘(anarcho-syndicalist)의[255] 신념을 강하게 견지했다. 프랑스 정치에 있어서 이념적 차원은 실질적으로 거품에 지나지 않았다. 제3·4공화국 시절 이념은 장기적으로 정책의 급진적인 변화에 크게 영

253　중앙선거관리위원회 선거연수원(2021), p. 55.
254　프랑스의 정당 이념에 대하여 다음을 참고하였음. Ware (1996), pp. 49~51.
255　선거에 노동조합 후보를 공천하여 의회에 대표를 진출시키고, 의정활동을 통하여 노조의 이익을 대변하고 산업에 영향력을 행사하려는 것이 아니라 노조의 직접 행동으로 생산·분배를 수중에 넣으려는 투쟁적인 노동조합 운동을 의미한다.

향을 미치지 못하였다. 왜냐하면, 강력한 국가 관료주의가 정당의 이념적 차이에 영향을 받지 않고 정부 정책의 지속성을 유지할 수 있었기 때문이다. 제5공화국에서는 이념을 강조했지만 1980년대까지 별로 위력을 발휘하지 못했다. 공산당에 대한 지지는 미미했고, 민족전선(NF)이 창당될 때까지 1950년대 이래 극우나 극좌 세력은 보잘것없었다. 하지만 민족전선의 출현으로 정당 이념에 관한 관심을 촉발했지만, 정당들은 정당 간의 이념 차이를 무시하려는 경향을 보였다. 제5공화국의 출현 이후 4반세기를 드골주의자들이 중도우파적 연립을 형성하여 정치적 우익을 대표하였다. 1980년대 초반까지 극우는 과거의 이야기로 치부되었으며, 새로운 정당이 창당되더라도 유권자의 10% 지지 획득 수준에 지나지 않았을 것이다. 정당의 존속에 있어서 특정한 정당 이념이 유권자들을 매혹하는 중요한 여건 변수로 작용하지 않는다.

1990년대의 정당 이념은 유럽에 있어서 프랑스의 역할 문제로 좌우의 견해차가 발견되었다. 반유럽주의를 표방하여 프랑스를 독립적인 세계열강으로 성장시킬 것인가, 아니면 유럽공동체와의 밀접한 관계를 유지하는 것이 더 현실적 대안인가 하는 문제 때문에 정당 간 엇갈린 입장 차가 발견되었다. 하지만 이러한 입장 차가 새로운 정당 이념과 연결될 것이라는 보장은 없으며, 쟁점별 수사적 전쟁터(rhetorical battleground)에 국한될 공산이 크다.

전진하는공화국당은 중도우파의 정치 성향을 띠며, 탈이데올로기를 주장한다. 공화국과 민주주의 기본 가치를 추구하며 특히 자유, 해방, 개인 보호, 기회 평등, 약자 보호, 정교분리, 자유시장 경제를 지향한다. 공화주의자당은 중도우파의 정치 성향을 띠며 민주주의, 드골주의, 보수주의, 자유경제 주의를 지향한다. 사회당은 민주사회주의를 기본이념으로 인본주의, 계몽주의 철학과 프랑스 대혁명의 가치와 전통, 평등, 지속적인 발전, 진보와 민주주의를 우선 가치로 여긴다. 유럽생태녹색당은 환경정책, 지방분권, 개인의 독립과 자유를 최우선 정책 기조로 삼고 있다.[256]

---

256 중앙선거관리위원회 선거연수원(2021), p. 58.

(4) 독일

1930년대 초반까지 극단주의를 포함하여 다양한 유형의 정당이 있었으며, 그들의 세력이 막강하여 정부를 제압하였다.[257] 하지만 제2차 세계대전이 끝나고 1990년 통일이될 때까지 상황은 많이 변했다. 1950년대부터 1980년대 초반까지 사민당, 기민당(CDU)과 자매당인 기사연합(CSU), 자유당(FDP) 등 세 개의 주요 정당이 있었다. 1980년대 초생태당인 녹색당(Greens)이, 통일 후 1990년대 우익 공화당이 출현했다.

독일의 연방정부 체계는 정당 간 다양한 유형의 협력을 요구하고 있으며, 선거법은 극단주의 정당의 공직 첫 진출을 어렵게 만들었다. 전후에도 정당 지도자들은 다양한 유형의 정치이념을 상호 보완하면서 선거 연립을 추구하였기 때문에 극단적 이념의 정당이존속하기 어렵게 되었다. 1959년 사민당이 사회주의 어젠다(socialist agenda)를 공식 포기함으로써 상징적으로 사회주의 노선에 급격한 변화를 가져왔다. 조직화 된 노동자 계급의 한계를 뛰어넘어 선거에서 승리할 수 있다면 정당의 이념적 노선 변경도 가능하다는것을 보여준 것이다. 사민당은 이념의 변형으로 비노조원과 중산층의 지지를 성공적으로 이끌었다.

하지만 장기적 관점에서 이러한 전략의 성공은 일시적 현상이었으며, 1970년대 젊은당원들의 정당의 정강 정책에 대한 불만으로 녹색당의 출현을 촉진하는 요인의 하나로작용하게 된 것이다. 또한, 경제 · 사회적 혼란(dislocation)은 1991년 선거에서 기존 정당을 불신하는 결과를 낳기도 하였으며, 1992년 극우 정당과 동독지역에 기반을 둔 민사당(PDS: Party of Democratic Socialism) 등 극좌 정당에 대한 국민의 지지로 큰 정당을 위협하는 상황으로 발전했다. 독일은 전후 이념 정당의 입지가 약해졌으나 통일 후 경제 · 사회적 여건 변화로 유권자들이 선거에서 극단적 이념을 지향하는 정당을 지지하는 현상이 나타나게 된 것이다.

기민당은 기독교 가치관을 기반으로 창당한 보수당으로 자유와 안보를 기본 강령으로

---

[257] 독일의 정당 이념에 대하여 다음을 참고하였음. Ware (1996), pp. 51~53.

채택하였다. 기사당(CSU)은 가톨릭 교리를 바탕으로 미래의 보수당을 자처하며 기독교적 인간상을 존엄과 자유와 책임지는 삶으로 규정하고 다양성 속에서 통일성을 이루는 사회, 모두를 위한 교육, 기회, 안정적인 국가 안보 및 결혼과 자녀 등을 당의 노선을 표현하는 핵심 단어로 간주한다. 사민당은 자유, 공정, 연대를 강조한다. 녹색당은 1970년대 말 오일 가격 상승에서 시작된 심각한 경제위기, 유럽의 원자력에너지 사용, 여성, 동성애, 이주민 차별 등에 대항하기 위해서 1983년 창당하였다.[258]

2. 한국정당의 이념

외국 몇몇 나라의 정당 이념에 대하여 살펴보았지만 보다 현실적인 정당의 경쟁구조는 유럽 23개국의 171개 정당에 대한 경험적 연구가 시사하는 바가 크다고 볼 수 있다. 정당 경쟁구조는 크게 두 가지로 나눌 수 있다. 하나는 경제정책을 기준으로 좌파와 우파로 분류한다. 분배와 복지 그리고 정부의 규제 등과 관련한 정당의 입장에 따라서 좌파와 우파로 나눈다. 전후 유럽의 정당들은 좌파의 경제적 평등과 우파의 개인의 경제적 자유에 대한 경쟁구조가 형성되었다.

다음은 비경제적인 문화적 · 신 정치적 차원의 분류다. 비경제적 쟁점인 생태, 삶의 유형, 지방자치단체(communal) 등에 대한 정당 간의 입장 차라고 볼 수 있다.[259] 결국 정당의 이념은 인간의 생존과 삶과 관련한 쟁점에 관한 입장 차를 중심으로 정렬되고 있음을 보여주는 것이다. 정당의 이념은 실용주의적 관점에서 차이가 있음을 알게 되었다. 앞서 정당의 이념에 관한 행위자 접근법과 제도적 접근법, 그리고 몇몇 나라의 정당 이념도 살펴보았다. 나라마다 문화, 정치 상황, 국민의 정치적 이익, 정당의 기원, 정당의 경쟁 수준 등이 달라서 정당의 이념도 차이가 있다는 사실을 발견하였다. 제도적 접근법과 행위자 접근법의 적실성이 각기 다르게 나타난 것이다.

---

258 중앙선거관리위원회 선거연수원(2021), pp. 60~61.

259 Gary Marks and Moira Edwards, "Party Competition and European Integration in the East and West: Different Structure, Same Causality", *Comparative Political Studies*, Vol. 39. No. 2(March 2006), pp. 156~157.

한국은 행위자 접근법과 제도적 접근법 중 어느 것과 연관성이 높을까? 제도적 측면에서 살펴보면 한국은 역사적으로 왕정 체제의 경험, 식민 통치, 전 산업사회, 남북분단과 이념대립, 군부 지배, 국가 주도 산업화 추진 등의 상황은 정당의 공간적 이념의 스펙트럼을 보수적 성향이 지배적인 현상으로 나타나게 하였다. 한국에 보수 양당 지배체제가 구축된 것은 1958년 4대 민의원 선거를 앞두고 자유당과 민주당 간의 정치적 합의와 그 결과에 크게 영향을 받은 것이다.[260]

특히 남북분단이 초래한 이념적 대립은 반공 이데올로기가 지배하여 정당들은 보수적 성향의 획일화된 정치이념을 내세울 수밖에 없었다. 1980년대 후반까지 사회주의 정치이념은 불법적 · 반국가적인 것으로 금지되어 있었기 때문에 보수성향이 지배하는 정당체계를 유지할 수밖에 없었다. 급진적인 이념은 사회적으로 용납되지 않았으며, 국가의 공권력으로부터 심하게 탄압받아 오히려 이념 써클이 생겨나고 지하화하는 양상을 보였다.

하지만 1990년대 소연방의 붕괴, 사회주의 국가의 몰락, 산업사회의 건설, 군의 탈정치화와 민주화, 남북 화해와 협력 분위기 조성, 이산가족 상봉, 남북정상회담의 개최 등 정치 · 경제 · 사회적 여건의 변화는 한국 사회를 보수편향을 벗어나게 만드는 계기가 되었다. 정치적으로 진보정당 창당의 법적 제약이 없어지고 진보적 성향의 이념을 수용하는 사회 분위기가 조성되면서 보수와 진보세력 간의 경쟁 양상을 보이게 되었다. 산업화, 민주화, 정보화 이후 시민사회(civil society)의 급성장은 개혁 성향의 국민이 많아지는 상황으로 바뀌는 계기가 되었다. 특히 NGO가 추구하는 시민운동은 환경, 통일, 여성, 젠더, 인권, 복지, 삶의 질, 반핵, 빈민, 민주화, 경제정의, 자주 등 진보적 성향의 노선을 추구하고 있다. 다양한 분야와 쟁점에 대한 각종 형태의 개혁을 주장하게 되면서 진보적 성향의 정책을 선호하는 국민이 늘어나게 되었다.

그 결과 진보적 성향의 김대중 · 노무현 · 문재인 정부가 집권하는 계기가 마련되었다.

---

260   강원택, "한국 정당정치 70년: 한국 민주주의 발전과 정당정치의 전개", 「한국정당학회보」 제17권 제2호, (2018), p. 13.

한국의 정당 이념이 탈 보수주의 색채를 보이게 된 것은 다양한 요인이 복합적으로 작용한 결과라고 해석할 수 있지만, 최단 시일 내 이룩한 성공적인 산업화와 정보화의 결과라고 해도 과언이 아니다. 산업화를 이룩하면서 사회 이동성 기회의 증대와 도시화, 교육 기회의 확대, 대중매체 발달 등은 국민의 정치의식 변화를 가져왔으며 빠른 속도로 진입한 정보화 사회는 한국 사회의 이념적 스펙트럼의 지평을 넓히는 데 이바지하였다.

진보 성향의 김대중·노무현 정부 10년의 경험과 평가가 2007년 이명박 보수 정부를 탄생케 하였으며, 2012년 대선에서 국민은 다시 박근혜 보수 정부를 선택하였다. 박 전 대통령의 탄핵으로 2017년 문재인 진보 정부로 교체되었다. 문재인 정부 5년은 탈원전 정책, 마차가 말을 끈다는 소득주도 성장의 실험으로 고용 참사와 양극화 심화, 친북·친중·반일 지향의 외교정책, 국가 안보의 기반 약화, 현금 퍼주기식 대중영합주의 정책으로 경제체질 약화, 부동산 정책 실패로 집값 폭등과 내 집 마련의 꿈을 포기하게 하는 등 지나친 좌편향정책과 실정으로 2022년 윤석열 보수 정부를 탄생시켰다. 보수와 진보 정권의 '정권교체 10년 주기 설'이 무너졌다.

한국정당의 이념은 제도적 접근법과 행위자 접근법을 동시에 적용할 수 있겠지만 정치 여건의 변화가 정치이념을 결정하는 데 중요하게 작용했다고 보아 제도적 접근법의 적실성이 더 크다고 볼 수 있다. 이런 상황에서 정당들은 창당 당시의 이념을 고집하기보다는 시대 변화에 적응하면서 정당의 이념을 수정·보완해 나가는 과정을 밟았다고 평가하는 것이 오히려 타당성이 높을 것이다. 한국정당이 지향하고 있는 정책이념이나 정책은 정당마다 다르고 특징이 있는 것은 사실이지만 일관성을 유지하지 못하는 데 문제가 있다. 비교적 창당 당시부터 노동자 중심 정당을 표방한 일부 정당을 제외하고 분명한 색깔을 일관성 있게 유지하는 정당이 별로 없다. 정책 노선은 보수와 진보 간에 구별이 안 되는 경우가 많이 발견된다. 특히 야당 시절 반대하던 정책을 여당이 되면 이해할 만한 충분한 해명도 없이 찬성하거나 그와 반대되는 경우가 많다. 경쟁 당의 정책에 일단 반대 의사를 피력하고 보는 사례도 많다. 반대를 위한 반대에 치중하면 정책 노선의 일관성을 상실하게 된다. 결국, 정당 간 정책의 차별성이 정치이념에 기초했다기보다는 선거 때 국민의 지지를 염두에 두거나 여야로 위상의 변동이 있을 때 상황에 따라 논리가 바뀌는 것은 노선의 일관성을 상실했기 때문이라고 볼 수 있다. 정당이 추구하는 이념이 진짜 무엇인지 헷갈리게 된다.

정당들은 자신들이 내걸었던 이념의 일관성을 상실한 채 정책 노선이 우왕좌왕하는 경우가 많다. 특히 대통령 선거 때 텔레비전 토론과정을 지켜보면 주요 정당 간 분명한 정책이념의 차별화가 발견되기보다는 국민이 원하는 쪽으로 정책 방향이 바뀌어 선거가 임박해지면 여야 간 선거공약의 색깔이 비슷해지는 경우를 발견하게 된다.

국민의 이익이나 유권자의 선호에 부응하려는 상황 적응적 태도를 보이는 것이다. 선거 결과가 어떻게 나올지 전략적으로 분석하고 유불리를 지나치게 의식하여 상황에 따라 변신하는 이념 정체성의 혼란을 가져오고 있다. 정당 이념이 진보면 진보, 보수면 보수라는 분명한 색깔을 유지해야 한다. 그래야 국민은 정당의 정책 노선과 방향에 대한 예측이 가능하다. 그런데도 예를 들면 보수정당의 경우 중도 보수, 합리적 보수, 창조적 보수, 온건 보수, 진보적 보수, 개혁적 보수, 건전 보수, 원조보수 등등 각종 수식어를 붙어 정당 이념의 지향점을 혼란스럽게 하는 경우가 많다.

3. 보수 · 진보 · 중도 이념 지향

한국에서는 정당 간 이념적 혼란이 발견되고 정체성이 약하기 때문에 차라리 행위자 접근법의 이념적 스펙트럼과 관련이 없는 실용주의 노선을 추구하는 것이 더 현실적인 대안이 될 수 있을지 모른다. 유권자들은 이념적으로 경도된 정당이나 후보보다는 실리를 지향하는 정당이나 후보를 선택하는 경향이 나타나기 때문이다. 이념적 구호보다는 실리적이고 구체적인 정책 이슈에 더 많은 관심을 보이는 것이 사실이다. 여기서 책임 정당과 실용 정당에 대한 논의가 필요하다. 책임 정당은 선거 때 공약한 정책을 집권 후 성실하게 이행하며, 차기 선거에서는 그 결과에 대하여 국민의 평가와 심판을 받는 정당이다. 책임 정당은 이념 정당과 관련성이 높다. 한국의 모든 정당은 책임 정당이 되겠다고 공약하지만 실제로 집권 후 약속을 제대로 이행하지 못하는 경우가 많다. 국민도 공약 이행이나 대국민 약속 등을 차기 선거에서 정당 선택의 기준으로 삼지 않는 경향도 있다.

반면에 실용 정당은 정책이념도 뚜렷하지 않고 정당 간 정책적 차이도 확실하게 구분하기 어렵다. 탈이념적인 시각에서 정책에 대한 분명한 색깔이 없는 것이 특징이다. 특정 이념에 사로잡혀 정책 결정의 융통성을 상실하기보다는 현실주의적 시각에서 접근하는 정당을 의미한다. 실용 정당은 정책프로그램에 대한 분명한 원칙을 제시하고 그것을 따르려고 노력하기보다는 국민의 만족이나 유권자의 요구나 기대 그리고 희망을 전적으로 정책 결정 과정에 반영하려고 한다. 미국의 정당을 대표적인 실용주의 정당이라고 분류할 수 있을 것이다. 결국, 실용주의 정당은 국민을 편안하고 잘 살게 할 수 있는 현실적인 노선을 기반으로 여야 간 이념적 색깔 논쟁이 아니라 어느 정당의 정책이 국가사회의 문제를 해결하는 데 현실적인 대안이며 더 합리적인 해법인가를 평가받는 것이 솔직한 태도일 것이다.

정당이 내세운 정치이념은 단지 구호성에 지나지 않고 내용과 실제가 부조화 현상을 빚는 것보다 솔직담백한 접근이 오히려 바람직할 것이다. 일부 정치권에서 '창조적 실용주의'를 내세우자고 주장하는 것이 더 현실적이라고 볼 수 있다. 실질적으로 정당의 이념과 관련된 행위자 접근법에서 일탈한 실용주의 노선이나 국민의 이익과 유권자들의 선호에 따라서 수정 · 보완되는 제도적 접근법에 관심을 가질 필요가 있다.

하지만 실용주의를 정당의 이념으로 평가하는 것은 무리가 있어 한국정당의 이념은 보수와 진보 그리고 중도 노선을 표방하는 3개 정당으로 정렬되어 그 이념에 동조하는 국민을 지지기반으로 정책대결을 통한 선거 과정이 진행되는 것이 바람직할 것이다. 한국 갤럽이 조사한 2023년 월별 · 연간 통합 국민의 주관적 정치 성향에 의하면 보수 30%, 중도 32%, 진보 26%, 무응답 12%로 나타났다. 보수와 진보 성향의 국민이 엇비슷한 가운데 중도층이 많다는 것을 보여주고 있다.[261]

---

261 https://www.gallup.co.kr/gallupdb/reportContent.asp?seqNo=1449, (검색일 2024.1.24.)

정당 간 정책 신념과 가치, 정책 노선, 정책 입장, 정책의 색깔 등이 분명하게 구분될 수 있도록 이념적 정향이 확립되어야 할 것이다. 시대 상황에 따라서 이념은 변할 수 있지만 근본적인 정책 기조의 노선은 분명하게 확립되어야 할 것이다. 원칙도 철학도 없는 무소신 정당이나 전체 국민의 지지를 받기 위한 포괄정당보다는 정당마다 차별화된 특색과 개성 있는 모습을 보여야 할 것이다. 한국의 정당은 프로그램 정당이나 이념 정당으로 확고한 정체성을 유지하고 발전하기보다는 상황에 따라 편의적으로 변신하는 쟁점별 기회주의 정당(issue-opportunistic party)이라는 비난을 받아서는 안 된다.

선거 상황이나 유권자의 선호에 따라 당의 기존 노선을 명분 없이 자주 바꾸는 정체성이 부족한 정당을 실용주의 정당이라고 평가할 수 없을 것이다. 정당 간에 보수, 진보, 중도 노선의 차별화된 특색있는 정책대안을 국민에게 제시하고 국민의 지지를 호소하는 방향으로 선거 과정이 진행되어야 할 것이다.

제2절 정당의 제도화

1. 낮은 제도화의 원인

한국정당은 제도화 수준이 낮은 하루살이 정당이라는 사실에 대하여 이미 살펴보았다. 헌팅턴의 제도화 지표를 인용하지 않더라도 한국정당의 제도화 수준은 매우 낮게 평가되고 있다. 한국정당들의 역사성은 미천하다. 한국정당을 포말정당(거품 정당)이라고 부르는 이유가 충분하다.

정당의 제도화 수준이 낮은 이유는 정당의 생성과 소멸이 특정 정치 지도자의 정치 운명과 같이했기 때문이다. 사당성이 강하고 명사 중심 정당이란 오명 때문에 정당의 역사가 짧았다. 또한, 정당을 정치권력 획득 수단이나 기제로 취급하여 국민 지지도가 낮고 당의 이미지가 나빠지면 타개책으로 당명을 바꾸거나 합당, 통합, 분당 등의 변칙적 방법을 동원하여 위기를 모면하려고 시도했기 때문이다.

"한국정당의 불연속성은 여러 가지 정치적 문제점을 낳고 있다. 정당과 정치에 대한 국민의 불신을 키우고, 특히 지난 선거에서 정권을 잡은 집권당이 다음 선거에서 사라짐에 따라 유권자들이 집권당에 대한 정치적 책임을 묻기가 어렵다. 그리고 유권자들의 반정당, 반 정치 정서에 힘입어 대중영합주의 성향의 리더십이나 개인적인 카리스마 리더십이 등장하여 대의제 민주주의를 위협하게 된다."[262] 정당의 제도화 수준이 낮으면 당에 대한 정체성이 약할 수밖에 없고, 국민은 혼란 속에 빠지고, 정당정치가 불안해지며, 안정적으로 국민의 이익을 수렴하는 정당의 고유기능을 원만하게 수행하기 어렵게 된다. 정당의 잦은 창당, 해산, 통폐합, 이합집산 등은 정당정치의 불신을 자초하게 되며, 정책의 일관성을 유지하기 어렵게 한다. 정당이 오랫동안 존속하면서 국민의 지지를 받고 국민의 변함없는 선택의 대상이 되는 것이 한국정당이 지향해야 할 과제라고 볼 수 있다.

2. 한국정당의 제도화 수준 향상

정당의 제도화 수준을 높이는 방법으로 위헌시비가 예상되지만, 선거일 일정 기간 전에 창당하지 않은 정당은 공직 후보를 추천하더라도 등록 자격을 제한하는 방법이 있을 수 있다. 벨기에의 사회당은 후보 자격요건으로 다음과 같은 몇 가지를 제시하고 있다.[263]

①예비선거 이전 최소한 5년은 당원이어야 한다.

②사회주의 조합(Socialist co-op)으로부터 매년 최소한의 구매를 하여야 한다.

③당보를 정기적으로 구독해야 한다.

④자녀들을 가톨릭계가 아닌 공립학교에 보내야 한다.

⑤부인과 자녀들이 사회당의 여성과 청년 조직에 가입해야 한다.

한국 정당도 공직 후보로 출마하고자 하는 사람은 일정 기간 당원이어야 한다는 조항

262　김용호, "민주화 이후 한국 정당정치의 제도화 연구를 위한 예비적 고찰", 「미래정치연구」 제6권 제1호, 명지대학교 미래정치연구소(2016). p. 6.

263　Gideon Rahat and Reuven Y. Hazan, "Candidate Selection Methods: An Analytical Framework", *Party Politics*, Vol. 7. No. 3 (2001).

을 당헌·당규에 명시하고 있다. A당은 공직 후보로 추천받을 수 있는 자격을 책임당원으로 한정하고, 성실히 당원의 의무를 다하고 당비 납부기준액 이상 납부를 조건으로 규정하였다. B당은 권리행사 기준일로부터 6개월 이전까지 입당하고, 12개월 이내 6회 이상 당비를 낸 권리당원에게 공직 후보 출마 자격을 부여한다. 정당마다 약간의 차이는 있지만 일정 기간 당비를 낸 당원에게 공직 후보 출마 자격을 주고 있다.

공직 후보로 선거관리위원회에 등록할 때 일정 기간의 정당 역사를 필요요건으로 하는 명문 규정을 둔다면 기존 정당을 쉽게 해산하거나, 선거가 임박해서 창당하거나, 탈당해서 다른 당으로 이적하는 일은 사라질 것이다. 논란의 여지가 있는 것은 사실이지만 선거가 임박하여 급조된 정당의 선거 참여기회를 제한하는 것이 정당의 제도화에 어느 정도 도움이 되지 않을까 하는 기대 때문이다.

또한 창당한 지 일정 기간이 지나지 않거나 심지어 당명을 바꾼 지 얼마 되지 않은 정당은 국고보조금 지급 대상에서 제외하는 방법도 고려할 수 있을 것이다. 국고보조금 지급 대상을 창당 역사와 연계하는 방안이다. 정당의 제도화에 어느 정도의 실효성이 있을지 의구심이 들지만 잦은 정당의 창당, 해산, 통폐합 등은 정당정치의 발전을 가로막고 국민에게 혼란을 초래하는 등 부작용이 크기 때문이다.

근본적으로 국민의 정치의식이 향상되어 역사성이나 과거의 누적된 실적이 없는 정당과 후보, 그리고 국민의 심판을 받아본 경험이 전연 없는 정당은 선거 때 지지 대상에서 제외하는 것도 하나의 방법일 것이다. 정당의 역사가 짧아 업적도 전연 없고, 검증도 되지 않은 정당(untested political party)을 지지하는 것은 기성 정당에 대한 반감이 아니라면 극히 위험한 도박이나 모험적 선택이 아닐 수 없기 때문이다.

하지만 선거 직전 창당된 정당이 돌풍을 일으킨 사례도 있다. 1985년 2월 치러진 12대 총선을 앞두고 김영삼·김대중이 공동으로 이끌던 민주화추진협의회를 토대로 1월 18일 신한민주당을 창당하였다. 창당된 지 불과 한 달도 안 되어 전국구 의석 포함 84석을 획득하여 제1야당으로 부상하였다. 2004년 4월 실시된 17대 총선을 앞두고 2003년 11월 창당한 열린우리당도 창당된 지 5개월여 만에 탄핵 역풍이 기폭제가 되어 원내 과반이 넘는 의석을 획득하는 다수당이 되었다. 2016년 2월 창당한 국민의당도 2개월 만에 치러진 20대 총선에서 호남지역 의석의 대부분을 석권하였으며, 전국비례대표 득표율 2위를 기록하면서 원내 제3당의 지위에 올라 신흥정당으로서 크게 성공하였다.

이러한 결과가 나타난 것은 기존 정당에 대한 국민적 불신이 매우 컸기 때문이다. 또한, 정당의 역사가 짧아 공과에 대한 평가가 어렵고 신당에 대한 막연한 기대와 호기심이 작용하여 선거가 임박해서 창당한 정당에 대한 선호도가 높게 나타난 것이라고 평가할 수 있을 것이다.

특정 후보가 선거에 당선되어 공직에 취임했을 때 그의 행태는 그가 과거에 걸어 온 길과 전연 다른 모습을 보이기 어려운 것이 사실이다. 정당의 행태도 마찬가지다. 그렇다면 과거의 정책 업적이나 정치사회 경험이 미천한 신당 후보나 신당을 무조건 지지한다는 것은 위험한 모험이나 도박이 아닐 수 없다. 국가의 운명과 국민의 재산과 생명을 담보하는 무모한 선택은 자승자박의 길을 재촉하는 것이나 다름없는 것이다. 개인의 작은 거래가 축적되어 신용을 얻듯이 실적이 없는 정당을 지지하지 않는다면 정당의 제도화에 어느 정도 도움이 될 수 있을 것이다. 하지만 다양한 국민의 정치적 성향이나 선호 때문에 이것도 그리 쉬운 방안은 아닐 것이다. 정당의 제도화 수준을 높이는 것은 예측이 가능한 정치, 안정된 정치, 정치권력 변동의 제도화 등과 관련이 있다. 근본적인 해법은 정치문화의 변동에서 찾아야 할 것이다.

제3절 제왕적 당대표의 권한 축소

1. 정당 리더의 중요성

정치 리더십 이론을 원용하지 않더라도 정당 지도자의 중요성은 아무리 강조해도 지나침이 없을 것이다. 정당의 지도자가 누구이며, 정당이 어떤 지도체제를 유지하고 있느냐 하는 것은 당의 역량은 물론 대외 경쟁력과 직결되는 문제다. 정당의 지도체제는 다른 당과의 경쟁력뿐만 아니라 국민의 지지 획득에 중요한 요인으로 작용한다. 정당이 어떤 지도체제를 유지하느냐 하는 것은 정당의 의사결정과정이나 구조를 이해하고, 차기 잠재적 대권 후보군을 파악하는 데 도움이 될 수 있다.

모든 정당은 당의 리더십에 따라서 대내외 위상과 이미지가 결정된다는 사실을 부정할 수 없다. 당내 명성이 높은 지도자나 잠재적인 유력한 대권후보가 부재한 상황이라면 당원의 충성심 유인과 국민 지지 획득이 어려울 것이다. 한국에서는 정당에 대선주자급 리더가 없으면 당의 지지도에 부정적인 영향을 미치고 있다. 대권 지향적인 한국 정치에서 대권 주자가 없는 정당은 구심점도 사라지고 정권 창출의 미래가 보장되지 않는 불임 정당으로 국민의 지지와 신뢰를 받기 어려운 것이 현실이다. 정당의 지지도는 당 리더의 인기에 비례하는 경우가 많기 때문이다. 엘리트 기반의 명사정당에서 특히 그런 현상이 더욱더 강하게 나타난다.

2. 지도체제의 유형과 장단점

정당의 지도체제 유형은 다양하지만, 기본형은 ①단일지도체제(a leader dominated system) ②집단지도체제(collective leadership system) ③위원회형 지도체제(committee type leadership system) 등으로 분류할 수 있으며, 집단지도체제는 순수형과 단일성 집단제도 체제의 변형이 있다. 〈표 8-1〉에서 각 지도체제의 장단점을 요약하였다.

정당의 지도체제는 각기 장단점이 있어 다양한 요인을 고려하지 않고 어느 유형이 가장 적합하다고 판단하는 것은 불가능하다. 정당의 지도체제를 결정하는 데 작용하는 변수는 일반적으로 시대적 요구, 정치 상황, 국민의 기대, 경쟁 당의 지도체제, 당내 세력 분포나 역학관계, 당원의 요구, 국민의 존경과 신뢰를 받는 당내 카리스마적인 지도자의 유무, 여야관계, 당정관계, 정치문화 등등 헤아릴 수 없이 많다. 결국, 정당의 지도체제는 정치 리더십 이론에서 제기하고 있는 상황론과 상호작용론 등의 적실성이 높다고 볼 수 있다. 정당이 처한 상황과 당원과 지도자 간의 관계에 따라서 지도체제 유형은 얼마든지 달라질 수 있다.

<표 8-1: 지도체제의 유형과 장단점>

유 형	장점	단점
단일 지도체제	-신속한 의사결정과 효율적인 정당 운영 -당내 파벌의 최소화 -일사불란한 지휘체계 유지 -변화되는 상황에 신속한 대응력 발휘 -효율적인 위기관리	-제왕적(비민주적·독선적) 정당 운영 -오너정당 체제에 대한 비판 -비당권파 중진의원들의 소외 -당권파와 비당권파 간의 당권 갈등
집단 지도체제 (순수형)	-대등한 권한을 가진 최고위원 간 합의에 따른 민주 적 정당 운영(과두체제에서 다두체제로 전환 의미) -중진, 계파, 비주류, 이념 성향의 차이 등으로 발생할 수 있는 균열과 분파 해소 및 소외의식 불식과 참여 의식 제고 -당내 화합 유지	-의사결정 지연 및 비효율 -정당의 구심력 상실 -당내 계파 형성과 나눠먹기식 당직 안배 -계파 간 경쟁이 치열할 경우 분열과 대립 가능성 -의사결정 시 계파 간 타협으로 정책 본질 훼손 -변화되는 상황에 기민한 대응력 저하 -정치 위기 시 신속한 대처 능력 취약
단일성 집단지도 체제	-단일지도체제와 집단지도체제의 각각의 단점을 줄이고 장점을 살린 제도 -최고위원회나 간부회의 등의 의결을 거쳐 대표가 당무 집행 -대표 최고위원의 리더십이 강력하고 국민적 지지가 높아 정치적 위상이 막강할 경우 일반 최고위원의 역할 은 약해지고 거수기로 전락할 가능성	
위원회형 지도체제	-정당 의사결정 구조가 경의적·호혜적 -권한은 위원회의 위원에게 골고루 분산 -전국위원회나 중앙상무(상임)위원회 의결을 거쳐 당의 주요 정책 결정과 집행 -선거정당의 유형에 적합한 체제 -전국대의원대회에서 상설기구인 전국위원회 위원 인선(미국) -대통령 후보는 전국위원회 위원장을 통해 당 운영 -위원장은 대선 후보를 대신하여 당 운영과 선거자금 조달 -대선이 끝나면 전국위원회의 조직은 의회 지도부인 다수당 또는 소수당 지도자의 영향력 아래로 전환	

3. 외국정당의 지도체제

(1) 영국

영국은 내각책임제를 채택하고 있는 정치체제라 강력한 정당은 필수적인 요소이기 때문에 정당의 지도체제는 미국과 비교할 수 없을 만큼 견고하다. 집권당의 경우 총리가 당대표 역할을 한다.

영국 보수당은 전당대회를 통해서 당대표를 선출한다. 전당대회는 당 중앙협의회(NCC) 의장이 주재하고 당 정책 포럼(CPF)이 지원하며 매년 개최한다. 약 12,000명이 참가하는데, 중앙협의회 위원을 비롯하여 지역구별 부의장(2명), 지역구 하원의원, 유럽의회 의원, 스코틀랜드-웨일스 의원, 적격후보자 목록에 포함된 의회 선거후보자군, 스코틀랜드-웨일스의회 후보자군 등으로 구성된다. 당대표 후보자는 의회 의원들이 두 명을 추천하면 그중에서 당원들이 한 명을 당대표로 선출한다. 보수당은 효율적인 단일지도자 지배정당으로 매우 중앙집권적이다. 정당의 최고 의사결정 기관인 중앙당 이사회가 있는데, 공동의장을 비롯하여 전문성과 정치적 역량을 가진 18명의 인사로 구성되어 있다. 중앙당 이사회는 정치자금, 당원, 후보자, 정당 운영 등 당내 주요 사안에 대한 결정권을 행사한다. 중앙당 이사회는 대표와 중앙당 사무국과 자원한 당원과 긴밀하게 협력하면서 월 1회씩 회의를 개최한다.

노동당은 당대표와 부대표를 전당대회에서 선출한다. 전당대회는 매년 가을 개최된다. 참석 대상은 전국 집행위원회 위원과 일반회원, 의회 의원, 유럽의회 의원(EPLP), 당 경찰국장 후보군, 당 사무총장, 청년당원 의장, 중앙당헌위원회(NCC) 위원, 중앙정책 포럼(NPC) 위원, 지방의회 및 스코틀랜드 의회 의원, 웨일스 주 의회 의원 및 당 관계자, 여성 및 소수 민족(BAME) 집행위원회 위원 등이다. 당대표로 선출되려면 당 소속 전제 의원의 10%와 소속 조합원의 5% 이상을 대표하는 2개의 노동조합과 1개의 산하 조직 또는 지구당의 5% 이상의 지지를 얻어야 한다. 당대표와 부대표의 경선 후보자는 반드시 하원의원이어야 한다. 노동당은 최고 의사결정기구인 전국집행위원회가 있는데 의장과 40명의 위원으로 구성되어 있다. 당 조직을 총괄하고 정책을 최종적으로 결정한다. 전당대회에서 선출된 위원으로 구성되며 임기는 2년이다.[264]

대통령중심제와 달리 내각책임제가 기능하기 위해서는 정당정치의 활성화가 필수적이다. 내각책임제는 유능한 정당지도자, 강력한 중앙당, 전국적으로 잘 조직된 지역당 등의 요건을 갖춰야 집권에 유리하고, 집권 후 국정의 효율적인 운영에 이바지할 수 있기 때문이다. 영국 야당은 차기 집권에 대비하여 각 부처의 예비내각(shadow cabinet)을 구성하여 평상시에도 관리해야 할 정도로 미국과는 상황이 완전히 다르다.

---

264   영국과 미국 정당의 지도체제에 관하여 다음을 인용하였음. 중앙선거관리위원회 선거연수원(2021), pp. 199~208.

(2) 미국

미국 민주당과 공화당은 모두 당 총재나 대표가 없다. 1848년 설립한 민주당전국위원회(DNC)와 1856년 설립한 공화당전국위원회(RNC)가 사실상 당의 최고 지도부라고 볼 수 있다. 전국위원회는 집권 시 대통령의 국정 운영 목표를 증진하고, 야당으로 있으면 정책을 취합하며, 4년마다 실시되는 대통령 후보 선출을 위한 전당대회의 계획 및 감독과 대통령 후보의 지시에 따라 선거자금 모금 및 선거전략 협의, 소속 정당 공직 후보에 대한 기술적 · 재정적 지원, 당원과 국민의 정치적 요구 및 입장에 부응하기 위하여 각 선거구, 후보자, 선출된 공직자, 전국 · 주 · 지방의 정당조직과 협력하는 기능을 수행한다. 한마디로 전국위원회가 정당의 허브라고 볼 수 있다.

전국위원회에는 의장이 있지만 정당의 지도자라고 볼 수 없다. 4년마다 개최하는 전당대회를 주최하기 위해 개별 주 위원회 의장과 부의장 등과 전국위원회 위원들이 선거를 통해 의장을 선출한다. 민주당은 448명의 전국위원회 위원, 공화당은 168명으로 구성된 전국위원회 위원이 의장 선출에 참여한다. 하지만 집권하면 대통령이 전국위원회 의장을 지명하고, 야당의 경우 대통령 후보자가 지명하기도 한다.

미국의 정당정치에서 누가 정당의 지도자라고 분명하게 구분하는 것은 쉬운 일이 아니다. 정당의 지도자는 자신의 리더십을 당원들이 따를 수 있도록 설득 능력을 갖춘 사람이라는 것만은 분명하다. 일반적으로 정당의 지도자는 대통령, 상 · 하원 지도자, 주지사, 시장 등 정부의 고위직에 있는 인사들이라고 볼 수 있다.[265]

하지만 당원들이 그들의 지도를 기꺼이 따르려고 할 때만이 제한적으로 리더십을 발휘할 수 있다. 미국은 원내정당과 선거정당의 성격이 강하기 때문에 선거에서 당선된 인

---

[265] 미국 공화당의 경우 당의 지도자로서 현직 대통령 이외에 전국적으로 저명한 공화당원(nationally prominent Republicans) 명단에 전국위원회 의장, 주지사협의회 의장, 저명한 상원의원이나 주지사, 상 · 하원의 전 현직 의장이나 원내대표, 뉴욕시장, 국무장관, 대통령 보좌관 등 30여 명이 포함되어 있다. 민주당의 경우 당의 지도자(party leader)로 전국위원회(DNC) 의장, 민주당 주지사협의회(DGA) 의장, 민주당 상원의원선거위원회(DSCC) 의장, 민주당 하원의원선거위원회(DCCC) 의장, 민주당 지방의원선거위원회(DLCC) 의장 등의 명단을 공개하고 있다.

사가 정당의 지도자가 된다. 그렇다고 대통령이 정당을 좌지우지하지 않는다. 중앙당도 유명무실하고, 당대표도 없다. 전국위원회 의장은 의원들에 대한 영향력이 없다. 분권화된 주 정당이 발달하고 선거운동도 정당이 아닌 후보 중심으로 이루어지기 때문이다.

4. 제왕적 대표체제의 개혁

한국은 다양한 지도체제를 골고루 경험하였다. 특히 강력한 제왕적 총재나 당대표에 대한 권위주의적 정당 운영과 비민주적 행태에 대한 부작용이 심했던 단일지도체제 대신 집단지도체제를 채택하고 있다. 이는 명사정당에 대한 비판과 문제점이 작용한 결과이며, 3김 이후 카리스마적인 당내 지도자가 부재한 상황과도 어느 정도 관련이 있다고 볼 수 있다.

한국의 주요 정당은 단일성 집단지도체제를 유지하고 있다. A당은 당헌에 따라 법적·대외적으로 당을 대표하고 당무를 통할하는 당대표, 4명의 선출직 최고위원과 당대표가 최고위원회의의 협의를 거쳐 지명한 1명의 최고위원, 청년 최고위원 등으로 구성된 집단지도체제를 채택하고 있다. 당대표는 당대표 선출을 위한 선거인단에서 최다 득표자를 전당대회에서 지명한다. 최고위원도 최고위원 선출을 위한 선거인단 투표에서 4위까지의 득표자를 당선인으로 하여 전당대회에서 지명한다. 만약 최고위원 선거에서 4위 안에 여성 당선인이 없으면 4위 득표자 대신 여성 후보자 중 최다 득표자를 최고위원으로 한다. 청년 최고위원도 최고위원 선출을 위한 선거인단 선거에서 최다 득표자를 당선인으로 하여 전당대회에서 지명한다. 당대표와 최고위원의 임기는 2년이다.

당 서열 2위인 원내대표는 교섭단체 대표로서 국회 운영에 관한 책임과 최고 권한을 갖는다. 원내대표는 의원총회에서 선출하며, 임기는 1년이다. 원내대표는 의원의 최고 의사결정기구인 의원총회의 의장이 된다. 의원총회는 재적의원 과반수의 출석과 출석의원 과반수의 찬성으로 의결한다.

당 정책의 입안, 심의 및 현안 대처 기관으로서 의원총회 산하에 정책위원회를 둔다. 정책위원회 의장은 위원회를 대표하며, 회무를 총괄한다. 의장은 당대표가 원내대표와 협의를 거쳐 의원총회의 추인을 받아 임명하며 임기는 1년이다.

당무 전반에 관한 심의·의결기관으로서 당무를 통할·조정하기 위하여 최고위원회의를 두고 있다. 최고위원회의 위원은 당대표, 원내대표, 최고위원 5명, 청년 최고위원, 정책위원회 의장 등이며, 당대표가 의장이 된다. 의결정족수는 과반수의 출석과 출석의원 과반수의 찬성으로 의결한다.

B당도 당헌에 따라 단일성 집단지도체제를 유지하고 있다. 당을 대표하고 당무를 통할하는 당대표, 전국대의원 대회에서 선출한 최고위원 5명, 당대표가 지명하여 최고위원회의 의결을 거쳐 당무위원회의 인준으로 확정된 2명 이내의 최고위원 등으로 집단지도체제를 구성하고 있다. 선출된 최고위원 중 비수도권 인사가 없을 때 지명직에 비수도권 인사를 우선 배려할 수 있다. 당대표와 최고위원은 분리 선출하되, 선거인단은 전국대의원대회 대의원, 권리당원, 일반 당원으로 구성한다. 임기는 다음 정기 전국대의원대회에서 당대표가 선출될 때까지다.

당 서열 2위인 원내대표는 국회에서 당을 대표하고 국회 운영에 관하여 책임을 지며, 원내 업무를 통할한다. 원내대표는 원내 최고 의사결정기구로 당 소속 국회의원으로 구성된 의원총회의 의장이며, 원내 주요 회의를 주재한다. 원내대표는 매년 5월 의원총회에서 선출하며, 임기는 다음 원내대표가 선출될 때까지다. 원내대표가 당론을 위배하거나 그 직무수행에 현저한 잘못이 있을 때 불신임투표를 하도록 규정하고 있다.

당의 정책을 입안하고 심의를 위하여 정책위원회를 두며, 의장은 정책위원회 업무를 통할하는데, 당대표가 최고위원회와 협의를 거쳐 임명한다.

당무 집행의 최고책임기관인 최고위원회가 있는데, 당대표, 원내대표, 선출직 최고위원 5명, 지명직 최고위원 2명 등으로 구성되며, 당대표가 의장이 된다. 최고위원회는 법률안을 포함한 당의 주요 정책, 주요 당무에 관한 심의·의결, 당무 전반에 관한 조정·감독, 당 예산과 결산의 심의 의결 등의 권한을 갖는다.

A당이나 B당 모두 단일성 집단지도체제를 유지하고 있으나 당대표의 권한이 지나치게 막강하다. 법적·대외적으로 당을 대표하며, 일부 최고위원과 정책위의장 지명권과

주요 당직자 임명권을 행사한다. 당대표의 개인적 야망이나 리더십 스타일에 따라서 약간의 차이는 있지만 전횡하는 경우가 더 많다. 특히 최고위원 선출과정에 자신과 가까운 후보를 지원하고 당선시켜 최고위원회를 당대표 중심으로 구성하고 거기에 지명직 최고위원과 정책위의장까지 합세하면 사실상 당대표 1인 지배체제가 확립된다. 특히 공직 후보 공천에 실질적으로 영향력을 행사할 수 있어 형식은 집단지도체제지만 실상은 당 운영의 전권을 대표가 독점하여 사당화될 우려가 크다. 최고위원들은 거수기에 불과한 것이 현실이다.

한국정당의 커다란 문제점의 하나로 제왕적 당대표에 의한 정당 운영의 전권 행사를 들고 있다. 공직 후보의 공천권과 당직 인사권 등을 행사하는 막강한 권한을 가진 제왕적 당대표를 견제하는 현실적 대안을 모색하는 것이 정당개혁의 핵심과제가 아닐 수 없다. 제왕적 당대표에 의한 공당의 사당화는 정당의 민주화를 가로막는 걸림돌이며, 독립된 입법기관인 국회의원들의 자율성을 침해하는 주범이기 때문이다. 단일지도체제의 폐해를 없애기 위해서 주요 정당들이 앞다퉈 집단지도체제를 도입했으나 제왕적 당대표에 의한 독선·독단·독주 등 횡포는 여전히 기승을 부리고 있다.

제왕적 당대표의 폐지가 정당개혁의 핵심이다. 제왕적 당대표의 권한을 축소하는 방법은 첫째, 공직 후보 공천방식을 상향식인 민주적으로 바꾸고, 둘째, 강제적 당론투표를 폐지하여 국회의원의 자율성을 신장하는 것이다. 강제적 당론투표 지양과 공직 후보자 공천방식 등에 관한 개혁안은 다른 곳에서 구체적으로 살펴보았다.

제4절 당내 민주화와 국민경선제

1. 당내 역학관계와 민주화

당내 민주화를 이해하기 위해서는 먼저 정당 내부의 역학관계를 살펴보는 것이 도움이 될 것이다. 당내 민주화는 당의 역학관계와 직접 관련되어 있기 때문이다. 정당의 주요 의사 결정권 행사에 누가 가장 커다란 영향력을 행사하느냐에 따라서 당내 역학관계

가 형성된다. 정당 내부의 역학관계는 크게 다음과 같이 나누어 논의되고 있다.[266]

①당원, 총재, 대표, 의장 등 당의 리더

②당의 리더와 당직자

③당의 리더와 당 출신 공직자

④중앙당과 시 · 도지부

강한 정당조직을 유지하고 있는 나라에서는 당의 리더가 당원보다 막강한 영향력을 행사하고 있다. 당의 주요 정책 결정 과정에 당 최고 리더의 권한이 최대한 행사되기 때문에 당원의 의사는 상대적으로 축소된다. 당내 민주화가 자리 잡으면 당원이 당의 리더를 선출하는 등 당의 주요 의사결정과정에 영향력이 크지만, 실은 선출된 당대표가 위임된 당권을 전적으로 행사하게 된다.

당의 리더와 당직자 간의 역학관계는 정당의 주요 당직자의 선임 방식에 따라서 달라질 수 있다. 당의 대표나 원내대표를 당원의 직접 참여로 선출할 때 당원에게 위임받은 권한 내에서 당권을 행사할 수 있을 것이다. 반면에 당대표가 주요 당직자를 임명하는 상황에서는 당직자들은 당의 최고 리더에 절대적으로 복종할 수밖에 없으며 상하 역학관계가 형성된다.

당의 리더와 당 출신 공직자 간의 역학관계도 관심의 대상이 아닐 수 없다. 당 조직이 막강한 경우 당 출신 공직자보다는 당대표의 권한이 크다. 대표가 공직 후보 공천권을 행사하고 선거 과정에 정치자금을 지원하는 등 당의 역할이 중요하게 작용하면 당 출신 공직자들은 당의 리더와 상하관계를 유지할 수밖에 없을 것이다. 정부직에 당 출신을 임명할 때 당의 추천을 받아 이루어진다면 당의 리더와 당 출신 공직자와의 상하관계는 분명하게 형성된다. 반면에 공직 후보 추천 절차가 상향식으로 진행되고, 선거운동도 정당본위가 아닌 후보자 개인 중심으로 진행된다면 당 출신 의원이나 장관 혹은 행정부에 진

---

266   미국 정당 내부의 역학관계는 ①활동적인 당원과 정당의 리더, ②정당의 리더와 공직의 당대표(party's representatives in public office), ③활동적인 당원과 공직자 등 세 가지 유형으로 분류하고 있다. Ware (1987d), p. 123.

출한 공직자는 당으로부터 최대한의 자율성을 유지할 수 있을 것이다.

대통령은 정당의 공천을 받고 선거운동 과정에 당력을 집중하여 지원하였더라도 국가원수인 동시에 행정부 수반으로서 동원할 수 있는 정치자원이 너무 많아 당보다 우위에서 당에 대하여 영향력을 행사할 수 있다. 비록 대통령이 평당원이라고 하더라도 당에 대한 영향력은 대단히 크다. 또한, 당대표가 추천하여 당 출신이 정부의 요직에 임명된다면 상황은 다르지만, 대통령이 당대표와 사전에 상의하지 않고 정부직에 임명했을 때 당 출신 공직자는 당이 친정이라고 해도 당과 예속적인 관계를 유지하지 않는 경우가 일반적인 현상이라고 볼 수 있다.

당내 역학관계를 중앙과 지방이라는 지역적 차원에서 살펴본다면 시·도당은 일반적으로 중앙당 하부의 계선조직이기 때문에 상하 지휘계통이 형성된다. 하지만 분권화가 이루어진 상황이라면 시·도당도 상대적으로 정당의 주요 정책 결정 과정에 영향력을 행사할 수 있다. 미국의 경우 실체가 없는 중앙당보다는 주당(州黨)의 자율성과 영향력이 매우 큰 편이다.

정당의 민주화와 관련된 주제는 위의 네 가지 역학관계와 밀접하게 관련되어 있다. 그중에서도 당원과 정당 리더의 역학관계가 더욱더 중요한 관심사가 아닐 수 없다. 정당의 민주적 운영의 핵심은 당의 주인인 당원에 의하여 주요 의사가 결정되는 것이기 때문이다.

2. 당내 민주화 방향

당내 민주화는 대의민주제와 연관성이 깊다. 대의민주제가 도입되어 선출직 공직자가 늘어나고, 간접민주주의 방식의 문제점을 보완하기 위하여 예비선거제나 상향식 공천제도가 도입되는 등 정당의 민주화가 발전하였다. 더구나 직접민주주의나 시민 참여민주주의가 확대되면서 정당의 민주화는 새로운 쟁점이 되고 있다. 세계 각국의 정당은 당내

민주화를 위하여 노력하고 있다. 당내 민주화는 세 가지 방향으로 진행되었다.[267]

①대의민주주의 과정을 개선하는 것이다. 대표적으로 미국의 대통령 후보 선출 방법의 변화를 들 수 있다. 예비선거제도를 도입한 것이다. 국민에게 공직 후보 선출이라는 의제 설정 기능을 부여하였다. 1968년 민주당이 17개 주에서, 공화당이 16개 주에서 도입하였으나, 현재 모든 주로 확대되었다. 그뿐만 아니라 전당대회에 참가하는 대의원의 대표성을 높였다.

②시민이 정책을 최종적으로 선택하는 직접민주주의의 실천이다. 간접민주주의의 한계를 극복하고 국민의 직접 참여를 증진하려는 노력이다. 주민투표의 잦은 활용을 예로 들 수 있을 것이다. 미국에서는 주민투표가 1950년대 118회에서 1990년대 378회로 증가하였다. 한국에서도 지방자치단체장에 대한 국민소환제와 주민투표제를 제도화하였다.

③시민참여 민주주의의(advocacy democracy) 활성화를 들 수 있다. 환경단체나 공공이익집단 등이 정부의 정책형성이나 행정과정에 직접 참여하여 더 많은 영향력을 행사하게 되었다. 예를 들면 정부의 정책 행위에 대한 정보나 집단소송 또는 청문회 등을 통하여 정책 과정에 직접 접근하고 참여하는 것 등이다. 대표적으로 NGO 등의 영향력이 확대되고 있는 것을 들 수 있을 것이다. 정당 민주화의 방향은 대의제는 기본이지만 정당의 주요 의사결정과정에 당원이나 시민의 직접 참여가 핵심이라고 볼 수 있다. 정당의 민주화와 관련하여 그동안 논의되었던 주장들을 종합하면 다음과 같다.[268]

①중앙당과 지구당의 조직개편과 권력 배분에 관한 것이다. 중앙당 축소에는 모두가 동의하고 있으나 지역당 활성화와 폐쇄에 관한 주장은 맞서 있다.

②당원의 정비에 관한 것이다. 당원자격의 제한, 당비 납부의 의무화, 공직 후보 공천 참여 등 당원에 의한 정당 운영론과 당원을 기반으로 하지 않는 지지자 중심의 정당 운영론이 제기되고 있다.

③정당조직의 효율화와 전문화에 관한 것이다. 정책개발 중심의 정당을 만들기 위하

---

267   Dalton, Scarrow and Cain (2003), pp. 9~11.

268   곽진영, "한국 정당체계의 민주화 : 정당-국가 간 관계를 중심으로", 「의정연구」 7권 1호 (한국의회발전연구회, 2001).

여 전문가의 충원과 정책연구소의 활성화 등을 주장한다.

④공직 후보자 공천에 관한 것이다. 정당이 행사하는 공천권의 보완, 당원에 의한 공천권 행사, 유권자에 의한 공천권 행사 등의 방안이 제기되었다.

위의 네 가지 주장 가운데 정당의 민주적 운영의 핵심은 공직 후보 결정 과정의 개방성에 있다. 공직 후보 결정과 관련하여 다음과 같은 질문이 제기된다.[269]

①누가 공직 후보로 선출될 수 있는가? 정당의 공직 후보가 되려는 사람들에게 어떤 제약이 있는지, 있다면 그 제한사항은 얼마나 엄격한지, 정당은 잠재적 후보자 풀 (potential candidate pool)의 본질이나 규모 등에 얼마나 많은 영향력을 행사하는가가 관심사항이다.

②공직 후보자를 누가 선택하는가? 공직 후보 추천권 행사자와 관련된 것이다.

③공직 후보를 어디에서 선출하는가? 공직 후보를 중앙이나 지방 등 어디에서 선출하는지, 만약 지방이라면 광역인지 지역구인지 또한 정당이 사회집단 혹은 특정 분야의 기능적 대표성을 할당하여 그들이 공직 후보를 공식적으로 선출하는지와 관련이 있다.

④공직 후보를 어떻게 지명하는가? 공직 후보를 투표로 결정하는지 또는 임명하는가와 관련이 있다.

핵심은 공직 후보를 누가 선출하는가에 있다고 본다. 공직 후보 선출은 당원의 동의에 기반을 둬야 한다. 당의 중요한 정책인 공직 후보 결정 과정에 정당의 주인인 당원의 의사가 굴절 없이 반영되어야 한다.

3. 공직 후보 충원 유형

(1) 공직 후보 선출방식

정당의 주요 기능의 하나인 정치 충원 과정에 민주적인 참여가 보장되어 있느냐가 당내 민주화의 핵심이다. 민주적 참여는 특정 정당의 공직 후보가 되려는 모든 사람에게

---

269 Rahat and Hazan (2001), pp. 298~299.

기회를 부여하는 포용성과 당내 인사로 한정하는 배제성, 그리고 공직 후보의 선출권 행사를 일반 시민에게 개방하는 포용성과 정당의 지도자로 한정하는 배제성 등의 수준이 어느 정도인지는 두 요인을 고려해야 할 것이다. 후보자(candidacy)와 선출자(selectorate)의 배제와 포용이라는 시각에서 〈그림 8-2〉와 같이 나타냈다.

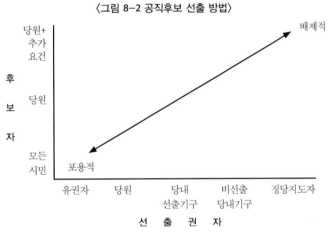

〈그림 8-2 공직후보 선출 방법〉

출처) Rahat and Hazan(2001), p.304.

후보자의 개방성과 배제성에서는 특정 정당의 공직 후보가 되려는 시민 모두에게 참여기회를 개방하는 경우, 당원으로 한정하는 경우, 당원으로 한정하되 특정한 추가요건을 요구하는 경우로 나누고 있다. 선출권자의 경우는 유권자, 당원, 선출직 당 기구(selected party agency), 비선출직 당 기구(non-selected party agency), 정당 지도자로 나누어 개방성과 배제성에 대하여 설명하고 있다.

그동안 당내 민주화에 대하여 주로 누가 공직 후보 선출에 참여하는가와 관련하여 논의가 이루어져 왔다. 〈그림 8-3〉에 보여주는 바와 같이 선출권자의 개방성과 관련하여 관심을 기울였다. 하지만 〈그림 8-2〉의 선출권자도 중요하지만, 공직 후보를 희망하는 인사들에게 정당에서 어느 정도 문호를 개방하는지 아니면 제한하는지 후보자 문제도 당내 민주화의 주제로 등장시킨 것이다. 공직 후보 선출자와 공직 후보 희망자를 동시에 고려한 모형이라고 볼 수 있다.

〈그림 8-3 : 개방성에 따른 공직 후보 선출방식〉

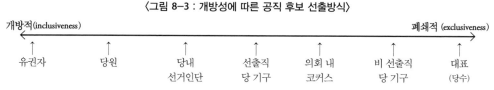

출처) 강원택, "정당의 공직 후보 선출과 당내 민주화", 심지연 편저(2003), p. 242.

〈표 8-3〉의 당대표(당수)에 의한 공직 후보 결정은 정당의 지도자 1인이 공천권을 전적 행사하는 것으로 가장 비민주적이고 폐쇄적인 유형이다. 제왕적 당대표의 전형적인 모습이다. 비선출직 당 기구는 각 계파의 보스나 당의 원로 혹은 중진들이 공직 후보를 추천하는 것이다. 영국 보수당이 1960년대까지 전임 당수가 당의 중진들과 협의하여 후임을 결정한 것이나 미국의 대통령 후보 선정과정에서 지역의 당 간부들이 결정한 코커스를 예로 들 수 있을 것이다. 의회 내 코커스(parliamentary caucus)는 정당 소속 의원들이 참석하여 공직 후보를 결정하는 것으로 최근 영국의 보수당과 노동당이 채택하고 있는 당수 선출방식이다.

선출직 당 기구는 당원들이 선출한 집행위원회나 중앙위원회 등 당의 공식기구에서 공직 후보를 결정하는 것을 의미한다. 당원이 직접 선출한 당 기구에 의한 공직 후보 결정은 당원에 의한 간접적인 선출방식이지만, 비선출직 당 기구에 의한 방식보다는 개방적이라고 볼 수 있다. 당내 선거인단에 의한 선출은 공직 후보 선출을 위한 한시적인 권한을 부여하기 위해서 당원들이 선출한 선거인단, 대의원, 또는 지역대표들이 결정하는 것으로 공직 후보 선출권을 당원들이 위임한 경우라고 볼 수 있다. 영국 노동당은 의원, 노조, 당원을 대표 선거에 똑같은 비율로 참여시키는 것도 예가 될 수 있다. 당원에 의한 선출은 소속 당원들이 공직 후보 결정에 참여하는 것인데 당원의 자격에 따라 다양한 유형이 있을 수 있다. 예를 들면 당비 납부 실적이나 입당 기간 등을 고려할 수 있다. 유권자에 의한 방식은 미국의 개방형 예비선거제(open primary)를 들 수 있다. 한국의 대통령 후보 선출과정에 당원과 유권자의 비율을 할당하여 선거인단을 구성한 국민경선제는 〈그림 8-3〉의 당원과 유권자 사이의 중간지점에 자리한다고 볼 수 있다.

공직 후보 추천권을 행사하는 참여자의 유형을 참여자의 포용 수준을 고려하여 ①과두형(oligarchical) ②대표형(representative) ③기초민주주의형(basis democracy) 등으로 분류하였다.[270] 과두형은 당대표, 비선출직 당 기구, 의회 내 코커스 등에 의해서, 대표형은 의회 내 코커스, 선출직 당 기구, 당내 선거인단, 전당대회, 대의원 등에 의해서, 그리고 기초민주주의형은 당원이나 일반 국민에 의해서 공직 후보 선출권이 각각 행사되는 유형이라고 볼 수 있다.

(2) 공직 후보 선출의 구체적 방식

공직 후보 선출방식을 논의하기 위해서는 다음 몇 가지를 먼저 살펴보아야 할 것이다.[271]

①정당의 공직 후보 추천에 관한 절차와 규정이 정당의 당헌·당규에 명기되어 있느냐 아니면 국가가 법으로 정하느냐 하는 것이다. 미국의 경우 예비선거를 통하여 공직 후보를 선출하는데 주 정부마다 각기 다른 규정이 있다. 독일의 기본법에는 '민주적 원칙'(democratic principle)에 따르도록 규정하고 있으며, 1967년의 정당법이나 선거법에는 비밀 투표를 통하여 공직 후보를 선출해야 한다고 규정하고 있다. 영국, 프랑스, 일본, 벨기에, 이스라엘 등은 국가에서 법적으로 공직 후보 선출방식을 규정하고 있지 않다.

②공직 후보 추천이 중앙당 수준에서 이루어지는지, 아니면 지역에서 이루어지는지 하는 것이다. 공직 후보 추천에 중앙당의 개입이 전연 없이 전적으로 지역에서 이루어지는 경우가 많다.

대표적으로 프랑스 제3공화국의 경우 중앙당의 간섭 없이 지역 명사들(local notables)이 전적으로 그 지역의 공직 후보를 지명하였다. 1930년대 프랑스의 상황은 중앙당의 권한이 그리 막강하지 않았던 1860년대의 영국의 경우와 유사한 것이다. 영국은 완전하게

---

270 Miki Caul Kittilson and Susan E. Scarrow, "Political Parties and Rhetoric and Realities of Democratization", in Cain, Dalton and Scarrow (2003), pp. 68~73.

271 공직 후보나 정당의 리더의 선출방식에 관한 내용은 다음을 참고한 것임. Ware (1996), pp. 257~288.

지구당 수준에서 행사했던 자율성을 1970년대 중앙당과 지역 간 상호작용의 혼합형태로 바꿨다. 오늘날 대부분의 민주주의 국가에서 혼합형을 유지하고 있으며, 전적으로 지역 수준에서 공직 후보를 추천하는 경우는 흔하지 않다. 민주적 중앙통제는 공산당에서 흔히 발견되는 현상이며, 1970년대 간디는 개인적으로 의회당(congress party)을 통제한 경우가 있으며, 그리스는 정당 리더에게 공직 후보 임명권을 부여하고 있다. 중앙당이 공직 후보 선출에 직접 간여하지 않더라도 공직 후보 선출과 관련한 절차나 방법 그리고 어느 유형의 후보가 공직 후보가 되어야 하는지 규정하고 있는 것이 일반적인 현상이다. 노르웨이에서 1985년 중도좌파 정당이 여성 후보 할당제를 도입했으며, 법으로 중앙당이 지구당을 통제할 수 없도록 명시한 예도 있다.

③공천권을 행사하는 권한이 소수의 공천심사위원에게 있는 엘리트 통제인지, 당원이나 활동적인 인사들에게 광범위하게 확대되었는지, 또한 민주적 통제인지 하는 것이다. 정당의 지도자가 공직 후보 선출과정을 통제하는 문제는 오랫동안 논란거리가 되어왔다. 이는 두 번째 논의한 공직 후보 추천권이 중앙당에 있는지 아니면 지역구에 있는지와 관련이 있다. 지구당 조직이 공직 후보 선출을 위한 회의나 투표를 하는 것은 소수의 참여라도 직접민주주의를 실현하는 방법이라고 볼 수 있다. 중앙당에서 공직 후보를 선출할 때 참가자의 규모 때문에 문제가 되지만 일정 수의 선출된 지역 대의원이 투표하도록 하는 방법과 당원 모두에게 공직 후보 투표권을 개방하는 경우가 있을 수 있다.

문제는 중앙당이나 지역구 조직에서 공직 후보를 추천하는 과정에 정당 엘리트들의 영향력 범위가 어디까지인가에 관한 것이다. 지역 대의원을 선출할 때 지구당 지도자의 영향력을 배제하기 어렵다는 것이다. 당원 전체에게 공직 후보 선출권을 개방한다면 참여자의 수도 문제가 된다. 모든 당원에게 공직 후보 선출과정에 참가할 수 있도록 동기를 부여하는 일이 쉽지 않기 때문이다. 또한, 투표 참가자가 적을 때 선출된 후보의 정통성에 문제가 제기될 수 있으며, 일반 당원보다는 열성적인 극성 팬덤이 공직 후보 선출과정에 막강한 영향력을 행사하는 결과를 가져올 가능성이 크다. 정당의 공직 후보 선출에 대한 국민적 관심을 이끌어 정치적 흥행거리가 된다면 정당의 지지기반 확대에도 도움이 될 것이다. 공직 후보의 민주적 선출방식은 매우 복잡한 문제의 하나라고 볼 수 있다.

④1회에 선출하는 공직 후보자의 수와 관련된 것이다. 각 정당의 대통령 후보는 단 한 명이기 때문에 문제가 없지만, 전국 동시 선거의 경우 상원의원, 하원의원, 지방자치단체장, 지방의원 등 수많은 공직 후보자를 단 한 번에 선출해야 한다. 선거구제나 대표제의 유형에 따라서 소선거구, 중선거구, 대선거구, 지역대표, 정당명부제나 혼합명부제와 같은 비례제 등 어떤 것을 채택하고 있는지에 따라서 전국적으로 공직 후보가 수백 명이 된다. 정당마다 여성이나 장애인의 할당제를 도입했을 경우 또는 정당 내 공직 후보자 간의 치열한 경쟁이 진행되고 있는 경우 등 공직 후보 추천을 단 한 번에 끝내는 문제는 쉬운 일이 아닐 것이다. 또한, 경쟁당 후보의 선출 결과를 참고할 필요가 있기 때문이다.

⑤현역에 대한 도전이 허용되느냐 하는 것이다. 정치적 자원을 많이 가지고 있는 현역이 다음 선거에서 유리할 뿐만 아니라 재출마를 신청했을 경우 재선 가능성이 크다. 공직 경험, 탄탄한 지역조직, 지역발전 업적, 선거구 유권자 관리, 인지도 등 다양한 면에서 유리하기 때문이다. 현역의 프리미엄은 정치 신인의 진입장벽으로 작용하게 된다. 공천 과정에 다선 의원들에 대한 감점 규정을 두거나 대통령이나 광역 및 기초자치단체장의 연임제한 규정을 두어 무제한 공직 출마를 막는 것도 이와 관련이 있다고 볼 수 있다. 정당마다 현역에 대한 교체 폭은 국민 여론에 따라 결정하고 있으며, 상향식 공천이 이루어지면 결국 당원들의 선택에 좌우될 것이다.

4. 외국정당의 공직 후보 선출

(1) 영국

영국 정당의 대표는 소속 정당을 집권으로 이끌어야 하고 또 집권에 성공하면 총리로서 국가를 경영하게 된다는 점에서 정당 지도자의 선출은 큰 관심의 대상이 되는 중요한 행사가 된다.[272]

---

272 영국의 정당 민주주의에 대한 논의는 다음을 요약한 것임. 강원택, "영국의 정당 민주주의: 형성과 변화", 「사회과학

1) 보수당

보수당은 1965년 이전 대표 선출을 위한 공식적인 절차를 마련하지 않고 있었으며, 대표 선출은 소위 매직 서클(magic circle)에 의하여 이루어졌다.[273] 이는 소수의 참여에 의한 추대와 이를 수용하는 합의의 전통을 보여주는 것이었다. 하지만 대표 선출방식 개선의 필요성이 제기된 것은 1963년 맥밀런(Macmillan) 총리의 후임을 선출하는 과정에서 극도로 혼란스럽고 무질서한 모습을 드러내면서 비롯되었다. 즉 하원의원들만이 참여하여 선출하되 당 대회에서 거부권을 행사할 수 있도록 하였다. 투표방식은 절대다수결의 원칙(supermajority rule)에 의한 것으로 1차 투표에서 과반을 획득하되 2위와 격차가 15% 이상이 되어야 대표로 당선되는 방식이었다. 1차 투표에서 당선자를 내지 못하면 2차 투표를 시행하고, 그래도 당선자가 나오지 않으면 상위 득표자 3명을 대상으로 3차 결선투표를 실시하는 방식을 채택하였다. 3차 투표에서는 대체 투표(alternative voting) 혹은 선호투표 방식으로 과반수를 득표하는 후보가 나오도록 하였다. 이러한 방식은 1975년, 1989년, 1990년 등 수차 적용되었다.

1991년에 당대표 선출 규정을 개정하면서 대표직 도전 기회를 누구에게나 부여 하던 종래 방식을 현 대표에 대한 도전자는 의원들 10% 이상의 추천을 받았을 경우 경쟁을 허용하였다. 이 규정은 다시 15% 이상 의원들의 요구가 있을 때 대표 도전이 가능하도록 상향 조정되었다. 또한, 1998년 대표 선출을 위한 새로운 방식을 도입하였다. 즉 3인 이상의 후보가 등록하면 보수당 소속 의원들의 반복적인 투표를 통하여 최하위 득표자를 탈락시키고, 결국 2명의 후보로 압축시킨 뒤 당비를 낸 자격을 갖춘 당원들이 선출하였다. 보수당의 대표 선출방식은 매직 서클에 의한 임명→당 소속 하원의원에 의한 선출 → 후보가 3인 이상일 때 하원의원에 의한 2배수 압축→진성당원에[274] 의한 투표로 최종

연구」 제11집 서강대학교 (2003), pp. 7~36.

273 매직 서클이란 당내 소수 지도부인 전임 대표, 상·하원 지도자, 당내 여론 등을 의미한다.

274 진성당원은 일반 당원과 달리 정당마다 명칭을 달리하고 있으나, 권리당원, 책임당원, 핵심 당원, 기간 당원, 열성 당원 등을 포괄하는 개념으로 이해하고자 한다.

결정하는 방식으로 발전하였다. 완전 상향식이라기보다는 절충식이라고 볼 수 있으며, 당원의 참여가 확대된 것은 커다란 진전이라고 볼 수 있다.

보수당의 의원 후보 선출은 중앙당에서 상당한 권한을 가지고 있다. 중앙사무국(Central Office)은 의회 선거후보자 선출 절차를 감독하고 협력하는 역할을 한다. 당의 사무부의장(vice-chairman)이 의원 후보 선출과 관련된 업무를 담당한다. 예비후보자가 일정한 서류를 갖추어 지원서를 사무부의장에게 제출하면 보수당 의원들로 구성된 패널을 구성하여 면접, 집단토론, 논쟁, 면담 등 다양한 방법을 통하여 심사가 이루어진다. 최종적으로 사무부의장이 면접을 통하여 후보자를 결정한다.

현역의원이 있는 경우 지구당연합(constituency association) 회의를 거쳐 참석자들의 재신임을 받는 절차를 거치며, 도전자는 지구당에 지원서를 제출하면 된다. 지구당은 간부, 젊은 당원, 여성 대표 등이 참여하는 20~25명 수준의 후보 선정위원회를 구성한다. 선정위원회는 서류심사나 면접 등을 통하여 3~4명의 최종 후보자를 압축하여 후보자 명부에 올린다. 이를 다시 60~200명으로 구성된 집행위원회에서 과반수 득표자를 최종후보로 확정하여 지구당 총회에 추천하지만, 실질적으로 집행위원회에서 투표를 통하여 결정하는 것이 일반적인 현상이다.

보수당의 의원 후보 선출은 현역이 없는 경우 중앙당에서, 현역이나 도전자가 있을 때 지구당에서 결정하는 방식을 채택하고 있다.

2) 노동당

영국 노동당은 런던 시장 후보 등의 결정 과정에 작은 사고(misadventures)가 있어 시민들은 당이 중앙집중적이며 비민주적이라고 인식하게 되었다.[275] 노동당의 대표 선출은 원래 의원총회를 통하여 이루어졌다. 하지만 이는 당내 좌파들로부터 끊임없는 비판을 받아 왔다. 당의 중요 정책은 전당대회에서 당원 ⅔의 찬성으로 결정하면서 대표는 의원들끼리 선출하였기 때문이다.

275　Ben Jackson, "Is the Party Over?" *Government and Opposition*, Vol. 37, No. 1 (Winter, 2002), p. 145.

하지만 1979년까지 의원들에 의한 대표 선출이 지속되다가 1980년 전당대회에서 참여의 폭을 넓히기로 합의하였으며, 1981년 참여 비율을 의원 30%, 지구당 30%, 노조 40%로 선거인단을 구성하는 개정안이 채택되었다. 노조 대표는 노동조합원 모두를 대표하는 블록투표 형식이었다. 1992년 블록투표에 대한 비판과 선거인단의 비율을 $\frac{1}{3}$:$\frac{1}{3}$:$\frac{1}{3}$로 하자는 방안이 채택되고 노조의 경우 노조원 가운데 노동당 지지자라고 등록한 이들에게만 블록투표 대신 1인1표제를 허용하였다. 집단으로서의 노조의 영향력이 약해진 것이다. 투표방식은 50% 이상 득표자가 없는 경우 최하위 득표자를 탈락시키고 그들을 선택한 투표자의 2차 선호를 재분배하는 대안투표제 방식을 채택하였다. 노동당의 대표 선출은 당 소속 의원에 의한 선출→의원 30%, 지구당 30%, 노조 40%(블록투표) 비율로 선거인단 구성→의원, 지구당, 노조(블록투표 폐지, 1인 1표) 대표 각 $\frac{1}{3}$의 비율로 참여하도록 하는 발전과정을 거쳤다. 노동당은 당을 구성하고 있는 주요 세력 간 힘의 균형과 견제를 이루는 방식으로 대표를 선출하는 것이다.

노동당의 의원 후보 선출 방법은 1970년대 좌·우파의 헤게모니 쟁탈을 위한 노력에 영향을 받았다. 당내 좌파들은 의회 노동당(Parliamentary Labour Party)을 지구당과 열성 당원(party activists)들의 영향력 아래 두기 위해서 노력한 결과 1980년대 변화되었다. 그동안 현역의원들이 자동으로 받아 왔던 재신임 관행을 없애고 선거마다 공식적인 후보 선정과정을 거치도록 하였다. 현역의원에 대한 재신임 여부와 지구당원들의 정치적 책임성을 높이는 계기가 된 것이다.

노동당도 보수당과 마찬가지로 중앙당에서 예비후보자에 대한 명부를 유지·보관한다. 노동당의 당 후보가 되는 길은 노동조합이 지원을 약속하는 약 100여 명의 예비후보명단에 포함되는 것이다. 이들이 공식적으로 후보가 되면 선거비와 모든 지구당 유지비를 노조에서 지원한다. 다른 하나는 200~300명에 달하는 예비후보군을 지구당의 지명을 거쳐 명부에 정식 등재되는 경우다. 지구당에서는 지구당 집행위원회가 지원자 중 4~6명의 후보를 압축하여 종합경영위원회(general management committee)에서 질의와 토론을 거쳐 최종적으로 투표를 통하여 과반수 득표자를 후보로 결정한다. 이 결과는 전국

집행위원회(NEC)의 승인을 거쳐 최종적으로 확정된다. 전국집행위원회는 지구당에서 추천한 후보를 번복시킬 수 있는 권한이 있으나 탈락시키는 경우는 거의 없으며, 비상시에는 절차를 유예하고 전국집행위원회에서 직접 후보자를 지명한다. 중앙당에서 형식적으로 의원 후보 결정 권한을 행사하게 되어 있으나 실질적으로는 지구당 의견이 거의 수용되는 상향식으로 이루어진다고 평가할 수 있을 것이다.

(2) 미국

1) 예비선거제도의 도입 배경

정당에서 공직 후보를 공천하는 것은 매우 중요한 기능이다. 미국은 1820년까지는 정당의 대통령 후보는 당 간부들에 의하여 지명되었다. 정당 간부들이 모여서 대통령 후보를 지명하는 회의를 코커스라고 부른다. 코커스는 일반 유권자들과 유리된 밀실에서 대통령 후보를 선출했다. 1824년부터 이에 대한 비난 여론이 일기 시작했으며, 1828년 대통령 선거에서 당선된 잭슨은 고향 테네시주 의원들이 공천했다. 애덤스는 펜실베이니아주 의회의 공천을 받았다.

1832년 민주당은 처음으로 전당대회를 통하여 공직 후보를 선출하기 시작하였다. 하지만 19세기 후반 당 대회도 당 조직에 의하여 통제되고, 때로는 소수의 보스집단에 의하여 좌지우지된다는 비난이 일기 시작하였다. 유권자들이 후보의 선출이나 지명에 실질적인 영향력을 행사할 수 없다는 것이다. 밀실 공천으로 시작되었던 당 간부회의인 코커스나 대의원들에 의한 전당대회의 후보지명에 대한 비판, 그리고 유권자 수의 증가와 선거 절차의 변화에 따라 그 의미가 완전하게 바뀌었다. 현대의 코커스 개념은 지역에 사는 모든 사람의 참여가 가능한 회의를 의미하는 것으로 변화하였다. 시민회의(citizen caucus) 혹은 당원 회의라고 볼 수 있다.[276] 주나 지방의 공직 후보는 강력한 권한을 가진 주당이나 지방당에서 지명되었으며, 충성심이 선발의 주요 잣대로 작용하였다. 하지만

---

[276] 이현우(2003), pp. 92~94.

오늘날에는 주나 지방당 조직이 그런 막강한 권한을 갖고 있지 않다.

진보주의 운동은 민주적 방식으로 후보지명 과정을 개혁하기 위해서 직접 예비선거제(direct primary)의 도입을 추진하였다. 정당조직의 권한과 정당의 공직 후보지명에 정당 지도자들의 영향력을 축소하기 위한 데서 출발한 것이다. 정당의 지도자들이 코커스나 당 대회를 통하여 후보를 지명하던 방식이 사라지고 일반 유권자들에게 후보 선출권이 돌아간 것이다. 최초로 주 전체의 강제 예비선거제를 도입한 법률은 1903년 위스콘신주에서 채택되었다. 개혁파 정치인 라 폴레트(Robert Marion La Follettee)에 의하여 직접 예비선거제도의 도입이 주도되었다. 위스콘신주는 1903년 최초로 주 내의 사실상 모든 주요 선거 공직에 대해서 직접적 · 포괄적 · 강제적인 예비선거 도입 법률안을 통과시키고, 1904년 주 거주자투표를 통하여 확정하였다. 1903년 이전에도 국지적 혹은 선택적으로 적용되는 직접 예비선거법은 존재했으나, 주 전체에 포괄적이며 동시에 강제적으로 적용되는 직접 예비선거법은 1903년 위스콘신주에서 최초로 통과된 것이다.[277] 1904년 남부의 플로리다주도 예비선거제를 도입하였으며, 1912년 13개 주에서 1976년에는 36개 주로 확대되었으며 현재 모든 주에서 채택하고 있다.

2) 예비선거 제도의 유형과 특징

예비선거 제도는 세 가지 유형으로 분류한다.[278]

①개방형 예비선거(open primaries): 예비선거 참가를 희망하는 모든 유권자에게 개방하되 소속 정당(party affiliation)을 밝히지 않아도 되며, 어느 정당을 선택할 것인가 투표장에서 결정할 수 있다.

②폐쇄형 예비선거(closed primaries): 유권자가 예비선거 등록 과정에 정당 소속을 밝히고, 등록 기록을 유지하면서 그 정당의 예비선거에만 참석할 수 있다.

③포괄형 예비선거(blanket primaries): 유권자의 정당 소속과 관계없이 공직 유형 별로

277　손병권, "직접 예비선거제도의 기원: 위스콘신주의 사례를 중심으로", 「한국정치학회보」 제7권 2호, 한국정치학회 (2003), p. 198.

278　다음 웹사이트를 참고할 것. http://en.wikipedia.org/wiki/primary_election

한 후보(one candidate per office)에게 투표할 수 있다.

개방형은 두 가지 유형이 있는데, 부분 개방형(semi-open)은 정당등록(party registration) 이나 당적 기록을 요구하지 않는 대신 유권자가 어느 정당 예비선거에 참여하겠다는 선언을 조건으로 하는 것이다. 일리노이, 인디애나, 조지아, 텍사스, 버지니아 등 10개 주에서 채택하고 있다. 완전 개방형은 유권자가 선호하는 정당의 예비선거에 얼마든지 참여할 수 있고 그의 선택에 대한 비밀도 완전하게 유지할 수 있는데 미시건, 위스콘신, 하와이, 유타 등 10개 주에서 채택하고 있다.

폐쇄형도 두 가지가 있다. 완전 폐쇄형은 한 유권자가 한 정당의 예비선거에 등록하고 그 기록을 유지해야 하며, 등록을 변경하려면 적어도 예비선거 20~30일 전에 신청해야 하는데 뉴욕, 펜실베이니아, 플로리다 등 11개 주에서 채택하고 있다. 부분 폐쇄형(semi-closed)은 이미 특정 정당의 예비선거 등록을 마쳤더라도 선거 당일 변경이 가능하며, 코네티컷, 뉴저지, 노스캐롤라이나, 캘리포니아 등 16개 주에서 채택하고 있다. 포괄형은 알래스카, 아이오와, 루이지애나, 오하이오 등 4개 주에서 채택하고 있다.

예비선거를 통한 대통령 후보 선출방식은 당헌이 아닌 주법에 명시되어 있어 주별로 상이하다. 주 조직, 시·군 조직, 일선 선거구 조직 등 각급 선거구에 설치된 당 조직은 자율적으로 예비후보를 선출한다. 예비선거는 정당의 행사라기보다는 주 선거관리위원회에서 관리한다. 미국의 모델이 갖는 개방형 예비선거제의 성공은 조건적·제도적 예외성 때문이다. 미국의 정당체계는 연방제라는 정부 형태의 강력한 영향을 받는다. 50개 주 공화당과 50개 주 민주당이 만들어 내는 두 개의 연방 정당이라는 현실을 고려하지 않으면 개방형 예비경선제를 이해할 수 없다. 개방형 예비선거제는 예를 들면 전국정당으로서 민주당의 캘리포니아주 지부가 아닌 캘리포니아주 민주당, 조지아주 민주당 등등과 같이 연방 선거를 위해서 연합하는 정당체계가 만들어 낸 예외적인 제도라고 볼 수 있다.[279]

---

279   서복경, "정당개혁과 한국 민주주의의 미래: 원내정당화 논의의 재고", 계간 「동향과 전망」 제60호, 한국사회과학연구소(2004.4), p. 22.

예비선거는 미국 정치의 '확립된 제도'(established institutions)가 되었으며, 민주주의 유용한 병기로 자리 잡고 있다.[280] 미국의 예비선거제도는 민주성과 참여의 개방성이라는 시각에서 높게 평가할 수 있다. 직접 예비선거제는 정당의 보스에 의해 왜곡된 공직 후보 공천과정을 당원과 일반 유권자에게 개방·귀속시킴으로써 선거 과정 초기부터 유권자의 의사가 표출될 수 있는 길을 열어놓았다. 미국 정치 발전과정에 예비선거제도의 도입은 유권자 의사의 직접 전달이라는 대의민주주의의 근본원리에서 볼 때 역사적으로 매우 중요한 의미가 있다.[281] 미국의 직접 예비선거제도는 정당 민주화를 이룩하는 데 크게 이바지하였다. 본 선거 이전의 후보자 공천과정에서부터 유권자들이 직접 의제를 설정하는 기능을 수행하기 때문에 시민사회의 자율적인 참여를 법적으로 최대한 보장한 민주적 방식임이 틀림없다.

3) 예비선거제도의 문제점

예비선거제도는 긍정적인 특징도 많지만 몇 가지 짚어야 할 문제점도 있다.

①예비선거제는 조직의 기초로서 당원의 개념을 파괴하는 경향이 있어 책임 정당(responsible parties)을 훼손하는 측면이 있다. 책임 정당의 기능이 유명무실해지는 결과를 가져온다. 정당 지도자는 물론 당원이나 정당의 역할이 대폭 축소되었다. 정당의 지도자들은 개방형 예비선거제도를 반대한다. 왜냐하면, 예비선거에 다른 당의 당원이나 무 당파적 입장의 독립적인 유권자들이 참여하여 정당을 훼손하기 때문이다.[282] 비당원인 유권자들에게 정당의 의사결정을 위임함으로써 당원의 주요 기능이 사라진 것이나 다름없기 때문이다. 정당이 당원들의 충성심이나 애착심을 유인할 방법이 없어진 것이다.

---

280 L. Sandy Maisel and John F. Bibby, "Election Laws, Court Rules, Party Rules and Practices: Steps Toward and Away from A Stronger Party Role", in John C. Green and Paul S. Herrnson(ed.), *Responsible Partisanship?: The Evolution of American Political Parties Since 1950* (Kansas: University Press of Kansas, 2002), pp. 74~76.

281 손병권(2003), p. 198.

282 Sarah McCally Morehouse and Malcolm E. Jewell, *State: Politics, Parties, & Policy*, 2nd., ed. (New York: Rowman & Littlefield Publishers, Inc., 2003), p. 129.

②예비선거제는 정당 기능의 실질적인 약화를 가져왔다. 중앙당 조직은 주당에서 공직 후보를 지명하고 선거를 치르기 때문에 보조기구 수준으로 전락하고 만 것이다. 그 결과 정당은 당원이 지도부를 선출하고 업무를 결정하는 시민사회의 사적인 조직이 아니라 준공공조직, 준정부조직이 되었다.[283] 정당조직에 의한 후보지명 통제권을 행사할 수 없으며, 선거 과정의 정당조직에 의한 지배가 후보자 중심으로 변화하는 체계가 되었다. 정당의 민주화 결과 선거전문가정당으로 변모된 것이다.

③정당조직은 선거기간에만 활동하고, 각급 선거구에 따라서 자율적인 계층적 위원회로 구성된 느슨한 연합체로 변모하였다. 지도부가 분산되어 상원, 하원, 중앙당 본부, 전국위원회, 전국중앙집행위원회, 군 위원회 등 어디에도 당의 중심이 되는 조직은 존재하지 않는다. 이러한 당내 권력 분산은 당 지도부가 당을 통일적으로 통제하는 것을 불가능하게 만든 동시에 책임소재가 불분명하여 일반 당원이나 지지자가 당 지도부를 통제하는 것도 어렵게 되었다.[284]

④예비선거제는 천문학적인 비용이 소요된다. 당 대회를 통하여 후보를 선출하는 것에 비하여 경선 비용이 많이 소요된다. 예비선거와 본 선거 등 사실상 두 차례의 선거를 치르는 것이나 다름없기 때문이다.

⑤예비선거제는 엉뚱한 결과를 초래할 가능성이 있다. 예를 들면 정당의 지도자나 조직에 대하여 적대감이 있는 후보, 정당의 정강 정책이나 프로그램을 반대하는 후보, 정당 지도자가 마음속으로 생각하는 대중적 이미지와 결이 다른 후보, 그리고 의도했든 그렇지 않았든 엉뚱한 후보가 선출될 가능성이 있어 정당을 매우 곤란한 지경에 빠뜨릴 수 있다. 또한, 지역, 종족, 종교, 인종 또는 민족 집단의 분포와 다르게, 예를 들면 ㉮ ㉯ ㉰ 세 집단 중 ㉮집단만을 대표하는 후보가 예비선거에서 선출될 가능성이 있다. 후보를 내지 못한 ㉯ ㉰ 두 집단이 합세하여 본선에서 다른 후보를 지지하게 되면 그가 더욱더 강

---

283 박찬표, "한국정당 민주화론의 반성적 성찰", 「사회과학연구」 제11집, 서강대학교(2003), p. 156.
284 박찬표(2003), p. 156.

력한 후보가 될 수 있을 것이다. 그리고 예비선거 결과 지명이 확정된 후보는 예비선거 투표 참가자의 20~30%에 불과한 지지를 받았기 때문에 본선에서 전체 유권자들에게 호소할 준비가 미흡할 수도 있다.[285] 보통 예비선거에는 유권자의 약 20%만이 참여하는 것으로 나타나고 있다. 더구나 폐쇄형 예비선거의 경우 결과에 영향을 미치는 수준은 아니겠지만 허위 등록당원(false identification by registration)이 후보 선출과정을 어지럽힐 우려도 있다. 본선에서 자당 후보가 상대하기 쉬운 후보 선출을 위해서 당원을 허위로 등록하여 본선 경쟁력이 약한 후보를 지지하는 역 선택 가능성도 있다.

예비선거제도는 몇 가지 문제점이 있음에도 불구하고 연방국인 미국의 민주주의 가치와 상징을 보여주는 성공적인 후보 선출방식이라고 평가할 수 있을 것이다. 미국의 정치체제에 잘 부합되는 제도라고 볼 수 있다. 공직 후보를 소수의 정당 지도자가 코커스에서 지명하거나 당 대회에서 결정하던 방식을 개방형 예비선거제로 대치한 것은 미국 정당의 분권화를 획기적으로 이룩했다고 평가할 수 있다. 부패와 보스가 지배하던 후보지명 방식을 탈피하고 더 많은 참여를 보장하는 제도임이 분명하다.

(3) 프랑스

프랑스는 제5공화국의 등장으로 의회의 강력한 권한은 국민으로부터 직접 정당성을 부여받은 대통령에 의하여 제한되면서 정부는 대통령이 주도하는 구조를 만들어 냈다.[286] 또한 자유주의, 공화주의, 사회주의, 공산주의, 민족주의 등의 정치문화가 병존하며, 사회적 쟁점들에 대하여 계급이나 개인의 합리적 선택에 따라 좌우되는 것이 아니라 정치문화라는 매개를 통하여 이루어지는 독특한 구조를 지니고 있다. 정당은 우파인 공화파와 좌파인 사회당 구조가 형성되어 있다.

---

285   Frank J. Sorauf and Paul Allen Beck, *Party Politics in America*, 6th ed. (Glenview: Scott, Foresman and Company, 1988), pp. 256~258.

286   프랑스 정당의 민주화에 대하여 다음을 참고하였음. 홍태영, "일반의지의 실현으로서의 국가 그리고 그 거울로서 정당: 프랑스 정당정치와 정당 민주주의", 「사회과학연구」 제11집, 서강대학교(2003), pp. 37~58.

1) 드골주의 정당

공화파인 드골주의 정당은 드골, 퐁피두, 시라크로 이어지는 강력한 대통령을 중심으로 당의 결집이 이루어진다. 정당은 일부분을 의미하기보다는 결집의 성격을 지니고 있어 지도자를 중심으로 단결한 집단임을 보여주고 있다. 당의 구조는 국가의 행정적 · 정치적 구조를 반영하는 민주집중제의 원리에 따랐으며, 지구당위원회, 도당위원회, 전국평의회 그리고 정치국으로 구성되어 있다. 당의 총재는 전당대회에서 선출한다. 하지만 당의 공식적 체계는 중앙의 통제를 강화하고 있다. 총재는 서기장을 임명하고, 서기장은 도당위원회 서기장을 임명하며, 도당위원회 서기장은 서기국의 서기들에 대한 임면권이 부여된다. 지구당 수준도 마찬가지다. 지구당과 도당에는 위원장과 서기장이 있는데 위원장의 경우 일반적으로 국회의원이며, 중앙당에 의해 임명된 서기장은 의제와 재정을 담당한다. 중앙당에 의한 지구당과 도당의 통제를 위한 조치라고 볼 수 있다. 공화국 연합의 당 구조는 중앙당에 의하여 통제되고 있는 셈이다. 드골, 퐁피두 이후 등장한 시라크에 대해 당내 어떠한 반대도 존재하지 않으며, 시라크의 영향력에 따라서 당 중앙위원뿐만 아니라 총리와 내각이 임명되었다.

공직 후보의 경우 당 규약에 따라서 전국평의원회에서 임명된 중앙위원회에서 공식적으로 공천권을 가지고 있다. 실질적으로 공천권은 선거전문가로 구성된 일종의 특별위원회에 의해서 행사되며 공천의 중요한 기준은 지역 명사들의 선호도에 따른다는 것이다. 우파주의 정당들은 전통적으로 지방의 명사들에 기반을 둔 정당이라는 사실이 작용하는 것이다. 드골주의 정당은 당내 민주화는 중앙당의 강력한 영향력과 집중제를 특징으로 한다고 평가할 수 있다.

2) 사회당

당 내부 기본구조는 5~250명에 이르는 지부(section)가 있으며, 지부는 도당위원회와 당 대의원대회에 대표자를 선출하여 파견한다. 대의원대회는 2년마다 개최되는 전당대회에서 다루게 될 의제와 정책들을 결정한다. 전당대회는 당의 지도위원을 선출하고, 지도위원회는 당의 집행국과 당서기를 선출한다. 당 지도위원회를 선출하게 될 대의원의 숫자는 지구당의 당원 수 비례에 따르기 때문에 당내 각 분파와 연계성을 가지게 된다. 사회당은 유럽의 다른 사회당과는 달리 노조의 영향력이 미미하지만, 탄생부터 다양한 분파들이 존재했다. 분파들은 독립적인 조직을 운영하고 있다. 따라서 분파 간의 관계를 통해 당의 정책을 결정하고 당을 운영한다. 당의 지도자나 공직 후보 선출 등 당의 중요한 정책 결정은 분파 간 연합과 견제를 통해 이루어진다. 상황에 따라서 분파 간 세력이나 영향력의 변화가 생기기 때문에 당의 전반적인 정책은 분파 간 관계를 통하여 결정된다. 분파 간 경쟁과 자율적이고 활발한 정책과 이념에 관한 토론 등이 집중주의를 방지하며 당내 민주화의 실질적인 기제로서 작용한다고 평가할 수 있다.

(4) 독일

독일의 순수 의회민주주의는 독일 정치체제의 기능성을 대변하는 '총리 민주주의'를 발전시켰다.[287] 총리는 의회가 선출한다. 정당과 정부, 의회 다수가 강한 이념적 정체성과 당의 정체성, 이를 토대로 정책의 일관성과 정치의 통일성을 유지하는 정치체제 아래에서 정당은 국가 정치 활동의 중심에 놓여 있다. 독일 정당의 주요한 특징은 무엇보다 오랜 전통을 꼽는다. 하지만 정당에 대한 논의는 제2차 세계대전 이후 독일연방공화국의 중심적인 지위를 획득하여 주요한 정치 주체나 행위체로서 위상을 부여받았다. 하지만 독일은 정당민주주의에 대한 위기라고 진단하고 있다. 그 이유는 현 독일 양대 정당이 직면하고 있는 당내 민주주의 강령정당, 당원정당과 유권자 정당의 문제점, 구체적으로 '선택의 여지가 없는 정당정치의 대의제 원칙'과 관련된 구조적 결핍 현상, 과거 이념 정당의 정체성 감소 현상 그리고 당원과 유권자 감소와 관련된 구조적 취약 현상을 지적

---

287 독일의 당내 민주주의에 대하여 다음을 참고한 것임. 이경호, "독일 정당민주주의에 대한 고찰", 「국제정치논총」 제45집 5호, 한국국제정치학회(2005), pp. 307~329; 김면회, "정당 민주화와 현대 독일정치: 사회민주당과 녹색당을 중심으로", 「사회과학연구」 제11집, 서강대학교(2003), pp. 59~84; Thomas Poguntke, "Basisdemokratie and Political Realities: The German Green Party", in Lawson (1994), pp. 3~22.

하고 있다.[288]

정당의 민주적인 내부 질서를 독일만큼 법률적으로 규범화한 경우는 드물다. 「기본법」 21조에 의하면 "정당은 국민의 정치적 의사 형성에 있어 협력하는 역할을 담당한다. 정당설립은 자유다. 정당의 내부 질서는 민주적 기본특징에 상응해야 한다"고 되어 있다. 의회민주주의 발전을 위해서 필수적 존재인 정당의 운영은 민주적이어야 한다는 사실을 기본법에서 명시하고 있다. 「정당법」 8조는 기본적으로 의사결정 방식에 있어 아래로부터 위로의 절차를 규정하고 있으며, 당원 또는 대의원 총회가 각각의 지역조직의 최상위 기관임을 명문화하고 있다. 상향식 의사결정을 법적으로 보장하는 것이다. 당의 지도부 선출 역시 정기적으로 당원의 의지가 당 조직을 통해 대변될 수 있도록 하고 있다.

독일은 「정당법」에 공직 후보의 상향식 선출 원칙을 규정하여 의석 과반수에 해당하는 지역구 의원은 지역구 하위조직 대표 20~25명이 참여하여 선출한다. 나머지 과반수인 정당명부식 비례대표 후보는 주별 약 250명의 대표가 참여하여 비밀 투표로 순위를 결정한다. 독일 정당은 연방조직-연방 전당대회, 주 조직-주 전당대회, 지역조직(시·군·구)-지역 대의원회의, 기초자치단체(읍·면·동)-당원 회의 등의 구조를 유지하고 있다. 연방국의 토대 위에서 정당의 조직도 지역 분산화를 유지하고 있다. 최초 당의 의사결정은 기초자치단체 단위에서 당원 중심으로 구체적인 토론과 합의를 거쳐 상향식으로 이루어지지만, 상위구조로 올라갈수록 당원이나 유권자가 공직 후보 추천 등에 직접 참여하는 것이 아니라 대의원 중심으로 이루어지고 있다. 선택의 여지가 없는 정당정치의 대의제 원칙은 당원이 아닌 대의원에게 의견수렴과 정책 결정의 권한이 집중될 수 있고 또한 선별된 엘리트와 계층 간의 이해와 정치적 목적에 따라 당원 전체의 의견이 왜곡될 수 있다는 문제점을 안고 있다는 지적이다.[289]

정당정치의 대의제 원칙은 당원 중심이 아닌 대의원 위주로 정당의 주요한 정책이 결

---

288 이경호(2005), pp. 308~309.

289 이경호(2005), p. 311.

정되고 있다. 대의제도 대표적인 민주적 참여방식의 하나이기 때문에 결국 당원의 의지가 정당의 주요 정책 결정에 반영된다고 볼 수 있다. 당내의 구체적인 민주적 절차와 과정을 통해 사회와 국가의 의지를 취합하고, 그것을 정당의 의지로서 국가에 전달하는 과정을 거치고 있다. 결국, 정당은 다양한 계층 간에 첨예하게 대립하는 이해관계를 민주적 절차를 밟아 조정·완화·통합하고, 이를 집약하여 국가정책에 반영, 실행에 옮기는 것이다.[290]

1) 사민당

사민당은 독일 정당 중에서 당원이 가장 많고, 당 조직의 하위 단위인 현장 조직체(ortsverein)도 가장 많이 보유하여 대중정당으로서 면모를 보여주고 있다. 하지만 제도적으로 정당의 민주화에 대한 명문 규정이 있음에도 불구하고 정치엘리트의 충원과 정책 결정 과정에서 소수에 의한 일방성, 과점성, 폐쇄성은 논란의 대상이 되고 있다. 거대정당화에 따른 과두제의 등장과 정치엘리트 충원 과정의 비민주성, 정치참여의 협소화 등이 당면과제라고 볼 수 있다. 한마디로 당원들의 영향력이 극히 제한적이라는 것이다.

2) 녹색당(GRÜNE)

녹색당을 중심으로 독일 정당의 민주화 문제가 1980년대 이후 제기되었다. 시민의 자율운동에서 출발한 녹색당은 4대 원칙으로서 ①생태 ②사회 ③풀뿌리 민주주의(basisdemokrate) ④비폭력주의 등을 제시하였다. 녹색당의 파격적인 민주적 이상은 기존 독일 정당에 상당한 도전요인으로 작용하였다. 녹색당은 정당조직 내의 풀뿌리 민주주의를 실현하기 위해서 노력하였다. 풀뿌리 민주주의를 분권화에 의한 직접민주주의라고 인식하고, 하위조직의 자율성과 당원이나 지지자들의 모든 조직 활동 참여 기회를 최대한 보장한다는 원칙을 창당 당시부터 지키려고 하였다.

당의 민주화와 관련된 기본원칙은 풀뿌리 민주주의의 개념에 포함되어 있다. 풀뿌리 민주주의란 분권적이고 직접민주주의의 실현을 의미한다. 정치적 주도권은 항상 아래로

---

290   이경호(2005), p. 326.

부터 시작되어야 하며, 정당의 고위 간부들은 일선 당원과 항시적 커뮤니케이션을 유지해야 한다는 것이다. 처음부터 정당의 구조를 개인 당원과 하위조직 단위가 최고 수준의 의사결정에 직접 참여할 수 있는 기회를 제공할 수 있도록 설계했다. 정당의 일선 조직에 대한 광범위한 자율성 부여는 물론 자치행정권과 지역과 주와 연방 차원의 당원투표제 도입을 통하여 당의 상층부와 토대의 이완 현상을 방지하고 당의 의사결정 구조를 통하여 결정된 내용을 자당 의원들을 통해 굴절 없이 정책에 반영하는 메커니즘을 의미한다. 녹색당은 당내 기관 간의 기능적 역할 분담과 중앙과 하부조직 간의 권한 배분이 잘되어 있다. 분권적인 당 조직과 풀뿌리 민주주의에 높은 가치를 두고 있어 현장, 지역, 주 조직체에 가능한 최대한의 자율성을 부여하고 있다.

풀뿌리 직접민주주의 실현을 위하여 몇 가지 분권화 조치도 취했다.[291]

①집단지도체제를 채택하였다. 3명의 의장을 선출하여 대외적으로 분담된 영역을 대표하도록 하였으며 임기 제한과 겸직 금지 조치도 취했다.

②녹색당 직업정치인 계급(class of Green professional politicians)의 출현을 방지했다. 녹색당 엘리트는 언제나 보통 당원들과 똑같은 조건에서 경쟁하도록 하였으며, 고위 당직자들도 당으로부터 물질적 혜택을 받을 수 없도록 했다. 정당의 공식적 권한을 다양한 조직에 분산시켜 아마추어 정치가 언제든지 활동할 수 있는 공간을 마련해 두었다.

③성공하지는 못했지만, 의회에 한정된 기간만 재임토록 하는 '순환 원칙'을 도입했다. 이는 의원이 풀뿌리를 내리지 못하도록 하는 목적에서 도입한 것이다. 의원의 재임 기간을 2년으로 제한하여 잦은 교체가 이루어지고, 의원들의 전문성이 약해지며, 의회의 비공식적 권한은 의원이 아니라 오히려 의회에 관한 절차와 지식을 축적한 의원 보좌진들이 행사하는 결과를 낳기도 하였다.

④녹색당 협의회(Green Party Conference)의 활용이다. 대의원들이 참석하는 협의회 대신 모든 당원이 참석하는 총회를 열기도 하지만 녹색당 협의회가 당 조직의 지배적인 방식

---

291   녹색당의 직접민주주의를 실현하기 위한 다양한 조치에 대한 소개는 다음을 참고한 것임. Poguntke (1994), pp. 6~12.

이었다. 총회나 협의회의 특징은 당의 엘리트들에게 의제 통제나 토론을 조정할 수 있는 공식적인 권한을 주지 않는다는 것이다. 연방 협의회 의장을 추천으로 선정하며, 남녀가 동등하게 연단에 설 수 있는 기회도 부여한다. 기존 정당에 비하여 녹색당원들은 정당 협의회에 참석하여 발의를 통하여 내부 토론에 영향을 행사하는 것이 쉽다. 정당 협의회에서 승인된 발의안은 정당의 정책 진로와 법령 개정 등에 직접 반영된다.

⑤개방의 원칙이다. 공개는 민주주의의 선행조건이다. 기존 정당의 관례와는 달리 녹색당은 인사와 관련된 의제는 예외지만 모든 회의는 일반에게 공개된다. 민주주의의 덕목인 공개는 타협이 쉽지 않다는 대가를 요구한다. 공개된 석상이기 때문에 정당 전체나 소속 계보의 금과옥조 같은 원칙(holy principles)을 배신한다는 비난의 위험을 감수하지 않고 타협안을 제시하는 것이 매우 어렵게 된다. 공개된 회의에서 커뮤니케이션은 비공개토론에 비하여 다른 점이 많다. 논의의 방향은 불가피하게 다른 쪽을 설득하는 노력보다는 공중의 승인을 획득하는 것을 목표로 할 수밖에 없게 된다.

녹색당은 기존의 다른 정당과 달리 풀뿌리 민주주의, 직접민주주의를 실현하기 위한 다양한 방법을 선도적으로 도입하고 실험하였다. 일부 선언적 수준에 그친 것도 있고 의사결정과정의 비효율성도 나타났으며 풀뿌리 민주주의를 실현하는 데 태생적 한계를 노출하기도 하였다. 하지만 반엘리트주의, 참여, 당내 정치문화 등은 기존의 정당에 비하여 의사결정과정에 개인의 참여와 영향력이 더 개방된 것으로 평가할 수 있을 것이다.[292]

(5) 일본

일본 정당은 정치엘리트의 충원이라는 시각에서 보면 상당히 폐쇄적임을 알 수 있다.[293] 민주적 정치 충원을 가로막는 가장 커다란 장애는 개인후원회의 존재 때문이다. 일본은 후보 개별적으로 선거운동 조직인 개인후원회를 운영하고 있다. 현역의원들은

---

292 Poguntke (1994), p. 18.

293 일본의 정당 민주주의에 대하여 다음을 참고한 것임. 김세걸, "일본의 정당 민주주의: 역사·구조·쟁점",「사회과학연구」제11집, 서강대학교(2003), pp. 120~133.

개인후원회를 통하여 선거구 고객들에게 사적 서비스를 제공하고 있는데 그 유형은 민원 해결, 취직이나 융자 알선, 관혼상제 부조, 친목·오락 활동의 제공 등 다양하다. 중의원은 또한 정부의 예산 배분 과정에 간여하여 자신의 지역구 공공사업을 경쟁적으로 유치하고 예산을 확보하여 선거구에 각종 혜택이 돌아가도록 지역구를 관리하고 있다. 후원회에 가입한 기업에 대하여 각종 특혜를 제공한다. 개인후원회는 선거 때는 선거운동 조직으로 가동된다.

개인후원회 제도는 유능한 정치신인의 정계 진출 통로가 제한적이고 의원직의 세습화를 가져오는 부작용을 낳고 있다. 개인후원회를 육성·운영하는데 많은 자금이 소요되기 때문에 현역에게 유리하다. 선거에서는 개인후원회를 통하여 선거운동을 하는 현역의 프리미엄이 매우 많다. 특히 주목할 것은 개인후원회가 의원 자신의 2세에게 상속되고 있다는 사실이다. 선친의 개인후원회를 인수한 2세들은 개인적인 능력과 무관하게 조직화 된 지지를 쉽게 동원할 수 있어서 정계 진출이 수월하다. 의원의 후보 공천도 상향식이지만 각 선거구에서는 현역을 우선하기 때문에 상당히 폐쇄적이라고 볼 수 있다.

개인후원회 중심으로 선거 과정이 진행되어 당 집행부의 통제력은 약해지고 의원 각자의 자율성은 최대한 보장된다는 이점도 있다. 또한, 선거구에서 후보가 치열하게 경합하는 경우 중앙당 집행부에서 조정권을 행사하지만, 파벌에 의한 합종연횡 등이 주요하게 작용한다. 어떤 면에서는 일본 정당 내부의 파벌 간 경쟁이 당내 민주화를 촉진하는 기능을 수행하는 측면도 부정할 수는 없을 것이다.

5. 한국의 현실적인 공천제도

(1) 공천제도 변천 과정

한국정당의 문제점의 하나로 권위주의화·관료화·과두화를 지적한다. 정당은 정치권력을 획득하여 정견을 실현하려는 대표적인 정치조직이다. 정당이 민주주의의 기관차나 시민사회와 정부의 가교 역을 수행하기 위해서는 가장 민주적으로 운영되어야 한다.

정당의 권위주의화·관료화·과두화 상황에서는 민주주의의 기관차나 시민사회와 정부의 가교역할을 효율적으로 수행할 수 없다. 당내 민주화가 이루어지지 않은 상황에서 한국 정치의 민주화를 주장하는 것은 모순이 아닐 수 없다. 그래서 정치개혁의 필요성이 제기될 때마다 정당개혁이 최우선 과제로 등장하고 있다. 대의민주주의를 구체화하는 기제인 정당은 어느 정치조직보다도 가장 민주적으로 운영되어야 한다. 그래서 「정당법」 제1조는 "정당이 국민의 정치적 의사 형성에 참여하는 데 필요한 조직을 확보하고 정당의 민주적인 조직과 활동을 보장함으로써 민주정치의 건전한 발전에 이바지함을 목적으로 한다"고 규정하는 것이다. 민주정치 발전에 이바지해야 하는 정당이 민주적으로 운영되어야 하는 것은 너무 당연한 규정이다. 정당을 비민주적으로 운영하면서 어떻게 민주정치를 발전시킬 수 있겠는가?

그동안 한국정당은 여야를 막론하고 민주정당과 거리가 먼 명사정당 또는 엘리트 간부정당이라는 평가를 받아왔다. 정당 리더십의 사당성과 권위주의 행태 때문에 제왕적 총재라는 비난도 받았다. 과거에는 정당의 변화와 발전이 카리스마적인 1인 보스의 정치 운명에 좌우되었다. 당 총재의 철학이 정당의 이념과 정책 노선이 되었으며, 그들의 정치적 필요에 따라서 정당의 이합집산이 이루어졌다. 정당은 그들의 정치적 야심을 실현하기 위한 전위조직과 같았다. 그래서 한국정당은 특정 정치 지도자를 위한 정치적 머신 정당이라고 비판받았다.

모든 의사결정과정에 전 당원이 참여하는 것은 현실적으로 불가능하여 당대표와 최고위원, 그리고 원내대표를 선출하여 당원의 의사 결정권을 한시적으로 위임하는 것이다. 당의 정책결정권을 위임받은 당대표와 원내대표는 일방적·독단적·패권적인 리더십을 발휘해서는 안 된다. 당내에서 충분한 민주적 토론과정을 거쳐서 의사가 결정되고 집행되어야 한다. 정당의 의사결정 구조를 당대표가 속한 특정 계파가 독점한다면 정당은 분열되어 일체감 형성과 통합 유지가 어렵다. 비당권파로부터 정당의 리더십이 도전받고 또한 분당 시비에 휘말리게 된다. 정당이 단결하고 응집력을 유지하는 최선은 탈권위적·탈계파적인 의사결정에 있다. 정당의 정책은 계파중심의 계파에 의한 계파를 위한 것이 아니라 당원에 의한 당원의 당원을 위하여 결정되어야 한다. 정당의 최고 지도자는 계파의 수장이 아니기 때문에 초 계파적 통합적 리더십을 보여야 한다. 의사결정과정이 개방적이고 투명할 때 당내 화합은 물론 국민의 신뢰를 얻는 데 도움이 될 수 있을 것이다.

민주화가 상당히 진척되고 카리스마적인 명사가 없는데도 불구하고 정당의 운영체계가 아직도 권위주의적이란 비판을 받고 있다. 정당의 권위주의적 운영을 예방하기 위해서 집단지도체제 도입, 당대표와 원내대표 간 기능 분화, 당권과 대권 분리, 대통령의 명예직 이외의 당직 겸임 금지 등의 제도를 도입하였다.[294]

정당의 공천제도에 관하여 헌법에는 명시적 규정을 두고 있지 않지만, 민주적인 정당 공천과 관련된 선언적 내용이 포함되어 있다. 「헌법」 제8조 제2항은 "정당은 그 목적·조직과 활동이 민주적이어야 하며, 국민의 정치적 의사 형성에 참여하는 데 필요한 조직을 가져야 한다"고 명시하였다. 「공직선거법」 제47조 ②항에 정당이 공직 후보자를 추천하는 때에는 민주적인 절차에 따라야 한다고 규정하였다.

정당은 민주적 거버넌스를 위한 필수적인 정치조직이다. 당내 민주적 거버넌스 실현의 핵심은 공직 후보 결정에 있다. 정당의 정책 결정 중에서 가장 핵심적이고 중요한 것이 공직 후보를 공천하는 것이다. 정당의 주인은 당원이기 때문에 공직 후보 결정 과정에 당원의 의사가 반영되는 것이 민주주의 원리에 부합된다. 하지만 공직 후보 결정권을 오랫동안 권위주의적인 대표(총재 또는 당수)나 소수의 정당 지도자가 일방적으로 행사하였다. 전형적인 하향식 공천방식으로 이루어졌다. 밀실에서 정당의 보스에 의하여 이루어지는 공천의 비민주성이 지적되면서 임명된 비선출직의 소수 공천심사위원회의 심사를 거쳐 당무회의 의결과 당대표의 최종 승인으로 공직 후보가 결정되었다. 이 또한 문제가 한두 가지 아니었다. 무엇보다도 공천심사위원장이나 심사위원을 당대표의 의중을 최대한 반영할 수 있는 측근 인사를 임명하여 무늬만 공천심사위원회일 뿐 사실상 대표

---

294 홍득표, "민주정치 발전과 야당", 「60년 역사를 넘어 100년 정당으로」, 새정치민주연합 창당 60년 기념 심포지엄, 국회의원회관 제1 세미나실(2015.9.17.)

의 의지를 대행하는 기구나 형식적인 요식에 불과하였다. 대통령이나 당대표의 사당화를 위한 낙하산 공천이 아직도 커다란 문제가 되고 있다. 공천헌금 등 공천 비리는 사라졌으나 계파 간 공천 지분 싸움 등으로 선거를 앞두고 모든 정당이 공천 후유증에 시달리고 탈당 사태를 낳기도 하였다.

유권자들은 정당에서 공천한 후보가 모두 마음에 들지 않더라도 누군가는 골라야 하는 차선의 선택을 강요받지 않을 수 없었다. 공직 후보 결정의 전환점은 2000년 6월 8일 재·보궐선거에서 당원들이 참여하는 상향식 공천제도가 처음 시도된 데서 찾을 수 있을 것이다. 그리고 2002년 2월, 제16대 대통령 선거를 앞두고 새천년민주당이 정당사상 처음으로 국민경선제를 도입하였다. 종래의 권위주의적 하향식 성격이 짙었던 공직 후보 결정 방식을 탈피하고 당심 50%와 민심 50%를 동시에 반영하는 제도를 도입한 것이다. 정당의 공직 후보 선출과정에 최초로 일반 국민에게 참여기회를 제공한 것이다. 국민경선제의 도입은 대통령 후보 공천과정에 혁명적인 변화를 가져왔다. 매우 신선한 충격이 아닐 수 없었다. 한국 정치사상 최초로 일반 국민도 공천과정에 참여하는 상향식 국민참여경선제가 도입되기에 이르렀다. 한국정당사의 공천제도를 획기적으로 전환한 일대 사건이라고 평가할 수 있을 것이다.[295]

「공직선거법」 제57조의2 ①항은 정당은 공직선거 후보자를 추천하기 위하여 당내 경선을 할 수 있다고 하면서, 제57조의3 ①항에서는 정당이 당원과 당원이 아닌 자에게 투표권을 부여하여 실시하는 당내 경선의 운동 방법에 몇 가지 제한사항을 두었다. 당내 경선에 당원이 아닌 일반 국민도 참여할 수 있는 길을 공식적으로 선거법에 명시한 것이다. 모든 정당이 경쟁적으로 민주적인 상향식 공천제도를 도입하고 있다.

정당마다 경선 규정에 따라 일반 국민에게 개방하는 방법과 수준은 다르겠지만 당내 민주화의 핵심과제인 상향식 공천제는 이제 되돌릴 수 없는 시대적 요청이 되었으며, 거역할 수 없는 대세로 자리 잡기에 이르렀다.

---

295 홍득표(2015)

정당의 공직 후보 결정권의 소재를 제도적으로 폐쇄형에서 민주 방식인 개방형을 보장하게 되었다. 이는 시대적 산물인 동시에 정당 자체의 생존을 위한 불가피한 선택이란 측면이 강하다. 민주화가 가져온 가장 대표적인 특징 중의 하나가 사회 모든 분야의 의사결정과정에 구성원의 참여가 확대된 것이다. 심지어 대학 총장도 직선으로 선출하는 등 사회 전반적으로 구성원의 의사결정 참여가 일반화되는 사회적 변화에 부응하기 위해서 민주적이어야 한다는 사실을 공식적으로 제도화했을 뿐만 아니라 모든 정당이 생존 차원에서 고육지책으로 선택한 것이 정당의 민주화라고 볼 수 있다. 밀실에서 이루어졌던 과두제의 철칙이 대중적 정치참여의 확대라는 시대 변화에 밀려난 것이다. 또 다른 하나는 정당의 지지기반이 지역주의에 기초한 상황에서 한 지역에만 의존하여 정치권력을 획득한다는 것은 사실상 불가능해졌을 뿐만 아니라 특정 정당이나 정당 지도자에 대한 국민적 불신이 매우 큰 상황에서 이를 타개하는 방안으로 과감하게 정당의 민주화를 추진하게 된 것이다.

당원에 의한 공천방식도 당원의 저조한 참여율과 당비를 내는 극소수의 진성당원, 불공정 경쟁, 정당 내분, 경선 불복과 탈당 등의 문제점이 지적되고 있다. 또한, 모든 정당이 전국에서 동시에 국민참여경선을 시행할 때 조기 선거 과열 분위기 조성, 수백 회에 이르는 경선 관리의 어려움, 경선 비용 등등의 많은 문제가 지적되고 있다.

하지만 상향식 공천제도의 도입은 제왕적 당대표의 1인 지배구조 해체와 민주적인 지도체제 발전을 촉진하는 요인이 되었다. 당대표의 당직 임명권, 국회직 추천권, 정치자금 관리 및 배분권, 공직 후보 공천권 등 무소불위의 권한을 행사하던 1인 지배의 사당적 정당구조가 변화의 전기를 맞이하게 되었다. 정당의 리더십도 합의형 집단지도체제로 바뀌고 주요 당직은 당원이 직접 선출하는 등 당내 민주화 과정을 밟게 되었다.

(2) 당심과 민심 반영의 국민경선제

한국의 현실에 맞는 공직 후보 공천제도는 어떤 것이 좋을까? 다수당이 되어 입법권을 행사하기 위해서 단 한 석의 의석이라도 더 많이 당선시키는 것이 정당으로서는 무엇보다 중요하다. 당연하게 경쟁력 있는 후보를 발굴하여 선거에서 이길 수 있는 공천이 이루어져야 한다는 것은 재론의 여지가 없다. 이기는 공천 이외에 공천방식에 왕도가 없지만, 국민을 위해서 일할 수 있는 인재를 발굴하고 더 나아가 대통령이나 당대표 측근을 낙하산식으로 내리꽂는 사천(私薦)을 원천적으로 봉쇄하는 것이 공천제도 개혁의 핵심이다. 그렇다고 미국식 예비선거제를 도입하는 것은 신중해야 할 것이다. 미국의 예비선거제도의 장단점에서 살펴보았지만, 한국 정치에 적용하기에는 현실성이 부족하다.

당내 민주화의 핵심은 공직 후보 선출과정의 참여자를 어느 선까지 개방하느냐 하는 것이다. 일반 국민을 정당의 공직 후보 선출과정에 참여시키는 것이 최선이라고 주장한다. 공직 후보 결정 과정에 참여자 수를 확대하는 것은 민주정당을 지향하는 하나의 기준이 될 수 있을 것이다. 또한, 공직 후보의 조직 결정형(party dominance model)에서 직접 선출형(plebiscitary model)으로 바꾸는 것이 시대적인 요청이라고 볼 수 있다. 하지만 예비선거제의 단점도 많다. 특히 사실상 전국적으로 두 번의 선거를 치르는 결과를 가져와 막대한 경선 비용과 선거 과열이 우려된다. 정당의 주요 의사결정과정에 일반 유권자를 참여시키면 당원의 입지나 정당의 역할과 기능 축소, 정당의 통제력 약화, 대표성 문제, 이념적 정체성의 약화, 현역이 유리한 현직 효과(incumbency effect) 등을 초래할 우려가 있다.

예비경선제를 도입하는 것보다는 공직 유형별로 다른 공천제도를 채택할 수 있을 것이다. 먼저 대통령과 광역자치단체장 후보는 당심 30~50%와 민심 50~70%를 반영한 국민경선제가 적합할 것이다. A당은 대통령 후보자는 대통령선거인단 유효투표 50%와 여론조사 50%를 반영하여 선출한다. B당은 대통령 후보자의 선출은 진성당원 50% 이하와 일반 유권자 50% 이상을 반영하여 선출한다.

당심과 민심의 반영비율은 정당의 내부 사정에 따라 당헌이나 당규로 정할 수 있을 것이다. 참여자의 구성비 못지않게 중요한 것은 수많은 당원과 국민을 예비선거에 직접 어떤 방식으로 참여시키느냐 하는 것이다. 타운 미팅이 불가능한 상황에서 비용이나 경선 관리가 보통 어려운 일이 아니다. 일부 진성 당원의 현장 투표는 가능하지만, 일반 유권자들이 한곳에 모이는 것이 불가하여 여론조사 방식을 채택하고 있다.

사회조사방법론과 여론조사 기법이 개발되고 그 정확도가 높아진다고 해도 여론조사를 공직 후보 결정에 활용하는 것은 바람직하지 않다. 국가의 주요 공직 후보자를 여론조사로 결정하는 것에 원칙적으로 반대하지만 마땅한 대안이 없는 현실에서 어쩔 수 없는 일이 아닐 수 없다. 다만 여론조사 결과에 대한 국민의 신뢰를 높이고 경쟁자 간에 공정성과 투명성이 보장되는 게임이 이루어질 수 있도록 진행되어야 한다. 당에서 주관하는 여론조사는 편향적인 여론조사 업체를 선정하거나 결과를 조작 또는 마사지한다는 의구심이 제기된 적도 있어 공신력에 흠결이 있다. 여론조사 문항을 특정 후보에게 유리하도록 편파적·의도적으로 설계하거나 유도성 질문으로 불공정성 시비를 낳기도 한다. 여론조사의 공정성, 객관성, 투명성을 높이기 위해서 복수의 여론조사기관에 의뢰하고 중앙선거관리위원회에 위탁하는 방안을 적극적으로 검토해야 할 것이다. 공공단체 등 위탁 선거에 관한 법률에 따라서 조합장 선거를 중앙선관위에서 위탁관리하고 있는 사례를 참고할 필요가 있다.

문제는 지역구 국회의원 후보자의 공천에 있다. 국회의원 선거구가 250개 넘기 때문에 전국적으로 거의 비슷한 시기에 국민경선을 치르는 것은 비용과 관리 면에서 보통 어려운 일이 아니다. 국회의원 후보자는 전체선거구의 10% 안팎에서 공천심사위원회에서 전략적으로 공천하고, 나머지 90%는 국민경선(여론조사)을 통한 결정을 제안한다. 10% 안팎의 전략 혹은 우선 공천을 제안하는 것은 대통령이나 당대표 측근을 배려하라는 의미가 아니고 당에서 정말 필요로 하는 인재를 영입하라는 취지에서 공간을 열어두자는 것이다. 국민과 정당을 위해서 꼭 필요한 인재인데도 불구하고 국민경선 참여가 현실적으로 어려운 경우에 특별하게 배려하라는 것이다.

가장 큰 문제는 중앙당 공천관리위원회 구성의 객관성과 공정성을 어떻게 담보하느냐에 있다. 공천관리위원회 구성과 관련하여 여러 가지 규정을 두고 있지만 당대표의 뜻이 100% 반영될 수밖에 없는 것이 현실이다. 공천심사위원 구성 권한을 실질적으로 당대표가 행사한다. 당대표 측근이나 당대표의 의중을 잘 아는 인사를 대거 공천심사위원으로 임명하여 당대표가 원하는 인사를 국회의원 후보로 공천하는 것이 항상 문제가 되었다. 또한 공천심사위원회 대신 당대표의 비선조직이 막후에서 공천과정을 은밀하게 주도하여 사천 논란이 불거지기도 한다. 당대표가 공천권을 행사하기 때문에 의원들에게 막강한 통제력을 행사하는 것이 현실이다. 제왕적 당대표가 공천권을 실질적으로 행사하는 것이 의원들을 꼭두각시로 만드는 원인이 되고 있다. 의원들은 당대표의 눈치를 살피고 소신껏 의정활동에 임하지 못하며 당론에 무조건 복종하는 거수기 노릇을 하게 된다. 공천 시기가 임박하면 줄서기가 횡행하고 살생부 명단이 나도는 등 아직도 권위주의적인 구태를 벗어나지 못하고 있다. 또한, 당내 계파 간 나누어 먹기식이나 당내·외 유력 인사들의 영향력을 완전하게 배제하기도 어렵다. 그래서 공천심사위원 대부분을 당외 인사로 구성하되 학회, 언론인협회, 대한변협, 종교단체 등의 추천을 받는 방법도 고려할 수 있을 것이다.

지역구 우선 공천 10% 안팎을 제외한 나머지 90%는 국민경선을 통하여 국회의원 후보자를 선출하되, 몇 가지 방향을 제시하고자 한다.

①경선 관리는 시·도당에 설치하는 '국회의원 후보 국민경선 관리위원회'가 주관한다.

②국민경선의 참여 비율은 당원 20~30%와 일반 유권자 70%~80%로 한다. 당원의 비율을 낮춘 것은 오랫동안 지역구와 당원을 관리했던 현역이 감점을 받고, 신인에게 가점을 주더라도 일방적으로 유리하기 때문에 형식적인 국민경선이 될 우려가 있고, 신인의 진입장벽을 낮추기 위한 것이다.

③여론조사는 대통령이나 광역자치단체장 후보 경선과 마찬가지로 중앙선거관리위원회에 위탁하여 관리·진행하되, 복수의 여론조사기관에 의뢰한다.

④국민경선은 국회의원 선거일 90일 이전에 마무리한다. 공천 시기를 앞당기는 것은 유권자에게 공직 후보를 좀 더 일찍 선보여 충분한 검증기회도 갖고, 200여 곳 이상에서 치르는 국민경선 관리에 시간적 여유를 제공하기 위한 것이다.

마지막으로 광역자치단체 의회의 의원과 기초자치단체장과 기초의원 후보자에 대한 정당 공천배제 제안에 동의한다.[296] 광역의회나 기초의회가 주민을 위한 민생정치가 정쟁의 장이나 중앙 정당정치의 축소판과 같은 부작용을 낳고 있기 때문이다.

(3) 국민경선 공천제도 정착 방안

「헌법」과 「공직선거법」 등에 민주적 공천을 명문화하고 당헌·당규에 규정하고 있지만 전반적으로 이행되지 않고 있다. 아직도 정착단계에 이르지는 못하였다. 중앙선거관리위원회의 2005년도 공직 후보자 선출현황에 의하면 경선 20.3%, 추대 19.2%, 임명 8.1%, 기타 52.2%로 나타났다. 2021년 통계에서도 경선 선출, 지명·임명, 전략공천, 당대회 추대, 기타 등의 비율이 골고루 분산되어 있다. 경선을 통하여 공직 후보를 추천하는 비율이 아직도 낮다고 볼 수 있다. 자발적으로 따르지 않는 정당에 대해서 제도적으로 정당의 민주화, 특히 공직 후보의 추천에 있어서 상향식을 명문화하고 강제 규정을 두는 게 필요하다. 정당의 공직 후보자 추천을 민주적 방식인 상향식으로 강제하기 위하여 법적인 제재방안을 검토할 필요가 있다.[297]

①선거무효 판결제도의 도입을 검토할 필요가 있다. 당내 민주화와 관련하여 각종 법령상의 민주화 요청을 위반한 정당공천이 이루어지고 이를 기초로 선거가 치러지면 당해 선거를 무효로 하는 사법적 제재 방법의 도입을 고려해 볼 수 있을 것이다. 1991년 6월 2일 시행된 독일의 함부르크시의회 선거를 위한 기민당(CDU)의 후보 명부에 대하여 대의원대회가 특정 후보를 선택적으로 거부할 수 없게 만들었다는 이유로 헌법재판소에서 무효라고 판결한 사례가 있다.

②후보자등록 신청 시 비민주적인 공천후보자의 등록을 거부하는 방안도 검토해 볼 수 있을 것이다. 독일의 경우 정당이 공직 후보를 추천하는데 비밀 투표로만 결정하도록

---

296 지방선거의 정당 공천배제에 대한 논의는 다음을 참고할 것. 김해원, "지방선거에서의 정당공천제도 – 비판적 검토와 대안을 중심으로", 「헌법학 연구」 제28집 2호, 한국헌법학회(2022), pp. 219~264.

297 당내 민주화의 강제를 위한 법적제재의 구체적인 방안에 대하여 다음을 참고할 것. 계희열·김선택·장영수(2000), pp. 48~50.

법적으로 요구하고 있으며, 추천장과 함께 구체적인 선출 방법을 제출하도록 요구하고 있다. 한국도 독일의 예와 같이 비민주적 과정을 통하여 공천된 후보는 선관위에서 등록을 거부할 수 있도록 규정하면 정당공천의 민주화가 실현될 수 있을 것이다.

제도보다 더 중요한 것은 비민주적인 방식으로 공천된 공직 후보에 대하여 국민이 선택의 대상에서 배제하면 된다.

제5절 고비용 정당조직 축소

1. 정당조직의 근간

정당조직 모형과 관련하여 앞에서 듀베르제, 엡스타인, 파네비앙코 등이 주장한 접근법을 살펴본 바 있다. 정당조직 유형은 상대적인 측면이 강하다. 상대 당과의 선거 경쟁에서 승리하기 위해서 정당조직의 유형을 선택한다. 중앙당이 생긴 것은 투표권의 확대로 질보다는 양적인 지지 획득과 대중동원의 필요성이 증대되고, 소수에 의존하던 정당정치 자금원의 확대 등이 필요했던 대중정당의 출현과 관련이 있다. 중앙당은 일선 지지기반을 확충하고 정치와 선거 활동의 보호막(umbrella for the political/electoral activities) 역할을 하기 위해서 결성된 것이다.[298] 중앙당의 성공적인 존속과 운영에 필요한 자원을 지원받기 위해서 일선의 지역조직이 필요했다. 대중정당 모형에서 중앙조직은 결국 일선조직을 관리하기 위한 것이다.

정당조직에서 선거경쟁모형의 적실성에 대하여 이의를 제기하기 곤란하지만, 한국의 정당조직은 선거에서 승리하기 위해서 꼭 필요한 최적 구조만을 유지한다고 볼 수 없다. 웨어가 주장하고 있는 선거정당과 거리가 먼 조직유형을 유지하고 있다. 중앙당을 경량화하고 지구당을 폐지하는 등 구조조정을 하고 있지만 아직도 전형적인 선거정당으로 발전했다고 보기 어렵다.

---

298 Katz and Mair (2002), p. 117.

　　제도적 측면에서 살펴볼 때 종래 한국에서 정당을 창당하는 것은 정당의 내부요인과 밀접한 관련이 있었다. 명사 중심의 창당과 합당, 내부 분파나 세력 갈등에 의한 분당과 해산 등이 빈번하게 이루어져 온 정당 변천사를 기록하고 있기 때문이다. 아직도 정당 내부요인에 의한 새로운 정당의 출현 가능성이 존재하고 있다. 내부 분열과 갈등, 세력 다툼, 이념투쟁, 낙천과 공천 경쟁, 그리고 총선과 대선을 앞두고 탈당, 창당, 정당 간 합종연횡을 위한 이합집산 등이 빈번하게 반복되고 있다.

　　정당조직 유형의 변화는 사회학적 접근법에서 이루어지고 있는 것이 사실이다. 정당이 동원할 수 있는 자원 때문에 정당조직유형에 변화가 일어나고 있다. 고비용 저효율 정당구조에 대한 조정이 이루어지고 있다.

　　정당조직은 다음과 같은 세 가지 요소를 중심으로 분석한다.[299]

　　①공직 정당(party in public office)은 정부 속 정당(party in government)을 의미하며, 의회나 정부 등에 충원된 당 출신 인사로 구성된 조직이다.

　　②기반 정당(party on the ground)으로 풀뿌리 조직인 지역조직이나 일선 당원, 후원자, 열성적 지지자 등이 포함된다.

　　③중앙당(party in central office)이다.

　　정당조직을 분석하는 데는 첫 번째 공직 중심의 요인보다는 정당조직의 근간인 두 번째 지역조직과 세 번째 중앙당이 대상이 되고 있다.

2. 외국의 정당조직

(1) 영국

　　영국의 정당은 중앙당, 지구당, 지역조직으로 구분되어 있다. 영국 보수당의 중앙당은 중앙당 이사회(Member of Board)와 보수당선거본부(CCHQ)로 구성되어 있다. 중앙당 이사회는 당의 최고 의사결정 기관이다. 보수당선거본부는 과거에는 중앙당 사무국(CCO)

299　Peter Mair, "Party Organizations: From Civil Society to the State", in Katz and Mair (1994), pp. 1~22.

이었으며, 정치자금 확보, 정책형성, 선거운동을 비롯한 당의 활동 지원, 관심 사안에 대한 지역구와 의회 간 정무 역할을 담당한다. 지구당(constituency party)은 지역구에서 영향력 확보 등의 구실을 하며 규모는 다양하다. 지구당은 회장, 의장, 부의장, 집행위원회 위원 등으로 구성되어 있다. 청년 조직으로 '보수의 미래'(Conservative Future)와 25만 명의 회원으로 구성된 '보수당 여성 조직'(CWO)이 있다.

노동당도 중앙당, 지구당, 지역당이 있다. 중앙당에는 최고 의사결정기구인 전국집행위원회(NEC)가 있다. 중앙당 아래 있는 지구당(CLP)은 의회 의원 후보를 선출하고, 지역당(BLP)은 지역협의회 후보자를 선출한다. 그리고 '노동당 청년 조직'(Young Labour)과 '여성노동당 네트워크'(LWN)가 있다.[300] 당선된 의원으로 구성된 의회 노동당(PLP), 유럽 의원노동당(EPLP), 노동당 회의(LPC), 전국정책 포럼(NPF) 등의 기구가 있다.

영국의 지구당도 선거자금 모금과 공직 후보 선출 등의 기능을 수행한다. 지구당에는 보통 상근직원이 1~2명에 불과하며, 자원봉사자에 의존하거나 비상근인 경우가 많다.[301] 지역 정당조직의 약화는 선거운동 방식의 변화와도 관련이 있다. 지역 정당 수준의 선거운동이 중요하지 않다는 의미는 아니며, 그 방식이 디지털화 되어 지역 정당의 많은 사람이 선거운동에 종사할 필요성이 줄어서 자연스럽게 감축될 수밖에 없었다. 유권자와의 선거 커뮤니케이션 방식이 바뀌고, 선거운동도 전략적인 핵심 의석(key seats)에 집중한다. 선거운동에 대한 전략 수립, 자금모금, 광고, 정책지원 및 정책연구 등과 관련된 업무는 사무직원보다는 선거 전문기관을 활용한다. 당에서 급료를 지급하는 사무직원 대신 전문 컨설턴트를 고용하거나, 한시적으로 정치자금 모금 전문가를 채용한다. 영국의 선거운동 전문화와 싱크 탱크의 활용이 지역정당 조직의 축소를 가져온 것이다.[302]

---

300   중앙선거관리위원회 선거연수원(2021), pp. 199~203.

301   사무직원 현황은 1964/1998년 보수당의 경우 중앙당 97/167명, 지구당 560/221명, 노동당은 중앙당 50/179명, 지구당 248/150명 등으로 나타났다. Webb (2002b), p. 27

302   Webb (2002b), p. 28.

(2) 미국

미국의 정당구조는 〈그림 8-4〉에서 보여주고 있는 바와 같이 중앙당이라고 할 수 있는 전국위원회(National Committee)가 있다. 주 단위에는 주 위원회(state committee), 하원의원 선거구별로 투표구 위원회(congressional district committee), 최하위 조직인 지역별 위원회(local committees: county/city/town/ ward) 등으로 구성되어 있다. 각 위원회는 상설조직으로 중앙집권적인 하향 조직이 아니라 주 위원회와 지역위원회 중심의 상향식 구조로 되어 있다.

〈그림 8-4: 미국 정당조직구조〉

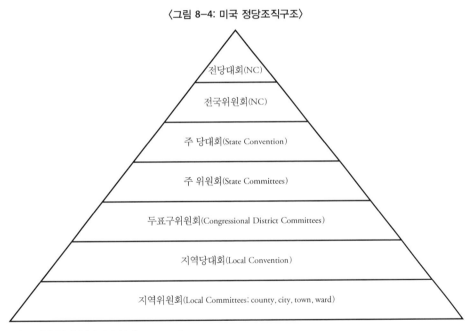

출처) 중앙선거관리위원회 선거연수원(2021), p. 204.

민주당과 공화당은 지역별 위원회와 별도로 연방 및 지역별 선거에서 후보자를 지원하기 위해 주지사협의회(governors association), 상원 선거운동위원회(senatorial campaign committee), 하원 선거운동위원회(congressional campaign committee)와 주 의회 당 소속 후보자의 선거를 지원하기 위한 의회 선거운동위원회(legislative campaign committee) 등을 두고 있다. 각종 위원회는 선거자금 모금, 선거자금 관리, 후보자 발굴, 후보자의 정책홍보, 정책개발, 여론조사, 광고, 열성 지지자 관리 등의 기능을 수행한다.

민주당은 청년 조직으로 1932년 설립된 '민주당 미국대학생연합'(CDA)이 있는데, 대학생의 유권자 등록 독려, 모의 선거, 정치활동가 육성, 지역 정치에 관한 관심 제고 등의 역할을 하며, 47개 주별 연맹 및 전국에 약 500개의 지부가 설치되어 있다. 여성 조직으로는 1971년 설립된 '전국민주당여성연합'(NFDW)이 있다.

공화당의 청년 조직은 1892년 설립된 '공화당 전국대학생위원회'(CRNC)가 있는데 전국 약 1,500개 대학에 설치되어 있다. 여성 조직은 1938년 설립된 '전국공화당여성연합'(NFRW)이 있다.[303]

미국의 양대 정당을 공병(empty bottles), 그리고 정당조직을 빈 수레(empty vessel)라고 표현하기도 한다. 선반에 두 개의 병이 있는데 하나는 위스키가 다른 하나에는 우유라는 상표가 붙어 있으나 실은 공병이라는 것이다. 미국의 정당조직은 대통령당, 의회당, 당료 등으로 구성되었지만 약하고 빈 수레와 같다는 것이다.[304]

미국 정당에서 급료를 받는 사무직원은[305] 유권자 등록, 지지 동원, 전국과 주 및 지방의 정당조직을 통합하고 연결하는 등의 업무를 수행한다. 오늘날 각종 기술의 발달로 정당의 인력 수요가 점차 감소하고 있으나 경비는 증가하고 있으며 정당 종사자들은 종전에 비하여 전문성이 뛰어나 보다 생산적으로 봉사한다고 볼 수 있다. 이 외에도 공직 후보들은 개인적으로 여론조사 전문가 등 선거 컨설턴트를 고용하고 있다.[306]

오늘날 미국 정치가 당면하고 있는 가장 심각한 정치적 도전은 최소한의 정치참여조차 하지 않는 60%의 시민을 어떻게 정치체제와 연결하느냐에 있다. 이러한 도전을 극복

303 중앙선거관리위원회 선거연수원(2021), pp. 203~207.

304 Richard S. Katz and Robin Kolodny, "Party Organization as an Empty Vessel: Parties in American Politics", in Mair and Katz (1994), pp. 23~50.

305 1960년 민주당 527명, 공화당 888명, 1980년 민주당 264명, 공화당 1,012명, 1996년 민주당 594명, 공화당 818명으로 나타났다

306 Green (2002), p. 323~324.

하기 위해서는 풀뿌리 정치와 시민 기반 정당을 재발견하여 19세기 후반의 전성기를 재현하는 데 있다. 그러기 위해서 정당의 후보 공천, 선거 쟁점의 결정, 선거자원의 통제, 선거 후 공직 충원에 영향력 등을 행사할 수 있도록 정당조직의 권한을 보다 강화해야 한다는 주장을 펴기도 한다. 반면에 중앙당의 권한이나 조직을 강화하기보다는 시민의 정치 재참여를 유도할 수 있는 정당의 분권화를 주장하기도 한다.[307] 미국에서는 공직 후보 선출 등은 중앙당의 몫이 아니라 지역조직 차원에서 이루어지고 있다.

(3) 프랑스

프랑스 정당의 구조도 중앙당, 도당, 지구당으로 되어 있다.[308] 전진하는공화국당의 중앙당에는 당대표, 도당위원장, 선출직 위원 등으로 구성된 중앙위원회(Conseil National)가 있어 당의 중요 정책과 운영을 담당한다. 중앙당에는 남녀 균등 20명으로 구성된 중앙집행위원회가 중앙당을 운영한다. 최소 3년에 한 번 소집되는 전당대회(La convention)는 최고 의결기구 역할을 한다. 정당의 주요 활동은 도당위원회 중심으로 이루어지며, 당원 간의 교류와 활동이 이루어지는 최하위 단위로 지역위원회가 있지만, 상설기구는 아니다. 청년 조직은 '마크롱과 함께하는 젊은이들'(JAM)이란 조직이 있으며, 별도의 여성 조직은 없다.

공화주의자당은 중앙당에 여러 기구가 있다. 총회(Le Congrés)는 전당대회 격으로 당비를 내는 당원으로 구성되며, 당의 일반적인 활동과 정치적 방향 등에 관한 심의기능을 수행한다. 중앙당의 핵심기구로 중앙위원회(Le conseil nationale)가 있다. 당대표, 부대표, 사무총장, 중앙당 회계책임자, 상·하 의원, 유럽의회 의원, 현직 정부 각료, 전직 대통령과 장관, 전직 중앙위원장, 지역 및 도당위원장, 인구 10만 명 이상 도시의 시장, 도 사무처장과 회계책임자 등으로 구성되어 있다. 총회 휴회 중에 정당의 정치적 방향성을 결정

---

307   Peter Kobrak, *Cozy Politics: Political Parties, Campaign Finance, and Compromised Governance* (London: Lynne Rienner Publishers, Inc., 2002), p. 207.

308   프랑스 정당조직에 관하여 다음 자료를 참고하였음. 중앙선거관리위원회 선거연수원(2021), pp. 208~212.

하고 1년에 2회 이상 개최하며, 중앙정치국(Le bureau politique)이 결정한 의제를 의결하고 선거에 출마할 후보자 공천 또는 지지 등에 관한 결정권을 행사한다. 중앙정치국은 당대표, 부대표, 사무총장, 중앙당 회계책임자, 중앙위원회가 선출한 80명의 위원, 청년대표 3명, 전직 대통령, 전·현직 장관, 상·하원의장, 유럽의회 교섭단체 대표 등으로 구성된다. 중앙위원회 휴회 중 정당의 방향성을 잡아준다. 도위원회는 광역지방 선거를 제외한 인구 3만 이하 도시의 후보자 공천권을 행사한다. 지구당은 상·하 의원 선거구 단위로 조직된 당의 하부조직이다. 청년 조직으로 '젊은 공화당'(Les Jeunes Républicans)이 있고 별도 여성 조직은 운영하지 않는다.

사회당도 중앙위원회, 도당, 지구당이 있다. 중앙위원회는 당의 운영을 책임지며, 도당은 행정 단위 도에 사무조직을 갖추고 당원의 활동 지원과 당의 원칙과 중앙당의 결정을 준수하며 공직 후보자를 추천한다. 지구당은 정당의 하부조직으로서 모든 당원의 화합과 토론의 공론장 역할을 한다. 청년 조직으로 '청년사회주의자운동'(MJS)이 있으나 별도의 여성 조직은 없다.

(4) 독일

독일의 정당은 중앙당과 지구당으로 구성되며, 지구당의 규모와 범위는 정당법에 따라서 당헌으로 규정하고 있다. 독일의 정당구조는 느슨하게 결합한 형태이며, 수직적 통치가 불가한 위계질서를 유지하지 못하도록 구성되어 있다. 당의 형식적 조직구조는 연방, 주, 지역(시, 구) 등으로 구성되며, 어느 정도 독립적이면서 협력체제를 유지하는 구조로 되어 있다. 최하 단위인 하위지역조직에서 시작해서 도시권 및 구를 담당하는 상위지역조직, 주 조직, 그리고 당 지도부(연방 지도부, 총재)로 구성된 '연방 단체조직'이 있는데 모든 조직을 아우르는 역할을 한다.[309]

'당원총회'(Mitgliederversammlung)는 정당 및 지구당의 필수 조직이며, 이를 전당대회

---

[309] 중앙선거관리위원회 선거연수원(2021), p. 213~214.

라고 부른다. 최소 2년마다 개최하며, 정당 강령, 당헌, 당비 규정, 중재재판소 규정, 합당 및 해산 결정, 지역조직의 지도부 선출 등이 역할을 한다. 중앙당에는 지도부가 있는데, 민법상 당을 대표하며, 정당 및 지구당을 이끌고 당무를 관장한다. 모든 정당에는 청년 조직과 여성 조직이 있다. 기민당에는 '독일청년연합'(JU)과 '독일기독민주연합의 여성연합'(FU)이 있고, 사민당에는 '청년 사회주의자'(SPD)와 '사회민주주의 여성연구회'(ASF)가 있다.

3. 한국정당 조직의 개선

영국, 미국, 프랑스, 독일과 비교하면 한국의 중앙당, 시·도당, 당원협의회(지구당) 조직은 방대하다. 한국정당은 중앙당과 시·도당 그리고 당원협의회 조직을 유지하고 있다.

A당은 최고 의결기구로 전당대회가 있다. 전당대회의 수임 사항과 당무에 관한 주요 사항을 심의·의결하기 위하여 임기 1년 1,000인 이내로 구성된 전국위원회를 두고 있다. 당무에 관한 주요 사항을 심의·의결하기 위하여 100인 이내로 구성되는 상임전국위원회가 있다. 그리고 당대표와 최고위원이 있다.

그 산하에 중앙당 상설윤리위원회와 중앙연수원 등 29개의 기구와 당대표 직속 당무감사위원회가 있다. 연구원장 산하에는 경제정책실 등 10여 개의 부서가 있다. 사무총장 산하에는 전략기획부총장, 조직부총장, 홍보본부장을 두고, 중앙당 사무처에는 전문위원실 등 2개 부서와 기획조정국 등 9개의 실·국이 있다. 원내대표실 산하에는 정책위 의장, 원내수석부대표와 원내 행정국이 있다. 시·도당에는 위원장, 고문, 대변인, 당원협의회, 사무처와 각종 위원회가 있다. 지역구에는 당원협의회가 있다.

B당은 전국의 당원을 대표하는 당의 최고 대의기관인 전국대의원대회가 있다. 전국대의원대회 수임기관으로 800명 이하로 구성된 중앙위원회가 있다. 당무 집행에 관한 최고 의결기관인 100명 이하로 구성된 당무위원회가 있다. 그리고 당대표와 최고위원이 있다.

그 산하에 최고위원회와 대변인실, 국가경제자문위원회 등 30개의 위원회 및 기구가 있다. 전국장애인위원회 산하에는 장애인 지방의원 협의회, 전국여성위원회는 여성 리더십센터와 2개의 위원회, 전국 청년위원회 산하에는 청년 정책연구소와 1개의 협의회가 있다. 대표 직속으로는 비서실, 윤리감찰단, 연구원장 등이 있다. 연구원은 당대표가 이사장이며, 원장, 상근부원장과 전략기획실 등 4개의 부서가 있다. 사무총장 산하에는 사무부총장과 전략기획위원회 등 5개 위원회가 있으며, 중앙당 사무처에는 총무조정국 등 17개의 실·국이 있다. 원내대표 산하에는 비서실과 원내 행정기획실이 있다. 정책위의장 산하에는 정책실이 있다. 시·도당에는 고문, 위원장, 사무처장, 대변인, 윤리심판원, 각종 상설 및 특별위원회, 공직 선거후보자추천기구 등이 있다. 지역구에는 지역위원장이 있다.

「정당법」 제30조(정당의 유급 사무직원 수 제한)에 의하면 "당에 둘 수 있는 유급 사무직원은 중앙당에는 100명을 초과할 수 없으며, 시·도당에는 총 100인 이내에서 각 시·도당별로 중앙당이 정한다"고 되어 있다. 이는 결국 고비용 정치구조와 관련이 있음을 알 수 있다. 2021년 사무소 설치 현황에 따르면 중앙당 58개, 시·도당 355개소, 정당별 중앙선거관리위원회에 보고한 평균 유급 사무직원 수는 A당 185명, B당 160명, C당 151명, D당 119명으로 나타났다.[310] 정당의 지출 명세에 의하면 기본경비인 인건비와 사무소 설치·운영비가 차지하는 비율이 총지출 1,380억 원 중 660억 원으로 48%를 차지했다.[311]

「정당법」에는 중앙당과 시·도당 관련 조항은 있지만, 지구당에 관한 것은 없다. 정당은 수도에 소재하는 중앙당과 국회의원 지역선거구를 단위로 하는 지구당으로 구성한다는 정당법을 개정하여 2004년 3월 지구당을 폐지하였다. 그동안 중앙당은 '거대한 괴물'이자 불가사리 같은 존재이며, 권력을 창출해 내고 무한적인 정치자금을 긁어모으며, 모든 악의 정치를 생산해 내는 '정치 젖소'라고 비판받았다.[312] 한국정당은 '물 먹는 하마'

---

310   중앙선거관리위원회, 「2021년도 정당의 활동 개황 및 회계 보고」 (2022), p. 28.

311   중앙선거관리위원회(2022), p. 557.

312   허화평, 『지도력의 위기 II』 (서울: 새로운사람들, 2002), p. 872.

라는 평이 무색할 정도로 정당의 운영에 막대한 자금이 소요된다. 선거 때는 말할 것도 없고 평상시에도 중앙당과 지방조직을 운영하는 데 많은 경비가 소요된다. 한국정당의 고비용 정치구조에 대한 비판은 어제오늘의 일이 아니다. 정경유착의 심화, 정치자금의 은밀한 거래, 공천헌금 등이 문제가 되면서 깨끗하고 투명한 정치, 돈 안 드는 선거, 정경유착의 근절 등 정치개혁에 대한 요구가 끊임없이 제기되었으며, 정치자금법에서 정당 후원금의 대폭적인 축소 등으로 정당의 자원 동원에 제한이 가해지고 있다.

고비용 저효율 정당조직을 개혁하기 위한 정당 운영의 경량화와 저비용 정당정치의 기조 유지를 위하여 정당법에 유급 사무직원의 수를 제한하는 규정을 두었으며, 지구당도 폐지되고 당원협의회로 대치하였다. 지구당의 폐지는 1962년 정당법이 제정된 이후 40여 년 만에 이루어진 것으로 정당조직의 개혁에 새로운 전기가 마련된 셈이다.

중앙당 경량화와 지구당 폐지는 바람직한 변화라고 볼 수 있다. 중앙당의 방대한 조직을 정책개발, 조직관리, 홍보 분야를 제외하고 대폭 경량화하며, 형식적인 각종 위원회도 폐지해야 할 것이다. 독립건물에 입주해 있는 중앙당사의 원내 이전도 적극적으로 검토해야 할 것이다. 하지만 지구당 폐지에 대한 우려의 목소리도 있다. 지구당은 풀뿌리 민주주의의 기초이기 때문에 폐지해서는 안 된다는 주장이다. 지구당이 고비용 구조를 갖는다고 그것을 폐지하기보다는 경량화하면서 풀뿌리 차원에서의 정치적 의사 형성에 이바지하도록 유도할 수 있다는 것이다. 지구당이 폐지되어 현실적으로 지구당 단위에서 벌어지는 공직 후보자의 선출 기능과 국민의 정치적 의사 형성 기능이 제대로 수행될지 미지수다. 또한, 정당의 풀뿌리가 튼튼하지 않으면 원내정당화의 가속화로 엄청난 정치적 혼란을 초래할 우려가 있다. 지구당 운영위원회에서 차기 공천을 위한 심사 등을 통해 소속 의원들을 견제해주지 않으면 의원들은 현안마다 실용적 이해관계에 따라서 움직이기 때문에 정국의 혼란이 우려된다. 지구당을 폐지하는 대신 경량화가 바람직하다고 하면서 지구당을 다음과 같이 개선할 것을 제안하였다. ①폐쇄형에서 개방형, 위원장 중심형에서 당원·국민 참여형, ②방대한 피라미드식 동원조직(고비용 저효율 구조)에서 네트워크형 수평 조직(실용적·효율적 선거조직) ③중앙당-지구당 위원장 중심 하향 조직에서 민의 수렴형 상향조직, ④특정인에게 집중된 재정부담을 당원에 의한 재정부담과 국고지원 등으로 개선하자는 내용이다.[313] 지구당의 폐지보다는 경량화를 통하여 고비용 구조를 해소하자는 주장에 동의한다.

지구당은 민의의 수렴장 또는 대국민 접촉 선으로 국민의 정치적 요구나 기대를 취합하고 정책 대안을 제시하지 못했다는 비판을 받았다. 국민 요구의 하의상달 체계가 아닌 선거를 위한 조직관리나 일방적으로 정당이나 지구당 위원장의 홍보 기제로 활용하거나 사당화 현상이 나타난 것이 사실이다. 지구당을 폐지한 이후 지역구민의 의견수렴에 문제가 있다는 지적보다는 조직관리 상의 애로를 호소하는 경우가 많았다. 지구당 제도 폐지에 반발하여 헌법소원도 제기하고 지구당 부활을 위하여 정치권에서 많이 노력했으나 모두 허사가 되었다. 지구당은 법적으로 폐지되었지만, 지역당원협의회란 이름으로 사실상 지구당 사무실을 설치 운영하고 있다. 지구당 위원장직은 사라졌지만 시·도지부장이나 당원협의회 위원장이 지구당을 관리하는 변칙적인 방법이 나타나고 있다. 지구당 폐지 대신 경량화가 현실적인 대안이라고 본다.

제6절 소액 다수중심의 당비 조달

1. 정치자금 모금

정당의 정치자금은 고기에게 물과 같이 꼭 필요한 자원이다. 자금은 효율적인 정당 활동의 근본적인 용역, 재화, 기술, 호의(favors), 접근 등에 활용할 수 있다. 자금은 수단적이며, 자금의 중요성은 영향력을 획득하고 다른 자원으로 전환하며, 정치권력을 획득하기 위해서 다른 자원과 결합하는 등 사용 방법에 따라 다르다. 자금은 정당의 지지를 동원하고 영향력을 획득하는 데 도움이 되는 이전과 전환이 가능한 자원이다.[314]

---

313   이현출, "지구당제도와 정치개혁", 한국정치학회 춘계학술회의 (외교안보연구원, 2004.3.18~3.19).

314   Robert Williams, "Aspects of Party Finance and Political Corruption", in Robert Williams(ed.), *Party Finance and Political Corruption* (London: Macmillan Press Ltd., 2000), p. 1.

자금은 효율적인 정당 활동의 수단으로서 당 살림살이를 꾸리고 선거를 치르는데 천문학적인 비용이 소요된다. 그렇지만 당비를 어떻게 조달하고 지출하는가를 소상하게 파악할 방법은 없다. 공식적으로 선거관리위원회에 정기적인 회계 보고를 의무화하고 있지만, 그 내용이 당의 수입과 지출의 전모라고 믿을 사람은 없을 것이다. 정당의 모든 일 중에서 당비를 어떻게 조달하고 수입에 따른 지출이 무엇인지 그 내용이 가장 적게 알려진 것은 사실이다. 왜냐하면, 대부분 자유주의 국가에서 정당은 사적인 결사체로 취급되고 있으며, 그들이 자발적으로 금융거래 내용을 공개하지 않는 한 알기가 어렵기 때문이다.[315] 정당의 정확한 수입과 지출 규모는 베일에 가려져 있는 것이 일반적인 현상이다. 또한, 정치자금에 대한 부정적 인식도 지울 수 없다. 정당의 정치자금 모금 관련 스캔들이 끊이질 않는 것이 세계적인 현상이다.

정치자금에 대한 논의는 대립적인 두 가지 시각에서 이루어지고 있다. 정치자금은 공(public)과 사(private), 합법과 불법, 국내와 국외, 제도와 개인, 공개와 비공개, 대규모와 소규모 등 각각 대립하는 두 가지 모형을 중심으로 논의되고 있다.[316] 베미는 정치자금의 모금 형태를 당내, 당 외, 국가지원 등 세 가지 차원에서 논의하였다.[317] 당내 모금은 당원들에 의한 당비 납부를 의미하며, 당 밖의 자금은 투자수익과 지지자의 후원금, 국가지원은 국고보조 등을 의미한다. 세계 180개국에서 공공자금을 정당에 지원하고 있으며, 그중 약 ⅓은 선거비용 보전 이상의 국고보조금을 정기적으로 지급하는 것으로 알려졌다. 일반적으로 정당의 정치자금은 정당 활동비나 선거운동 기금모금, 후원자, 이익집단, 급여의 당 금고 입금(salaries into party coffers), 투자수익 및 판매, 당비 납부, 국고 등의 다양한 출처가 있는 것으로 분류하고 있다.[318]

---

315   Ware (1987c), p. 15.

316   Williams (2000), p. 2.

317   Beyme (1985), p. 196.

318   Ware (1987c), pp. 15~19; Ware (1996), pp. 298~303.

2. 외국의 정치자금 제도

(1) 영국

정당의 정치자금 모금은 다양한 형태가 있다.[319] 영국은 오랫동안 정당의 정치자금에 관한 규제가 이상하리만큼 없었고, 정치자금 관련 스캔들도 비교적 조용한 편이었다. 하지만 정당의 정치자금 전반에 대한 면모가 변하기 시작하였다. '공직생활 기준에 관한 위원회'(Committee on Standards in Public Life)의 권고에 따라서 정치자금의 운용과 사용 등에 변화의 조짐이 나타났다. 영국의 정당 자금의 변천은 3단계를 거쳐서 이루어졌다.

①귀족 정치 시대(aristocratic era)로 19세기 전반을 들 수 있다. 이 당시에 선거는 유권자에게 뇌물을 제공하는 등 부패의 수준이 매우 높았다. 뇌물로 사용하는 정당 자금은 여력이 있는 귀족 당원들에 의하여 제공되었다. 이러한 선거 양태는 「1867년 개혁법」(1867 Reform Act)에 의한 선거권의 확대와 비밀 투표가 도입된 「1872년 투표법」(Ballot Act of 1872) 때문에 더 이상 유지하기 어렵게 되었다. 투표권의 확대로 수십만 유권자들에게 뇌물을 제공할 수도 없게 되었으며, 더구나 비밀 투표 때문에 뇌물을 받는 유권자의 투표를 믿을 수 없게 된 것이다.

또한, 정당이 근대적인 모습으로 발전하고 당에 대한 정체성과 당 조직의 기강이 강화되면서 개별적인 유권자에게 뇌물을 제공하는 투자는 더 이상 실익이 없어졌다. 1883년 「부패 및 불법 방지법」(Corruption and Illegal Practises Act)의 통과로 뇌물공여가 금지되고 선거비용의 한계를 설정하여 지방의 정치부패 규모가 줄어들었다. 선거비용에 대한 엄격한 규제로 비용이 덜 드는 선거가 치러지고, 조직 운영 자금도 적게 들었다.

②금권정치 시대(plutocratic era)로 자유·보수 양당 모두 중앙당의 정치자금 모금에 다른 대안의 모색을 요구하는 시기를 말한다. 지주 귀족은 더 이상 정치자금원이 아니었다. 그 이유는 1870년대 이후 농산물 가격의 하락과 지방정치에 영향력을 행사할 수 있

---

319 영국의 정치자금 제도의 변천 등은 다음을 참고한 것임. Justin Fisher, "Party Finance and Corruption", in Williams (2000), pp. 15~36.

는 자금 지원을 마다하지 않았지만, 중앙당에 대한 지원은 달가워하지 않았기 때문이다. 기업인이 지주 귀족의 대안으로 등장하였다. 기업인은 부유했으나 사회적으로 인정받지 못했다. 벼락부자들은 사회가 자신들을 알아주길 간절하게 원했다. 보수당은 이러한 상황을 잘 활용하여 정치자금의 기부 대가로 그들에게 영예의 상(award of honours)을 수여하였다. 양당 모두 영예의 상을 수여하여 중앙당의 정치자금을 모금하였다. 하지만 영예의 상을 효율적으로 수여하기 위해서는 중앙당 정치자금의 구체적인 내용에 관하여 보안이 요구되었으며, 공식적인 정당 회계를 회피했고, 매우 적은 수의 사람들에 의하여 정치자금의 모금이 이루어지는 등 정당 자금은 비밀에 부쳐졌다.

③근대 시기(modern era)로 노조에 의하여 정치자금이 지원된 것이다. 처음에는 공직 후보 개인에 대한 지원이 이루어졌으나 나중에는 노동당에 대한 지원으로 발전된 시기를 의미한다. 근대 초에 노동당이 결성되었다. 1906년과 1910년 사이의 선거에서 74%의 노동당 후보들이 노조의 자금을 지원받았다.

「1913년 노동조합법」(Trade Union Act of 1913)은 어떤 조건을 준수하는 것을 전제로 노조의 정치적 기여(political contributions)를 허용하였다. 조합원의 승인을 받는 조건으로 정치자금을 조성할 수 있으며, 일반자금과 정치자금을 구분하였다. 보수당의 경우 기업에 의존했으나 회사의 정당에 대한 정치자금 제공에 대한 법적 문제와 개인적인 기부에 대한 면세 혜택이 너무 낮았기 때문에 제도적인 기부로 전환되지 않았다. 하지만 1930~40년대는 기관기부로 발전하였다. 주요 가족기업은 법인구조(corporate structure)의 형태를 유지하고, 노동당의 출현은 기업에 분명한 위협요인이 되었기 때문이다. 1990년대 양당의 기관 수입은 변동이 심했으며, 정당은 수입이 변변치 않기 때문에 다른 기금모금 방안을 모색해야 한다는 사실을 인식하게 되었으며, 개인 기부와 회사기부의 규모를 비교한 결과 혼합형태가 나타날 것이라고 보았다.

영국의 정당 자금은 규제가 없으며, 현행법은 주로 지방 수준에 적용하고 있다.「국민활동대표법」(Representation of the People Act)은 19세기 선거운동이 오늘날과 달리 전국 차원이 아닌 지역구에서 주로 이루어진 점을 반영하여 지역구 선거비용만을 제한하고 있다. 영국은 정치자금의 개혁을 위하여 1981년 '한사드위원회'(Hansard Commission)의 보고서에 의하여 국고보조금 상한액의 대응 자금 개념 도입, 개인 기부액을 1997년 기준 4.23파운드로 제한하여 소액 다수의 참여를 활성화하는 방안, 소액기부자에 대한 세제 혜택, 선거비용 상한액의 설정, 일정 상한액 기부의 공개, 정당의 모든 회계 공개 의무 부여, 기업의 기부금에 대한 주주들에게 공개 등을 제안하였으나 실현되지 못하였다. 특히 국고보조금 증액 문제는 국가 재정 규모의 삭감과 정당의 공공 생활에 대한 낮은 기여도 등으로 채택되지 않았다.

  1997년 노동당 정부가 출현하여 '네일위원회'(Neill Committee)로 하여금 정치자금에 관한 전반적인 문제를 검토하도록 하였다. 1998년 10월 보고서는 1883년 「부패 및 불법 방지법」 이래로 10여 개의 매우 혁신적인 안을 포함하고 있었다. 대표적으로 정당의 정치자금 및 선거업무와 관련된 법의 집행을 감독하는 선거위원회를 설치하자는 것이다. 정당은 소정 양식에 따라서 일정 기간의 모든 회계를 보고토록 하고, 익명의 50파운드 이상의 기부를 금지하는 것이 포함되었다. 가장 혁신적인 안으로 그동안 지방에만 적용되었던 선거비용의 상한액을 중앙에도 적용하는 것이었다. 예를 들면 매 총선에서 정당별 2,000만 파운드의 실링을 두는 것인데 이는 상당한 액수라고 평가되었다. 실질적인 국고보조는 늘리지 않았으나 기부액의 500파운드까지 감면 혜택 부여, 정책개발보조금 연간 200만 파운드 지원, 야당에 제공되는 쇼트 자금의 3배 증액 등이 포함되었다. 이는 정당이 의회민주주의의 기초가 되기 때문에 실질적으로 정당에 대한 국고지원을 늘리는 것으로 인식되었다. 개혁안은 영국의 정치자금에 관하여 다른 나라와 같이 근대화되고 규제되는 방향을 제시하고 있는 것으로 평가되었다.

  1990년대 이후 정치자금의 수요증대와 외국으로부터 기부 스캔들 때문에 정치부패에 대한 부정적인 여론을 극복하기 위해서 정치자금 제도를 개혁하기 시작하였다. 2000년 「정당 선거 및 국민투표법」(Political Parties, Elections and Referendum Act)에 따라서 정당의 정치자금을 감독하기 위한 '선거위원회'를 설치하였다. 정치자금 기부와 모금, 지출 제한, 정당의 재원, 제재 관련 내용을 규정하였다.

영국은 정당에 대한 정치자금은 노동조합, 기업, 고액 기부자들의 기부금으로 이루어지고 있다. 정치자금의 기부액과 모금 상한액의 제한이 없어 각 정당은 자유롭게 다양한 출처를 통하여 얼마든지 정치자금을 마련할 수 있다. 하지만 기부자 개인에 세제 혜택도 없다. 영국은 노동조합, 기업, 개인 기부자 중심으로 정치자금을 모금하며 공적 자금보다 사적 자금이 주를 이루고 있다. 또한, 기부의 경우 그 가치가 500파운드를 넘지 않으면 기부로 보지 않으며, 영국 내에서 활동하는 기업이나 노동조합 등의 익명 기부는 허락하지 않고 있다.[320]

2020년 기준 정치자금의 기부 현황은 1억 150만 파운드였다. 정당의 수입이나 지출이 25만 파운드를 초과하는 경우 보고해야 한다. 기부금의 경우 중앙당은 7,500파운드, 지구당은 1,500파운드 이상 수령 시 기부자의 이름, 주소, 기부액, 기부일 등을 선거위원회에 반드시 신고해야 한다. 당원이 내는 당비의 경우 영국에서는 모든 당원이 낼 수 있는 수준으로 연간 아주 적은 정액(flat rate)을 할당한다. 보수당은 연간 25파운드, 노동당은 3파운드 이상으로 하고 있다.

영국의 정치자금의 주요 수입원은 기부금, 당비, 국고보조금(정책개발보조금), 모금, 기타 등이다. 보수당은 기부금 이외에 나머지 수입원의 실적은 매우 저조하다. 노동당은 당비의 비중이 높고 국고보조, 기부금, 기타 순이다. 2020년 보수당은 기부금이 차지라는 비중이 71.7%, 노동당은 당비가 차지하는 비중이 46.5%로 나타났다. 보수당은 고액 기부금에 의존하는 경향이 있으며, 노동당은 전통적으로 노조 등 충성당원의 당비가 차지하는 비중이 컸다. 오늘날 양당의 자금모금 기술은 비약적으로 발전했으며, 이는 전통적인 자금원에서 벗어나는 것을 의미한다. 보수당의 경우 기업의 기부금은 회사들이 정치적 독립성을 강화하면서 위협을 받고 있다. 회사들은 정치자금의 제공 이유와 경제적 유용성에 대하여 의구심을 나타내고 있다. 더구나 회사의 소유구조가 다국적으로 변하면서 정치자금 제공에 대하여 본사(parent-company)에서 승인을 거부하는 위협에 직면하

---

320 영국의 오늘날 정치자금 현황에 대하여 다음을 참고한 것임. 중앙선거관리위원회 선거연수원(2021).

고 있다. 노동당의 경우 대부분의 정당 수입이 노조의 회비, 지원금, 일시적인 기부금, 후보에 대한 지원, 노동당 공보물의 광고 등에 의존하고 있었다. 노동당은 장기적으로 관련 노조와 제도적 연계를 통하여 정치자금을 모금하였다. 하지만 1980년대 후반 이후 노조가 제공하는 중앙당의 수입은 줄어든 반면에 다른 유형의 수입이 늘어나고 있다.

정치자금을 기부할 수 있는 자는 선거명부에 등록된 유권자, 영국 및 유럽연합 내에 등록된 법인, 정당이며, 영국 내에서 활동하는 기업, 노동조합, 공제조합, 주택조합, 유한책임조합 등은 기부가 허용되나 익명이나 외국 기업 등의 기부는 금지되어 있다. 2020년 기준 정당의 수입을 기부 주체별로 보면 개인 52.2%, 기업 19.4% 노동조합 12.4%, 국고보조 12.3%, 비법인협회(unicorporated association) 2.1%, 공제회 0.8%, 신탁 0.5% 등으로 나타났다.

영국의 정치자금은 개인 후원이 차지하는 비중이 압도적으로 높다. 1995~6년 보수당은 개인이 전체 기부액의 $\frac{3}{4}$을 차지하였다. 정치자금 모금 방법의 다양화에도 불구하고 보수당은 심각한 재정적 곤경에 처하고 있었다. 이는 중앙당의 재정확충에 도움이 되는 지구당이나 사적인 출처로부터 대부를 늘리는 효과를 가져왔다. 노동당 역시 새로운 기부처로부터 혜택을 받고 있다. 노동당은 종전과 달리 재정적으로 후원하는 개인이나 기업으로부터 지원받고 있다. 종전에는 개인 기부자의 수도 적었고 기업의 지원 규모도 보수당과 비교할 수 없었지만, 현재는 개인 기부자가 늘어났고, 노동조합의 기부도 많다.

주요 정당은 또한 금융서비스, 회의, 판매 등 상업 활동 등으로 구성된 사업형 수입을 통하여 조달하고 있다. 정당 자체 사업을 통한 기금모금은 해당 기관이나 개인에게 선택적 혜택을 제공하게 된다. 종전에 집단적 이익(collective benefit)을 제공하는 것으로 간주했던 직접 기부와 반대되는 유형이라고 볼 수 있다. 예를 들면 보수당의 경우 '총리클럽'(Premier Club)과 '밀레니엄클럽'(Millennium Club) 등을 운영하여 회원들에게 선택적 혜택을 제공한다. 노동당도 성공적으로 자금모금의 다양화를 추진하고 있다. 전통적으로 대규모의 개인 기부자를 유인하는 데 성공하지 못했지만 '노동당 사업계획'을 근거로 회원이나 지지자 또는 '유명 만찬'(high profile dinner) 등을 통하여 기관이 아닌 주로 개인 기부자를 대상으로 모금하고 있다.

영국의 정당은 1911년 도입된 제도를 통하여 국가로부터 제한적인 보조금 혜택을 받고 있다. 2000년부터 정책개발보조금(PDGs)을 지급하고 있는데, 총액 200만 파운드를 정당에 배분한다. 정책개발 및 연구 또는 선거비 보전에 사용된다. 정당은 또한 무료 우편, 공회당의 무료 사용, 전당대회 안전 지원, 큰 정당의 경우 보통 5분으로 제한된 무료 방송 이용 등의 혜택을 받고 있다. 2000년 방송지원비로 1,100만 파운드가 지출되었다.[321] 국고보조금은 다른 나라에 비하면 적은 액수이지만 정당의 정치홍보를 위한 방송 사용료를 지급하는 것은 커다란 혜택이 아닐 수 없다. 물론 무료 방송 시간은 엄격하게 규제되고 있으며, 정당은 텔레비전이나 라디오의 광고 시간을 살 수 없다.

1975년 야당의 재정지원에 관한 법이 도입되어 야당에 하원 의석수와 직전 총선의 득표율에 따라서 숏머니(Short money)를 지급한다. 정책연구를 포함한 야당의 업무수행 지원비라고 볼 수 있다. 1996년 이래로 상원에 2명 이상의 의석이 있는 야당에도 크란본 머니(Cranborne money) 등을 지원하고 있다. 이외에도 야당 지도자와 원내총무(Chief Whip)의 월급을 국고보조금으로 지급하고 있다.

국고보조는 총선 주기에 맞춰 지급한다. 총선 주기에 기초한 자금 지원 주기(funding cycle)는 두 가지 문제점을 낳고 있다.

①정당의 자금지출은 선거운동에만 집중되는 것이 아니고 일상적이라는 것이다. 정당 조직의 활력을 불어넣기 위해서는 주기적인 자금 유입이 요구된다.

②매 4년 단위의 선거 주기는 잘못되었다는 것이다. 왜냐하면, 정당들은 4년마다 치르는 총선에 모든 자금과 관심을 쏟고 또한 5년마다 치러지는 전국적인 유럽의회 선거와 매년 있는 지방선거에도 전력을 기울여야 하기 때문이다. 자발적인 기부금도 주기적으로 유입되지만, 정당 사업은 제대로 추진되지 않고 있다. 그 결과 정당은 일상적인 적자

---

321   Justin Fisher, "Financing Party Politics in Britain", in Eduardo Posada-Carbo and Carlos Malamud, *The Financing of Politics: Latin America and European Perspectives* (London: Institute for the Study of the America, 2005), p. 113.

상태에 놓였으며 선거운동이라고 과다경비 지출이 필요한 것도 아니고, 단순하게 일상적인 기준에서 정당을 운영하게 된다.

전반적으로 영국은 자유주의적 시각에서 정치자금을 운용하고 있으며, 정당에 대한 직접적인 경상 운영비와 관련된 국고보조금이나 개인 기부자에 대한 세제 혜택을 부여하고 있지 않다. 영국은 정치자금의 지출과 회계 보고에 대해 엄격한 기준을 두고 수시로 선거위원회 홈페이지를 통해 공개하고 있다.

(2) 미국

미국은 고비용 선거로 정평이 나 있다. 1998년부터 2018년까지 10년간 치러진 5차례의 중간선거와 2008년부터 2020년까지 있었던 4차례 총선에서 선거자금 지출액은 지속해서 증가하였다. 이 같은 고비용 선거에 대해 미디어 비평이나 대중의 일반적 인식은 부정적이다. 과도한 선거비용의 지출이나 고액의 기부 행위가 부패나 정치혐오를 조장하고 대표성을 훼손하여 민주적 정치과정에 부정적인 영향을 미친다고 보기 때문이다.[322]

미국은 정당 규율이 약하고 후보자 중심으로 선거가 치러지며 정당 활동 자체가 선거운동으로 이해되기 때문에 정치자금이라는 용어보다는 선거자금이라는 개념이 적합하다. 당료의 운영비는 아주 적게 들지만, 정당의 각종 활동이나 선거운동에는 천문학적인 자금이 소요된다.[323] 정당의 다양한 활동이나 선거운동과 관련한 자금모금을 통제하는 것은 불가능한 일이다.[324] 미국의 정치자금을 논의하기 전에 우선 다음과 같은 몇 가지 특징을 살펴보는 것이 전반적인 선거자금 등을 이해하는 데 도움이 될 수 있을 것이다.

---

322 최재동, "2020년 미국 하원 선거 정치자금 분석: 개인 후원금과 이념 강도를 중심으로", 「선거연구」 제16호, 중앙선거관리위원회(2022), p. 40에서 재인용

323 미국의 정치자금에 관하여 다음을 참고한 것임. Dean McSweeney, "Parties, Corruption and Campaign Finance in America", in Williams (2000), pp. 37~60.

324 Ware (1987c), p. 15.

①자금조달은 정당이 맡고 정당은 선거자금 일부만 사용한다.

②개인과 이익집단이 정치자금 대부분을 제공한다.

③공직 후보와 이익집단이 선거자금 대부분을 사용한다.

④선거 자금법은 기부를 제한하며, 지출과 기부내용 공개를 요구하고 있다.

⑤선거 자금법은 선거경비를 제한하고 선거자금 대부분을 제공하는 재정적으로 능력이 있는 이익집단의 기부를 방지하는 데 비효율적이다.

미국 정치체제는 인간은 이기적이라는 전제하에 제도적으로 권력이 한 기관에 집중되는 현상을 방지하고 상호 경쟁과 견제를 유지하도록 설계되어 있다. 권위는 기관과 정부의 각급 수준별로 분산되어 있으며, 자신의 이익을 자유롭게 표출할 수 있는 특징이 있다. 이익의 상충과 타협을 통하여 공공이익을 위한 공화정부(republican government)의 출현을 기대하고 있다.

하지만 정당은 일반이익이 아닌 당파적 이익을 추구하기 때문에 공화정부의 위협요인으로 간주하고 있다. 정당은 항상 다른 사람들의 이익이나 자유를 저해하는 단일이익의 봉사자라고 볼 수 있다. 다수당이 가장 효율적으로 자신들의 이익을 증진할 수 있을 정도로 수적으로 우세한 것이 위험요인이다. 광활한 국토가 다수파의 형성에 장애가 되고 있지만, 제도적 장벽이 다수파 이익의 정치적 영향력을 제한하는 데 기여하고 있다. 예를 들면 임기제, 시차선거(staggered elections), 다양한 선거방식 등의 균형과 견제 기제가 다수파의 부패한 영향력을 차단하기 위해서 도입된 것이다. 정당에 대한 불신은 건국 초기부터 미국 정치사의 주요 의제가 되어왔으며 다양한 개혁이 추진되었다.

정당의 부패한 행태와 잠재적 두려움에 대한 반응으로 20세기에 선거자금에 관한 법을 시행하게 되었다. 1904년 선거에서 회사의 선거자금 지원을 없애는 계기가 되었으며, 1907년 「틸만법」(Tillman Act)은 회사나 은행의 기부를 불법화하였다. 1920년대 티포트돔(Teaport Dome) 스캔들이나 하딩 행정부(Harding Administration)에 대한 뇌물 사건 등은 기부액의 상한을 $5,000로 제한하고, 후보자는 선거비용에 대한 보고서를 제출하도록 하는 「연방부패소송법」(Federal Corruption Practices Act)의 제정을 가져왔다. 뉴딜 기간

중 조직적인 노조의 정치적 영향력을 금지하기 위해서 노조의 선거자금 제공을 금지하였으며, 1940년 「해치법」(Hatch Act), 1947년 「태프트-하틀리법」(Taft-Hartley Act), 1971년 「연방선거운동에 관한 법」(FECA: Federal Election Campaign Act) 등이 제정되어 후보자나 가족의 선거비 지출 규모의 제한 및 부패 방지를 위한 노력이 진행되었다. 하지만 선거에서 조직적 이익의 영향력을 벗어나는 데 실패하였다. 기업은 회사 차원이 아닌 회사 간부 개인의 기부 형식으로 정치자금을 제공하고 그것을 보너스 형식으로 보전해주는 등의 변칙이 나타났다. 노조는 별도의 '정치활동위원회'(Political Action Committee:PAC)를 결성하여 정치자금을 모금하였다.[325] 기업과 노조는 자체적으로 여러 가지 방안을 채택하여 합법적으로 정치자금을 제공하는 등의 지위를 유지하였다. 기업과 노조의 변칙적 정치자금 제공에 대하여 효율적으로 제재할 수 있는 제도적 장치가 미비하였다. 부패소송법이 시행된 49년 동안 단 한 건만이 입건되었으나 유죄판결을 받지 않았다. 대표적으로 1937년 하원 특별선거에 출마한 전 대통령 린든 존슨(Lyndon Johnson)의 선거비 지출 보고서는 $2,242.74로 실질적 추산액 $75,000~100,000과는 엄청난 차이를 보였다.

워터게이트 사건은 정치자금에 있어서 정당으로부터 후보를 분리하는 개혁의 전기가 되었다. 워터게이트 사건은 정당이 간여한 것이 아니라 후보의 선거조직과 연관된 것이었으며, 정치자금 제공자에게 정부가 특혜를 주는 것이 노출된 것이다. 구체적으로 1972년 공화당과 분리된 '대통령 재선위원회'(CRP: Committee to Reelect the President)가 성공적으로 선거자금을 모금하였다. 워터게이트 사건의 반작용으로 건국 이래 나타났던 돈과 정치의 상호작용에 대한 일대 혁신을 가져온 것이다. 1974년 「연방선거운동법」이 개정되면서 정치자금의 대규모 기부 행위 금지와 선거비용의 축소에 목적을 두고 기부와 지출의 상한액을 설정하였으며 이를 공개토록 하였다. 지출과 기부액의 상한선을 정하는 것은 위헌이라는 논란도 있었다. 관련법을 집행하기 위해서 '연방선거위원회'(FEC:

---

325 정치활동위원회(PAC)는 1943년 「슈미스-코넬리법(Smith-Connaly Act)」과 1947년 「노동관리관계법」에 의하여 노동조합의 정치자금 기부가 금지되자 기업이나 노동자 또는 이익집단이 그들이 지지하는 공직 후보의 선거운동에 기여하고 또한 선거자금을 모금하기 위해서 결성한 조직을 의미한다.

Federal Election Commission) 설치와 '정치활동위원회'를 통한 정당과 후보자 기부 허용, 선거자금 내용 공개, 기부금의 수입 및 지출 보고 등을 규정하였다. 1976년 연방대법원의 판결 영향으로 1979년 「연방선거운동법」이 개정되어 선거자금 규제가 완화되었다. 미국의 「연방선거운동법」에 의하면 정치자금은 연방 공직선거에 영향을 미칠 목적으로 제공되는 일체의 금품, 정기후원금, 대부금, 선금, 보증금, 또는 그 외 경제적 가치가 있는 것 일체와 목적을 불문하고 정치위원회에 무상으로 제공되는 타인의 용역에 대한 보상을 포함한다고 되어 있다. 미국의 정치자금 기부 주체는 개인, 전국은행, 회사, 노동조합 등이 주가 되며, 정부와 계약 관계에 있는 자, 외국인, 타인 명의, 17세 이하의 미성년자 등의 기부는 금지된다. 미국 정당은 진성당원 개념이 존재하지 않으므로 당원이 의무적인 당비 납부는 그 자체가 존재하지 않는다. 하지만 별도의 당원 가입 절차 없이 기부금 등을 정기적으로 내면 당원으로 간주하기도 한다.

그 후 각종 사건과 스캔들의 여파로 2002년 개정된 「양당선거운동개혁법」(Bipartisan Campaign Reform Act)은 선거자금을 경화(hard money)와 연화(soft money) 등으로 구분하였다. 경화는 선거운동을 지원하기 위해서 공직 후보에게 직접 기부하는 것으로 기부자를 밝히고 내용을 공개해야 하며 액수가 제한되어 있다.[326] 연화는 후보 또는 선거운동을 지원하는 것이 아니라 정당 활동의 강화를 도와주기 위해서 정당에 기부하는 자금을 말한다. 선거운동 목적이 아닌 연화의 기부에는 제한이 없으나 중앙당은 연화를 모금할 수 없다. 주당(state parties)에 의하여 모금된 연화의 사용 내용을 보면 정당조직의 강화라는 공적 목적으로 주로 사용했지만 치열한 선거전에 집중적으로 지출된 것으로 나타났다. 연화도 경화와 마찬가지로 특정 후보의 선거운동 지원에 사용된 점이 발견되었다.[327]

---

326 당시에는 개인은 선거 때마다 개인 후보에게 $2,000, 전국위원회에 연간 $25,000, 지방 및 주당위원회(State and Local Party Committee)에 연간 $10,000까지 기부할 수 있었다.

327 연방선거관리위원회(Federal Election Commission)의 자료에 의하면 주당(State parties) 수준에서 연화 사용 내용은 행정비 및 간접비로 67%(1992), 63%(1994), 39%(1996), 55%(1998), 29%(2000), 미디어 경비로 3%(1992), 4%(1994), 35%(1996), 17%(1998), 43%(2000), 동원경비로 14%(1992), 15%(1994), 9%(1996), 12%(1998), 12%(2000), 정당선전비로 2%(1992), 3%(1994), 5%(1996), 3%(1998), 3%(2000), 기금모금 경비로 10%(1992), 9%(1994), 8%(1996), 9%(1998),

2010년 연방법원은 「양당선거운동개혁법」의 일부를 위헌으로 판결하면서 기업과 노조가 기부하는 연화는 표현의 자유 일환이라는 입장에서 정치광고 지출행위 규제를 풀었다. 그러나 기업과 노조의 기부 한도 규제 조항 및 공개 요건은 합법으로 판결했다.

2019~2020년 민주당과 공화당의 모든 위원회가 모금한 정치자금 총액은 민주당 18.09억 달러, 공화당 20.03억 달러였다.[328] 2021~2022년 미국의 연방 선거 주체별 기부상한액은 개인은 후보자에게 선거당 $2,900, 정치활동위원회에 연간 $5,000, 주·선거구·지역위원회에 연간 $10,000, 전국위원회에 연간 $36,500을, 후보자 위원회는 후보자에게 선거당 $2,000, 정치활동위원회에 연간 $5,000, 주·선거구·지역위원회와 전국위원회에는 제한을 두지 않는다. 그렇지만 $100 이상의 현금 기부는 금지된다. 기부자에 대한 세제 혜택도 없다. 국고보조금으로 대통령 선거후보자가 일정 지출 한도를 준수했을 때 연방정부가 후보자에게 지급되는 선거보조금이 있다. 일부 주에서도 보조금을 지급한다.

정치 게임(political game)은 자금경쟁(money race)에서 다액 기부자인 살찐 고양이(fat cats)를 환영하는 것이 일반적인 추세다.[329] 하지만 개정된 「양당선거운동개혁법」은 정당의 자금모금을 더 어렵게 만들고 있다. 그래서 정당과 후보들은 더 많은 소액기부자를 확보하기 위해서 치열하게 경쟁하는 상황이 되었다.[330]

선거운동 자금의 모금은 개인의 인기나 능력에 따라서 천차만별이며, 정당의 활동 내용에 따라서 자발적인 후원자가 생긴다. 미국의 선거운동은 후보 중심으로 진행되고, 선거자금도 개인이 마련해야 한다. 후보자 개인 재산, 개인과 정당 및 단체로부터의 기부금 등으로 조달해야 한다.

5%(2000)로 나타났으며, 나머지는 기타 경비로 지출했다. 연화의 총규모는 1억 600만 달러(1992), 1억 3,000만 달러(1994), 2억 8,400만 달러(1996), 2억 5,300만 달러(1998), 5억 4,400만 달러(2000) 등으로 나타났다. Raymond J. La Raja, "State Parties and Soft Money: How Much Party Building", in Green and Farmer (2003), pp. 138~148.

328 중앙선거관리위원회 선거연수원(2021), p. 383.

329 Kobrak (2002), pp. 122~125.

330 La Raja (2003), p. 147.

(3) 프랑스

프랑스는 1988년 정당의 자금에 관한 법률이 제정되고, 1990년, 1993년 그리고 1995년 정치자금 관련 입법이 뒤따랐으며 다음과 같은 세 가지 원칙을 설정했다.

①정당은 정부로부터 선거운동 경비와 운영비를 지원받을 수 있다.

②모든 정당의 재무와 연간 회계를 공개하고, 후보자는 실링 범위 내에서 선거비용을 지출할 수 있는 등 법적 제약을 강화하였다.

③1988년 이전의 정치자금 관련 위반행위는 사면한다는 것이다.

하지만 영국, 미국, 일본, 스위스, 스웨덴, 캐나다, 호주, 오스트리아, 벨기에, 덴마크, 아일랜드, 이탈리아, 룩셈부르크, 멕시코, 네덜란드, 뉴질랜드, 노르웨이 등과 같이 정치자금에 관하여 별도로 정의하고 있지 않다.

프랑스 정당의 재정 현황에 의하면 정당의 국고보조금이 차지하는 비율은 1993년 46.1%, 1997년 51.7%, 1998년 54.1%로 전체 수입의 절반 이상을 정부 지원금에 의존하고 있다.[331] 하지만 정당에 대한 정부지원금의 제공으로 정치부패가 감소 되었다는 확실한 증거가 없다. 왜냐하면, 정부지원금을 제공한 이후에도 정치부패와 관련된 사법적 조사가 진행되는 경우가 많았기 때문이다. 프랑스 정당의 자본 집약적 유형의 정치는 당의 대부분 예산을 합법적 혹은 탈법적으로 국고에 의존하고 있다. 당원도 줄어들고 당비가 차지하는 비중은 1993년 9.4%, 1997년 10.9%, 1998년 10.4%로 10% 내외이다.

〈표 8-5〉의 2019년 프랑스 정당의 수입 현황을 살펴보면 정당마다 수입원별 비율이 다양하다. 전진하는공화국당과 국민연합은 국고보조금의 비율이 매우 높다. 공화주의자당은 기타수입이 가장 많고, 프랑스공산당은 당비의 비중이 다른 당과 비교해서 높게 나타났다.

---

331   Knapp (2002), p. 127.

〈표 8-5: 2019년 프랑스 정당별 수입원별 비율〉

단위: %

정당	당비	의원부담금	기부금	국고보조	기타수입
전진하는공화국당	0	1	6	80	13
공화주의자당	2	3	5	18	71
사회당	13	25	2	28	32
프랑스공산당	19	21	18	7	35
국민연합	11	9	7	50	23

출처) 중앙선거관리위원회 선거연수원(2021), p. 384.

프랑스 정당의 당비는 정당마다 차이가 있지만 전진하는공화국당은 당헌에 월 €20, €50, €120, €500 중에서 선택하여 내도록 규정했는데 당비 수입 0%는 이해하기 어렵다. 공화주의자당도 당헌에 당비를 일반인은 매월 €30, 부부 €40, 35세 미만·학생·구직자 €12로 규정하고 있다.

의원부담금은 선출공직자와 정부 공직자는 당원들의 정당 재정 참여의 의미로 당비와는 별도로 내는 것을 의미한다. 공직에 있는 당원들의 급여에서 일정액을 정치자금으로 내기도 한다. 대표적으로 당 소속 의원들에게 급여의 일정액을 당비로 내도록 한다. 의원부담금은 개인 당비 또는 기부 제한액(€7,500)을 적용받지 않는다. 각 정당은 당헌 및 당규에 일정 부분 납부를 규정하고 있으며 내용은 대외비로 취급하고 있다.

기부금은 정당과 후보자가 직접 받을 수 없고 대신 승인받은 회계책임자가 가능하다. 프랑스 국적이 있거나 거주자 개인이 다수의 정당에 기부할 수 있다. 현금 기부는 €150 미만이나 모금 한도는 제한이 없다. 개인의 정당 기부금은 연간 €7,500이며, 다수의 후보자에게 기부할 수 있는 금액은 연간 €4,600을 초과할 수 없도록 선거법에 규정하고 있다. 기부자에게는 세제 혜택이 있다.

국고보조금은 「정치자금투명법」에 의하여 매년 말 국가예산법안으로 의회에 제출하여 총액을 결정한다. 연간 두 차례에 걸쳐 지급하는데, 첫 번째 $\frac{1}{2}$은 최근 하원의원 선거에서 후보자를 추천한 정당과 정치단체 중 최소 50개의 선거구에서 후보자별로 1% 이상 득표했을 때 득표수에 €1.59를 곱한 금액을 5년간 지급한다. 나머지 $\frac{1}{2}$은 해당연도 11

월 기준 정당별 상·하원의원 수에 따라서 첫 번째 국고보조금을 받은 정당과 정치단체에 지급한다. 2021년 정당별 국고보조금은 8개 정당에 지급했는데, 내용을 보면 득표수, 여성 후보자, 남성 후보자, 남녀평등 후보 원칙에 따른 삭감액 등으로 나타났다. 주목할 만한 것은 2017년 총선 때 남녀평등 출마 후보 원칙을 준수하지 않은 정당의 국고보조금을 깎았다.

(4) 독일

독일의 「기본법」 제21조에는 국민의 정치적 일반의지 형성에 정당의 역할을 공식적으로 명시하였으며, 정당 내부 활동은 민주적 원칙에 따라야 한다고 요구하였다. 정당을 제외하고 이익집단 등 다른 정치조직에 관한 명시적 조항이 없어 정당은 헌법상 전통적으로 특권적 지위를 누리고 있다. 이러한 특권적 지위가 정당에 대한 국고보조금 지급의 근거가 되었다. 독일의 정치자금은 나치당이 언론 및 기업 등으로부터 막대한 재정을 지원받아 정치적 영향력이 지나치게 확대되었다는 반성에서 시작해 반정당적 정치문화 해소를 위한 방안으로 소액 다수의 기부 활성화와 국고보조를 지급하게 되었다.

하지만 1966년 연방헌법재판소는 정당에 대한 직접적인 국고보조를 위헌으로 판결하여 기본법에 기초한 정당법 제정을 요청하였다. 그 결과 1967년 정당법이 제정되어 기본법에 입각한 당내 민주화 원칙이 명시되었고 국고보조금 지원 근거를 마련하였다. 또한, 연방헌법재판소는 모든 정당에 선거 과정 참여의 동등한 기회를 부여해야 한다는 의견을 밝혔으며, 이는 결국 모든 정당이 국고보조금을 지원받을 수 있다는 것으로 해석하는 데 의심의 여지가 없었다. 정당의 선거 참여는 공공의무이기 때문이다.

1994년 「국회의원법」(Members of Parliamentary Act)을 개정하여 의회 정당에 연방 예산으로 재정을 지원하는 내용을 포함하였다. 물론 야당도 국고보조금을 받지만, 의회 정당은 원외 활동이 아닌 원내 활동을 통하여 여당으로서 의회정치를 활성화하고, 여당의 기본적인 기능과 의무를 수행하는 과정에 필요한 재정을 지원받는 것이다. 1999년 대대적인 불법 정치자금 스캔들로 인하여 2002년 개정된 정당법에서는 정치자금 관련 규정 위반 시 제재와 형사처벌을 강화하였다. 정당은 정치자금의 수입과 지출 내용 및 회계를 공개해야 하며, 독일 연방공화국의 존립을 위태롭게 하는 경우 국고보조금과 기부금 및 세금혜택도 받을 수 없다.

독일은 「정당법」에 정치자금을 다음과 같이 규정하고 있다. 정당의 수입이란 금전 또는 금전적 가치가 있는 일체의 급부를 의미한다. 관례적으로 발생하는 채무의 변제 및 정당을 위해 행해진 행사 또는 조치를 다른 사람이 인수하는 것을 수입으로 간주한다. 구체적으로 당비, 합법적 기여금, 개인·법인의 기부금, 기업 활동과 배당으로 인한 수입, 기타자산으로 인한 수입, 행사, 유인물 또는 간행물의 판매, 그 밖의 수입과 관련된 활동으로 인한 수입, 국고보조금, 기타수입, 당원의 보조금 등을 명기하고 있다.[332] 2019년 독일 정당의 정치자금 수입 현황을 보면 국고보조금 35.7%, 당비 26.6%, 당선자기부금 13.7%, 기타수입 10.3%, 기부금 13.7%로 각각 나타나 국고보조금이 차지하는 비중이 가장 높다.[333]

「정당법」 제18조에 국고보조금은 최근 유럽의회 선거, 연방의회 선거정당명부 투표에서 최소 0.5% 이상 득표한 경우, 최근 주 의회 선거정당명부 투표에서 최소 1% 이상 득표한 경우, 정당명부 없는 당이 지역구 선거에서 최소 10% 이상 득표한 경우라고 규정하고 있다. 또한, 독일 정당법은 정당이 사실상 국가조직이 되지 않도록 하려고 개별정당에 지급하는 국고를 제한하고 있으며, 정당의 모금 한도를 정해 놓고 있다. 2021년은 €200,049,468(한화 약 2,758억 원)로 절대적 상한선을 규정하였다. 2020년 정당에 지급한 국고보조금 총액은 절대적 상한선에 맞췄다. 국고보조금의 배분 기준은 정당 후보자 명부의 유효득표수 1표당 €0.83, 400만 표 득표 시 최초 400만 표까지 유효득표수 1표당 €1, 당비 또는 적법하게 모금한 기부금 €1당 €0.45로 되어 있다.

독일 정당은 국고보조금 이외에 1967년 이래로 정당 관련 재단은 상당액의 공적자금

---

332   중앙선거관리위원회 선거연수원(2021), p. 267.

333   2019년 독일 정당의 수입 현황 자료를 비율로 계산한 것임. 중앙선거관리위원회 선거연수원(2021), p. 387.

을 지원받는다. 독일의 정책연구소는 정당에 직접 소속되어있지 않은 채 연방의회에 진출한 정당과 밀접한 관계를 맺고 있다. 하지만 정당의 이념에 바탕을 두지 않으며 독립적인 공익기관으로서 선거운동이나 특정 정당의 정책개발 활동에 참여하지 않는다. 각별하게 공익차원의 연구와 특히 민주시민 교육에 집중하고 있다. 정당 관련 재단에 종사하는 인원은 수천 명으로 대부분 해외에 근무하고 있는데 경비는 대부분 국고에서 지원된다.

투표권의 확대와 대중정당의 출현으로 당비가 차지하는 비중이 높아졌다. 1997년 정당의 총수입에서 당비의 비중은 사민당 56%, 민사당 46%, 기민연합 46%, 녹색당 42%, 기사연합 35%, 자민당 26%였다. 2019년에는 사민당 31%, 기민당 37.6%, 기사당 30.1%, 녹색당 25.4%, 자민당 25.4%, 좌파당 30.5%, 독일 대안당 15.3%로 그 전보다 줄어드는 추세가 나타났다. 2019년 각 정당이 모금한 당비가 총수입의 26.6%를 차지하여 국고보조금 다음으로 높은 수입원이었다. 독일 정당의 당비는 사회당은 월 최소 €6이지만 월별 수입에 따라 달라지며, 연방의회 의원, 유럽의회 의원, 정부 각료의 경우 €300 이상이다. 독일 당비는 영국에 비하여 많은데, 1980년대 후반 독일의 사민당과 영국 노동당의 당원 1인이 낸 당비를 비교해 보면 영국 평균 £3, 독일 £40로 나타났다.[334]

독일의 기부금은 정당이 개인이나 법인으로부터 받은 금전을 의미하며, 재정 상황을 담당하는 지도부 임원이나 당의 주요 당직자가 받은 것도 기부금으로 간주한다. 1871년 이전 투표권이 재산과 납세를 기준으로 부여되었을 당시에는 유권자의 정치화가 덜 이루어진 상태라 선거경비가 적게 소요되었다. 간부정당은 전국적인 조직망을 유지할 필요가 없었기 때문이다. 선거운동 경비는 정치체제와 커뮤니케이션 채널을 쉽게 활용하여 혜택을 얻을 수 있는 지역 유지, 의원 후보, 지주, 산업 귀족(industrial magnates), 은행가 등에 의하여 지원되었다. 하지만 선거권의 확대와 대중정당, 포괄정당, 카르텔정당 등의 출현으로 기부금의 중요성은 상대적으로 줄어들었다.

---

334   Ware (1996), pp. 298~299.

현금 기부는 연간 €1,000까지이며, 초과 시 기부자의 이름과 주소 및 총액 등을 회계 보고해야 한다. 익명 기부는 €500 이하, 외국인 €1,000 이하, 공공기관 지분의 25%를 초과하거나, 정관상 공익, 자선, 종교 등을 목적으로 하는 단체는 기부가 금지되어 있으며, 기부의 제한 규정이 많다. 기부금의 50%까지 감면해주는 것을 원칙으로 개인은 연간 €825(부부합산 €1,650)까지 세제 혜택을 준다.

1988년까지 연간 DM20,000 이상 기부자 명단은 공개 대상이었으며, 1989년부터 상한액을 DM40,000 이상으로 상향하였고, 1992년 4월 헌법재판소에서 다시 DM20,000로 환원시켰다. 2021년 현재 €10,000 초과 기부금의 경우 기부자의 이름, 주소, 총액을 보고서에 포함하되 일반에게 공개하지 않지만, 건당 €50,000가 넘으면 이름, 주소, 총액 등을 공개해야 한다. 관심 있는 유권자들은 누가 고액을 정당에 기부했는지 알 수 있다.

정당마다 사정은 다르지만 1945년 이후 독일 정당에서 기부금은 중요한 수입원이 되고 있다. 1997년 의회 의석을 가진 6개 정당의 총수입 중 기부금은 14.5%를 차지하였다.[335] 2019년 각 정당이 모금한 총수입 대비 기부금은 13.8%로 1997년과 커다란 차이를 보이지 않고 있다.

독일 정당의 정치자금 총수입 중 국고보조금과 당비가 차지하는 비율이 높다. 당비의 비중이 높다는 것은 바람직한 현상이 아닐 수 없다. 또한, 국고보조는 선거의 공공성을 인정하고 정당 간 기회의 평등을 제공하기 위해서 이루어지고 있다. 하지만 독일의 정치자금에 있어서 가장 커다란 문제는 기성 정당 간 타협이 쉽게 이루어지고 있다는 점이다. 각 정당의 이익을 위해서 기존 정당 간 정치자금 문제에 관한 공조가 쉽게 성사되고 있다. 또한, 내각책임제를 채택하고 있으면서 연립정부를 출범하는 기회가 많은 것도 하나의 요인이 될 수 있을 것이다. 기성 정당 간 정치자금 관련 담합에 대하여 연방헌법재판소가 중립적인 입장에서 자율적인 판단을 내릴 수 있는 유일한 기구로서 역할을 하고 있다. 헌법재판소는 수차 기성 정당 간 타협을 통하여 자신들에게 유리한 정치자금 관련

---

335 1997년 총수입 중 기부금이 차지하는 정당별 비율은 사민당 8.2%, 녹색당 17.7%, 기민연합 15.5%, 기사연합 24.7%, 자민당 34.3%, 민사당 15.9% 등이다.

입법 추진에 제동을 걸었다. 기성 정당에 대한 국고보조금 지급은 선거 시장의 경쟁 원리를 저해하는 요인으로 작용하고 있는데 연방헌법재판소는 신생정당도 국고보조금을 받을 수 있도록 문턱을 낮췄다.

후원자와 이익집단에 의한 정치자금의 기부를 엄격하게 구분하는 것은 대단히 어려운 일이다. 왜냐하면, 중복되는 경우가 대부분이기 때문이다. 이익집단은 그야말로 특별한 경제적 이익을 추구하기 위해서 이해가 얽힌 정치집단에 대하여 각종 자원을 제공하는 경우라고 볼 수 있으며, 개인 후원자는 사회관계를 유지하거나 좋아하는 정치인이나 정당을 후원하는 것을 취미 또는 하나의 의무로 생각하고 기금을 제공하는 경우라고 구분할 수 있을 것이다. 이탈리아, 독일, 일본 등에서 각종 정치자금 관련 스캔들이 문제가 된 것은 이익집단과 정치권과의 불법적인 거래가 이루어졌기 때문이다. 한마디로 정경유착 현상이 나타난 것이다. 정당은 정치자금을 대부분 대기업에 의존하고 있는 것이 일반적인 현상이며, 정치자금과 관련하여 노동조합의 기여는 미미한 편이다. 독일에서는 노동조합에 의한 정당 후원금 제공을 허용하지 않고 있다. 모든 나라는 정경유착을 근절하고 정치자금의 투명성을 높이려고 정치자금모금과 관련된 강력한 법을 제정하여 시행하고 있는 것이 사실이다.

3. 한국의 정치자금 제도

「정치자금법」 제3조에서 정치자금은 정치활동비용으로 공직선거법에 따른 후보자가 되려는 사람, 후보자 또는 당선된 사람, 후원회·정당의 간부 또는 유급 사무직원, 그 밖에 정치 활동을 하는 사람에게 제공되는 금전이나 유가증권 또는 그 밖의 물건이라고 규정하고 있다. 정치자금의 종류는 당비, 후원금, 기탁금, 보조금, 정당의 당헌·당규 등에서 정한 부대 수입 등으로 분류하였다.

중앙선거관리위원회의 2021년 중앙당의 정치자금 종류별 수입 비율을 살펴보면 전년도 이월금 32%, 당비 31%, 후원회 기부금 2%, 보조금 25%, 차입금 2%, 기타 8.0% 등으로 나타났다. 지출은 기본경비 48%, 조직활동비 33%, 정책개발비 12%, 여성 정치발전

비 4%, 그 밖의 경비 3% 등으로 나타났다.[336]

당비는 당헌·당규 등에 의하여 당원이 부담하는 금전이나 유가증권 그 밖의 물건을 의미한다. 2021년 정당의 총수입 중 당비가 차지하는 비중이 이월금 다음에 높았다. 2017~2021년 연도별 당비 수입액 추이는 〈그림 8-6〉에 나타나 있다.

당비는 2001년 205억 원, 2002년 420억 원, 2003년 363억 원, 2004년 243억 원, 2005년 255억 원이었다. 2020년 679억 원, 2021년 615억 원 등 시간이 지나면서 당비 수입의 규모도 많이 증가하였다. 정당의 총수입 중 당비가 차지하는 비율은 2002년 13%, 2004년 14%, 2005년 32.3%, 2021년 31%로 나타났다. 당비 납부 당원의 비율도 2000년 한나라당 0.45%, 민주당 0.41%, 자민련 0.29%, 2004년 각 당 평균 0.8%, 2005년 열린우리당 45.5%, 한나라당 22.5%, 민주당 72.1%, 민주노동당 100%, 자유민주연합 0.1%, 2021년 전체 20.4%로서 더불어민주당 26.7%, 국민의힘 15%, 정의당 52.3%, 국민의당 23.2%, 열린민주당 24.2%, 진보당 53.8%, 노동당 25.2%, 녹색당 41.0% 등으로 나타났다. 당비 납부율이 2005년과 2021년 모두 민주노동당, 정의당, 노동당 등 진보 계열의 정당에서 높게 나타났다. 당비 납부율이 높은 것은 대단히 바람직한 현상으로 권장해야 할 일이다.

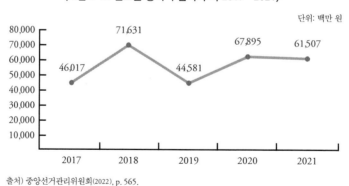

〈그림 8-6: 연도별 당비 수입액 추이 2017~2021〉

단위: 백만 원

출처) 중앙선거관리위원회(2022), p. 565.

---

336   중앙선거관리위원회(2022), p. 557.

2004년과 2005년 1년 사이에 정당의 총수입 중 당비가 차지하는 비율이 2.3배 증가했다. 당비 납부율은 1% 미만이었는데 1년 사이에 수십 배 증가했다. 이런 현상을 어떻게 설명할 수 있을까? 당원의 당비 납부율이 획기적으로 높아지기 시작한 것은 2000년 처음으로 당원의 공직 후보 결정 과정 참여가 허용되고 2002년부터 국민경선제가 최초로 도입된 것과 관련이 있을 것이다.

당비를 낸 진성당원에게 공직 후보 선출 등 주요 의사결정에 참여할 수 있는 기회를 부여하면서 당비 납부율이 증가했을 것이다. 또한, 당원의 당에 대한 정체성이 높아진 측면도 간과할 수 없을 것이다. 치열해진 당내 경선 때문에 당비 대납 사건까지 발생하여 경찰이 당사를 압수 수색하는 일도 있었다. 또한, 본인도 모르는 사이 당원이 되고 당비도 강제로 개인 계좌에서 공제 당한 사실도 드러났다. 민주주의 국가에서 도저히 용납할 수 없는 일이 발생한 것이다. 그동안 품삯 당원이나 오히려 입당 대가를 지급했던 과거와 비추어 볼 때 일반 당원에 의한 당비나 후원금 납부가 자료대로 자발적으로 이루어졌는지 의구심이 드는 것도 사실이다.

입당 대가를 치르거나 또한 그것을 기대하고 입당하는 분위기는 대부분 사라졌지만 당비를 내는 당원들에 대한 보상 등의 유인책이 거의 없으며, 정당에 대한 국민의 불신이 높은 현실에서 그리고 당에 대한 정체성이 부족한 상황에서 당비 납부율이 30% 가까운 것은 바람직하지만 놀라운 현상이라고 평가하지 않을 수 없다.

국고보조금은 다른 장에서 상세하게 논의하고자 한다. 정당의 정치자금 중 후원회 기부금이 있는데, 2021년 자료에 의하면 정당 수입의 2%밖에 되지 않는다. 후원금은 정치자금법의 규정에 따라 후원회에 기부하는 금전이나 유가증권 그 밖의 물건을 말한다. 기탁금이란 정치자금을 정당에 기부하고자 하는 개인이 정치자금법 규정에 따라 선거관리위원회에 기탁하는 금전이나 유가증권 그 밖의 물건을 의미한다. 「정치자금법」 제11조에서 후원인이 후원회에 기부할 수 있는 후원금은 연간 2천만 원을 초과할 수 없도록 하고 있다. 연간 2,000만 원 범위에서 대통령 후보자에게는 1,000만 원까지, 중앙당, 국회의원, 당대표, 지방의회의원, 지방자치단체장 등 후원회에 각각 500만 원을 후원할 수 있다.

제31조에는 외국인, 국내 · 외의 법인 또는 단체는 정치자금을 기부할 수 없도록 규정하고 있으며, 누구든지 국내 · 외의 법인 또는 단체와 관련된 자금으로 정치자금을 기부할 수 없도록 명시하였다. 기업은 합법적인 방법으로 정치자금을 기부할 수 없다.

후원회 주체는 중앙당과 국회의원이다. 후원회는 2001년 중앙당 8개, 국회의원 252개, 2002년 중앙당 18개, 국회의원 253개, 2005년 중앙당 7개, 국회의원 295개, 2021년에는 중앙당 27개, 국회의원 295개가 등록되었다. 후원금은 2001년 1,321억 원, 대선이 있던 2002년 1,767억 원, 2005년 538억 원이었다. 2021년에는 중앙당 후원회 61억 원과 국회의원 후원회 446억 원의 후원금이 있었다.

4. 소액 다수제의 활성화

한국에서 정치자금과 관련하여 가장 문제가 된 것은 기업에 의한 정치자금 불법적인 제공과 정경유착이었다. 기업에 의한 정치자금 기부는 금지되었지만, 기업이 정치자금을 제공하는 이론은 세 가지 시각에서 논의되었다.[337]

①투자로서의 기업 활동이다. 정치자금을 포함한 기업의 정치 활동은 영향력을 획득하기 위한 것으로 본다.

②기업에 의한 지대추구(rent seeking) 행위로 보는 것이다. 기업은 정치인에 의해 결정되는 공공정책과 시장에서 구매가 불가한 공공정책의 혜택을 누리기 위해서 정치자금을 제공하는 것이다.

③정치인에 대한 지대추출(rent extraction) 행위라고 본다. 이는 정치인의 관점에서 정치자금 제공을 이해하는 것으로, 특정 기업이나 산업에 비용이 부과되는 정책을 추진하려고 할 때 기업경쟁에 우호적인 환경을 조성하기 위해서 정치자금을 제공한다는 것이다. 기업이 정치권에 제공하는 자금을 보험료로 보는 것이다.

---

337   기업의 정치 활동과 정치자금 제공에 대한 이론적 논의는 다음을 참고할 것. 전용주, "기업 정치자금 기부의 제도적 해법", 정책세미나 연구보고서, 한국경제연구원 (2004), pp. 11~14.

　기업이 정치자금을 제공할 수밖에 없는 이유를 다음과 같이 세 가지로 설명하고 있다.[338]

　①수급자 측면에서 원인을 찾는 것이다. 정치자금의 수급자인 정책결정자들이 보유하고 있는 가치 배분 능력과 관련이 있다고 볼 수 있다.

　②공급자 측면에서 원인을 찾는 것이다. 정치자금의 주된 제공자인 기업에 문제가 있다는 것이다.

　③정치자금의 수요에서 원인을 찾는 것이다. 고비용 정치구조, 선거비용의 과다, 방만한 정치자금 집행, 품삯 당원의 관행, 정치 불신과 비자발적 정치참여, 정치자금 기부문화의 부재 등으로 대기업 자금 의존도가 높기 때문이다.

　결국 정치자금의 수급자, 제공자 및 정치자금의 수요 등의 문제 때문에 기업에 의한 정치자금이 제공될 수밖에 없었다. 정치자금법에 기업의 정치자금 제공을 금지했지만, 정치권에 정치자금을 전연 제공하지 않는다고 누구도 장담할 수 없을 것이다. 후원회 행사의 금지 및 엄격한 정치자금제도의 도입과 정치자금의 투명화가 정착되면서 정경유착이 사라진 것처럼 보인다. 하지만 불법 정치자금 수수 혐의로 사법처리 되는 사례가 종종 나타난다. 또한, 정치인들의 재산등록 상황에 비춰보면 선거를 한 번 치르기도 버거운 경제 능력인데도 불구하고 엄청난 비용이 수반되는 선거에 빈번하게 출사표를 던지는 것을 보면 무슨 돈을 어디서 어떻게 구했을까 의아해하지 않을 수 없다. 은밀하게 거래되는 정경유착의 거래를 뿌리째 발본색원하는 것은 태생적으로 한계가 있을지 모른다.

　후원금이 정치자금 총수입에서 차지하는 비중이 작지만 현 제도가 지향하는 정치자금 모금의 소액 다수제를 더욱 활성화해야 할 것이다. 선진 민주국가의 대중정당은 정치적·재정적 기준에서 철저하게 대중참여에 의존하고 있다. 이들 정당은 지지자를 정치적

338　다음의 구체적인 예를 중심으로 정치자금의 수급자 측면, 제공자 측면, 수요 측면으로 나누어 원인을 살펴보았음. 김용호, "기업의 정치자금 기부제도", 정책세미나 토론자료, 한국경제연구원(2004), p. 49.

으로 교육하고, 그들 중에서 정부 구성에 필요한 엘리트를 충원한다는 점에서 당원은 정당의 요체라고 할 수 있다. 또한, 당비는 당의 재정을 꾸리는 가장 커다란 재원이 되고 있다. 대중정당은 선거운동에 드는 비용을 소수의 대규모 헌금에 기초하는 것이 아니라, 그 비용을 최대한 다수에게 소액으로 분담하는 민주적 자금조달을 특징으로 하고 있다.[339]

소액 다수제를 주장하는 이유는 정치자금 제공과 관련하여 부정부패 등과 같은 스캔들을 줄이기 위한 목적이 크다. 영국에는 "피리 부는 사람에게 돈을 준 사람은 곡을 청할 권리가 있다"(He who pays the piper calls the tune)는 속담이 있다. 미국에서는 "돈은 말한다(money talks)"는 말도 있다. 고액의 정치자금을 아무 조건 없이 제공한다는 것은 상식적으로 이해하기 어렵다. 또한, 당장 이해관계가 얽혀 있거나 그렇지 않더라도 장기적 관점에서 보험금 성격으로 정치자금을 제공한다고 보기 때문에 소액 다수제의 활성화를 강조하는 것이다.

소액의 정치자금을 제공하는 것은 개인이 좋아하는 정당이나 정치인을 지지하기 위한 순수한 마음이기 때문에 부담이 적을 수밖에 없을 것이다. 후원자는 특정 정당이나 정치인에 대한 애정을 표현하고, 후원금을 받은 정치인은 후원자에 대한 책임감과 사명감을 되돌아보는 계기가 될 수 있을 것이다. 정치자금 후원을 통해서 정치에 관한 관심도 커질 것이고, 민주시민으로서 정치과정에 참여한다는 보람도 있을 것이다. 또한, 정치자금 제도 개선의 궁극적 목표에도 일조하게 될 것이다. 정치인에게 "주지도 않고, 받지도 않는다"(give nothing, get nothing)는 비현실적인 목표보다는, "적게 주고, 적게 받는다"(give a little, get a little)거나,[340] 더 중요한 것은 "적게 주고, 받지도 않는다"(give a little, get nothing)는 소액 다수의 정치자금제도 정착에 이바지할 것이다. 이는 궁극적으로 정경유착이나 정치부패 등의 스캔들로부터 해방되고, 정치자금의 투명성과 합법성 제고에도 도움이 될 것이라고 기대하기 때문이다.

---

339   유재일(2003), p. 145.

340   전용주(2004), p. 31.

정당은 민주정치 체제의 불가피한 기제가 아닐 수 없다. 하지만 정치적 경쟁은 자원을 필요로 하며, 자금의 사용은 정당체계를 이해하는 데 핵심적인 주제라고 볼 수 있다. 정당이 정치과정에서 건전하고 정정당당한 경쟁을 유지하면서 정치자금을 어떻게 모금하고 사용하며 부패를 방지하느냐 하는 것은 매우 중요한 과제가 아닐 수 없다. 하지만 정당의 정치자금 모금과 지출 그리고 부패를 완전하게 없앨 수 있는 황금 기준(gold standard)을 모색하는 것은 쉬운 일이 아닐 것이다. 정당은 항상 막대한 자금이 필요하고 정치자금을 어떤 조건이나 대가를 기대하지 않고 선뜻 기부하는 것도 경제 논리대로 해석한다면 이해하기 어려운 부분이 있기 때문이다.

제7절 원내 중심 정당

1. 개념의 이해

정당개혁 문제가 제기될 때마다 단골 메뉴로 등장하는 것이 원내정당화라고 볼 수 있다. 원내정당화가 그만큼 한국 정치에서 필요하다는 방증이기도 하다. 원내정당화를 정당개혁의 핵심과제라고 간주하는 것이다.

원내정당(party-in-parliament)은 원외 정당(external party)의 반대 개념이다. 정당의 발달을 의회정치와 관련하여 이해하기 위해서 듀베르제가 구분한 개념이다. 원내정당은 의원 중심으로 원내에서 조직적인 의정활동을 하기 위해서 출현한 정당이다. 원내의 각종 정책 결정 과정이나 재선을 준비하는 과정에 집단적 협력의 필요성 때문에 의원들끼리 결성한 정당을 의미한다. 원외 정당은 선거권이 확대되면서 사회 세력들이 자신들의 대표를 원내에 진출시키기 위해서 결성한 정당이다. 기존의 정치세력인 의원 중심의 정치 결사체에 대항하여 의회 진출을 목표로 결성한 정당이다. 듀베르제는 원외 정당은 원내 정당에 비하여 중앙집권적이고, 이념 지향성과 조직 결속력이 더 강하며, 당의 기강이 엄격하고, 정당 내부적으로 원내 조직의 영향력이 상대적으로 취약한 것은 물론이고, 의

회의 중요성을 낮게 평가한다고 지적하였다.[341]

원내정당은 최초에 의원들 간 연결된 조직에서 기원했다. 원내정당은 의원 중심의 정당이기 때문에 간부정당이나 귀족 정당을 의미하는 것으로 대중정당과 다른 개념으로 이해하였다. 하지만 원내정당의 대표적인 사례로 미국의 민주당과 공화당을 꼽고 있다. 의원들이 정당으로부터 해방되어 자율성을 최대한 발휘하면서 대국민 대응력을 높인다는 차원에서 이해하는 것이다. 하지만 미국의 정당을 전형적인 원내정당이라기보다는 비교적 원내정당에 가깝다고 보고 있다.

원내정당의 개념에 대하여 다양한 입장이 존재하기 때문에 그 개념을 분명하게 정의하는 것은 쉽지 않지만, 원내정당의 가장 핵심적인 내용은 국회가 정당정치의 중심이 되어야 한다는 주장에는 이론의 여지가 없다. 하지만 당 조직을 국회로 옮겨 놓은 것인지, 의원들의 원내 활동에 자율성을 부여하는 것인지, 아니면 정당 간 대립이나 합의는 주로 국회 의사결정과정에서 이루어지도록 하자는 것인지, 또 일반 당원보다 의원들이 당을 주도하는 것인지 광범위한 합의가 이루어지지 않은 상태다.[342]

원내정당은 의원들이 정당의 통제나 제약으로부터 해방되어 국회를 정치 활동의 주무대로 삼아 의원들 간에 자율적인 대화, 토론, 타협, 조정을 통하여 국가의 중요한 정책을 결정하는 것을 의미한다. 정당보다는 국회가 정치의 중심이 되고, 당직자나 원외인사보다는 국회의원이 정책 결정 과정의 주체적인 역할을 하는 것이다. 의원은 소속 정당으로부터 완전한 자율성을 보장받고 원외 요소로부터 해방되며, 정책 결정 과정에 같은 당소속 의원과 원내에서 협력하고 상대 당 소속 의원과 원내에서 경쟁하는 것을 의미한다. 의원총회가 정당의 최고 의사결정 기능을 수행하며 정당 운영의 중심이 된다. 당론이 의원 중심으로 결정되는 것이다.

---

341   La Palombara and Weiner (1966a), p. 10.

342   임성호, "원내정당화와 정치개혁: 의회민주의 적실성의 회복을 위한 소고", 「의정연구」 특집 9권 1호, (2003), 한국 의회발전연구회, pp. 1~35.

2. 미국의 원내정당

(1) 의회의 조직 및 역할

미국을 원내 중심 정당의 모델이라고 한다. 미국의 하원 조직은 〈그림 8-7〉에 나타난 바와 같이 하원의장이 있고, 원내대표(floor leader)인 다수당 지도자(majority leader)와 소수당 지도자(minority leader)가 있고, 원내총무(whip)가 있다.

다수당 지도자는 사실상 여당의 원내대표로서 하원 제1 부의장(Speaker's principal deputy)에 해당한다. 하원의장이 이사회 의장이라면 다수당 지도자는 최고경영자(CEO)라고 볼 수 있다. 다수당 지도자는 2년마다 정당에서 비밀 투표로 선출한다.

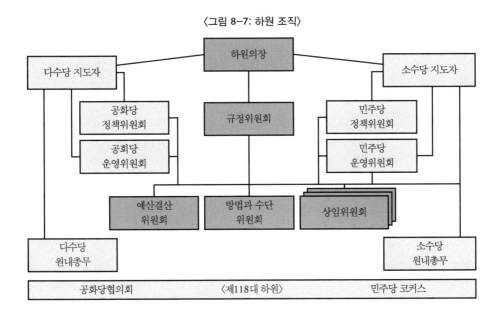

〈그림 8-7: 하원 조직〉

원내총무는 당의 기강 확립, 기표결과 계산, 정당의 최대 관심사인 의안 통과를 위한 승리 연합(winning coalitions) 형성 등의 임무를 수행한다. 원내총무는 왕자의 학우(學友)로 왕자를 대신하여 매 맞는 소년(whipping boy)과 같다고 한다. 원내총무의 가장 중요한 임무는 백악관, 노조, 로비스트들과 협력하여 의회에서 찬성표를 증대시키는 일이다. 특히 주요 의안 처리에 있어서 동료의원들의 지지를 다지고, 의안에 반대하는 의원들을 설득하는 일이다. 이러한 임무는 설득과 노력 그리고 원내총무실의 조직을 활용하여 수행된다. 양당 모두 원내 부총무나 보좌관을 두어 정기적인 토론과 의회 전략을 수립하는 역할을 맡기고 있다. 원내총무실에는 사무직원이 있으며, 원내총무의 의사결정을 도와주고 선거구민에게 정당의 지지도를 확대하고 정당 리더십의 대표성을 높이는 기능을 수행한다. 양당의 원내총무는 '주간 미리보기'(Whip's weekly preview)를 통하여 소속당 의원들에게 차후 원내 의제에 대하여 알린다. 의사일정이 수시로 변하기 때문에 매일 한쪽 분량의 '일일 미리보기'(Whip's daily preview)를 발간하여 하원의 개회 시간과 최종 의안 상정 일정 등을 알린다.

상원의 조직도 하원과 대동소이하다. 상원의장은 부통령이 맡고, 다수당 지도자와 소수당 지도자, 다수당 및 소수당의 원내총무가 있다. 상·하원 모두 원내 지도자가 정당의 사실상 대표라고 볼 수 있다. 원내 지도자와 원내총무 중심으로 당이 운영된다. 미국은 원내정당이기 때문에 원내 지도자인 원내대표가 사실상 당의 리더로서 정강 정책을 입법화하고 의원들을 관리하며 원내 전략을 수립한다. 분권적이고 개인주의적 성향이 강한 의회에서 단결을 유지하고 방향을 제시하며 효율성을 증진하는 일은 쉽지 않은 일이다.

(2) 의회 지도자의 정당 업무

정당 소속 의회 지도자는 정당 업무를 수행해야 한다.[343]

①정당을 조직하는(organizing the party) 기능을 수행한다. 의회의 정당 지도자는 소속당 운영위원회 위원 인선, 당규 개정, 당직자의 선발, 당의 각종 위원회 위원 임명, 정책형성 과정에 영향력 행사 등 정당조직 업무를 지원한다.

②당의 단결(party unity)을 도모한다. 의회에서 우선순위가 높은 중요한 입법과정에 당의 결속을 다진다. 의회의 정당 지도자는 목동과 같이 의원들 자신이 입법과정의 한 부

---

343 Davidson and Oleszek (2006), pp. 179~181.

분(part of the process)이라고 느낄 수 있도록 해야 한다.

③정당의 입장(party views)을 홍보한다. 의회의 정당 대표는 소속 정당의 정책이나 업적에 대한 홍보 기능을 수행한다. 연설, 방송 출연, 신문 기고, 기자회견, 웹사이트 등을 활용하여 정당의 쟁점을 알리고 정당의 이미지를 높이는 역할을 한다. 그리고 원만한 공중관계(PR)를 유지하여 상대 당의 주장이나 제안 등을 무력화시키는 등 당의 대변인 역할도 담당한다.

④선거운동을 지원한다. 당의 동료들을 대신해서 정치자금의 모금과 열성적인 선거운동원이 되어야 한다. 소속당 후보들의 선거운동을 지원하기 위해서 많은 지역을 방문한다. 정당의 의회 지도자는 원내 · 외 활동을 통하여 정당의 리더로서 기능을 수행한다. 미국의 정당은 원외 정당이 아니기 때문에 원내대표가 사실상 정당의 지도자로서 원내 · 외에서 많은 역할을 한다. 입법권을 가진 의회가 국가의 중요한 정책을 결정하기 때문에 정당 활동의 본거지를 원내에 두는 것이다. 원내대표가 사실상 정당의 최고 지도자로서 역할을 하는 것이다.

(3) 의원총회 및 각종 위원회

하원의 조직에 나와 있는 바와 같이 소속 정당의 모든 의원으로 구성된 공화당 협의회 (Republican Conference)와 민주당 코커스(Democratic Caucus)가 있다. 이는 각 당의 의원총회라고 볼 수 있다. 의원총회에서는 상임위 배정안 승인, 의원들에게 각종 서비스 제공, 정당과 의회 정책에 관한 토론, 당의 단결 도모, TF나 쟁점 담당팀의 승인, 정보교환, 욕구불만 발산, 유권자에게 호소할 프로그램 토론 등이 이루어진다. 의원총회는 쟁점에 대한 자유분방한 토론(free wheeling debate)이 이루어지고, 의원들 간 동의와 타협이 산출되는 장이라고 볼 수 있다. 의원총회는 절차 문제뿐만 아니라 실질적 내용에 이르기까지 당 소속 의원들과 지도자 간에 허심탄회한 토론과 합의 도출 기회로 활용한다. 하원 조직에 나와 있는 바와 같이 각 당의 정책위원회(Policy Committee)와 운영위원회(Steering Committee)가 있다. 이들은 당 소속 의원들의 필요와 목적에 따라서 설치한 것이다. 정책위원회는 정책을 결정하지 않지만, 정책 일정에 대한 조언, 정당의 단결 도모, 정책대안에 관한 연구 결과물 제공, 정책보고서 배부, 쟁점별 투표 결과 추적, 그리고 정당 정책의 집행 및 토론 등의 기능을 수행한다. 정책현안이 대두되면 더욱더 할 일이 많아지고, 야당의 경우 대통령의 주장을 반박하고 대안을 만들기 위해서 밤샘 토론하는 경우가 많다. 물론 웹사이트를 운영하면서 의원이나 참모들이 언제든지 현안에 대한 정보를 획득할 수 있도록 하고 있다. 운영위원회는 의회 운영 전반에 대하여 선거위원회는 상·하원 선거와 관련된 업무를 수행한다.

각 당의 정책 및 운영위원회 이외에 하원의장 직속 규정위원회(Committee on Rules)가 있다. 하원에는 예산결산위원회(Committee on Appropriations), 방법과 수단위원회(Committee on Ways and Means), 그리고 17개 상임위원회(standing committee)가 있으며, 그 산하에 여러 개의 소위원회(subcommittee)가 있다. 미국 의회는 연중무휴 상임위원회 중심으로 운영되기 때문에 위원장의 역할과 리더십이 매우 중요하다. 그 외에 정보위원회 등 비상임위원회가 있다.

(4) 시사점

미국 상·하원의 기구를 통하여 발견할 수 있는 시사점은 무엇보다도 원내정당화를 지향하고 있다는 점이다. 의원총회 중심으로 원내 대책이 수립되고 있으며, 원내대표가 정당의 사실상 최고 지도자로서 그를 정점으로 정당이 운영된다. 정당의 대표나 당직자의 영향력을 벗어나 의회지도자 중심으로 의회를 운영하고 있다. 의회가 정치의 중심 역할을 하는 것이다. 의원들의 자율성과 분권을 최대한 허용하지만 다만 당 소속 의원들의 단결을 위해서 동료의원을 설득하고 당에서 추진하는 법률안이 의회에서 채택되도록 노력한다는 점이다. 모든 입법 및 정당 활동이 원내 중심으로 이루어지고 있다. 또한, 정책위원회와 선거위원회가 상·하원의 공식기구로 원내에 등록되어 있다. 한마디로 원외 요소가 완전하게 배제되고 의회가 정치와 선거의 중심 역할을 하는 것이다.

3. 원내 중심 정당의 발전

(1) 원내정당의 태동

한국도 미국의 원내정당 모델을 준거하여 원내대표 중심의 의정활동이 이루어지고 의원총회가 정당의 최고의 의결기구 기능을 수행하는 방향으로 발전하여야 할 것이다. 원내대표와 정책위의장의 위상과 기능이 많이 확대되었으나 당 운영의 전권을 당대표가 행사하는 상황에서 원내 중심 정당으로 가는 길은 아직도 멀다.

A당의 「당헌」 제55조에 의원총회는 의원의 최고 의사결정기구로 원내대표의 선출, 국회의장단과 국회상임위원회 위원장 후보자 선출, 국회 대책 및 원내 전략의 결정, 국가 주요 정책 및 주요 법안의 심의, 국회 제출 법안 및 의안 중 주요쟁점 사안의 심의·의결, 당무에 관한 의견 개진 및 보고 청취, 국회의원의 제명에 관한 사항 등의 권한을 행사한다.

B당의 「당헌」 제51조 의원총회는 원내 최고 의사결정기구로 당의 일상적 원내 활동 대책의 심의·의결, 당의 입법 활동에 필요한 주요 정책 및 국회에 제출하는 법안과 의안의 심의·의결, 원내대표의 선출, 국회의장과 부의장 후보의 추천, 국회 활동과 관련된 조직구성 및 폐지, 의원총회 운영 및 예산·결산에 대한 심의, 「정당법」 제33조에 규정된 국회의원의 제명, 기타 원내 대책 및 운영과 관련한 주요 사항을 결정하는 권한을 행사한다.

종래의 원내총무를 원내대표로 격상시키고, 의원총회에서 직선하도록 하였다. 의원총회와 원내대표의 기능과 권한을 확대하는 방향으로 당내 위상을 높이고 있으나 원내 중심의 전략 수립에 초점이 맞추어져 있음을 알 수 있다. 의원총회는 당무에 대한 심의·의결권이 없다. 의원총회는 당무에 관한 의견 제시 및 보고 청취로 되어 있을 뿐이다. 원내대표는 당대표 다음 서열이지만 당대표의 의중에 따라 원내 전략과 대책을 수립하지 않을 수 없는 현실이다. 원내대표 선출과정에 당대표가 암암리에 영향력을 발휘해서 자기와 가까운 후보를 당선시킬 가능성도 있다. 또한, 당대표와 선출직 최고위원이 당무를 관장하고 있는 현실에서 원내대표의 역할과 위상은 한계가 있을 수밖에 없다. 원외 요소를 최대한 배제하고 당대표 대신 원내 지도자가 정당의 실질적인 최고 리더로 위상을 높여 당무 통할권을 행사하는 것이 원내정당화의 첫걸음이라고 할 수 있다.

(2) 기대효과

원내정당의 기대효과로 몇 가지를 꼽을 수 있을 것이다.[344]

①정치의 중심 장(場)으로서 국회의 비중이 커질 수 있을 것이다. 원외 정당 요소가 최소화된 가운데 정치가 원내 지도자 중심으로 원내에서 이루어지기 때문에 국회의 기능이 강화되고 위상이 높아질 수 있을 것이다. 원외 요소가 강한 경우 국회의 위상이 낮고 정당의 힘이 막강하여 국회직보다는 당직을 선호하는 경향이 나타난다. 당대표가 의원들의 공천 및 의정활동을 지시하고 통제할 뿐만 아니라 정치자금을 집행하는 권한을 행사하기 때문이다. 원내정당화가 이루어지면 상황은 달라질 수 있을 것이다.

②정책 결정 주체로서 의원들의 역할과 권위가 강화될 수 있을 것이다. 대다수 의원은 원외 조직인 당에 의하여 통제받지 않고 독립된 입법기관으로서 자율적인 판단과 결정에 따라 책임을 지는 의정활동을 할 수 있기 때문이다. 의원들은 그들에게 지시하는 통제정당(party in control)보다는 그들의 이익을 도모해주고 그들 간 이익을 조정하고 필요성을 충족시켜 주는 봉사 정당(party in service)을 선호할 것이다.

③의원 각자는 당론에서 벗어나 최대한 자율성을 행사할 수 있을 것이다. 당직자가 아닌 일반 의원들은 당의 지시나 당론에 따라서 자신의 정치적 신념이나 의지를 접을 수밖에 없는 처지에서 의원 각자의 자율성이 최대한 보장되는 원내정당화를 마다할 이유가 없을 것이다. 원내정당화는 의원 각자의 자율성을 존중하고 의원 중심의 정당 운영이기 때문이다. 한국정당은 당 규율이나 당대표의 권한이 지나치게 강력하다. 당론과 배치

---

344 의원 내각책임제하에서는 정당체계의 안정과 책임 정당정치의 실현을 위해 정당의 규율이 강한 것이 바람직하지만, 분점정부가 흔히 나타날 수 있는 대통령중심제 하에서는 정당의 규율이 약한 것이 대통령과 의회의 교착상태를 타개하는 데 유리하다는 견해. 원내정당의 기대효과에 대하여 다음을 참고할 것. 임성호(2003).

되는 투표나 반론을 제기하면 변절자나 해당 행위자로 낙인찍히고 공천에서 배제되거나 징계위에 회부 된다. 이는 의원의 자율성을 극도로 위축시키는 결과를 가져온다. 정당 규율이 엄하다는 영국의 의회에서 당의 공식노선과 다르게 투표했다고 출당이나 공천 거부와 같은 엄벌을 내리는 경우는 드물다.[345]

④의원 간의 민주적 의사결정 기관으로서 의원총회의 위상이 높아질 것이다. 원내정당은 의원총회가 정당의 최고 의사결정기구로서 기능하기 때문이다. 국회 내의 법률안 표결에 있어서 각 당은 의원총회에서 충분하게 찬반 의견이 개진되고 민주적 토론 절차를 밟아 당의 입장을 결정하게 된다면 개별적으로 반대의견을 제기하기 어려울 것이다. 일종의 당론이지만 소수의 정당 지도자에 의하여 일방적으로 강요된 지시가 아니고 의원들이 민주적으로 직접 결정한 사안이기 때문에 의원총회의 입장을 거역하는 것은 어려울 것이다. 의원들이 의원총회의 민주적 의사결정 결과를 존중한다고 의원 각자의 자율성 침해나 교차투표에 반하는 것으로 볼 수 없다. 하지만 의원총회의 민주적 의사결정 과정을 거치지 않고 소수의 당 지도부의 뜻에 따라서 일방적으로 채택한 당론에 대해서 의원들은 독립된 입법기관으로서 각자의 소신에 따라서 반대할 수 있어야 한다.

⑤각 의원을 위해 일하는 소수의 전문가와 자원봉사자로 구성된 개인적 정치 기반이 존재하게 될 것이다. 정당조직은 의원들 개인 차원에서 얻을 수 없는 집합 재화, 예를 들면 선거 재화(electoral goods)를 제공한다.[346] 하지만 원내정당화가 정착되면 정당의 선거 재화 제공기능이 약해져 '조직으로서의 정당'이 아니라 '유권자 속의 정당'(party in the electorate)이나 '정부 속 정당'(party in government)의 비중이 높아질 수 있을 것이다.[347]

345 강원택(2004b), p. 46.

346 Charles Stewart III, *Analyzing Congress* (New York: W. W. Norton & Co., 2001), p. 267.

347 Aldrich (1995), p. 8.
    '조직으로서의 정당'은 당원과 지지자들을 조직하고 그들의 가치와 이해관계를 집약·표출하며, 의원 등 정치 지도자를 발굴·훈련하는 정당 활동으로서 당 활동가와 당원들의 관계가 중요하다. '유권자 속의 정당'이란 선거에서 지지와 참여를 활성화하는 측면으로서 선거운동원, 지지자 그리고 유권자들과의 관계가 중요하다. '유권자 속의 정당'은 '선거정당'이라고 한다. '정부 속 정당'이란 의회에서 입법 활동과 직접 정부를 구성하는 역할로서 의원, 의원실 그리고 공직자들과의 관계가 중요하다. 정당의 기능을 중심으로 V. O. Key는 세 가지 유형으로 나눴으며, 그에 대한 설

⑥상향식 공천제 시행은 불가피한 선택이 될 것이다. 정당이나 정당 지도자 역할이 축소되는 상황에서 의원 후보는 결국 당원과 유권자에 의하여 결정되는 과정을 거칠 수밖에 없을 것이다.

⑦의원과 유권자들과 더욱더 직접적인 연계 체제가 구축될 수 있을 것이다. 정당의 역할이 축소되고 국회의원들의 자율성이 확대되면 의원들은 정당이란 조직을 통하지 않고 대중매체나 인터넷 등 다양한 매개 수단을 활용하여 유권자와 직접 연계하여 국민의 이익을 수렴하고 국민의 지지 획득을 위해서 노력할 것이다.

⑧보통의 일반 대중에게 호소하는 실용적 정책정당으로 발전할 수 있을 것이다. 국회 기능이 원내정당화로 인해 활성화되면 정치투쟁은 상대적으로 줄어들게 되고, 대신 정책개발 양상이 나타날 것으로 기대된다. 각 당은 정책대결에서 뒤지지 않기 위해 정책개발에 힘쓰는 정책 중심 정당으로 변모하게 될 것이다. 원내정당화는 결국 정치권이 민생현안 해결을 우선 처리하는 대국민 서비스가 나아질 것으로 기대할 수 있다.

⑨대통령과 의회의 교착상태를 타개하는 데 유리할 것이다. 대통령의 건전하고 합리적인 정책 의지에 대하여 당파적 입장을 벗어나 초당적으로 협력할 수 있는 분위기가 조성될 수 있을 것이다. 분점정부의 경우 대통령이 여당 의원만을 후원 세력으로 자신의 입법 의지를 관철하려던 종래의 방식은 더 이상 통하지 않을 것이다. 원내정당화가 이루어지면 의회와 행정부 간 상호 균형과 견제의 합리적 관계가 설정될 것으로 기대하기 때문이다.

⑩정당의 고비용 구조가 해소될 수 있을 것이다. 중앙당 등 원외의 조직은 대폭 축소 내지 폐지되고, 중앙당사가 자연스럽게 원내로 이전하면 거대한 정당조직의 경량화 효과를 기대할 수 있을 것이다. 원내정당화 모델은 기존의 중앙당 당료와 지역의 당협위원장으로 연결되는 조직구조를 해체하고 개별의원과 지지자 집단 간의 관계로 정당과 유권자 관계를 재편하며, 정당과 정당 간의 관계를 약화시키고, 개별의원 간의 자유로운

명은 다음을 참고할 것. 박지영·윤종빈(2019), p. 132.

연합에 의한 정당과 의회 관계의 구축을 핵심 내용으로 하는 것이기 때문이다.[348]

⑪선거 때 유권자들의 투표행태도 정당 본위보다는 인물 위주로 전환하는 모습을 보이게 될 것이다. 정당은 빠르게 변하는 정보화 사회에 대응력을 상실한 무기력한 조직에서 전문가 중심의 원내정당으로 변모하여 국민의 정치적 요구에 더 빠른 순발력을 발휘할 수 있게 될 것이다. 정보통신기술의 발달은 물론 국민의 정치에 대한 요구의 질과 내용도 옛날과 눈에 띄게 달라지는 등 정당 환경이 급속하게 변하고 있다. 따라서 대국민 대응력을 키우기 위해서 순발력이 요구되며 정치인의 전문성이 그 어느 때보다 필요하다. 이런 상황에서 전문가 중심의 원내정당이 변화되는 정당 환경에 더 기민하게 대응할 수 있을 것이다. 유권자들도 정당보다는 당연하게 인물을 중시하는 투표행태를 보일 것이다.

(3) 내재적 한계

하지만 원내정당화는 몇 가지 내재적 한계도 있다.[349]

①다수당에 의한 독식 내지는 독주의 위험성을 들 수 있다. 한마디로 원내 다수당의 횡포가 우려된다. 의석수에 따라서 의회 내에서 영향력의 차이가 나타나 다수당에 의한 의회의 입법권 장악이 우려된다. 과반이 넘는 국회 의석을 차지한 정당이 당리당략적 차원에서 일방적으로 입법 폭주나 입법 독주를 보일 때 견제가 쉽지 않다. 대통령의 법률안 재의요구권이란 견제 장치가 있지만 국회와 정부의 극한적 대립과 충돌을 피하기 어렵게 된다.

②현역의원들의 중앙집중식 권한과 정치적 입지만 지나치게 강조하는 결과를 낳기 쉽다. 의원들의 기득권을 지나치게 보호할 우려가 있다. 원내정당화가 실현되면 현역이 명실상부 정치의 중심이 되고 그 영향력이 커질 수밖에 없을 것이다. 정당의 영향력 비중

---

348   서복경(2004), p. 12.

349   임성호(2003), pp. 16~19.

이 줄어들고 상대적으로 의원 각자의 자율성이 증가하면 의원의 입지가 더욱 강화될 것이며, 정치적 기득권을 장기간 지속시킬 우려가 있다. 의원의 자질과 전문성 부족, 도덕성 결여, 대국민 봉사 정신 실종, 공익보다 사익 우선, 특권 남용, 행정부에 대한 갑질 등 등 의원들에 대한 불신 요인이 너무 많은 현실에서 국회가 정치의 중심역을 제대로 수행할지 의구심이 드는 것은 사실이다.

원내정당인 미국은 상·하 의원 현역 재선율(re-election rates)이 매우 높다. 하원의원의 경우 1950년~1990년대까지 50년간 평균 93.3%의 재선율을 보였다. 그리고 2004년 97.8%, 2014년 95.4%, 2022년 94.5%로 변함없이 높은 재선율을 기록하였다. 상원의원도 1964년 85%, 1974년 89%, 1984년 90%, 1994년 92%, 2004년 96.2%, 2014년 82.1%, 2022년 100%의 재선율을 보였다. 미국 의회의 경우 충원 과정에 현역 요인(incumbency factor)이 매우 중요하게 작용한다. 현역의원의 재선이 유리한 상황에서는 다선의원 교체와 참신한 인물의 영입을 통한 정치권 물갈이를 기대하기 힘들다. 의원들의 기득권이 지속해서 유지될 가능성이 크고, 자칫 부패와 연고주의를 심화시킬 우려가 있다고 지적하는 이유는 바로 높은 재선율과 장기간 정치권력을 유지하는 데서 발생하는 타성과 부작용 때문이라고 볼 수 있다. 재선율이 높은 상황에서 현역이 출마한 선거구에서 경쟁적 선거가 치러질 것이라는 기대는 사실상 불가능하다. 하지만 의정활동을 통하여 능력을 인정받고 경험을 축적한 검증된 의원의 재선은 오히려 바람직한 현상이 될 수 있을 것이다.

③원내에서 상당한 의석을 차지한 제1당과 제2당 등 주요 정당들이 과도하게 유리한 입지를 유지할 수 있다. 의원을 배출하지 못한 지역의 이익이 정책 결정 과정에 간과되기 쉽다는 우려가 있다. 정당 본위의 국회 운영이 의원 중심으로 바뀔 때 국가적 차원의 통합적 의사결정보다는 의원 각자의 이해나 선호 그리고 관심 영역 내에서 정책이 결정될 공산이 크다. 하지만 지역발전은 지방의원에 맡기고 국회의원은 국가 차원의 전략적인 과제에 몰두해야 하는 것이 시대적 요청이다. 또한, 국민 여론, 시민단체의 의정활동에 대한 모니터링, 언론에 의한 의원 평가 및 감시, 의정활동의 공개성과 투명성이 제고

되는 상황에서 출신 지역에 특혜를 주고 다른 지역을 차별하는 정책 결정은 쉬운 일은 아닐 것이다.

④정당이 대중에 뿌리내리기 어렵고, 정치 불안을 더욱 조장할 위험성도 있다. 원내정당은 대중정당에 반하는 특성이 있다. "원내정당이란 사실상 포괄정당, 선거전문가정당, 엘리트정당이며 당원과 정당을 약화하는 모델이라고 비판한다."[350] 정당의 주체는 당원이며 일반 국민과 가까운 것이 대중정당의 모습이라고 할 때 의원 중심의 원내정당은 자칫 정치를 대중과 소외시키는 부작용을 초래하거나 당원을 정당의 주변부 존재로 격하시킬 것이라는 우려가 제기되고 있다. 정당이 대중에게 뿌리내리기 어려울 것이라는 지적이다. 정치엘리트인 의원을 중심으로 정치 활동이 진행될 때 당원의 정당정치에 대한 무관심과 이것이 일반 국민에게 미칠 가능성이 크다. 하지만 정당의 민주화를 통하여 당의 주요 정책 결정 과정에 당원과 일반 국민의 참여를 확대한다면 어느 정도 보완이 이루어질 것으로 보인다.

⑤정당의 지역주의 색채를 고착시킬 수 있다는 우려도 있다. 현역의원 중심으로 정책이 결정될 가능성이 크기 때문에 지지세가 약한 지역의 이익은 간과되기 쉽다. 지역편중 구조가 극심한 상황에서 특정 지역의 소외를 더욱더 부채질할 소지가 있다.

⑥정치 비용을 낮출 것이라는 기대도 힘들다. 지구당이 폐지되었지만, 현역의원이나 원외인사들은 당협위원장이라는 지위를 유지하고 있으며, 조직관리, 당원 교육, 정책홍보, 사무실 유지, 애경사 챙기기 등 때문에 정치 비용이 대폭 줄어들 것이라는 기대를 하기 어렵다.

기존의 제도나 관행을 바꾸는 데는 많은 부작용과 비용이 소요되는 것은 사실이다. 위에서 지적한 원내정당화의 내재적 한계 이외에도 다음과 같은 논거로 원내정당화 재고를 주장하기도 한다.[351]

---

350 안철현, "대중 정당론과 원 내정당론 논쟁에 대한 비판적 고찰", 「사회과학연구」 제28집 4호. 경성대 사회과학연구소 (2012), p. 121.

351 위의 세 가지 전제조건에 대하여 반론을 제시하면서 원내정당화 주장의 문제점을 지적하고 있는 연구도 있다. 서복

①정당 간 정책경쟁을 위해서는 의원집단 중심의 정책생산 기능이 강화되어야 한다고 하나 그것은 정당의 정체성 문제이지 정책생산 단위의 소재가 문제는 아니다.

②고비용 저효율의 지구당 조직이 폐지하고 원내 조직 혹은 개별정치인들이 직접 지지자 집단과 관계를 맺어야 한다는 주장도 기존 정당의 지구당이 문제가 되는 것은 돈과 인맥에 의해 가동되는 동원형 조직이기 때문이다. 정당 엘리트와 당원 또는 지지자 집단이 정당의 정체성을 매개로 자발적으로 결사하는 근본적 변화가 선행되지 않는 한 지구당 조직을 없앤다 해도 새로운 관계 설정에는 또 다른 자금과 인맥이 동원될 것이다.

③당론 중심의 경직된 의회 운영을 정책 중심의 자유로운 타협의 정치로 전환 시킬 수 있다고 하나 강한 정당투표 경향이 있는 독일 의회가 자유투표 문화가 발전된 미국 의회보다 더 경직되었다고 볼 수 없으며, 미국에서도 국가적 중대 사안에서는 정당투표가 강력한 위력을 발휘한다는 것이다.

(4) 성공조건

한국정당의 개혁 방향은 미국과 유럽의 중간 수준에서 당대표가 이끄는 진성당원 중심의 원외 정당과 정책 중심의 원내정당의 결합이라는 주장도 있다.[352] 원내정당으로 발전하는 과도기적 현상으로 원외 정당과 원내정당의 결합 단계를 거칠 수 있지만 궁극적으로 한국 정치가 지향해야 할 정당개혁의 방향은 원내정당이라고 볼 수 있다. 원내정당화는 대통령중심제에서 행정부를 견제할 수 있는 의원 각자의 자율성을 최대한 보장할 수 있고 정당에 의한 의원의 통제를 최소화할 수 있기 때문이다. 결국, 정당개혁의 귀착지는 입법부와 행정부 간 균형과 견제를 이루는 가운데 선의의 경쟁과 생산적인 의회정치의 활성화에 있다.

원내정당화를 지향하는 과정에 많은 문제점이 예상되지만 성공하기 위해서는 다음과

경(2004), pp. 30~31.

352   조기숙(2003), p. 37.

같은 조건이 충족되어야 할 것이다.[353]

　①국회를 연중무휴 개회하여 모든 정치적 쟁점을 1년 내내 국회에서 토론하고 심의할 수 있어야 할 것이다. 국회가 명실공히 정치의 주된 무대와 중심이 되려면 꼭 필요하다고 볼 수 있다.

　②정당 간 정책경쟁을 위해서는 의원집단 중심의 정책생산 기능이 강화되어야 한다.

　③고비용 저효율의 지방조직을 폐지하고 원내 조직 혹은 개별정치인들이 직접 지지자 집단과 관계를 맺는 것을 요구한다.

　④당론 중심의 경직된 의회 운영을 정책 중심의 자유로운 타협의 정치로 전환해야 한다.

　⑤중앙당의 조직 및 기능을 축소하고 중앙당을 국회 내로 이전해야 한다.

　⑥의원총회 중심으로 정당이 운영되어야 한다.

　⑦상향식 공천제도가 정착되어야 한다.

　⑧국회의원의 전문성이 향상되어야 한다.

　⑨국회 내에서 모든 의안에 대한 자유 투표제가 실질적으로 보장되어야 한다.

　⑩토론과 타협의 의정(議政)문화가 정착되어야 한다.

　⑪의원 각자의 의안별 표결 결과가 다음 선거에서 유권자의 최우선 선택요인으로 작용해야 한다.

　⑫국회의원의 보좌 기능을 강화해야 한다.

　⑬입법 지원 기구를 보다 확충해야 한다.

　⑭국회의장의 위상이 강화되고 정치적 권위가 확립되어야 한다.

　⑮국회의원의 다양한 특권이 폐지되어야 한다.

353　임성호(2003).

제8절 당원의 정체성 확립

1. 당에 대한 애착심

당원이 소속 정당에 대하여 가지고 있는 정체성은 당에 대한 애착심이며, 진성당원의 기본적 조건이다. 개인에게는 현실 세계의 정당(party of real world)과 인지적 정당(cognitive party) 등 두 가지 유형이 있다. 현실 세계의 정당은 전당대회, 후보, 선거운동, 정당조직 등 가시적인 정당의 제도나 활동과 관련이 있으며, 인지적 정당은 정당에 대한 태도, 목표, 충성심, 애착심 등 유권자 속 정당(party within the voter)이라고 볼 수 있다.[354] 유권자 속 정당은 많은 잠재적 투표자(potential voters)가 그 정당과 일체성을 갖고 자신이 어느 정당 상표(party label)라는[355] 사실을 분명하게 밝히면서 선거 때 그 정당을 지지하는 것이다. 물론 정식 입당 절차를 밟아 당원 신분을 유지하는 경우가 일반적이지만 그렇지 않은 가운데 선거 때마다 특정 정당을 변함없이 지지하는 투표 성향을 유지하는 유권자도 있다. 후자의 경우 정당과 상호작용도 없고, 정당과 구조적인 관계를 형성하는 것도 아니며, 조직이나 단체생활을 하지 않지만, 특정 정당에 대한 일체감과 충성심을 갖는 것이다.[356]

당원이나 유권자의 정당 정체성 혹은 일체감은 특정 정당을 지지하는 정치행태 또는 투표 정체성과 관련이 있다. 특정 정당과 일체감을 형성하고 적극적으로 지지하는 유권자가 많이 분포되어 있으면 그 정당은 '국민 마음속의 정당'이라고 볼 수 있다. 특정 정당의 정체성을 갖는 유권자가 정당투표 충성심(party-voting loyalty)을 발휘해서 그 당 후보를 지지하는 통합투표(straight-ticket voting) 행태를 보인다면 정당의 정체성과 정당의 지지수준은 의미가 크다고 볼 수 있다. 하지만 선거에서 일체감이 형성된 정당 후보를 선택하는 대신 그 정당을 이탈하여 인물이나 쟁점 중심으로 선택하는 분리투표(split-

---

354 Sorauf and Beck (1988), p. 191.

355 정당 상표(party labels)에 대하여 다음을 참조할 것. Epstein (1986), pp. 241~250.

356 Sorauf and Beck (1988), p. 155.

ticket voting) 현상이 증가한다면 상황은 달라진다.[357] 일체감을 형성한 정당을 지지하지 않고 이탈하는 것은 정체성의 약화를 의미하는 것이기 때문이다.

2. 외국정당의 정체성

(1) 영국

영국 정당의 정체성과 관련한 연구 결과 특정 정당과 당파적 친화력을 갖고 있다는 국민이 매우 많다는 것을 보여주었다.[358] 예를 들면 1963년 93%, 1974년 90%, 1992년 86%. 1997년 91%, 2001년 86%로 나타났다. 특정 정당과 친화력을 갖는 국민이 많다는 것을 알 수 있다. 1987년 총선에서는 59%의 응답자가 후보와 관계없이 정당 본위로 투표했다고 응답하였다. 영국의 투표행태에 대한 조사에서도 부동층 유권자는 1964년 6%, 1974년 3%, 1997년 12.3%, 2001년 2.6%로 나타났다. 부동층 유권자가 적다는 것이다. 그리고 자신의 정체성과 다른 당 후보에게 투표한 유권자는 1964~2001년 사이 1992년 17%를 제외하고 8%~14%로 나타났다. 또한, 다른 당 후보 지지를 고려하는 유권자는 1964~1997년 21%~31%로 나타났다. 유권자의 당파심 이탈로 분리투표를 고려한다는 유권자 비율이 20~30%로 의미 있는 수치라고 볼 수 있지만[359], 실제로 자신의

---

357 분리투표의 개념은 ①유권자가 자신과 일체감이 형성된 정당의 후보를 지지하지 않고 다른 당 후보를 선택하는 경우, ②대통령과 상 · 하 의원 투표에서 소속 정당을 다르게 선택하는 경우, ③상원의원과 하원위원의 소속 정당을 다르게 선택하는 경우, ④지역구 의원과 비례대표(전국구)의 소속 정당을 다르게 선택하는 교차투표(cross-voting) 등 다양하다. 미국은 1890~90년대 주 정부에서 후보 이름과 소속 정당을 동시에 인쇄한 투표지(party-printed tickets) 대신 후보 이름만 인쇄된 투표지를 사용한 바 있다. 소위 후보에게 소속 정당의 상표를 표시해 주지 않는 것이다. 이는 유권자가 당만 보고 후보를 직접 선택하는 투표보다는 정당과 후보를 달리 선택하는 분리투표를 쉽게 만드는 요인이 될 수 있다. 분리투표 현상은 '당원의 비 제도화'(partisan deinstitutionalization) 현상이라고 한다. Epstein (1986), p. 243, 261.

358 영국 정당의 정체성에 대하여 다음을 참고한 것임. Webb (2002b), pp. 20~23.

359 당파적 친화력과 달리 정당에 대하여 강한 정체성을 가진 응답자는 1964년 44%, 1974년 26%, 1992년 17%, 1997년 16%, 2001년 13%로 시간이 갈수록 줄어들었다. 정체성이 매우 약하다는 응답자는 1964년 11%에서 2001년 35%로 3배 이상 증가하였다. 이는 영국 유권자들이 갖는 특정 정당에 대한 일반적인 친화력과 정체성의 강도와는 차이가 있다는 사실을 보여주는 것이다. 정당정치가 뿌리내린 영국에서 발견되는 특수한 현상이라고 해석할 수 있을 것이다.

정체성과 다른 당 후보를 지지한 유권자가 10%대 초반인 점을 고려하면 영국 정치는 아직도 전통적으로 후보 중심이 아닌 정당 위주의 선택을 한다는 사실을 보여준 것이라고 평가할 수 있을 것이다. 전반적으로 영국 유권자들의 특정 정당에 대한 정체성이 높은 편이라고 볼 수 있다.

(2) 미국

정당의 정체성에 대한 조사에서 1950~60년대는 70~77%로 나타났으나, 1970~80년대는 60~68%로 약 10% 정도 감소한 것으로 밝혀졌다.[360] 〈그림 8-8〉에서 보여주고 있는 바와 같이 2000~2022년 민주당과 공화당 모두 당에 대한 정체성이 40~50% 안에서 맴돌고 있음을 알 수 있다.[361] 시간이 지날수록 미국 유권자들의 정당에 대한 정체성이 점점 낮아지고 있다. 정당에 대한 애착심의 감소와 충성심의 약화 현상이 나타나는 것이다. 이는 유권자들과 정당의 관계가 점점 소원해지고 있음을 의미한다.

당에 대한 정체성 약화는 자신이 일체감을 가지는 정당과 다르게 타당 후보를 지지하는 분리투표가 늘어 정당투표 행태가 감소하는 모습을 보였다는 것이다. 유권자들의 선거 재정렬 현상이 나타난 것이다. 특히 대통령 선거와 하원의원 선거에서 각각 다른 당 후보를 지지하는 분리투표 현상이 증가하였다. 1900년 선거에서 분리투표 현상은 4%였으나, 1972년까지는 44%에 달했다. 대통령 선거와 하원의원 선거에서 동일 정당 후보를 지지하는 상관관계 계수는 1900년 0.90에서 1972년 0.20으로 줄어들었다.[362] 또 다른 통계에 의하면 대통령과 하원의 분리투표는 1952년 12%에서 1980년 34%로 늘었다.[363]

미국의 경우가 보여주듯 정당에 대한 정체성은 낮지만, 유권자들은 이미 100년 이상 지속되어온 민주 공화 양당제를 수용하면서 지지가 거의 50대 50으로 정렬된 모습과 흡사하다.

360 30여 년 동안의 정당의 정체성에 관한 조사 결과는 다음의 〈표 8.1〉을 참조할 것. Epstein (1986), p. 256.

361 조사 기간은 2002~2022년이며, 전화 면접 방법을 사용했다고 함. Statista Research Department, "Major Political Party Identification in the United State form 2002 to 2022", (January 25, 2023)

362 Stonecash (2006), p. 5.

363 Martin P. Wattenberg, *The Decline of American Political Parties*, 19520~1992 (Massachusetts: Harvard University Press, 1994), p. 20.

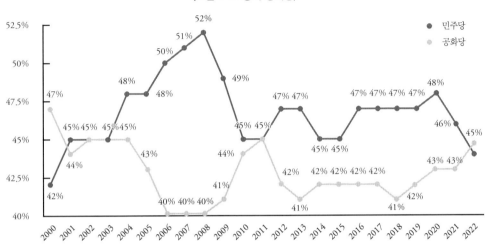

〈그림 8-8: 당의 정체성〉

상원의원과 대통령 선거의 분리투표는 1996년 29%, 2000년 26%로 나타났다.[364] 하원과 상원의 분리투표는 1952년 9%에서 1980년 31%로 증가하였다. 주와 지방선거의 분리투표도 1952년 27%에서 1980년 59%로 증가하였다.[365] 통합투표는 1960년 55.3%, 1980년 47.2%, 1990년 44.0%로 해가 갈수록 낮아졌다.[366] 정당 대신 후보 중심의 정치가 시작된 것이다. 분리투표 행태의 증가는 행정부와 입법부를 동일정부가 통제할 수 없는 여소야대 현상인 분점정부와 정책 정체(policy gridlock)를 가져왔다. 정책 결정에 정당 대신 이익집단의 영향력이 강화되는 결과가 되었으며, 거버넌스 위기가 왔다고 주장한다.[367]

정당 대신 후보 중심의 선거 양상을 가져온 원인의 하나로 현역의원의 높은 재선 비

364   John F. Bibby, "State Party Organizations: Strengthened and Adapting to Candidate-Centered Politics and Nationalization", in L. Sandy Maisel(ed.), *The Party Respond: Changes in American Parties and Campaigns*, 4th ed., (Cambridge: Westview Press, 2002), p. 24.

365   Wattenberg (1994), p. 20.

366   다음의 〈표 11.2〉를 참조할 것. Green (2002), p. 318.

367   W. Lance Bennett, *The Governing Crisis: Media, Money, and Marketing in American Elections* (New York: St. Martin's Press (1996).

율을 지적할 수 있을 것이다. 현역의 재선율이 매우 높은 현역 효과가 정당 중심의 선거를 변화시켰다. 또한, 쟁점 혹은 정책 중심의 투표도 유권자에게 분리투표를 낳게 한 원인이 되었다. 유권자가 관심을 가지는 쟁점에 대하여 자신과 일체감이 있는 정당이 다른 태도를 보인다면 쟁점을 중시하는 유권자들은 갈등을 느껴 그 정당으로부터 이탈할 수밖에 없다는 것이다. 쟁점을 잘못 짚은 정당에 대하여 등을 돌리게 되는 것이다. 결과적으로 정당은 정치에 영향력을 행사하고 유권자를 동원하는 기제로서 지위를 상실하게 된 것이다. 미국 정치에서 이념의 종말을 맞이하였다는 주장이다.

진보 운동의 결과 도입된 예비선거제도는 정당의 지도자가 공직 후보지명에 영향력을 상실했다. 예비선거제도는 정당보다는 후보자 자신의 선거운동 조직에 의존하는 결과를 가져왔다. 정당조직은 예비선거에서 호의적인 후보의 승리를 보장할 수 없게 되었다. 당의 후보지명에 대한 영향력이 줄어들자 당에 후원비 납부나 회의 참석 비율이 감소하였으며, 이는 후보자 중심의 선거운동을 부추겼다.[368]

당의 행사에 참석하는 국민은 1960년 830만 명에서 1980년 750만 명, 1996년 610만 명으로 줄었다. 선거운동에 참가하는 운동원도 1966년 570만 명에서 1980년 360만 명으로 1996년에는 280만 명으로 줄었다. 공식 당원이 없는 미국에서 당원의 규모를 당에 기부금을 제공하는 숫자로 추산하는 것은 정확한 것은 아니다. 그렇지만 정치자금을 당에 기부하는 국민은 1960년 전체의 1/10, 1980년 1/12, 1996년 1/16로 감소하였다.[369] 정당에 정치자금을 제공하는 국민의 비율은 다른 나라에 비하여 높은 편이라고 볼 수 있지만 예비선거제도의 도입과 정당에 대한 쇠퇴 때문에 감소하고 있다.

미국 정치의 가장 극적인 변화는 당파심의 약화에 있으며, 정당이 정치의 핵심에서 밀려났다는 것이다.[370] 정당에 대한 정체성이 낮은 유권자가 많을수록 정당정치의 약화를 가져올 가능성이 크다. 정체성의 약화와 분리투표 현상의 증가는 정당정치의 쇠퇴를 가

368 Bibby (2002), p. 24.
369 Green (2002), p. 325.
370 미국 정당정치에서 유권자의 재정렬과 당파심의 회복에 관한 경험적 연구는 다음을 참고한 것임. Stonecash (2006).

져오게 된다. 결국, 정당 지향의 선거가 후보 중심 양상으로 바뀌게 된다.

　미국 정당의 쇠퇴를 주장하는 반면에 1990년대부터 다른 현상이 나타났다는 반론도 있다. 1990년대는 특정 정당에 대한 정체성을 가진 유권자는 전국적인 선거에서 그 정당 소속 후보를 지지하는 경향이 점차 증가하는 변화가 일고 있다는 것이다. 정당이 점진적이고 지속해서 선거 기반을 회복하는 현상이 나타난다는 것이다. 지난 50년 동안 미국 정치에서 유권자의 재정렬, 당파심의 부활(resurgence of partisanship) 현상이 목격된다고 주장한다. 전후 미국의 정당은 쇠퇴하고 있다는 연구가 주를 이루었으나 의회와 정당 조직의 소생 신호가 있다고 지적하며, 의회와 정당의 부활에 관한 새롭고 중요한 연구가 많아졌다고 한다.[371]

　최근의 선거 결과는 분리투표 행태가 줄어들어 당파심의 부활에 힘을 실어주고 있다. 2018년 중간선거에서 당파심과 상·하 의원을 뽑는 투표행태 간에 상관관계가 매우 강한 높은 것으로 나타났는데, 2020년 대통령 선거를 분석한 결과도 똑같다고 하였다.[372] 2020년 대통령과 상·하 의원 선거에서 대통령과 상·하 의원을 각기 다른 당 후보를 찍는 분리투표를 하겠다는 응답자는 4%에 불과했다고 한다. 2012년까지 139회의 정기 및 특별선거에서 대통령과 상원의원 모두 같은 당 소속 후보의 당선율은 88%라고 하였다.[373] 2022년 11월 중간선거에서 민주당원 혹은 민주당에 기운 유권자의 96%가 민주당 후보를, 공화당의 경우는 94%가 정당 본위로 투표했다. 정치이념과 투표 선호 간에 매우 강력한 관계가 나타났다고 분석한다.[374]

　1990년대까지 당의 정체성 약화로 분리투표 행태가 증가했던 사실을 부정할 수 없지

371　Coleman (1996), p. xi.

372　Nathaniel Rakich and Ryan Best, "There Wasn't That Much Split-Ticket Voting in 2020", *FiveTirtyEight* (Dec. 2, 2020).

373　2020년 9월 30일부터 10월 5일까지 성인 11,929명(투표 등록자 10,543명 포함)을 대상으로 조사한 결과라고 한다. Pew Research Center, "Large Shares of Voters Plan to Vote a Straight Party Ticket for President, Senate and House", (October 21, 2020).

374　Pew Research Center, "Voting Patterns in the 2022 Election", (July 12, 2022)

만, 최근에는 상반된 결과가 나타나고 있다. 미국의 역대 모든 선거는 민주-공화당 간 항상 50-50의 거의 접전 현상을 보였다. 미국에서 오랫동안 양당으로 분열된 정당의 정체성을 유지하는 이유는 특수한 미국 사회와 제도적 환경의 산물이라고 볼 수 있다. 그중에서도 승자독식의 대통령중심제가 중요한 요인이 되었다. 막강한 행정부 수반직을 차지하기 위해서 선거에서 승리하려면 다수의 지지가 필요하다. 다수의 지지를 동원하기 위해서 후보와 지지자들은 모든 역량을 결집해야 한다는 강력한 유인요인이 있다.[375] 승자독식이라는 대통령중심제의 특성 때문에 선거에서 이기기 위해서 결국 정당과 일체감을 가지는 유권자를 많이 동원해야 하는 필요성은 정당의 정체성 확립에 도움이 되었다고 평가할 수 있다. 대통령중심제와 더불어 하원의원 선거에서 소선거구제와 단순 다수제를 채택하고 있는 것도 양당제 발전에 기여하고 나아가 유권자들이 양당 표찰(two party labels)을 확실하게 달고 사는 요인이 되었다고 볼 수 있다.[376] 제도적 측면에서 유권자들이 양당의 표찰을 차게 된 원인을 찾는 것이다.

미국은 1백 년 이상 지속된 양당제하에서 공화당과 민주당 지지자들은 일종의 문화적 공동체 성격을 가진다. 세대를 이어 전승되는 정당일체감이라는 미국 정치의 독특한 특성을 공유한다. 또한, 다양한 이익집단들도 각기 지지 정당의 정체성을 갖는다. 민주당 지지 유권자와 지지집단은 민주당이 제시하는 후보군 가운데 하나를 선택하거나 기권하는 두 가지 대안 구조를 갖는 것이 일반적이다.[377] 미국은 양당에 대한 유권자의 정체성은 낮은 편이지만 양당제가 오랫동안 정착되면서 유권자들의 정치적 선호가 민주당과 공화당으로 분명하게 정렬된 아이러니를 발견하게 된다.

(3) 프랑스, 독일, 캐나다, 이탈리아

프랑스 유권자의 당파적 애착도 유럽연합(EU) 평균보다 낮게 나타났다. 정당에 대하

---

375 Epstein (1986), p. 242.

376 Epstein (1986), p. 243.

377 서복경(2004), pp. 26~27.

여 정체성이 있다는 유권자는 1978년 69%, 1982년 59%, 1987년 55%, 1992년 52%, 1994년 56%, 매우 밀접한 애착심을 갖고 있다는 응답자는 1978년 28%, 1982년 20%, 1987년 18%, 1992년 16%, 1994년 18%로 각각 나타났다. 이 결과는 그동안 실시했던 다른 조사 결과와 똑같은 경향이라고 볼 수 있다.[378] 프랑스에서는 1978년 이후 정당에 대한 일반적인 정체성이나 강력한 애착심 모두 해가 갈수록 감소하고 있는 것을 알 수 있지만, 최근 상황은 자료의 제한으로 일반화하기 어렵다.

독일의 정당에 대한 정체성도 감소하는 추세다. 정당과 강한 정체성을 가진 유권자는 1972년 55%, 1983년 39%, 1994년 36%로 점차 감소하는 것으로 나타났다. 전체적으로 정당에 대한 정체성을 갖고 있다는 유권자도 1972년 75%에서 1983년 74%, 1998년 64%로 줄어들었다. 반면에 부동층 유권자는 1972년 5.7%, 1983년 8.4%, 1994년 8.3%로 나타났다. 정당에 대한 강한 정체성의 결여와 부동층 유권자가 증가한다는 것은 새로운 정치적 각성(political disenchantment) 분위기가 형성되고, 정치적 불만족, 정당에 대한 반감, 그리고 정당의 정통성에 문제가 있기 때문이라고 해석할 수 있다.[379]

캐나다도 당에 대한 강한 정체성을 갖고 있다는 유권자가 1965년 24%, 1974년 27%, 1980년 31%, 1986년 15%, 1988년 23%, 1991년 13%, 1993년 9%, 1997년 22%로 나타났다. 무당파층은 1968년 9%, 1985년 20%, 1991년 30%, 1997년 25%로 나타났다.[380] 정당에 대한 정체성을 가진 유권자가 뚜렷하게 감소하는 경향을 보이고 있으며, 무당파층도 일반적으로 증가하고 있는 것으로 나타났다.

이탈리아도 정당에 대한 정체성은 다른 나라와 마찬가지로 현저하게 감소하는 것으로 조사되었다. 정당에 대한 강한 정체성을 가진 유권자가 1978년 46%, 1988년 39%. 1996년 30%로 나타났다.[381]

---

378   Knapp (2002), p. 117.

379   Scarrow (2002), p. 82.

380   Carty (2002), pp. 354~355.

381   Luciano Bardi, "Italian Parties: Change and Functionality", in Webb, Farrell and Holliday (2002), p. 53.

3. 한국정당의 정체성 강화방안

한국 유권자의 정당일체감에 관한 연구를 소개하고자 한다. 유권자가 특정 정당을 지지한다는 사실이 어떠한 의미인지 경험적으로 파악하기 위한 연구에서, 정당일체감이 개인의 사회 정체성으로서의 성격을 갖는지(표현적 당파심), 아니면 이념 혹은 정책 기준에서 유권자 개인과 정당 간의 거리감의 부산물인지(도구적 당파심)를 확인하려는 연구였다. 그 결과 한국 유권자의 정당일체감에는 표현적 당파심의 성격이 상대적으로 강하다는 것을 발견하였다. 표현적 당파심이 강해질수록 정당일체감의 강도 또한 커지는 경향을 보였지만 도구적 당파심이 강해져도 정당일체감은 반드시 강화되지는 않았다는 것이다.[382] 정당일체감 형성에 정치적 이해관계보다는 사회 정체성과 밀접한 관계가 있다는 것을 발견한 것이다. 정당 선호에 평소 유권자가 갖고 있던 사회적인 정체성이 더 중요한 결정요인으로 작용한다는 것을 말해 주는 것이다.

한국 유권자의 정파적 정체성의 연구에서는 유권자의 당파적 정체성은 정당일체감과 정치이념의 강도가 높아질수록 강해지며, 당파적 정체성이 강할수록 정치참여의 수준이 높아진다고 주장하였다.[383] 한국 유권자들의 단기적 당파성 변화에 관한 분석에서는 당파성은 복합적인 성격을 보인다고 하면서, 투표 선택에 영향을 미치기도 하지만 유권자들은 자신의 선택을 합리화하는 방향으로 당파성을 변화시키기도 한다고 하였다.[384] 한국 유권자의 정당일체감과 투표행태에 관한 연구에서는 특정 정당을 선호한다고 응답한 정당 편향자(partisan leaner)는 특정 정당에 대한 분명한 선호를 나타냈지만 다른 정당에 대하여는 상반된(ambivalent) 감정을 동시에 내보인다고 하였다. 또한, 정당편향 유권자는

---

382 장승진 · 하상응, "한국 유권자의 정당일체감: 사회적 정체성인가, 정치적 이해관계인가?" 「한국정치학회보」, 제56집 제2호, 한국정치학회(2022.06), pp. 37-58.

383 김기동 · 이재묵, "한국 유권자의 정파적 정체성과 정서적 양극화", 「한국정치학회보」, 제55집 제2호(2021.06), pp. 57-87.

384 이한수, "대한민국 유권자들의 단기적 당파성 변화 분석", 「한국정당학회보」, 제19권 제1호(통권 46호) (2020.03), pp. 5-31.

선호하는 정당의 후보에게 압도적으로 투표했다는 사실을 발견했다고 한다.[385] 위의 몇 몇 연구에서 확인할 수 있는 것은 특정 정당에 대한 정체성이 높은 유권자는 정치참여 수준이 높고, 또한 해당 정당을 적극적으로 지지한다는 것이다. 결국, 한국의 유권자들은 정당에 대한 자신의 정체성과 일치하는 정당이나 후보를 선택하는 경향이 높아 분리투표보다는 통합투표 행태를 보인다고 해석할 수 있을 것이다.

문제는 얼마나 많은 유권자가 특정 정당에 대한 정체성을 갖고 있느냐 하는 것이다. 한국갤럽이 실시한 "정치에 관한 생각: 주요 지표 각각의 개념, 측정, 특성"의 조사에서 지난 10년간 정당 지지도(political party support)는 다음과 같다고 하였다. 박근혜 정부에서 보수 계열 정당 지지는 45%~10%, 진보 계열 정당 지지는 44%~18%, 무당층은 43%~14%로 각각 나타났다. 문재인 정부에서는 보수 계열 정당 지지는 40%~7%, 진보 계열 정당 지지는 56%~28%, 무당층은 34%~14%로 각각 나타났다. 무당층의 비율은 주요 선거, 정치적 사건, 관심 수준에 따라 증감하는데, 보통 20%~30%대 초반을 오르내리다가, 정치적 선택을 하게 되는 전국 선거 전후에는 10%대로 축소한다고 하였다.[386] 선거 때를 제외하고 무당층이 박근혜 정부 때 최고 43%, 문재인 정부 때 최고 34%로 각각 나타났다면 유권자의 $\frac{1}{3}$이상이 정당에 대한 정체성이 없다는 것을 의미하며, 꽤 높은 편이라고 평가할 수 있다.

한국정당의 비민주성, 이념 정당의 부재, 지역 정당, 국민의 정당 불신 등으로 정당의 귀족화, 과두화, 관료화, 특권화, 독점화가 정치적 정체성 약화를 동반하였다고 한다.[387] 유권자의 정당에 대한 정체성이 약한 원인은 다양하지만, 한국정당의 제도화 수준이 낮은 데서 근본적인 원인을 찾을 수 있을 것이다. 한국정당은 역사가 짧아 제도화 수준이 낮아 유권자들이 특정 정당을 자신의 표찰이라는 일체감을 지속적으로 갖는 것이 불가

385   장승진, "한국 유권자의 정당일체감과 투표행태: 정당 편향(partisan leaners) 유권자의 특성과 투표 선택을 중심으로",
       「한국정치연구」, 제24집 제2호, 서울대학교(2015.01), pp. 29-52.

386   https://www.gallup.co.kr/gallupdb/columnContents.asp?seqNo=138, 2023.03.17(검색: 2024.02.07.)

387   성병욱(2015)

능했을 것이다. 설사 특정 정당에 입당하더라도 애착심이 약하고 또한 선거 때마다 소속 정당을 변경하는 철새당원들이 많은 것이 정체성 약화에 한몫했을 것이다.

한국은 선거를 전후하여 정당 간 이합집산이 끊임없이 지속되고 있다. 선거에 승리하기 위해서 이념과 노선을 가리지 않고 통합과 선거연합을 시도하는가 하면 권력을 좇아 때를 가리지 않고 몰려드는 '회오리바람 정치'와 같은 행태를 보인 것이 사실이다. 거듭되는 이합집산으로 유권자는 어느 정당이 무엇을 지향하며, 어떤 정책을 실현하려고 하는지 알 수 없게 된다. 정당 간 잦은 분열과 통합은 또한 유권자의 정당일체감을 저해하는 요인으로 작용한다. 당의 명칭과 구성원이 자주 바뀜으로 유권자는 자신이 지지하는 정당을 갖지 못하게 된다.[388]

한국의 경우 정당들 사이의 빈번한 이합집산과 당명 변경으로 인해 유권자들이 특정한 정당에 대해 안정적인 애착심을 발전시키고 이를 후속세대에게 전수하기 어렵다는 점에서 정당일체감 개념을 적용하기 어렵다고 간주했다.[389] 정당의 제도화 수준이 낮아 정당에 대한 소속감이나 귀속 의식을 키우고 정체성을 발전시키는 것이 힘들게 된 것이다. 정당이 표방하는 이념과 노선이 선거 상황에 따라서 변화무쌍하여 더욱 혼란스럽다. 심지어 여당과 야당의 차별화된 정체성을 발견하기 쉽지 않다. 이런 상황에서 정당에 대한 애착심과 정체성을 확립한다는 것은 기대할 수 없게 된다.

문제는 일반 당원은 그렇다고 치지만 특정 정당의 공천을 받아 당선된 선출직 공직자가 뚜렷한 명분 없이 정치 상황에 따라서 자신을 지지해준 유권자들의 의사를 묻지 않고 탈당하는 사례가 많았다. 자신을 지지해준 유권자를 배신했다고 볼 수 있다. 정당에 대한 정체성보다는 정치적 입지에 따라서 양지를 찾아다니는 철새정치인이 많았다는 것이다. 이들을 소신 없이 권력만 좇는 해바라기 같은 정치인이라고 부르지 않을 수 없다. 철새정치인이 너무 많이 양산되면 정치윤리가 실종되고 국민의 민주시민교육에도 부정적

---

388 심지연, "정당개혁과 의정활동의 방향", 「한국민주시민교육학회보」 제8권, 한국민주시민교육학회 (2003b), p. 109.

389 장승진(2015), p. 30.

인 영향을 줄 것이다. 또한, 공천에서 탈락한 후 탈당하여 다른 당의 후보가 되거나 탈락자를 영입하는 이삭줍기를 하기도 한다. 그들에게는 당의 이념이나 노선과 관계없이 선거에서 승리하는 것이 최대의 목적인 셈이다.

벨기에 사회당의 경우 후보는 최소한 5년간 당원이어야 한다는 자격 조건이 있다. 한국과 같이 선거를 앞두고 급조된 정당이 많은 상황에서 이를 적용하는 것은 무리가 있을 수 있으나 최소한 입당 기간을 정하는 게 좋을 것 같다. 선거가 임박해서 공천을 염두에 두고 입당하는 경우 후보 신청 자격을 부여하지 않도록 제도화하는 방안도 고려할 수 있을 것이다.

A당의 경우 당규 "제5조(선거권) ①권리행사 시행일로부터 6개월 이전까지 입당한 권리당원 중 권리행사시행일 전 12개월 이내에 6회 이상 당비를 납부한 권리당원에게 공직 및 당직 선거를 위한 선거인 자격 및 추천을 위한 권리를 부여한다"고 되어 있다. 권리당원은 당규로 정한 당비를 낸 당원이라고 규정하고 있다.

B당은 국회의원이나 지방선거 후보의 신청 자격을 "피선거권이 있고, 신청일 현재 책임당원이어야 한다"고 규정하였다. 당규에 "책임당원은 당비 규정에 정한 당비를 권리행사 시점에서 1년 중 3개월 이상 납부하고 연 1회 이상 당에서 실시하는 교육 또는 행사 등에 참석한 당원을 말한다"고 명시하였다.

A당은 B당에 없는 공직 후보자의 입당 기간을 규정하고 있지만 벨기에와 비교하면 공직 예비후보자의 당적 보유 기간이 턱없이 짧다. 물론 정당의 역사 자체가 미천하기 때문이라고 변명할 수 있을지 모르지만, 당적 보유 기간을 대폭 늘려야 할 것이다. 당비 납부도 공직 후보 신청 때 일시금으로 처리하는 것이 현실이라 당규는 있으나 마나 한 상태다.

특정 정당의 간판으로 공직 후보에 출마하여 국민의 심판을 받겠다고 하면서 소속 정당에 대한 정체성이 없는 인사들을 배제하는 것은 정당정치 발전을 위해서 검토해 볼 수 있다. 이는 정당의 제도화 수준을 높이고 당에 대한 정체성 확립에 도움이 될 수 있을 것이다.

당의 정체성 확립과 관련하여 정당, 당사자, 국민 모두의 의식변화가 요구된다. 정당은 의석 하나가 중요하기 때문에 당에 대한 정체성이나 정치윤리보다는 당선 가능성을 최우선 고려하다 보니 입·탈당 전력을 고려하지 않고 공천하는 것이 현실이다. 의석 몇 석이 원내 과반수나 제1당 지위를 위협할 것을 우려하여 후보 공천의 최우선 요인으로 당선 가능성과 선거 경쟁력을 따지다 보니 그런 일이 반복되고 있는 것이다. 선거전이 치열할 경우 이런 사례가 더욱더 빈번하게 나타난다. 정당 차원에서 이를 방지할 방안을 모색해야 할 것이다. 공직 후보의 추천이 상향식으로 이루어진다면 이런 문제도 자동 해결될 것으로 보인다.

다음은 본인의 선택이 가장 중요하다. 비리 연루 등 약점 때문에 퇴진 압력을 받아 마지못해 탈당하는 사례도 있을 것이다. 다음 선거에서 소속당이 지역에서 인기가 없어 절대 불리하다고 판단하여 탈당하거나 특정 정당의 공천은 곧 당선 보장이라는 인식하에 당적을 옮기기도 한다. 하지만 앞으로는 잦은 입·탈당은 금기시되어 철새당원이나 해바라기와 같은 정치인이라는 낙인이 찍히지 않도록 본인 스스로 정치윤리를 확립하는 것이 중요하다. 국회의원 재당선보다 정치윤리나 국민 여론을 더 무겁게 생각하는 양식과 염치가 있는 태도가 요구된다.

결국 국민의 선택이 중요하다고 볼 수 있다. 국민의 정치의식이 성숙해져 여기저기 기웃거리면서 입·탈당을 반복하는 모습을 보이거나, 국민의 대표가 되겠다는 정치 지도자가 이해할 수 없는 명분이나 이유로 정치적 이해득실을 앞세워 정치윤리를 팽개치고 철새 노릇을 할 때 선거에서 예외 없이 낙선시킨다면 정치인들은 정신을 차릴 것이다. 철새정치인, 해바라기 같은 정치인, 배신 정치인은 재선될 수 없다는 사실이 분명해질 때 정치인들의 각성이 뒤따를 것이다.

제9장

/

정당과 정부 관계의 개혁

제1절 국고보조금 축소와 제한적 선거공영제

1. 국고보조금 제도의 개선

(1) 도입 배경

정당은 대국민 봉사 기능을 수행하고 선거 과정에 참여하는 데 막대한 정치 비용이 소요된다. 이를 민주주의 비용이나 정치적 모유라고 부르기도 한다. 정치자금은 당비, 후원회비, 개인이나 단체의 선관위 기탁금, 국고보조금, 정당의 부대 수입 등을 통하여 조달한다. 당비나 후원금은 당의 살림살이나 의원들의 의정활동을 위해서 꼭 필요한 자원이라고 볼 수 있다. 정당과 의원은 경비 없이 정상적인 정치 활동을 하기 곤란하다. 문제는 필요한 자금의 조달 방법에 있다. 정당이 합법적인 방법을 동원하여 경쟁적으로 정치자금을 모금하는 것은 민주주의 국가에서 권장할 일이다.

문제는 정당의 성격이 카르텔화 되면서 경비를 전적으로 국고에 의존하는 추세가 나타나는 데 있다. 국고보조금은 국가가 정당을 보호·육성할 목적으로 정당 운영에 필요한 자금을 지원하는 금전이나 유가증권을 의미한다. 국고지원은 유권자와 정치인을 연결하는 데 많은 영향을 미쳤다.

정당의 국고지원 제도를 도입한 이유는 몇 가지가 있다. 이는 정당의 정치자금 모금에 일대 변화를 가져오는 계기가 되었다.[390]

①당비를 포함하여 전통적인 방식으로 정치자금을 모금하는 일이 매우 어려워졌기 때문이다.

②정당의 세력이나 자원이 감소하고 있는 데 대한 관심 때문이다

③정치자금 모금 과정의 비리나 정치부패는 민주주의를 파괴하는 하나의 요인으로 지적되었기 때문이다. 정당의 정치자금을 사적인 기부금에 의존하는 것은 정경유착의 가능성 때문에 정치과정이 부패할 우려가 있다. 정당에 국고를 지원하여 사적 자금의 중요성을 격하시킨 것이다.

④새로운 선거운동 기술의 발달은 노동집약적 형태의 운동 방법에 비하여 엄청난 경비가 소요되었기 때문이다.

⑤전쟁 중 그리고 냉전 와중에 민주주의가 붕괴하여 정당의 민주주의 파괴 요인을 제거하고 민주주의를 강화하는 역할을 해야 한다는 믿음이 증대되었기 때문이다.

⑥이익집단의 정치참여와 선거 과정의 역할 증대는 정당의 경쟁적인 선거체제를 심각하게 타락시키는 것으로 받아들였기 때문이다.

국고지원 제도는 정당 간 건전한 경쟁을 유도하고, 정경유착 등 부정부패 요인을 없애기 위해서 도입된 것이다. 카르텔 정당화라는 정당발전과도 관계가 있지만 입법권을 획득하고 있는 정치인들의 담합에 의한 정치인과 정당을 위한 측면도 간과할 수 없다.

(2) 외국의 국고보조금 지급

앞서 정치자금을 논하면서 영국, 미국, 독일, 프랑스 등의 국고보조금에 관하여 일부 살펴보았다. OECD 37개국 중 36개국에서 국고보조금 제도가 있다. 이탈리아를 제외

---

390   Ware (1996), p. 302.

하고 나라마다 차이는 있지만 정당에 국조를 지원하고 있다. 영국은 앞에서 살펴본 바와 같이 야당의 입법 활동비와 야당 지도자의 활동비 제공, 정책개발보조금 지원, 선거 때 우편이나 방송의 무료 서비스 등을 제공하고 있다. 다만 국가의 정당에 대한 보조가 정당의 독립성을 침해하고, 국가와 정당 간 분리 원칙을 위배할 수 있어 국고보조금의 규모를 최소화하기 위해 정당에 대한 부분적 국고보조를 정당법에 규정하고 있다.

미국은 대통령선거비만을 지원한다. 이익집단의 대통령 후보에 대한 기여를 통제하기 위해서 1974년 대통령 선거의 선거비 지원 제도를 도입하였다. 미국은 이익집단에 의한 정치자금의 제공 방법이나 선거비용에 대한 보고를 강화하는 등의 조치를 모색했다. 하지만 새로운 법은 별다른 효과를 보지 못했고, 오히려 이익집단의 정치자금 제공을 보다 효율적으로 도와주는 꼴이 되었다. 비공식적인 기부가 정치활동위원회를 통하여 계획적 · 정기적으로 이루어지는 결과를 가져왔으며, 현직 대통령과 현역 상 · 하 의원에게 유리하게 작용하였다.[391]

프랑스는 국고보조금을 연간 두 차례에 걸쳐 지급한다. 〈표 8-5〉에 나타난 바와 같이 2019년 정당별 수입 현황을 보면 국가보조금이 차지하는 비율이 전진하는공화국당 80%, 공화주의자당 18%, 사회당 28%, 프랑스공산당 7%, 국민연합 50%로 나타났다.

독일은 헌법상 정당은 특별한 지위를 인정받고 있으며, 공적 과제 수행을 위해 정당에 국고보조가 필요하다고 인정한다. 2021년 한화로 약 2,758억 원의 국고보조금을 지급하였으며, 2019년은 정당 총수입 대비 국고보조금 비율이 35.7%로 가장 높게 나타났다.[392]

국고보조금은 다양한 유형이 있다. 일본은 정당 활동을 조성하고 건전한 정치를 지향하기 위해서 매년 국고에서 정당 교부금을 지급한다. 중의원 또는 참의원 선거에서 5명 이상 소속된 정당과 최근 실시한 각종 선거에서 유효표의 2/100 이상 득표한 단체를 대상으로 한다. 국민 1인당 연간 ¥250을 기준으로 한다. 2021년 국고보조금은 한화 약

391　Ware (1996), p. 316.

392　각 나라의 국고보조금 지급 규정과 지원액 등에 관한 자료는 다음을 참고하였음. 중앙선거관리위원회 선거연수원 (2021).

3,380억 원이었다. 2020년 정당별 수입구조 현황에 따르면 자유민주당 72.1%, 공명당 23.4%, 입헌민주당 51.7%, 일본유신회 78.1%, 사회민주당 46.3%로 교부금 의존 비율이 매우 높았다.

　스페인은 정당에 경상보조금을 최근 실시한 상·하 의원 선거에서 각 정당이 얻은 의석수와 득표율에 따라서 지급한다. 상원의원의 경우 의석 1인당 €21,168, 득표율당 €0.81, 하원의원의 경우 의석 1인당 지급액은 상원과 같지만, 득표율당 €0.32로 다르다. 물론 유럽의원과 시의회도 지급 대상이다. 2020년 국고보조금은 한화로 약 727억 원이다.

　캐나다는 총선거에서 정당이 전국 유효투표 총수의 20% 이상을 득표했거나, 또는 후보자를 등록한 하나의 선거구에서 유효투표 총수의 5% 이상을 득표한 정당에 선거비용의 50%와 선거 관련 경상비용의 90%(최대 $250,000)를 보전해준다.

　호주는 선관위에 등록한 정당, 후보자, 상원의원 단체를 대상으로 매년 지급하는데, 연방의회 선거 또는 주 상원의원 선거에서 제1순위 유효투표 총수의 4% 이상을 득표한 정당은 표에 비례해서 국고보조금을 지원한다. 국고보조금 지원자격을 갖춘 정당은 자동 지급액을 받고, 추가 지급액을 신청해서 받을 수 있다.

　그 외에도 스웨덴은 의회 선거에 참여한 정당에 의회의 정당 지원 및 사무 지원 형태로 국고보조금을 지급한다. 스위스는 원내 교섭 단체에 사무비용을 매년 지급하고, 그리스는 경상보조금, 선거보조금, 연구훈련보조금 등을 지원한다. 덴마크는 의회 선거에 참여한 정당과 무소속 후보자에게 정치 활동을 위한 국고보조금을, 네덜란드는 정당 내의 회의에 참여할 수 있으며 의결권을 가지고 있고 매년 €12 이상의 당비를 내는 당원이 100명 이상인 정당에 국고보조금을 지급한다. 오스트리아는 연방·주·지방정부는 매년 정당에 국고보조금을, 벨기에는 하원 의회에 의원이 최소 1명이 되는 정당에 국고보조금을, 체코는 정당 활동 지원비를 지급한다. 노르웨이는 투표수에 따른 보조금을, 튀르키예는 최근 의회 선거에 참여해 10% 이상 득표한 정당에 득표수에 비례해 국고보조금을 지급한다. 이스라엘은 선거보조금을, 멕시코는 선거 후 등록을 유지하는 정당에 일상

활동 유지비를, 칠레는 정당법에 따라 설립되고 내부 운영 및 조직을 규제하는 법규범을 준수하는 정당에 분기별 국고보조금을 지급한다. 뉴질랜드는 의회 선거와 관련해 선거 프로그램과 광고비를 지원한다. 국가보조금의 규모는 국가마다 선거가 있는 해와 그렇지 않은 해에 많은 차이가 난다.

모든 나라에서 각종 유형의 국고보조금을 정당에 제공하고 있지만 정당과 이익집단 간의 금융 스캔들은 사라지지 않고 있다. 국고보조가 금융 스캔들을 감소시켰다는 증거가 없다. 1990년대 후반까지 국고보조금은 유권자와 정치인을 연결하는 데 많은 도움이 되었으나 국고보조가 이익집단의 정치자금을 대체 시켰다기보다는 정당에 지원금만 늘리는 결과가 되었다. 이익집단의 정치자금 제공에 대하여 엄격한 제재를 가할 필요가 있는 것이다.[393]

국고보조금은 정당에 제공되는 아주 귀중한 자원임이 틀림없다. 하지만 국고지원이 정당의 발전에 기여하고 정경유착의 고리를 절단하여 불법 정치자금을 근절하는 데 도움이 되었는지는 일반적으로 부정적인 평가를 한다. 1970년대의 영국의 경험에 의하면 정당의 발전보다는 막대기와 같이 현상 유지에 급급해하는 모습을 발견할 수 있었기 때문이다. 지난 수십 년 동안 정당에 지원된 국고보조가 중요한 역할을 하기도 했지만 앞으로 정당이 국고에 의존한다는 발상은 어리석은 일이 될 수밖에 없을 것이다.[394] 당비를 내는 당원도 점차 줄어드는 상황에서 정당의 정치자금모금에 대한 문제는 난제가 아닐 수 없을 것이다.

(3) 한국의 국고지원과 문제점

「헌법」 제8조 ③항에서 "국가는 법률이 정하는 바에 의하여 정당의 운영에 필요한 자금을 보조할 수 있다"라고 정당의 국고보조를 규정하고 있다. 원래 국고보조금 제도의

---

393 Ware (1996), pp. 301~303.
394 Ware (1987c), p. 19.

취지는 정치자금의 불법 수수에 따른 정치부패를 방지하고, 정당 간 재정 능력의 격차에 따른 불이익을 해소하며, 공정한 경쟁을 유도하여 민주주의의 건전한 발전을 도모하고, 정당의 재정압박에 따른 공적 활동의 저하를 막아서 정당을 보호 육성하려는 것이었다.[395]

「정치자금법」에 따라 국가가 정당에 지급하는 국고보조금은 경상보조금과 선거보조금으로 나눈다. 경상보조금은 정당의 운영비 성격으로 최근 실시한 임기 만료에 의한 국회의원 선거의 선거권자 총수에 보조금 계상단가를 곱한 금액을 지급하는 것이다. 경상보조금과 별도로 선거마다 일정액을 정당에 지원하는 선거보조금 제도도 1991년 도입되었다. 그런데 「공직선거법」에 따라서 선거 후 유효투표 대비 일정 비율을 득표한 후보 개인에게 지급되는 선거비 보전은 정당에 지급되는 국고보조금과는 별개다. 사실상 국가가 선거비를 이중으로 지원하는 것이나 다름없다. 2002년엔 정당의 여성 후보자 추천에 대한 보조금 제도를, 2010년에는 장애인 후보 추천에 대한 보조금 제도를, 2022년에는 청년 후보자 추천에 대한 보조금 제도를 각각 도입하였다.

보조금 계상단가는 2008년부터 전년도 보조금 계상단가에 「통계법」 제3조에 따라 통계청장이 매년 고시하는 전 전년도와 대비한 전년도 전국소비자물가 변동률을 적용하여 산정한 금액을 증감한 금액으로 하였다. 선거권자 1인당 국고보조금은 1989년 400원, 1991년 600원, 1994년 800원이었으며, 2023년에는 1,085원으로 인상되었다. 진성당원의 당비가 월 1,000원이라는 사실을 고려하면 모든 선거권자가 1개월 치의 당비를 내주는 셈이다.[396]

---

395   김용호, 『한국 정당정치의 이해』 (서울: 나남출판, 2001), p. 313.

396   각국의 당비는 다음과 같다. 일본 자유민주당 연간 ¥4,000, 스페인 연간 최소 €36, 국민당 €20, 캐나다 자유당 없음, 보수당 연간 $15, 호주 자유당 연간 $100, 노동당 $80, 뉴질랜드 노동당 연간 $20, 무소득자 $5, 이탈리아 중도연합당 연간 €5, 포르차이탈리아 최소 €10, 아일랜드 신페인당 €10, 실업자 €5, 아일랜드통일당 €20, 네덜란드 자유민주당 신규당원 2년 동안 연간 €25, 26세 이하 연간 €35, 27~69세 €118, 70세 이상 연간 €62, 기독민주당 분기별 €20, 신규당원 첫해 €19.95, 터키 공화인민당 월 €1~30, 연간 €12~600, 인민민주당 월 €5~25, 그리스 신민당 연간 €12, 변화의 당 연간 €6 등 다양하다. 중앙선거관리위원회 선거연수원(2021), pp. 270~276.

정치자금에서 국고보조금이 차지하는 비중이 매우 높은 편이다. 국고보조금은 1981~2004년 약 666억 원, 2005~2022년 1조 1,784억 원이 각각 지급되었다. 국고보조금 제도가 도입된 이래 총 1조 8,450억 원이 지급되었다. 〈그림 9-1〉은 2017~2021년 국고보조금 추이를 보여주고 있다. 대통령 선거와 지방선거가 있었던 2022년에는 1,420억 원이 지급되었다.[397]

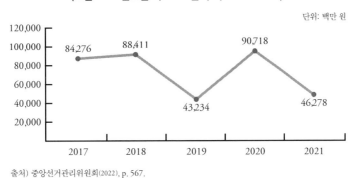

〈그림 9-1: 연도별 국고보조금 추이 2017~2021〉

단위: 백만 원

출처) 중앙선거관리위원회(2022), p. 567.

국고보조금 지급에는 몇 가지 문제가 있다.

①사당화의 성격이 강한 정당에 국고를 보조하는 것은 혈세의 낭비다. 정당은 공익목적으로 결성된 정치결사체지만 한국정당의 행태는 잦은 이합집산과 권력투쟁만 일삼고 정쟁에 몰두하는 경향이 강하다. 이런 집단에 경상 운영비까지 국민의 세금으로 보조한다는 것은 지원 명분이 약하다. 정치적 패거리 집단을 국민의 세금으로 발전·육성시키는 결과가 되기 때문이다.

②정치부패는 사라지지 않고 있다. 국고보조금 제도는 군소정당의 열악한 재정난을 해소하는 데 이바지하여 정당 간 공정한 경쟁 유도에 긍정적 역할을 한 것은 사실이다. 하지만 민주화 이후 정경유착의 뿌리를 뽑고 정치부패를 방지하기 위해 정치자금의 실제 수요를 감당할 수 있도록 국조 보조를 증액하였으나 정치부패는 개선되지 않은 채 국

397　중앙선거관리위원회 국고보조금 지급현황 참조.

민의 세금에서 충당되는 거액의 국고보조금이 원칙 없이 배분되고 방만하게 사용되어 오히려 관료화와 사당화를 부추기고 있다.[398]

③정당의 자생력을 저해하고 있다. 정당의 총수입 가운데 국고 의존도가 매우 높다. 정당의 수입 중 국고보조금이 차지하는 비율이 중앙선관위 자료를 근거로 분석한 바에 의하면 2012년 35%, 2014년 37%, 2016년 39%, 2018년 35%, 2020년 29%, 2021년 24%로 나타났다. 2012년부터 2021년까지 10년 동안 2019년과 2021년을 제외하고 당비나 후원회 기부금보다 국가보조금이 더 많았다. 정당이 자발적으로 당비나 후원금 등으로 정치자금을 조성하는 것이 아니라 국민의 세금에 의존도가 높아 오히려 정당의 자활 능력을 해치고 있다. 정당이 자체적으로 합법적인 정치자금 조달 능력이 부족한 가운데 국고보조에 의존하여 정당의 생명력을 유지한다면 국민에게 봉사하는 공익집단의 자격을 잃은 것이다.

④도덕적 해이(moral hazard)를 불러왔다. 국고보조금 제도를 도입할 당시의 취지는 재정적 지원을 통하여 정당의 자율성을 촉진하는 보약이 되기를 기대하는 마음이었다. 하지만 결과적으로 정당에 도덕적 해이를 가져와 정당의 부실화를 초래하는 마약(痲藥)의 구실을 한 셈이다.

국고보조금 제도는 제도의 실패(institutional failure)를 적나라하게 노정하고 있는 전형적인 메커니즘이라고 하면서 어떠한 가치 기준에 의하여 배분하는가 하는 점에 대한 명백한 목표의 설정 없이 단순하게 정당의 보호·육성이라는 추상적 차원만으로 정당화시킨 결과라고 비판하고 있다. 또한 국고보조금 제도의 실질적 운영의 부실화 못지않게 정치자금제도의 운영과 보조금 증액에 관한 법 절차가 대의민주주의 규범에 입각한 절차적 공정성(procedural fairness)과 절차적 정의(procedural justice)에 어긋난다는 점도 지적하고 있다. 즉 절차의 불공정성, 배분 원리의 부재 및 도덕적 해이 현상 등으로 특징 지워지는 국고보조금 제도의 실패야말로 '현실적인 것이 이성적'(the real is rational)이라는 헤겔의

---

398   김용호(2001), pp. 313~314.

명제를 강하게 반증하는 요소가 아닐 수 없다고 한다.[399]

(4) 개선방안

정당의 경비를 전적으로 국고에 의존하는 것은 정당의 대국민 불신이나 정당의 역할 측면에서 큰 공감을 얻기 어려운 것이 사실이다. 의원들이 불법 정치자금으로 의정활동을 하거나 지역구를 관리하는 것도 모순이다. 당원의 당비 납부나 후원금 모금을 통하여 정치자금을 조달하는 것이 바람직스럽지만 당비를 내는 진성당원에만 의존하는 것도 한계가 있다. 당원도 당비나 후원금을 많이 내지 않는 상황에서 특정 정당이나 정치인을 적극적으로 지지하는 일반 국민에게 더 많은 후원금을 기대하는 것은 쉽지 않은 일이다. 정당육성을 위해서 국고지원은 불가피한 측면이 있지만 축소하는 것이 원칙이며, 그 외에 몇 가지 개선방안을 찾아봐야 할 것이다.

①정당의 국고보조금 지급에 있어 의석에 따라 기계적으로 지원하는 대신 대응 자금(matching fund) 제도를 도입하여 정당에서 모금한 당비나 후원금에 비례하여 규모를 결정하는 것을 고려해야 할 것이다. 풀뿌리 민주주의에 기초한 소액 다수제의 원칙에 따라서 모금한 당비를 기준으로 국고보조금의 규모를 결정하는 것이다. 국고보조금의 상한선을 정당에서 모금한 총수입을 초과하지 못하도록 제한 규정을 두고 있는 독일을 참고할 필요가 있다. 정당의 회계가 투명하게 공개되고 있지만 국고로 지원되는 대응 자금을 더 많이 받기 위해서 당비를 임의로 부풀리는 등의 행위가 있는지 철저하게 감사하여 문제가 있으면 중대한 불이익 처분을 내리는 방법도 동시에 고려해야 할 것이다.

②정당에 대한 국고지원은 정책개발비 이외의 경상보조금은 폐지해야 한다. 정당의 경상 운영비를 국민 세금으로 지원하는 것은 합당하지 않다. 국고보조는 정당 간의 정책 경쟁이나 국민을 위한 참신한 정책개발에 필요한 정책개발비만을 지원하는 것이 옳다고 보기 때문이다. 연구비 지급과 같은 개념으로 정당이 개발한 정책의 내용을 평가하고 실

---

399 박효종, 『정당 국고보조금제 비판과 대안』 자유와 개혁 7, (서울: 자유기업원. 2023), pp. 106~107.

용화할 수 있거나 입법화가 가능한 정책에 대하여 국고에서 보조금을 지원하는 것이다.

③국민 1인당 일정액을 무조건 국고보조금으로 산정하는 배분 방식을 개선해야 할 것이다. 국민의 의사와 무관하게 정당에 지급되는 국고보조금은 그 의미를 부여하기 위해서 국민의 자발성을 고려하는 것이다. 국고보조금 제도의 골격을 유지하더라도 유권자들이 자발적으로 원하는 정당에 원하는 액수만큼 헌금하는 방안이 허용된다면 유권자 개인은 자율적으로 자신의 자원을 어떤 가치 기준에 의하여 어떻게 사용할 것인가를 결정하게 될 수 있다고 한다. 그러면서 국고보조금 제도를 폐지하고 '연말 일괄공제제도'의 도입과 더불어 개혁된 '사적 기부금 제도'로 운영하는 대안을 제시하고 있다.[400]

미국과 같이 연말정산 때 유권자의 자발적인 의사표시에 따라서 기금을 조성하고 그 기금을 정당에 보조하는 것이다. 국민이 후원하고 지지하는 정당의 경쟁력은 높아질 수 있으며, 그렇지 못한 정당은 생존할 수 없게 될 것이다. 국민이 지지하는 정당을 후원하고 그렇지 못한 정당을 외면하는 것은 어찌 보면 당연한 일이다. 정당의 자생력을 키우기 위해서 그리고 당리당략보다는 국민의 편에서 국민을 위해서 봉사하는 정치조직으로 거듭나는 데도 도움이 될 수 있도록 해야 할 것이다.

2. 선거비 보전제도의 개선

(1) 선거공영제와 선거비 보전

「공직선거법」에서 선거비용을 "선거에서 선거운동을 위하여 소요되는 금전 · 물품 및 채무 그 밖에 모든 재산상의 가치가 있는 것으로서 당해 후보자가 부담하는 비용"이라고 정의하고 있다. 선거가 끝나고 선거운동을 위하여 지출한 선거비용을 국가가 보전해 준다. 후보자가 당선되거나 사망한 경우 또는 후보자의 득표수가 유효투표 총수의 100분의 15 이상이면 후보자가 지출한 선거비용의 전액, 그리고 후보자의 득표수가 유효투표 총수의 100분의 10 이상 100분의 15 미만일 때 후보자가 지출한 선거비용의 100분

400　국고보조금의 제도의 개선방안과 논리에 대한 구체적인 내용은 다음을 참고할 것. 박효종(2023).

의 50에 해당하는 금액을 보전해준다.

이는 선거공영제의 정신에 따라서 선거비용을 국가가 보전해주는 제도라고 볼 수 있다. 선거공영제와 사영제의 장단점은 〈표 9-2〉를 참조하면 좋을 것이다. 국민 혈세를 정당에 선거비용으로 보조하는 것은 선거의 공익성 때문이다. 또한, 깨끗하고 공명정대한 선거의 보장, 정경유착 고리 근절, 불법 및 음성적 정치자금 모금의 차단, 금권 선거 예방, 정치자금 동원력이 부족한 참신한 전문 인사들의 정치권 진입장벽의 완화, 정당의 균형발전 등의 이유를 들어 국고보조의 필요성과 선거공영제 도입을 주장한다. 특히 선거공영제를 주장하는 논리는 자금 동원 능력이 없는 전문직 신진인사의 정치권 진입장벽을 낮추기 위한 것이다. 천문학적인 선거비용이 소요되는 상황에서 자금력이 부족한 참신한 전문가가 정치에 입문하는 것은 별 따기보다 어려운 것이 사실이다. 유능한 인사들이 선거자금 때문에 정치에 입문하지 못하는 안타까운 현실이다. 자금력이 없으니 자연스럽게 재력 있는 친지나 친구의 도움을 받게 되고, 정치입문 초기부터 검은돈의 유혹에 빠지지 않을 수 없게 된다. 설사 국회의원에 당선되더라도 조직관리 등에 필요한 정치자금 압박 때문에 의정활동에 전념할 수 없는 처지에 놓이게 된다.

〈표 9-2: 선거공영제와 사영제의 장단점〉

구 분	장점	단점
공영제	-기회 균등의 보장 -선거 과열 방지 -선거운동비용 절감 -불법·탈법 선거운동의 예방 -선거 질서 확립 용이	-선거운동의 제약 -국가나 지방자치단체의 선거경비 　증가로 국민의 조세 부담 증가 -후보자의 난립
사영제	-활발하고 자유스러운 선거운동 -후보자 파악에 도움	-무질서한 선거운동 -선거 과열 및 불공정 경쟁 -타락 선거 유발 요인으로 작용 -선거운동 경비 과다소요

출처) 중앙선거관리위원회

(2) 선거비용 보전제도의 개선

선거공영제를 원칙적으로 찬성하지만, 선거비용 보전제도를 개선해야 할 것이다. 2022년 3월 실시한 제20대 대통령 선거에 참여한 정당에 선거비용 보전액 826억 원, 국가부담 비용 89억 원 등 총 915억 원이 지급되었다. 2016년 4월 제20대 총선에 참여한 정당과 후보에게 선거비 보전액과 국가가 부담해야 할 비용으로 총 880억 원, 2020년 4월 제21대 총선에서는 897억 원을 지급했다. 2022년 6월 제8회 전국동시지방선거에서는 시 · 도지사 선거 후보 34명에게 415억 원, 교육감 선거 후보 50명에게 560억 원, 기초자치단체장 선거 후보 477명에게 606억 원, 광역자치단체 의원 선거 후보 398명에게 565억 원, 기초의원 선거 후보 3,565명에게 1,042억 원, 기타 비례대표 선거 후보 등에 3,337억 원을 지급했다.

국회의원에 대한 특혜는 더 많다. 선거비 보전 이외에 「정치자금법」에 따라서 연간 1억 5,000만 원까지 후원금을 모금할 수 있다. 총선은 물론 대선이나 지방선거가 있는 해에는 3억 원까지 모금이 허용된다. 국회의원의 입법 활동, 지역구 관리, 정치 활동에 필요한 후원금을 모금하는 것이다. 중앙선거관리위원회에 보고한 2021년 자료에 의하면 1년간 국회의원 후원회 기부금 총액은 A당 178억 원, B당 341억 원, C당 13억 원, 기타 등 총액이 548억 원으로 나타났다. 국회의원은 선거비 보전액 이외에 평상시에는 매년 후원금까지 모금한다. 후원금을 사적 용도로 사용하여 국민의 비판을 받는 사례도 있었다.

국가를 위해서 봉사하는 선출직 공직자에게 국민 세금으로 선거비를 보전해주는 것은 선거공영제 취지에 부합되는 측면이 있다. 하지만 솔직히 말하면 그들이 국민의 공복으로서 역할과 책임을 다하고 있으며 국가와 사회발전을 위해서 얼마나 헌신적으로 봉사하는지 회의적이다. 일부 선출직 공직자에게 정말 급여를 지급하는 것조차 아까울 정도라고 인식하는 국민도 있다. 공익보다는 사익 추구에 더 많은 관심을 기울이는 일부 선출직 공직자에 대한 불신이 매우 높다. 선출직 공직에 취임하는 것이 개인의 출세나 영달에 목적을 두고 도전하는 사람들도 있을 것이다. 그들에게 국민 세금을 지원하는 것은 이해하기 힘들다.

선거비 보전제도의 근본적인 해결방안은 무엇보다 돈이 있어도 쓸 수 없는 선거환경의 조성, 투명사회로 진입, 시민사회의 감시체계 강화, 미디어 중심 선거운동 방식의 전환 등을 통하여 선거자금 소요의 원천을 막아야 한다. 또한, 원내정당화를 지향하여 조직관리 등의 정치자금 수요를 대폭 축소 시켜야 한다. 이미 합동연설회 등이 폐지된 상황이며, 앞으로 중앙당 경량화 내지 폐지를 지향하고 있다. 본질적인 문제는 한국정당은 국가로부터 자금을 지원받는 카르텔정당의 성격이 강한 데 있다. 따라서 정당이 국가로부터 자율성을 확보하고 자생력을 키우는 것이 장기적으로 정당의 발전에 도움이 될 것이다.

선거비 보전에 대한 개선안을 마련하려면 우선 자금 동원 능력이 부족한 참신한 인재가 국가의 선거비 보전제도에 기대를 걸고 공직에 출마하는 결정적인 동기가 되었는지 경험적인 사례연구가 선행되어야 할 것이다. 한마디로 전문적인 식견과 경험을 갖춘 정치 신인의 진입장벽과 선거비 보전과의 상관관계를 연구하여 그 근거를 바탕으로 개선방안을 모색해야 할 것이다.

하지만 너무 많은 국고가 소요되는 선거비 보전제도를 개선해야 할 필요가 있다. 능력과 자질이 떨어지고 공익관이나 봉사 정신이 부족한 그들이 밉기 때문이 아니다. 현금으로 지급하는 선거비용 보전제도를 폐지하고 다른 방식으로 지원해야 할 것이다. 직접 현금 지원은 중단하고 영국과 같이 정책개발비의 지원이나 선거 때 무료 우편이나 방송을 이용할 수 있도록 하는 간접 지원 방식을 채택해야 할 것이다. 미국도 정치자금은 기부자와 수령자 간 정치적 교환 관계의 성립으로 친밀한 정치(cozy politics)가 이루어질 우려가 있다는 점을 인식하고 있다. 따라서 의심스러운 자금 대신 건설적 자금이 되도록 하는 개혁방안의 하나로 선거기간 동안 모든 후보자에게 똑같은 시간의 무료 방송을 허용하고 우편요금의 할인제를 도입해야 한다는 주장을 펴기도 한다.[401]

---

401   Kobrak (2002), p. 218.

텔레비전이나 라디오의 후보 합동토론회, 개인 연설회 등도 일정 시간을 공정하게 부여하되 경비를 국고에서 일괄적으로 지원하는 방법, 홍보 책자 제작 및 발송비, 공약집 발송비, 현수막 제작 및 부착비, 선거운동 기간 전후 일정 기간 선거사무실 제공 등 선거 공영제를 확대하는 것이 좋을 것이다.

제2절 당정 인사교류 지양

1. 당정 인사교류의 목적

당정 인사교류는 여당 소속 인사를 행정부의 고위직에 임명하는 것이다. 정당 소속 인사를 정부 요직에 임명하는 것은 정치인 개인에게 특정 정책의 우선순위를 추진하거나, 공직에 대한 보상을 즐기거나, 당내에서 영향력을 행사하는 등 자신의 목표를 추구하는 다양한 기회를 제공할 수 있다. 이는 정부가 정당에 공공정책 이행 수단을 제공할 뿐만 아니라 당력을 강화할 수 있는 분명한 자원이 된다. 당 소속이나 지지자들을 행정직이나 준 행정직에 임용함으로써 이루어진다. 정당은 정부가 얼마나 소중한 자원인지 그 내용은 다양하다. 정당이 정부에 참여한다는 것은 반드시 연립파트너가 된다는 것을 의미하는 것은 아니지만 정당이 원하는 방향으로 정책을 유도할 수 있는 기회가 될 수 있다.

정부와 여당 간 보상과 관련하여 ①정책 차원(policy-related dimension)과 ②공직 차원(office-related dimension)으로 구분하여 이해하고 있다.[402]

정책 차원은 유권자와 정책산출 연결(voter-policy output link)이라는 시각에서 이해하는 것이다. 대의민주주의에서 유권자의 선호를 정책에 반영해야 하는 것은 분명한 사실이다. 하지만 유권자의 선호와 정책산출 간의 연계를 분석하는 데는 자료수집의 어려움이 있어 정당의 매니페스토나 정책성명서 등을 활용하면 정당의 정책목표를 이해하는 데 귀중한 자료가 될 수 있을 것이다. 이들을 정부의 계획과 실질적으로 산출된 정책과 비

---

402 당정인사 교류에 대한 논의는 다음을 요약·참고한 것임. Ware (1996), pp. 349~376.

교하여 자유민주주의 국가에서 유권자와 정책산출 연계를 분석할 수 있을 것이다. 독일, 이탈리아, 이스라엘, 덴마크, 노르웨이 등 다당제를 택하고 있는 10개국 정당의 매니페스토를 검토한 결과 정책은 정부에게 매우 중요한 요인이며, 그 형태는 다양하게 나타났다.[403] 스칸디나비아 제국에는 정책이 중요한 요인이지만, 이탈리아나 이스라엘 등에서는 그렇지 않았다. 정책은 연립교섭(coalition bargaining)에 있어서 상대적으로 단순한 영향을 미치는 것으로 나타났다. 특히 괄목할 만한 결과는 좌파 정당이든 우파정당이든 단일 정당이 의회 의석의 과반을 차지하는 경우 다른 당에 비하여 매우 높은 정치적 보상을 받는 것으로 나타났다.

정치인 개인을 보상 차원에서 정부 요직에 임명하는 것은 정당의 주요 자원이 된다. 정당인에게 있어서 공직은 다양한 유인책을 제공한다. 당 인사가 정부 직에 임명되면 개인의 경력관리나 명예를 위해서 긍정적인 측면이 있지만 정당은 당이 원하는 방향으로 정책을 결정할 수 있는 기회가 된다. 정당의 정책지향과 공직 지향 목표는 일치하는 부분과 동시에 갈등적인 측면이 있다.

355명의 전문가를 대상으로 특정 국가의 정당에 대한 정책지향과 공직 지향을 조사하였다. 정책지향은 1점, 공직 지향을 통한 보상은 9점을 부여하도록 하였다. 그 결과 노르웨이 2.75점, 스웨덴 2.84점, 독일 4.53점, 스페인 4.75점, 캐나다 5.32점, 미국 5.47점, 호주 5.81점, 영국 5.94점, 일본 6.60점, 이탈리아 7.65점, 그리스 8.00점 등으로 나타났다.[404] 점수가 적은 국가는 정책지향을, 반대는 공직 지향을 의미한다고 볼 수 있다. 나라마다 결과가 다양하게 나타나고 있음을 알 수 있다. 특히 한 나라의 전통과 권력구조 형태에 따라서 다르게 나타났다고 한다.

403 Michael J. Laver and Ian Budge(ed.), *Party Policy and Government Coalitions* (New York: St. Martin's Press, 1992).

404 Michael J. Laver and W. Ben Hunt, *Policy and Party Competition* (New York: Routledge, 1992), p. 71.

2. 외국의 당정인사 교류

당정관계의 공직 임명과 관련하여 외국의 몇몇 사례를 보면 정책이나 공직에 대한 보상은 시대와 정부에 따라서 그 중요성이 다르다는 것을 알 수 있다. 영국은 내각책임제의 전통을 유지하고 있으면서 1900년대 중반까지 공직 임명은 정당의 후원을 기초로 이루어졌다. 정당과의 연계를 통한 공직 임용이 많았다. 1979년 보수적 성향의 정부는 전보다 더 많은 당의 인사를 정부 고위직에 임명하는 정치화가 심했다. 하지만 영국 노동당 정권은 1945~1951년 정부를 지지자들에게 공직을 보상해주는 수단으로 삼지 않았다. 공무원과 다른 공직 등 행정부의 요직을 선발하는 인사에 있어 정치적 리트머스 시험(political litmus test)을 적용하지 않았다. 영국의 전통은 정당이 정부의 식민화(colonization of government)를 통하여 지위를 다지는 능력을 제한하는 것을 변함없이 강조하고 있다.

미국 정당은 잭슨(Andrew Jackson, 1829~37) 집권 전후 수십 년 동안 특정 정당의 지지자들을 공직에 임명하여 정부를 통제했다. 예를 들면 시장의 추천으로 임명된 공직자는 시장을 위해서 일하지만, 그가 정당 지지를 철회하거나 다음 선거에서 다른 당 후보가 시장에 당선되면 면직된다. 이는 정당이 정책 대신 공직 획득을 목표로 한 예라고 볼 수 있다. 정당의 엽관주의가 정부를 통제하는 상황이었으며, 연방 및 지방정부는 대통령, 주지사, 시장의 천거로 임용되는 사례가 확대되었다. 1880년대 이후 실적주의를 채택하였으나 1950년대까지 엽관주의 사례는 사라지지 않았다. 현재도 새로운 대통령이 취임하면 수천 명의 공직을 임명하는 등 연방정부의 정치적 인사는 다른 민주주의 국가보다 심하다. 하지만 상·하 의원의 장관겸직도 없으며, 장기적 추세는 충성스러운 당원을 각료나 행정직에 임용하는 일은 없어지고 있다. 이는 미국 정당의 쇠퇴와도 관련이 있다. 그렇다고 행정 고위직에 비정치적 인사와 정책 문외한(policy wonks)을 임명한다는 의미는 아니다. 전문가를 선발하되 그들의 정책에 관한 입장을 고려한다.

캐나다는 1918년 실적주의를 도입한 이후에도 총리가 많은 공직을 정당에 대한 보상적 차원에서 임명하였다. 18세기 후반과 19세기 초 프랑스, 독일, 스웨덴 등은 국가 관료주의를 발전시켰다. 민주화 이전에는 국가에 대한 봉사와 전문지식과 기질을 기초로 관료주의를 형성하였다. 하지만 민주화가 진행되면서 선출된 정치인들은 전문 관료들이 자신들보다는 국가에 대하여 절대적으로 충성하는 모습을 발견하게 되었다. 관료의 충성심은 프랑스 제3·4공화국이나 독일의 바이마르공화국 등 국가 안정에 이바지하였다. 전후에 국가의 불안정은 정당과 국가 간 엄격한 분리를 수정하는 계기가 되었다. 오늘날 독일의 경우 엽관주의는 사라졌으나 정치인과 공직사회의 관계는 융통성이 있다. 프랑스는 독일과 달리 정당의 전통적 관료주의에 침투는 덜한 편이지만 준정부기관의 경우 정당의 영향력은 아직도 존재한다.

관료주의 전통이 없는 이탈리아는 1945년 민주주의가 회복되기 전까지 자유민주주의의 틀 속에 운영되는 정당조직은 없었다. 사민당 등은 정당의 지지자들을 공직이나 준행정직에 임명하였다. 정당에 의한 국가의 높은 침투는 부패를 낳았고, 정당체계의 안정을 해쳤으며, 1990년대 초반부터 중반까지 주요한 변화가 나타났다. 오스트리아는 정당의견을 존중하여 의석 비율에 따라 공직을 임명하는 극단적인 경우라고 볼 수 있다.

또 다른 경우 정당의 사회침투는 정당에 의한 국가침투를 촉발하는 경향이 나타난다는 것이다. 벨기에와 네덜란드의 '협의주의'(consociationalism)를 대표적인 예로 들 수 있을 것이다. 벨기에는 주요 정당의 의석 비율에 따라 주요 공직을 배분하는 대표적인 협의제 민주주의를 실시하고 있다. 이는 공직의 정치화는 어떤 의미에서 민주주의의 실패에 대한 반응이라고 볼 수 있다. 분열이 심한 벨기에와 네덜란드는 사회 전체의 내부 연결기구(interlinking institutions)가 분파 중심의 사회생활로 조직되어 있다. 정당은 사회침투의 주요 기구로 역할을 하고 있다. 정당은 자기 분파의 공직 임명 지원을 통하여 정부를 통제하고 정당의 미래를 보장받고 있다. 제2차 세계대전 이후 벨기에에서는 행정의 정치화가 나타났다. 네덜란드는 벨기에와 달리 정당 출신을 각료로 임명하지 않고 한 정당에 의한 각료 지배를 견제하는 등의 요인 때문에 정부에 대한 정당의 영향력 확산을 막고 있다. 하지만 아직도 대학의 이사 임명 등 일부 영역에는 정당의 영향력은 나타나고 있다.

몇몇 나라의 사례를 개략적으로 살펴보았으나 대부분의 민주주의 국가에서는 벨기에와 이탈리아의 경우와 같이 정당에 의한 정부의 인사침투가 심한 것이 아니다. 일반 공직 임명에 엽관주의는 사라지고 실적주의와 전문 직업공무원제도가 확립된 것이 사실이다. 정당의 후원자나 지지자 또는 당직자를 하위직 일반 공직에 임명하는 것은 선출직 공직자의 비서진이나 보좌관 등에 국한되고 있다.

정부 고위직도 권력 구조의 유형에 따라서 다른 모습을 보인다. 내각책임제의 경우 당 간부가 각료를 겸하고 있지만 대통령중심제의 경우 당 출신을 장관이나 총리로 임명하는 것은 흔한 사례가 아니다. 정부에 대한 정당의 관심은 공직보다는 정책과 관련이 있다. 정당이 추구하는 정책목표를 공직자들이 무시하지 않도록 다양한 기제를 동원하여 정책협의를 하는 것이 일반적인 현상이다. 오스트리아의 경우 정당, 국가의 행정, 조직된 이익집단 간의 신조합주의 등을 통하여 정책을 조율한다.

3. 당정인사 교류 개선

당정 간 정책과 공직의 보상 차원에서 정당에 의한 행정부 침투 현상이 나타나고 있다. 정당정치를 구현하려고 여당 소속 인사를 행정부 고위직에 임명하면 정치인 개인에 대한 보상은 물론 정당이 원하는 방향으로 정부 정책을 추진하는 데 많은 도움이 될 수 있을 것이다. 선진민주주의 국가에서는 대통령중심제든 내각책임제든 하위 공직에 여당 소속 인사나 지지자를 임명하는 엽관주의는 직업공무원 제도와 실적주의 정착으로 사라졌다. 고위공직의 경우 내각책임제에서는 의원의 각료 겸직은 당연한 것으로 간주한다. 대통령중심제에서 정권이 바뀌면 대통령이 임명할 수 있는 비서관이나 보좌관 그리고 준 행정직(공공기관)에 전문성을 갖춘 정당 소속 인사를 임명하는 것을 크게 문제 삼을 수는 없을 것이다.

정권이 교체되고 임기가 정해진 공공기관장의 거취가 논란의 대상이 되고 있다. 공공기관장은 새롭게 취임한 대통령의 국정철학에 공감하면서 기관을 운영할 수 있도록 잔여임기와 관계없이 교체해야 한다는 주장과 전임자가 임명하여 새 대통령과 설사 뜻이 맞지 않더라도 정해진 임기를 보장해줘야 한다는 의견이 충돌하고 있다. 임기가 남은 기관장의 사퇴를 압박했다고 직권남용죄로 처벌받은 경우까지 있었다. 정권이 교체되면 전임자로부터 임명받은 공공기관장은 자진해서 물러나는 것이 양식 있는 처신이라고 볼 수 있다. 하지만 대통령과 정책 코드가 맞지 않는데도 불구하고 염치없이 자리보전에 연연하면서 버티는 모습은 구차스러운 일이 아닐 수 없다. 대통령이 새로운 정책 비전과 철학을 갖고 국정을 책임지고 운영할 수 있도록 공공기관장의 임기를 대통령 재임 기간과 맞추는 제도가 도입되어야 할 것이다. 그렇다고 업무 능력이나 전문성을 전연 고려하지 않고 선거 보상 차원이나 코드만을 앞세워 공직이나 공공기관장을 전리품과 같이 활용해서는 안 될 것이다.

당정 인사교류의 핵심은 여당 소속 국회의원을 국무위원으로 임명하는 데 있다. 당정 인사교류를 적극적으로 활용해야 한다는 의견과 최소화해야 한다는 양론이 있다.

찬성하는 논리는 다음과 같다. "당정 간의 인사교류를 적극적으로 활용하여 당정관계의 새로운 모델을 모색할 필요가 있다. 당정 간 직접적인 정책협의 방법은 아니나 당정 협조의 기초가 되는 방법으로 인사교류 제도를 활용할 필요가 있다. 우리 헌법과 법률은 대통령제를 취하지만 내각제적 요소를 다분히 갖고 있다. 대통령이 소속하고 있는 정당의 인사를 공직에 기용하는 것은 당정 간 일체화를 기하기 위한 것으로 내각제적 요소이며 당정 협조의 바탕이 된다고 할 수 있다. 특히 오늘날 장관을 비롯한 고위 공직 후보자의 인사청문회 통과가 쉽지 않은 상황에서 국회 상임위에서 전문성을 쌓아온 국회의원을 행정부의 각료 등으로 충원하는 경우가 잦아지고 있다. 이는 당정 간의 협조 통로를 구축하여 당과 행정부의 입장을 상호 교환함으로써 국정 운영의 책임성을 높이는 데 도움이 될 수 있을 것이다. 국회 상임위원회 위원장 경력을 갖고 있거나 동일 상임위원회에서 두 번 정도의 임기를 거치면 나름의 충분한 전문성을 쌓을 수 있다. 이러한 경력을 갖춘 인사가 행정부 장관으로 임명되면 정책에 대한 전문성뿐만 아니라 부처 통솔 능력 발휘에도 긍정적 효과를 기대할 수 있다. 실세 정치인이 장관으로 취임하면 소속 공무원 인사관리와 부처 업무 추진에 효과적인 경우가 있다.

이처럼 당 출신의 인사가 내각에 진출하게 되면 당과 정부 간의 소통과 정책 조율이 쉽게 이루어질 수 있을 것이다. 당의 입장에서는 민심과 괴리 되지 않은 정책을 추진할 수 있고, 의원들의 정책적 요구를 정부안에 반영하는 데도 큰 도움을 줄 수 있다. 정부 입장에서는 부처에서 성안된 정책을 입법화하는 데 장관의 도움을 직접 받을 수 있을 것이다. 특히 당내 중진들에게 실제 행정 경험을 쌓을 기회를 부여함으로써 당 전체적으로 국정 운영 능력을 갖춘 인재풀을 광범위하게 확보할 수 있다. 이런 과정을 통해 당의 차기 수권 능력을 높이는 데 큰 도움을 줄 수 있다."[405]

반면에 당정 인사교류 최소화를 주장하는데 그 논리는 다음과 같다. 정당의 처지에서는 당이 원하는 방향으로 정책을 결정할 수 있다는 점을 강조하지만, 근본적으로 입법부와 행정부 간 권력분립의 원칙에 맞지 않는다. 한국 헌법이 내각책임제 요소가 가미된 대통령중심제라고 하지만 총리를 포함하여 내각에 현역의원이나 당 인사를 임명하는 것은 당권과 대권이 분리되었지만, 대통령으로부터 정당의 자율성을 확보하는 데 장애가 될 수 있기 때문이다. 더구나 부처 업무의 전문성이 부족한 당 소속 특정 의원을 유력한 대권 예비후보라고 입각시켜 행정 경험을 쌓게 하고 대권 수업을 시키는 것은 지나친 측면이 있다. 전문성과 관계가 없는 당 소속 인사를 보은 차원에서 정부의 고위직에 임명하는 것은 적재적소의 올바른 인사라고 볼 수 있다.

집권당 소속 의원의 정부 고위직 임명은 대통령책임제에서 입법부와 행정부의 분리와 상호 효율적인 균형과 견제를 방해한다. 대통령중심제에서 특히 통합정부가 출현하면 입법부와 행정부가 하나가 되어 소수 야당의 의견을 무시하고 정부 여당에 의한 다수의 횡포와 일방적 · 독단적 정책 결정이 우려되기 때문이다. 제왕적 대통령의 폐해를 줄이기 위해서 대권과 당권이 분리된 상황에서 당의 주요 인사를 정부 고위직에 임명할 때 대통령이 직접 정당에 영향력을 행사하는 결과가 될 것이다. 이는 결국 행정부 수장이

405   이현출, 「2022 대통령의 성공조건 시리즈: 안정적 국정 운영을 위한 교두보를 마련하라」 EAI 워킹 페이퍼, 재단법인 동아시아연구원 (2022.1.6), p. 12.

정당의 입법 활동에 간섭하는 결과를 가져올 우려가 있다.

국회의원 겸직 국무위원 임명의 제한은 입법부와 행정부 간 '분리된 탄생과 생존'(separate origin and survival)이라는 대통령중심제의 원칙에 더 충실할 것이기 때문이다. 국회의원과 행정부 수장을 별도의 선거를 통하여 선출하고 서로 다른 기능과 대표성을 부여받기 때문에 탄생과정이 다르다. 따라서 국민이 각기 다르게 대표성을 부여한 입법부와 행정부의 일원적 관계가 형성되는 것은 3권분립의 균형과 견제 원리에 어긋난다. 입법부는 입법부대로, 행정부는 행정부대로 각각 고유의 전문적인 기능을 자율적으로 충실하게 수행하는 것이 구조의 분화와 기능의 효율성에 이바지할 것이기 때문이다. 여당 의원이 국무총리나 장관이 되면 여당의 자율성은 위축될 수밖에 없을 것이다. 이는 입법부의 행정부 예속을 낳게 되고 결국 입법부가 행정부를 효율적으로 견제하는 데 어려움을 겪을 수밖에 없을 것이다.

의원 겸직의 경우 총선이 임박하면 출마를 위해서 임명된 지 얼마 되지 않았는데도 국무위원을 사퇴시키기도 한다. 국무위원 겸직 경력이 경쟁력을 키워 유권자들의 지지를 얻는 데 도움이 되고, 여당 의석 확보에 유리할 것이라는 판단이 작용한 측면이 있다. 국무위원직을 특정 정치인의 경력관리에 이용한 셈이다. 또한, 잦은 개각으로 부처 업무의 연속성과 효율성에 지장을 초래하게 된다.

또 하나 지적하고자 하는 것은 국회의원 대부분이 겸직 장관을 선호하고 있다는 것이다. 국민이 직접 선출한 국민의 대표인 국회의원이 임명직을 선호하는 경향이 있는데, 국무위원의 역할과 기능이 여러 가지 면에서 국회의원과 비교할 수 없을 정도로 막강하기 때문일 것이다. 현역의원이 국무위원 겸직을 대단한 영광으로 인식하는 경향이 있다. 그렇다고 초선도 아닌 중진급 의회 지도자가 더구나 총리급 의전을 받는 전직 여당 대표가 장관 입각을 반기는 것을 이해할 수 없다. 심지어 국가서열 2위인 입법부 수장이었던 전직 국회의장이 국무총리로 임명된 사례도 있다. 국민이 직접 부여한 국민의 대표성을 스스로 저버린 선택이며, 자청해서 입법부의 권위를 행정부에 예속시키는 결과를 가져온 사례라고 볼 수 있다. 입법부의 대 행정부 위상과 권능이 약해지고 자율성을 상실하면 균형과 견제라는 권력분립의 원리를 훼손하는 결과를 낳기 때문에 당정 간 인사교류는 최소화 되어야 할 것이다.

당정인사 교류가 정부와 집권 여당 간의 상호의존관계를 형성하는 측면도 있으나 아직도 정부 우위형의 당정관계를 유지하는 상황에서 그리고 당분간 정부 우위 현상이 변할 것 같지 않다는 전망 때문에 여당의 정부 예속 관계를 심화시키는 결과를 가져올 것으로 우려된다. 대통령중심제에서는 정부와 정당, 그리고 정부와 의회는 자율적인 관계 유지가 바람직하다는 시각에서 당정 인사교류는 제한적으로 시행되어야 할 것이다.

제3절 여·야·정 국정협의회 제도화

1. 행정권과 집권당

정당은 시민사회와 국가를 연결하는 매개 기능을 수행한다. 다시 말해 정당은 유권자 개개인의 정책선호를 집약하고 이를 정책 결정에 대변하는 역할을 한다.[406] 정당은 시민과 정부의 연계 구조로서 시민들의 선호를 집약할 뿐만 아니라 이러한 선호가 정부 정책으로 산출되도록 연결하는 역할을 해야 한다. 정당은 시민사회의 선호를 정책으로 구현하는 기능을 수행한다. 정당이 시민사회의 정치적 선호를 구체화하기 위해서는 독자적인 입법 활동이나 행정부와 상호 협력을 통하여 이루어진다.

입법권과 행정권의 융합을 전제로 한 내각책임제에서는 의회 다수를 차지한 집권당이 국정의 원활한 수행을 위해서 정부 정책을 정당화하고 시민사회에 침투하기 위해서 노력하는 것이 당연하다. 내각책임제는 단독이든 연립정부든 의회 내 과반을 차지하고 있는 집권당이 주도적으로 정책을 결정하고 집행에 참여한다. 여당 의원들과 행정부가 일체감을 가지는 것은 자연적 현상이다. 내각책임제는 집권 여당의 프로그램을 입법화하고 또한 당의 정강을 행정부에서 구체적인 정책으로 전환하는 것이 쉽다. 집권한다는 것

---

406   강원택, "의회정치와 정당", 백영철 외(1999), p. 258.

은 정치권력을 획득하여 여당의 정책목표를 달성할 수 있는 수단과 기회를 얻는 것을 의미한다. 내각책임제는 총선을 통하여 의회를 구성하고 그 결과에 따라 행정권을 담당하는 집권당이 결정되며 정부를 구성한다. 총선 공약은 바로 입법부와 행정부의 대국민 공동정책 약속이라고 볼 수 있다. 따라서 집권 여당의 정강과 선거공약은 향후 정부 정책을 예측하는 기준이 된다.

대통령책임제의 경우는 사정이 다르다. 대통령중심제는 입법, 사법, 행정부가 권력분립의 원칙에 기초하고 있으며, 기능적으로 분화된 역할을 자율적으로 수행한다. 가장 성공적인 대통령중심제를 채택하고 있는 미국에서 정당은 그 스스로 집권의 주체라기보다 선거기구라는 성격이 강하다.[407] 무엇보다 대통령 선거와 총선을 분리하여 실시하는 경우 공약의 내용과 접근이 달라 두 개의 공약이 나타날 수 있다. 대통령 후보 자신의 정치철학과 선거전략에 따라서 당과 무관한 정책공약을 내세울 수도 있다.

선거 후 통합정부가 아닌 분점정부가 출현하여 입법권과 행정권이 서로 다른 정당에 있는 경우 집권당은 정강을 입법화하고 행정부에서 구체적인 정책으로 전환하는데 야당의 견제에 직면할 수 있다. 대통령중심제 운영의 핵심은 입법부와 행정부가 상호 균형과 견제를 유지하기 때문에 여당의 정책 방향을 행정부가 그대로 수용하리라고 기대하기 곤란하다. 더구나 대통령이 여당 총재직을 겸하지 않는 대권과 당권이 분리된 상황이라면 더욱더 어려운 일이 된다. 국정의 원활한 운영과 행정부의 정책 의지를 구체화하려면 의회의 입법이 필요하고 예산승인이 필수적이기 때문에 행정부는 여당과 사전 협의가 필요하다.

2. 미국 정당의 공약 이행

미국에서 정당 책임의 최대 장애는 행정부와 입법부 간 권력의 기능적 분립에 있다. 정당을 때로 입법부와 행정부 간 분립된 권력을 연결하는 교량이라고 치켜세우며,

---

407 강원택(1999), p. 266.

정당개혁론자들은 헌법 개정을 통해서라도 강력한 제도적 결합(institutional ties) 방안을 모색해야 한다고 주장한다. 집권 여당은 매니페스토를 내걸고 국민에게 정책공약을 제시하지만, 의회는 여당의 주장을 실행에 옮겨야 할 하등의 제도적 책임(institutional responsibility)이 없다. 예를 들면 1994년 공화당의 '미국과의 계약'(Contract with America)이나 1996년 민주당의 '가족의 첫 번째 의제'(Families First Agenda)를 공약으로 내걸지만, 집권 여당이 되더라도 의회의 견제 때문에 일관되게 추진하기 어렵다.[408]

그러나 민주당과 공화당이 집권 후 정당의 프로그램 이행(program fulfillment) 여부를 분석한 자료에 의하면 의회가 여소야대 상황이었던 1992년 클린턴(Bill Clinton) 행정부 1기와 1996년 2기, 그리고 2000년 부시(G. W. Bush) 행정부 1기의 경우 약 70%의 공약 이행률을 보였다. 무조치(no action)는 클린턴 행정부 1기 19%, 2기 27%, 부시 행정부 1기 33%, 그리고 부결 비율은 클린턴 행정부 1기 11%, 2기 3%, 부시 행정부 1기 8%로 나타났다. 공약 이행률이 높은 이유는 원칙에 충실하고 정책을 추진하려는 대통령의 집요함과 개인 리더십의 질도 중요하지만, 대국민 정책공약과 그 약속을 지키겠다는 정당 체제, 정당 결속(party cohesion), 정당 단결(party unity) 등이 더 많이 작용했기 때문이다. 상·하 의원의 정당에 대한 충성심을 조사한 바에 의하면 1960년대 60% 수준에서 1990년대 중반부터 80%를 상회하고 있다. 이는 의원들의 정당에 대한 이념적 응집성과 정체성이 매우 높다는 것을 의미한다. 의회가 이제는 더 이상 남부 이반파(Dixiecrat)[409]나 남부 보수주의 민주당이 아니다. 그래서 '보수 연립'이란 말은 이제 더 이상 의미가 없어졌다.[410]

미국 상·하의원들의 이념적 응집력과 강력한 정체성, 그리고 단결력이 강화되어 정당의 선거공약 이행률이 높다고 의회 정부로 발전한다고 속단할 수는 없다. 엄연하게 대

408　Gerald M. Pomper, "Parliamentary Government in the United States: A New Regime of a New Century?", in Green and Farmer (2003), pp. 269~271.

409　트루먼(H. Truman) 대통령의 공민 강령을 반대한 미국 남부의 민주당 이반파를 지칭하는 의미임.

410　Pomper (2003), pp. 273~278.

통령, 상원의원, 하원의원을 따로 선출하고, 입법부와 행정부의 균형과 견제가 변함없는 원칙이 되고 있다. 미국은 단일 정당이 완벽하고 일관성 있는 이념적 프로그램을 약속하고 실천에 옮길 수 있는 체제가 아니다. 정책을 결정하는데 진지하고 지속적인 정당 내부의 숙고와 정당 간 교류 또는 연합 형성이라는 분리된 체제를 유지하고 있다.[411]

의회는 정책 결정 과정에 정당 내부는 물론 다른 정당과 끊임없이 제휴를 형성해 가고 있다. 9.11테러라는 정치적 위기를 맞아 정당 간 '더욱 부드러운 파트너십'(softer partnership)이 형성되어 정당정치가 일시적으로 사라졌지만, 정당 간 차이가 존재하지 않는다는 것은 아니다. 조만간 정당의 기본 철학이 되살아날 것으로 보인다. 미국에서는 앞으로 준 의회(semi-parliamentary)나 준 책임 정부(semi-responsible government) 제도의 필요성이 있다는 주장을 펴기도 한다.[412]

미국 사례가 시사하는 것은 대통령중심제에서 입법부와 행정부가 분리된 가운데 상호 균형과 견제를 이루어야 한다는 것은 변함없는 원칙이라고 볼 수 있다. 집권 여당 의원일지라도 행정부를 견제하는 입법부의 기능에 더욱 충실한 모습이다. 하지만 집권 여당의 선거공약을 실천하는데 의회가 여소야대의 상황임에도 불구하고 60~80%대의 충성심을 보였다. 대통령이나 여당의 선거공약 이행에 의회가 매우 중요한 역할을 하고 있음을 보여주는 것이다. 주목해야 할 사항은 정책 결정은 정당 내부와 정당 간 진지하고 지속적인 제휴 형성을 통해서 이루어진다는 사실이다. 여당이나 야당 단독으로 정책이 결정되지 않는다는 것을 의미한다.

3. 당정협의회 개선

(1) 일방통행식 당정 협의

여당은 내각책임제 국가에서처럼 국정을 직접 담당하지 못하면서 동시에 미국 대통령

---

411   Pomper (2003), p. 283.
412   Pomper (2003), p. 285.

중심제에서처럼 행정부를 견제하는 입법부의 일원으로의 역할도 제대로 수행하지 못하고 있다.[413] 당정관계에 있어서 철저하게 종속적인 위치에 머물러 있음으로써 이러한 역할을 적절하게 수행하지 못한 것이 지금까지의 현실이다. 집권당과 정부 간 정책협의는 대부분 정부에 의하여 일방적으로 주도되었으며, 집권당이 시민들의 요구나 선호를 내세워 정책안을 주도하는 경우는 흔치 않았다. 오히려 집권당은 정부의 정책을 정당화하거나 시민들에게 하향식으로 이를 선전하는 과거의 유습을 반복하는 성격이 강하다고 할 수 있다.[414]

한국의 당정협의회는 1963년부터 시작되었는데, 대통령제를 채택하고 있는 다른 나라에서는 찾아보기 힘든 제도이다. 당정협의회 근거는 국무총리 훈령 제506호(당정 협의 업무 운영 규정)에 있다.[415] 대통령이 당 총재를 겸직한 가운데 정부와 여당이 혼연일체가 되어 행정부의 정책 의지를 입법부가 효율적으로 뒷받침하기 위한 것이었다. "당정 협의 제도에 대한 시각은 두 가지로 나뉜다. 첫 번째는 여당의 정책 결정 참여와 정책의 책임성을 강조하면서 활발한 당정 간 협의의 필요성을 주장하는 시각이다. 내각제 요소를 많이 포함하고 있는 한국적 대통령제에서는 당정 협의가 꼭 필요하며 활발한 당정 협의는 여론이 반영되는 정책으로 귀결될 것이라고 주장한다. 두 번째 시각은 당정 협의가 정당과 국회의 위상을 약화시키고 대통령실로 모든 권한이 집중되도록 하므로 폐지되어야 한다는 시각이다. 당정 협의로 인해 대통령은 여당, 야당, 그리고 국회에 대한 설득의 필요성을 느끼지 못하고 국민에 대한 설득은 더더욱 느끼지 못하게 된다는 것이다."[416]

학계에서는 행정부와 여당 간 정책 조율이 책임성과 정책 효율성을 높인다는 긍정적

---

413 강원택(1999), p. 268.

414 장훈, "한국의 정당개혁: 엘리트 중심의 폐쇄적 정치조직으로부터 시민 중심의 개방조직으로", 「계간 사상」 사회과학원, (1999, 여름호).

415 국무총리 훈령 제506조(당정 협의 업무 운영 규정) "제1조(목적)이 규정은 행정부가 정당과의 정책협의 업무(이하 "당정 협의 업무"라 한다)를 수행함에 있어서 필요한 사항을 정함으로써 당정 협의 업무의 책임성과 효율성을 높이는 것을 목적으로 한다. 〈개정 2008.3.18.〉"

416 가상준·안순철, "민주화 이후 당정 협의의 문제점과 제도적 대안", 「한국정치연구」 제21집 제2호, 서울대학교 한국정치연구소(2012), pp. 105.

인 견해와 의회의 독립성 및 자율성을 저해한다는 상반된 견해가 공존한다. 하지만 집권 세력인 정부와 여당이 한 몸이 되어 국정 운영의 효율성에 어느 정도 이바지했다고 평가한다.

당정 협의 과정에 집권당은 정부의 들러리 역할을 벗어나지 못했다. 당정관계가 행정부 우위형인 상황에서 여당은 정부 입장을 국회에서 옹호하고 대변하는 정부 지원 세력이나 행정부의 여의도 지부 기능을 수행하였다. 여당은 입법부의 일원으로서 정부에 정치적 요구를 공식적으로 제기하여 정책으로 반영토록 권고하는 성격보다는 정부가 선호하고 의도하는 정책을 결정하고 집행하는 과정에 사전 당과 조율 및 협의를 거쳐 당으로부터 정치적 지원과 협력을 얻도록 하는 데 주목적이 있다고 볼 수 있다. 정부 여당도 선거공약을 정책으로 전환하기 위해서 정부의 협조가 필요한 것은 사실이다. 정부 입장에서는 정부가 추진하는 법안에 대한 여당의 지지와 지원이 절실할 것이다.

당정협의회는 여당과 정부의 상호 필요성 때문에 개최하지만, 정부가 일방적으로 주도하는 형식으로 진행되는 경향이 강하다. 정부와 여당 간 대등한 관계가 아니라 수직적 위계질서가 유지되어 온 것이 사실이다. 당정 협의는 입법부와 행정부의 융합 관계를 형성하여 입법부 기능이 약해지고 행정부 주도적 현상이 나타난다고 볼 수 있을 것이다. 당정 협의를 정부가 주도하기 때문에 여당은 입법부의 일원으로서 행정부를 견제하는 것이 아니라 행정부의 일부 또는 행정부 종속적인 현상이 나타나 입법부의 권위를 손상하는 결과가 될 수 있다. 여당은 정책 결정 과정에 행정부에 비하여 전문성도 떨어지고 정책 관련 정보도 부족한 가운데 행정부 수장인 대통령의 영향력을 벗어날 수 없기 때문이다. 대통령의 의지가 여당을 통하여 입법부에 일방적으로 강요되는 현상은 바람직스럽지 못하다. 의원 각자의 자율성이 훼손되고 대통령의 의중을 헤아려 입법이 이루어지는 결과를 초래하게 될 것이다. 여당 의원이 입법부 소속임을 망각하고 정부 편에 가담하는 현상이 나타난다면 입법부와 행정부 간의 대립과 갈등 양상은 정부 여당 대 야당 간의 대결 구도로 재편되는 꼴이 될 것이다. 이는 여당 스스로 입법부의 위상을 떨어뜨리고 행정부 예속적인 지위로 전락하게 만들어 대의기관인 입법부의 권위를 손상하는 결과를 가져오게 될 가능성이 크다.

당정협의회 참석 범위는 집권 여당 대표나 총리에서 정책위의장이나 부총리, 국무위원 등 다양하다. 사안에 따라서 회의 주재와 참석 범위가 결정되는 등 다양한 형태의 회의를 연다. 정부는 국회의 동의가 요구되는 정책이나 입법이 필요한 경우 정부 여당 내부에서 사전에 조율하거나 추진전략을 숙의하는 것은 효율적이고 원활한 국정 운영을 위하여 필요하다. 여당도 집권 세력으로서 정부의 성공과 실패에 대하여 공동 책임을 지지 않을 수 없다. 차기 정권의 재창출과 대선 공약 이행을 위해서 공동운명체로서 상호 협력하고 지원해야 한다. 당정 협의가 여당과 정부 간 정책조정과 협의를 목적으로 상호 존중하는 차원에서 이루어진다면 정책 결정 과정에 순기능으로 작용할 수 있다. 3권이 분립 되었더라도 정책 결정 과정에 여당과 정부가 완전 따로 논다면 정당의 이념이나 정강 정책을 이행하는 데 효율성이 떨어질 것이다. 민주정치를 정당정치라고 한다면 여당이 정부와 협의와 조율을 거쳐 정책을 결정하는 것은 너무나 당연하다. 정당이 입법부와 행정부 간 가교역할을 한다면 양부 간 대립, 갈등, 긴장 관계를 조정·중재하고 완충시키는 데 크게 이바지할 수 있을 것이다. 입법부와 행정부 간 균형과 견제의 바탕 위에서 긴밀한 상호작용을 유지하는 것이 정책 결정과 집행과정에 필요하다고 볼 수 있다.

(2) 야당 배제의 당정 협의

「당정 협의 업무 운영 규정」에는 정부와 여당과의 당정 협의만 명시하고 있다. 당정협의회에서 야당을 배제하고 있다. 집권 여당과 행정부 간 정기적으로 당정 협의를 통하여 정책을 조율하지만, 야당과는 그런 기회가 없다. 오히려 야당이 반대하는 정책에 대하여 정부와 여당이 공동으로 대처하는 전략을 짜기 위한 정략적 차원의 협의가 이루어지는 경향이 있다. 입법 관련 사항까지도 야당과는 사전 협의가 이루어지지 않고 여당과 정부 간 비공개로 은밀하게 결정하는 경우가 있다. 야당에 정책 관련 구체적인 정보를 제공하지 않고 여당이 독점하는 경우가 있으며, 정부 의지를 야당의 의사와 관계없이 입법화를 강행하려는 것이 문제다. 야당도 정부와 정책협의를 야당의 선명성과 정체성을 침해한다는 것을 우려하여 회피하는 경향이 있다. 정부의 정략에 말려들 것을 염려하여 아예 대화나 협의에 응하지 않으려고 한다.

하지만 정부 고위인사가 공개 또는 비공개적으로 야당을 방문하여 특정 정책에 대한 설명과 협조를 요청하는 것은 매우 긍정적이고 바람직한 모습이라고 볼 수 있다. 특히 여소야대의 분점정부 상황에서 야당의 협조가 절실한 입법사항에 대하여 여당과 정부만 협의하고 야당을 배제한다면 야당이 순순히 정부의 손을 들어줄 리 없다. 정부는 여당뿐만 아니라 야당과 적극적으로 정부 정책을 사전에 협의하고 협조를 구하고, 또한 야당을 설득한다면 원활하고 효율적인 국정 운영에 새로운 지평이 열릴 것이다. 이는 정치시장인 국회에서 여야 간의 이전투구를 완화하는 데도 커다란 도움이 될 수 있을 것이다.

(3) 개선방안

1) 대통령의 설득 리더십

당정 협의 제도는 대통령이 국회, 여당, 야당에 대한 설득의 필요성이 없어졌다는 문제점을 지적한 바 있다. 해결방안으로 대통령이 국회에 협조를 구할 사항이 있으면 직접 나서서 국회의장, 야당 대표, 여야 원내대표, 국회 상임위원장단 등 여야 및 의회 지도자들과 공식적으로 만나 정부 입장을 설명하고 국회의 협력을 요청하는 형식으로 발전하는 것이 국정의 효율적인 운영에 도움이 될 수 있을 것이다. 특히 대통령에 의한 국회 상임위원장의 설득이 요구된다. 당정협의회의 개선방안으로 '상임위원회 중심 체제화'와 더불어 국회와 대통령 관계의 재정립, 합의형 국회 운영의 제도화, 원내정당화 등을 제시하였다.[417] 대통령중심제를 채택하고 있는 미국은 의회가 상임위원장 중심으로 연중무휴 운영되고 있다. 대통령이 재의요구권 행사로 의회를 견제하기보다는 특히 야당 소속 국회 상임위원장을 설득하여 국정 현안에 대한 야당의 협조를 얻는 것이 국정의 효율적 운영에 필요하다.

---

417   가상준·안순철(2012), p. 108.

대통령이나 정부의 고위인사가 국가와 국민을 위해서 꼭 필요한 정책이라고 판단하여 국회에 진솔하게 협조를 요청했는데도, 만약 야당 설득에 실패한다면 국민과 직접 대화하는 방법도 고려할 수 있을 것이다. 이를 야당 무시나 대중영합주의라고 볼 수 없다. 미국 레이건 대통령은 특정 법률안 통과와 관련하여 의회의 야당 지도자들 설득에 실패하자 대국민 연설을 통하여 법률안의 목적과 효과 등을 자세하게 설명하고 의회에서 꼭 통과되어야 하는데 야당의 비협조로 무산 위기에 처했다고 호소하면서 국민의 공감과 여론의 지지 획득을 위해서 노력하는 장면을 목격한 적이 있다. 대국민 연설을 마무리하면서 지역구 의원들에게 전화하여 법률안에 찬성하도록 설득하고 압력을 넣어달라고 간곡하게 호소하는 모습은 진정으로 대통령의 리더십이 무엇인지, 그리고 레이건 대통령은 정말 설득력이 뛰어난 의사소통의 달인이라는 사실을 다시 확인하는 기회가 되었다.

2) 당리당략 차원의 정책추진 지양

여당과 정부 고위인사끼리 만나서 정책협의를 하는 것도 좋지만 문제는 정책의 내용이 관건이다. 여당이 찬성하고 야당이 반대하는 정책을 당정 협의를 통하여 추진하고자 했을 때 본질적인 문제부터 따져봐야 할 것이다. 국민이란 변수를 최우선 고려해야 한다. 국민 대다수가 원하는 정책을 야당이 반대할 리 없을 것이다. 야당이 반대하는 것은 정부 여당이 당리당략 차원에서 접근하고 있다는 인식과 의구심 때문일 것이다. 시대가 요구하고 국민을 위한 국민이 원하는 정책이라면 당정 협의가 필요 없이 여야 간에 얼마든지 정책제휴가 가능할 것이다. 여당과 정부가 협의를 통하여 특정 정책의 추진 방향을 조율하는 것 못지않게 중요한 것이 정당 간 건설적인 정책제휴를 제도화하는 것이 시급한 일이라고 볼 수 있다. 국회도 국민에 대한 책임 있는 의회 정부의 모습을 보여주고 또한 그 기능을 수행해야 하기 때문이다.

3) 야당이 참여하는 정책협의회

여당과 정부 간 당정 협의 형식으로 같은 식구끼리 만나 야당을 배제한 채 국정을 협의하는 공식적인 회의는 개선되어야 할 것이다. 아무래도 여당은 정책 결정 과정에 정치논리를 주장하게 될 것이고, 반면에 정부는 정당보다 관련 정보가 많고 전문성도 뛰어나 정부 입장을 여당이 무조건 수용할 것을 요청하는 경우가 더 많을 것이다. 그렇게 되면 여당은 입법부의 고유한 기능이나 위상을 전연 고려하지 않고 오직 국회에서 행정부의 고무도장 역할을 하는 꼴이 되어 입법부의 위상을 추락시킬 것이다.

정부는 야당을 꼭 필요한 국정 파트너로 인정하고 그들의 입장을 존중하며 중요한 정책정보를 제공하고 긴밀한 정책협의를 통하여 야당의 협력을 끌어내야 할 것이다. 대통령은 야당의 대표, 원내대표, 국회 상임위원장 등과도 정례적인 만남을 통해서 국정 파트너의 한 축으로 예우하고 정보도 제공하며 신뢰를 쌓으면서 정책협의를 추진할 필요가 있다. 야당을 설득하는 대통령의 리더십은 성공한 대통령이 되는 데 요구되는 매우 중요하고 필수적인 자질과 덕목이라고 볼 수 있다. 국정 현안에 대하여 국가와 국민을 염두에 둔 초당적 국정 협력이 절실하다.

정부와 여당만의 당정 협의 못지않게 대통령과 야당 대표 간의 정례적인 국정 협의도 필요하다. 물론 그 형식은 여야당 대표가 함께 만나든 야당 대표만 초청하든 어떤 형태든 대통령과 야당 지도자 간 정례적인 국정 협의는 의회의 원활한 운영, 행정부와 의회의 갈등 완화, 여야 간의 정책 이견 해소, 국가 현안에 대한 여야의 공감대 형성, 야당의 협조 유도와 책임성 제고, 국민통합 등에 이바지할 수 있을 것이다. 국정 운영의 한 축을 담당하고 있는 야당 대표를 국정 파트너로서 예우하여 국정 운영과정에 소외시키지 말고 발목을 잡는 투쟁 일변도의 야당 태도를 완화 시킬 수 있도록 노력해야 할 것이다. 당정협의회를 여·야·정 국정협의회로 개선할 필요가 있다.

제10장

/

정당과 시민사회 관계의 개혁

제1절 지역주의 정당 타파

1. 지역주의와 세대 요인

정당은 사회 단결과 화합을 도모하는 세력으로서 사회 갈등과 분열을 치유하는 필수 접착제 역할을 해야 한다. 정당은 불화 해소의 통로 구실을 한다. 그렇지 않으면 불화는 폭력이나 억압으로 발전할지 모른다. 하지만 한국의 정당은 국민화합과 사회통합의 접착제 역할을 하는 것이 아니라 지역분열을 조장하는 원인을 제공하는 당사자로 지목받아 온 것이 사실이다. 과거에는 특정 정당이 특정 지역을 고정 지지기반으로 삼기 위해서 지역감정을 부추기고 지역분열을 조장시킨 예가 허다하였다. 퇴임 후 처음으로 2006년 11월 고향 목포를 방문한 김대중 전 대통령은 '호남 없이 나라 없다'(無湖南 無國家)라고 방명록에 기록하여 지역감정을 부추기는 행태라고 도마 위에 오른 적이 있다. 이제는 지역감정에 대한 국민적 저항과 부정적인 여론 때문에 정치인이 이를 조장하는 일은 사라졌다.

"민주화 이후 한국 정당정치를 정당 간 경쟁패턴의 불안정성, 정당의 사회적 기반의 견고성, 정당이 확보한 정치적 정당성 수준, 정당의 지도자에 대한 의존성 정도 등 네 가지 차원에서 분석한 결과 정당 간의 지역주의 경쟁패턴은 비교적 높은 수준의 안정성을 지니는 것"으로 나타났다.[418] 정당 간 지역주의 경쟁패턴의 수준이 안정적이라는 의미는 특정 정당의 균열 구조가 지역에 기초하고 있으며, 지역주의 투표행태가 고착되었다는 것을 의미한다.

"1987년 대통령 선거와 1988년 국회의원 선거에서는 지역주의 정치균열이 가히 '폭발적으로' 부상했다. 민주정의당이 대구·경북지역에서, 통일민주당이 부산·경남지역에서, 평화민주당이 호남지역에서, 그리고 신민주공화당이 충남지역에서 각 지역 유권자의 표를 휩쓸었다."[419] 이와 같은 지역주의 투표행태는 3김 이후 많이 사라지고 있으나 아직도 한국 정치의 고질병이 되고 있다. 지역감정은 지역 환경과 문화, 정치인의 지역감정의 전략적 이용, 지역 간 불균형 발전정책, 지역편중 인사정책 등등이 종합적으로 작용하여 민주화 이전부터 오랫동안 유지되어 온 역사가 있다. 선진 민주국가에서도 후보자의 출신지에서 다른 지역과 비교하여 더 많은 지지를 얻는 현상을 자연스럽게 인정하고 있다.

하지만 한국의 경우는 애향심 차원을 넘어 지역감정이 다른 지역에 대한 불신감, 혐오감, 적대감을 유발하고 배타적이며 분열적 요인으로 작용하기 때문에 국민통합에 커다란 장애요인이 되고 있다. 앞으로 한국정당이 발전하려면 지역주의에 기반을 둔 정당은 사라져야 한다. 그러기 위해서는 무엇보다 유권자의 지역 기반 묻지 마 몰표의 투표행태와 국민의 지역감정이 변해야 한다. 정당은 본래 아테네의 도시국가에서 귀족으로 구성된 평원당, 농민 중심의 산간당, 상인 중심의 해안당에서 그 기원을 찾고 있다. 거주 지역 중심의 사람들로 구성된 것을 최초 정당의 기원으로 보았을 경우 지역 정당은 정당이 발달하기 이전의 가장 원시적인 전근대적 형태라고 볼 수 있다. 지역주의 투표행태도 전근대적인 현상이라고 하지 않을 수 없다.

---

418   김용호(2016)

419   강원택(2018), p. 18.

민주화 이후의 선거가 지역주의에 기초한 정당 간의 경쟁으로 정형화되면서 지역주의 정당정치가 비교적 안정적으로 유지된 것은 사실이다. 하지만 한국 정치발전의 고질병으로 간주하고 있는 패권적 지역주의 정당 구도가 세대 간 가치 정향의 현저한 차이 때문에 변화될 것이라는 낙관적인 견해도 있다.[420] 또한, 유권자들의 정치적 불만과 무관심은 무당파 및 부동층 유권자의 급격한 증가와 낮은 투표율로 연결되고 있으며, 이를 지역주의 정당체계가 동요 또는 해체되는 징후로 보고 있다. 적어도 현재의 지역주의 정당정치로부터 이탈하는 유권자가 점차 늘고 있는데 그들이 젊은 유권자층에 집중되어 있다는 사실을 주목해야 할 것이다.

구미의 경우 나이가 많은 유권자 집단이 계급이나 종교에 따라 정당일체감이나 충성심을 형성하였던 것과 같이 한국의 유권자들에게는 출신 지역이 정당 애착심을 확립하는 데 강하게 작용하였다. 하지만 지역주의의 영향을 상대적으로 적게 받고 그보다는 자신들의 일상생활과 관련된 실질적 쟁점과 삶의 질에 더 많은 관심이 있는 신세대 유권자들의 경우는 다르다. 출신 지역에 기초하여 정당의 지지를 결정하려는 동기가 비교적 약한 신세대 유권자들의 지지를 동원하는 것은 어렵게 되었다는 것이다.[421] 매우 바람직한 현상이라고 반기지 않을 수 없다. 유권자들의 세대교체가 이루어지면서 지역주의 정당 구도가 해체된다면 한국 정치발전에 커다란 전기가 마련될 수 있을 것이기 때문이다. 유권자의 세대교체에는 많은 시간이 걸리겠지만 그들이 선거 시장(electoral market)에 많이 유입되면 될수록 결국은 지역주의 정당정치가 완화될 것이라는 기대와 가설에는 누구나 동의할 수 있을 것이다.

---

420   한국의 정당정치에서 세대 요인의 영향력이 두드러지게 나타날 가능성이 큰 것으로 보고 있으며, 지역주의 정당정치가 세대에 의하여 동요될 가능성이 있다고 분석하고 있다. 또한, 미국의 경우 세대 요인이 정당일체감 및 선거행태에 영향을 미쳐 민주·공화 양당의 지지기반도 바꾸어 놓고 있다고 분석하면서, 세대 요인이 미국 정당정치의 변화에 중요한 의미를 갖게 될 것으로 전망하였다. 자세한 분석 내용은 다음을 참고할 것. 정진민, "세대와 정당정치", 「계간 사상」 사회과학원 (2002a, 가을호), pp. 103~124; 정진민, "1980년대 이후 미국 정당정치의 변화: 세대 요인을 중심으로", 「한국정치학회보」 제34집 1호 (2000), pp. 237~254.

421   정진민(2002a), pp. 115~116.

하지만 젊은 세대들이 지역주의 정당구조 해체의 촉발자가 될 수 있을 정도로 정치참여가 활성화되는 것은 이론과 달리 실제로 쉬운 일은 아닐 것이다. 젊은 세대는 이타적인 사회봉사나 정치적 책임감과 의무감이 약하고 개인 위주의 자기 주변 일에만 열중하는 이기주의적 성향이 농후하기 때문이다. 젊은 세대에서 무당파와 부동층이 많고 투표 참여율이 낮은 것은 탈지역주의 투표 성향을 보이는 징후라고 해석할 수도 있지만, 다른 한편으로 정치에 무관심하다는 것도 동시에 보여주는 것이라고 볼 수 있다.

지역 정당 구도가 사라져야 한다는 사실에는 누구나 공감하고 있다. 선거에서 나타나는 지역이라는 균열 구조를 뛰어넘는 세대, 이념, 계급, 정치·경제·사회적 쟁점 등의 새로운 사회 및 정치균열 구조가 생성되지 않는 한 지역주의 정당구조의 해체를 위한 근본적인 묘책을 찾기 어려운 것이 현실이다. 지역주의가 정치균열에 주도적으로 작용한 이유는 상대적으로 여타 사회 균열 요인들이 동원되고 조직화 될 수 없었음을 말한다.[422] 제도적 접근을 통하여 지역 정당구조를 타파해야 한다는 다양한 처방을 제기하고 있으나 효과에 의구심이 드는 것은 사실이다.

2. 미국의 지역주의

미국 선거에 많은 영향을 미쳤던 지역주의는 뿌리가 깊은 역사적 배경이 있다. 남부와 북부의 지역주의는 노예제를 지지하던 남부 주들이 연합을 형성하여 1861년 일으킨 남북전쟁(American Civil War)과 깊은 연관이 있다. 결국, 4년간 지속된 전쟁에서 남부 연합군이 패하여 미국 전역에서 노예제가 폐지되었으나 그 이후 남부와 북부 간 대립적인 감정의 골은 깊어졌으며, 정책 노선상의 차이를 낳기에 이르렀다.

설상가상 남부와 북부 간 경제적 격차가 더해져서 지역감정이 악화하였다. 연중 기후가 따뜻한 남부지역의 여러 주를 선벨트(Sun belt), 동북부와 중서부지역은 한랭지대인 프로스트 벨트(Frost belt)라고 한다. 남부지역은 1960년대까지 농업이 주 산업이었던 반면

---

422   김만흠(1994), p. 227.

북부는 산업발전과 경제활동이 활발하여 남북 간 소득 격차가 벌어졌다. 남부는 남북전쟁에서 패한 아픔, 낙후된 경제, 낮은 생활 수준과 생활고 등으로 소외의식과 상대적 박탈감을 느끼게 되고 북부에 대한 반감과 열등감이 쌓였다. 이는 북부는 공화당, 남부는 민주당을 지지하는 지역주의 투표행태로 발전하였다. 1800년대 후반 남부의 민주당 지지는 매우 확고했으며 그런 현상이 거의 한 세기 가깝게 지속되었다.

남북지역 간 정당 지지도에서 큰 편차가 나타났다. 예를 들면 1900년의 하원 선거에서 민주당은 남부에서 63.9%를 득표하였으며, 그 지역 의석의 95.6%를 차지하였다. 민주당 전체의석의 54.1%를 남부에서 획득한 것이다. 1900년 대통령 선거에서 민주당 후보는 남부에서 61.5%의 득표와 100%의 선거인단을 차지하였다. 민주당 선거인단의 63.6%를 남부에서 획득한 것이다. 1900~1908년 사이의 대통령 선거에서 민주당 대통령 후보가 남부에서 평균 64.1%를, 하원의원 선거에서 평균 72.8%의 지지를 얻었다. 기타 지역에서 민주당 대통령 후보가 얻은 평균 39.3%, 하원의 40.9%의 지지에 비하면 매우 높다는 것을 알 수 있다. 민주당은 남부지역에 본거지를 둔 남부 지역당이라고 할 정도였다.[423]

1860년대에서 1890년대까지 동북부의 지역에서 민주당의 지지도는 15% 정도였으며, 미시간, 일리노이 등 5대호 주변의 주에서도 25% 이상의 지지를 받지 못했다. 그러나 남부에서의 민주당에 대한 지지는 절대적이어서 앨라배마, 조지아, 플로리다 등의 남부와 켄터키, 메릴랜드, 미주리 등지의 남부 접경지역에서는 거의 90% 정도의 지지를 받았다. 남부에서는 민주당이 북부에서는 공화당이 선거에서 승리하는 현상이 나타났다.[424]

미국의 지역주의는 노예제도의 찬반 때문에 나타난 결과다. 노예제도를 균열 축으로 유권자의 재편성과 정당 지지에 대한 변화가 나타난 것이다. 1900년 미국의 심각한 지

---

423   Jeffrey M. Stonecash, *Political Parties Matter: Realignment and Return of Partisan Voting*, (Boulder: Lynne Rienner Publishers, Inc., 2006), pp. 19~21.

424   미국의 1800년대 후반의 지역 간 지지 정당에 대한 논의는 다음을 참고할 것. 이현우, "미국 정당의 도전과 변화", 「사회과학연구」 제11집, 서강대학교(2003), pp. 89~92.

역분열은 1960년대까지 지속되었다.

하지만 1970년대 접어들면서 선벨트에 커다란 변화가 찾아왔다. 남부의 따뜻한 기후와 저렴한 생활비 등의 강점이 인구 이동을 촉진하였고, 산업구조의 변화 등에 힘입어 남부의 소득수준이 현저하게 향상되었다. 남북의 소득 격차는 줄어들어 평준화를 이루었다. 남부의 북부지역에 대한 악감정과 상대적 박탈감도 완화되면서 정책 성향과 정당 지지도에도 변화가 나타났다. 소득 격차 해소가 탈지역화 요인이 된 것이다

미국의 선거에서 도시는 민주당, 농촌은 공화당 지지라는 특징이 나타났다. "1990년대 이후 대도시를 중심으로 경제 성장이 집중되면서 대졸 이상의 젊은 층이 유입됐으며, 점차 대도시의 정치적 성향은 민주당 쪽으로 변화해 왔다. 반면 소규모 도시와 농촌은 인구 감소 및 기존 산업의 약화 등으로 인해 보수화 추세가 이어지고 있다. 이러한 변화는 민주당 쪽에 보다 유리하게 작용한 것으로 드러났다.

2020년 대통령 선거에서 민주당 바이든(Joseph R. Biden) 후보는 이러한 추세에 더해 대도시와 인접한 교외 지역의 지지를 이끌어 공화당의 트럼프(Donald Trump) 후보가 농촌 지역에 대한 장악력을 더욱 강화했음에도 불구하고 여러 주에서 승리할 수 있었다. 지역적으로 보면 전통적으로 공화당 우세 지역으로 간주했던 지역들에서 민주당으로의 변화 흐름이 강하게 나타났다. 네바다주의 경우 대학을 졸업한 젊은 층이 증가하면서 민주당 지지층이 확대되고 있다. 전통적인 공화당 강세지역으로 분류되던 텍사스주의 경우 댈러스, 휴스턴, 오스틴 등 대도시에 동부와 서부에서 이주한 대졸 젊은 층이 대거 유입되면서 과거와 다른 접전 양상을 보여준 것이 대표적인 사례다."[425] 민주당의 지지기반은 도시, 비 백인, 비 남부선거구로 변화되었고, 공화당은 더 보수적인 성향의 유권자를 지지기반으로 하게 되었다.

1900년 정당의 선거 기반은 지역주의에 기초하고 있었으나 지역주의는 점차 사라지기 시작하였다. 1980년대의 대통령과 하원의원 선거와 그 이후 치러진 많은 선거에서도

---

425 최준영, "미국 대통령 선거 승패 가른 인종·지역·교육 수준의 분절", 「서울신문」, 2020.11.13.

지역주의를 찾아보기 힘들게 되었다. 2008년 공화당 후보로 대통령 선거에 출마했던 매케인(John Sidney McCain III)의 경우를 탈지역주의 한 단면이라고 봐도 무리가 없을 것이다. "매케인은 태생지와는 전혀 관계없는 곳에서 정치인으로서 입지를 다졌다. 그는 파나마 운하에서 태어났고 해군 장교로 플로리다에서 젊은 시절을 보냈지만, 처가가 있는 애리조나주에서 하원과 상원의원으로 당선됐다. 43세 때 재혼하고 처음 정착한 애리조나가 그의 정치적 고향인 셈이다. 만일 미국에 조금이라도 지역주의가 있었다면 매케인의 정치입문은 어려웠을 것이다."[426]

대통령 후보가 러닝메이트인 부통령 후보를 지명할 때 자신과 다른 주 출신을 선택하는 분리 티켓(sprit ticket) 방식은 지역 연고를 고려한 측면이 강하다. 1884~2008년의 대통령과 부통령선거 분석 결과 대통령 후보는 출신 주의 이점(home state advantage)이 작용하여 많은 지지와 통계학적으로 매우 유의미한 결과를 얻었지만, 부통령 후보는 그렇지 않았다.[427] 미국 유권자는 대통령 후보와 고향이 같다는 지리적 고려를 앞세우는 경향이 있는데, 이를 지역주의 투표행태라고 평가하는 것은 무리가 아닐 수 없다. 미국 정당의 균열 구조가 지역에서 인종, 계급, 소득, 이념, 종교, 교육 수준 등으로 바뀌고 있다. 지역주의는 거의 소멸하였으며, 개인의 자질이나 신념 등 개인 수준이 중요한 정치적 선택요인으로 작용하고 있다.

---

426 김재홍, "지역주의 비웃는 미국 선거", 「동아일보」, 2009.09.23.

427 Christopher J. Devine and Kyle C. Kopko, "Presidential Versus Vice President Home State Advantage: A Comparative Analysis of Electoral Significance, Causes, and Process, 1884~2008", *University of Dayton eCommons*, Political Science Faculty Publications (Dec. 2013), pp. 814~838.
   1884~1980년의 미국 42개 선거를 분석한 결과 대통령 후보가 출신 주에서 다수표를 획득한 것은 23건(55%), 부통령 후보는 29건(60%)으로 나타났다는 분석도 있다. James C. Garand, "Localism and Regionalism In Presidential Elections: Is There a Home State and Regional Advantage?" *The Western Political Quarterly*, Vol. 41, No. 1(Mar. 1988), pp. 85~103.

3. 지역주의 해소방안

(1) 전국구 의석 확대

비례대표 의석을 늘리는 것은 세계적인 추세이기도 하다. 지역주의 정당체계를 완화하기 위해서 전국구 의석을 확대하여 지역대표와 비례대표의 선출 비율을 1:1로 해야한다는 주장이다. 하지만 전국구 의석을 늘리는 것은 지역 정당 해소와 상관이 없다고볼 수 있다. 전국구 의석을 권역별로 득표율에 따라서 의석을 배분하는 것이 아니라 전국 규모로 합산하기 때문에 전국구 의석을 늘리는 것과 지역 정당 해소와는 무관하다.특정 정당에 의한 특정 지역의 싹쓸이 현상을 완화하기 위한 대안으로 전국단위의 비례제를 권역별로 전환하는 방안이 수차 제기되었다. 한마디로 소선거구제+권역별 비례대표제라고 볼 수 있다. 1인 2표제의 투표방식과 득표율에 따라서 전국구 의석을 권역별로배분하기 때문에 특정 정당에 의한 특정 지역의 싹쓸이 현상을 어느 정도 완화 시킬 수있다는 것이다. 주요 정당이 전국적으로 당선자를 배출시킬 가능성이 커지는 것은 사실이다. 전국구 의석을 지역구와 같은 수준으로 늘리면 모든 정당이 전국적으로 당선자를낼 수 있을 것이다. 특정 지역의 유권자들이 지역구와 전국구 의원을 선출하는 1인 2표제에서 2표 모두 동일 정당에 행사하지 않는 분리투표 행태를 보일 때 주요 정당의 불모지가 사라져 전국적으로 의석을 차지할 수 있을 것이다.

하지만 유권자들이 분리투표 대신 통합투표를 선택했을 경우 지역주의 현상은 사라지지 않을 것이다. 권역별 비례대표제도 지역주의가 극심한 곳에서는 효과가 없을 수 있다. 지역구나 비례대표 모두 동일 정당에 투표하는 행태가 나타날 가능성이 크기 때문이다. 특정 지역에 편중되는 현상을 해소하기 위해서 권역별 비례대표 배분 상한선을 두자고 제안한다면 더 큰 문제를 발생시킬 소지가 있다. 왜냐하면, 특정 지역에서 특정 정당을 지지한 민의가 100% 의석수 배분에 반영되지 못하는 결과를 가져올 수 있기 때문이다. 자연발생적으로 나타난 민의를 인위적 배분 방식으로 왜곡시켜 전국정당화나 지역감정 해소라는 명분으로 포장하는 것은 지역주의 투표행태의 해소방안이 될 수 없다. 특정 정당이 지지기반이 취약한 지역에서 일부 당선자를 배출하고 지지기반이 확실한 지역에서 대다수 의석을 차지하는 현상이 나타날 수 있을 것이다. 권역별 비례대표제를 도입하더라도 특정 정당이 특정 지역을 독식하는 선거 결과는 지속해서 나타날 것이다.

근본적인 문제는 특정 지역에 몇 명의 전국구 당선자를 배출했다고 지역주의 정당구조가 사라진 결과라고 해석하기 어렵다는 것이다. 선거제도의 변화를 통하여 억지로 특정 정당이 특정 지역에서 몇 석을 차지할 수 있도록 인위적 제조의 결과를 지역주의가 완화되었다거나 사라졌다고 평가할 수는 없을 것이기 때문이다.

(2) 정당명부제 도입

지역 정당 구도의 해소를 위해서 정당명부제(party list system) 도입을 주장한다. 지역구를 없애고 비례대표제를 전국단위든 권역별이든 도입하면 지역주의 정당 구도가 타파될 수 있다는 것이다. 이 또한 각 당이 전국적으로 어느 정도의 의석을 차지할 수 있을지 확실하지 않지만 특정 지역에서 특정 정당을 70~90% 이상 지지하는 투표행태가 근본적으로 변하지 않는 한 지역편중 현상은 그대로 지속될 것이 예상된다. 특정 지역에서 90%가 넘는 의석을 차지하는 정당이 나타난다면 지역주의 정당구조가 타파되었다고 볼 수 없을 것이다. 정당명부제의 가장 커다란 문제는 명부에 등재할 후보의 순위 결정을 누가 하느냐에 있다. 정당에서 후보의 순위를 결정하는 폐쇄식(no choice between candidates)의 경우 정당 핵심지도부의 영향력이 되살아나 비민주적 밀실 공천의 구습을 반복하는 현상이 나타날 수 있다. 지역구 의원을 뽑지 않는 상황에서 개방식을 도입하여 명부에 나타난 후보 중 1인을 선택하거나, 의원 정수만큼 순위를 정하여 투표하는 방식을 채택하면 선거 절차도 복잡하고 결국 정당명부제의 도입 취지가 퇴색하여 소선거구제와 유사한 결과가 나타날 수 있을 것이다.

(3) 중대선거구제 및 석패율제 도입

중대선거구제와 석패율제 등의 도입을 제기하고 있으나 지역주의 정당 구도를 타파할 수 있다고 보장하기 어렵다. 대선거구제의 경우 대표성을 강화하고 소선거구에 비해 지역구 의원 선거에서 사표를 대폭 줄일 수 있다는 장점이 있다. 특히 지역주의에 기생하고 있는 지역주의 수호 세력을 견제할 수 있는 제도이다. 대선거구제에서는 돈 선거, 조직선거가 불가능하고, 토호 세력과 결탁한 지역주의 조장 세력이 지역의 대표가 되는 것을 방지할 가능성이 더 커진다.[428]

하지만 중대선거구제를 도입하여 특정 정당이 불모 지역에서 상징적으로 1~2명의 당선자를 배출했다고 전국정당화를 성취했다거나 지역주의 투표행태가 사라졌다고 볼 수 없을 것이다. 과거 중선거구제를 채택했던 당시에도 지역주의는 사라지지 않았다. 특정 정당에서 복수 후보를 공천했을 경우 동반 당선되는 현상이 반복될 가능성이 크다. 중선거구제는 특정 정당의 지지기반이 취약한 지역에서는 자당 후보가 2등으로 당선되고, 견고한 지역에서는 1, 2등 모두 독식하는 결과가 나타날 수 있을 것이다.

기본적으로 전국정당화의 개념에 대한 올바른 이해가 선행되어야 할 것이다. 특정 지역에서 싹쓸이한 정당이 다른 지역에서 극소수 당선자를 배출했다고 전국정당화가 이루어지고 또한 지역감정이 완화되었다고 확대해석하는 것은 지나친 측면이 있다.

전국구 의석 확대, 정당명부제 및 중대선거구제 등을 도입해도 지역구도 정당 타파에 커다란 성과가 기대되지 않기 때문에 아예 공직 후보의 정당공천을 완전하게 배제하고 모든 후보를 무소속으로 출마시키면 지역주의가 없어질 것이라는 주장도 있다. 모든 공직 후보가 소속 정당이 없고 그 지역 인사가 출마하면 정당 본위가 아닌 인물 본위로 투표하기 때문에 정당 간의 쏠림현상도 없어지고 지역 정당도 사라질 수 있을 것이란 기대 때문이다. 기본적으로 무 정당정치, 탈 정당정치를 염두에 둔 발상이다. 이는 먼 훗날 정당이라는 정치조직이 완전 사라지고 새로운 대안이 제시된다면 가능한 일일 것이다. 현

---

428 오승용, "지역주의와 지역주의 연구: 회고와 전망", 「사회과학연구」 제12집 2호, 서강대학교 (2002), p. 212.

재 정당이란 제도를 완전하게 다른 정치기구로 대체할 수 없는 상황에서 현실성이 전혀 없다고 평가할 수 있으며 오직 지역주의 해소만을 염두에 둔 아이디어라고 볼 수 있다.

(4) 양원제의 도입

지역주의 정당 타파를 위해서 양원제 도입을 주장하기도 한다. 인구에 기초한 제1원과 지역 평등에 기초한 제2원의 설립을 통하여 지역주의를 견제하자는 주장이다.[429] 양원제를 주장하는 근거는 다음과 같다.[430]

①국회는 지역 할거주의 때문에 특정 지역의 대표성에 문제가 발생한다. 당분간 지역 감정이 완화되리라는 것을 기대하기 어렵다. 따라서 전국 시·도 단위로 인구 과다의 고려 없이 똑같은 인원 3~4명씩, 약 50~60명 규모의 상원의원을 선출하여 지역 간 대표성의 균형을 이루자는 것이다. 상원의원은 정당공천을 배제하고 무당파를 원칙으로 하면 지역주의 성향의 묻지 마 투표행태도 완화 시킬 수 있을 것이다.

②국회를 장악한 다수당의 횡포를 상원이 견제할 수 있을 것이다. 무당파로 구성된 국가원로회의 격인 상원은 국회에서 다수당의 횡포로 강행 처리한 입법안에 대하여 견제할 수 있을 것이다.

③상원은 대통령의 오만과 독선 그리고 행정부의 독주를 견제하고 입법부의 권위를 확립하는 데 이바지할 것이다.

물론 반대 논리도 만만치 않다. 양원제를 채택하면 현재 소모적이고 비생산적인 국회의 입법과정을 지연시킬 우려가 있고, 공연하게 옥상옥을 만들어 국정의 비능률과 예산 낭비의 가능성이 있으며, 정치문화가 발전하지 않은 상황에서 구태가 반복될 것이라는 우려도 제기된다. 양원제도 지역주의 정당구조의 해결방안이라기보다는 지역의 대표성을 제2원에 골고루 할당할 수 있다는 시각에서 이해해야 할 것이다.

---

429   박찬표(2003)

430   홍득표, 『한국의 정치변동』(인천: 인하대 출판부, 2006), pp. 64~65.

(5) 행정구역 개편

지역 정당 구도를 타파하기 위하여 행정조직 개편을 주장하기도 한다. 현재의 시·도를 폐지하고 전국을 50~60개의 자치 단위로 개편하는 방안을 제시하고 있다. 지역 정서, 역사, 지역 환경, 지리적 특성, 지역문화, 풍속 등 오랫동안 형성된 구조에서 파생된 지역주의가 예컨대 부산, 대구, 울산, 경남, 경북, 광주, 전남, 전북 등 8개의 광역 행정구역을 수십 개의 소규모로 분할 한다고 영남지역이나 호남지역의 정서나 감정이 완화되리라고 기대하는 것은 사실상 불가능할 것이다. 정치의식과 정치문화는 단기간에 변화되지 않는다는 사실을 간과해서 안 된다. 행정구역 개편과 지역 정당구조의 타파와 의미 있는 상관성을 발견하기 어려울 것이다.

(6) 협의제 민주주의의 도입

다인종·다문화·다언어 등 분열된 사회에서 국민통합과 수용의 정치를 위한 방안으로 활용하는 협의제 민주주의를 해법으로 제시하기도 한다.[431] 한국은 단일민족으로서 단일 언어를 사용하는 국민국가를 건설했지만, 남북분단과 지역갈등으로 분열되어 있다. 아직도 지역감정이 정당의 지지에 결정적인 변인으로 작용하여 특정 지역에 연고를 둔 정당체계를 유지하고 있다. 이런 상황에서 협의제 민주주의가 정당의 지역 구도 해소의 이론적 대안이 될 수 있을 것이다.

지역에 뿌리를 둔 정당 간에 연립정부를 구성하면 외형적으로 다수결 민주주의가 협의제 민주주의로 바뀌었다고 볼 수 있겠지만 그것은 국민이 선택한 것이 아니기 때문에 지속성도 없고 정당성도 부여하기 어렵다. 15대 대통령 선거를 앞두고 호남에 지역적 기반을 둔 새정치국민회의와 충청권 연고의 자민련이 대선 승리 연합으로 정치권력 획득에 성공하고 대통령과 국무총리를 각각 나누어 맡는 공동정부를 출범시켰으나 지역통합이나 화합에 실패하였으며, 공동정부의 효율성도 떨어졌고, 결국 결별하는 결과를 가져

---

431   김만흠(1994), pp. 233~234.

와 실패한 것으로 평가되었다.[432] 지역 정당 단독으로 집권이 불가했던 상황에서 선거연합은 정권 창출에 성공했으나 공직을 나눠 먹고 세력다툼을 벌이다 대북정책의 갈등 등으로 결국 공동정부가 무너졌다.

노무현 대통령도 지역구도 타파를 명분으로 내세워 야당에 연정을 제안했으나 국민의 냉담과 야당의 거부로 무산되었다. 이는 지역구도 타파와 통합과 상생 정치보다는 선거구도 개편을 위한 꼼수라고 비판받으면서 야당 유인책에 불과했다는 평가를 받았다. 대통령중심제에서 연립정부 구성은 여야 간의 극한 대립을 피하고 국민통합 차원에서 필요하다는 주장도 있다. 문제는 국민의 동의 획득과 야당의 참여 결정이 그리 녹록지 않다는 데 있다. 또한, 선거에서 국민의 자율적 선택으로 형성된 정치질서나 정치 지형을 인위적 정계 개편을 통하여 여소야대를 여대야소로 바꾸고, 야당 의원을 입당시켜 여당이 과반수 의석을 제조하려고 한다면 국민의 선택을 무시하는 결과가 된다. 그동안 인위적 정계 개편은 다음 선거에서 예외 없이 정계 개편 이전 상태로 되돌아갔다는 사실을 상기해 볼 필요가 있다.

(7) 지역 안배 인사정책

지역주의를 완화하기 위해서 정부 고위직을 지역적으로 안배하는 방안도 제기되었다. 지역화합과 통합을 명분으로 지역 안배 차원의 인사가 있었지만, 지역주의는 타파되지 않았으며 지역주의 정당 구도도 변함없이 지속되고 있다. 어떻게 보면 지역주의의 가장 큰 피해자이면서 동시에 가장 커다란 시혜를 받은 김대중 정부는 호남 출신 인사를 정부 요직에 특별하게 배려하는 인사정책을 폈고, 다른 지역에 비하여 발전과정에 소외되었다는 인식으로 각종 개발정책을 집중적으로 시행했으나 지역감정은 완화되지 않았고, 오히려 지역편중 인사 때문에 국민통합에 장애요인으로 작용하였다.

---

432 새정치국민회의와 자민련의 공동정부 출범 배경, 운영, 평가 등에 대한 자세한 내용은 다음을 참고할 것. 홍득표, "공동정부 모형의 실험: 국민회의-자민련 공동정부의 경험적 분석" 「국제정치논총」 제40집 2호(2000.7), 국제정치학회, pp. 295~317.

노무현 정부도 정부 고위직 인사에 특정 지역을 특별하게 우대했으나 지역감정이 해소되었다는 근거가 없다. 문재인 정부에서도 국무총리를 비롯하여 군, 검찰, 경찰, 정보기관 등의 핵심 수뇌부에 특정 지역 출신을 집중적으로 임명했으나 지역감정이 완화되었다기보다는 오히려 정권을 전폭적으로 지지해준 보은 차원의 인사가 아니냐는 의구심만 키웠다. 새로운 정부가 출범할 때마다 지역 안배와 균형 인사의 필요성을 주장하지만, 오히려 특정 지역만이 인사상 특혜를 누리고 다른 지역은 역차별당하는 결과를 가져왔다는 사실을 부정할 수 없다. 특정 정당과 그 당의 정책을 공개적으로 지속해서 무조건 반대 또는 지지하는 특정 지역을 국민통합 차원이라는 명분 아래 공직 인사에서 우대하는 경우가 많았다. 보채는 아이에게 젖을 물린다는 말과 같이 목소리가 큰 지역에 인사상 특혜를 베푸는 것 이외에 지역감정 완화와는 아무런 관련이 없었다. 인사 혜택을 받아도 지역감정은 사라지지 않았다.

(8) 합의형 정치문화의 발전

제도 개선 등 다양한 방법을 동원하여 지역감정 완화를 위해서 노력해야 한다. 특히 지역의 균형발전을 통하여 소외지역을 없애는 방법, 주민자치를 통한 지역 특성에 적합한 지방자치제의 정착, 출신 지역 안배를 통한 균형 인사, 정치인에 의한 지역감정 자극 자제, 정치인의 지역의존 행태 등등에 변화가 따라야 할 것이다. 지역주의 문제와 관련하여 가장 비중 있게 고려해야 할 것은 지역주의 기생 세력의 정치적 대표체계로의 편입을 최대한 차단하고 억제하는 방안 모색이다.[433]

또한 지역주의나 지역감정에 대한 보도나 언급을 가능하면 자제하는 것도 지역감정을 잊게 하는 데 도움이 될 수 있을 것이다. 지역주의에 대하여 아예 의도적 무시(benign neglect)나 무관심을 보이는 방법이다. 지역주의나 지역감정을 논의하면 할수록 지역주의가 사라져야 한다고 공감하는 국민이 늘어날 가능성도 있지만, 부지불식간에 지역주의

---

[433] 오승용(2004), p. 210.

에 대한 정향이 새롭게 형성되거나 더욱더 강화될 소지도 있기 때문이다.

제도개혁이나 정책적 배려도 중요하지만 분명 한계가 있다. 결국, 장기적 시각에서 합의형(concordia) 정치문화의 정착과 국민통합을 위한 민주시민 교육 실시 등이 궁여지책이 될 수 있을 것이다. 해당 지역주민들의 자기 성찰과 각성 그리고 포용적 태도와 타지역 주민들의 특정 지역에 대한 편견과 배타적 인식 등이 동시에 변하는 것이 관건이라고 볼 수 있다. 분열적이고 편 가르기식의 국민 의식이 변하지 않는 한 지역감정을 오랫동안 지속될 가능성이 크다.

제2절 국민 마음속 정당의 발전

1. 입당 유인책

정당은 당원, 활동가, 지지자 등을 기반으로 존속 · 발전하면서 본래의 기능을 수행한다. 특히 정당의 주인은 당원이기 때문에 정당정치의 발전을 위해서 그 필요성에 전적으로 동의하지만, "대중정당이 대세이던 때와 비교할 때, 정당정치에서 당원이 차지하는 위상과 중요도는 크게 줄어들었다. 그러나 당의 지속성 차원에서도 그렇고, 무엇보다도 정당이 '비슷한 주의 · 주장을 가진 사람들이 모인 집단'이라는 고전적 정의를 떠올려볼 때 그 의미는 여전히 작지 않다. '기관 목적과 특성 면에서 다수의 진성당원을 가진 정당이 이상적'이라고 평가하는 것은 이런 측면을 잘 지적하고 있다. 설사 정당정치 차원에서 당원의 중요성이 줄어들었다는 점을 인정하더라도, 정치엘리트에게 당원은 여전히 매우 중요한 위치에 있다. 당원들의 지지는 정당 간, 정당 내 투쟁에서 매우 유용할 수 있기 때문이다."[434]

하지만 세계적으로 모든 나라 정당의 당원 수가 나날이 현저하게 줄어들고 있는 것이

---

[434] 정진웅, "한국정당의 당원 조직과 운영에 대한 실증분석", 「한국정당학회보」 제20집 2호(통권 51호), 한국정당학회 (2021), p.132에서 재인용.

일반적인 추세라고 볼 수 있다. 당원이 감소하는 현실에서 정당과 당원과의 관계를 새롭게 설정해야 할 필요성이 등장하게 된 것이다.

당원은 정당의 유형 중에서 대중정당과 관련성이 깊다. 대중정당은 듀베르제(D. Duverger)가 분류한 엘리트 · 간부정당(cadre party)과 대비되는 개념이며, 중간정당(intermediate party)과도 다르다. 엘리트 · 간부정당은 선거 채비를 차리고 후보와 접촉을 유지하면서 선거운동을 지원하는 명사들의 정치적 집합체다. 간부정당은 자신들이 내세운 후보의 당선을 목표로 삼는 정치엘리트들이 모인 정당이다. 설사 유권자를 동원하기 위해서 사람들이 필요할지라도 그들이 당을 지원해 준 대가로 영향력을 행사하는 것은 원하지 않는다. 일반 당원이 없는 것이나 다름없다.

대중정당은 간부정당과 달리 가능하면 많은 당원을 확보하려고 노력한다. 당원은 당세의 상징이며, 당의 주요 수입원인 동시에 선거운동 인력이고, 정당 이념 전파자의 역할을 하기 때문이다. 당원은 당의 실체이기 때문에 당원의 위상이나 역할 그리고 활동이 중요하게 인식된다. 당원도 핵심 간부(inner circle), 전위당원, 평당원 등으로 분류할 수 있다. 진성당원은 전위당원에 가까운 개념이라고 볼 수 있다. 일반적으로 정당에서는 전위당원을 선호하고 이들의 숫자를 늘리려고 노력하고 있으며, 정당의 주요 의사결정과정에 그들의 참여를 허용하는 것이 일반적인 현상이다.

간부정당은 미국에서는 매우 다른 모습으로 변형되었다. 19세기의 미국의 정당은 듀베르제의 분류와 같이 정말 순수한 간부정당 형태를 띠었다. 정당의 권한은 선거운동에 필요한 인력을 충원하는 소수의 개인에게 집중되었다. 미국의 정당은 대규모의 사회주의 정당으로부터 선거에 강력하고 끈질긴 도전을 받지 않았으며,[435] 그런 이유로 정당구조를 개혁할 압력요인이 없었다. 20세기 초 예비선거제의 도입 등 다양한 개혁은 후보의

---

435 미국에 사회주의 정당이 없는 이유를 립셋(S. M. Lipset)은 미국의 예외주의(American Exceptionalism) 때문이라고 진단하고 있다. 미국은 대부분의 서유럽 국가들보다 훨씬 덜 복지 지향적이고, 덜 국가주의적이며, 더 방임주의적이고 더 애국적이고, 더 도덕주의적이며, 더 종교적이라는 점에서 예외적이라고 보고 있다. 이러한 특징은 미국의 신조인 자유, 평등주의, 개인주의, 대중영합주의, 자유방임주의와 관련이 있다고 분석한다. Seymour Martin Lipset, *American Exceptionalism: A Double -Edged Sword* (New York: Norton, W. W. W. & Company Inc., 1997).

지명과 같은 정당 활동에 외부로부터 정당 엘리트들에게 영향력을 행사할 수 있게 되었다. 정당의 권한은 자신의 선거운동을 조직해야 하는 예상 후보들(would-be candidates)에게로 넘어갔다. 공직 예비후보들이 정당의 새로운 엘리트가 된 것이다. 다른 한편 정당 지명절차와 조직의 대외 개방은 일반인의 정당 행사 참가를 가능하게 하였다. 자가 모집(self-recruited)으로 개인이 정당의 주요 활동가가 된 것이다. 그들은 정기적으로 정당 활동이나 특정 후보의 선거운동에 나서지만, 당원은 아니다. 미국 정당은 공식 당원이 없기 때문이기도 하다. 정당의 활동가들은 오직 한 후보만을 집중적으로 지원하는 다양한 형태의 선거운동에 참여한다. 정당 지지자들은 특정 정당을 위하여 유권자로 등록하고 예비선거 투표와 선거에서 특정 정당 후보에게 투표하는 유권자들을 의미한다.[436] 미국에서는 당원의 개념이 모호하고, 자발적 참여자, 정당 활동가, 선거운동 참여자, 지지자 등 잡동사니 형태를 보인다.

정당이 목표 달성을 위해서 일반인의 자발적인 정당 가입이나 적극적인 정당 활동 참여를 유도하는 일은 쉽지 않다. 그들에게 세 가지 유인 방안을 제공할 수 있을 것이다.[437] 선거운동 경비의 지원, 공직 임명, 정부와 계약 등의 물질적 동인(material incentives), 동료들과 선거운동에 참여하여 단결의식이나 선거운동을 즐기고 보람을 느끼게 하는 연대동인(solidarity incentives), 그리고 이념이나 정책목표에 공감토록 하는 목적 동인(purposive incentives) 등을 제공할 수 있다.

정당이 당원을 충원하는 데 제공할 수 있는 유인 방안은 다양하지만, 당원이 되거나 당의 적극적인 봉사자나 활동가가 되는 것을 달갑게 생각하지 않는 방향으로 사회·경제·문화적 여건이 바뀌고 있다. 정당 행사나 정치 활동 이외에 스포츠 행사의 응원 등에 열광하는 것이 일반적인 사회 분위기라고 볼 수 있다. 이런 분위기는 오늘날 정당쇠퇴의 다양한 원인 중 하나라고 볼 수 있다.

---

436 Ware (1996), pp. 66~67.

437 Ware (1996), pp. 68~71.

2. 외국정당의 당원현황

(1) 영국

영국도 당원이 감소하는 특별한 사례에 해당한다.[438] 1960년대 첫 선거에서 유권자 중 당원 비율은 9.4%였으나, 1980년대 후반 선거에서는 3.3%로 떨어졌다. 1950년대는 유권자의 13%가 보수당원(280만 명)과 노동당원(100만 명)으로 그 어느 때보다 당원 수가 가장 많았다. 이 결과는 보수당은 중산층의 사회화와 1950년대 젊은 보수주의자들(Young Conservatives) 클럽에서 파트너와 만남 주선, 노동당은 노동자들을 위한 휴양시설 제공 등 다양한 유인책을 제공했기 때문이다. 영국에서 물질적 유인책은 없으며 지방에서는 교육과 주택정책 등 목적 유인책을 제공하고 있다.

당원 수는 1964년 노동당 83만 명, 보수당 215만 명, 1974년 노동당 69만 명, 보수당 150만 명, 1992년 노동당 28만 명, 보수당 50만 명, 2001년 노동당 31만 명, 보수당 35만 명으로 나타났다.[439] 2022년 8월 기준 당원 수는 노동당 43만 2,000명, 보수당 17만 2,000명으로 추산되었다.[440] 60년 전에 비하여 당원수는 노동당은 약 50%, 보수당은 90% 이상 감소한 것을 알 수 있다. 보수당의 세력 약화가 두드러지게 나타났다. 영국에서 당원 수가 대폭 줄어드는 것은 정당에 대한 정체성과 정통성의 약화와 선거 기피 현상의 증대와 더불어 정당의 쇠퇴를 반증하는 결과라고 해석할 수 있을 것이다.

(2) 미국

미국의 정당 활동과 참여유형을 이해하기 위해서 정당 발전과정을 시기별로 ①1790년대 후반~1830년대 ②1830년대~1890년대 후반 ③1890년대 후반~1960년대 ④1960

438　영국에 대하여 다음을 참고한 것임. Ware (1996), pp. 87~88.

439　Webb (2002b), p. 24.

440　Matthew Burton and Richard Tunnicliffe, *Membership of Political Parties in Great Britain*, House of Commons Library (30 August, 2022)

년대~현재 등 네 단계로 나누어 살펴볼 필요가 있다.[441]

1790년대 후반부터 1830년대까지는 정당 이전 시대(pre-party era)라고 부른다. 1790년 대는 지역 유력 인사들의 연합 결과 연방주의자, 민주당, 공화당 등이 발전하였다. 정당 이 동원해야 할 유권자 규모는 작았고, 주로 가족이나 친구 등에 의존했다. 정당은 느슨 한 분파의 잡동사니 같았다. 정치에 참여하는 많은 사람은 물질적 유인책 때문이었으며, 전체 참여자 수는 매우 적었다. 1810년대 양당제도의 붕괴는 선거 경쟁이 후보 중심으 로 변했고, 목적 동인도 약했기 때문이다.

1830년대부터 1890년대 후반까지를 미국 정당의 황금 시기라고 볼 수 있다. 후보 개 인이 아닌 정당의 활동 시기였다. 1930년대 유권자의 규모가 대폭 증가하였으며, 유권 자를 동원하기 위하여 매우 경쟁적인 양당제가 출현하였다. 정당은 유권자를 동원하여 선거를 치르기 위해 많은 활동가가 필요했다. 연대 동인은 활동가를 충원하는 데 매우 중요한 요인으로 작용하였으며, 이 기간의 정당 생활에 대한 사회적 측면(social aspects)을 과소평가해서는 안 된다. 활동가에게 동기를 부여하는데 초기에는 연대 동인과 목적 동 인을 연계하여 활용하였다. 1840~50년대 대부분의 정치적 수사(political rhetoric)는 정당 강령에 집중되었다. 1860년대부터 도시 지역에서는 물질적 보상이 매우 중요하게 작용 하였다. 도시 지역에서는 정당으로부터 혜택을 받는 활동가들을 중심으로 잘 조직된 정 당의 기구로 발전하였다. 정당은 선거 과정에 정당 강령에 관한 토론을 지속하는 한편 물질적 보상과 연대 동인은 활동가들을 충원하는 초석이 되었다.

1890년대 후반과 1960년대는 많은 다른 나라에서 부르주아 정당은 지지자들을 당원 으로 등록한 사회당의 도전을 받던 시기였다. 이러한 정당의 활동가 충원 방식은 선거 동원의 다양한 업무를 수행하는 인력을 제공했으며, 대부분의 부르주아 정당은 대중정 당으로 변신하면서 이에 대비했다. 미국에서는 이러한 변화는 일어나지 않았고, 두 주요 정당은 사회주의의 선거 도전에 잘 견딜 수 있었다. 더구나 양당은 유권자 대중과 연계

441　미국의 정당 역사를 네 단계로 분류하여 논의한 내용 등은 다음을 참고한 것임. Ware (1996), pp. 90~92.

하는 방법을 제대로 마련하였다.

하지만 미국의 정당 활동에 엄청난 변화를 가져오는 세 가지 요인이 있었다.

①정당의 경쟁 수준이 낮아지면서 20세기 초까지 각 주에서 선거 경쟁이 치열하지 않았다. 그 결과 정당의 활동가 동원 필요성이 줄어들었다.

②예비선거제도와 1913년 상원 직선제 도입과 같은 다양한 개혁은 정당과 후보 개인 간 균형의 변화를 가져왔다. 19세기 후반에는 후보들은 정당을 통하여 활동했지만 20세기 중반에는 후보들 자신의 선거운동 조직을 운영하기 시작했으며, 자신들의 지지자 충원의 필요성이 대두되었다. 정당으로부터 후보의 분리가 특히 진보적 개혁주의자들의 영향력이 컸던 서부지역을 중심으로 나타났다.

③진보주의자들은 정당에 의한 가용한 물질적 보상을 없애기 위한 목적으로 공무원의 충원 제도와 지방선거의 정당공천배제 등 다양한 개혁안을 도입하였다. 이러한 개혁의 효과는 정당과 후보 간 균형의 변화와 정당의 활동가를 충원하는 데 작용했던 물질적 유인책의 가치를 축소 시켰다. 정당 활동가의 충원에 대한 영향은 장기간에 걸쳐 확실하게 나타났다. 목적 동인 때문에 동원될 수 있었던 사람들은 정당조직 대신 예비선거에서 지명된 후보들에게 집중적으로 몰려드는 경향이 생겨났다. 1950년대까지 정당조직을 운영하던 전통적 행동주의자들은 그들의 통제에 도전한 아마추어 활동가란 새로운 경쟁 집단을 만나게 되었다. 이 당시 정당의 활동가들은 19세기 물질적 보상과 연대 동인 때문에 동원되었던 활동가들처럼 밑으로 흐르는 물의 신세가 되었다. 아마추어 활동가들의 대부분 리더십은 남성들이 차지하고 있었지만 1950년대 매우 주목할 만한 여성 아마추어 활동가들도 많았다.

1960년대 이후 현재까지 정당과 후보 간 균형은 후보 쪽으로 완전하게 기울었다. 결과적으로 정치참여 목적의 실현장으로서 정당은 상대적으로 매력을 상실하고 반면에 후보 개인의 선거운동이 유권자들의 관심을 더 많이 끌었다. 선거는 정당 의존이 덜한(less party-centered) 후보 중심으로 바뀌었다. 연방정부나 주 정부의 공직 출마자는 개인적으로 자신들이 예비선거를 통하여 후보가 되고, 정당조직과 독립하여 선거운동을 펼치며,

일단 당선되면 쟁점 의제(issue agenda)를 개인화한다.[442] 이러한 변화는 특히 전자통신기술의 발달로 예비후보들이 정당과 독립해서 선거운동을 할 수 있기 때문이다. 대통령 후보의 지명절차도 중재자로서 정당의 역할을 약하게 만들었다. 또한, 월남전과 같은 매우 논쟁적인 정치 쟁점의 부각으로 정당 간 전통적 노선을 분열시키고 당 밖의 영향을 더 받았으며 정당구조를 약하게 만들었다.

1980년대까지 활동가들은 7~80년 전보다는 목적 동인에 의하여 동원되는 경향을 보였다. 극히 일부 도시에서 물질적 보상도 작용하였으며, 극소수에게는 사교적인 정치클럽 등 인기 있는 형태의 레크리에이션 등의 연대 동인도 매력적인 것으로 받아들였다. 많은 사람이 후보의 선거운동이나 원인집단(cause groups)이 제공하는 보상 대신 다른 목적 동인 때문에 동원되는지는 정확하게 알 수 없다.

미국의 정당 활동이 발전해 온 과정을 통하여 당원의 본질을 이해할 수 있을 것이다. 미국의 공화당과 민주당은 대중정당이 아니며, 어떤 형태의 공식적인 당원도 없다. 따라서 당원 숫자를 따지는 것은 부질없는 일이다. 공식 당원이라기보다는 스스로 확인한 당파성(self-identified partisanship)이란 관점에서 이해해야 할 것이다. 〈표 10-1〉은 갤럽에서 유권자를 대상으로 자신이 오늘부로 입당한다면 어느 당을 선택할 것인지 설문한 결과다.[443] 2021~2023년 유권자의 당파성(party affiliation)을 조사한 것이다. 미국 유권자 스스로 특정 정당의 입당 의사를 밝힌 비율보다 무당파(independent) 비율이 훨씬 높다.

〈표 10-1: 유권자의 당파성〉

단위:%

구분	2021년		2022년			2023년	
	8월	12월	4월	8월	11~12월	4월	8월
민주당	29	30	28	30	26	27	26
공화당	28	26	28	24	30	30	25
무당파	40	42	42	43	42	41	47

442　Green (2002), p. 315.

443　https://news.gallup.com/poll/15370/party-affiliation.aspx (검색일: 2023.9.30)

(3) 프랑스

프랑스는 유럽에서 민주주의가 오랫동안 정착된 국가 중에서 대중 당원이란 생각이 별 영향을 미치지 못한 곳의 하나다.[444] 당원 통계는 믿을 수 없고 공식적 집계도 없으며 당원에 대한 합의된 개념도 없다. 1980년 후반 통계에 의하면 선거 때 공산당 지지자 중 당원은 9%에 불과했다고 한다. 기타 정당의 경우 투표자의 2~3%가 당원이라고 한다. 프랑스에서 당원은 1940년대 후반 유권자의 6.7%에서 1990년대 후반에는 1.3%에 불과한 것으로 나타났다.[445] 당원일지라도 선거운동원으로의 역할은 매우 미미한 편이고, 정당은 국민과 공익의 중재자로서 역할을 제대로 수행하지 못하였다.

모든 정당의 당원 추계에[446] 의하면 당원이 감소하는 것으로 나타났다. 1940년대 후반 약 166만 명에서 1950년대 후반 43만 명, 1960년대 후반 62만 명, 1970년대 말 91만 명, 1980년대 말 77만 명, 1990년대 말 46만 명으로 나타났다.[447] 지난 50년 동안 감소의 편차는 있었으나 대략 ¼수준으로 줄었다. 프랑스에는 전진하는공화국당, 공화주의자당, 민주운동연합, 사회당연합 등 의회 의석을 가진 8~9개의 정당이 있으나 당원 수에 대한 최근 자료를 구하는 것이 힘들었다.

(4) 독일

19세기 후반 사민당은 유럽에서는 전형적인 대중 당원모형을 발전시켰다.[448] 사민당은 이념적 확신과 다양한 휴양시설 등을 제공함으로써 당원을 끌어들였다. 사민당이나 기독당(Catholic)은 당원을 통한 유권자 대중과 폭넓게 연계하였으며, 나치당은 조직의

---

444 프랑스에 대하여 다음을 참고한 것임. Ware (1996), pp. 84~85.

445 Knapp (2002), p. 121.

446 프랑스 정당의 경우 당원 수를 부풀리는 거짓말을 하는 경향이 있다. 왜냐하면, 자신들의 영향력을 과장하기 위한 것이며, 또한 불법한 기업 자금이 아닌 당비로 정당을 운영하고 있다는 인상을 심어주기 위한 것이라고 한다. 그래서 정당이 주장한(claimed) 당원 수 대신 추계(estimated) 개념을 활용하고 있다.

447 Knapp (2002), p. 121.

448 독일에 대하여 다음을 참고한 것임. Ware (1996), pp. 85~87.

공백을 우파로 채우려고 노력한 결과 민족사회주의(national socialism)가 성공할 수 있었다. 하지만 사민당도 대중 당원이라는 시각에서 성공하지 못했고 독일에서는 일반적으로 당원 수가 적다.

사민당의 당원 수는 1976년 102만 명에서 1999년 76만 명으로, 기민연합은 1976년 65만 명에서 1998년 64만 명으로, 기사연합은 1976년 14만 명에서 1998년 18만 명으로 각각 나타났다. 모든 정당의 당원 수는 1976년 약 190만 명에서 1998년은 약 175만 명이라고 한다.[449] 2019년 말 사민당의 당원 수는 419,340명, 기민당 405,816명, 기사연합 139,130명, 녹색당 96,487명, 자유민주당 65,479명, 좌파당 60,862명 등으로 나타났다.[450] 독일도 정당 수는 늘었지만, 당원 총수는 줄어들고 있다.

(5) 이탈리아

이탈리아도 당원 수가 현저하게 감소하고 있다.[451] 이탈리아 공산당(PCI)과 좌익민주당(PDS) 그리고 사민당(DS)은 당원 수가 1963년 161만 명에서 1992년 77만 명, 1998년 62만 명으로 지난 30여 년 동안 60% 이상 감소했다. 기민당(DC)과 이탈리아 인민당(PPI)의 당원 수도 1963년 162만 명에서 1987년 181만 명으로 증가했다가 1998년에는 13만 명으로 90% 이상 감소했다. 1990년대 전통적인 정당에 대한 정통성의 위기를 맞아 당원의 감소율이 대폭 늘어났다.

이탈리아에는 이탈리아형제들(Brothers of Italy), 민주당(Democratic Party), 연맹(Lega), 오성운동(Five Star Movement), 포르차이탈리아(Forza Italy) 등의 주요 정당이 의회와 유럽의회 의석을 갖고 활동 중이지만 당원에 대한 최근 자료를 구하는 것은 쉽지 않았다.

---

449   Scarrow (2002), p. 83.

450   Statista Research Department, "Number of Political Party Members in Germany as of December 31, 2019", (July 2020).

451   이탈리아의 당원 관련 내용은 다음을 참고한 것임. Bardi (2002), p. 55.

(6) 캐나다

당원 수는 기존 정당은 줄어들고 새로운 개혁당(Reform)이 창당하면서 변화를 보였다.[452] 유권자 대비 자유당, 보수당, 신민당 등 3개 정당의 당원 비율은 1987년 2.62%, 1988년 4.45%, 1989년 3.29%에서 개혁당을 포함한 4개 정당이 1993년 3.48%, 1994년 1.87%로 나타났다. 캐나다는 간부정당의 성격이 강하기 때문에 많은 당원을 필요로 하지 않는다. 선거 때는 많은 수의 열성적 활동가가 필요하지만, 선거가 없는 기간에는 작은 규모의 지지집단만 관리하면 되기 때문이다. 간부정당은 지역에서는 당원 개인의 참여가 이루어지고, 전국단위에서는 의원 중심의 코커스 등 두 가지 차원에서 운영된다. 중앙에서는 정당 리더십의 관심 범위 안에서 지역 정당의 활동을 조정하고 조직하려는 반면에 지역에서는 중앙당으로부터 자율성을 요구하는 등 이해관계가 상충하여 갈등이 생기고 있다.

캐나다의 주요 정당은 자유당, 보수당, 퀘벡연합, 신민당 등이 있으며 당원 가입과 당비 납부 절차 등에 관한 자료는 홈페이지에 소개하고 있으나 당원 현황 통계는 발견할 수 없었다.

3. 한국정당의 당원 변동

한국정당의 당원 수는 〈그림 10-2〉에 나타난 바와 같이 1996년부터 2005년까지 점점 감소하는 추세를 보였으며, 총인구 대비 당원이 차지하는 비율도 현저하게 낮아졌다. 예를 들면 1996년 총당원 수는 6,591,757명이었으나, 2005년에는 2,692,103명으로 10년 만에 60%가 감소한 것으로 나타났다. 총인구 대비 당원의 비율도 1996년 14.5%에서 2005년 5.5%로 줄었다.

그런데 〈그림 10-3〉의 2011~2021년 통계에 의하면 당원 수가 매년 증가하고 있다. 2021년 1,000만 당원 시대가 열렸다. 총인구 대비 당원 비율도 20.1%로 국민 5명 중 1

---

452 캐나다의 경우 다음을 참고한 것임. Carty (2002), pp. 354~358.

명이 당원이라는 의미다. 2021년 당원 수를 2005년과 비교하면 거의 4배, 2011년과 비교해도 2배 이상 늘었다.

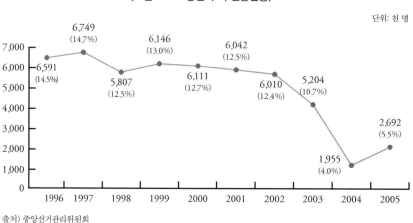

〈그림 10-2: 당원 수의 변동현황〉

단위: 천 명

출처) 중앙선거관리위원회

외국정당은 전반적으로 당원 수가 감소하는 추세를 보이는데 유독 한국만이 대폭 증가하는 모습이다. 총인구 대비 20% 이상이 정당에 가입한 민주주의 국가는 한국이 유일할 것이다. 당원 통계는 각 당이 중앙선거관리위원회에 보고한 자료에 근거한 것이지만 신뢰성에 의구심을 갖지 않을 수 없다. 그동안 이중 당원, 품삯 당원, 허수 당원 등 선거 때마다 세를 과시하기 위해서 정당마다 경쟁적으로 당원 배가 운동이나 입당 대가 등 각종 편법과 불법을 동원하여 본인의 의사와 무관하게 입당을 강요하는 사례가 많았기 때문이다. 정당이 유인책을 제공하여 유권자 스스로 자발적 당원이 되었다기보다는 그렇지 않은 경우가 더 많았다.

당원 수가 급증한 것은 공직 후보 결정 과정에 국민경선제를 도입한 것이 주요 원인으로 작용했다고 볼 수 있다. 공직 후보 결정에 당원의 역할이 결정적 변인으로 등장하면서 자기를 지지하는 유권자를 대상으로 입당을 권유하고 지지세를 넓히려고 노력한 결과가 아닐 수 없다. 결국, 정치인들의 정치적 필요가 당원 수 증가에 크게 이바지했다고 평가할 수 있을 것이다.

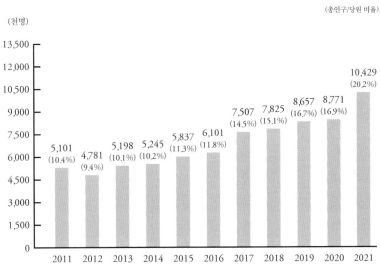

〈그림 10-3: 당원 수의 변동추이 2011~2021〉

출처) 중앙선거관리위원회(2022), p. 23.

4. 국민정당의 발전

(1) 국민 마음속의 정당

몇 나라의 당원현황을 살펴본 바에 의하면 당원이나 정당의 활동가들이 점차 감소하는 추세라고 볼 수 있다. 정당이 그들을 유인하고 충원하기 위해서 제공할 수 있는 동인이 제한되어 있기 때문이다. 물질 보상은 현실적으로 정당성이 사라졌으며, 목적 동인이나 연대 동인도 더 이상 매력적으로 작용하고 있지 않다. 또한, 정당에 대한 불신감이 팽배한 상황에서 정당의 정통성 약화와 민주적 거버넌스 능력 결여 등 정당이 본래의 기능을 효율적으로 수행하지 못하기 때문이다. 그리고 정치보다는 인간 삶의 질 향상에 더 많은 관심을 쏟는 사회 분위기와도 관련이 있을 것이다.

"많은 학자는 한국 정당정치의 위기 극복과 발전을 위해 ①이념적 정파성을 띤 당원의 활동을 강조한 '조직으로서의 정당'의 비중을 키우는 대중정당 모델, ②원내 의원을 주요 행위자로 하는 '정부 속의 정당'의 비중을 강조한 원내정당 모델, ③원내정당 모델이 진화한 유권자 정당 모델, ④정부 속의 정당과 일반 유권자의 역할을 중시하는 '유권자 속의 정당' 간의 연계 및 네트워크를 추구하는 의원-유권자 네트워크 정당 모델, ⑤ '정부 속의 정당'과 '유권자 속의 정당'의 연계를 온라인과 오프라인에서 강화하기 위한 시민참여형 네트워크 정당 모델, 그리고 ⑥정보화 시대의 플랫폼 정당(platform party) 모델 등을 제안하였다."[453] 플랫폼 정당은 정보화 시대에 정당의 정책역량을 키우고 일반 유권자의 지지를 확대하며 소속 의원들의 책임성과 자율성을 높이는 동시에 기존 당원들의 결속을 강화하는 키(V. O. Key)의 정당 기능 모형을 기반으로 하되, 온라인과 오프라인의 결합을 통해 시민들의 참여를 확대하고 요구에 유연하게 대처할 수 있는 모델이다. 정보통신기술 환경에 조응하여 정당-시민사회 간의 커뮤니케이션 양식을 보완함으로써 일반 유권자들과 전방위적 관계를 맺어 외연을 확대해 가는 것이다. 즉 기존의 정당조직 형태나 기능을 유지하면서 정보화가 갖는 고유의 특성인 쌍방향성, 적응성 그리고 즉각적인 반응성 등을 정당의 기능에 반영하여 일반 시민들과 정치과정 사이의 격차를 좁혀 대의민주주의의 위기를 극복하는 것이다.

학자들이 제시한 한국정당의 개혁모형은 다양하다. 어느 하나만이 시대가 요구하는 가장 적합한 한국형 정당 모형이라고 평가하기 어렵다. 왜냐하면, 정당의 내부 사정, 정당의 조직과 기능, 정당과 정당 관계, 정당과 시민사회 관계, 정당과 정부 관계, 정당 환경의 변화 등 정당이 처한 상황이 다양하고 변화무쌍하기 때문이다. 많은 학자가 제시한 모형은 적실성, 유용성, 현실성 등에서 각각 장단점이 있다. 정당이 처한 상황에 따라서 몇 가지 개선방안을 제시하고자 한다.

한국정당이 지향해야 할 시민사회와의 관계란 측면에서 정당의 대중화 필요성을 강조하면서 '국민 마음속의 정당'(party in the people's mind)을 제안한다. 한마디로 많은 국민의 마음속에 심정적으로 뿌리내린 국민과 함께 호흡할 수 있는 정당이라고 이해하고자 한다. 즉 '국민 마음속 정당'은 '인지적 동원'(cognitive mobilization)이 가능한 정당을 의미한다. '국민 마음속 정당'이란 개념은 추상적인 측면도 있지만 조직으로서의 정당도, 당원 속의 정당도, 유권자 속의 정당도, 정부 속의 정당도, 시민사회 속의 정당도 아닌 일반 국

---

453 박지영 · 윤종빈(2019), pp. 132~134.

민 누구나 신뢰할 수 있고, 지지하고 싶고, 애착심과 애정을 느낄 수 있는 마음이 스스로 우러나 국민 가슴에 뿌리내린 정당을 의미한다.

투표권이 없는 잠재적 유권자인 청소년도 '그 정당 참 괜찮은 것 같다,' '나중에 꼭 지지하고 싶다'라는 생각이 들 수 있어야 한다. 투표권이 없어도 다양한 대중매체를 통해서 정당 활동을 듣고 보는 기회가 많은 것이 현실이며, 그들도 머지않아 유권자가 되어 정치과정에 참여할 대상이기 때문이다. 다음 세대의 정치교육에 긍정적인 역할을 하는 정당이라면 국민이 모를 리 없을 뿐만 아니라 마음속에 신뢰가 쌓이고 좋은 감정과 이미지를 형성하여 잠재적 지지자가 될 수 있을 것이다.

정당은 당원으로 구성된 조직이다. 당원은 정식으로 특정 정당에 입당원서를 제출하고 당원명부에 등재된 사람을 일컫는다. 하지만 당에 단순하게 몸을 담은 것 이상으로 열성적으로 당비를 납부하고 당의 의사결정과정에 적극적으로 참여하는 진성당원이 많아야 하지만 현실은 그렇지 못하다. 당원 중 당비 납부 비율이 낮은 상황에서 진성당원의 확대를 기대하기는 어렵다. 여러 가지 이유가 있겠으나 무엇보다도 당원의 정체성이 약하기 때문이다. 또한, 선거가 다가오면 모든 정당이 당원 배가를 득표 활동과 연계해서 무리하게 입당자 늘리기에 과당경쟁을 해 온 것이 사실이기 때문이다. 또한, 국민경선을 앞두고 자신을 지지하는 사람들 중심으로 입당을 권유한 것도 부정할 수 없다. 당세를 부풀리기 위해서 허수 당원을 유지하는 것이 현실이다.

당원이 역할을 제대로 수행하지 못한다는 실증적 연구도 있다. "당원 조직의 활용도는 20세기 대중정당의 시대와는 확연히 다른 듯하다. 당원은 본디 정당 운영을 위한 인적·물적 자원을 제공하고, 선거운동에 적극적으로 참여하는 것을 임무로 한다. 그러나 경합 지역을 제외하고는 당원이 이 같은 고전적 역할을 제대로 수행하지 못한다는 사실을 확인할 수 있었다. 특정 정당에 대한 지지수준이 절대 열세 지역에서는 당원과 지지자의 차이가 명확하지 않은 경우가 많았다. 특정 정당에 대한 지지수준이 매우 높은 지역에서는 공천은 곧 당선을 의미하는 경우가 많다. 따라서 이들 지역에서 조직화 된 당원은 본 선거에서 상대 정당과 경쟁하기 위한 인적 자원이라기보다는 당내 경선 승리를 위해 동원되는 경우가 많았다. 공천이 결정된 후에 이들 당원의 필요도와 효용은 급감하는 것이다. 그렇다고 했을 때, 차제에 우리 정당에서 당원의 효용과 가치는 무엇인지에 대한 논의도 진척시킬 필요가 있다고 판단된다."[454]

정당의 주인인 당원은 다다익선이지만, 당원 중심의 정당 개념을 초월하여 적극적인 지지자와 유권자는 물론 일반 국민의 마음속에 뿌리내린 그런 정당이 요구된다는 것이다. 이를 '대중정당'이 아닌 '정당의 대중화'란 시각에서 이해하려고 한다. 국민 마음속의 정당은 당원은 말할 것도 없고 당에 정식으로 입당원서를 제출하지 않았더라도 특정 정당의 지지자들에게도 그들이 원한다면 정당의 주요 정책 결정에 참여할 기회를 제공해야 한다. 특히 공직 후보의 경선 과정 등에 그들이 참여할 수 있는 통로를 개방하되 참여 여부는 그들의 자율적인 선택에 맡겨야 할 것이다. 예비선거 제도가 없는 한국에서는 지지자들도 참여할 수 있는 기회를 허용하는 것이 지지세나 지명도의 확산, 후보 검증 기회의 제공, 선거 실습, 국민 여론의 사전점검, 당선 가능성이 큰 후보 선택 등에 긍정적으로 작용할 수 있을 것이다. 국민정당은 지지자에게까지 당의 중요한 정책, 예컨대 공직 후보 선출과정 등에 자율적 참여의 기회를 부여하는 것이다.

(2) 국민정당과 디지털 네트워크

"혹자는 당원 조직을 매개로 시민사회에 깊게 뿌리 내린 정당 모델을 여전히 동경하기도 한다. 더 나아가 이는 규범적 요구이기까지 하다. 그러나 과거처럼 당원을 동원하고 이들을 중심으로 정당을 운영하는 것이 이제는 매우 어렵다는 지적이 많다. 탈산업사회에 이르러 계급 이슈가 쇠퇴하고 탈 물질주의 가치가 확산하였다. 또 경제 성장은 유권자의 교육 수준을 향상했고, 그 결과 인지적 동원이 가능한 무당파층이 증가하였다.

더구나 미디어의 발달로 기존 당원 조직을 우회하고도 선거운동을 효과적으로 충분하게 진행할 수 있었다. 실제 우리 정당도 대중정당 형태를 복원하는 것이 현실적이지 않다고 평가한다. 애초 대중정당 면모를 갖추지 못한 상태에서 서구 정당과 동일한 외부 환경 변화에 맞닥뜨렸기 때문이다. 그러나 일정 수준 이상으로 당원 규모를 유지하는 것이 정당의 지속성 차원에서 중요하다는 점을 부인하기 어렵다. 이에 우리 정당의 당원 규모에 우려를 표하고, 당원 확충과 당원 중심의 정당 운영을 규범적으로 요구하기도 한다."[455]

특히 "정보화 시대의 도래와 함께 디지털 네트워크를 중심으로 사회의 성격이 거점 중심 사회(node-centered society)에서 중심 세력 없이 참여자 개개인의 상호작용을 매개로 연결 중심 사회(link-centered society)로 이행하고 있다."[456] 아고라, 팟캐스트(podcast), 유튜브, 홈페이지, 블로그, 카페, 인터넷 포털, 카카오톡, 트위터, 인스타그램, 페이스북, 틱톡 등 다양한 디지털 네트워크가 정치 커뮤니케이션의 중요한 역할을 하고 있다. 인터넷과 SNS 그리고 기능이 다양한 휴대전화 등은 상호작용과 연결을 빠르고 쉽게 만들었다. 정보화 사회의 흐름에 맞춰 기존의 오프라인 정당(off-line party)은 온라인 정당(on-line party), 전자 정당(e-party), 사이버 정당(cyber party), 디지털 정당(digital party) 등으로 운영 체계나 개념이 바뀌고 있다. 당원의 개념도 전자당원으로 변하고 있다.

정보화 사회라는 시대적 흐름은 미래 정당이 지향해야 할 모형으로 오프라인과 온라인을 통한 시민의 정치참여를 강화하는 시민참여형 네트워크 정당과 시민의 정치적 요구에 정당이 효율적으로 대응하기 위한 시민참여형 플랫폼 정당 모형을 제시하기도 한다.

국민정당은 디지털 네트워크를 강조한다. 그 이유는 무엇보다도 위에서 언급한 개개인의 상호작용을 중심으로 국민과 정당이 연결되어야 한다는 시대적 상황 때문이다. 인터넷 사용 인구의 급증과 전자정치의 활성화라는 정보화 사회의 특성과 상통하기 때문이다.

인터넷이나 SNS를 이용하는 네티즌은 대부분 젊은 세대이기 때문에 그들을 정당의 지지자로 확보하는 것이 국민정당 건설을 위해서 꼭 필요하다. 소위 e-세대 혹은 MZ세대로 불리는 젊은 유권자들은 정치는 물론 사회문제에 무관심한 것이 사실이며, 개인적

---

455   정진웅(2021), p.130에서 재인용.

456   윤성이, "소셜네트워크의 확산과 민주주의 의식의 변화", 「한국정치연구」 제21권 제1호 (2012).

관심사를 중시하는 개인 지향적 성향이 강하게 형성되어 있다. 이들은 정치에 관심이 적어 참여율이 낮다. 정치에 무관심한 젊은 층, 하지만 인터넷에 몰두하여 사이버공간 활동이 왕성한 그들을 정치 세계로 끌어들이고 또한 지지자로 확보한다면 정치참여 기회의 확대에도 도움이 될 수 있을 것이다. 디지털 네트워크를 강화하여 젊은 네티즌을 포용하게 되면 사이버 공론장에서 적극적으로 자신들의 의견을 개진하게 될 것이며, 이는 정치에 관한 관심을 불러오고 정치참여 활성화에도 이바지하게 될 것이다. 디지털 네트워크의 강화는 유권자와 당원뿐만 아니라 젊은 층을 잠재적 지지자로 확보하는 데 이바지할 수 있을 것이다. 입당원서를 제출하여 당원명부에 등재되는 당원도 중요하지만 정강 정책에 공감하고 사이버공간에서 특정 정당을 지지하고, 전당대회 때 인터넷 투표에 참여하거나 화상 토론에 나서는 등 중요한 역할을 담당하는 지지자는 정당의 중요한 자산이며, 확고한 지지기반이 될 수 있을 것이다. 이들을 지지자로 분류하여 제대로 관리하는 것이 국민정당의 세력 확장과 정당발전에 도움이 될 수 있을 것이다.

제3절 선거정당화

1. 한국의 미래 정당 모형

한국에 최고로 적합한 미래의 정당은 어떤 모형이어야 하는가? 어떤 모형의 정당이 제도화 되어야 하는가? 정당은 간부정당, 대중정당, 포괄정당, 카르텔정당, 선거전문가정당 등의 발전과정을 거쳤다.

"한국정당은 권력자의 필요로 권력자에 의하여 만들어지면서 집권당은 정치적 자율성이 부족했고, 야당은 분열과 내부 갈등을 반복해 왔지만, 권위주의 체제하에서도 정당은 정치적 고비마다 선거를 통해 그 시대의 민심의 흐름을 대표해 왔다."[457] 특히 소수의 정치엘리트에 의한 사당화·의인화 정당의 전형인 간부정당은 3김 이후 주춤해지는 듯

---

457   강원택(2018), p. 6.

했으나 아직도 일부 정당 지도자는 구태의연한 모습을 답습하고 있다. 정당과 전연 관련이 없는 비리 혐의로 당대표가 검찰의 수사 대상이 되자 당력을 총결집하여 개인의 사법 리스크 방어를 위해서 앞장서는 바람에 방탄 정당이라는 오명과 비판 그리고 사당화 논란에 휩싸이기도 하였다. 공당(公黨)의 성격과 너무도 거리가 먼 모습이다. 앞으로 한국에서 정당 지도자에 의한 독단·독선·독주 등의 비민주적인 당 운영과 사당화 논란은 더 이상 재연되어서는 안 될 것이다.

대중정당도 정당에 대한 국민의 불신이 매우 높은 상황에서 유권자의 정당 참여나 정치적 동원이 쉽지 않기 때문에 문제가 있다. 한국은 정치화된 사회로서 본래 정치에 관심이 높은 편이지만 정당이 국민의 이익을 위해서 봉사하기보다는 정파적 이해와 당리당략에 치중하는 모습을 보여 국민 마음속의 정당으로 뿌리내리기가 어려웠고 불신을 자초하였다. 정당 간 이념의 차별성도 발견하기 어렵고, 정당의 지지기반도 특정 계층이나 균열 구조에 있는 것이 아니라 지역 정당의 한계를 벗어나지 못하고 있다. 또한, 제도화 수준도 매우 낮아 정당에 대한 귀속감이나 정체성을 형성할 수 있는 기회를 국민에게 제공하지 못했다. 다른 나라와 달리 각 정당이 중앙선관위에 보고한 당원 숫자가 급속하게 늘어나 1,000만 명을 넘었다고 하나 국민경선을 위하여 부풀린 것이 아닌가 의구심을 떨칠 수 없다. 또한, 당비를 낸 진성당원의 비율은 믿음이 가지 않는다. 대중정당을 지향하려면 중앙과 지역 등 방대한 전국적인 조직을 운영해야 한다. 전국적인 정당조직을 결성하고 운영하려면 천문학적인 경비가 소요되어 고비용 저효율 정치에 반한다는 비판에 직면할 수 있다. 정당에 대한 불신이 높고 정당이 본래의 기능을 충실하게 이행하지 못하는 상황에서 대중정당으로 발전한다는 것은 쉬운 일이 아니다.

포괄정당은 특정 계급이나 균열 구조를 지지기반으로 삼는 것이 아니라 복지국가 건설 등 대다수 유권자가 선호하는 가치를 내세워 다양한 집단이나 계층의 지지를 받기 위한 유형이다. 특정 이념에 경도되거나 특정 이익집단과 일체화를 유지하기보다는 보편적인 국민의 이익을 앞세워 대다수 국민의 지지 획득을 목적으로 하는 정당이다. 특정 계층을 공략하기 위한 전략을 수립하기보다는 가능하면 최대한 넓은 폭의 잠재적 유권자들의 지지를 얻어 선거에서 승리하기 위한 정당이다. 무색무취하고 두루뭉술한 노선을 유지하면서 모든 계층의 지지를 받고자 하는 한국정당과 유사한 면이 있다. 한국정당은 특정 지역이나 계층의 지지만으로 집권이 불가하여 이념적 간격(ideological distance)을 무시하고 정당 간 선거 제휴나 후보 간 합종연횡을 통하여 집권에 성공한 사례가 있어 포괄정당의 성격이 강한 측면도 있다. 포괄정당은 키르히하이머의 지적대로 정당 지도자의 조직 권한 강화와 정당에 자금을 지원하는 후원자보다는 외부 이익집단에 더 많이 의존하고 있다는 사실을 유념할 필요가 있다. 하향식 권위구조를 유지하는 포괄정당은 상향식 의사결정이 대세로 자리 잡아가고 있는 민주화 과정에서 바람직한 모형이라고 보기 어렵다.

카르텔정당은 최근 세계적인 추세로 인식되고 있다. 당원에 의한 당비 납부율이 낮고, 정보화 사회에서 사이버 민주주의가 활성화되면서 정당에 의한 국민과 정부의 연결과 매개 기능이 약화 되어 정당정치가 위기를 맞고 있다. 이를 타개하는 방안으로 정당에 대한 국가의 재정적 지원을 대폭 늘리면서 정당을 회생시키는 기회가 된 것이다. 자생능력이 없는 정당을 국가가 연명시켜주는 결과가 되고 있다. 정당은 국가와 국민에게 봉사하는 공익지향의 정치조직이지만 국가기관이 아니다. 더구나 국민보다는 개인의 출세와 영달에만 관심을 쏟고 정파적 이익에 몰두하는 정치 패거리와 같은 집단에 국가 예산을 지원한다는 것은 정당하다고 볼 수 없다. 결국, 카르텔 정당화는 정당의 자생력도 회복하지 못하고 정당정치 발전에 기여 가능성도 낮은 가운데 국민 부담만 가중하는 결과를 가져올 것이 예상되기 때문에 한국의 미래 정당 모형과는 거리가 멀다.

카르텔정당에 이어 선거전문가정당으로 발전하고 있다는 주장이다. 선거전문가정당은 다른 유형에 비하여 조직이 빈약하다. 선거정당은 사무처 직원이나 보좌진들이 의회의 의정활동 지원에도 불구하고 상대적으로 정당의 골격만을 유지한다. 하지만 선거 때 정당은 선거운동 기능을 수행하기 위해서 나선다. 선거정당은 당원과 지지 세력을 동원하기 위해서 최첨단 전자통신기술을 선거운동에 활용하고, 선거운동 전문가의 도움을 받아 효율적으로 선거운동을 전개한다. 그리고 정당의 후보지명에 당원 신분을 유지한

기간이나 직책 등의 요인보다는 개인적 매력을 더욱더 중시한다.[458]

한국의 미래 정당은 선거정당으로 발전해야 한다. 선거정당화는 기본적으로 특정 계급이나 집단을 초월하여 더 폭넓은 유권자들의 지지를 확보함으로써 선거에서 승리를 가장 중요한 목표로 하는 포괄정당의 한 형태라고 볼 수 있다. 한국정당발전의 현실적 대안의 하나로 포괄적 전문가정당을 제시하기도 한다.[459] 포괄정당은 키르히하이머가 지적한 바와 같이 지지기반의 목표를 바꾼 대중정당의 변형에 불과하다. 선거정당은 포괄정당과 다른 의미에서 공직 후보를 공천하고 당선을 지원하는 기능을 수행하는 동시에 정당조직의 경량화와 더불어 원내정당을 지향한다.

2. 정당의 선거 기능

민주주의 국가에서는 공직선거에 출마할 후보들에게 정당공천이 일반화되어 있으며, 무소속 출마도 허용하고 있다. 후보들은 당선되기를 원하며 유권자의 이익을 자신이 가장 잘 대표할 수 있는 최고의 적격자라는 사실을 보여주기 위해서 경쟁한다. 선거에서 정당공천을 받는 것은 무소속 출마에 비하여 당선에 훨씬 유리하다. 왜냐하면, 정당은 후보들에게 조직, 당의 명성, 물질적 자원 등 선거 재화와 용역(electoral goods and services)을 제공할 수 있기 때문이다. 정당은 전국적인 조직을 동원하여 자당 후보를 지원할 수 있으며, 정당의 대외적 이미지나 국민의 신뢰 등 정당에 대한 평가와 명성에 따라서 당락에 중요한 변인으로 작용한다. 정당은 선거자금은 물론 선거에 필요한 다양한 물적 자원을 제공한다. 일부 국가에서는 무소속 출마자의 선거운동에 엄격한 제한을 두기 때문에 정당의 공천을 받지 못하면 사실상 당선이 어렵다. 정당 산업(party industry)은 후보자가 요

---

458 Richard Gunther, "Parties and Electoral Behavior in Southern Europe", *Comparative Politics*, Vol. 37, No. 3(April, 2005), p. 259.

459 민주화 이후 한국정당이 지향해야 할 모형으로 포괄적 전문가정당을 제시하고, 긍정적인 효과와 문제점의 극복방안을 제시한 연구가 있다. 다음을 참조할 것. 정진민(2000), pp. 503~520.

구하는 선거 재화와 용역의 중요한 생산자로서 그리고 공급자로서 기능을 수행한다.[460]

정당은 공직 후보자들에게 선거 재화와 용역을 제공하고, 유권자들에게는 그들이 기대하거나 요구하는 이익을 공통의 정강(common platform)이나 선거공약으로 제시함으로써 선거 경쟁을 정당 대 정당의 대결 구도로 유도하며 자당 후보의 당선을 지원한다. 정당이 선거 시장에서 선거 재화와 용역의 유일한 생산자와 공급자로서 신뢰할 수 있는 경우에 선거 시장을 독점할 수 있을 것이다.[461] 정당이 선거 재화의 생산자나 공급자로서 성공하지 못한다면 선거 시장에서 정당 무용론과 대체 조직의 필요성에 대한 논의가 진행될 가능성이 있다.

정당은 선거에 출마할 후보를 공천하고 대국민 선거공약을 발표한다. 정당 간 국민의 지지를 얻기 위해서 경쟁하고 정치권력을 획득하게 되면 정강 정책을 구체화한다. 정치 과정에 정당의 존재나 역할은 민주주의의 안정성, 책임성, 정당성을 부여하는 데 필수적인 요소로 간주하고 있다. 그래서 '정당정치는 민주주의의 기관차'라고 불린다. 하지만 원내정당화와 더불어 정당개혁 방안의 핵심과제로 선거정당화가 필요하다고 본다. 양자를 동시에 도입해야 정당개혁의 효과가 나타날 수 있을 것이다. 지구당을 경량화한 가운데 중앙당을 축소하고 정당을 조직이 아닌 지지자 중심의 네트워크화와 정책개발 중심 정당으로 바꾸면 정당의 기능은 축소될 것이다. 평소에는 의회에서 원내대표 중심으로 의정활동을 수행하다가 선거 몇 달 전부터 후보 중심의 순수 선거용 정치조직으로 기능하는 것이다.

선거정당은 공직 후보의 충원, 지명, 당선을 기본 기능으로 하고 있다. 모든 정당은 선거정당의 기능을 기본적으로 수행하고 있다. 선거정당의 대표적인 사례로 미국 정당을 꼽는다.[462] 미국의 정당구조는 여전히 변화단계에 있어 정적(static)이라고 할 수는 없지

---

460   정당을 선거 재화와 용역의 생산자와 공급자로 본 것이다. Henry E. Hale, "Why Not Parties? Electoral Markets, Party Substitutes, and Stalled Democratization in Russia", *Comparative Politics*, Vol. 37, No. 2 (January 2005), p. 149.

461   Hale (2005), p. 150.

462   정치인이 정당을 활용하려는 이유 등은 다음을 참고한 것임. Aldrich (1995), pp. 269~274.

만, 선거정당의 특징을 가장 많이 갖고 있다. 오늘날의 정당을 '변화에 대응하고 새로운 역할을 찾는 기구'라고 표현한다. 정당과 정당구조에 관한 학자들의 입장은 다르지만, 현대 정당의 특징이라고 일치하는 부분은 '선출직을 추구하는 집단으로 형성된 연합'이라는 사실이다. 정당은 본질적으로 다양한 공직에 출마한 후보를 당선시키는 선거기구이며, 정당조직의 기초단위는 '한 석의 공직(a single public office)이라도 차지하려고 노력하는 집합체'라고 볼 수 있다. 정치인의 정당 참여는 궁극적으로 정치적 사다리(political ladder)에 올라가 정치적 지위(political office)를 차지하는 것을 목표로 하는 공직 추구자들이기 때문이다.

선거에서 승리를 원하는 정치인은 정당조직을 활용하려고 한다. 그 이유는 후보자들이 직면하는 몇 가지 중요한 문제 해결에 정당이 도움을 주는 튼튼한 기구(durable institutions)로서 기능하기 때문이다.

①1960년대 이전까지는 정당조직을 활용하지 않고 공직에 접근할 수 있는 대안이 없었기 때문이다. 특히 유권자들을 일일이 방문하는 것 외에 직접 호소할 수 있는 효과적 기술이 발전하지 않았다.

②정당은 후보를 지명하기 때문이다. 공직에 출마하려는 많은 경쟁자 중에서 지명절차를 통하여 경쟁을 관리해 준다.

③정당은 선거 과정에 필요한 자금, 인력, 정보 등을 독점하고 있어 정당 기구를 활용해야 공직에 진출하는 것이 유리하기 때문이다. 정당 소속 후보들은 핵심적인 선거운동원을 지원받고 선거자원에 접근할 수 있을 뿐만 아니라 정당과 정당의 강령은 충성심 있는 유권자를 동원할 수 있다.

④일단 당선되면 정당은 이익의 연합(coalitions of interests)을 대표할 수 있기 때문이다. 정당은 의회에서 정책의 입장 차 때문에 발생하는 정책 쟁점에 대하여 집단적 선택(collective choice)을 추진할 수 있다.

⑤정당이 더 효율적이고 폭넓은 지원을 제공할 수 있다면 야심 있는 정치인들은 지속해서 재선의 기회로 활용할 수 있기 때문이다.

선거 과정에 정당이라는 정치조직을 통하여 후보로 지명되고 정당의 지원을 받는 것이 당선에 유리하기 때문에 선출직을 차지하려는 정치지망생에게 정당은 필수적인 조직이라고 볼 수 있다. 이는 선거정당화 이전에 정당의 기본적인 기능의 하나라고 볼 수 있다.

3. 외국의 선거정당

영국은 정당의 내부 구조와 권력분배는 정당마다 달라 일정한 모형을 제시하기 곤란하다. 노동당은 의회의 리더가 정당에 대하여 막강한 영향력과 상당한 자율성을 행사한다. 1980년대까지 정당의 민주화와 책임성에 대한 개혁의 목소리가 크게 제기되었다. 노동당 당헌에 의하면 의회 의원과 선출된 전국집행위원회(NEC)의 합동회의에서 선거 공약(election manifesto)을 결정한다. 보수당도 중앙당에서 정당의 정책 결정 기능을 수행한다.[463]

영국은 미국이나 프랑스와 달리 정당의 조직이나 기능이 강한 편이다. 이는 대통령중심제에서 대통령을 국민이 선출하는 미국이나 프랑스와 달리 내각책임제를 유지하고 있기 때문이다. 내각책임제가 작동하기 위해서는 정당정치의 발전이 필수요건이기 때문에 후보보다는 정당의 영향력이 크고 중앙집권화된 구조를 유지하게 되는 것이다. 내각책임제에서는 정치에 있어서 정당지배(party dominance) 현상이 나타나는 것은 필연적이다. 후보 중심의 선거보다는 정당 요인이 더 많은 영향력을 행사한다.

미국 정당의 조직구조는 20세기 유럽의 중앙집권화 된 정당과 달리 분권화라는 특징을 지니고 있다. 정당은 선거에서 경쟁할 후보를 내세우기 위한 지역의 정치적 유지(political influential)의 집합체다. 한마디로 정당은 지역 정당 엘리트들의 연합체에 불과하다. 미국의 정당은 4년마다 대통령 후보를 뽑기 위해서 함께 모이는 자율적인 단위에 지나지 않는다.[464]

---

463 Peter Byrd, "Great Britain: Parties in a Changing Party System", in Ware(ed.)(1987b), pp. 214~219.
464 Ware (1987d), p. 118.

20세기의 첫 20년은 미국 정당의 분권화를 촉진하는 두 가지 발전이 있었다. 진보적 성향의 개혁주의자들에 의하여 제기된 것으로 정당과 관련된 권력 남용과 부정부패를 저지하기 위해서 모든 주는 정당의 조직유형을 규정하는 법을 시행하였다. 그 결과 많은 지역에서 예비선거에서 선출된 지방선거대책위원장(precinct committeeman)이 정당의 기초단위가 되었다. 더불어 대부분 주에서 공직 후보를 지명하는 방법으로 직접적인 예비선거제를 도입하면서 정당구조의 분권화가 더욱 강화되었다.[465] 정당은 조직보다는 개별적인 후보 중심(candidate-centered)의 분권화가 이루어진 것이다. 자연스럽게 정당은 예비선거 결과에 대하여 영향력을 전혀 행사할 수 없는 상황이 되었다.

1960년대 선거구 재배분에 관한 연방대법원의 '1인 1표' 결정은 다수를 뽑던 주의원 선거구를 단수로 전환함으로써 정당 영향력의 여지를 축소하게 되었고, 분권화가 촉진된 것이다. 또한, 선거운동 방식이 텔레비전 광고, 여론조사, 컴퓨터 활용은 물론 전자통신기술이 획기적으로 발전하면서 후보는 정당을 거치지 않고 유권자들과 직접 접촉하여 지지를 호소하고 표를 얻게 되는 분권화가 촉진되었다. 미국의 선거운동을 현장에서 직접 목격한 바에 의하면 정당과 당원이 동원되는 대대적인 유세나 세몰이보다는 길거리에 세워진 홍보 간판과 후보 개인이 피켓을 들고 지나가는 유권자들을 향해 손을 흔드는 것이 고작이다. 정당의 분권화는 정당조직 차원에서 후보 중심으로 발전한 것을 의미한다. 정당은 자연스럽게 선거에서 영향력은 축소되고, 그 대신 후보의 중요성이 강조되기 시작한 것이다. 미국 정당은 지속해서 후보자 중심으로 변하게 되었다.[466]

공직 후보의 결정이 형식적으로는 전당대회의 대의원들에 의하여 추인되지만, 실질적으로 대통령 예비후보의 경우 중앙당이나 주당 또는 시·군당을 거치지 않고 유권자에게 직접 지지를 호소하여 후보가 된다. 개방형 예비선거제는 대통령 예비후보 지명이 유권자의 동원에 기초하고 있어 선거운동을 정당 위주에서 후보자 중심으로 전환 시켰다.

---

465 Ware (1987d), p. 119.

466 Ware (1987d), p. 122.

대통령 후보 지명제도가 후보 중심의 선거운동을 통하여 이루어지고 사실상 정당의 역할이 약화 되어 이를 대통령 당(presidential party)이라고 부르기도 한다.[467]

미국 정당이 후보자 중심으로 분권화되고 정당의 영향력이나 위상이 약화 되면서 전국 규모로 치러지는 대통령 선거나 지역구 단위에서 실시되는 의원선거에서 정당 대 정당의 대결이나, 유권자가 정당 지향투표 행태를 보이기보다는 개인 선호를 우선시하는 개인 투표 경향이 나타나게 된 것이다. 정당의 응집력과 리더십 약화를 가져오는 역기능을 낳았다. 미국의 선거정당은 공직 충원, 후보지명, 선거 당선 등이 본질적인 임무이다. 정당은 선거 머신이며, 선거정당의 기본 목적은 유권자 다수에게 지지를 호소하여 표를 얻고, 대통령, 의회, 지방의원 및 지방선거에 출마한 소속당 후보들이 당선될 수 있도록 인력을 조직하고 선거자금을 모금하는 데 있다. 미국의 주 단위나 전국적인 선거에서 정당의 중요성을 완전하게 무시할 수 없는 것이 사실이다. 하지만 선거정당을 한마디로 정부 밖의 정당(party outside government)이라고 부른다.[468] 당 내외의 새로운 경쟁에 직면하여 조직으로서의 정당은 덜 효과적이며 유권자 속의 정당이나 정부 속의 정당의 약화를 부추기게 되었다.[469]

프랑스도 선거운동은 전통적으로 길거리에 내건 후보들의 광고가 주를 이루고 있으나, 1974년 대통령 후보 지스카르와 미테랑(Giscard-Mitterrand)의 텔레비전 토론회 이후 후보 개인 중심으로 바뀌고 있다. 프랑스에서는 민주적으로 중앙집중화된 공산당을 제외하고 대부분의 정당조직은 골격이 약한 편이다.

4. 후보 중심의 정당

(1) 특징

선거정당은 포괄정당, 프로그램 정당(programmatic parties), 개인 정당(personalistic parties)

---

467 John H. Kessel, *Presidential Parties* (Homewood, Ill: The Dorsey Press. 1984), pp. 579~581.

468 Morehouse and Jewell (2003), p. 105.

469 Green (2002), p. 315.

중에서 개인 정당의 성격이 강하다.[470] 포괄정당은 조직이 빈약하고 이념 정향도 뚜렷하지 않으며 선거 지향적 정당이다. 포괄정당의 기본 목표는 득표의 극대화, 선거 승리, 그리고 집권에 있다. 프로그램 정당도 조직은 약하나 주요 기능이 선거운동 수행에 있으며 후보 개인의 매력에 편승한다. 하지만 포괄정당과 달리 계획적이고 이념적 쟁점에 대한 일관성을 유지하면서 분명한 입장을 견지한다. 선거운동에 이념적 혹은 강령 호소(programmatic appeal) 방법을 활용한다. 개인 정당도 조직이 약하고, 피상적이며, 기회주의적이다. 프로그램 정당의 기본적이고 가장 합리적 목표는 정당의 지도자가 선거에서 승리하고 권력을 행사할 수 있는 수단을 제공하는 데 있다. 선거운동 과정에 정당의 계획이나 이념을 호소하지만, 국가의 위기나 문제를 해결할 수 있는 후보나 지도자의 개인적인 카리스마를 강조한다.[471]

반면에 한국의 정당은 미국이나 프랑스와 달리 내각책임제를 유지하고 있는 영국과 같이 정당의 조직이 중앙집권화 되어 있으며, 정치에서 차지하는 정당의 역할이나 비중이 매우 크다. 선거 때 지역감정은 지역 연고 정당 중심의 투표 결과로 나타난다. 지역감정 때문에 특정 정당 후보를 무조건 지지하는 투표행태가 위력을 발휘하고 있다. 최근의 대통령 선거에서 인물 중심의 개인 투표 성향이 일부 나타나는 조짐이 발견되고 있다. 총선에서도 이런 결과가 더욱더 강하게 나타날 수 있다는 전망도 가능하다. 그렇게 되면 국회의원의 선거도 정당 대 정당의 대결이나 정당조직을 동원하여 유권자의 지지를 얻기보다 개인의 능력과 득표력이 선거 결과를 좌우할 공산이 크다. 후보는 정당 차원의 조직적인 선거 지원을 절실하게 바라겠지만 정당이 순수한 선거용으로 전환되면 상황은 달라질 수 있을 것이다.

정당은 선거가 없을 때는 조직의 기본 골격만 유지하다가 선거 개시 얼마 전부터 본격적으로 후보를 지명하고 당원과 지지자를 동원하는 선거운동에 착수하는 것이다. 또한,

---

470   Gunther and Diamond (2001); Richard Gunther and Larry Diamond, "Species of Political parties: A New Typology", *Party Politics*, Vol. 9(March, 2003), pp. 167~199.

471   Gunther (2005), pp. 258~260.

선거운동을 정당 차원이 아닌 개인 수준으로 축소하는 것이다. 사실상 1960년대 이전에는 공직에 당선되기 위해서는 정당조직을 활용하는 것 이외에 다른 대안이 없었다. 개인이 아무리 지명도가 높아도 개인 선거운동 조직을 결성할 수 있는 효과적인 기술이 없었다. 자본 집약적·노동집약적 선거운동 이외에 후보들이 유권자에게 직접 말할 수 있는 기술이나 방법이 극히 제한되어 있었다. 정치인들의 장기적인 야망이나 단기적인 당선을 실현하기 위해서 정당이라는 기구를 통하는 길만이 유일한 대안이었다.[472] 현대는 선거운동 기술의 비약적 발전 때문에 유권자와 후보들에게 정당의 중요성은 감소하고 있어 정당보다는 개인적 선거운동에 의존하는 경향이 나타나고 있는 것은 사실이다. 정보통신기술의 발달 등으로 정당 중심에서 후보 개인 위주의 선거운동이 가능해진 것이다. 정당이 지배하던 선거 과정에 일대 변화가 시작된 것이다.

선거운동의 정당 의존도가 약화 되고 전자정치가 도입되면서 기술적으로 다양한 방법을 동원할 수 있는 상황이 되었다. 선거구 관리도 굳이 지구당이나 당원협의회와 같은 일선 조직이 없이도 가능해진 것이다. 따라서 평소에 시·도지부를 원외 인사인 지역위원회 의장이 관리하다가 선거를 앞두고 공직 후보를 선출하는 시기부터 선거정당으로서 활동을 전환하는 것이다. 지역구 사무실도 평소에는 최소상태를 유지하다가 선거 몇 달 전에 선거연락소로 전환하여 공직 후보를 추천하고 선거운동을 개시하는 것이다.

그동안 국회의원은 의정활동보다는 지역구 관리가 더 중요하다고 인식해 왔다. 중앙정치무대에서 스타급 정치인이 지역구 관리에 소홀해서 재선에 실패한 사례가 많다. 지역구 관리가 의정활동의 부담 요인으로 작용한 것이다. 또한, 지역구를 관리하는 데 많은 경비가 소요되어 검은돈의 유혹에서 벗어나지 못했다. 고비용 정당구조를 개혁하여 정치자금 소요를 원천적으로 줄이고 의원은 의정활동에 충실하고 선거 임박해서 정당이 선거 활동에 본격적으로 나서는 것이다. 선거 활동 개시 시기를 얼마 전으로 하느냐의 문제는 국회 회기, 후보 경선 일정, 법적 선거운동 기간 등을 종합적으로 고려하여 될 수 있으면 짧게 조정하면 좋을 것 같다.

---

472 Aldrich (1995), p. 269.

(2) 문제점

선거정당화는 정치인의 수용 여부, 정치인과 유권자 간 대면접촉 기회의 감소, 국민 이익집약의 소홀, 현역의원 유리, 정치신인의 정계 입문 기회 차단 등의 문제점이 있다. 당선을 최고의 목표로 삼고 있는 정치인들이 선거정당의 수용 여부는 최대 관심사가 아닐 수 없다. 하지만 모든 경쟁자에게 선거 몇 달 전부터 지역구 선거사무소를 운영하는 규정이 똑같이 적용된다면 오히려 평소 지역구 관리의 부담으로부터 해방되기 때문에 반기지 않을 수 없을 것이다. 또한, 면대면 접촉 대신 인터넷, SNS, 휴대전화, 유튜브, 블로그, 카페, 카카오톡, 트위터, 인스타그램, 페이스북 등 다양한 디지털 네트워크를 통하여 유권자와 얼마든지 상호작용이 가능하여 지역구 민원을 쉽게 수렴할 수 있을 것이다. 그동안 지역구 사무실이 선거구민의 정치적 이익을 효율적으로 취합하는 기능을 수행하고 민의를 파악하여 정책대안으로 제시하는 정당과 지역구민 간의 커뮤니케이션 통로 기능을 수행했다고 인정하는 사람은 없을 것이다. 지역구민이 지구당 사무실을 방문하여 공적인 민원을 제기하고 이를 체계적으로 관리·해결할 수 있는 제도로서 기능했다고 보기 어렵다. 지구당은 지역구민의 애경사 챙기기, 조직관리, 일방적인 홍보를 담당하는 득표 기제의 일부였다는 사실을 부정할 수 없을 것이다.

원내정당과 선거정당은 정치신인의 정계 입문을 상대적으로 어렵게 하는 것은 사실이다. 하지만 이 문제도 국회의원 후보를 선출하는 과정에 당원만의 참여가 아닌 일반 시민과 지지자들까지 참여기회를 확대한다면 개인의 전문성이나 정치력에 따라서 얼마든지 정계에 진입할 수 있는 기회가 올 것이라 예상한다. 전자정치가 활성화되면서 급변하는 시대 상황에 효율적·능동적인 대응능력을 갖춘 젊은 정치 신인들의 정계 입문 기회도 점차 개방될 것으로 전망된다. 기성 정치권에 대한 국민의 불신이 워낙 커 그 가능성이 열려있다고 본다.

제11장

/

닫는 장

제1절 이론과 실제의 조화

1. 실용주의적 접근

한국정당의 개혁방안을 논함에 있어 이론지향적인 접근과 현실적이고 실용주의적인 접근을 조화하려고 시도하였다. 정당에 대한 이론서는 부지기수로 많다. 물론 한국정당의 개혁에 관한 쟁점별 연구 성과물도 대단히 많다. 하지만 한국정당이 궁극적으로 지향해야 할 모형을 이론적으로 제시하고, 구체적인 정당개혁에 대한 각론을 종합 정리한 연구서를 찾아보기 힘들었다.

민주주의는 국민의 의사를 대표할 수 있도록 고안된 다양한 제도들의 상호작용을 통하여 작동한다. 국민, 정치 지도자, 정당체계, 선거제도, 의회제도, 정부 형태, 정치문화 등은 사슬처럼 엮인 일련의 묶음으로 민주정치의 모습을 만들어 낸다. 정당개혁 문제도 역시 '어떤 민주정치를 만들 것인가'의 관점에서 접근해야 한다. 기능적 필요나 상황적 요구에 종속되어 파편화된 주제들에 대해 즉답식 대안이 도출되고 이들을 단순 조합한 모델로서는 한국정당 정치의 미래를 구상할 수 없다.[473] 전적으로 공감할 수 있는 주장이다.

정당개혁 방향이 단순하게 현상적인 문제의 처방책 차원에서 백화점 진열장과 같이 잡다한 아이디어를 묶어 제시하는 것은 문제가 아닐 수 없다. 정당개혁의 근본적인 목표는 의회정치의 활성화에 있다. 국회가 국민을 위한 자유(liberty), 안전(security), 복지(welfare)와 같은 정책 재화(policy goods)를 효율적으로 산출하는 명실공히 정치공장(political factory)이 되어야 한다. 특히 국가의 존망이 걸린 인구절벽과 초고령화, 양극화, 기후변화, 남북평화, 교육·연금·노동 개혁, 언론개혁, 정치개혁 등의 난제를 미래지향적으로 해결할 수 있는 해법과 전략 그리고 비전을 제시해야 할 것이다. 생산적인 국회, 국민에게 봉사하는 국회, 국민의 신뢰를 받는 국회가 되어야 할 것이다. 국회가 당리당략의 전쟁터가 되어서는 안 된다. 국회가 여야의 세력 대결과 이전투구의 장(arena)이 되어서는 안 된다. 국회가 정당의 정파적 이익의 볼모나 인질이 되어서도 안 된다. 민의의 전당인 의회가 정치시장(political market)의 역할을 제대로 수행하고 정치의 중심이 되어야 한다는 것이다. 정당은 민주주의를 발전시키고 국민에게 양질의 정치서비스를 제공하기 위한 하나의 지원 기제(supporting mechanism)에 불과하다. 정당은 수단적 조직이지 목표가 아니다. 결국, 정당은 대의민주주의를 구현하고 의회정치를 지원하는 보조기구에 지나지 않는다.

정당개혁을 논하려면 정치체제의 유형, 선거제도, 정치자금, 정치문화, 정치 경험과 전통 등을 동시에 고려해야 한다. 무엇보다 권력 구조 문제와 관련시켜야 한다. 권력 구조를 대통령중심제, 내각책임제, 이원집정부제 중 어느 것을 채택하느냐에 따라서 정당의 기능과 정당개혁의 방향은 다를 수밖에 없을 것이기 때문이다. 또한, 정당개혁 방안을 논할 때 다른 나라의 경험이나 전례가 전연 없는 전대미문의 아이디어를 제시하는 것은 위험한 일이다. 새로운 정당정치를 실험하여 뉴 패러다임을 추구하는 것이 그리 쉬운 일이 아니기 때문이다.

---

473 서복경(2004), p. 34.

한국 정치가 언제까지 정치실험에 매달릴 수만은 없다. 한국 정치는 정치학의 실험실과 같이 수많은 제도와 온갖 정치 현상을 하나도 빼놓지 않고 골고루 다 경험하였다. 아직도 민주주의 정치실험이 지속되고 있다. 한국정당이 나아가야 할 길을 밝히면서 정당 정치의 역사가 깊은 선진 민주국가에서 전연 겪어 보지 않았던 새로운 아이디어를 제시하거나, 실현 가능성이 전연 없는 개혁방안을 찾는 것은 탁상공론에 그칠 가능성이 크다고 본다. 지나치게 이론에 치우치거나 이상적인 모형을 제시하기보다 현실적이고 실질적인 접근법이 요구된다.

2. 민주 발전과 정당

민주주의를 가옥(house)에 비유할 때 한국은 아직도 집의 골격에 해당하는 한옥과 양옥 등 주택 형태, 집의 기초, 기둥, 골조, 대들보, 지붕, 벽체 등에 대한 논의가 진행 중이다. 해방 이후 끊임없이 제기되는 권력 구조에 대한 개헌논의, 선거구제 개편, 신당 창당과 분당 등이 한국 정치의 주요쟁점이 되고 있다. 아직도 집의 외형이나 뼈대에 관한 논쟁이 정치개혁의 정점에 자리하고 있다. 정치 가옥(political house)의 내부 단장, 벽지 색깔, 방 배치, 조명기구, 가구, 편의시설 등 쾌적하고 안전하고 안락한 보금자리로 꾸며 가정의 화합, 건강, 행복 그리고 가족들의 삶의 질을 높이는 데 관심을 가져야 하는 상황인데도 아직도 대들보 논쟁을 벗어나지 못하고 있다. 이는 한마디로 한국 정치가 아직도 제도화되지 못했고 정치 안정을 이루지 못했음을 보여주는 단적인 예라고 할 수 있다. 대들보 논쟁은 민주정치 제도의 공고화가 미완성이라는 의미다. 민주주의 정치제도가 완전하게 정착되고 그 바탕 위에서 국민이 더 즐겁고 더 안전하고 편안하게 살 수 있는 국민 행복 정치를 펼쳐야 할 것이다.

민주정치의 제도화에는 정당의 역할이 중요하다. 정당정치의 발전은 그 나라 민주주의 수준을 결정하는 요인으로 작용하고 있기 때문이다. 정당은 선거 과정에 핵심적 기능을 수행하는 정치기구다. 정당은 국민의 정치적 이익을 취합하여 정책대안으로 제시한다. 정당이 본래의 기능을 제대로 수행하지 않으면 정치가 발전할 수 없으며, 민주정치의 질을 증진할 수 없다. 대부분의 정치과정이 정당정치를 통하여 진행되기 때문이다. 한국정당의 저발전(underdevelopment)이 민주주의 공고화의 장애요인으로 작용하고 있다는 사실을 부정할 수 없을 것이다. 민주 발전의 근저에는 항상 정당정치가 문제가 되고 있다. 정치발전이나 정치개혁 문제가 대두되면 언제나 가장 먼저 정당개혁의 필요성이 수면 위로 떠 오른다.

3. 유럽식과 미국식 모형

한국의 정당개혁에 관한 논의는 그동안 두 가지 시각에서 진행되었다. 하나는 대중정당 모형에 기초한 것으로 당원들의 참여와 이념적 정체성을 극대화하는 방향으로 개혁하자는 유럽식이다. 다른 하나는 선거전문가정당과 같이 유권자들로부터의 지지와 선거에서의 효율성을 극대화하자는 미국식의 원내정당 모형이다.[474] 강력한 정당 모형인 일본이나 유럽식보다는 연성 정당을 유지하고 있는 미국식을 강조하고자 한다.

미국 정당은 미국이라는 특수한 환경에서 생성되고 발전한 미국식 버전(American version)이다. 양당이 어떻게 그렇게 오랫동안 안정된 정치기구로서 존속할 수 있었느냐 하는 것과 번갈아 집권하면서 국민과 정부를 어떻게 대표할 수 있었는가 하는 것은 주요 관심사가 아닐 수 없다. 또한, 민주당과 공화당으로 양분된 정치이념이 미국인의 다양한 정치적 이익과 선호를 어떻게 수렴하고 조화시킬 수 있었는지 정말 신기한 일이 아닐 수 없다. 어느 사회보다도 다양성을 중시하는 미국에서 안정된 양당제를 유지해온 것이 큰 관심사가 아닐 수 없다.

미국의 정당 모형을 선호하는 첫 번째 이유는 한국과 미국이 똑같은 대통령중심제의 권력 구조를 채택하고 있기 때문이다. 내각책임제를 주로 채택하고 있는 유럽식의 모델보다는 대통령중심제의 미국식 정당 모델이 한국의 정치체제에 더 잘 맞을 것이라고 보기 때문이다. 한국에서 내각책임제 등 개헌논의가 수그러들지 않고 있지만 대통령중심

---

474 이현출(2004).

제에 대한 그동안의 경험과 시행착오, 타협과 합의에 이르지 못하는 정치문화, 정치인의 이기적이고 당파적 성향과 의식, 남북분단 상황 등을 고려할 때 대통령중심제가 더 적합하다고 본다. 그런 전제에서 입법, 사법, 행정부 간 균형과 견제를 유지하면서 대통령중심제를 가장 성공적으로 운영하는 미국의 경험이나 모델을 참고해야 한다는 시각이다. 미국의 선행경험을 참고하면 시행착오나 정치실험을 줄이는 데 큰 도움이 될 수 있을 거라 기대한다. 역사나 경험은 거짓이 없으며 확실한 미래라고 보기 때문이다.

또한 미국의 정당을 선험모형으로 삼게 된 배경은 정당의 약화와 쇠퇴가 전 세계적인 추세와 일맥상통한다고 판단했기 때문이다. 한국과 미국은 역사와 전통 그리고 정치문화가 다르고, 국가 규모나 국력 등에 차이가 있지만 유럽정당 모형보다는 한국 현실에 더 적합할 것이라고 믿고 있다.

정당 없는 민주정치는 불가하지만, 정당의 역할과 기능이 줄어드는 탈 정당화를 강조한다. 정당을 대체할 정치조직은 없다. 정당이 없으면 국민의 대표인 의원들은 정치자금 등을 매개로 개별적으로 특수 이익집단의 압력에 노출될 것이며, 의회 입법과정이나 정책 결정 과정에서 이익집단들의 영향력은 훨씬 더 강화될 것이 우려된다. 시민사회에서 수적 소수가 아닌 실질적인 사회경제적 약자들이 자신들을 조직함으로써 시민사회 내의 힘의 균형을 이루지 못하는 현실에서 이익집단정치는 결국 경제적 특권계층이 정치과정까지 지배하는 결과를 초래할 가능성이 크다.[475]

미국에서도 의원은 특정한 이익집단의 대표라는 비난을 받고 있다. 하지만 정당 없는 정치가 아니라 정당의 역할과 기능이 약화 되는 대신 국민의 대의기관인 의회가 강력한 모습을 보이길 바란다. 미국은 정당이 아닌 의회가 정치의 중심 역할을 하고 있다. 정당의 의원에 대한 통제력은 약하지만, 의원 각자의 자율성이 최대한 보장된 가운데 생산적인 의정활동에 전념하는 사실을 높게 평가한 것이다. 원외 요소가 최소화된 가운데 의회가 정치의 중심이 되고 있기 때문이다.

---

475 박찬표(2003), p. 157.

4. 연성 정당이 국회를 살린다.

정당에 문제가 있으면 정당개혁 방안을 제시하면 될 것을 굳이 정당의 중요성을 지나치게 간과하는 것이 아니냐고 반박할 것이다. 내각책임제의 정치체제를 유지하기 위해서는 정당정치의 발전이 필수요건이라는 것은 부인할 수 없다. 정당정치의 옹호론자들은 민주정치는 정당정치이며, 정당은 정치의 메커니즘으로 그 역할과 기능이 절대적으로 필요하다고 주장한다. "정당은 민주주의를 만들었고, 정당을 떠나서는 근대민주주의를 생각할 수 없다"고 한다.[476]

정당이 민주 발전과정에 시민사회와 국가의 정치적 연계 기제로서 매우 중요한 역할을 하는 것을 누구도 부인할 수 없다. 민주정치 발전이 정치엘리트에 의한 하향식으로 이루어지든, 시민사회의 주도에 의한 상향식으로 이루어지든 정당은 국가와 시민사회를 정치적으로 연결하는 역할을 한다. 정당은 상향식 민주화 이행기나 공고화 과정에 민주정치 체제의 정당성을 부여하는 기능을 수행하고, 하향식 민주 발전과정에 주요 정책결정자는 아니지만, 시민사회의 정치적 채널 기능을 수행하는 기구가 된다.[477] 정당의 기능과 리더십에 대한 불신과 냉소주의가 상당한 수준임에도 불구하고 정당은 국민의 선택과 통제 기제로서 매우 중요한 기능을 지속해서 수행할 수밖에 없을 것이다. 만약 선진 민주사회에 정당이 존재하지 않는다면 국민에 의한 민주적 통제와 선택의 대안 기제를 찾아내야 하는데, 그리 쉬운 일이 아니기 때문이다.

정당의 존재와 필요성을 결코 부정하지 않지만, 정당의 기능을 대폭 축소해야 한다는 데 전적으로 동의한다. 민주정치는 정당정치이기 때문에 정당을 부정하고 민주주의를 논하기 어렵다는 사실을 인정하되 대통령중심제의 권력 구조에서는 내각책임제와는 여건이 많이 다르다는 것이다. 정당정치의 활성화가 민주정치의 공고화에 절대적이라는 선입견은 변화되어야 한다. 정당정치에 대한 종래의 생각과 기대를 바꿔야 한다. 민주주

---

476   E. E. Schattchneider, *Party Government* (New Brunswick: Transaction Publisher, 1942), p. 1.

477   Ingrid van Biezen, *Political Parties in New Democracies: Party Organization in Southern and East-Central Europe* (New York: Palgrave Macmillan, 2003), p. 5.

의는 정당정치라는 정당 불가피론은 인정하지만, 반 정당주의가 아닌 탈 정당주의 시각에서 정당개혁 방안을 논의한 것이다. 이는 궁극적으로 의회정치의 활성화를 목표로 하기 때문이다.

이러한 정당 개혁안은 대통령중심제라는 권력 구조의 특성과 정당정치의 불신에서 출발했다는 것을 부인하지 않는다. 또한, 시대 상황이 엄청나게 급변한 것을 고려한 입장이다. 탈산업사회 이후 국민의 정치의식이 변했고, 정보화 사회의 등장으로 정치참여의 수단, 내용, 방법 등에 혁명적인 변화를 가져왔다. 새로운 정치(new politics)의 등장으로 대의정치는 그 의미가 축소되고 네티즌에 의한 직접 참여가 활성화되면서 직접민주주의나 강한 민주주의가 현실로 다가오고 있다. 정당이 최초 생겨날 당시에 오늘날과 같이 인터넷 정치와 SNS가 활성화되었다면 현재와 같은 형태의 정치조직인 정당이 과연 탄생했을까 의구심이 든다. 전자정치 시대가 개막되면서 정당 환경이 급변하여 앞으로 정당의 위상이나 기능이 약화 될 것을 예상하기 때문이다. 전자정치 또는 인터넷 정치가 활성화되면서 정당이 쇠퇴하고 있는 현실을 인정하지 않을 수 없게 되었다.

탈 정당화에 따른 부작용을 우려하는 측면이 있으나 정당정치의 폐해를 줄이고 의원 각자의 자율성을 신장하여 의회정치의 활성화를 염원하면서 한국정당이 지향해야 할 개혁 방향을 제시한 것이다. 강한 의회와 의회정치 활성화를 강조하면서 우려하는 것은 의원들의 자질과 능력 그리고 품성 논란과 사익을 공공선보다 중시하는 행태 때문이다. 또한, 정당의 책임정치(responsible party politics) 실종도 걱정되는 부분이다. 선거를 통하여 특정 정당에 일정 기간 정치권력을 위임하여 그 정당이 국정 운영의 책임을 전적으로 떠맡은 정당 대표체계가 약화 될 수 있을 것이다. 하지만 대의민주주의는 선거를 통하여 특정 정당에만 국민주권을 위임하는 것이 아니라 국민의 대표인 개별의원에게 입법권을 부여하고 있다. 의회의 대표성이 강화되기 위해서 탈 정당화가 이루어져야 한다. 탈 정당화는 정당의 완전한 부재를 뜻하는 것이 아니라 '정당이 약해져야 국회가 강해진다'라는 입장이다.

제2절 맺는말

한국정당의 개혁모형은 〈그림 5-1〉에서 제시한 정당과 의회의 역학관계 유형 ㉮의회 중심형, ㉯상호대립형, ㉰행정부 중심형, ㉱정당 중심형 중에서 '강한 의회와 연성 정당'인 '의회 중심형'이라고 볼 수 있다. 국가, 사회, 정부, 정당과의 관계는 〈그림 5-2〉에서 제시한 ㉮정당지배형, ㉯국가지배형, ㉰사회지배형, ㉱정부 지배형 중에서 '사회지배형'을, 정당과 정부의 관계에서는 〈그림 5-4〉에서 제시한 ㉮자율형, ㉯정당 우위형, ㉰정부 우위형 중에서 '자율형'을, 공직 임명과 당정관계에서는 〈그림 5-6〉에서 제시한 ㉮상호 의존형, ㉯정당 우위형, ㉰정부 우위형, ㉱자율형 중에서 역시 '자율형'을 지지한다.

결론적으로 정당이 의회, 정부, 시민사회를 지배하거나 통제하는 것이 아니라 어디까지나 그들을 지원하는 수준의 역할을 해야 한다는 것이다. 대통령중심제에서 국가권력이 기능적으로 입법, 사법, 행정 등 3권으로 분리되어 상호 균형과 견제를 이루는 가운데 정당의 지배적인 역할은 제한되어야 한다는 것이다. 국가기관도 아닌 정당이 입법부를 좌지우지하지 말고, 의회 기능 수행을 보조하고 지원하는 기구가 되어야 한다는 것이다. 국민의 대의기관인 의회가 정치의 중심과 주체가 되고 생산적인 의정활동을 통하여 국민의 정치적 요구를 효율적으로 수렴할 수 있도록 정당은 지원자 역할에 충실해야 한다는 의견이다.

한국의 정치개혁은 정당, 국회, 선거 등을 분리해서 접근하기보다는 동시 병행적으로 고려해야 완성될 수 있다고 보기 때문에 정당개혁만으로는 한계가 있음을 인정한다. 정당개혁의 핵심은 '강한 의회와 연성 정당'을 실현하는 데 있으며, 가장 중요한 내용은 원내정당과 선거정당이라고 볼 수 있다. 권력 투쟁형 정당의 모습을 벗어나 정책지향형으로 바뀌고, 국가로부터 다양한 자원이 제공되는 카르텔정당이나 당원 중심의 정당이 아닌 지지자 중심의 국민 마음속 정당으로 발전하길 바란다.

평소에는 원내 중심의 입법 활동에 충실하다가 선거일 몇 달 전부터 후보를 추천하고 선거운동도 정당 중심에서 후보자 주도로 변화되는 방향으로 개혁되어야 한다는 것이다. 정당개혁의 핵심은 '연성 정당과 강한 의회 건설'에 있다. 정당은 어디까지나 의회정치 활성화의 보조적 제도나 기제 그 이상도 그 이하도 아니어야 한다. 대통령도 특정 정당의 후보로 공천되어 당선되더라도 당에 의존하여 국정을 운영하기보다 집행부의 수장으로서 자율성을 행사하는 것이 3권분립의 정신에도 부합된다. 또한, 입법부도 행정부로부터 자율성을 확보하고 행정부는 물론 원외 요소인 정당으로부터도 독립성을 유지해야 국민의 대의기관으로서 의회의 권한과 책임을 증진할 수 있을 것이다. 정당개혁의 핵심은 부드러운 정당과 강력한 의회 건설, 입법부와 행정부 간 최대한의 상호자율성 확대, 그리고 궁극적으로 입법, 사법, 행정부 등 3권의 균형과 견제를 유지하는 데 있다.

오늘날 정당이 직면하고 있는 가장 커다란 도전은 정당의 역사적 캡슐(historical capsule)이었던 국민국가가 궁극적으로 느슨해지고 있는 데서 찾아야 할 것이다. 즉 국가 간 영토의 경계가 경제, 행정, 문화면에서 더 부드럽게 설정되어 있어 정당의 사회통합 능력과 제도적 통합능력이 훼손되고 있다. 정당은 새로운 경쟁자와 새로운 과정의 도전(challenging new processes)에 직면해 있지만 정당을 대체할 만한 다른 제도가 아직은 없다. 하지만 정당은 정당조직의 통제나 도달 범위 밖의 자원이나 방법을 활용하여 유권자들의 지지를 획득하려는 독립적인 정치기업가들(political entrepreneurs) 간에 분파적·고객투쟁(factionalized·clientelistic struggles) 양상을 보여주는 수준으로 격하될 것이다.[478] 정당환경의 변화로 정당의 쇠퇴는 지속될 것으로 전망하며, 정당은 결국 선거에서 국민의 지지 획득만을 위한 기제로서 그 존재 가치를 유지할 것으로 전망한다.

정당 개혁안을 살펴보면서 시민문화와 정치의식의 중요성을 다시 한번 깨닫는 계기가 되었다. 정당을 아무리 제도적 관점에서 이상적인 방향으로 개혁하더라도 이를 운영하는 정치엘리트와 선거에서 주권을 행사하여 권력의 향배를 결정짓는 국민의 정치의식이 변하지 않으면 무용지물이 될 것 같다는 우려 때문이다. 정당을 개혁하더라도 권력욕,

---

478 Stefano Bartolini and Peter Mair, "Challenges to Contemporary Political Parties", in Diamond and Gunther (2001a), pp. 341~342.

특히 대권욕에 사로잡힌 소수의 정치 지도자가 온갖 수단과 방법을 가리지 않고 정당을 오직 권력투쟁과 권력 획득을 위한 머신으로 사당화한다면 민주정당의 모습을 찾아보기 힘들 것이다. 국회에서 정당을 정쟁의 도구나 정파적 이익을 추구하기 위한 이전투구의 수단으로 동원하고 활용한다면 강한 의회를 기대하는 것은 공염불이 될 것이다. 정당의 세력이 강하면 상대적으로 입법부의 위상은 하락하게 되고, 국회는 여야 세력의 결전장으로 변하게 될 것이다.

결국 리바이어던과 같은 정당을 앞세워 정치판에서 폭주하는 기관차를 멈춰 세울 수 있는 오직 한 가지 길은 유권자의 냉철하고 이성적인 판단에 의존할 수밖에 없을 것이다. 모든 길은 로마로 통한다는 말과 같이 '한국의 민주정치 발전은 궁극적으로 국민 손에 달렸다'고 볼 수 있다. '강한 의회와 연성 정당'으로 가는 길은 국민의 현명하고 합리적인 선택에 좌우될 수밖에 없을 것이다. 장기적 관점에서 '선진형 시민문화의 정착'이 한국 정당정치 발전의 원동력이 될 것이다.

참고문헌

가상준 · 안순철(2012), "민주화 이후 당정 협의의 문제점과 제도적 대안", 「한국정치연구」 제21집 제2호, 서울대학교 한국정치연구소, pp. 87~114.

강원택(1999), "의회정치와 정당", 백영철 외, 『한국의회정치론』 서울: 건국대학교 출판부, pp. 257~282

강원택(2000), "지역주의 투표와 합리적 선택: 비판적 고찰", 「한국정치학회보」 제 34집 2호, 한국정치학회, pp. 51~67.

강원택(2003), "정당의 공직 후보 선출과 당내 민주화" 심지연 편저(2003), pp. 239~266.

강원택(2003), "영국의 정당민주주의: 형성과 변화", 「사회과학연구」 제11집, 서강대학교, pp. 7~36.

강원택(2004a), "기업의 정치자금 기부제도", 정책세미나 토론자료, 한국경제연구원, pp. 56~57.

강원택(2004b), "정치개혁의 과제와 전망: 정당, 선거, 정치자금", 「IT의 사회 · 문화적 영향연구」 제04-40호(2월), 정보통신정책연구원, pp. 1~113.

강원택(2005), "정보화, 정당정치와 대의민주주의: 변화 혹은 적응?" 「한국과 국제정치」 제21권 3호, 통권 50호 (가을), 경남대 극동문제연구소, pp. 127~149.

강원택(2018), "한국 정당정치 70년: 한국 민주주의 발전과 정당정치의 전개", 「한국정당학회보」 제17권 제2호, (통권 39호), pp. 5~31.

강원택(2022), 『정당론』, 서울: 박영사

계희열 · 김선택 · 장영수 (2000), 「한국정당의 내부 질서와 민주화 방안에 관한 연구」, 1999~2000년도 한국의회발전연구회 지원연구논문.

고경희(2001), "인도의 사회균열과 정당체계: 포괄정당의 쇠퇴와 대항 정당의 사회 균열 동원 전략", 「한국정치학회보」 제35권 4호, 한국정치학회(2001), pp. 317~335.

고경희(2003), 『현대 인도의 정당정치』 서울: 인간사랑

곽진영(2001), "한국 정당체계의 민주화 : 정당-국가 간 관계를 중심으로", 「의정연구」 7
　　권 1호, 한국의회발전연구회.

곽진영(2003), "정당체계", 심지연 편저(2003), pp. 149~179.

김광수(1999), "정부와 정당의 상호관계 연구", 「대한정치학회보」 제7집 1호, 대한정치학
　　회, pp. 77~94.

김기동 · 이재묵(2021), "한국 유권자의 정파적 정체성과 정서적 양극화", 「한국정치학회
　　보」, 제 55집 제2호(06), pp. 57-87.

김만흠(1994), "정치균열, 정당정치 그리고 지역주의", 「한국정치학회보」 제28권 2호, 한
　　국정치학회, pp. 215~237.

김면희(2003), "정당 민주화와 현대 독일정치: 사회민주당과 녹색당을 중심으로", 「사회
　　과학연구」 제11집, 서강대학교, pp. 59~84.

김세걸(2003), "일본의 정당 민주주의: 역사 · 구조 · 쟁점", 「사회과학연구」 제11집, 서강
　　대학교, pp. 111~136.

김수진 (1996), "민주 이행기 한국 정당정치의 비판적 분석", 「의정연구」 2권 1호, 한국의
　　회발전연구회.

김영래(2006), "매니페스토 운동과 정치문화의 변화", 「NGO 연구」 4권 1호, 한국NGO
　　학회, pp. 1~22.

김영래(2006), "지방선거, 매니페스토 선거가 되어야", 다산연구소 (4.17)

김영민(2000), "정부와 정당 관계에 관한 시론적 연구: 개념, 유형 및 결정요인", 「한국사
　　회와 행정 연구」 제11권 2호, 서울행정학회 (12월), pp. 21~36.

김용철 · 윤성이(2004), "17대 총선에서 인터넷의 영향력 분석: 선거관심도와 투표 참여
　　를 중심으로", 「한국정치학회보」 제38권 5호, 한국정치학회, pp. 197~216.

김용호 (2001), 『한국 정당정치의 이해』 서울: 나남출판

김용호(2003), "정당구조 개편 방향", 박세일, 장훈 공편(2003), pp. 143~177.

김용호(2004), "기업의 정치자금 기부제도", 정책세미나 토론자료, 한국경제연구원, pp.

49~51.

김용호(2016), "민주화 이후 한국 정당정치의 제도화 연구를 위한 예비적 고찰", 「미래정치연구」 제6권 제1호, 명지대학교 미래정치연구소, pp. 5~25.

김욱(2002), "대통령-의회 관계와 정당의 역할", 「의정연구」 제8권 2호, 한국의 회발전연구회, pp. 6~31.

김욱(2002), "정책정당 발전을 위한 외부적 조건: 선거제도를 중심으로", 「한국정당학회보」 제1집 제1호, 한국정당학회(3월), pp. 25~46.

김윤태(2014), "토니 블레어와 '제3의 길' 정치가 남긴 것들", 「프레시안」 (04.07.)

김재홍(2009), "지역주의 비웃는 미국 선거", 「동아일보」 (09.23).

김현우(2000), 『한국정당 통합운동사』 서울: 을유문화사.

김해원(2022), "지방선거에서의 정당공천제도: 비판적 검토와 대안을 중심으로", 「헌법학연구」 제28집 2호, 한국헌법학회, pp. 219~264.

박명호(2003), "민주화 이후 한국의 정당체계와 개혁과제: 정책 정당화 방안을 중심으로", 「사회과학연구」 제9권 제1호, 동국대 사회과학연구원, pp. 30~53.

박명호(2004), "17대 총선과 정당정치의 변화: 지역주의 정당체계와 관련하여", 「정치 · 정보연구」 7권 1호, 한국정치정보학회, pp. 1~26.

박세일 · 장훈 공편 (2003), 『정치개혁의 성공조건: 권력투쟁에서 정책경쟁으로』 서울: 동아시아연구원

박정석 · 김진주(2021), "한국의 정당, 어디로 가야 하는가?" 명지대학교 미래정책센터 (4.14)

박지영 · 윤종빈(2019), "정보화 시대 대의민주주의 위기 극복을 위한 한국형 정당 모델의 모색", 「미래정치연구」 제9권 제1호, pp. 119~142.

박찬표(2002), 『한국 의회정치와 민주주의』 서울:오름.

박찬표(2003), "한국정당민주화론의 반성적 성찰: 정당 민주화인가 탈 정당인가?", 「사회과학연구」 11집, 서강대학교, pp. 137~164.

박효종(2023),『정당 국고보조금제 비판과 대안』자유와 개혁 7, 서울: 자유기업원.

백영철 편(1999),『한국의회정치론』서울: 건국대학교 출판부.

서복경(2004), "정당개혁과 한국 민주주의 미래: 원내정당화 논의의 재고", 계간「동향과 전망」60호, 한국사회과학연구소, pp. 11~39.

성병욱(2015), "한국 정당정치의 위기와 변화 방향",「대한정치학회보」제23권 3호, 대한 정치학회, pp. 217-238.

손병권(2003), "직접 예비선거제도의 기원: 위스콘신주의 사례를 중심으로",「한국정치 학회보」제37권 2호, 한국정치학회, pp. 197~217.

신복룡(1996), "한국 지역감정의 역사적 배경: 호남 포비아를 중심으로",『한국정치의 재 성찰』서울: 한국정치학회.

심지연 편저(2003),『현대정당정치의 이해』서울: 백산서당.

안철현(2012), "대중정당론과 원내정당론 논쟁에 대한 비판적 고찰",「사회과학연구」제 28집 4호. 경성대 사회과학연구소, pp. 117~233.

오승용(2004), "지역주의와 지역주의 연구: 회고와 전망",「사회과학연구」제12집 2호, 서 강대학교, pp. 184~216.

유재일(2003), "정당의 기능", 심지연 편저(2003), pp. 119~147.

윤성이(2012), "소셜네트워크의 확산과 민주주의 의식의 변화",「한국정치연구」제21권 1호, pp. 145~168.

이갑윤(1998),『한국의 선거와 지역주의』서울: 오름.

이경호(2005), "독일 정당민주주의에 대한 고찰",「국제정치논총」제45집 4호, 한국국제 정치학회, pp. 307~329.

이재묵(2022), "20대 대통령 선거와 지역주의 변화와 지속", 재단법인 동아시아연구원, EAI 워킹페이퍼(5월), pp. 1~18.

이한수(2020), "대한민국 유권자들의 단기적 당파성 변화 분석",「한국정당학회보」, 제19 권 제 1호(통권 46호) (03), pp. 5-31.

이현우(2003), "미국 정당의 도전과 변화", 「사회과학연구」 제11집, 서강대학교, pp. 85~110.

이현출(2004), "지구당제도와 정치개혁", 한국정치학회 춘계학술회의, (외교안보연구원, 3.18~3.19).

이현출(2022), 「2022 대통령의 성공조건 시리즈: 안정적 국정 운영을 위한 교두보를 마련하라」 EAI 워킹페이퍼, 재단법인 동아시아연구원(1월 6일), pp. 1~19.

임성학(2003), "정당과 정치자금", 심지연 편저(2003), pp. 297~331.

임성호 (2003), "원내정당화와 정치개혁 : 의회민주주의 적실성의 회복을 위한 소고", 「의정연구」 제9권 1호, 한국의회발전연구회. pp. 1~35.

임혁백(1998), "민주화와 의회의 위상", 「의정연구」 제4권 1호, 한국의회발전연구회.

임현진 · 최장집 공편(1997), 『한국 사회와 민주주의』 서울: 나남출판.

장훈(1999), "한국의 정당개혁 : 엘리트 중심의 폐쇄적 정치조직으로부터 시민 중심의 개방적 조직으로", 「계간 사상」 (여름호), 사회과학원, pp. 70~90.

장훈 (2003), "정치개혁의 조건", 박세일, 장훈 공편(2003).

전용주(2004), "기업 정치자금기부의 제도적 해법", 정책세미나 연구보고서, 한국경제연구원, pp. 9~34.

장승진(2015), "한국 유권자의 정당일체감과 투표행태: 정당 편향(partisan leaners) 유권자의 특성과 투표 선택을 중심으로", 「한국정치연구」, 제24집 제2호, 서울대학교 (01), pp. 29-52.

장승진 · 하상봉(2022), "한국 유권자의 정당일체감: 사회적 정체성인가, 정치적 이해관계인가?" 「한국정치학회보」, 제56집 제2호, 한국정치학회(06), pp. 37-58.

정재각(2001), "독일 선거제도의 변화", 박응격 외, 『독일연방정부론』 (서울: 백산자료원, 2001), pp. 259~284.

정진민(2000), "1980년대 이후 미국 정당정치의 변화: 세대 요인을 중심으로", 「한국정치학회보」 제34집 1호, pp. 237~254.

정진민(2002a), "세대와 정당정치", 「계간 사상」(가을호), 사회과학원, pp. 103~124.

정진민(2002b), "정책정당 실현을 위한 내부 조건", 「한국정당학회보」 제1집 제1호, 한국정당학회 (3월), pp. 7~24.

정진웅(2021), "한국정당의 당원 조직과 운영에 대한 실증분석", 「한국정당학회보」 제20집 2호, 한국정당학회, pp. 129~160.

조기숙(1997), "지역주의 논쟁: 비판 이론적 시각에 대한 비판", 「한국정치학회보」 제31집 2호, 한국정치학회, pp. 203~232.

조기숙(2003), "정당개혁 이렇게 하자", 「철학과 현실」 제56권, 철학문화연구소, pp. 26~37.

중앙선거관리위원회 선거연수원(2021), 『각국의 정당·정치자금제도 비교 연구』 선거연수원(11월).

중앙선거관리위원회(2022), 「2021년도 정당의 활동 개황 및 회계보고」, 중앙선거관리위원회

최정욱(2005), "정당의 수에 관한 새로운 일반이론의 모색: 최대 득표율 이론과 검증", 「한국정치학회보」 제39권 1호, 한국정치학회, pp. 145~161.

최재동(2022), "2020년 미국 하원선거 정치자금 분석: 개인 후원금과 이념 강도를 중심으로", 「선거연구」 제16호, 중앙선거관리위원회, pp. 39~61.

최준영(2004), "조건적 정당정부 이론에 대한 경험적 고찰", 「국제정치논총」 제44권 1호, 한국국제정치학회, pp. 373~391.

최준영(2020), "미국 대통령 선거 승패 가른 인종·지역·교육 수준의 분절", 「서울신문」, (11.13).

최훈(2024), "강제 당론투표, 제왕적 당대표 폐지가 정치혁신이다." 「중앙일보」, (01.22)

허화평 (2002), 『지도력의 위기 I, II』 서울: 새로운사람들.

홍득표 (2000), "공동정부 모형의 실험: 국민회의-자민련 공동정부의 경험적 분석", 「국제정치논총」 제40집 2호, 한국국제정치학회, (7월), pp. 295~317.

홍득표 (2000), "정당의 공직 후보 결정모형에 관한 연구", 「한국정치학회보」 제34집 3호, (12월), pp. 174~191.

홍득표(2006), 『한국의 정치변동』 인천: 인하대 출판부

홍득표(2009), 『현대정치과정론』 서울: 한국학술정보(주).

홍득표(2015), "민주정치 발전과 야당", 「60년 역사를 넘어 100년 정당으로」, 새정치민주연합 창당 60년 기념 심포지엄, 국회의원회관 제1세미나실(9월 17일)

홍태영(2003), "일반의지의 실현으로서의 국가 그리고 그 거울로서의 정당: 프랑스 정당 정치와 정당 민주주의", 「사회과학연구」 11집, 서강대학교, pp. 37~58

Adams, James F., Samuel Merrill III, and Bernard Grofman (2006), *A Unified Theory of Party Competition: A Cross-National Analysis Integrating Spatial and Behavioral Factors,* Cambridge: Cambridge University Press.

Aldrich, John H.(1995), *Why Parties? The Origin and Transformation of Political Parties in America,* Chicago, The University of Chicago Press.

Aldrich, John H. and David W. Rohde (1997~1998), "The Transitions to Republican Rule in the House: Implications for Theories of Congressional Politics", *Political Science Quarterly,* Vol. 112, No. 4, (Winter), pp. 541~567.

Aldrich, John H. and David Rohde(ed.)(2001), "The Logic of Conditional Party Government: Revisiting the Electoral Connection", in Lawrence C. Dodd and Bruce I. Oppenheimer, *Congress Reconsidered,* 7th ed., Washington D. C: CQ Press, pp. 269~292.

Allardt, Erik (2001), "Party Systems and Voter Alignments in the Tradition of Political Sociology", in Karvonen and Kuhnle (2001), pp. 13~26.

Almond, Gabriel A. and Bingham G. Powell, Jr.(1978), *Comparative Politics: System, Process and Policy,* Boston: Little Brown and Company.

Andeweg, R. B.(2000a) "Party Government, State and Society: Mapping Boundaries and Interrelations", in Blondel and Cotta (2000), pp. 38~55.

Andeweg, R. B.(2000b) "Political Recruitment and Party Government", in Blondel and Cotta (2000), pp. 119~140.

Apollonio, D. E. and Raymond J. La Raja (2004), "Who Gave Soft Money? The Effect of Interest Group Resources on Political Contributions", *The Journal of Politics,* Vol. 66, No. 4(2004), pp. 1134~1154.

Bartolini, Stefano and Peter Mair (2001), "Challenges to Contemporary Political Parties", in Diamond and Gunther (2001a), pp. 327~343.

Bardi, Luciano (2002), "Italian Parties: Change and Functionality", in Webb, Farrell and Holliday (2002), pp. 46~76.

Bell, Daniel (1976), *The Coming of Post-Industrial Society: A Venture in Social Forecasting,* New York: The Free Press.

Bennett, W. Lance (1996), *The Governing Crisis: Media, Money, and Marketing in American Elections,* New York: St. Martin's Press.

Beyme, Klaus von (1985), *Political Parties in Western Democracies,* trans. by Eileen Martin, Aldershot: Gower.

Bibby, John F.(2002), "State Party Organizations: Strengthened and Adapting to Candidate-Centered Politics and Nationalization", in Maisel (2002), pp. 19~46.

Biezen, Ingrid van (2003), *Political Parties in New Democracies: Party Organization in Southern and East-Central Europe,* New York: Palgrave Macmillan.

Blondel, Jean (2002), "Party Government, Patronage, and Party Decline in Western Europe", in Gunther, Montero, and Linz (2002), pp. 233~256.

Blondel, Jean and Maurizio Cotta(ed.)(2000), *The Nature of Party Government: A Comparative European Perspective,* New York: Palgrave.

Blondel, Jean (2000), "A Framework for the Empirical Analysis of Government-Supporting Party Relationships", in Blondel and Cotta (2000), pp. 96~115.

Blondel, Jean and Jaakko Nousiainen (2000), "Governments, Supporting Parties and Policy Making", in Blondel and Cotta (2000), pp. 161~195.

Bredvold, Louis I. and Ralph G. Ross(ed.)(1960), *The Philosophy of Edmund Burke*, Ann Arbor: University of Michigan Press.

Breeden, Aurelien and Constant Méheut (2022), "Are Traditional Political Parties Dead in France?" *The New York Times* (Apr. 28)

Burton, Matthew and Richard Tunnicliffe (2022), *Membership of Political Parties in Great Britain*, House of Commons Library (30 August)

Byrd, Peter (1987), "Great Britain: Parties in a Changing Party System", in Ware(ed.) (1987b), pp. 205~224.

Cain, Bruce E. Russell J. Dalton, and Susan E. Scarrow(ed.)(2003), *Democracy Transformed? Expanding Political Opportunities in Advanced Industrial Democracies*, Oxford: Oxford University Press.

Carty, R. Kenneth (2002), "Canada's Nineteenth-Century Cadre Parties at the Millennium", in Webb, Farrell and Holliday (2002), pp. 343~378.

Castels, Francis G. and Rudolf Wildenmann(ed.)(1986), *The Future of Party Government: Visions and Realities of Party Government*, Vol. 1, New York: Walter De Gruyter, p. 43.

Clark, Peter B. and James Q. Wilson (1961), "Incentive Systems: A Theory for Organizations", *Administrative Science Quarterly*, Vol. 6, No. 2 (September), pp. 129~166.

Coleman, John J.(1996), *Party Decline in America: Policy, Politics, and the Fiscal State*, New Jersey: Princeton University Press.

Cotta, Maurizio (2000), "Conclusion: From the Simple World of Party Government to a More Complex View of Party-Government Relationships", in Blondel and Cotta (2000). pp. 196~222.

Croissant, Aurel (2002), "Electoral Systems in Asia as Elements of Consensus and Majoritarian Democracy: Comparing Seven Cases", in Young Rae Kim(ed.) *Redefining Korean Politics: Lost Paradigm and New Vision,* Seoul: Korean Political Science Association, pp. 331~375.

Daalder, Hans (2002), "Parties: Denied, Dismissed, or Redundant? : A Critique", in Richard Gunther, José Ramón Montero, and Juan J. Linz(ed.), pp. 39~57.

Dalton, Russell J. and Scott C. Flanagan and Paul A. Beck(ed.)(1984), *Electoral Change in Advanced Industrial Democracies, Realignment or Dealignmant,* Princeton, NJ: Princeton University Press.

Dalton, Russell J., Susan E. Scarrow, and Bruce E. Cain (2003), "New Forms of Democracy? Reform and Transformation of Democratic Institutions", in Cain, Dalton and Scarrow (2003), pp. 1~20.

Dalton, Russell J., Bruce E. Cain, and Susan E. Scarrow (2003), "Democratic Publics and Democratic Institutions", in Cain, Dalton, and Scarrow (2003), pp. 250~275.

Davidson, Roger H. and Walter J. Oleszek (2006), *Congress & Its Members,* 10th ed., (Washington D. C: CQ Press, A Division of Congressional Quarterly Inc.

Devine, Christopher J. and Kyle C. Kopko (2013), "Presidential Versus Vice President Home State Advantage: A Comparative Analysis of Electoral Significance, Causes, and Process, 1884-2008", *University of Dayton eCommons,* Political Science Faculty Publications (December), pp. 814~838.

Diamond, Larry and Richard Gunther(ed.)(2001a), *Political Parties and Democracy,* Baltimore: The Johns Hopkins University Press.

Diamond, Larry and Richard Gunther (2001b), "Introduction", in Diamond and Gunther (2001a), pp. viiii~xxxiv.

Downs, Anthony (1957), *An Economic Theory of Democracy*, New York: Harper Collins Publisher.

Duverger, Maurice (1966), *Political Parties: Their Organization and Activitiy in the Modern State*, trans. by Barbara and Robert North, New York: John Wiley & Sons, Inc.

Epstein Leon D.(1967), *Political Parties in Western Democracies*, New York: Frederick A. Praeger.

Epstein, Leon D.(1986), *Political Parties in the American Mold*, Madison: The University of Wisconsin Press.

Ersson, Svante and Jan-Erik Lane (1998), "Electoral Instability and Party System Change in Western Europe", in Pennings and Lane (1998), pp. 23~39.

Fisher, Justin (2000), "Party Finance and Corruption", in Williams (2000), pp. 15~36.

Fisher, Justin (2005), "Financing Party Politics in Britain", in Posada-Carbo and Malamud (2005), 104~121.

Garand, James C.(1988), "Localism and Regionalism In Presidential Elections: Is There a Home State and Regional Advantage?" *The Western Political Quarterly*, Vol. 41, No. 1 (March), pp. 85~103.

Gibson, Rachel K., Paul Nixon, and Stephen Ward(ed.)(2003), *Political Parties and the Internet : Net Gain?*, New York: Routledge.

Gibson, Rachel K., Andrea Römmele and Stephen Ward(ed.)(2004), *Electronic Democracy: Mobilization, Organization and Participation via New ICTs*, New York: Routledge.

Gibson, Rachel K. Wainer Lusoli, Andrea Römmele and Stehpen J. Ward (2004), "Introduction: Representative Democracy and the Internet", in Gibson, Römmele and Ward (2004.), pp. 1~16.

Green, John C. and Paul S. Herrnson(ed.)(2002), *Responsible Partisanship? : The Evolution of American Political Parties Since 1950,* Kansas: University Press of Kansas.

Green, John C. and Rick Farmer(ed.)(2003), *The State of the Parties: The Changing Role of Contemporary American Parties,* New York: Rowman & Littlefield Publishers, Inc.

Green, John C.(2002), "Still Functional After All These Years: Parties All the United States, 1960~2000", in Webb, Farrell and Holliday (2002), pp. 310~344.

Gunther, Richard (2005), "Parties and Electoral Behavior in Southern Europe", *Comparative Politics,* Vol. 37, No. 3(April), pp. 253~275.

Gunther, Richard and Larry Diamond (2003), "Species of Political Parties: A New Typology", *Party Politics,* Vol. 9(March), pp. 167~199.

Gunther, Richard, José Ramón Montero, and Juan J. Linz(ed.)(2002), *Political Parties: Old Concepts and New Challenges,* Oxford: Oxford University Press.

Gunther, Richard and Larry Diamond (2001), "Types and Functions of Parties", in Diamond and Gunther (2001a), pp. 3~39.

Gunther, Richard and Jonathan Hopkin (2002), "A Crisis of Institutionalization: The Collapse of the UCD in Spain", in Gunther, Montero, and Linz (2002), pp. 191~230.

Hague, Rod and Seung-Yong Uhm (2003), "Online Groups and Offline Parties", in Gibson, Nixon, and Ward (2003), pp. 195~217.

Hale, Henry E.(2005), "Why Not Parties? Electoral Markets, Party Substitutes, and Stalled Democratization in Russia", *Comparative Politics,* Vol. 37, No. 2 (January). pp. 147~166.

Hug, Simon (2001), *Altering Party System: Strategic Behavior and the Emergency of New Political Parties in Western Democracies,* Ann Arbor: The University of Michigan Press.

Huntington, Samuel P.(1968), *Political Order in Changing Societies,* New Haven: Yale University Press.

Ignazi, Piero David M. Farrell, and Andrea Römmele (2005), "The Prevalence of Linkage by Reward in Contemporary Parties", in Römmele, Farrell, and Ignazi (2005), pp. 17~35.

Inglehart, Ronald (1984), "The Changing Structure of Political Cleavages in Western Society", Dalton and Flanagan and Beck (1984), pp. 25~69.

Jackson, Ben (2002) "Is the Party Over?" *Government and Opposition,* Vol. 37, No. 1(Winter), pp. 143~146.

Karvonen, Lauri and Stein Kuhnle(ed.)(2001), *Party Systems and Voter Alignments Revisited,* New York: Routledge.

Katz, Richard (1986), "Party Government: A Rationalistic Conceptions", in Francis G. Castels and Rudolf Wildenmann(ed.), pp. 31~71.

Katz, Richard S. and Peter Mair (1995), "Changing Models of Party Organization and Party Democracy: The Emergency of the Cartel Party", *Party Politics,* Vol. 1, No. 1, pp. 5-28.

Katz, Richard S. and Peter Mair(ed.)(1994), *How Parties Organize: Change and Adaptation in Party Organizations in Western Democracies,* London: SAGE.

Katz, Richard S. and Robin Kolodny (1994), "Party Organization as an Empty Vessel: Parties in American Politics", in Mair and Katz (1994), pp. 23~50.

Katz, Richard S. and Peter Mair (2002), "The Ascendancy of the Party in Public Office: Party Organizational Change in Twentieth-Century Democracies", in Gunther, Montero, and Linz (2002), pp. 113~135.

Kessel, John H.(1984), *Presidential Parties,* Homewood, Ill: The Dorsey Press.

Kittilson, Miki Caul and Susan E. Scarrow (2003), "Political Parties and the Rhetoric and

Realities of Democratization", in Cain, Dalton and Scarrow (2003), pp. 59~80.

Kirchheimer, Otto (1966), "The Transformation of the Western European Party Systems", in La Palombara and Weiner (1966), pp. 177~200.

Knapp, Andrew (2002), "France: Never a Golden Age", in Webb, Farrell and Holliday (2002), pp. 107~150.

Kobrak, Peter (2002), *Cozy Politics: Political Parties, Campaign Finance, and Compromised Governance,* London: Lynne Rienner Publishers, Inc.

Koole, Ruud A.(1994), "The Vulnerability of the Modern Cadre Party in the Netherlands", in Katz and Mair(ed.)(1994), pp. 278~303.

Krehbiel, Keith (1998), *Pivotal Politics: A Theory of U. S. Lawmaking,* Chicago: The University of Chicago Press.

Kwak, Jin-Young (2002), "Open System or Cartelized System?: Redefining the Korean Party System After Democratization", Young Rae Kim(ed.), pp. 403~430.

Jackson, John S., Nathan S. Bigelow, and John C. Green (2003), "The State of Party Elites: National Convention Delegates, 1992~2000", in Green and Farmer (2003), pp. 54~78.

La Raja, Raymond J.(2003), "State Parties and Soft Money: How Much Party Building", in Green and Farmer (2003), pp. 132~150.

La Palombara, Joseph and Myron Weiner (1966a), "The Origin and Development of Political Parties", Joseph La Palombara and Myron Weiner(ed.)(1966), *Political Parties and Political Development,* Princeton: Princeton University Press. pp. 3~42.

La Palombara, Joseph and Myron Weiner (1966b), "The Impact of Parties on Political Development", in La Palombara and Weiner(ed.)(1966), pp. 399~435.

Lane, Jan-Erik and Svante Ersson (1994), *Politics and Society in Western Europe,* London: Sage.

Laver, Michael J. and W. Ben Hunt (1992), *Policy and Party Competition,* New York: Routledge.

Laver, Michael J. and Ian Budge(ed.)(1992), *Party Policy and Government Coalitions,* New York: St. Martin's Press.

Lawson, Kay (1976). *The Comparative Study of Political Parties.* New York: St. Martin's Press.

Lawson, Kay(ed.)(1980), *Political Parties and Linkage: A Comparative Perspectives,* New Haven: Yale University Press.

Lawson, Kay (1980), "Political Parties and Linkage", in Lawson(ed.)(1980), pp. 3~24.

Lawson, Kay(ed.)(1994), *How Political Parties Work: Perspectives from Within,* London: Praeger.

Lawson, Kay (1994), "Conclusion: Toward a Theory of How Political Parties Work", in Lawson (1994), pp. 285~303.

Lawson, Kay and Thomas Poguntke(ed.)(2004), *How Political Parties Respond : Interest Aggregation Revisited,* New York: Routledge.

Lawson, Kay (2004), "Five Variations on a Theme: Interest Aggregation by Party Today", in Lawson and Poguntke (2004), pp. 250~266.

LeDuc, Lawrence (2001), "Democratizing Party Leadership Selection" *Party Politics,* Vol. 7, No. 3, pp. 323~341.

Linz, Juan J. (2002), "Parties in Contemporary Democracies: Problems and Paradoxes", in Gunther, Montero, and Linz (2002), pp. 291~317.

Lipset, Seymour Martin (2001) "Cleavages, Parties and Democracy", in Karvonen and Kuhnle(ed.)(2001), pp. 3~9.

Lipset, Seymour Martin (1960), *Political Man: The Social Bases of Politics,* Garden City, NY: Doubleday.

Lipset, Seymour Martin (1997), *American Exceptionalism: A Double-Edged Sword,* New York: Norton, W. W. W. & Company Inc.

Lipset, Seymour Martin and Stein Rokkan(ed.)(1967), *Party Systems and Voter Alignments: Cross-National Perspectives,* New York: The Free Press.

Lowi, Theodore J.(2003), "Toward a More Responsible Three-Party System: Deregulating American Democracy", in Green and Farmer (2003), pp. 354~377.

Luther, Kurt Richard and Kris Deschouwer(ed.)(1999), *Party Elites in Divided Societies: Political Parties in Consociational Democracy,* London: Routledge.

Mair, Peter(ed.)(1990), *The West European Party System,* Oxford: Oxford University Press.

Mair, Peter(ed.)(2004), *Political Parties & Electoral Change: Party Responses to Electoral Markets,* London: SAGE Publications.

Mair, Peter (1997), *Party System Change: Approaches and Interpretations,* Oxford: Clarendon Press.

Mair, Peter (1994), "Party Organizations: From Civil Society to the State", in Katz and Mair (1994), pp. 1~22.

Mair, Peter Wolfgang C. Müller, and Fritz Plasser (2004), *Political Parties & Electoral Change: Party Responses to Electoral Markets,* London: SAGE Publications.

Mair, Peter, Wolfgang C. Müller, and Fritz Plasser (2004a) "Introduction: Electoral Challenges and Party Responses", in Mair, Müller and Plasser (2004), pp.1~19.

Mair, Peter, Wolfgang C. Müller, and Fritz Plasser (2004b), "Conclusion: Political Parties in Changing Electoral Markets", in Mair, Müller and Plasser (2004), pp. 264~274.

Maeda Ko and Misa Nishikawa (2006), "Duration of Party Control in Parliamentary and Presidential Governments: A Study of 65 Democracies, 1950 to 1998", *Comparative Political Studies,* Vol. 39, No. 3(April), pp. 352~374.

Maisel, L. Sandy(ed.)(2002), *The Party Respond: Changes in American Parties and Campaigns,* 4th ed., Cambridge: Westview Press.

Maisel, L. Sandy and John F. Bibby (2002), "Election Laws, Court Rules, Party Rules and Practices: Steps Toward and Away from A Stronger Party Role", in Green and Herrnson(ed.)(2003), pp. 61~81.

March, Luke (2006), "Virtual Parties in a Virtual World: the Use of Internet by Russian Political Parties", in Oates, Owen and Gibson (2006), pp. 136~162.

Marks, Gary and Moira Edwards (2006), "Party Competition and European Integration in the East and West: Different Structure, Same Causality", *Comparative Political Studies,* Vol. 39. No. 2(March), pp. 155~175.

McSweeney, Dean (2000), "Parties, Corruption and Campaign Finance in America", in Williams (2000), pp. 37~60.

Milkis, Sidney M.(1999), *Political Parties and American Democracy: Remaking American Democracy.* Baltimore: Johns Hopkins University Press.

Monroe, J. P.(2001), *The Political Party Matrix: The Persistence of Organization,* New York: State University of New York Press.

Montero, José Ramón and Richard Gunther (2002), "Reviewing and Reassessing Parties", in Gunther, Montero, and Linz (2002), pp. 1~15.

Morehouse, Sarah McCally and Malcolm E. Jewell (2003), *State: Politics, Parties, & Policy,* 2nd ed., New York: Rowman & Littlefield Publishers, Inc.

Müller, Wolfgang C.(2000), "Patronage by National Governments", in Blondel and Cotta (2000), pp. 141~160.

Neumann, Sigmund(ed.)(1956), *Modern Political Parties: Approaches to Comparative Politics,* Chicago: The University of Chicago Press.

Neumann, Sigmund (1969), "Toward a Comparative Study of Political Parties", in

Andrew J. Milnor(ed.), *Comparative Political Parties: Selective Readings,* New York: Thomas Y. Crowell Company, pp. 24~52.

Oates, Sara, Diana Owen and Rachel k. Gibson(ed.)(2006), *The Internet and Politics: Citizens, Voters and Activists,* New York: Routledge.

Ostrogorski, Moisei I.(1902), *Democracy and the Organization of Political Parties,* Trans. by Frederick Clarke, Vol. I and II, London: The Macmillan Company.

Panebianco, Angelo (1988), *Political Parties: Organization and Powe*r, trans. by Marc Silver, Cambridge: Cambridge University Press.

Parra, Saiani P. et al (2021), "Broken Trust, Confidence Gaps and Distrust in Latin America", *Social Indicators Research (* (September 10)

Park, Chan Wook (2002), "The Rules of Electoral Game for the National Assembly in Democratic Korea: A Comparative Perspectives", in Young Rae Kim(ed.), pp. 377-402.

Parsons, Talcott (1971), *The System of Modern Societies,* Englewood Cliffs: Prentice Hall.

Pennings, Paul and Jan-Erik Lane(ed.)(1998), *Comparing Party System Change,* London: Routledge.

Pennings, Paul and Jan-Erik Lane (1998), "Introduction", in Pennings and Lane (1998), pp. 1~19.

Pennings, Paul (1999), "The Utility of Party and Institutional Indicators of Change in Consociational Democracy", in Kurt Richard Luther and Kris Deschouwer(ed.), *Party Elites in Divided Societies: Political Parties in Consociational Democracy,* London: Routledge, pp. 20~40.

Pew Research Center (2020), "Large Shares of Voters Plan to Vote a Straight Party Ticket for President, Senate and House", (October 21).

Pew Research Center (2021), "Many in U.S., Western Europe Say Their Political System

Needs Major Reform", (March 31).

Pew Research Center (2022), "Voting Patterns in the 2022 Election", (July 12).

Pew Research Center (2023), "The Republican and Democratic Parties", (September 19).

Poguntke, Thomas (1994), "Basisdemokratie and Political Realities: The German Green Party", in Lawson(ed.)(1994), pp. 3~22.

Poguntke, Thomas (2004) "Do Parties Respond? Challenges to Political Parties and Their Consequences", in Lawson and Poguntke (2004), pp. 1~14.

Pomper, Gerald M.(2003), "Parliamentary Government in the United States: A New Regime of a New Century?", in Green and Farmer (2003), pp. 267~286.

Posada-Carbo, Eduardo and Carlos Malamud (2005), *The Financing of Politics: Latin America and European Perspectives,* London: Institute for the Study of the America.

Rahat, Gideon and Reuven Y. Hazen, (2001) "Candidate Selection Methods: An Analytical Framework", *Party Politics,* Vol. 7. No. 3, pp. 297~322.

Rakich, Nathanie and Ryan Best (2020), "There Wasn't That Much Split-Ticket Voting in 2020", *FiveTirtyEight* (Dec. 20)

Ranney, Austin (1975), *Curing the Mischiefs of Factions: Party Reform in America,* Berkely and Los Angeles: University of California Press.

Reichley, A. James (1992), *The Life of the Parties: A History of American Political Parties,* New York: Rowman & Littlefield Publishers, Inc.

Reichley, A. James (2003), "The Future of the American Two-Party System at the Beginning of a New Century", in Green and Farmer (2003), pp. 19~37.

Robertson, David (1976), *A Theory of Party Competition.* New York: John Wiley & Sons.

Römmele, Andrea, David M. Farrell, and Piero Ignazi(ed.)(2005), *Political Parties and Political Systems: The Concept of Linkage Revisited,* Westport: Praeger.

Sabato, Larry J. and Bruce A. Larson (2001), *Party's Just Begun: Shaping Political Parties for America's Future*, 2nd ed., Longman.

Saalfeld, Thomas (2000), "Court and Parties: Evolution and Problems of Political Funding in Germany", in Williams (2000), pp. 89~121.

Sartori, Giovanni (1976), *Parties and Party Systems: A Framework for Analysis,* Vol. I, Cambridge: Cambridge University Press.

Scarrow, Susan E.(2002), "Party Decline in the Party State? The Changing Environment of German Politics", in Webb, Farrell and Holliday (2002), pp. 77~106.

Schattchneider, E. E (1942), *Party Government,* New Brunswick: Transaction Publisher.

Schmitt, Herman (2005), "Political Linkage in the European Union" in Römmele, Farrell and Ignazi (2005), pp. 145~158.

Schwartz, Mildred A.(2005), "Linkage Processes in Party Network", in Römmele, Farrell, and Ignazi(ed.) (2005), pp. 37~60.

Selznick, Philip (1984), *Leadership in Administration: A Sociological Interpretation,* Berkeley: University of California Press.

Sorauf, Frank J. and Paul Allen Beck (1988), *Party politics in America,* 6th ed., Glenview: Scott, Foresman and Company.

Statista Research Department (2019), "Share of the People in Selected European Countries Who Trust Key Institutions in Their Country", (August).

Statista Research Department, "Number of Political Party Members in Germany as of December 31, 2019", (July 2020).

Statista Research Department (2023), "Major Political Party Identification in the United State from 2002 to 2022", (January 25)

Stewart, Charles IIi (2001), *Analyzing Congress,* New York: W. W. Norton & Company.

Stonecash, Jeffrey M.(2006), *Political Parties Matter: Realignment and Return of Partisan*

Voting, Boulder: Lynne Rienner Publishers, Inc.

Ström, Kaare (1990), "A Behavioral Theory of Competitive Political Parties", *American Journal of Political Science,* Vol. 34, No. 2(1990), pp. 565~598.

Thomas, Clives S.(ed.)(2001), *Political Parties & Interest Groups: Shaping Democratic Governance,* Boulder: Lynne Rienner Publishers, Inc.

Thomas, Clives S.(2001a), "Studying the Political Party-Interest Group Relationship", in Thomas (2001), pp. 1~23.

Thomas, Clives S.(2001b), "Toward a Systematic Understanding of Party-Group Relations in Liberal Democracies", Thomas (2001), pp. 269~291.

Torcal, Mariano, Richard Gunther, and José Ramón Montero (2002), "Anti-Party Sentiments in Southern Europe", in Gunther, Montero, and Linz (2002), pp. 257~290.

United Nations Development Programme (2022), "The Life of the Parties: The Anger Vote and the Weakening of Political Parties", *Latin America and The Caribbean* (November 7).

Wagschal, Uwe (1998), "Parties, Party Systems and Policy Effects", in Pennings and Lane (1998), pp. 62~78.

Ward, Stephen, Rachel Gibson, and Paul Nixon (2003), "Parties and the Internet: An Overview",in Gibson, Nixon, and Ward (2003), pp. 11~38.

Ware, Alan (1987a), *Citizens, Parties and the State: A Reappraisal,* Princeton: Princeton University Press.

Ware, Alan(ed.)(1987b), *Political Parties: Electoral Change and Structural Response,* NY: Basil Blackwell.

Ware, Alan (1987c), "Introduction: Parties Under Electoral Competition", in Ware(ed.) (1987b), pp. 1~23.

Ware, Alan (1987d), "United States: Disappearing Parties?", in Ware(ed.) (1987b), pp. 117~136.

Ware, Alan (1996), *Political Parties and Party Systems,* Oxford: Oxford University Press.

Wattenberg, Martin P.(1998), *The Decline of American Political Parties, 1952~1996,* Cambridge: Harvard University Press.

Wolinetz, Steven b (2002), "Beyond the Catch-All Party: Approaches to the Study of Parties and Party Organization in Contemporary Democracies", in Gunther, Montero and Linz (2002), pp. 136~165.

Webb, Paul, David Farrell and Ian Holliday(ed.)(2002), *Political Parties in Advanced Industrial Democracies,* Oxford: Oxford University Press.

Webb, Paul (2002a), "Introduction: Political Parties in Advanced Industrial Democracies", Webb, Farrell and Holliday (2002), pp. 1~15.

Webb, Paul (2002b), "Political Parties in Britain: Secular Decline or Adaptive Resilience?" in Webb, Farrell and Holliday (2002), pp. 16~45.

Webb, Paul (2002c), "Conclusion: Political Parties and Democratic Control in Advanced Industrial Societies", in Webb, Farrell and Holliday (2002), pp. 438~460.

Williams, Robert(ed.)(2000), *Party Finance and Political Corruption,* London: Macmillan Press Ltd.

Williams, Robert (2000), "Aspects of Party Finance and Political Corruption", in Williams (2000), pp. 1~13.

Wolinetz, Steven B.(2002), "Beyond the Catch-All Party: Approaches to the Study of Parties and Party Organization in Contemporary Democracies", in Gunther, Montero, and Linz, pp. 113~165.

Ysmal, Colette (2005), "French Political Parties and Linkage", in Römmele, Farrell, and Ignazi(ed.)(2005), pp. 61~82.

색인-개념

색인-인명

현대 정당의 이해

초판인쇄 2024년 6월 14일
초판발행 2024년 6월 14일

지은이 홍득표
펴낸이 채종준
펴낸곳 한국학술정보(주)
주 소 경기도 파주시 회동길 230(문발동)
전 화 031-908-3181(대표)
팩 스 031-908-3189
홈페이지 http://ebook.kstudy.com
E-mail 출판사업부 publish@kstudy.com
등 록 제일산-115호(2000. 6. 19)

ISBN 9979-11-7217-365-4 93340